Klaus Fischer · Michael Jansen · Jan Pieper
Architektur des indischen Subkontinents

KLAUS FISCHER · MICHAEL JANSEN · JAN PIEPER

ARCHITEKTUR DES INDISCHEN SUBKONTINENTS

WISSENSCHAFTLICHE BUCHGESELLSCHAFT
DARMSTADT

CIP-Kurztitelaufnahme der Deutschen Bibliothek

Fischer, Klaus:
Architektur des indischen Subkontinents / Klaus Fischer; Michael Jansen; Jan Pieper. – Darmstadt: Wissenschaftliche Buchgesellschaft, 1987.
ISBN 3-534-01593-2
NE: Jansen, Michael:; Pieper, Jan:

1 2 3 4 5

Bestellnummer 01593-2

Satz: Maschinensetzerei Janß, Pfungstadt
Druck und Einband: Wissenschaftliche Buchgesellschaft, Darmstadt
Printed in Germany
Schrift: Times, 10/11

ISBN 3-534-01593-2

Mit und für
Alexandra, Christa und Jutta

Zur Aussprache der indischen Fachausdrücke

Man spreche

ch	wie	tsch	(in „Tschako“)
j	wie	dsch	(in „Journal“)
sh	wie	sch	(in „schön“)
v	wie	w	(in „Wandel“)
y	wie	j	(in „Jordan“)

Inhalt

I. Einleitende Vorbemerkungen 1

II. Grundelemente des indischen Umgangs mit Raum, Architektur, Stadt und Landschaft 5
1. Grundelemente des indischen Raumes 5
2. Der indische Raumbegriff 10
3. Ordnungs- und Gestaltungsprinzipien architektonischer Räume 21
4. Stadtraum und Stadtritual 30
5. Natur- und Kunstformen indischer Architektur 37
6. Gestaltungen des Unwirklichen . . 56

III. Bilden (Praktischer Zweck und symbolische Bedeutung indischer und islamischer Kunst – Herkunft und Absichten der Bauherren und Baumeister) 63
1. Sinn und Form indischer Bauten . 63
2. Indien und der Islam 63
3. Yoga, Yantra, Mandala 64
4. Weltschöpfung und Bauform . . . 65
5. Weltbild und Bauform 67
6. Weltüberwindung und Bauform . . 69
7. Yantras der Säulenhalle 71
8. Mandalas der Neun-Felder-Decke und ihre Kombination mit der Säulenhalle 71
9. Mandalas aus Kombinationen von Fünf-Turm-Bauten, Fünf-Kuppel-Bauten und der Neun-Felder-Decke 71

IV. Bauen (Handwerkliche Mittel und künstlerische Möglichkeiten – Grundsätzliches zur indischen Bauweise) 75
1. Allgemeine Einführung 75
2. Erfahrung und Gefühl 75
3. Verwertung mathematischer Kenntnisse und naturwissenschaftlicher Erkenntnisse 78
4. Überlieferung der Holzbauweise und Felsbildnerei 78
5. Fundament 78
6. Falsche Einschätzung des Tragverhaltens von Steinbauten 79
7. Werkstoffgerechte Behandlung des luftgetrockneten Lehmziegels, des Back- und Hausteins 79
8. Trocken versetzter und in Mörtel verlegter Haustein 79
9. Verschiedene Hilfskonstruktionen . 81
10. Konstruktive und dekorative Rippen und Gurte 82
11. Gleichzeitigkeit verschiedener handwerklicher Mittel und Mißverständnisse bei ihrer wechselweisen Anwendung 83
12. Bauform oder Symbol 84

V. Baugestalten 89
1. Allgemeines 89
2. Behausung und Symbolik 89
Wohnhaus 90
Festung und Palast 91
3. Buddhistische Bautypen 91
Der Stupa 91
Die Chaitya-Halle 92
Das Kloster: Vihara 92
4. Der Hindu-Tempel: Funktion, Bedeutung, Entwicklung 93
5. Jinistische Tempelstädte 96
6. Islamische Bautypen 98
Die Moschee 98
Die Grabbauten 99

VI. Chronologisch-geographischer Überblick 101
A. Vorgeschichtliche Zeit 101
1. Allgemeine Betrachtungen zur vor- und frühgeschichtlichen Entwicklung der Architektur auf dem indischen Subkontinent 101
2. Städte der Harappa-Kultur . . . 106
Mohenjo-Daro 108
3. Das Konzept der Akropolis in der Harappa-Kultur 114
4. Die Unterstadt im Konzept harappazeitlicher Stadtplanung 122
5. Weitere Siedlungsformen der Harappa-Kultur 125
6. Sonderformen harappazeitlicher Architektur 127
Wasserbauwerke 128
„Kornspeicher" 131
Andere Sonderformen harappazeitlicher Architektur 134
7. Formen des Wohnhauses 135
8. Bautechnik 137
9. Das „unzivilisierte" Indien zur Zeit der Harappa-Kultur 138
B. Frühgeschichtliche Zeit 139
1. Die Anfänge der geschichtlichen Frühzeit im Spiegel schriftlicher Quellen 139

2. Der Beginn der geschichtlichen Frühzeit im Lichte der materiellen Hinterlassenschaften 140
C. Die geschichtliche Zeit 145
1. Die Maurya-Periode (4.–3. Jh. v. Chr.) 145
2. Die Shungas und ihre Zeit (2.–1. Jh. v. Chr.) 150
3. Frühe Höhlenheiligtümer (etwa 2. Jh. v. Chr. bis 2. Jh. n. Chr.) 153
4. Die Kushana-Hauptstadt im mittelindischen Mathura (1.–3. Jh. n. Chr.) 156
5. Die Kushanas und ihre Nachfolger im Norden: Gandhara und angrenzende Kulturlandschaften (etwa 1.–5. Jh.) 159
Gandhara 159
Baktrien 159
Swat 159
Kashmir 159
Turfan 161
6. Buddhistisches Süd-Indien (etwa 2.–4. Jh.) 163
7. Gupta-Zeit (Mitte des 4. Jh. bis um 600) 165
8. „Dravida“-Baustil 168
Pallava (etwa 600–900) 168
Chola (etwa 900–1200) 168
9. „Vesara“-Baustil 171
Frühe Chalukya-Herrscher (etwa 600–800) 171
Spätere Chalukya-Herrscher (etwa 1000–1300) 172
Der Dekkhan zur Zeit der späteren Chalukyas (etwa 1100–1400) . . 172
10. „Nagara“-Baustil 176
Orissa (etwa 800–1250) 176
Mittel-Indien (Mitte des 10. bis Mitte des 12. Jh.) 176
Der Norden und Nordwesten einschließlich Gujarat (10. bis Anfang des 14. Jh.) 176
„Salt Range“ (2. Hälfte des 1. Jt.) 179
11. Spätere Fels- und Höhlenheiligtümer (2. Hälfte des 1. Jt.) 183
12. Zur Islamisierung Indiens (8.–12. Jh.) 186
13. Die ersten islamischen Dynastien Indiens 188
Die Ghoriden (1192–1246) . . . 188
Die nordindische Residenz Delhi 188
Die nordindische Provinz . . 188
Die Khaljis (1290–1320) 188
Die Tughluqs (1320–1413) . . . 189
Zeit des Ghiyat ud-din Tughluq Shah I. (1320–1325) 189
Zeit des Muhammad b. Tughluq (1325–1351) 189
Zeit des Firuz Tughluq Shah (1351–1388) 189
14. Einige Bauschulen in den islamisierten Regionen 193
Bengalen (Anfang des 14. bis Ende des 16. Jh.) 193
Gujarat und angrenzende Kunstlandschaften (Anfang des 14. bis Ende des 16. Jh.) 194
Die Sharqi-Dynastie (1360–1480) 198
Malwa (15. Jh.) 200
Der Dekkhan (14.–17. Jh.) . . 203
Sayyids (1414–1451), Lodis (1451–1526) und Surs (1530–1545) . . 208
15. Das hinduistische Königreich von Vijayanagara (etwa 1400–1565) . . 210
Tempelanlagen der Residenzstadt aus der 1. Hälfte des 16. Jh. . . 210
Stadtbefestigung, Wehrbauten, Wasserbauten und Paläste der Residenz 213
Palast- und Kultbauten in der Umgebung der Residenz 216
16. Die Mogul-Zeit 219
Babur (1526–1531) und Humayun (1531–1556) 219
Der Bauherr Akbar (1556–1605) . 221
Der Bauherr Jahangir (1605–1627) 224
Der Bauherr Shah Jahan (1627–1658) 227
Aurangzeb (1658–1707) und seine Zeit 230
17. Von den Himalayas bis Kap Komorin – Durchdringung indischer und islamischer Bauformen vom 17. bis zum 19. Jh. 232
Kashmir und Jammu 232
Vesire im westlichen Indien . . 232
Hindu-Tempel von Brindaban und Gobardhan 234
Das hinduistische Bengalen . . 235
Die islamische Residenz Bijapur . 237
Hinduistische Fürstensitze und Tempel in Kerala 239
„Dravida“-Baukunst in Palästen und Tempeln von Tamilnad . . 239

Abkürzungsverzeichnis 243

Literaturverzeichnis 245

Glossar 257

Abbildungsnachweis 261

Geographisches Register 262

I. Einleitende Vorbemerkungen

Aus dem Boden Indiens, Afghanistans und Pakistans (Abb. 1) wurden Bauten des 7.–1. Jt. v. Chr. ausgegraben, in denen man, wie z.B. in der Säulenhalle (Abb. 137), auch Grundzüge der späteren historischen Architektur erkennt (Abb. 180, 232). Ansässige oder einwandernde Völker ersannen zwischen dem 3. Jt. v. Chr. und dem 1. Jt. n. Chr. eine Gedankenwelt, die zunächst in mündlichen Überlieferungen, dann in schriftlichen Aufzeichnungen festgehalten wurde und in monumentalen Bauten Gestalt gewann, wie etwa in den Fruchtbarkeitsgöttinnen am Steinzaun eines buddhistischen Stupa (Abb. 148) oder im gleicherweise struktiven und symbolischen Deckstein Amalaka (Abb. 174, 176), der als Auflast den Tempelturm sichert und zugleich ein Bild für den Übergang aus der irdischen Zone in die himmlische darstellt. Seit dem 1. Jt. n. Chr. dienen Bauten aus verschiedenen Epochen der indischen Kunst den jeweiligen und auch den gegenwärtigen politischen und religiösen Gemeinschaften als Kult- (Abb. 264) oder seltener als Wohnstätte (Abb. 271). Vom Beginn des 2. Jt. n. Chr. an schufen islamische Baumeister in den eroberten Landschaften z. T. noch heute benutzte Moscheen (Abb. 198), Gräber (Abb. 205) und weltliche Bauten (Abb. 240, 241), in denen bei einer Durchdringung iranischer und indischer Formen auf Bilder aus der an sich bildfeindlichen vorderorientalischen Dichtung und Theologie, wie etwa auf das Paradies (Abb. 32), angespielt wird. Vor dem zerstörerischen Monsunklima werden zahlreiche Ruinen wegen ihrer hohen künstlerischen und geschichtlichen Bedeutung durch die staatliche Denkmalpflege geschützt: so eine Baugruppe in Delhi-Firozabad, in der eine Ashoka-Säule des 3. Jh. v. Chr. mit einer Palastarchitektur des 14. Jh. n. Chr. vereint ist (Abb. 195). Indische Architektur spielte also in der Weltgeschichte insofern eine besondere, ja einzigartige Rolle, als die Summe der hier umrissenen Zeugnisse eine lebendige und ununterbrochene Anschauung vom Entstehen und Vergehen und immer wieder neuem Aufblühen verschiedener Zweige am Stamme einer einheitlichen Hochkultur vermittelt.

Morgen- und abendländische Kunstwissenschaftler haben in Grundformen der indischen Architektur vor allem selbständige schöpferische Leistungen und gelegentlich auch die Verwertung von fremden Anregungen erkannt. In archäologischen Ausgrabungen erschließt man alljährlich weitere Denkmäler der Vergangenheit, die unser Bild von der Eigenständigkeit der indischen Kunst und ihrem fruchtbaren Austausch mit ausländischen Bauschulen bereichern. Die Gastfreundschaft asiatischer Kollegen und Freunde, von denen stellvertretend die Generaldirektoren der Archäologischen Ämter in Afghanistan, Indien und Pakistan genannt seien, und die Unterstützung durch Förderer, voran der Deutsche Akademische Austauschdienst und die Deutsche Forschungsgemeinschaft, gaben uns in den zurückliegenden Jahren bei getrennten Unternehmungen die Möglichkeit, an der Aufnahme und Beschreibung einiger Denkmäler mitzuwirken. Daher folgten wir gern der Aufforderung der Wissenschaftlichen Buchgesellschaft, indische Architektur in einem Überblick darzustellen.

Wir suchen dem Stand der Forschung nach unserer Auffassung dadurch gerecht zu werden, daß wir zu einer möglichst vollständigen Würdigung der indischen Baukunst ein Gesamtbild von vor- und frühgeschichtlichen und lange Zeit nachwirkenden Entwicklungen in weiten Teilen Asiens, von den einheimischen religiösen Leitbildern und ihrer monumentalen Verewigung in geschichtlichen Perioden, und schließlich von der Kultur der auf dem indisch-pakistanischen Subkontinent heimisch gewordenen islamischen Bauschulen zu geben versuchen.

Um innerhalb der verlagstechnischen Grenzen wenigstens eine gewisse Vorstellung von der einleitend angedeuteten Menge, Dauer und Verteilung der Denkmäler zu geben, haben wir aus dem Stoff, auf den sich die Darstellungen in den systematischen Kapiteln II bis V stützen, im Kapitel VI bei den einzelnen chronologischen oder geographischen Abschnitten historischer Zeit (C 1–17) kurze Beschreibungen ausgewählter typischer Siedlungen und Kultstätten vorangestellt – aus Gründen der Raumersparnis in Stichworten zu Grundsätzen der Bau- und Schmuckweise. Eine Anschauung von den Bauten wird durch Abbildungen oder durch Anmerkungen nach wichtigen Veröffentlichungen nachgewiesen. Weiteres Vergleichsmaterial aus Indien oder den Nachbarländern ist mit diesen Quellen und den Ortsnamen aus der Bibliographie im Index zusammengefaßt. Wir bemühen uns um einen Ausgleich, manchmal näher auf kanonische, allgemein bekannte und schon häufig abgebildete und auch an dieser Stelle erwähnte Bauwerke einzugehen, ein anderes Mal ein „klassisches" Werk zu schildern und mit einer Auswahl aus der Fülle vorliegender Bildveröffentlichungen gebührend zu würdigen, um Platz zu gewinnen, bisher noch wenig bekannte oder durch uns erstmals in die Forschung eingeführte Bauten zu berücksichtigen. Jeweils am Ende eines Beitrags oder mehrerer zusammenhängender haben die Verfasser auf den Seiten 62, 91, 100, 150, 242 verantwortlich mit K. F., M. J. oder J. P. gezeichnet.

Abu	C 4	1
Agra	D 3	2
Ahichchhatra	E 3	3
Ahmedabad	C 4	4
Aihole	D 5	5
Ajanta	D 4	6
Alwar	D 3	7
Ambala	D 2	8
Amri	B 3	9
Amritsar	D 2	10
Aurangabad	C 5	11
Ayodhya	E 3	12
Badami	D 5	13
Bäzäklik	0	14
Balakot	B 3	15
Balkh	B 1	16
Bamiyan	B 1	17
Banbhore	C 4	18
Bangalore	D 6	19
Bansberia	F 4	20
Barabar	E 4	21
Baramati	D 5	22
Badrinath	D 2	23
Begram	B 1	24
Benares (Varanasi)	E 3	25
Bhaja	C 5	26
Bhaktapur	F 3	27
Bharhut	E 4	28
Bhita	E 4	29
Bhitargaon	E 3	30
Bhuvaneshvara	F 4	31
Bidar	D 5	32
Bilot (Kafir Kot)	C 2	33
Bodhgaya	E 4	34
Bombay	C 5	
Brahmagiri	D 6	35
Brindaban	D 3	36
Burzahom	C 1	37
Cambay	C 4	38
Champanir	C 4	39
Chanderi	D 4	40
Chandragiri	D 6	41
Changu Narayan	F 3	42
Chanhu Daro	B 3	43
Chhota Panduah	F 4	44
Chidambaram	D 6	45
Chotcho	0	46
Cochin	D 6	47
Dabarkot	B 2	48
Daulatabad	C 4	49
Delhi	D 3	
Dhamnar	C 4	50
Diu	C 4	51
Dvaraka	B 4	52
Ellora	C 5	53
Faizabad	E 3	54

Fathepur Sikri	D 3	55
Feria Bagh	C 5	56
Firozabad (Dekkhan)	D 5	57
Gaur	F 3	58
Girnar	C 4	59
Goa (Panjim)	C 5	60
Gobardhan	D 3	61
Gulbarga	D 5	62
Haibak	B 1	63
Harappa	C 2	64
Hastinapura	D 3	65
Hazrat	F 3	66
Hyderabad (Dekkhan)	D 5	67
Iliköl	0	68
Indapur	D 5	69
Indraprastha	D 3	70
Jaipur	C 3	71
Jaisalmer	C 3	72
Jammu	D 2	73
Jaunpur	E 3	74
Kabul	B 2	
Kalna	F 4	75
Kanchipuram	D 6	76
Karachi	B 4	
Karla	C 5	77
Kaushambi	E 3	78
Khajuraho	D 4	79
Khwaja Siah Posh	A 2	80
Kili Gul Muhammad	B 2	81
Konarak	F 4	82
Kot Diji	B 3	83
Kotadi	B 4	84
Kulli	B 3	85
Kulu	D 2	86
Kurukshetra	D 3	87
Lahore	C 2	88
Lansdowne	D 2	89
Larwand	B 2	90
Lodurva	C 3	91
Loebanr	C 1	92
Lothal	C 4	93
Madras	D 6	
Madurai	D 7	94
Mahabalipuram	D 6	95
Mahakut	D 5	96
Malot	C 2	97
Mandu	D 4	98
Masrur	D 2	99
Mathura	D 3	100
Mehrgarh	B 3	101
Modhera	C 4	102
Mohenjo Daro	B 3	103
Mulki Bappanada	C 6	104
Multan	C 2	105

Mundigak	B 2	106
Mysore	D 6	107
Nagarjunikonda	D 5	108
Nimsar	E 3	109
Nindowari	B 3	110
Ootacumund	D 6	111
Osia	C 3	112
Padmanabhapuram	D 7	113
Palni	D 6	114
Pandrenthan	D 2	115
Panduah	F 3	116
Pataliputra (Patna)	E 3	117
Patan	F 3	118
Patancheru	D 5	119
Pattadakal	D 5	120
Payar	D 2	121
Pondicherry	D 6	122
Poona	C 5	123
Puri	F 5	124
Rahman Dheri	C 2	125
Rajanpur	C 3	126
Rajgir	E 4	127
Ramatirtham	E 5	128
Rameshwaram	D 7	129
Sanchi	D 4	130
Sarnath	E 3	131
Sasaram	F 4	132
Shahi Tump	A 3	133
Shishupalgarh	E 5	134
Sholapur	D 5	135
Shringeri	D 6	136
Shrirangam	D 6	137
Simla	D 2	138
Somnath	C 4	139
Somnathpur	D 6	140
Sonkh	D 3	141
Suchindram	D 7	142
Surat	C 4	143
Surkh Kotal	B 1	144
Surkotada	B 4	145
Sukhtagen Dor	A 3	146
Takht-i-Bahi	C 2	147
Tanjore	D 6	148
Taxila	C 2	149
Thatta	B 3	150
Tiruchirapalli	D 6	151
Tiruparankundram	D 7	152
Uch	C 3	153
Udayagiri	D 3	154
Vijayanagara	D 5	155
Wadhwan	C 4	156
Warangal	D 5	157

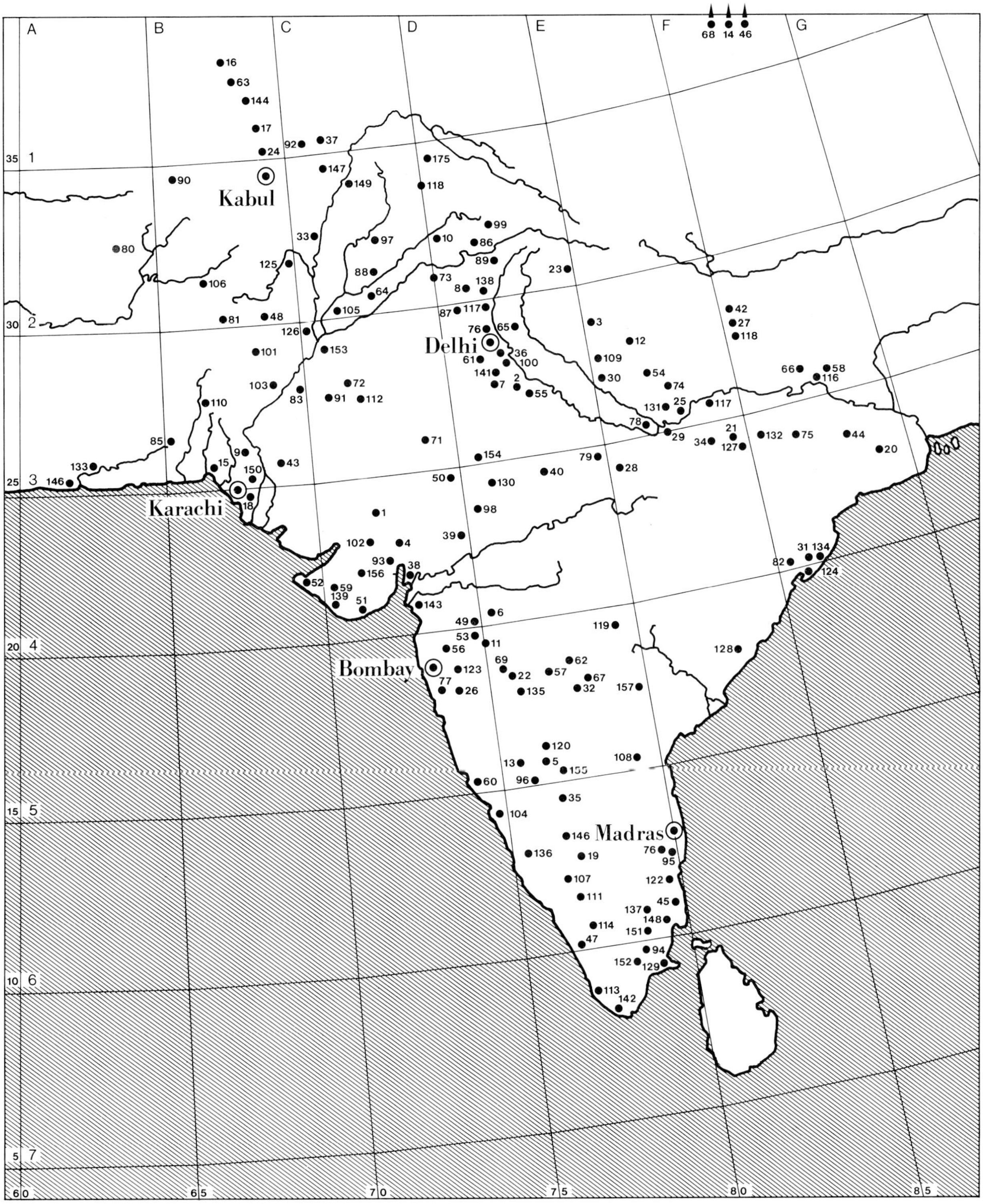

Abb. 1 Ausgrabungen und Kunststätten.

II. Grundelemente des indischen Umgangs mit Raum, Architektur, Stadt und Landschaft

1. GRUNDELEMENTE DES INDISCHEN RAUMES

Ein Stadtplan von Benares aus dem Jahre 1875 (Abb. 2, 3), der nach Art der hinduistischen Pilgerkarten gezeichnet ist, gibt uns Aufschluß darüber, wie im klassisch indischen Verständnis die Stadt gesehen wird (J. Pieper 1979a). Bestimmend scheint zunächst der Lauf des heiligen Ganges mit seinen achtundachtzig kleineren und fünf größeren Badeplätzen, der wie ein gespannter Bogen die Fläche durchschneidet. Auf dem linken Flußufer liegt die Stadt, dargestellt durch ein Quadrat, das mit seinen Ecken in die vier Himmelsrichtungen weist. Im Zentrum des Quadrates liegt der Tempel Shivas (Viveshvara), dessen Spitze die Grenze zwischen Erdenwelt und Götterwelt markiert,

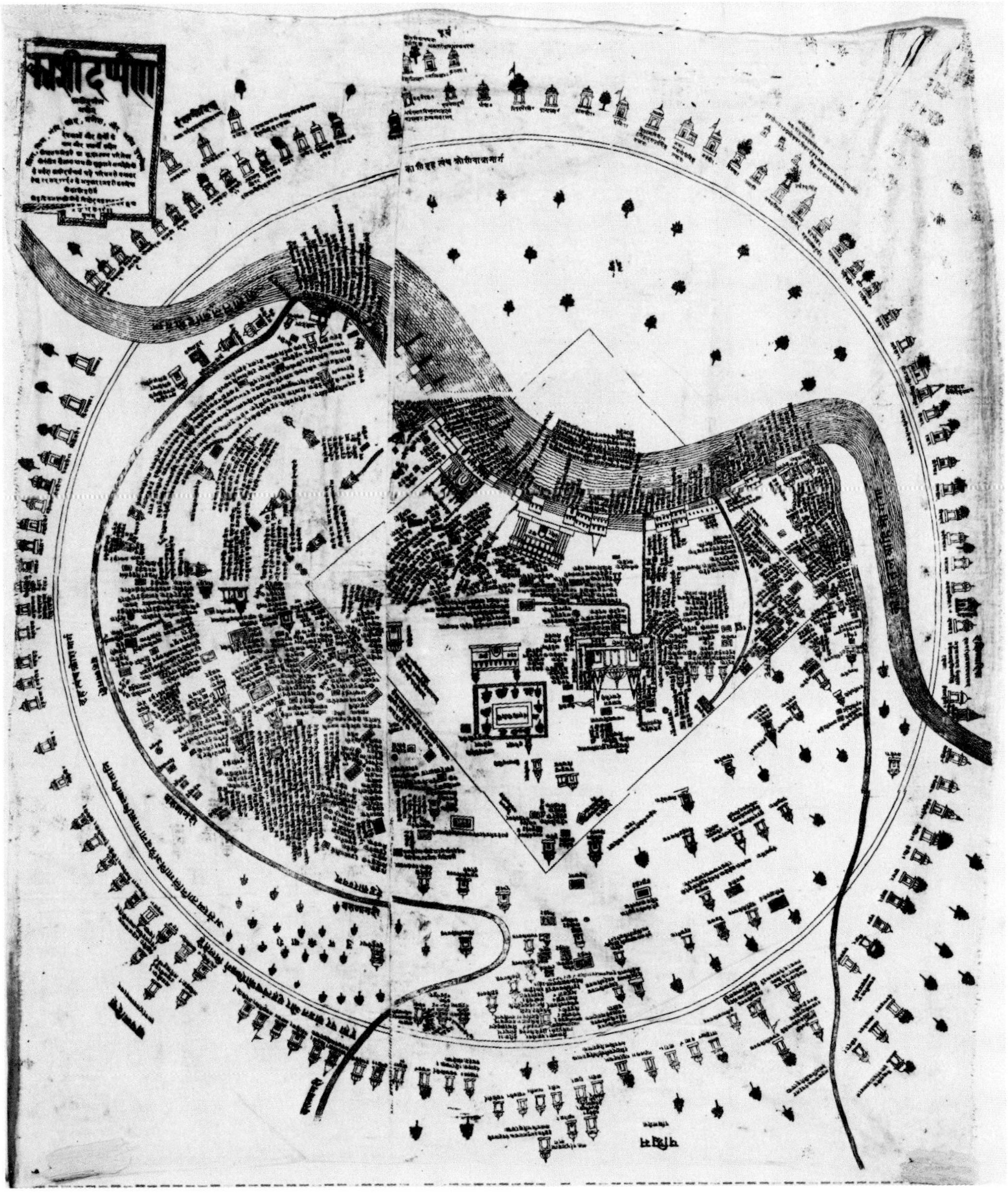

Abb. 2 Pilgerkarte von Benares; Stoffdruck 79 × 92 cm aus dem Jahre 1875. Die Karte zeigt alle Orte und Stationen, die für den Pilger von Bedeutung sind: Die Badeplätze am Ganges, den kreisrunden Umwandlungspfad (Panchakoshi) und die Tempel im Inneren der Stadt, die durch das Quadrat symbolisiert wird.

Abb. 3 Prinseps Stadtplan von Benares, 1825.

der also als Abbild des Weltenberges zu verstehen ist. Daneben ist der Gyan-Bapi-Brunnen eingezeichnet, der nach der Tradition die Essenz Shivas enthält und somit die Präsenz des Göttlichen schlechthin im Mittelpunkt der Stadt kennzeichnet. Dieses sakrosankte Zentrum wird im Wallfahrtskult von den Pilgern auf einem spiralenförmigen Weg von sieben Windungen umschritten, und dabei besuchen sie auch die übrigen numinosen Stätten der Stadt, die auf der Karte ebenfalls eingezeichnet sind (K. Sukul 1974). Über Häuser, Straßen, Mauern usw. gibt der Stadtplan keine Auskunft, wohl aber über das kreisrunde Vorfeld der Stadt, Kshetra (Abb. 4) genannt. Dort liegen die mit einheitlicher Signatur angedeuteten heiligen Orte minderer Bedeutung. Rings um das Kshetra läuft die etwa 60 km lange Panchakoshi-Straße, auf der die Pilger in sechs Abschnitten das heilige Kashi umwallen. Ebenso wie die Stadt ihrem Umriß nach nicht quadratisch ist, ist auch das Kshetra nicht kreisförmig; wie das orientierte Quadrat der Stadtfläche ist auch das Erdsymbol des Kreises ein Ideal, das der Stadtplan auf die Wirklichkeit projiziert.

Nimmt man die Pilgerkarte von Benares als das, was jeder Stadtplan seinem Wesen nach ist, nämlich als eine auf das Wesentliche reduzierte Wiedergabe der raumbestimmenden Elemente, so erscheinen als eigentliche Konstituente dieses Stadtraumes folgende Elemente: zunächst der Zentraltempel und seine Dependenzen, umgeben von einem grobmaschigen Netz heiliger Stätten minderer Bedeutung; beides in einem System von Prozessionswegen aufeinander bezogen. Dann die Umrißformen Quadrat und Kreis. Und schließlich ein mit wiederum geringeren heiligen Stätten besetztes Vorfeld, das durch eine Ringstraße von der Weite des jenseits liegenden Landes abgegrenzt ist, auch diese wiederum als Umwandlungspfad dem steten Strom der Pilger ein kultischer Weg um den zentralen Ort, an dem sich die Welten der Götter und

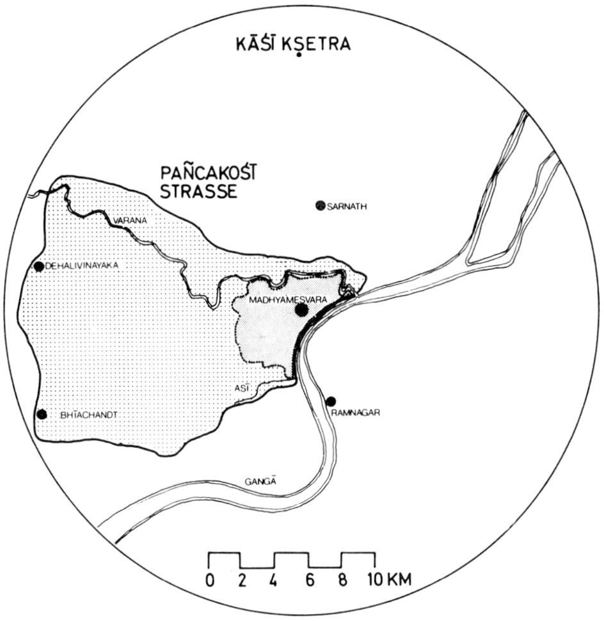

Abb. 4 Die Umwandlungspfade von Benares.

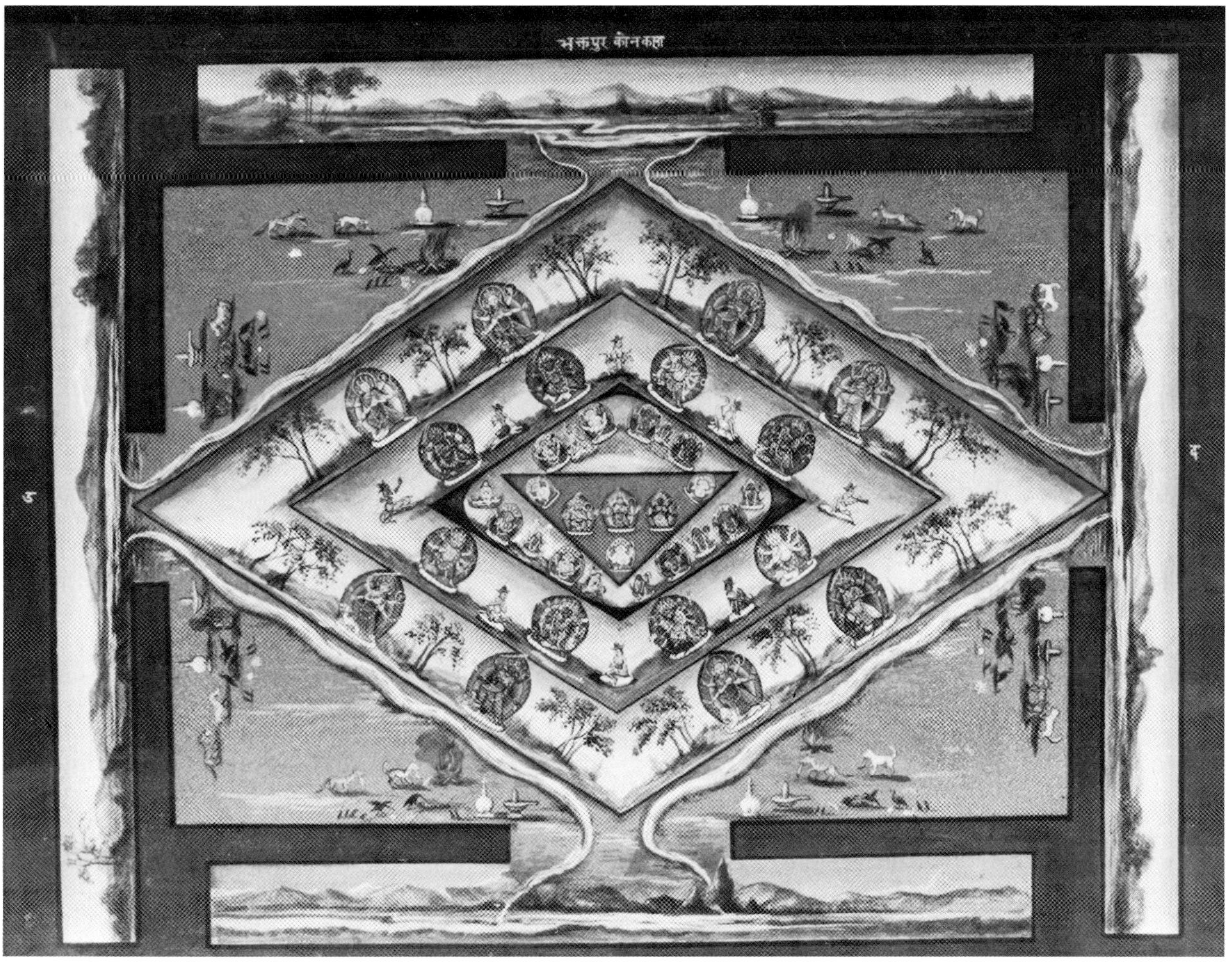

Abb. 5 Die Verteilung der Götter im Mandala einer Hindustadt: Bhaktapur in Nepal.

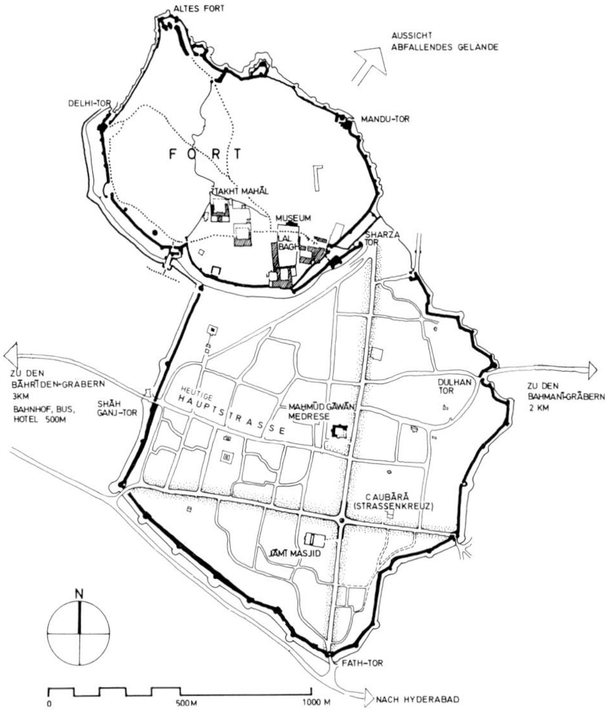

Abb. 6 Bidar: Die auf einem Straßenkreuz basierende Stadtanlage entstand nach 1430, als die Hauptstadt des islamischen Reiches auf dem Dekkhan von Gulbarga hierher verlegt wurde. Das Fort mit dem Palast entstand am Rande eines Plateaus an der Stelle einer älteren Stadt.

Abb. 7 Bidar mit dem Chaubara im Mittelpunkt der Stadt.

Menschen berühren. So kann man zusammenfassend sagen: *Orte*, von den Göttern in ihren Häusern besetzt, *Wege*, in endlosen Prozessionen beschritten, beides bezogen auf die idealtypischen *Figuren* des Kreises und des orientierten Quadrates, dies ist Benares, der Raumidee nach. In der räumlichen Wirklichkeit allerdings fehlt die geometrische Regelhaftigkeit von Kreis und Quadrat, auch das Element der Orientation, das in Benares nicht im ganzen, sondern nur im einzelnen Bauwerk präsent ist. Dennoch stellt der Plan beides dar, denn ihm geht es um die Abbildung des Wesentlichen, und zum Wesen der indischen Stadt traditioneller Prägung gehören nicht nur hierarchisch arrangierte Götterfamilien in ihren Tempeln (Abb. 5), umwallt von ihren Adepten auf ineinanderliegenden Ringen und Spiralen, sondern ebensosehr Quadratur und Orientation des Gesamtgefüges – dies in so typischer Ausprägung, daß der Planverfasser die Stadt Benares, die Hindustadt par excellence anders als in diesen quasi genetisch erworbenen Zügen nicht denken kann, aller baulichen Realität zum Trotz.

Anders als in Benares, wo in einem der wohl längsten Wachstums- und Siedlungsprozesse, den die Stadtgeschichte kennt, dieses Hinduideal der orientierten und viergeteilten Stadt gegen die ökonomische Dynamik der ständig neuen Flußheiligtümer nicht durchgehalten werden konnte, konnte sich das ideale Raumkonzept in zahllosen kleineren Städten des indischen Subkontinents mit größter Klarheit artikulieren. Neben die Hierarchie der heiligen Stätten um ein sakrosanktes Zentrum, die ja auch der Benaresplan als charakteristische Konstituente des indischen Stadtraumes verzeichnet, tritt dort ein die vier Kardinalpunkte verbindendes Achsenkreuz und ein auch visuell dominanter Mittelpunktsbau. In Bidar (Abb. 6, 7) etwa, wo Mahmud Shah III. gegen Ende des 15. Jh. eine neue Residenz gründete, ist die Neustadt durch ein Achsenkreuz geteilt, an dessen Schnittpunkt sich der Chaubara erhebt, ein massiver, etwa 20 m hoher, kreisrunder „Turm der vier Richtungen" (G. Yazdani 1947: Taf. LXIV). Und Bidar mag hier für all jene Residenzen und Tempelstädte stehen, deren Name Legion ist. Von Patan im Himalaya bis Suchindram nahe der Südspitze des Landes scheint jeder Stadtraum nach der Formel „Quadratur" und „Orientation" gebaut und nicht nur der Stadtraum, sondern alles Räumliche überhaupt. Dieses Grundmodell der räumlichen Ordnung und Gestaltung, das J. Strzygowski (1936) auf die Begriffe „Weltenberg" und „Vierung" gebracht hat, begegnet im Kleinsten wie im Größten. Wenn vor der Schwelle des Hauses in Nanjilnad (Abb. 8) die Frauen beim Herannahen eines Festes die labyrinthischen Figuren, die man Rangavallis nennt, mit farbigem Reispulver auslegen, so beginnen sie mit dem Zentrum und den Kardinalpunkten, und von hier aus schlingen sie ihr Liniengeflecht in einem komplexen Muster, häufig unter Aussparung einer Horizontalen und Vertikalen, so als ranke sich das kaum zu entwirrende Geflecht um ein imaginäres Achsenkreuz.

Das Haus selbst ist häufig orientiert, wobei die verschiedenen Landschaften Indiens durchaus eigene Typologien und regionale Modifikationen in großer Zahl hervorgebracht haben, aber dennoch ist das hierarchische Schachtelgefüge mit den Tabuzonen um Haustempel und Küche ubiquitär, und, wann immer es die räumlichen Verhältnisse zulassen, ist Orientation und Quadratur des Ganzen das absolute Ziel.

Abb. 8

Abb. 11

Abb. 9

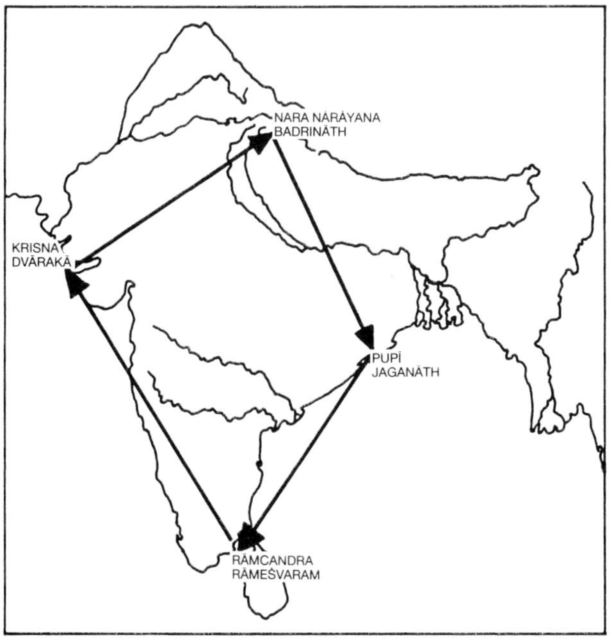

Abb. 10

Und wenn man etwa im Hochland von Mysore bei Morgengrauen den Hausvater das inmitten des Innenhofes sorgsam gehegte und architektonisch gefaßte Tulsi-Bäumchen – eine der Präsenzformen Vishnus – (Abb. 9) umwallen sieht, so erkennt man auch hier die beiden Grundmomente des Raumordnungsmodells, der göttlich besetzten Stelle, statisch unverrückbar festliegend, und der rituellen Umschreitung, dynamisch und in zyklischer Wiederholung.
Nächst Haus und Stadt begegnet dieses Modell in wiederum ausgeweiteten Dimensionen in jeder Landschaft, dann an den Grenzen der Sprachräume und schließlich, kaum noch räumlich wahrzunehmen, aber in einer merkwürdigen Mischung aus literarischer Tradition und unreflektierter Wallfahrtspraxis im Alltag und Selbstverständnis gleichermaßen präsent, an den Grenzen des indischen Subkontinents: Die gesamte riesenhafte Halbinsel wird als ein orientiertes und quadriertes Raumsystem begriffen, in dessen vier Ecken (Abb. 10) – Puri, Rameswaram, Dvaraka und Badrinath – Vishnu in einer seiner lebenserhaltenen Tätigkeiten präsent ist (N. Gutschow 1977: 44). Selbstverständlich ist auch dieses System Gegenstand einer kolossalen Umwallung, die mehrere Jahre in Anspruch nehmen muß, wenn sie im Einklang mit der Tradition zu Fuß vorgenommen wird (Abb. 11). Wenn irgend auf der Welt, so gilt hier das Wort Rilkes über die Pilger:

> „Ich habe ihren Zug gesehen
> und glaube seither, daß die Winde wehen

Abb. 8 Suchindram: Ein Mädchen legt aus farbigem Reispulver ein Rankenornament (Rangavalli) vor der Türschwelle.
Abb. 9 Heiliges Tulsibäumchen als Nasenspitze in einer Bhairav-Maske. Tika Bhairav, Nepal.
Abb. 10 Die „Vier Ecken" Indiens, in denen Vishnu zu Hause ist und die nacheinander bei der „Char-Dham"-Wallfahrt besucht werden, so daß der gesamte indische Raum einmal umschritten wird.
Abb. 11 Indischer Pilger auf der Landstraße bei Mathura.

aus ihren Mänteln, welche sich bewegen
und stille sind, wenn sie sich niederlegen,
so groß war in den Ebenen ihr Gehen."

2. DER INDISCHE RAUMBEGRIFF

Wenden wir diese Beobachtung zu den Grundelementen des indischen Umganges mit Architektur, Stadt und Landschaft ins Allgemeine, so läßt sich sagen, daß alles Räumliche in Indien nach einem bestimmten Modell gebaut scheint, das uns einmal im Großen, ein andermal im Kleinen entgegentritt, das aber unabhängig von seinen Dimensionen den gleichen Gesetzmäßigkeiten folgt, die die ältere indische Bauforschung mit der Formel „Weltberg" und „Vierung" belegt hatte, die man aber unter Berücksichtigung des mit Quadratur und Orientation ursächlich verbundenen Umschreitungswesen besser mit dem Begriffspaar „Besetzen und Umschreiten" als komplimentäre räumliche Handlungen bezeichnen müßte.
Welches sind nun die Voraussetzungen dieses spezifisch indischen Umganges mit dem Raum, insbesondere mit dem architektonischen Raum in der Statik seiner Teilung und Gliederung und der Dynamik der endlos in ihm ablaufenden Umschreitungen und Begehungen?
Ein charakteristischer Unterschied zwischen dem Raum der Architektur und dem reinen Erkenntnisraum geometrischer Anschauung ist darin zu sehen, daß jedes architektonische Raumgefüge zu seiner Definition bildhafter Gliederungen bedarf, daß es nach Modellen gebaut sein will, die weniger den abstrakten Prinzipien der Geometrie folgen, als daß sie Menschen und Dinge, Räume und Zeichen, Panoramen und Prospekte, daß sie alle nur denkbaren Erscheinungen des Ambientes zueinander in bedeutsame Beziehungen setzen. Diese bildhaften Gliederungen thematisieren nicht nur die kulturspezifischen Konzepte der Begriffe von Wohnlichkeit, Zweckdienlichkeit oder Schönheit, nicht nur ein Verständnis des angemessenen oder unangemessenen architektonischen Ausdrucks einer ästhetischen Vorstellung, sondern sie enthalten zugleich präzise Äußerungen über den rechten Ort eines jeden Dinges: Sie benennen in architektonischen Formeln die Stellung der Dinge und des Menschen in realer oder vorgestellter Welt.
So eröffnen sich im architektonischen Raum über die Elemente, die ihn gliedern, gestalten, besetzen, über die Orte, die er exponiert oder versteckt, über die Dinge, die er erhöht oder erniedrigt, Ausblicke auf ein geistiges Terrain, das eigentlich jenseits der Grenzen des Architektonischen liegt. Über die konkreten, sinnlich wahrnehmbaren Dinge der Alltagswelt artikulieren sich in der bedeutsamen räumlichen Zuordnung Vorstellungen, die sich der sinnlichen Wahrnehmung ihrem Wesen nach entziehen und die in den Bereich der sich selbst reflektierenden geistigen Existenz des Menschen gehören.
Das Verständnis von Welt, das sich somit in den Gliederungsprinzipien des architektonischen Raumes spiegelt, kann in den Epochen und Kulturräumen ganz und gar unterschiedlich geprägt sein. Es kann, etwa in humanistischer Tradition, den gebauten Raum als einen dienenden und zugleich kunstvollen Schachtelrahmen um die bestimmende Person des Bewohners begreifen. Es kann in klassischer Entwicklung bis hin zu barocker Übersteigerung diese Idee auf das gesamte Bauwerk, auf seine Wege und Zufahrten, die weite Landschaft mit ihren Dörfern und Städten, Bergen, Feldern und Flüssen übertragen und mit einer gottgleichen Geste das gesamte Blickfeld auf den Fokus des großen Innern in diesem architektonischen Crescendo beziehen. Es kann aber auch im Bewußtsein der menschlichen Mittelstellung in einer Hierarchie der Existenzen, die vom Unbelebten bis zum Göttlichen reicht, den architektonischen Raum gerade in jenen Elementen, die ihn bestimmen, als schon besetzt annehmen. Zentrum und Peripherie, die markante Topographie der Landschaft ebenso wie die architektonisch prägnanten Gestalten einer Stadt, selbst die Pathosformeln eines einzelnen Raumes erscheinen dann als der Sitz des Numinosen, das um sich herum nur Orte geringerer Bedeutung kennt.
In diesem Verständnis ist der Mensch nur mehr der Bewohner der Zwischenräume, ein Anrainer der Götter. Er bewohnt das Profane in Haus, Stadt oder Landschaft, gegen das sich die Orte des Numinosen klar umrissen absetzen.
Deutlicher noch als jene archaische Sicht unseres eigenen Raumgefühls, die etwa unter der Etymologie des lateinischen „Sanctum" oder des griechischen „temenos" (E. Cassirer 1969 II: 123) hervorscheint, ist der indische Raumbegriff von solchen Vorstellungen geprägt, die sich um diese Grundbedeutung des „Heiligen" kristallisieren: um die Vorstellung der heiligen Stätte als einer ausgesonderten, aus dem Profanen herausgelösten, in besonderem Maße und mit besonderen Scheidungen eingegrenzten (Abb. 12). Und nicht nur deutlicher tritt diese Auffassung hervor, sie ist auch formenreicher entwickelt und vor allem sehr viel folgenreicher gewesen als die entsprechenden, längst fossilierten Reste dieser Wurzeln auch unserer eigenen Raumvorstellungen.
Bis in die Gegenwart fortwirkend erscheint der gesamte indische Raumbegriff als von der Grundbedeutung des „ausgegrenzten Numinosen" abgeleitet. Dies ist die logische Folge der Konsequenz, mit der sich das systematisierende indische Denken der Idee der besonderen Stätte des Sakralen annimmt, mit der es den einmal gefaßten Gedanken der numinosen Sonderung entwickelt und in allen denkbaren Erweiterungen betrachtet.
Die erste Erweiterung ist darin zu sehen, daß es nicht

bei der einfachen Ausgrenzung eines heiligen Ortes stehenbleibt, sondern daß es um ihn herum weitere Orte legt, die zur innersten sakrosankten Stätte in Abhängigkeit stehen, Orte minderer Heiligkeit, die das Zentrum als „Allerheiligstes" charakterisieren. In der Regel geschieht dies in der Besetzung der Umgebung des sakrosankten Zentrums mit bestimmten, genau benannten Göttern: Um den Ort des unaussprechlichen Numinosen legen sich in wachsenden Ringen Götter konkreterer Gestalt. Dies wird deutlich in den Vastu Purusha Mandalas der Architekturtraktate (Abb. 13, 14), wie etwa im Manasara, die Anweisungen für die konkrete Teilung und Gliederung von Bauflächen enthalten. Dort werden 32 Schemata erörtert, die der Unterteilung des Stadtgebietes und seiner Besetzung mit Göttern dienen. Die Viertel – es können 2 × 2, 3 × 3, 4 × 4 usw. bis 32 × 32 sein – sind alle um einen Tempel organisiert, in dessen Innerstem ein konkreter vedischer Gott wohnt, sie alle jedoch gruppieren sich um die numinose Stelle im Zentrum der Stadt, die dem unaussprechlichen Brahma vorbehalten ist (P. K. Acharya 1927; J. Pieper 1977a: 74).

Die Ikonografie der 32 Beispiele des Manasara hat zwei Bedeutungsschichten. Zunächst stehen die vedischen Gottheiten in Beziehung zu den Gestirnen, im Beispiel des Manasara zu Sonne und Mond. Vivashvat, Mitra, Bhudara und Aryaka sind sogenannte Aditya, Sonnengottheiten, die jeweils für zwei Monate den Sonnenwagen bewohnen und ihn mit seinem Glanz erfüllen. Im Plan sind sie um das zentrale Feld des Brahma gruppiert. Im äußeren Ring liegen die Schutzgottheiten der Nakshatra. Die Nakshatra sind Fixsterne. Sie unterstehen der Herrschaft des Mondes und stellen seine Stationen dar. Der Mond ist in Indien das Symbol des Lebens, im Gegensatz zur Sonne, deren Hitze als eine tödliche Gewalt betrachtet wird. Insbesondere ist der Mond das Ursprungsgefäß des Wassers, und seine wichtigsten indischen Manifestationen sind die großen indischen Ströme Ganges, Jamuna und Sarasvati. Die Dualität dieser beiden Prinzipien als Ursprung der Emanationen ist also das erste Thema der Ikonografie. Das zweite ist aber noch interessanter, da es mit der Verteilung der Gottheiten ein räumlich vorgestelltes Konzept symbolisiert.

Auf dem äußersten Ring liegen Soma, Aditya, Yama und Varuna, die jetzt die vier Städte der Welthüter auf dem Marasottera-Gebirge symbolisieren. Dieses Gebirge liegt auf Pushkaradvipa, dem äußersten Ringkontinent in der jüngeren brahmanischen Kosmographie. In dem räumlichen Konzept repräsentieren sie die unterste Ebene. Auf der nächsthöheren Stufe – im Manasara-Beispiel in den Eckfeldern – liegen die Naksatra, wieder als Symbol und Schutzgottheiten der Mondstationen. Dann folgen, wiederum eine Stufe höher, die im inneren Ring dargestellten Aditya als Repräsentanten des Sonnenlaufs. Im Zentrum schließlich, und in dem räumlichen Modell auf der

Abb. 12 Sadhu mit kleinem Baumheiligtum im Kangra-Tal – die Urform eines heiligen Bezirkes.

Abb. 13 Vastu-Purusha-Mandala.

Abb. 14 Die Richtungsgötter des Manasara im Idealplan einer Stadt.

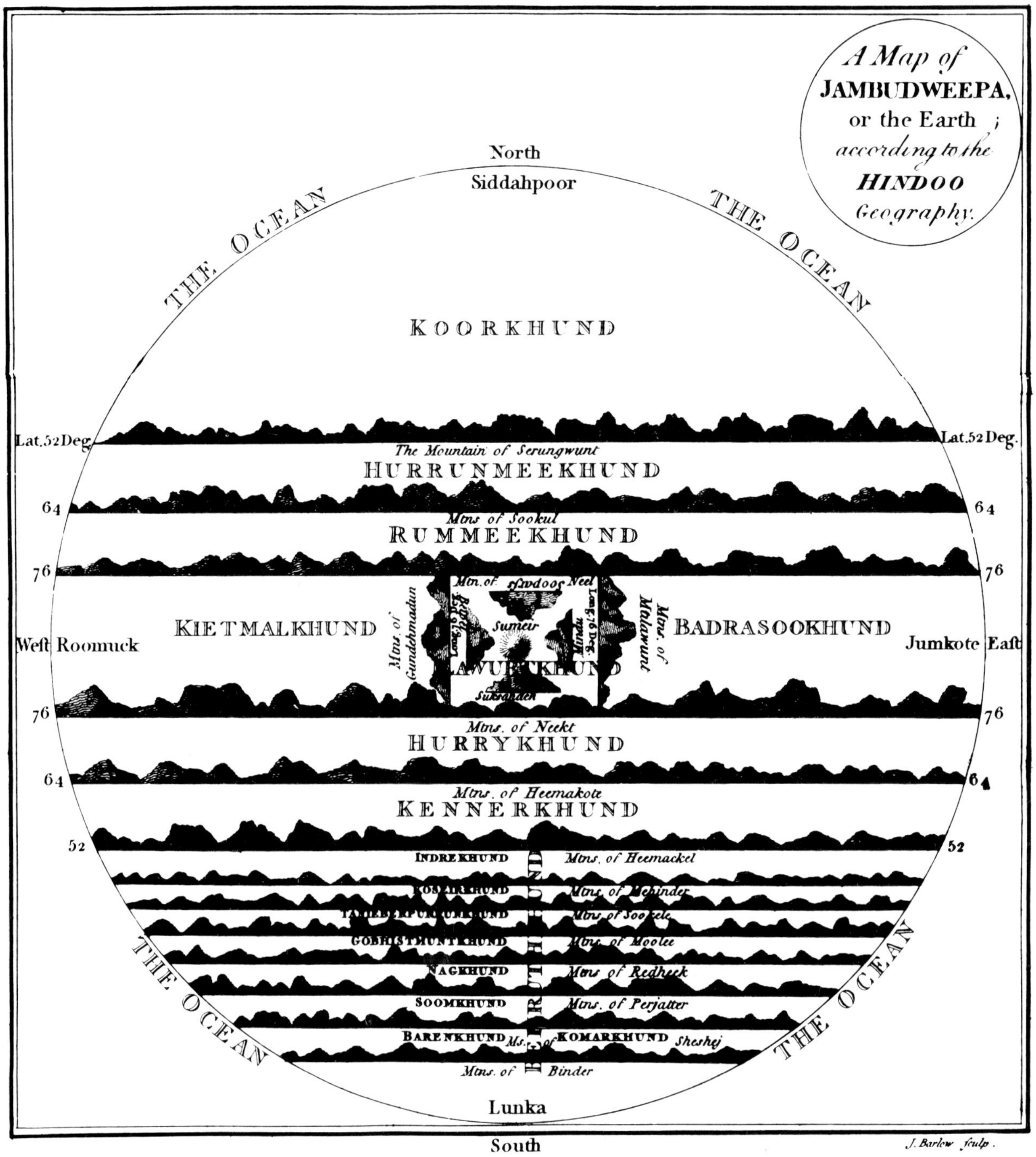

Abb. 15 Die Geographie der Inder mit dem Weltenberg im Zentrum.

Spitze der Pyramide, liegt die Stadt des Brahma, die der brahmanischen Kosmographie zufolge auf der Gipfelfläche des Meru plaziert ist (Abb. 15). Um den Meru als Weltachse kreisen Sonne, Mond und Sterne. In der Mythologie ist dieser Vorgang personifiziert gedacht. Die Gestirne sind Götter, die einen stufenweise sich erhebenden Berg bewohnen, wobei die Gestirne auf ihrem Umlauf bei den Göttern Station machen. In den Modellen des Manasara ist der Gedanke des Götterberges auf die Stadt übertragen. Betrachten wir die Götter der Manasara-Schemata genauer, so stellen wir fest, daß sie nicht nur mit zunehmender Entfernung vom sakrosankten Zentrum spezieller, konkreter und stofflicher werden, sondern daß sie zugleich einer bestimmten Himmelsrichtung zugeordnet sind, so daß man sie „Richtungsgötter" genannt hat (E. Cassirer 1969, II: 124).

Das ist nun die zweite, für den indischen Raumbegriff

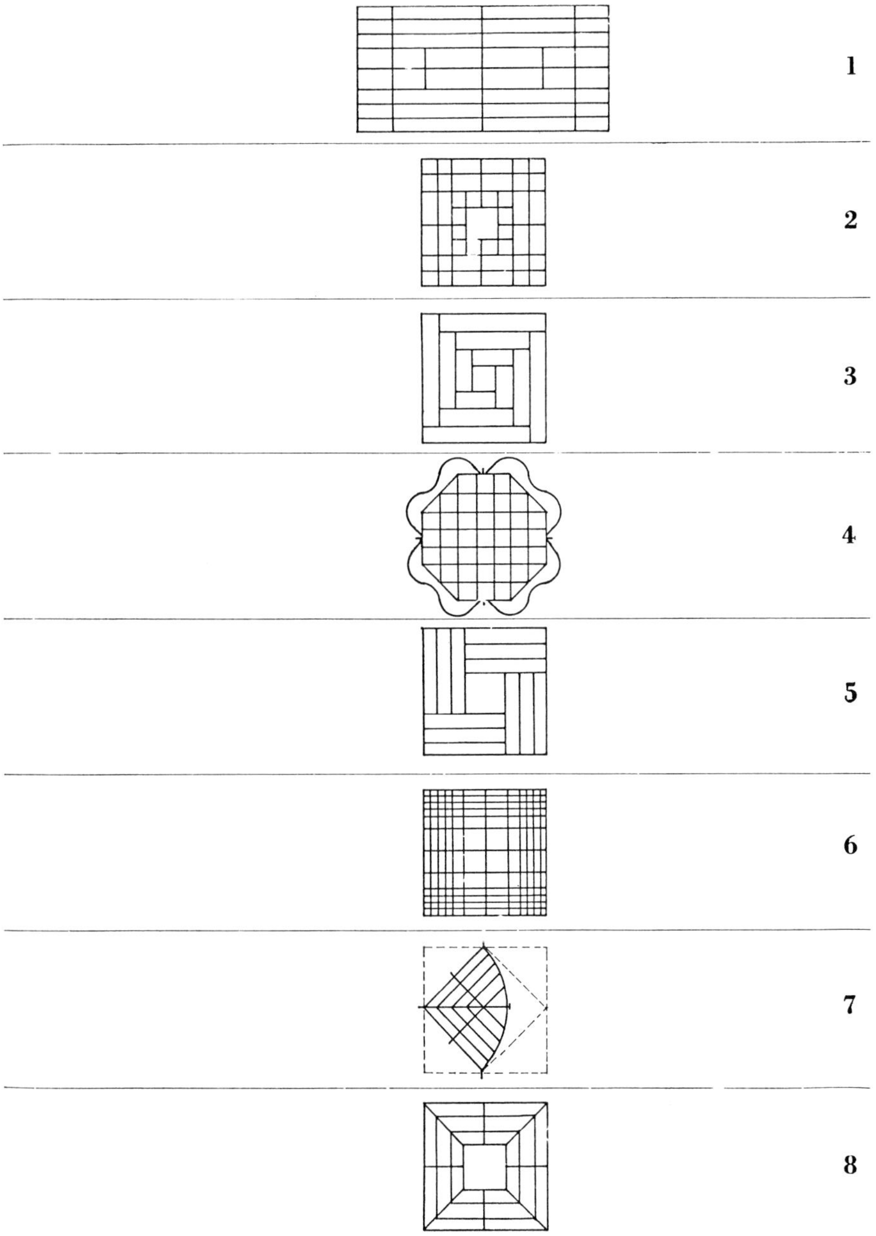

Abb. 16 Die acht orientierten und quadrierten Stadtplanschemata des Manasara.

ungeheuer wichtige Erweiterung der Ursprungsidee des heiligen Ortes: Nicht nur legen sich um die numinose Stätte weitere in konzentrischen Ringen, deren abnehmende Heiligkeit durch die in ihnen präsenten Göttergestalten unmißverständlich benannt wird, nicht nur also ist das gesamte System hierarchisch geordnet, sondern es ist zugleich nach den Kardinalpunkten und ihren Zwischenrichtungen orientiert. Ins Allgemeine gewendet, bedeutet dies: Das Konzept der ausgegrenzten numinosen Stelle und ihrer Dependenzen ist untrennbar mit einem Modell verknüpft, das die Hierarchie räumlich fixiert (Abb. 16). Für dieses erste und grundlegende Modell des indischen Raumbegriffes gilt, was wir auch in seinen übrigen Modellen wiederfinden werden: Es ist zunächst an der konkreten Naturbeobachtung herangebildet und dann in einer darauf aufbauenden mehr oder minder systematischen Spekulation fortentwickelt.
Die Grundlagen sind der Beobachtung elementarer astronomischer Vorgänge entlehnt: der Beobachtung, daß die Sonne im jahreszeitlichen Wechsel an bestimmten Punkten des Horizontes auf- und untergeht, die um die Ost-West-Achse der Äquinoktien pendeln. Senkrecht zu dieser Linie verläuft die zweite Achse astronomischer Gegensätzlichkeit, auf der die Mittagshöhe und der Mitternachtspunkt der Sonne liegen. So schafft die Naturbeobachtung der Morgen- und Abendweiten, der Sonnenstände an Äquinoktien

und Solstitien ein erstes System fester Orientierungen im Raum: Die Horizontpunkte, an denen sich der Wechsel der Tages- und Jahreszeiten im Raum abbildet, an denen der von der Natur vorgegebene Rhythmus der Zeit räumlich sichtbar wird, diese aus der Erfahrung gewonnenen Punkte kennzeichnet der ordnende menschliche Geist auf der Horizontlinie, verbindet sie durch gedachte Achsen und schafft damit ein System der Teilung und Gliederung des Raumes, in jener Dimension also, die – anders als die zyklisch gegliederte Zeit – von Natur aus nicht mit einer solchen aus sich heraus einsichtigen Struktur ausgestattet ist (E. v. Erdberg 1969: 29–41).

Dieses erste Gerüst führt mit Notwendigkeit zu den übrigen Grundelementen der räumlichen Sonderung: Zu den orientierten Achsen, zum Mittelpunkt, zu Nadir und Zenith, zu den acht Zwischenrichtungen, zu den geometrischen Elementarfiguren von Kreis, Quadrat, Kugel und Kubus, zu den räumlichen Scheidungen von innen und außen, oben und unten, vorn und hinten – zu einem immer dichter werdenden Netz der statischen Ordnung des Raumes.

Der Ursprung des gesamten Systems in der deutenden Beobachtung des Sonnenlaufes jedoch birgt eine zweite Notwendigkeit: Die Absicht, neben der Kennzeichnung der *statischen* Ordnung des Raumes über die Kardinalpunkte und der davon abgeleiteten Figuren auch die im Sonnenlauf sichtbare, *dynamische* Raumordnung abzubilden, die regelhafte Umfassung und gerichtete Umkreisung des Raumes also, die in ein analoges Gliederungssystem auf der ebenen Erdoberfläche miteinzubeziehen das notwendige Ziel dieses räumlichen Schematismus darstellen muß.

Hier wurzelt die indische Praxis der Umschreitungen und Begehungen, die von der einfachsten Umwallung eines Objektes bis zum raumgreifenden, den gesamten Subkontinent umfassenden Bewegungsritual ein nicht minder formenreich entwickeltes räumliches System darstellt als das System der linearen und geometrischen Gliederungen und das mit diesem zusammen unbedingt als ein Ganzes gesehen werden muß.

Die einfachste Äußerung dieser raumgestaltenden Absicht, rings um die numinose Stelle in umkreisenden Bewegungen Flächen zu umgrenzen oder durch choreographische Figuren zu gliedern, ist das Ritual der Umwallung, Pradakshina genannt.

Die Umwandlung des verehrten Objektes beginnt immer im Osten und wird im Uhrzeigersinn vollzogen, so daß der umwallte Gegenstand zur Rechten des Umwallenden liegt. Der Beginn des Rituals im Osten und der Drehsinn der Umwallung deuten an, daß diese Form der Umschreitung eine einfache Nachahmung des Sonnenlaufes darstellt. So wie die Sonne im Osten aufsteigt und dabei scheinbar die Menschenwelt im Uhrzeigersinn (– auf der Nordhalbkugel –) umkreist, so umschreitet der Adept in der Pradakshina den Gegenstand seiner Verehrung. Da mit dem Sonnenlauf in größeren und kleineren Ringen die jahreszeitlichen Lebensvorgänge der Natur verbunden sind, die Hitze- und Dürreperioden, auf die wiederum neues Leben folgt, so ist mit dem rechtsumlaufenden Drehsinn nicht nur allgemein auf den Weg der Sonne angespielt, sondern in engerer Bedeutung auf die Sonne als die Regentin der Lebensvorgänge: Die rechtsumlaufende Umwallung ist ein Lebenssymbol.

Konsequenterweise ist der Gegendrehsinn ein Todessymbol, und linksumlaufende Umschreitungen findet man deshalb vor allem im Totenkult, wenn während der Exequien der Scheiterhaufen von dem ältesten Sohn des Verstorbenen umschritten wird.

Auf die Symbolik des Sonnenlaufes in den indischen Umschreitungen wird noch auf eine andere Weise angespielt. Die Grundform der rechtsumlaufenden Pradakshina bestimmt auch die Choreographie der aufwendigen Prozessionen in Tempel, Stadt oder Land – wo sie allerdings Yatra („Reise") genannt werden –, bei denen ein Kultbild des Stadtgottes oder seiner göttlichen Verwandtschaft um das Gebiet seiner rituellen Herrschaft getragen wird. Hier steht das Idol für die Sonne, explizit, indem es auf dem Sonnenwagen die Stadt umkreist, oder metaphorisch, wenn es bei Sonnenaufgang im Osten sein Heiligtum verläßt, um, dem Lauf der Sonne folgend, seinen Glanz über der Stadt erstrahlen zu lassen und bei Sonnenuntergang wieder in sein Gehäuse zurückzukehren.

Umschreitungen, bei denen ein Kultbild umhergetragen wird, sind nicht auf den engen Raum von Tempel oder Stadt beschränkt; sie können den ganzen Raum umfassen, in dem sein Name gilt. Bei solchen weitausgreifenden, territorialen Begehungen kann eine höchst differenzierte räumliche Hierarchie heiliger Stätten sichtbar werden, wie etwa beim Dassera-Fest im Kulu-Tal, wenn die Götter der Haupt- und Seitentäler in mehrtägiger Prozession zu einem großen Lager an der Biegung des Beas-Flusses bei Kulu getragen werden und an den Kreuzungen die rangniederen Götter warten müssen, bis die ranghöheren passiert haben. Als erster zieht also der Gott der heiligsten Stätte der gesamten Region ins Lager ein.

Auch Umwallungen ohne spektakuläre Götterreisen können weite Räume umfassen, wie etwa der heilige Kreis von Nimsar (Distrikt Sitapur, Uttar Pradesh), bei dem alljährlich große Volksmassen auf einer 269 km langen Route den heiligen Teich umschreiten, der nach einer lokalen Überlieferung den Mittelpunkt der Erde kennzeichnet (B. Saraswati 1963: 211 bis 216). Die Umwallung beginnt am Neumondtag des Monats Phalgun am Teich der heiligen Mitte, um abends den Ort Kaurana am östlichsten Punkt der Route zu erreichen. Von dort geht es in elf Stationen zum Ort Misri im Norden des Kreises. Dort bleibt die Gesellschaft vier Tage, um am fünfzehnten Tag bei Vollmond zur zwölften Station, zum eigenen Haus, zurückzureisen. Unterwegs werden vierundzwanzig

heilige Stätten verehrt, darunter auch der Teich im Mittelpunkt der Erde (Abb. 17).
Dieser „Heilige Kreis von Nimsar“ ist in unserem Zusammenhang in mehrfacher Hinsicht interessant. Zunächst beschreibt die Umwallung nicht einen einfachen Kreis, sondern zwei ineinanderliegende Ringe. Bei der achten Station, also bei Halbmond, ist der erste Kreis geschlossen und es folgt der zweite, kleinere, auf dem auch das heilige Zentrum selbst betreten wird: Über solche komplizierten Choreographien wird gleich noch einiges mehr zu sagen sein. Dann ist die gesamte Umschreitung in Stationen gegliedert, gewissermaßen rhythmisiert, und schließlich ist sowohl die zeitliche Abfolge – Beginn bei Neumond, Vollen-

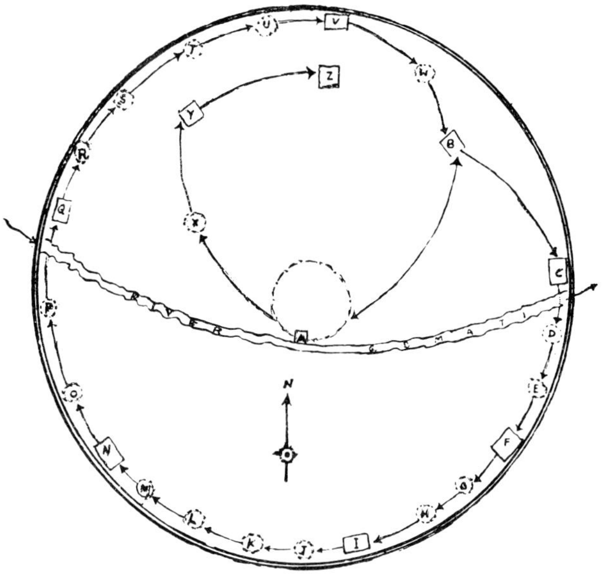

Abb. 17 Die Umschreitungen des „Heiligen Kreises von Nimsar“.

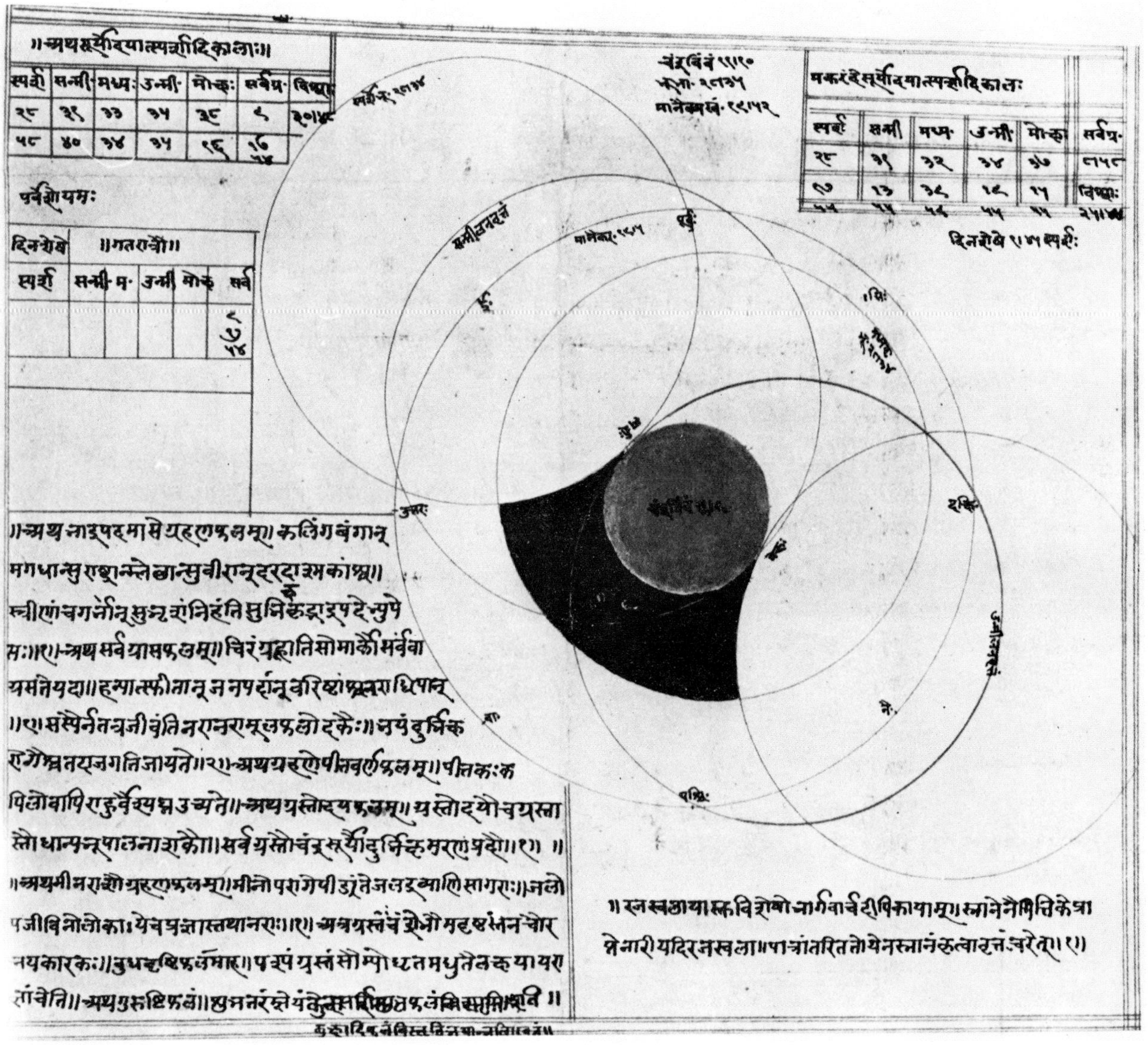

Abb. 18 Umlaufbahnen des Mondes und der Planeten in einer astrologischen Handschrift des 18. Jh.

dung der ersten Runde bei Halbmond, der gesamten Umwallung bei Vollmond – als auch die Zahlensymbolik – 15 Tage, 12 Stationen, 24 heilige Stätten – sehr bezeichnend: Das Ereignis ist also zugleich an die Mondphasen und an den Zwölfmonatsrhythmus des Sonnenjahres geknüpft.
Auch in dieser Erweiterung des einfachen Modells der Umwallung als einer in Nachahmung des Sonnenlaufes rechtsdrehenden, kreisförmigen Bewegung können wir verfolgen, wie der räumliche Schematismus dieses Denkens von der Naturbeobachtung astronomischer Vorgänge seinen Ausgang nimmt, um dann in analoger Entwicklung zu äußerst komplexen Systemen dynamischer Raumgliederung und Gestaltung zu gelangen.
Die Naturbeobachtung der astronomischen Vorgänge lehrt, daß der gesamte Fixsternhimmel im Jahresablauf eine einheitliche Bewegung um den Polarstern vollzieht. Die Konstellationen des Fixsternhimmels sind schon sehr früh, zu einem Zeitpunkt, der im Dunkel der Urgeschichte verloren ist, als klar umrissene Sternbilder gesehen worden, die, obwohl ihre Abgrenzung ja eine reine Konvention ist, zum universalen Erbe der frühen Kulturen gehören. Gegen die einheitliche Bewegung dieses in Bilder gegliederten Fixsternhimmels führen die Planeten und die Tag- und Nachtgestirne – Sonne und Mond – eine Eigenbewegung durch, wobei der Mond noch zusätzlich von Tag zu Tag seine Gestalt auffällig verändert (Abb. 18). Diese Veränderungen wiederholen sich im Rhythmus der Mondphasen von 15 bzw. 30 Tagen, und hier haben wir die erste Beziehung zur Analogiebildung im Umwallungswesen, wo ja auch – wie in Nimsar, das hier allerdings exemplarisch genommen werden kann – Anfang und Ende mit den Mondphasen zusammenfallen, auf die auch die erste Gliederung der Umschreitung in 15 Tagen Bezug nimmt.
Die zweite Gliederung in 12 bzw. 24 Stationen ist eine Analogiebildung zum Rhythmus des Sonnenjahres. Die weitere astronomische Beobachtung läßt nämlich erkennen, daß die Sonne im Jahresablauf in zwölf der bildhaften Abgrenzungen aufgeht, die die menschliche Phantasie am Fixsternhimmel vorgenommen hat, in den Konstellationen, die wir die zwölf Tierkreiszeichen nennen.
So kann also die gesamte Umschreitung des legendären Erdmittelpunktes von Nimsar als eine Analogiebildung zu den gegeneinander versetzten Umlaufzyklen von Sonne und Mond verstanden werden, die hier als ein System der räumlichen Eingrenzung eines heiligen Binnenraumes gegen eine uferlose Welt auf die ebene Fläche der Erde übertragen wird.
Dies gilt nun nicht nur für den Heiligen Kreis von Nimsar, auch andere großräumige Umwallungen, die nicht in einem Zuge, sondern nur in Abschnitten vorgenommen werden können, werden in Stationen unterteilt, die in ihrer Numerik auf die zwölf Stationen

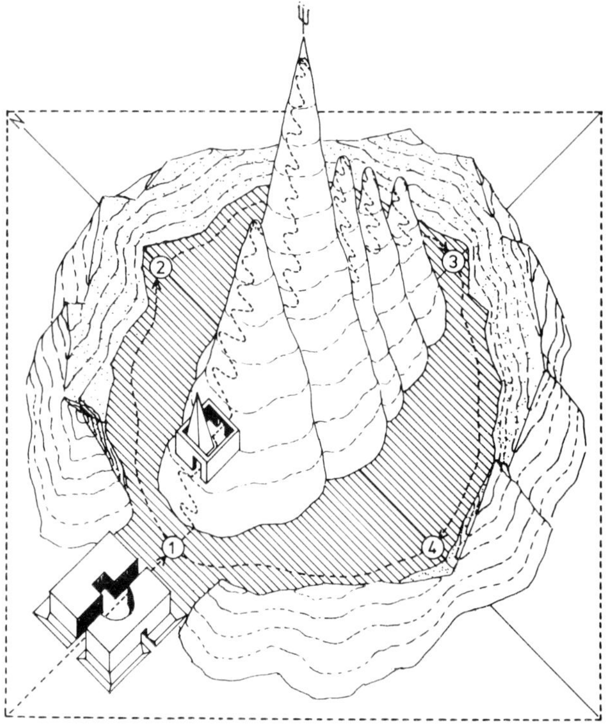

Abb. 19 Umwallung des Berges Girnar in Kathiawar.

der Sonne im Tierkreis anspielen oder auf Teile oder ein Vielfaches dieser Zwölfteilung.
So wird das Kasi Ksetra, das heilige Umland von Benares, wie wir sahen, in sechs Stationen umschritten, die Innenstadt dreifach in je vier Stationen. Die Stadt Shrirangam wird in Neuner- und Vierer-Stationen umwallt, ebenso der gesamte Tamil-Raum mit seinen vier Vishnu-Ksetras und schließlich ganz Indien mit den vier Ecken Vishnus oder den zwölf Hauptheiligtümern Shivas (J. Pieper 1977d). Besonders eindrucksvoll ist die Umwallung des Berges Girnar, eines riesenhaften erloschenen Kraters in Kathiawar (Abb. 19), wo die Prozessionen den fünfgipfligen Inselberg im Innern umfahren und dabei in den vier Himmelsrichtungen die Nachtlager aufgeschlagen werden (J. Pieper 1978a: 312).

Wenn somit die Beziehungen des Umgangwesens als einfache Analogiebildung zu Sonnenlauf und Mondphasen deutlich geworden sein dürfte, so müßten nun abschließend die komplexen Formen der Umwallungen erwähnt werden, die einer komplizierten Choreographie folgen und die nicht mehr als einfache Übertragung astronomischer Vorgänge in die territoriale Gestik der Prozessionen gedeutet werden können.
Häufig bestehen solche Rituale aus gleichzeitig ablaufenden Bewegungen mehrerer Kultbilder, deren Wege sich treffen, überlagern und ergänzen.
In der südindischen Tempelstadt Suchindram z. B. (Abb. 20), deren Raumgestalt auf die einfachen Figuren eines orientierten Rechteckes mit dem ebenfalls

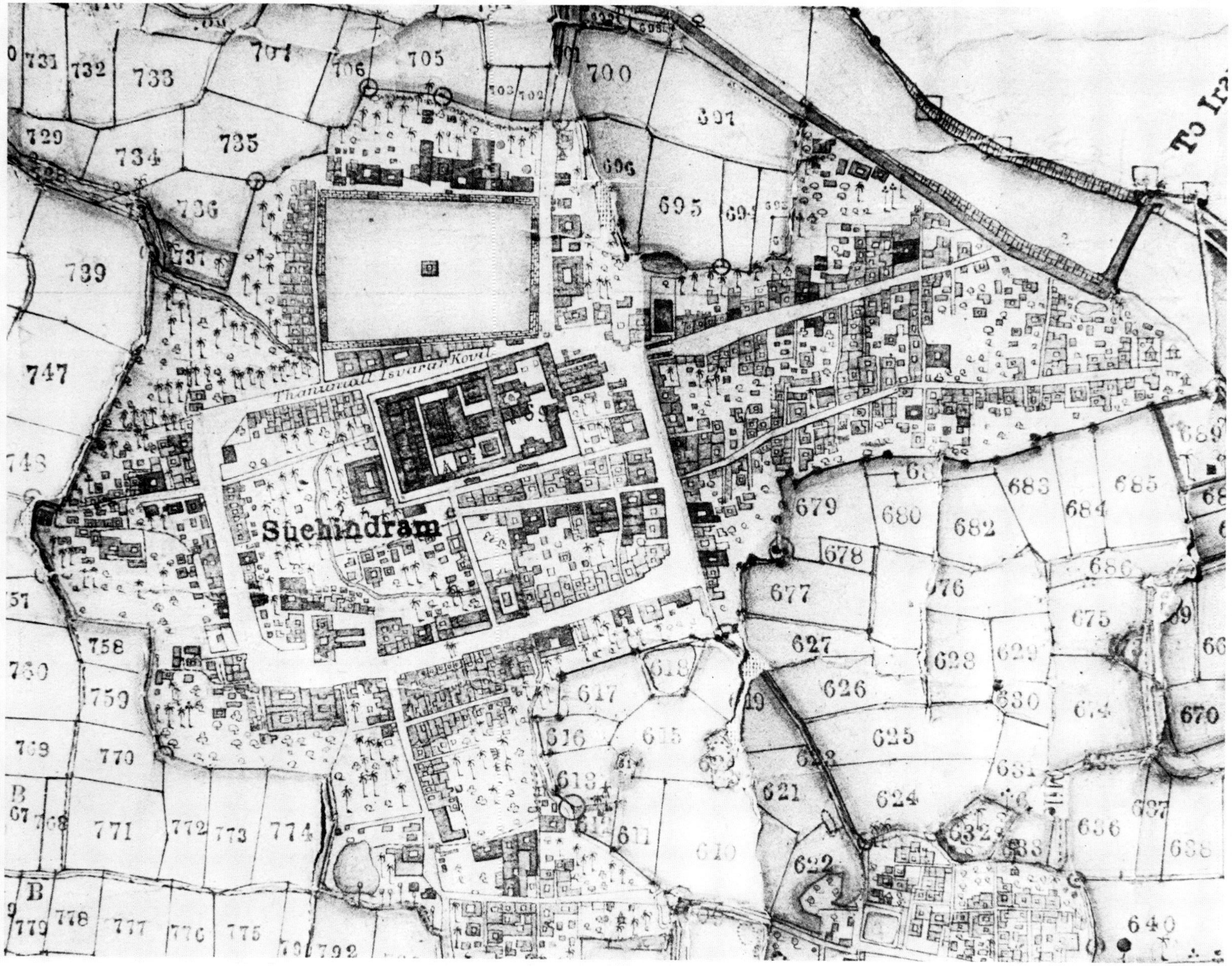

Abb. 20
Suchindram.
Stadtplan.

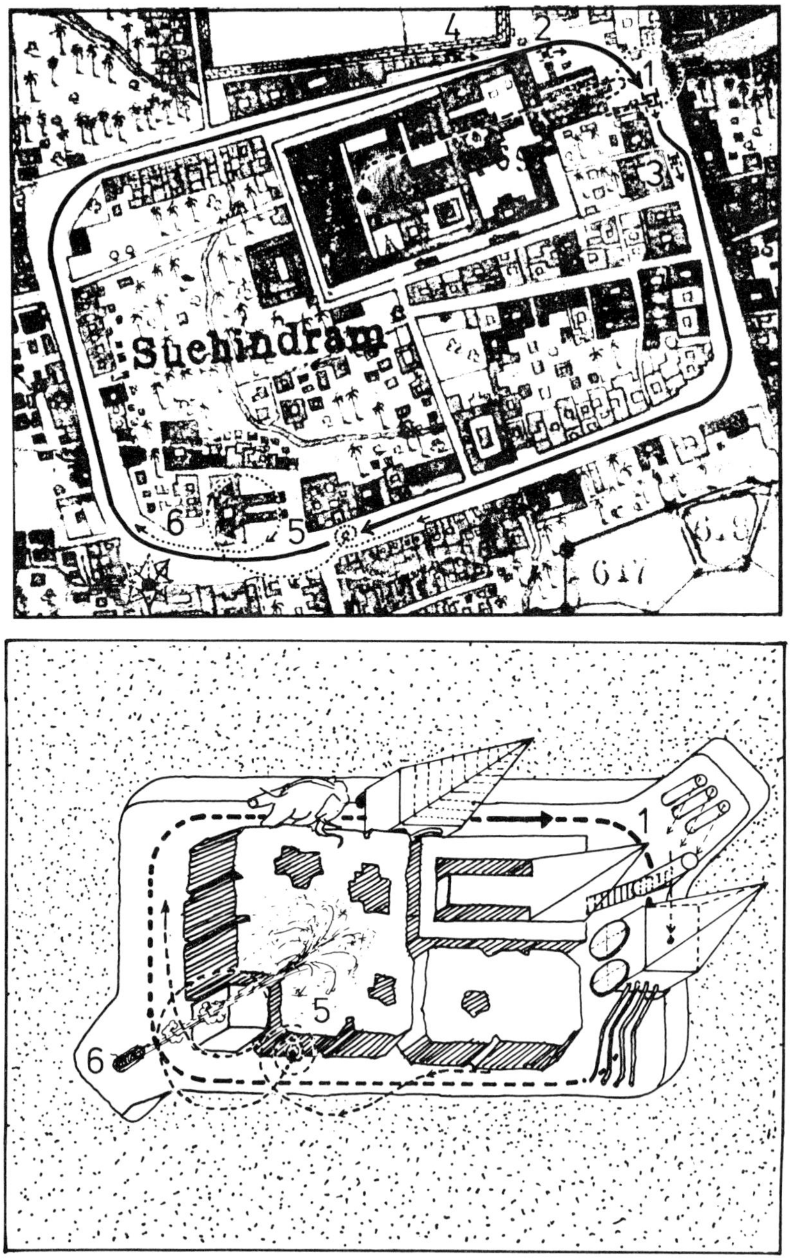

Abb. 21 Suchindram: Schema des Wagenfestes mit dem Tanz Shivas (5) und dem Feuerwerk (6).

rechteckigen Haupttempel Shivas im Zentrum, eine nach Osten weisende Achse und ein nördlich anschließendes Tankgeviert mit vier in den Himmelsrichtungen angeordneten Schreinen einer weiblichen Gottheit beschränkt ist, kann man diese Überlagerungen exemplarisch verfolgen (J. Pieper 1980a). Während der Hauptfeste werden vierzehn Tage lang – wieder im Einklang mit den Mondphasen – die Prozessionsbilder der Hauptgottheiten Shiva (Suchindraperumal) und Parvati (Uma) auf dem großen Geviert um die Stadt geführt (Abb. 21). Dies ist der Grundrhythmus der Umschreitungen, die mit uhrwerkartiger Regelmäßigkeit während des gesamten Festverlaufes die Stadt umkreisen. Um diese Bewegungen drehen sich andere, sekundäre: Am ersten, fünften, sechsten, achten und neunten Tag werden wechselnde Nebengottheiten in spiralförmigem Umgang um die Stadt geführt, die über die Achsen die Stadt verlassen und dort in unterschiedlichen Pavillons exponiert werden. Am dritten Tag kommen die drei Grenzgottheiten der Landschaft Nanjilnad, in deren Zentrum Suchindram liegt, zum Haupttempel, um dort den Schrein der Hauptgötter zu besuchen.

Wenn am neunten Tag alle Götter des Tempels um die Stadt gefahren werden, ein Vorgang, der den ganzen Tag in Anspruch nimmt, kommt gegen Abend ein Idol des tanzenden Shiva, das in schnellem Lauf den Weg um die Stadt nimmt, in mehreren Zirkeln die Götter auf den Wagen umkreist, um dann, nach einem grandiosen Feuerwerk (Abb. 22), wieder in seinen Schrein zurückzukehren.

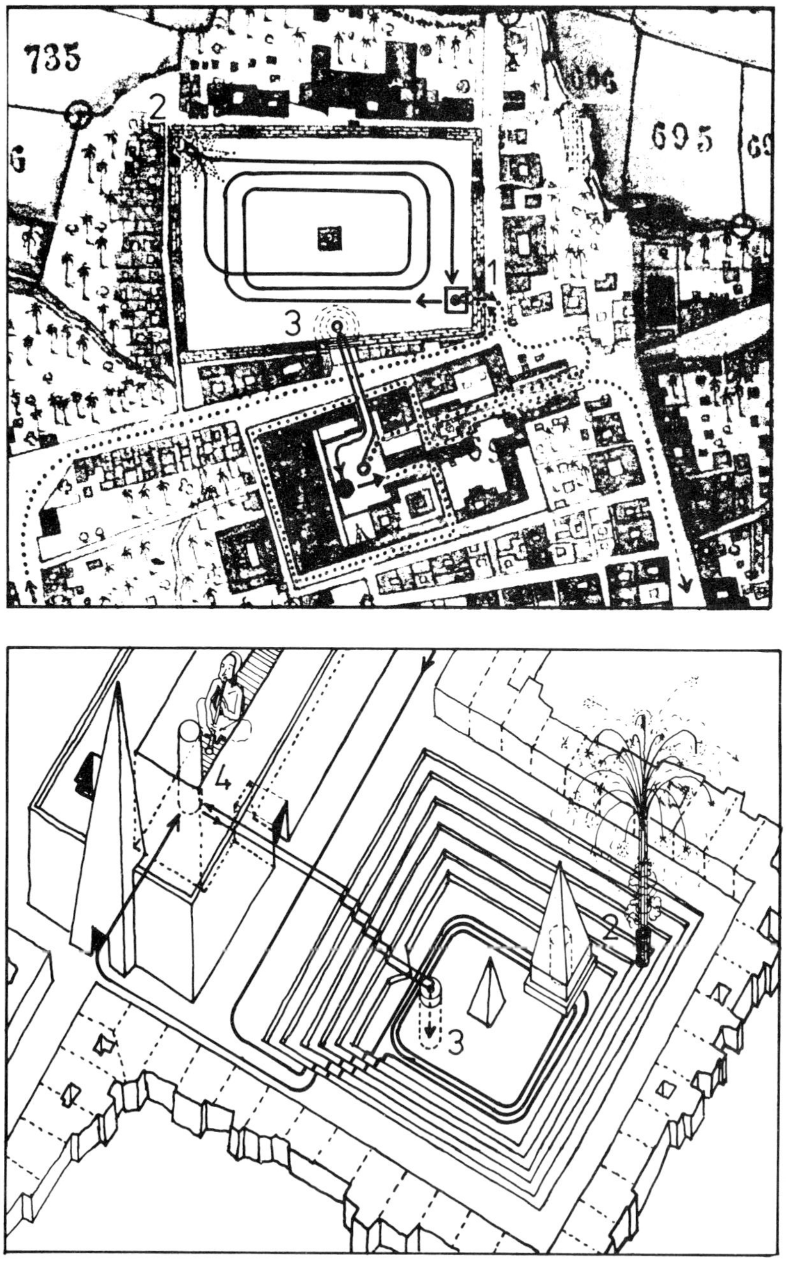

Abb. 22 Suchindram: Schema des Floßfestes mit dem Feuerwerk (2) und der Badezeremonie (3).

Bei diesen Umschreitungen, die in der Kartierung das Bild einander überlagernder Umlaufbahnen ergeben, mit Kultbildern, die wie Planeten unterschiedlicher Helligkeit in wechselhaften Konstellationen vor den in festen Relationen verankerten Tempeln erscheinen – bei diesen planetenhaften Bewegungsbahnen der Götter in einem Firmament von Tempeln, die wie Fixsterne im Stadtgefüge stehen, wird deutlich, daß hier die Ebene der reinen Analogie der Nachahmung astronomischer Vorgänge längst verlassen ist. Hier ist ein System der Raumbestimmung entwickelt, das seine Grundmodelle zwar aus den astronomischen Grundtatsachen der selbständigen Planetenbewegungen gegen die Drehung des Fixsternhimmels ableitet, das aber dann weit über die Analogie hinausweist, so daß es durch die temporäre Zuordnung der Götter des Zentrums oder der Peripherie an wechselnde Orte der Stadt diesen temporäre Bedeutungen zuweist (Abb. 23). Wenn etwa der Hauptgott an der Peripherie weilt, an einem Ort, der durch einen Pavillonbau trotz der nur vorübergehenden Bedeutung dennoch dauerhaft im Stadtgefüge gekennzeichnet ist, wenn er dort eine der ehrerbietigsten Huldigungen im Verehrungsgeschehen des liturgischen Jahres entgegennimmt, wie das Umtanzen des Shiva Nataraja, so verschiebt sich damit vorübergehend das Bari-Zentrum der sakralen Landschaft der Stadt. Umgekehrt stellt ein Empfang der Grenzgottheiten im Sanktissimum eine Erhöhung ihres Weihetitels dar, die ihre Herkunft aus einem ländlichen Schrein verklärt.

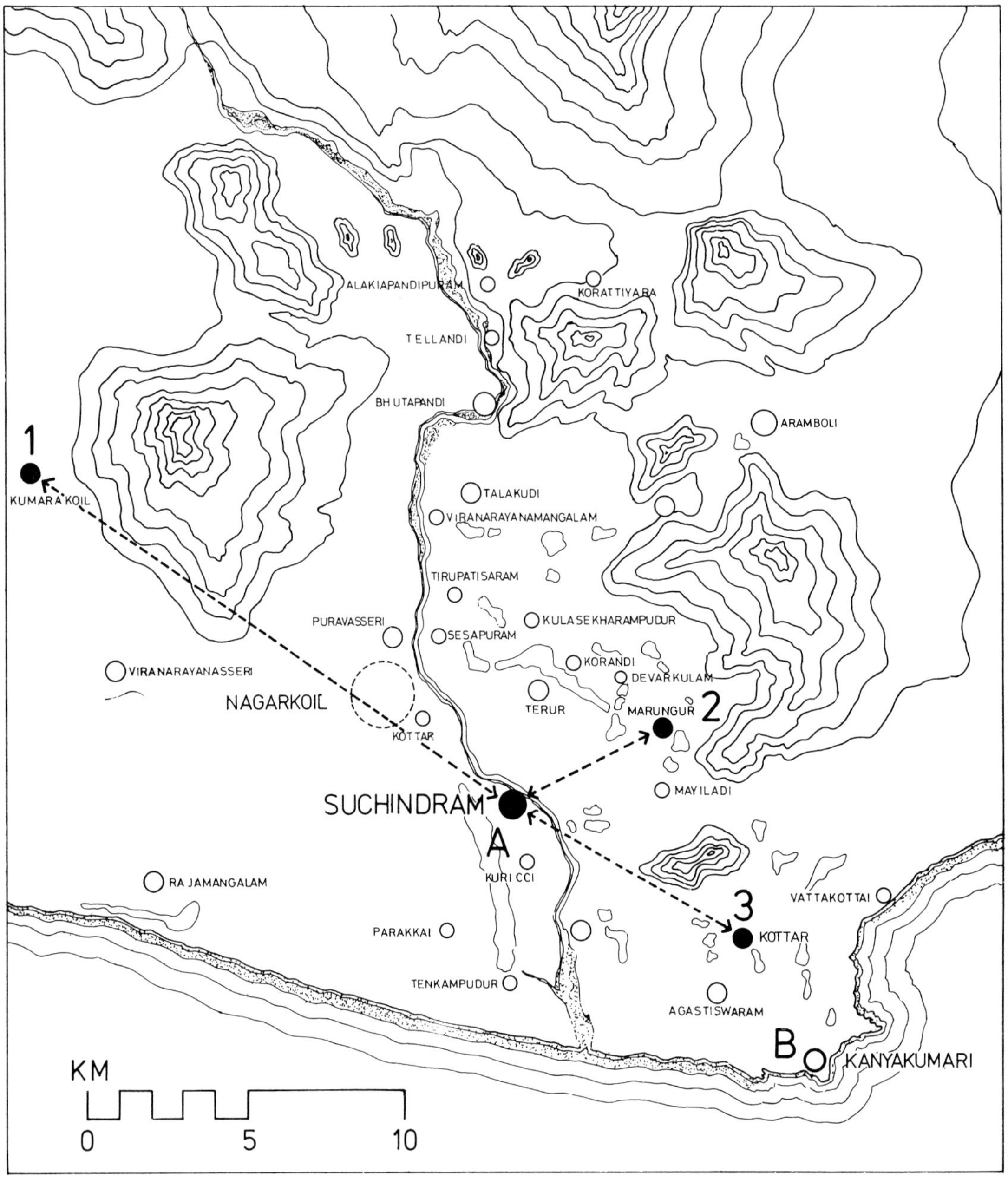

Abb. 23 Flurprozessionen in Suchindram: Die Götter der Dörfer besuchen ihre „Eltern“ in der Stadt.

Wir sehen also, wie hier im Fluß der Feste das geometrisch starre System der axial orientierten und quadrierten Gliederung der Stadt in den Bewegungen der Götter überspielt wird, die die Bedeutungen der eigentlich architektonischen Ordnung überlagern: Zu bestimmten Zeiten wandern die heiligen Orte, die Peripherie und die dort ansässigen Bewohner werden plötzlich zentral, das gesamte gesellschaftliche System in seiner räumlichen Fixierung wird temporär hinterfragt.
So sehen wir in systematischer Erweiterung der einfachen Grundmodelle um Quadratur und Sonnenlauf ein dynamisches System der räumlichen Gliederung entwickelt, das in seinen Bewegungsabläufen den Orten, Stationen und Zielen Bedeutungen zuweist, die das statische System der Raumordnung temporär verändern.
Und dies in einer Absicht, die sofort einsichtig wird, wenn wir das gesamte System als das begreifen, was es der Intention nach sein will: eine Parallelentwicklung zum System der Astrologie.
Wie die Astrologie mit ihren Häusern, Dekanen und Bezirken am Sternenhimmel eine Reihe systematischer Abgrenzungen vornimmt, wie sie damit eine Reihe fester Beziehungen zwischen den Planetenbewegungen und Tierkreiszeichen herstellt, wie sie schließlich im Verweilen eines Planeten in seinem Haus oder in ungünstiger Konstellation von Erhöhun-

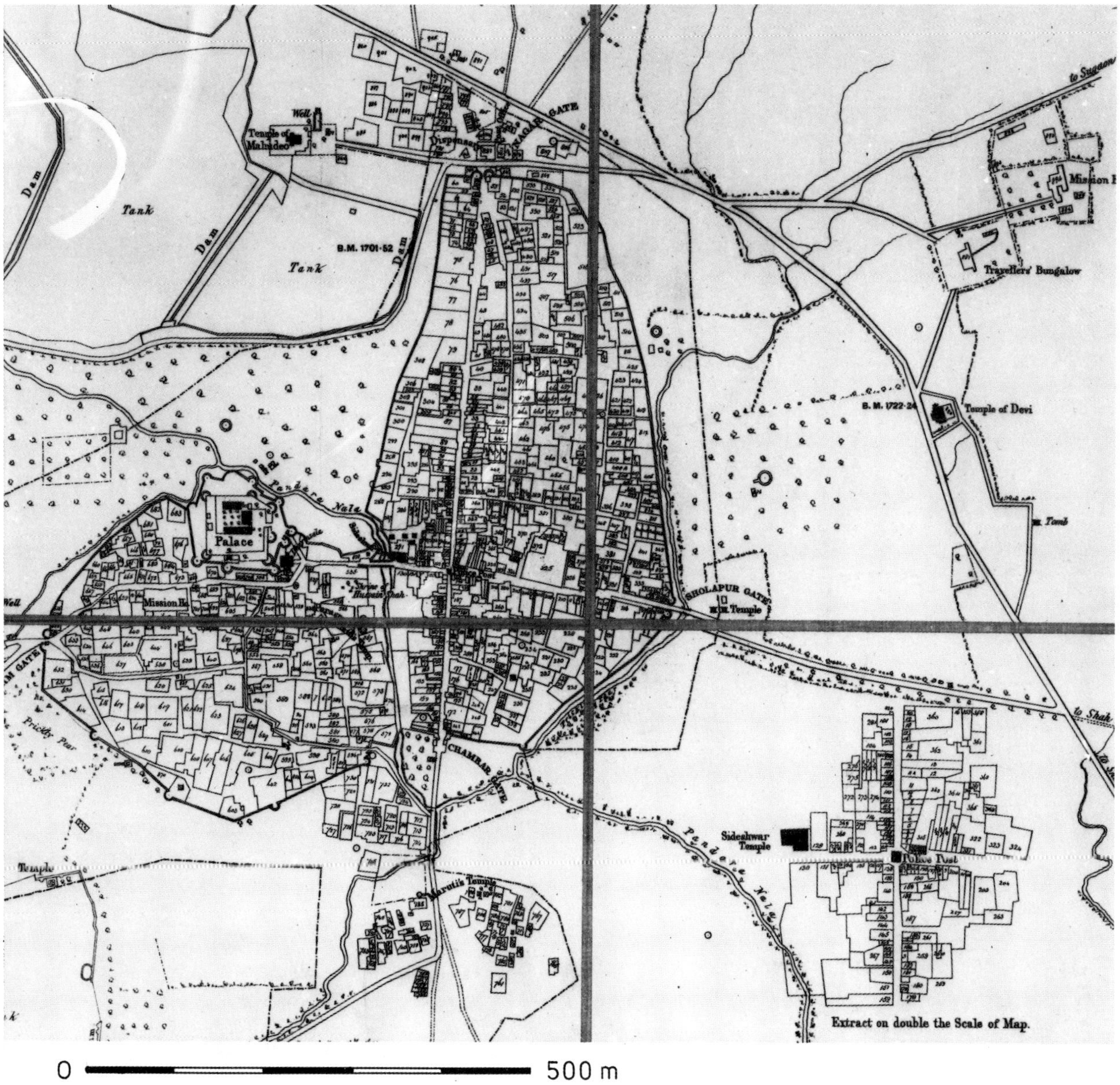

Abb. 24 Indapur, Dekkhan: Stadterweiterung mit orientiertem Achsenkreuz.

gen oder Erniedrigungen spricht (F. Boll u. a. 1974), so stellt das indische Umgangswesen Beziehungen her zwischen dem Raumsystem der Stadt, zwischen den Zonen und Vierteln, zwischen den Menschen, die darin wohnen, und den Göttern, die darin umherwandern und die damit ein einzelnes Quartier erhöhen oder erniedrigen, ihren Glanz dort erstrahlen lassen oder sich davon abwenden.

Wenn das indische Raumordnungssystem mit seiner rigiden, kosmisch notwendig scheinenden Teilung, mit seiner strengen Hierarchie von Orten und Räumen, die auch immer zugleich eine Hierarchie der Bewohner darstellt, eines bedeuten will, dann dieses: Nichts in diesem quadrierten und orientierten Raum ist ausschließlich und fest. Denn Quadratur und Vierung benennen nur den einen Aspekt, der mit dem Umgangswesen zusammen als ein Ganzes gesehen werden will, und dieses Ganze des indischen Raumbegriffes kennt sowohl die erdrückende Starre der kosmischen Orientierung als auch die spielerische Leichtigkeit des Ephemeren.

3. ORDNUNGS- UND GESTALTUNGSPRINZIPIEN ARCHITEKTONISCHER RÄUME

Die räumliche Vorstellungswelt der Inder mit ihren vielfältigen kosmologischen Bezügen hat klare Ordnungs- und Gestaltungsprinzipien architektonischer Räume entstehen lassen, die insbesondere im Städtebau wirksam werden konnten. Im Norden und in

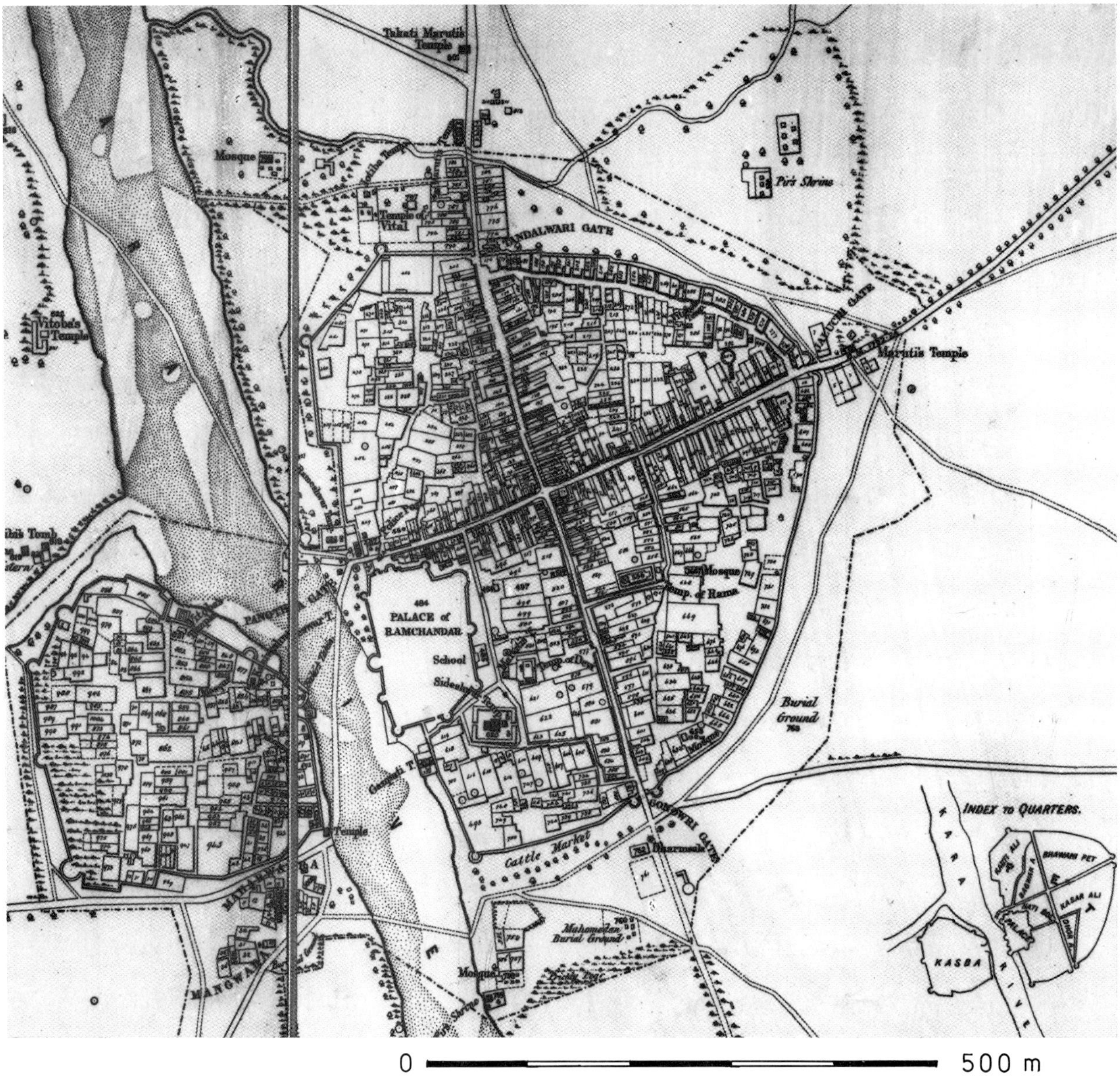

Abb. 25 Baramati, Dekkhan: Kleinstadt mit orientiertem Achsenkreuz.

Zentralindien ist es das immer wiederkehrende orientierte Achsenkreuz, das die Planungen beherrscht, im Süden dagegen sind es Systeme von ineinanderliegenden orientierten und häufig mauerumschlossenen Quadraten. Dennoch ist keines dieser Systeme starr oder gar ausschließlich in seiner Anwendung; im Gegenteil, es finden sich räumliche Gestaltungen in solcher Variations- und Formenfülle, daß man sie kaum in einer einzigen gemeinsamen Vorstellungswelt verwurzelt glauben mag. Betrachten wir zur Illustration dieses Reichtums zunächst einige der Baugedanken, die von dem orientierten Achsenkreuz ausgehen.

Bidar (Abb. 6, 7), die Hauptstadt des Bahmanireiches, wurde schon kurz erwähnt. Dort gründete Mahmud Shah III. im Jahre 1429 unterhalb der schon bestehenden Festung eine Stadtanlage, die nach einem orientierten Achsenkreuz geordnet ist. Am Schnittpunkt der beiden Achsen erhebt sich ein mehr als 20 m hohes zylindrisches Bauwerk, das Yazdani als Beobachtungsturm gedeutet hat (G. Yazdani 1947: 90). Es ist denkbar, daß in späterer Zeit der Turm tatsächlich in dieser Funktion verwendet wurde, aber seine ursprüngliche Bedeutung dürfte symbolisch verstanden worden sein. Darauf deuten zwei Tatsachen, die volkstümliche Benennung des Bauwerkes als „Chaubara" und eine Legende, die die Errichtung des Turmes in mythische Vorzeiten verlegt (G. Yazdani 1947: 91). „Chaubara" bedeutet „Haus, das nach den vier Himmelsrichtungen weist", und damit ist deutlich auf die Omphalos-Idee angespielt, die dem Ganzen zugrunde liegt. Wir haben es hier mit einem typischen Mittelpunktsbauwerk zu tun, das – über dem

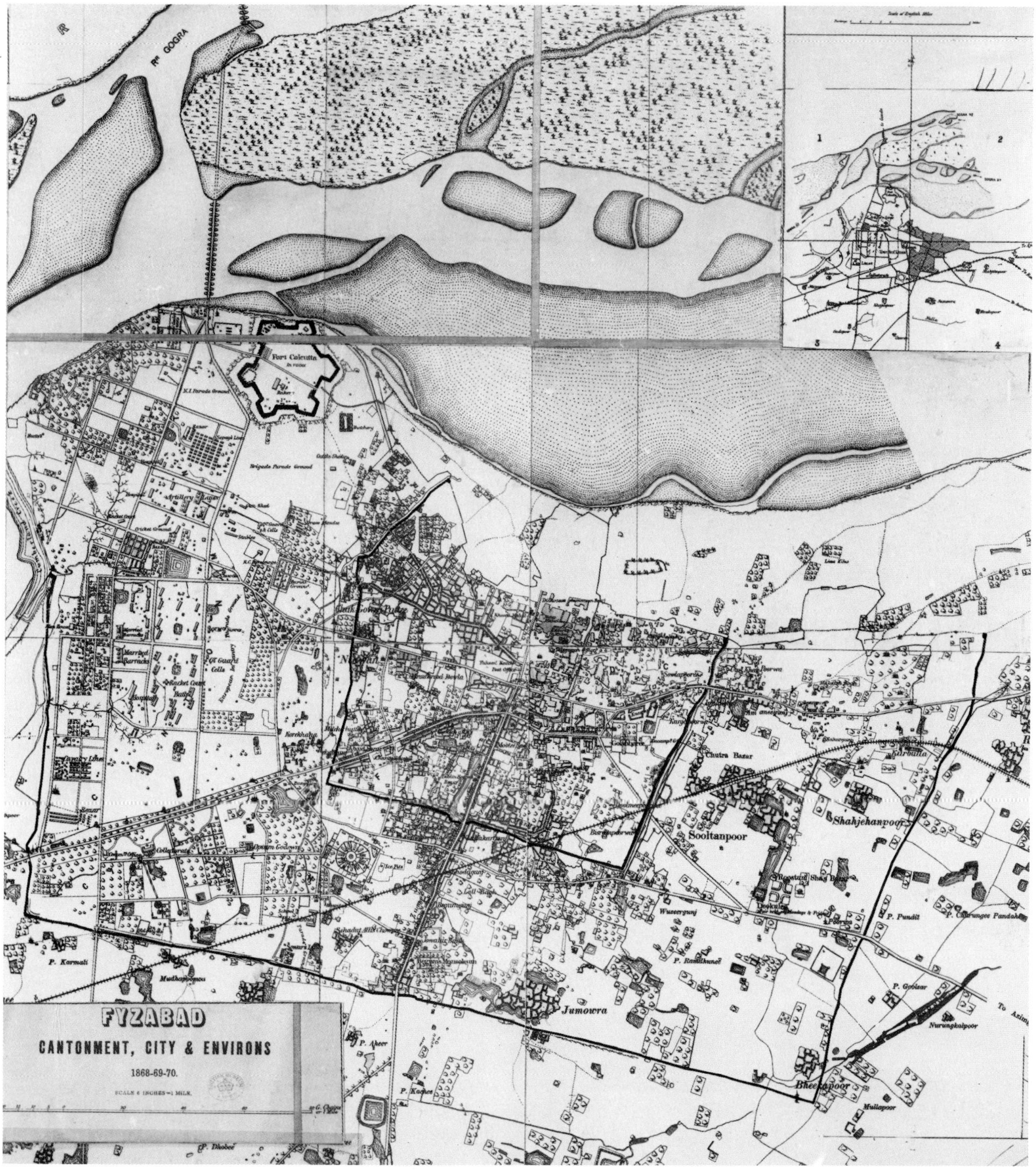

Abb. 26 Faizabad in Uttar Pradesh: Quadrierte und orientierte Doppelstadt: Das innere Geviert umschließt die Kaufmannsstadt, das äußere die Lagerstadt der Armee des Nawab.

Schnittpunkt der Vier Straßen errichtet, die in die Vier Richtungen führen – das Zentrum eines weit über die Stadt hinausgreifenden Systems bezeichnen soll. Stadtmitte und Weltenmitte werden hier gleichgesetzt in symbolischer Überhöhung der praktischen Bedeutung, die die Stadt im Alltagsleben ihrer Bewohner ja auch tatsächlich besitzt (W. Müller 1961).
Die Ursprungslegenden um den Chaubara muß man demgegenüber wohl als Versuch einer Traditionsbegründung verstehen, wie dies ja gerade für eine systematische Neugründung wichtig ist. Der zentrale Bau der Neustadt weist zurück in mythische Vorzeit, wird zum architektonischen Zeichen einer Siedlungskontinuität über die Zeiten hinweg: Dieser Ort war schon immer von Göttern und Menschen bewohnt.
Ähnliche Achsenkreuze wie in Bidar finden sich auch in zahlreichen anderen Neustädten Mittel- und Nordindiens; in geradezu auffälliger Häufung stoßen wir

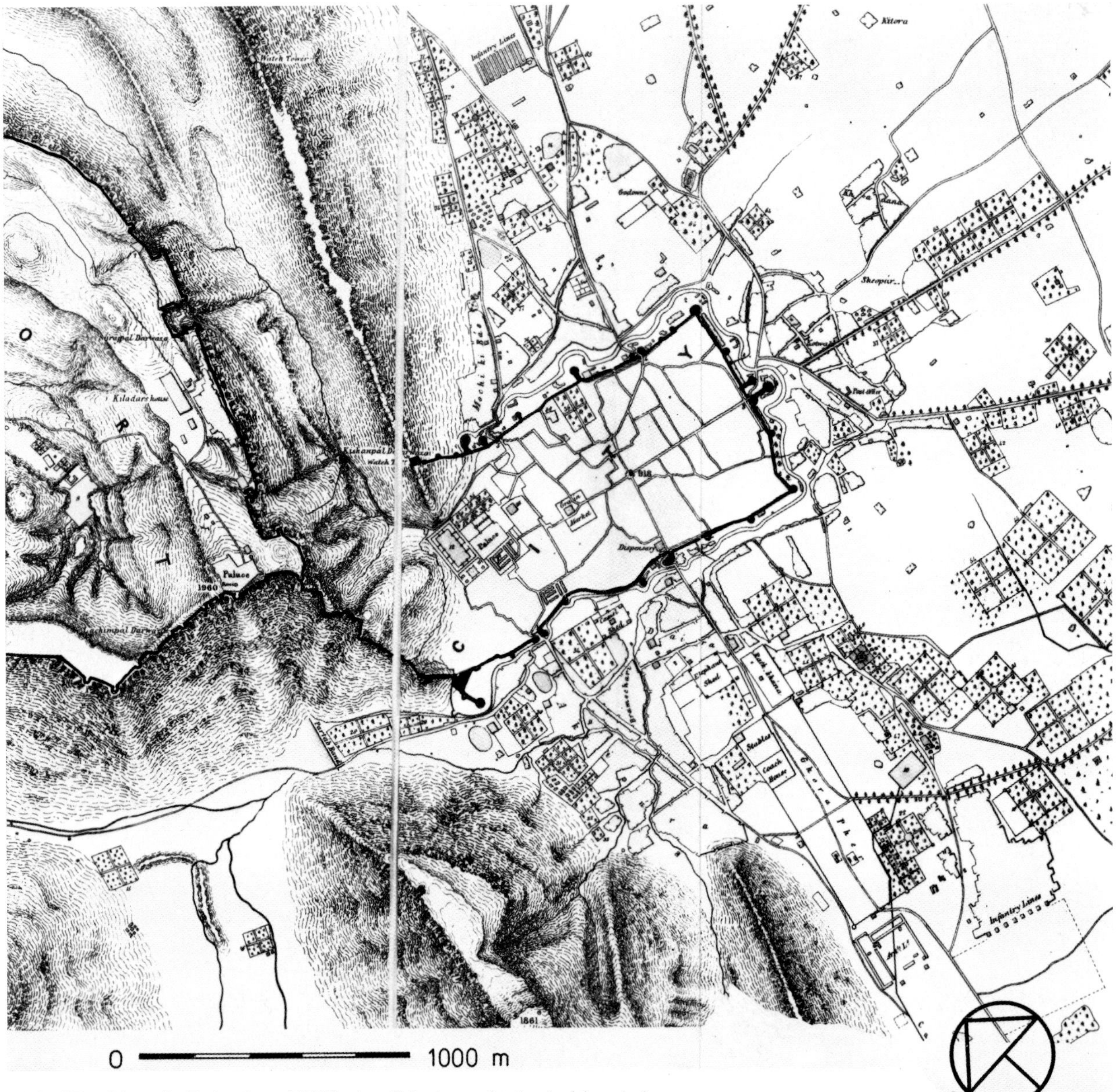

Abb. 27 Alwar in Rajasthan (1771): Am Schnittpunkt der beiden Achsen erhebt sich als Mittelpunktsbau das Grab von Tarang Sultan (1350).

auf dieses Anlageschema bei Städten, die nicht ex novo entstanden sind, sondern wie die Bahmaniresidenz als Erweiterung eines schon bestehenden befestigten Kerns. Hier wäre etwa die Kleinstadt Indapur (Abb. 24) in Maharashtra zu nennen, oder Baramati (Abb. 25) zwischen Poona und Sholapur. Die Gründungsdaten dieser Erweiterungen sind nicht mehr zu bestimmen; nach lokaler Tradition fallen sie in den Beginn des 18. Jahrhunderts.
Während die Achsenkreuze geradläufig geführt sind, allerdings ohne größeren Wert auf geometrische Präzision zu legen, verlaufen die Nebenstraßen in einem verwinkelten Knickgassengefüge, das teilweise labyrinthische Züge annimmt. Diese Verbindung von orientiertem Achsenkreuz und Knickgassengrundriß ist ein so typisches Merkmal dieser Gründungsstätte, daß man sie in der Siedlungsgeographie als die Sonderform des „indischen Netzgrundrisses" bezeichnet (G. Niemeier 1967: 35). Interessant ist auch die Achsenneigung des Hauptstraßenkreuzes, das in Ost-West-Richtung nur in Ausnahmefällen auf den exakten Äquinoktialpunkt weist, sondern in der Regel um einige Grade nach Nordosten oder Südosten verschoben ist. Das Phänomen ist noch zu wenig erforscht, als daß man bereits zu einer abschließenden Beurteilung kommen könnte, jedoch scheint es nach den bisher vorliegenden Untersuchungen, daß die Ost-West-Achse gewöhnlich auf den Sonnenaufgangspunkt am Tage der Gründung ausgerichtet ist (J. Pieper 1980a).

Abb. 28 Blick auf das Grab von Tarang Sultan im Mittelpunkt der Stadt.

Abb. 29 Blick aus dem Inneren des Grabes in die Hauptstraße.

Die Achsen der nordindischen Planstädte greifen oft weit ins Umland hinaus, wie dies besonders deutlich etwa bei Faizabad in Uttar Pradesh zu sehen ist. Faizabad (Abb. 26) wurde 1730 von Saadat Khan, Nawab von Oudh, gegründet, dann von Suja-ud-Daula 1765 erheblich vergrößert und neu befestigt. Nach dem Tode des Nawab 1774 versank die Stadt rasch in Bedeutungslosigkeit, und heute ist nur noch ein Bruchteil der ehemaligen Stadtfläche besiedelt. Auch die große Gestik der ursprünglichen Planungen ist in der ungeordneten Bauentwicklung der modernen Provinzstadt kaum noch auszumachen, aber die englische Aufnahme aus dem Jahre 1869 zeigt noch sehr deutlich die Baugedanken des 18. Jh. Vor allem vermittelt uns dieses Dokument eine anschauliche Vorstellung von den beachtlichen Dimensionen, in denen hier die Idee von Quadratur und Vierung ins Werk gesetzt wurde. Im Zentrum der Anlage befindet sich der viergeteilte, ursprünglich quadratische und von einer Mauer umschlossene Bereich der Bürgerstadt. Am Schnittpunkt der Achsen erhob sich ein Mittelpunktsbauwerk, das jedoch nicht mehr erhalten ist und über dessen Existenz wir nur aus schriftlichen Quellen wissen (R. L. Singh 1948: 1–6). Schon zur Zeit der englischen Aufnahme war es verschwunden, und ebenso war die nördliche Hälfte des Mauerquadrats bereits untergegangen. Erhalten waren lediglich noch die Basare, die dem Lauf einer alten Landstraße folgend, die quadrierte Stadt schräg durchschneiden.

Diese innere Stadt bot Raum für etwa 500000 Einwohner, für das 18. Jh. zweifelsohne eine gewaltige Zahl, und wenngleich wir nicht wissen, ob Faizabad jemals so viele Seelen zählte, so lassen die erhaltenen Reste immerhin die Mitteilungen von Clive glaubwürdig erscheinen, der über die Städte der Region berichtet, sie seien volkreicher als London und größer als Paris (J. Pieper 1977a: 176). Rings um die Bürgerstadt ließ Suja-ud-Daula eine zweite Stadt anlegen, die eine Fläche von nahezu zehn Quadratkilometern (!) bedeckte. Hier war ein riesiges Standlager für die Armee untergebracht – etwa 140000 Mann lebten hier mit einem nicht zu beziffernden Troß, mit Herden von Pferden für die Reiterei, mit Waffenschmieden, Werkstätten, eigenen Basaren, Märkten, Vergnügungsvierteln und allem, was seit Menschengedenken zum Leben und Treiben der Soldaten dazugehört. Auch diese Soldatenstadt war mit einem Erdwall befestigt, der in seinem viereckigen Umriß und in der Fortführung des Achsenkreuzes die Formen der steinernen Binnenstadt im Großen wiederholt.

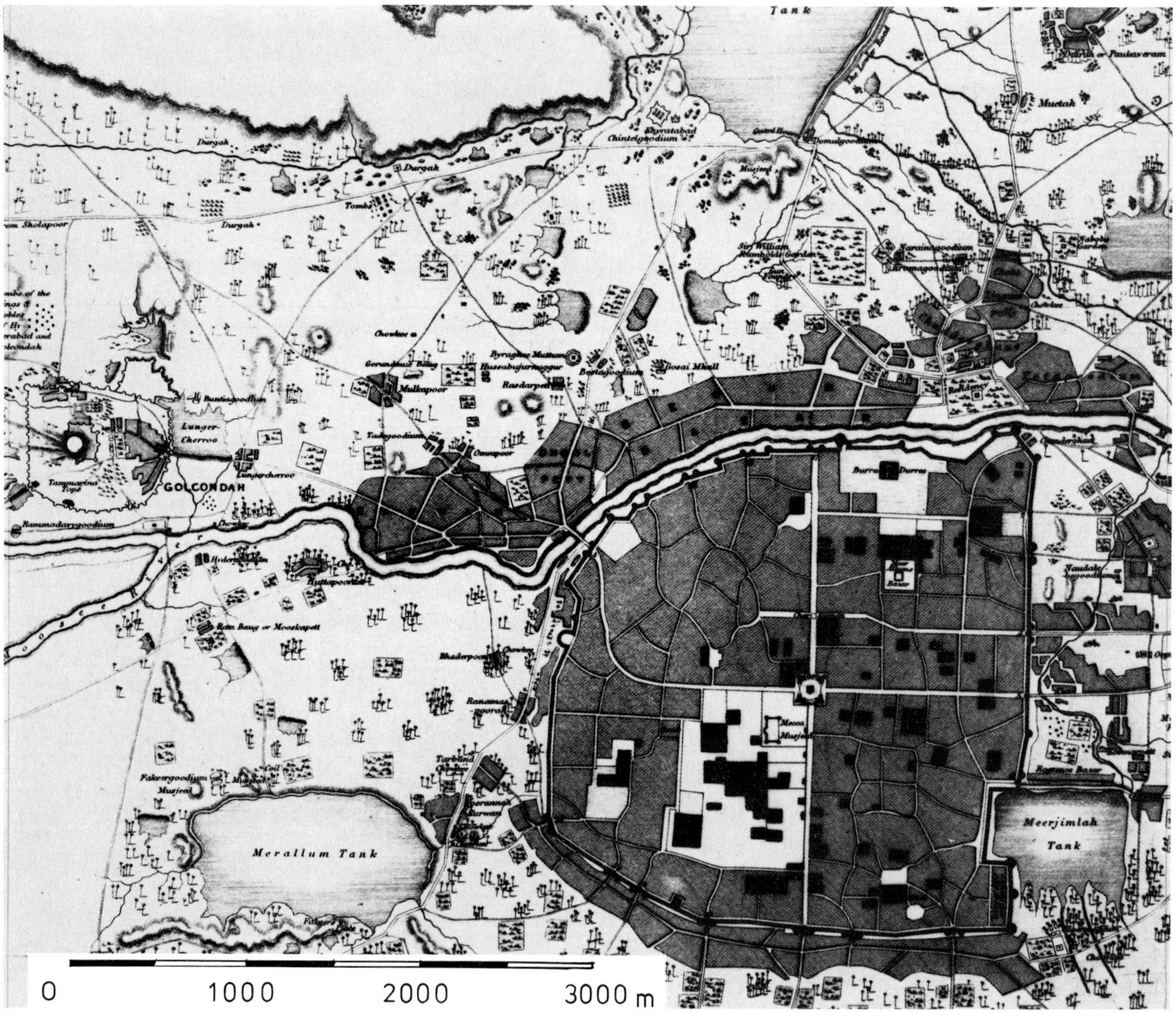

Abb. 30 Plan von Hyderabad mit den Char Minar im Zentrum und nördlich davon Char-su-kha-Hauz.

Betrachten wir noch einmal die Mittelpunktsbauten der indischen Vierungsstädte. Besonders bemerkenswert ist hier die Stadt Alwar (Abb. 27) in Rajasthan, von dem Rajputenfürsten Rao Pratab Singhji 1771 nach seinem Bruch mit Jaipur gegründet. Das Rechteck der Stadt erstreckt sich in ost-westlicher Richtung, wiederum mit der charakteristischen Achsenneigung um etwa 15° nach Südosten. Im Westen gehen die Stadtmauern in das Befestigungssystem der Burg über, die sich über dem steilen Berg unmittelbar neben der Stadt erhebt. An dieser Seite ist die strenge Geometrie des Stadtumrisses durch die Formationen der unvermittelt aufragenden Felsen unterbrochen. Am Schnittpunkt der Achsen steht ein kubisches Gebäude mit vier großen Bögen (Abb. 28, 29), unter denen die Hauptstraßen hindurchlaufen und das in seinem Obergeschoß einen kleinen Tempel birgt. Dieses Gebäude heißt Tirpolia, und es scheint eigens zur Überwölbung der Stadtmitte errichtet zu sein. Tatsächlich aber ist der Bau wesentlich älter als die Stadt. Er wurde gegen 1350 als Grabmoschee für Tarang Sultan, den Bruder von Feriz Shah, errichtet. Rao Pratab Singhji machte 1771 dieses Monument zum Ausgangspunkt seiner Stadtgründung, ließ die Grabmoschee zu Vierungsbau und Hindutempel umbauen und stellte damit sein eigenes Werk in ähnlicher Weise als eine Umdeutung und Fortführung ältester Tradition dar, wie wir dies unter islamischen Vorzeichen bereits in den Legenden um den Chaubara von Bidar kennengelernt haben.

Überhaupt ist der Ideenkreis um Vierungsbauten, Quadratur und orientiertes Achsenkreuz im indischen Raum ein gemeinsames Erbe sowohl des islamischen wie auch des hinduistischen Bauens. Der Synkretismus der Anschauungen, die sich damit verbinden, wird nirgends deutlicher als in der großartigen Stadtanlage von Hyderabad (J. Pieper 1984a: 46–51). Im Mittelpunkt der Stadt (Abb. 30–32, 225–227) steht ein gewaltiges Gebäude, Char Minar genannt, mit dem im Jahre 1592 die Anlage der Stadt begonnen wurde: Vier Bögen, jeder ungefähr 11 m hoch und von schlanken Minaretten eingerahmt, tragen ein kubisches Bauwerk von zwei Geschossen, das auf der unteren Ebene eine Moschee enthält und auf der oberen eine große Zisterne zur Wasserversorgung der öffentlichen Brunnen. Dieses mächtige Bauwerk erhebt sich über der Hauptkreuzung der Stadt, dort, wo sich die Ost-West-Achse der Straße von Golconda nach Masulipatam mit der Nord-Süd-Achse der Straße von den Uferterrassen des Musi zu den Hügeln von Jahanuma schneidet. Auf Befehl des Stadtgründers Sultan Quli Qutb Shah wurden innerhalb von zwei Jahren 14000 Läden entlang dieser Straßen gebaut, so daß die Char Minar nicht nur räumlich in der Stadtmitte stehen, sondern auch im Brennpunkt des ökonomischen und gesellschaftlichen Lebens.

Die Errichtung einer derart gebirgsgleichen Struktur im Zentrum der Stadt ist zweifelsohne in enger Beziehung zu den hinduistischen Vorstellungen um den Weltenberg zu sehen, jedoch sind in Hyderabad zahlreiche Besonderheiten zu beobachten, die das gesamte Raumgefüge, das so durch und durch indisch anmutet, an zentraler Stelle mit islamischen Bildern und Assoziationen besetzt.

Auch in Hyderabad ist das Achsenkreuz nicht exakt orientiert, sondern der Ostpunkt ist um etwa 10° nach Süden verschoben. Soweit wir wissen, hängt diese Orientierung nicht mit dem Sonnenaufgang des Gründungstages zusammen, sondern mit der islamischen Qiblah-Gewohnheit. Wie die Moscheen in der Nachbarschaft deutlich zeigen, ist diese Abweichung die traditionelle Achsenrichtung nach Mekka; nicht nach Osten also, sondern nach Westen ist die Stadtanlage ausgerichtet. Somit scheint das gesamte Achsenkreuz von Hyderabad nach der Qiblahrichtung der Moschee im Obergeschoß der Char Minar orientiert, die wie alle Bethäuser der Stadt mit ihrem Mihrab nach Westnordwesten weist, in Richtung der Karawanenstraße nach Golconda und darüber hinaus zum Heiligen Zentrum der islamischen Welt.

Während man diese Umorientierung noch als eine einfache islamische Modifikation einer wesentlich hinduistischen Vorstellung deuten kann, zeigt der Gesamtplan jedoch weitere Einzelheiten, die das Raumgefüge im Detail nach islamischen Vorstellungen gestalten und es vor allem nach dem Leitbild des islamischen Paradieses gebildet scheinen lassen, wie es der Koran in mehreren Suren ausführlich beschreibt.

Dieses Verständnis erhellt zunächst aus einer kurzen Notiz in Muhamed Kasim Ferishtas „Geschichte" (Tarikh-i-Firishta) über die Gründungszeremonien Hyderabads im Jahre 1591. Dort heißt es: „Als der Mond im Zeichen des Löwen stand und Jupiter in seinem eigenen Hause, befahl Sultan Quli Qutb Shah den Architekten eine Stadt zu bauen, wie sie auf der Welt nicht zu finden sei und die als ein Abbild des Paradieses angelegt sein sollte." (N. M. Khan 1978; H. Sherwani.)

Abb. 31 Die „Vier Türme" Char Minar, durch einen der „Vier Bögen" (Char Kaman) gesehen.

Wie wir sehen werden, ist dieser Hinweis auf das koranische Paradies mehr als eine ausschmückende Floskel, ja, er ist bis in die Einzelheiten hinein wörtlich gemeint. Wenn wir jedoch jetzt beginnen, den Stadtplan auf seine Paradieszitate zu untersuchen, stoßen wir zunächst auf eine Merkwürdigkeit. Die Stadt ist nämlich nicht auf ein einziges Zentrum, sondern auf zwei Mittelpunkte hin ausgerichtet. Neben der Char Minar liegt, nur wenig nach Norden versetzt, die Platzanlage der Char Kaman (Abb. 32), und dort ist die Formel der monumentalen Mittelpunktsarchitektur ein zweites Mal wiederholt, wenngleich mit anderen formalen Mitteln. Es ist offensichtlich, daß diese Dualität nicht auf der Grundlage von Hinduvorstellungen entstanden sein kann, die für eine zweite heilige Mitte neben dem kosmischen Berg keinen Raum lassen. Aber als eine Nachahmung des Koranparadieses scheint sie ebenso undenkbar, da diejenigen Typen der indischen Architektur, von denen wir genau wissen, daß sie nach dem Modell des Koranparadieses gebaut sind, wie etwa der islamische Garten oder die Grabmoschee, ausnahmslos monozentrisch angelegt sind. Und die Zusammenhänge sind kaum noch zu entschleiern, wenn wir bemerken, daß alle Elemente, die zum Paradies des Korans gehören, bereits in einer der

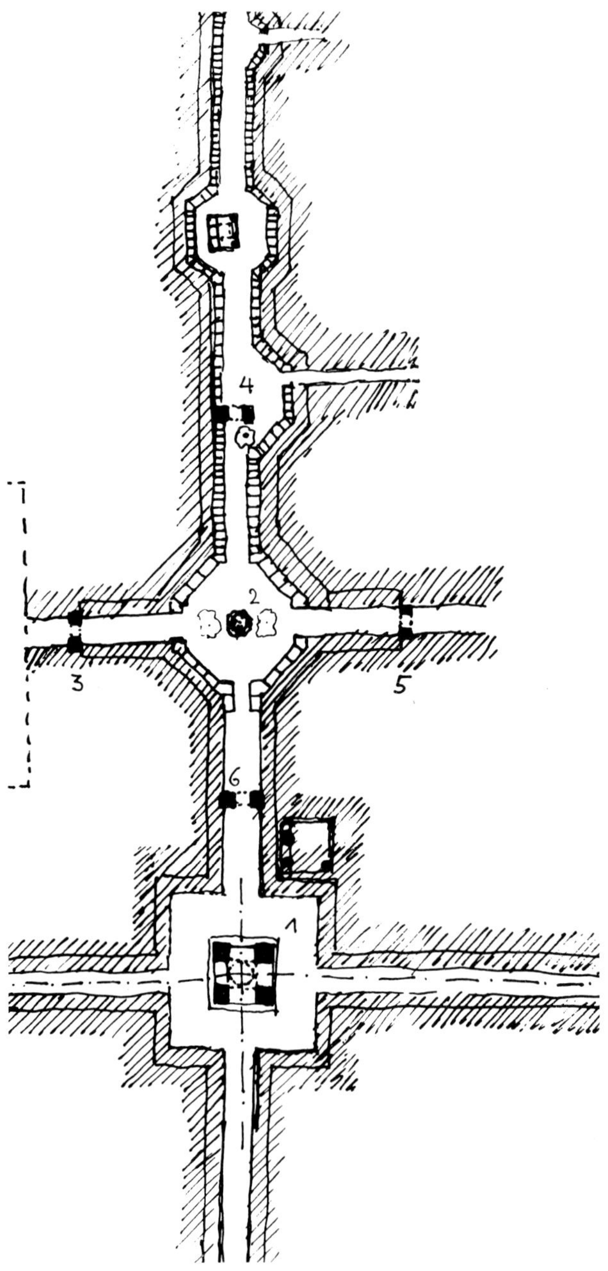

Abb. 32 Skizze der beiden Zentren von Hyderabad: 1 Char Minar; 2 Char-su-kha-Hauz; der Brunnen der vier Richtungen mit den beiden Bäumen; 3 Daulat-Khana-e-Ali; 4 Machli Kaman; 5 Naquar-Khana-e-Shahi; 6 Char Minar Kaman.

beiden viergeteilten Stadthälften zu finden sind, nämlich in der Platzanlage bei den Char Kaman.
Auf diesen Widerspruch wird noch einzugehen sein, zunächst jedoch gilt es, die Paradieszitate des Char-Kaman-Gevierts zu identifizieren.
„Char Kaman" bedeutet wörtlich „Vier Bögen", und diese Bezeichnung meint das gesamte Ensemble des 1594 angelegten oktogonalen Platzes, der sich im Schnittpunkt der bogenüberspannten Nord-Süd-Achse mit der zweiten Ost-West-Achse befindet. Die Platzmitte wird heute von einer unbedeutenden Springbrunnenanlage eingenommen, die den guten Geschmack ernsthaft herausfordert, jedoch befand sich hier ursprünglich ein monumentales Brunnenbauwerk von großer künstlerischer Qualität, das Kaskaden von Wasser in die Vier Richtungen strömen ließ. Entsprechend war es benannt: „Charsu-kha-Hauz", der Brunnen der Vier Richtungen.
In den Tagen der Qutb Shahi war dieser Platz der Fokus der königlichen Residenz, die einen Großteil des Geländes zwischen den Char Minar und dem Musi einnahm. Westlich des Platzes lag der Palast, vom städtischen Leben durch einen gewaltigen goldenen Vorhang abgeschirmt, der vom Scheitel des westlichen Bogens herabhing. Dieser hieß „Daulat-Khana-e-Ali", das „Tor zum Haus des Königs". Im Osten, hinter dem Bogen „Naquar-Khana-e-Shahi", dem „Haus der königlichen Trommeln", erstreckten sich die Kasernen der Gardekorps. Weder die Palastanlagen noch die militärischen Einrichtungen haben den Moghulsturm von 1687 überstanden, aber der Platz und die vier Bögen bestehen noch, und sie geben eine klare Vorstellung von der ursprünglichen Anlage.
Die erste und in der Tat verblüffende Parallele zwischen dieser ursprünglichen Anlage und dem Koranparadies ist im Brunnen in der Mitte des oktogonalen Platzes zu sehen. Schon der Name „Charsu-kha-Hauz" ruft die Sure 47, 16 ins Gedächtnis: „Sieh das Bild des Paradieses, wie es dem Gläubigen verheißen ist: In diesem fließen Ströme von Wasser, das nie verdirbt; Ströme von Milch, deren Geschmack sich nie ändert; Ströme von Weine, lieblich für die Trinkenden; auch Ströme von gereinigtem Honig" (Der Koran, nach der Übersetzung von Ludwig Ullmann, 1840, in: L. Winter 1959). Diese vier Ströme entspringen in dem geheimnisvollen Brunnen, der in der Mitte des Paradieses liegt und seine Fluten in die vier Himmelsrichtungen ergießt. Charsu-kha-Hauz scheint wie ein Synonym für diese geheimnisvolle Quelle, und auch die Orientierung der vier Straßen, die von der achteckigen Platzanlage in die vier Himmelsrichtungen führen, kann man als eine architektonische Transformation des Koranbildes verstehen. Charsu-kha-Hauz mit seinem achteckigen Platz scheint somit eine städtische Parallele zum Charbagh-Typus der islamischen Gartenkunst, der ebenfalls seine Form vom Bild des paradiesischen Mittelbrunnens mit den in die vier Himmelsrichtungen fließenden Strömen ableitet.
Zur Zeit von Sultan Quli Qutb Shah war Charsu-kha-Hauz nicht nur eine derart imposante architektonische Struktur, daß sie sehr wohl als eine würdige Replik des paradiesischen Vorbildes erscheinen mochte, sondern es waren zudem noch Bäume daneben gepflanzt, um die Bilderwelt des Koran heraufzube-

schwören. Die Quellen bleiben unklar darin, ob zwei oder vier Bäume neben Charsu-kha-Hauz gestanden haben, aber es ist sicher, daß es sich um zwei verschiedene Arten gehandelt hat, nämlich um die Kokos- und die Betelnußpalme. Dies entspricht Sure 56, 28, in der wir lesen: „Und die Gefährten der rechten Hand – und wie glückselig sind die Gefährten der rechten Hand! – werden unter dornenlosen Sidrbäumen und schön geordneten Talhabäumen wohnen und unter ausgebreitetem Schatten und bei immer fließenden Wassern . . ." Die mythischen Bäume des Koranparadieses haben keine exakten irdischen Entsprechungen, aber im Volksglauben gilt der legendäre dornenlose Sidrbaum als der mohammedanische Lebensbaum, der im irdischen Leben symbolisch durch den dornigen Sidrbaum (ziziphus jujuba) ersetzt wird. Die Mohammedaner verwenden ihn im Totenkult, indem sie seine Blätter in das Wasser legen, mit dem der Leichnam gewaschen wird (J. Horovitz 1975; 53–73). Als Quli Qutb Shah eine Kokospalme neben dem Brunnen pflanzen ließ, sollte dies sicherlich eine absichtsvolle Anspielung auf den Lebensbaum des Koran darstellen, allerdings bediente er sich dabei eines spezifisch indo-islamischen Idioms: Im islamischen wie im hinduistischen Indien ist die Kokospalme der irdische Repräsentant des mythischen Lebensbaumes. Da die Frucht eine milchartige weiße Flüssigkeit enthält, schmückt der Volksmund den Baum mit dem Epitheton „Amme des Lebens". Das altindische Recht findet für diese Sinnbezüge ein besonders drastisches Bild: Es schildert das mutwillige Fällen einer Kokospalme als ein Verbrechen, das dem Mord an der eigenen Mutter gleichkommt (T. C. Majapuria 1978: 126). Wenn somit die Kokospalme als eine direkte Analogie zum Lebensbaum des Paradieses verstanden werden kann, muß man demgegenüber in der Betelnußpalme eine Anspielung auf den Talhabaum des Korans sehen, eine Anspielung allerdings, die in leichter Ironie die Freuden des diesseitigen Lebens hervorhebt. Denn im indischen Volksglauben, der von Hindus und Moslem gleichermaßen geteilt wird, gilt Betel als ein Luxus, den die himmlischen Gefilde nicht kennen, als göttliche Gnade, die nur den Irdischen zuteil wird. So tief ist dieser Glaube verwurzelt, daß die Hindus den Toten Betelblätter, gefüllt mit Limone, Arecanuß und Catechu, in den Mund schieben in der Annahme, dies sei ein letzter Genuß dieser Freude, die selbst der Himmel nicht bereithält (T. C. Majapuria 1978: 172).

Mit diesen beiden Bäumen, dem Brunnen der Vier Richtungen und der viergeteilten Anlage der Char Kaman haben wir die wesentlichen Elemente der Stadt benannt, die dem Garten Eden des Koran entsprechen sollen. Darüber hinaus werden mit den architektonischen Elementen der zentralen Platzanlage des königlichen Hyderabad noch weitere Aspekte des islamischen Paradieses assoziiert, nämlich die Ringmauer und die „Männer der Zwischenmauer". In der siebten Sure, die nach der Zwischenmauer benannt ist, heißt es, daß das Gefilde der Seligen auf allen vier Seiten von einer sehr hohen Mauer umschlossen ist. Die vier Torbauten, die in gleichen Abständen vom Mittelbrunnen Charsu-kha-Hauz über den vier Straßen errichtet sind, müssen den Zeitgenossen als architektonische Metaphern dieser koranischen Vision erschienen sein, um so mehr, als das Hyderabad der Qutb-Shahi-Zeit sonst keine Mauern kannte. Die mächtigen Stadtmauern, die teilweise heute noch erhalten sind und die man auf der britischen Karte von 1874 noch in ihrem gesamten Verlauf erkennt, wurden erst im Jahre 1720 zum Schutz vor den Mahratten errichtet (N. M. Khan ca. 1978). So kann man die mächtigen Mauerwerksstrukturen, die keinerlei Tor- oder Wehrfunktionen erfüllen mußten, wohl als rein symbolische Schwellenbauten verstehen, die in den architektonischen Bildzusammenhang der Paradiesmetapher gehören, um so mehr, als sie in dieser Bedeutung durch ihre Nutzung ausdrücklich hervorgehoben werden: Auf den beiden Bögen der Nord-Süd-Achse, dem Machli Kaman und dem Char Minar Kaman, standen die königlichen Wachen, vergleichbar den „Männern der Zwischenmauer", die als Allegorien paradiesischer Ausschließlichkeit zu verstehen sind. Dagegen stehen der östliche und der westliche Bogen für die paradiesischen Freuden: Der westliche Torbogen, durch den man in den Palastbezirk gelangte, war durch einen riesigen Vorhang verhängt, den man sich im Winde wehend vorstellen muß, so daß hier der steinernen, monumentalen Architektur eine ätherische Note von Zelttuch und Nomadenlager aufgesetzt scheint. Über dem östlichen Bogen erhob sich ursprünglich ein Pavillon, in dem ständig ein Shenaibläser saß, der die Atmosphäre mit dem nasalen Klang seines Instrumentes bestimmte. In diesen Attributen der beiden Bögen, in der Musik der Shenai und im luftigen Wehen des mächtigen Vorhanges, kann man eine bildhafte Anspielung auf die 55. Sure sehen, die den Getreuen verspricht, daß sie im Paradies von Huris bedient werden, von „glutäugigen Mädchen, die weder Menschen noch Dschinnen berührt haben . . . Mit großen, schwarzen Augen, in Zelten für euch gehütet" – und hier sieht man den luftigen Vorhang vor sich, der aus dem Bogen des Daulat-Khana-e-Ali herabweht. Die Vorzüge dieser Huris sind ein beliebtes Sujet der islamischen Poesie und Qa'nab singt in Muhtarat 8, 7:

„In den Gemächern des Paradieses – wenn doch das Haus sie vereinte! –
erwarten dich großäugige, freundliche Mädchen mit näselnder Stimme." (J. Horovitz 1975: 68)

Die Kommentatoren stimmen im allgemeinen darin überein, daß die „näselnde Stimme" in der poetischen Sprache bedeutet, daß die Mädchen singen und Musik machen und die Gärten der Ewigkeit mit ihren

ätherischen Melodien erfüllen, ganz so, wie das metaphorische Paradies um Charsu-kha-Hauz vom näselnden Klang der Shenai durchdrungen ist.
Im Lichte dieser architektonischen Metaphern auf das koranische Paradies gewinnt auch die Doppelorientierung Hyderabads auf die beiden Mittelpunkte um Char Minar und Charsu-kha-Hauz eine neue, das Gesamtbild ergänzende Dimension. In der 55. Sure heißt es nämlich, daß es nicht ein gemeinsames Paradies für alle Gerechten gibt, sondern zwei. Der eine der beiden paradiesischen Gärten bringt Blumen und jeden nur denkbaren Luxus für eine herrschaftliche Lebensführung hervor. Der andere dagegen Früchte und Gewürze und die einfacheren Freuden, die zu einem wohlbestellten bürgerlichen Haushalt gehören. Dieser Garten steht all jenen als ewiger Lohn zu, die „in Frieden mit ihrem Herrn gelebt haben“ (Sure 6–26), während der andere nach Tabaris Korankommentar für einige wenige unter den Geretteten reserviert bleibt (L. Winter 1959: 433 Anm. 12). Es ist durchaus denkbar, daß diese zwei Typen der „Gärten der Ewigkeit“ dem Sultan Quli Qutb Shah vor Augen standen, als er seine Hauptstadt als ein Abbild des doppelten Paradieses bauen ließ: Das eine rings um Charsu-kha-Hauz für sich selbst und seinen Hof, das andere rings um die Char Minar für seine zahllosen Untertanen – „zahllos wie die Fische im Musi“, wie er selber gewünscht hatte und von denen er sicherlich hoffte, daß sie friedlich bei ihrem Herrn leben würden.

4. STADTRAUM UND STADTRITUAL

Die nord- und mittelindischen Achsenkreuze der orientierten und quadrierten Städte, in denen sich so verschiedene Ideen artikulieren können wie die Hinduvorstellung des Kosmischen Berges oder das islamische Bild des viergeteilten Paradiesgartens, erwachen eigentlich erst zu rechtem Leben, wenn sie in den großen Stadtfesten begangen und umschritten werden. Dann nämlich zeigt sich, daß das kosmologisch begründete Gerüst nur Rahmen und Bühne abgibt für kultische und festliche Handlungen, die ihrerseits einzelne Aspekte des Stadtgefüges erläutern, deuten, manchmal gar umdeuten oder verfremden.
Deutlicher noch als im Norden leben die südindischen Städte aus ihren zyklisch angelegten Festkalendern. Wir können hier das Phänomen der Massenfeste in seiner ganzen Ambivalenz dokumentarisch fassen, über die die archäologischen Zeugnisse schweigen müssen. Und wir können hier teilnehmend beobachten, daß das kultische Festwesen im städtischen Raum trotz seiner oft ernsten und strengen religiösen Bedeutung, trotz seiner unübersehbaren Verbindung zur astrologischen Ausweglosigkeit ein überwiegend freudiges Geschehen ist, daß es jene Elemente des städtischen Lebens enthält, die wir in unserer eigenen städtischen Realität als schmerzlichen Verlust vermissen müssen: Den gesamten Komplex spielerischer Umgangsformen mit Architekturen und Räumen, die Bühnenfunktionen der Stadt als Instrument kollektiver und individueller Selbstdarstellung, die städtischen Grenzfunktionen als kollektiver Tummelplatz, als „begehbare Plastik“, als Ort der Phantasie.
Und schließlich begegnen wir hier dem höchst interessanten Phänomen, daß das Stadtritual die idealtypische Architektur der indischen Tempelstädte, die im gesamten Süden des indischen Subkontinents nach dem gleichen Schema gebaut sind, an die einmaligen topographischen, kleinräumigen Gegebenheiten und Besonderheiten des Standortes bindet, daß es also die Starre der idealen Architektur, die aus dem abstrakten Ordnungsgedanken der überregionalen klassischen Kultur hervorgegangen ist, mit dem erdnahen Genius loci aussöhnt.
Im dravidischen Raum Südindiens liegen etwa 30 Stadtanlagen, die sehr weitgehend jenem idealtypischen Schema (Abb. 33) folgen, das der Gegenstand der endlosen Umschreitungen und labyrinthischen Begehungen ist: Die meisten Städte liegen an einem Fluß, wobei die Lage auf dem rechten Ufer bevorzugt wird. Dort finden sich die auch in Nordindien üblichen Ghats (Uferterrassen), unterschieden in solche, die der Verbrennung der Toten – nach Brahmanen und Nichtbrahmanen getrennt – dienen, und solche, an denen Pilger und Stadtbewohner ihre rituellen Waschungen vornehmen. Der Umriß der Stadt nähert sich Rechteck und Quadrat, sofern dies die historische Entwicklung und die topographischen Bedingungen zugelassen haben, und das Ganze ist ungefähr nach den vier Himmelsrichtungen orientiert. Im Zentrum der Stadt liegt der Tempelkomplex, der auch bei unregelmäßigen Stadtanlagen aus orientierten, rechteckigen Grundelementen aufgebaut ist. Sein Haupteingang liegt, der Blickrichtung des Kultbildes entsprechend, im Osten.
Um den Tempel schließen sich in konzentrisch ineinanderliegenden Straßenzügen die einzelnen Wohnviertel, ebenfalls, wenn möglich, orientiert. In den kleineren Städten, in denen der Tempel noch weitgehend das Wirtschaftsleben beherrscht, sind diese Viertel von jeweils nur einer Kastengruppe (Varna) bewohnt. Dann liegen, der sozialen Hierarchie entsprechend, die Viertel der Brahmanen direkt an der äußeren Umfassungsmauer des Tempels, die der anderen Kasten, je nach ihrer sozialen Stellung, weiter nach außen. Häufig läßt sich eine solche Gliederung am Zuschnitt der Grundstücke ablesen; die größte Parzellentiefe findet man im Zentrum, also genau dort, wo in den modernen Industriestädten der kleinste Parzellenzuschnitt anzutreffen ist. Der Haustyp bleibt in allen Vierteln prinzipiell der gleiche: ein ein- bis zweigeschossiges Hofhaus, mit Lauben an der Straßenseite, daran anschließend der Familienschrein und die

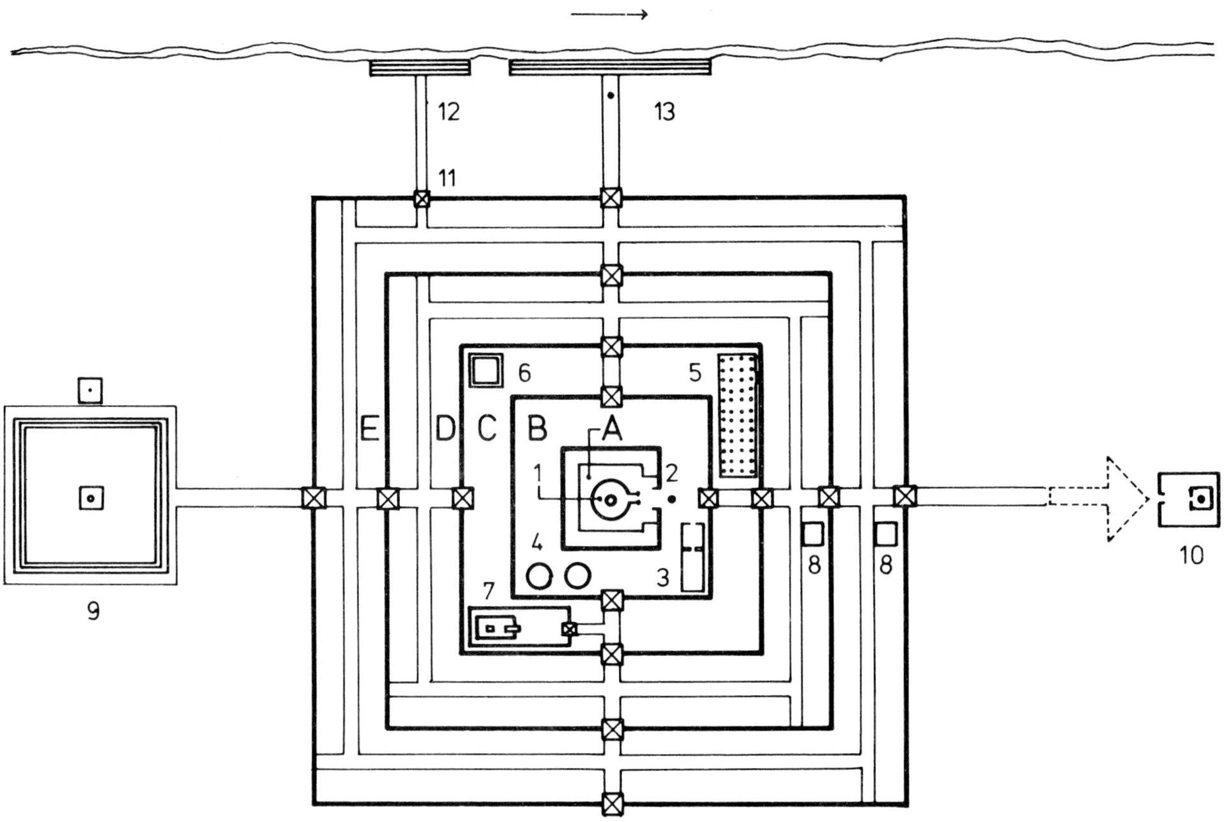

Abb. 33 Schematischer Plan einer südindischen Tempelstadt: ABC Die inneren Prakramas des Tempels. D E Wohnviertel 1 Mulasthana (Cella); 2 Flaggenmast; 3 Vahana Mandapa; 4 Ökonomie; 5 Halle der Tausend Pfeiler; 6 Tempelteich; 7 Schrein der weiblichen Gefährtin des Hauptgottes; 8 Ratha Mandapa; 9 Teppakulam (Teich für das Floßfest); 10 Tempel einer „verwandten" Gottheit, die bei bestimmten Festen besucht wird; 11 Leichentor; 12 Verbrennungsghats; 13 Badeghats.

Repräsentationsräume, dann – immer über eingeschlossene Höfchen oder Dachaufbauten belichtet – die Privaträume der Familie, bis hin zu den Küchen und Wirtschaftsräumen an der Rückseite des Grundstücks, wo man in der Regel über einen Hintereingang auf eine Andienungsgasse mit offenem Kanal gelangt. Die Parzellen sind also nahezu vollständig überbaut.

Der Tempel im Zentrum ist eine Stadt für sich. Gewöhnlich besteht er aus mehreren, von hohen, zinnenbekrönten Mauern umgebenen konzentrischen Ringen (Prakramas): meistens sind es drei, doch können es bei größeren Anlagen bis zu sieben sein. Hier liegen alle Einrichtungen, die für den Betrieb des Tempels und die Durchführung des aufwendigen Tempelrituals notwendig sind.

Im ersten Prakrama (von innen nach außen gezählt) liegt der Schrein der Hauptgottheit (Vimana), mit der Cella (Mulasthana) im Zentrum. Rings um die Cella führt eine gedeckte Passage für die Pradakshina, die rituelle Umschreitung des Kultbildes. Neben dem Bild der Hauptgottheit enthält die Cella die Metallfiguren der Prozessionsbilder.

Im zweiten Prakrama steht unmittelbar vor dem Eingang des ersten der Flaggenmast, auf dem an Festtagen die Insignien der Gottheit gehißt werden. Dann liegen hier in unterschiedlicher Anordnung das Vahana Mandapa – das Schatzhaus und der Pavillon, in dem die verschiedenen Fahrzeuge des Gottes stehen –, das Seillager für die Trossen der Tempelwagen, das Mandapa des Tempelelefanten und, bei großen Tempeln, auch die Ställe der heiligen Kühe und die Speicher für die Tempelvorräte.

Im dritten Prakrama liegt einer der spektakulärsten Nebenbauten des Tempels, die „Halle der Tausend Pfeiler", in der sich die ganze Motivfülle der indischen Plastik entfaltet. Ferner liegen hier der Tempelteich, der für das Baderitual der Fußabdrücke der Gottheit an bestimmten Festen gebraucht wird, dann kleinere Mandapas, die alle zu unterschiedlichen Anlässen, aber meist nur ein einziges Mal im Jahr die Götter aufnehmen, und schließlich ein abgeschlossener Bezirk, ein eigener Tempel im Tempel, der dem Kult der Gefährtin des Hauptgottes dient.

Vom Tempel aus führen lange Achsen in den vier Himmelsrichtungen durch die Stadt und oft ins Umland hinaus. Über ihnen erheben sich große Tortürme (Gopuras) (Abb. 273), die ganz mit figürlichem Schmuck

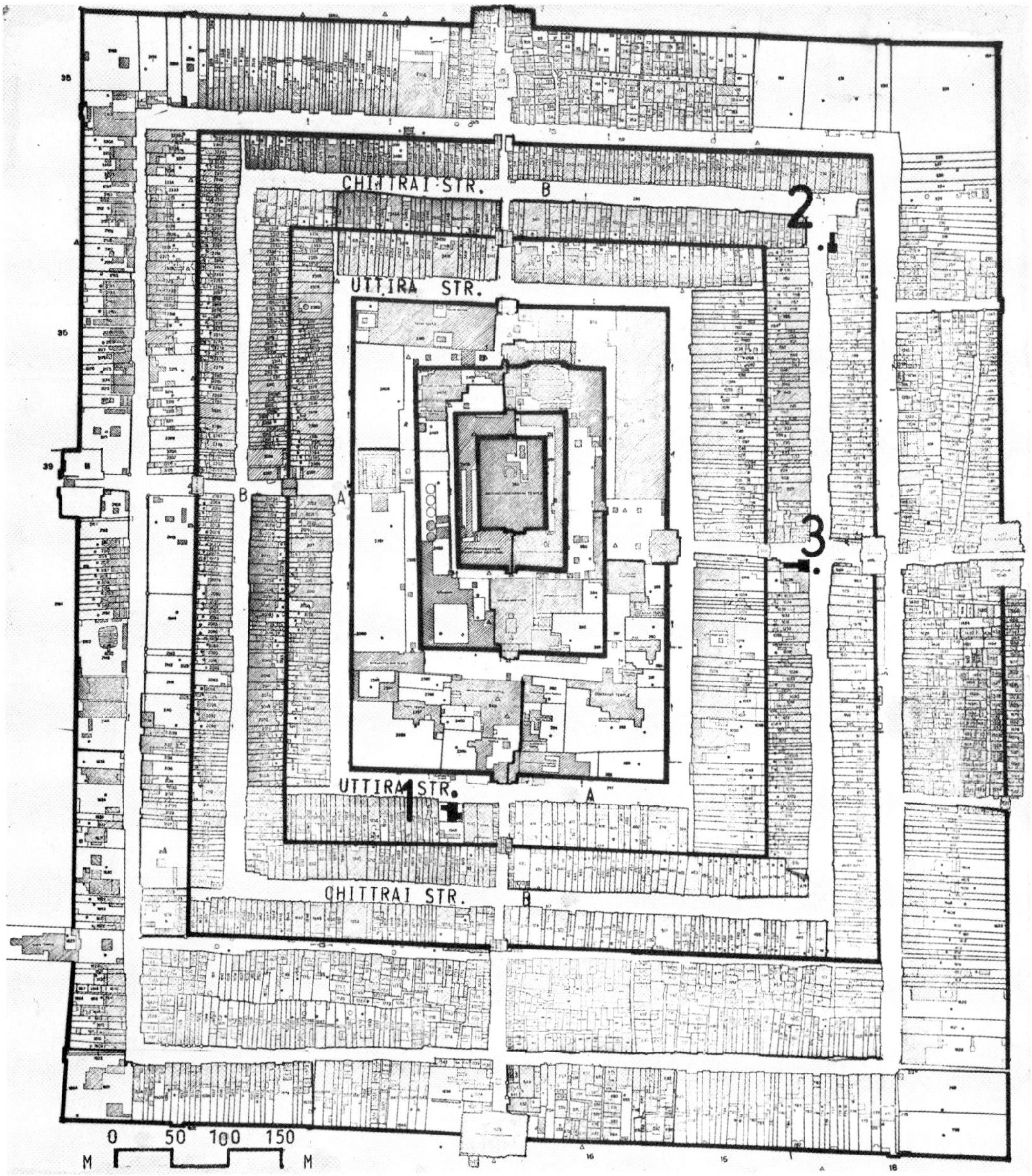

Abb. 34 Stadtplan von Shrirangam: deutlich sind die blinden Seilgassen in den Ecken der beiden inneren Straßengevierte zu erkennen.

überzogen sind. Einem bemerkenswerten Entwurfsprinzip folgend, das schon den ersten europäischen Reisenden als ausgesprochener Gegensatz zu den ästhetischen Traditionen des Abendlandes erschien, nehmen sie von innen nach außen an Höhe beträchtlich zu. Dies hängt damit zusammen, daß viele Tempelstädte um ursprünglich kleine Dorfschreine gewachsen sind, die in ihrem Nimbus als heiliger Ort respektiert und trotz der reichen Bautätigkeit ringsum unangetastet blieben (Abb. 35).
Alle Prakramas können von den vier Himmelsrichtungen aus betreten werden, mit Ausnahme des Tempelinnersten, das nur aus der Blickrichtung des Kultbildes, in der Regel also von Osten, zugänglich ist.
Die Anordnung von Bauten, deren Notwendigkeit im Tempelritual begründet ist, beschränkt sich jedoch nicht auf den Tempelbezirk allein, sondern erstreckt sich über die ganze Stadt.
An allen wichtigen Punkten der Stadt finden sich Mandapas, in denen die Prozessionsgottheit bei bestimmten Festen aufgestellt wird. Besonders auffallend sind die Ratha-Mandapas, zweigeschossige Pavillons, auf deren obere Ebene eine lange Freitreppe hinaufführt. Von hier aus wird während der großen Wagenfeste das Kultbild auf den Tempelwagen gesetzt, und hier bleiben die Wagen das Jahr über aufgestellt, bis sie das nächste Mal gebraucht werden.
Aus all dem wird deutlich, daß die Architektur der Tempel, einzelner städtischer Bauten, ja sogar Grundrißmerkmale der Stadt, wie Straßenführung und

Abb. 35 Blick auf die südindische Idealstadtanlage Tiruvanamalai.

Blocksystem, auf das engste mit den großen Festen verknüpft sind.
Eine südindische Stadt feiert im Jahresablauf in der Regel acht große Stadtfeste, die jeweils neun oder elf Tage dauern und bis zu fünfundzwanzig Umzüge, Prozessionen, Mysterienspiele und ähnliche Straßenvorgänge umfassen. Das Hauptereignis des Festes fällt in der Regel auf den Vollmondtag des Festmonats.
Bei aller Fülle und Variation der Ereignisse folgen die Feste doch einem sehr einfachen Grundschema: ein südindischer Tempel hat immer zwei Idole. Das eine ist gewöhnlich eine große, steinerne Skulptur, die in der Cella fest installiert ist, das andere ein kleines, aus fünf Metallen gegossenes Figürchen. Meistens ist es im Sockel der Hauptfigur untergebracht oder in einem Schrein in deren unmittelbarer Nähe; an Festtagen jedoch wird es herausgenommen, geschmückt und durch die Stadt getragen.
Hier nun entfaltet sich der ganze Ideenreichtum der Inder in der Variation eines einfachen Themas. Zunächst kann man die Stadtfeste nach ihrem Handlungscharakter in zwei Gruppen scheiden, in solche, die überwiegend aus theatralischen Aufführungen – Mysterienspielen, magischen Handlungen, Tänzen u. ä. – bestehen, die also rein darstellenden Charakter vor der zuschauenden Volksmasse haben, und in solche, die primär Umschreitungen, Prozessionen, Umzüge zum Inhalt haben, womit natürlich eine stärkere aktive Beteiligung des Volkes verbunden ist. Dann hat jedes Fest seinen eigenen Raum. Einige beschränken sich ausschließlich auf den eigenen Tempelbereich, andere auf bestimmte Straßen, und die größten Feste dehnen sich sogar auf das Umland der Stadt aus mit Flurprozessionen, die mehrere Tage dauern können.
Eine weitere Variation liegt in den verschiedenen Vehikeln, in denen das Idol transportiert wird. Neben den klassischen Reisechaisen der indischen Rajas, den Palankins, Sänften und Baldachinen wird eine große Zahl verschiedener Laden benutzt, die auf überlebensgroße hölzerne, vergoldete oder bemalte Tragetiere montiert sind. Diese Gerätschaften heißen Vahanas, und etwa zehn bis zwölf Männer sind nötig, um sie zu tragen.
An den Höhepunkten der Hauptfeste wird das Idol auf besonders große Vahanas gesetzt: auf einen der hölzernen Tempelwagen (Ratha), von denen eine größere Stadt drei besitzt, oder in einen schwimmenden Pavillon, der bei Nacht dreimal um den Lustteich der Stadt bewegt wird, wobei man sich langer Staken bedient.

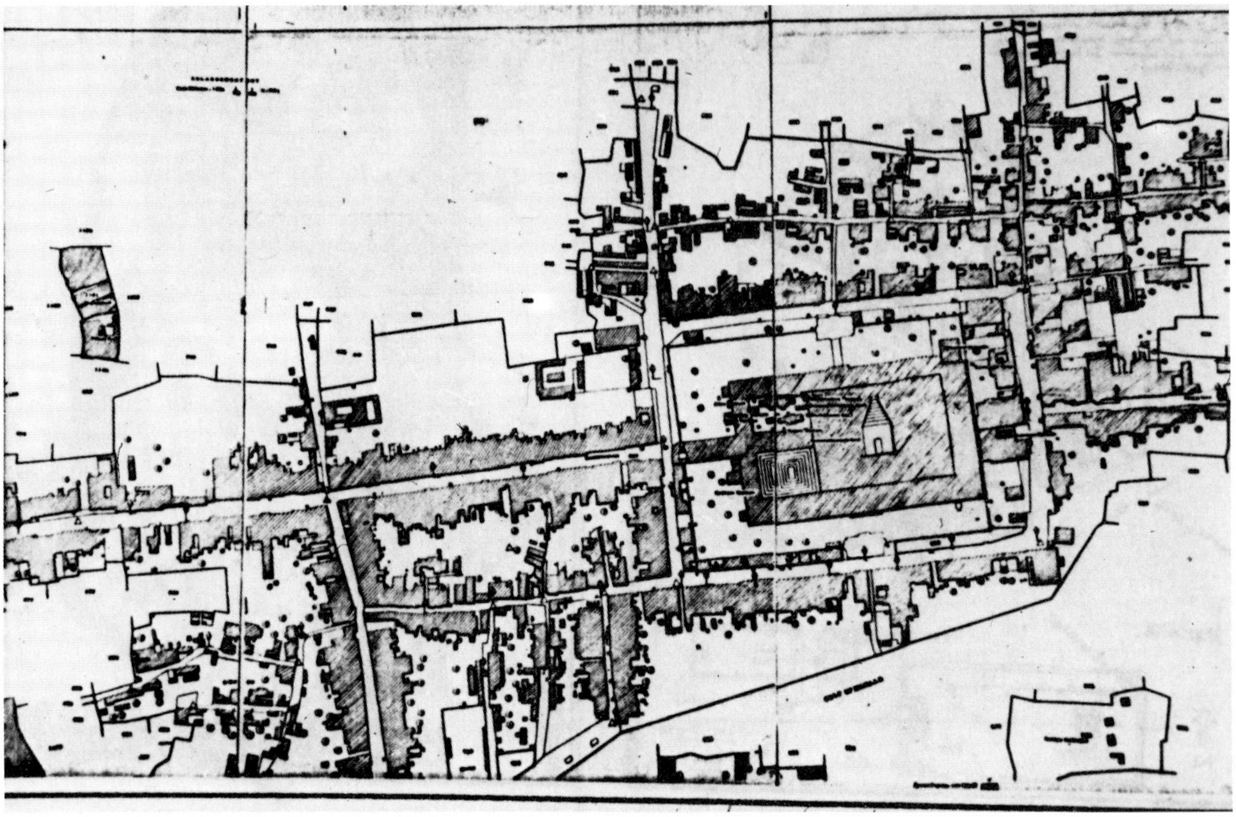

Abb. 36 Plan von Rameshwaram.

Der dafür notwendige Teich, ein größeres, stufengefaßtes Wasserbecken mit einer künstlichen Insel in der Mitte, der meist vor den Toren der Stadt liegt und an seiner rot-weißen Streifenbemalung kenntlich ist, ist also ein weiteres Bauwerk, das nur in dem erwähnten Zusammenhang des Stadtrituals „funktional" ist.

Schließlich sei noch auf ein Grundrißmerkmal der Tempelstädte Tamil Nadus hingewiesen, das ebenfalls vor diesem Hintergrund zu sehen ist. Alle Tempelstädte haben ein Wagenfest und dafür eine eigene, manchmal sogar drei „Wagenstraßen". Sie sind schon rein äußerlich daran zu erkennen, daß keine elektrischen Leitungen über sie hinwegführen. Besonders verblüffend aber ist ein Detail, das in den vier Ecken des Wagenstraßenquadrats ins Auge fällt. Dort findet sich nämlich eine enge, blinde Gasse, die in manchen Fällen sogar bis an die Stadtmauer geführt ist (Abb. 34). Sie wird während des Großen Wagenfestes benötigt, um bei den schwierigen Eckmanövern genügend Raum für die Menschenmassen zu lassen, die die Seile ziehen – ein anschauliches Beispiel dafür, wie sehr die Lust am Spiel hier über den Funktionalismus des technokratischen Städtebaues triumphiert.

Eine Stadt, die in nahezu allen Einzelheiten diesem Schema folgt, darüber hinaus die charakteristischen topographischen Elemente des Standortes mit in die Architektur einbezieht, ist Rameshwaram in Südindien (Abb. 36). Rameshwaram liegt auf einer langgestreckten Insel im Golf von Manaar, nahe der Südspitze des Subkontinents.

Die Insel wird im Zusammenhang mit einigen Episoden des Ramayana erwähnt, und diese Tatsache, verbunden mit der exponierten Lage nahe beim Zusammentreffen zweier Ozeane, ließ hier schon früh einen bedeutenden Pilgerverkehr entstehen. Während die Insel als Ganzes wegen ihres muschelförmigen Umrisses dem Vishnu heilig ist – die Muschel ist eines seiner beiden wichtigsten Embleme – und als eine seiner Vier Residenzen in den „Vier Ecken Indiens" gilt, ist Rameshwaram selbst dem Shiva geweiht. Hierzu berichtet das Rameshwaram Mahatmiya:

„Als Rama auf der Suche nach Sita mit seinem Heer auf die Insel übersetzen wollte, versuchte er durch lange Askese das Meer dazu zu bewegen, sich zu teilen und den Übergang freizugeben, so daß sie trockenen Fußes hinüber gelangen könnten. Durch Ramas Askese arg bedrängt, erschien das Meer in Person vor ihm und beschwor ihn, nichts zu verlangen, was den Naturgesetzen widerspräche, sondern lieber eine gigantische Brücke über die Meeresenge zu schlagen. So geschah es, und Nala, ein Sohn des Weltarchitekten Visvakarman, baute die Brücke. Rama beschloß, an dieser Stelle ein Lingam zu Ehren Shivas zu errichten; der Tag wurde auf einen glückverheißenden Mittwoch, am zehnten Tag der hellen Hälfte des Jyaishta (Jyaishta Shukla 10) festgesetzt, an dem der Mond im Zeichen Hasta (Spica) und die Sonne im Sternbild des Stieres stand. Hanuman wurde zum

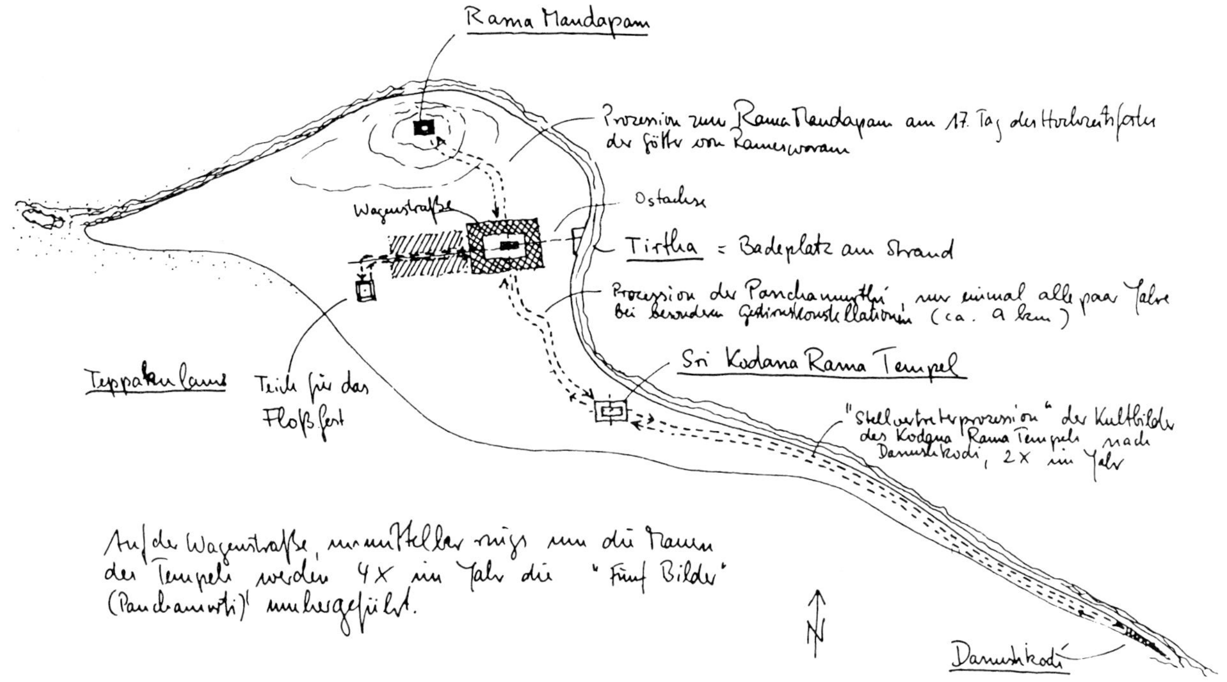

Abb. 37 Die Umschreitungen und Prozessionen auf der Insel von Rameshwaram.

Himalaya geschickt, um von Kailasa ein Lingam zu holen. Da Shiva die Herausgabe des Lingam verweigerte, begann Hanuman zu seinen Füßen Buße zu tun, während Rama am anderen Ende Indiens wartete. Als die glückverheißende Stunde der Installation des Lingams näherrückte, beschloß Rama, sie nicht verstreichen zu lassen, sondern ein Lingam aus Sand am Strand des Meeres zu errichten. Kurz darauf kam Hanuman, der inzwischen ein Lingam von Shiva erhalten hatte, und installierte es ein wenig landeinwärts, dort wo heute der Tempel steht. Seither werden beide Lingams verehrt, zuerst das steinerne Lingam, das Hanuman von Kailasa gebracht hatte und dann das Sandlingam, das für den Augenblick am Strand geformt wird." (J. Dave 1970: I 10)

Der Tempel, in seinem heutigen Zustand im 17. Jh. abgeschlossen, ist eines der mächtigsten Bauwerke Indiens, berühmt vor allem wegen seiner gewaltigen Korridore, die hier in drei ineinanderliegenden Gevierten angeordnet sind. In allen vier Himmelsrichtungen führen axiale Straßenzüge ins Umland; im Osten und Süden treffen sie schon bald auf das Meer, im Norden auf einen Bewässerungsteich am Stadtrand, aber im Westen führt die Straße nahezu geradlinig bis zum anderen Ende der Insel (Abb. 37). Der Haupteingang liegt, der Blickrichtung des Kultbildes entsprechend, im Osten, obwohl die Masse der Pilger sich der Stadt von Westen nähert. Die Ostachse ist um ca. 10° nach Norden verdreht, was dem Sonnenaufgangspunkt am Tage der Gründungszeremonie (Installationszeremonie) entsprechen dürfte. Im Inneren der Stadt gliedert sich nach diesem Gerüst die Verteilung der Kasten: Die Brahmanen wohnen rings um die Tempelmauern, südlich davon am Strand einige Fischer, nördlich am Stadtrand die Gruppe der Conar (Milchbauern), und an der Westachse sind verschiedene Händlerkasten ansässig. In den Quartieren südlich der Westachse leben Vellala, eine Kaste von Kleinbauern.

Im Vorfeld der Stadt liegen drei wichtige Bauten, die eine Art rituelle Bannlinie um das bebaute Gebiet abstecken, denn bis hierher reichen die Prozessionen und Umschreitungen: Im Nordwesten das Ramapadam Mandapa auf einem sandigen Hügel inmitten eines weiten Ödlandes, im Westen der Tank für das Floßfest und ca. 8 km im Südosten an der Straße nach Danushkodi der Shri Kodana Rama Tempel.

Dieses System von orientierten Achsen, ineinanderliegenden Mauervierecken und Ringstraßen, hierarchisch angeordneten Wohnquartieren und weit draußen liegenden Vorfeldbauten mit dem Schrein des Tempels im Zentrum und dem Tirtha – dem Badeplatz – am Strand des Meeres als zweitem rituell wichtigen Punkt bildet nun das räumliche Gefüge, in dem sich die Vorgänge des Stadtrituals bewegen.

Wir können hier unterscheiden zwischen kleinen Stadtfesten, großen Stadtfesten und außergewöhnlichen Umzügen, die die ganze östliche Hälfte der Insel umfassen. Hier soll nur von solchen Ritualen die Rede sein, die sich auf den städtischen Raum beziehen; die zahllosen Umschreitungen im Tempel, gewissermaßen in der innersten Kammer des gesamten Raumsystems, die täglich mehrmals ablaufen, können wir hier außer acht lassen. Die kleinen Stadtfeste finden einmal im Monat statt: Subrahmanya – ein Sohn Shivas – wird auf einer silbernen Pfauenlade einmal um das Wagenstraßengeviert längs der Tempelmauern getragen. Dreimal jährlich finden große Feste statt, die zehn oder siebzehn Tage lang dauern. Das erste ist das Fest der Vermählung des Hauptgottes mit seiner weiblichen Gefährtin, das Thirukalyanam-Fest, das im Tamil-Monat Adi (Juli/August) gefeiert wird. Dabei werden die Prozessionsbilder der Hauptgottheiten auf wechselnden Laden täglich zweimal auf der Wagenstraße um die Tempelmauern geführt. Zusätzlich wird das Stadtgebiet an folgenden Tagen begangen: am sechsten Tag wird die Ostachse abgeschritten, und die Kultbilder werden am Strand verehrt; am achten Tag werden die fünf Tempelwagen gezogen; am zwölften Tag wird die Westachse abgeschritten und am siebzehnten Tag zieht die Prozession nach Norden zum Ramapadam Mandapam auf dem Hügel vor der Stadt. Im Monat Tai (Januar/Februar) werden ebenfalls zehn Tage lang die Götter zweimal täglich um die Stadt geführt, und in der Neumondnacht werden sie auf einem fackelbeleuchteten Zeremonialfloß dreimal um den Teich im Westen der Stadt gerudert. Das dritte Fest (Mahashivaratri) findet im Monat Masi (Februar/März) statt und verläuft ähnlich wie das Thirukalyanam-Fest mit Prozessionen zu den rituell markanten Punkten im Osten, Norden und Westen der Stadt. Man sieht, die Hauptfeste stecken das rituelle Terrain der Tempelstadt ab. Dies wird besonders deutlich, wenn bei bestimmten Gestirnskonstellationen – Ardhodayam und Mahodayam –, die nur einmal in mehreren Jahren vorkommen, die fünf Prozessionsbilder der Hauptgottheiten eine Reise in den Südosten der Insel zum Kodana Rama-Tempel unternehmen und dem Gott dieses Tempels ihre Visite abstatten, der stellvertretend für sie zweimal im Jahr die äußerste Südwestspitze bei Danushkodi besucht.

Alle diese raumgreifenden Prozessionen sind gemeinschaftliche Ereignisse, bei denen große Volksmengen über Land ziehen, die die Wagen durch die Straßen bewegen oder den Rand des Teiches säumen, auf dem das Tempelfloß kreist, während gleichzeitig Böllerschüsse und Feuerwerk abgebrannt werden. Dies gilt nicht in gleichem Maße für die gewöhnlichen Umschreitungen, bei denen die Götter nur in Begleitung ihrer Priester unterwegs sind und an denen das Volk nur Anteil nimmt, indem es die Straße vor der Schwelle des Hauses mit Linienlabyrinthen aus Reispulver schmückt. Aber die raumgreifenden Rituale sind große, kollektive Ereignisse und dies nicht ohne Grund: Sie wollen der gesamten Bevölkerung etwas über die Eigenart ihrer Stadt erzählen. Denn wenn man das Geschehen im Zusammenhang betrachtet, so muß man feststellen, daß die rigide Architektur eine Aussage über die ideal und geometrisch geordnete Welt des Universums formulieren will, während die Prozessionen auf die einmalige besondere Ordnung des Nahbereichs verweisen, indem sie ein Bezugssystem zwischen der gebauten, künstlich geformten und idealen Architektur der Stadt und den natürlichen topographisch vorgegebenen Elementen des Standortes herstellen. Betrachten wir diesen Zusammenhang im einzelnen.

Rameshwaram ist wie jede indische Stadt nach Prinzipien gebaut, die nicht aus der Einmaligkeit der Umgebung abgeleitet sind, sondern die festliegenden, tradierten Vorstellungen davon entsprechen, wie eine Stadt geordnet zu sein hat, wie die sozialen Gruppen zusammen wohnen sollen, wie die architektonischen Dominanten und die untergeordneten Elemente ineinander zu setzen sind. Diese Vorstellungen sind nicht lokal, sondern sie sind dem gesamten Kulturraum gemein; sie sind Ideen im ursprünglichen Sinne des Wortes und wollen so ideal wie möglich verwirklicht werden, wie dies in der Architektur Rameshwarams ja in der Tat geschehen ist. Zugleich aber steht diese Stadt nicht irgendwo, sondern an einem konkreten Ort, noch dazu auf der topographisch so ausgeprägten Formation einer Insel und auch dies ist für ihre Bewohner nicht weniger bedeutungsvoll als die Tatsache, daß die Architektur nicht die Ausgeburt der Konfusion, sondern Ergebnis kulturspezifischer Vorstellungen von Ordnung und Schönheit ist. Während die große Architektur der Stadt die Beziehung zur Ideenwelt der indischen Kultur herstellt, zu einer „geistigen Heimat" also, muß ein zweites System architektonischer Gesten und Verweise eingeführt werden, das sie in die lokale Topographie einbindet, das die Besonderheit des Ortes faßt und hervorhebt, wenn sie auch konkret stofflich und anschaulich „Heimat" ihrer Bewohner sein will.

Hier nun schlägt das Stadtritual mit seinen Bauten und Stationen und vor allem mit seinen Wegeführungen die Brücke, indem diese Elemente so um den rigide ausgelegten Kernbereich der Stadt angeordnet sind, daß sie die natürlichen Gegebenheiten des Umlandes fassen und hervorheben: Das Ramapadam Mandapam als Nordpunkt des Systems liegt auf einem Hügel. Von hier aus hat man einen weiten Blick über die Insel, und nur hier wird man gewahr, daß man sich auf einem Fleckchen Land befindet, das allseitig von Wassern – von den sehr stürmischen Wassern des Indischen Ozeans – umschlossen ist. Der Strandabschnitt im Osten der Achse, zugleich der östliche Grenzpunkt des rituellen Umlandes, liegt im Bogen einer Bucht, beidseitig von Landzungen flankiert, die die Wucht der Wellen brechen. Das eigentliche Tirtha ist zudem noch durch eine Felsreihe geschützt, die unmittelbar südlich des Strandes aus dem Sand hervorragt: Hier also ist das Wasser vom Land umschlossen, in seinem freundlichen Aspekt. Der Haltepunkt im Süden dagegen liegt auf einem schmalen Sporn zwischen den Fluten, ein Streifen Land, der die Wucht beider Monsune voll zu spüren bekommt. Und im Westen vor der langen Achse ins Innere der Insel schließlich liegt der Teich für das Floßfest: Wasser in seiner domestizierten Form, das dem freudigsten und farbenfrohesten Ereignis des ganzen Jahres als Fest-

Abb. 38 Brahmane am Strand von Rameshwaram beim Formen eines Sandlingams.

platz dient. So macht das Stadtritual die Insel zu seinem Thema und die Stadt damit zugleich zum Mittelpunkt, und so bekommt beides seinen Sinn. Die rigide Architektur, ganz das Produkt des Kalküls, hat an solcher Stelle offensichtlich Berechtigung und die Insel ist nicht länger ein zufällig den Wellen preisgegebenes Stück Land, sondern ein bewohnter Ort, in dessen Mittelpunkt eines der großen Zentren indischer Kultur seinen Platz gefunden hat.
So erklärt es sich, daß die weit in den Raum der Insel ausgreifenden Rituale große kollektive Ereignisse sein müssen, denn indem sie diese Zusammenhänge sichtbar und erfahrbar machen, indem der Zug der Menschenmassen zu den vier typischen Situationen der Insel nicht nur eine Spur im Sand der Dünen, sondern auch im Rhythmus des Kalenders jedes einzelnen hinterläßt, sind sie so etwas wie eine Sinngebung der eigenen Umwelt. Sie wird den allgemeinen Ideen zugeordnet, die sich mit der klar bezeichneten räumlichen Ordnung der Stadt verbinden.
Dies sind die Rituale der Seßhaften, die in Rameshwaram wohnen. Ihre Umschreitungen und Begehungen, ihre Feste und Spiele zielen auf das Ganze; sie gehen aus vom Gerüst der Stadt, von ihren Mauerringen und raumgreifenden Achsen, und sie besuchen die topographischen Extreme ihrer Insel, die sie als deren naturräumliche Fortsetzung deuten. In ihren Handlungen sind sie als Kollektiv organisiert, und sie folgen streng den festliegenden Zeiten des Kalenders. Ganz anders die Pilger, die in Scharen durch die Stadt schwärmen. Zwar erweisen auch sie dem Tempel Reverenz – wenn sie über die Achse von Westen einziehen, werden sie ihn einmal umschreiten, ihn dann von Osten betreten und innen die verschiedenen wunscherfüllenden Schreine besuchen –, aber ansonsten interessiert sie weder der Festkalender noch die Architektur und am wenigsten die Insel. Ihre Bewegungen folgen einem ganz eigenen Zyklus, unkoordiniert zum Geschehen in Stadt und Tempel, geradezu

Abb. 39 Die Verehrung des Sandlingams.

ataktisch ziehen sie hindurch, nur mit dem einen täglichen Fixpunkt: Bei Sonnenaufgang gilt es, am Strand ein Bad zu nehmen und an dieser so immens heiligen Stätte, wie sie auf dem mit heiligen Stätten so übersäten Subkontinent kaum noch ein zweites Mal zu finden ist, ein kleines Lingam aus Sand zu errichten und einen Brahmin darüber die heiligen Verse sprechen zu lassen (Abb. 38, 39). In diesem Augenblick, wenn die Sonne aus dem Meer steigt, ist für die Pilger der kleine, kaum geformte Sandhügel, den die Flut in wenigen Stunden hinwegwaschen wird, wichtiger als der gewaltige Tempel und die in seinem Rhythmus atmenden Stadt.

5. NATUR- UND KUNSTFORMEN INDISCHER ARCHITEKTUR

Neben den bekannten und seit Max Weber (1972: 722) immer wieder kontrovers diskutierten Unterschieden zwischen dem „okzidentalen" und „östlichen" Städtewesen ist von wirklich grundlegender Bedeutung für die räumliche Gliederung indischer Städte, daß sie keine öffentlichen Plätze in unserem Sinne kennen. Das Marktgeschehen ist in der Regel linear, in „Basaren" organisiert, öffentliche Versamm-

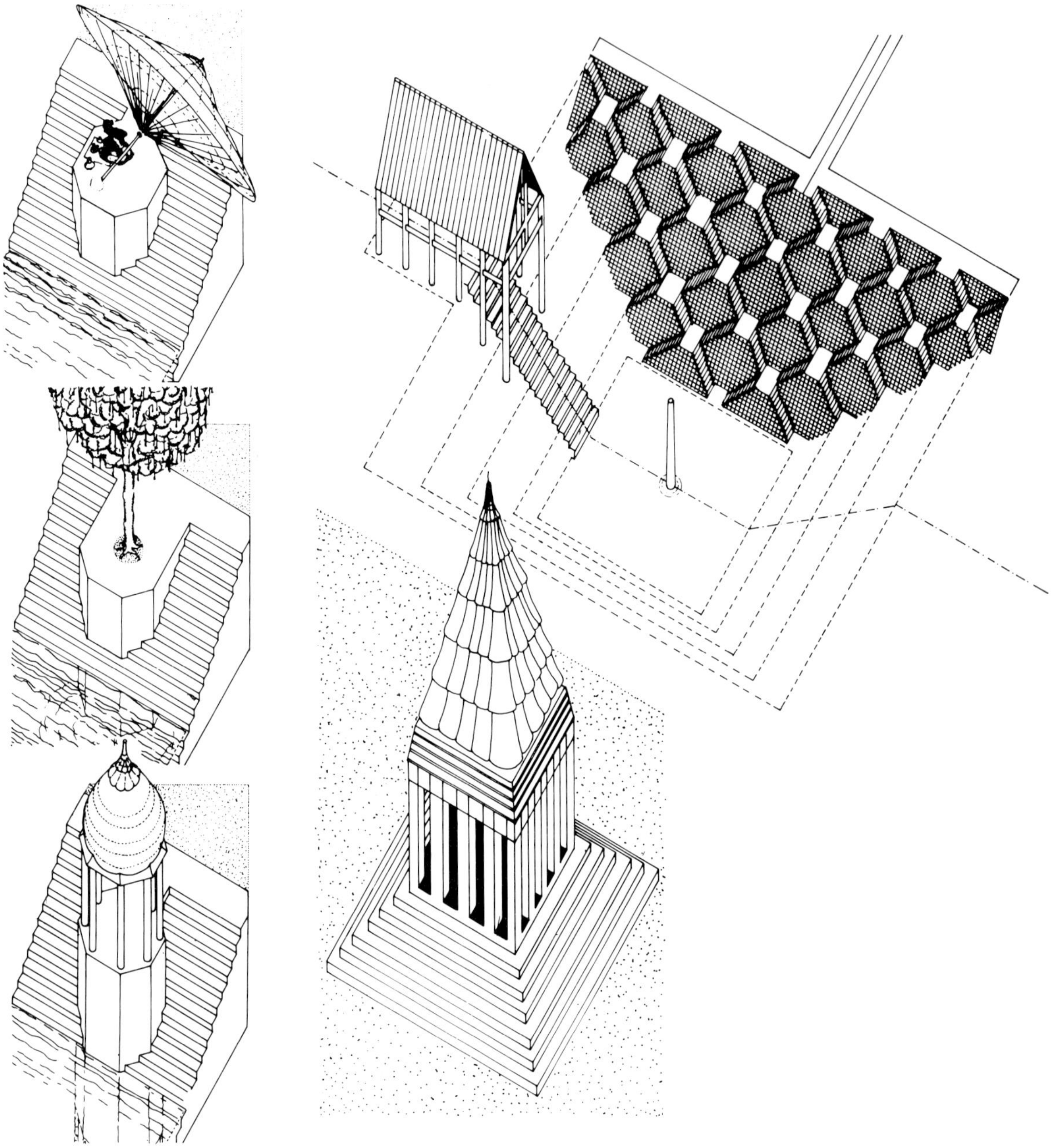

Abb. 40 Verschiedene Typen von Uferterrassen.

lungen sind an Bautypen, wie Moschee oder Tempel mit ihren weiten Hofräumen, geknüpft oder sie finden auf den weiten Flächen vor den Mauern statt, die man gewöhnlich – ebenfalls mit einem persischen Wort – „Maidan" nennt. Selbst große Städte, wie etwa das alte Benares, das sich vom Fluß weg mehr als 3 km ins Land erstreckt, sind nur in Straßen unterschiedlicher Größe, Geradlinigkeit und Nutzung gegliedert, ohne in Platzräume oder auch nur diffuse Marktflächen einzumünden. Wenn man aber dieses oft verwirrend unregelmäßige Netz der Gassen und Wege durchstreift und, einer deutlich vorhandenen Orientierung folgend, dem Fluß zustrebt, wenn man plötzlich am Ende der Gasse den Dunst der großen Wasserfläche ahnt und wenn man dann schließlich mit wenigen Schritten aus dem engen und dämmrigen Straßenraum auf die weiten, in der Hitze flimmernden Steinterrassen tritt, die in endlosen Läufen zum Fluß hinabführen, wo es wimmelt, meditiert, betet, singt und badet, eingetaucht in die Musik der Ragas, die aus den Lautsprechern klingt, dann begreift man ohne weitere Erklärung: Dies ist der öffentliche Raum der großen Stadt. Die Uferterrassen, „Ghats" genannt (J. Pieper 1979b), sind das spezifisch indische Gegenstück zu unseren Plätzen (Abb. 40). Hier am Wasser pulsiert das eigentlich städtische Leben, hier trifft man sich, hier badet man gemeinsam, sei es zum Vergnügen oder zur rituellen Waschung, hier wird ge-

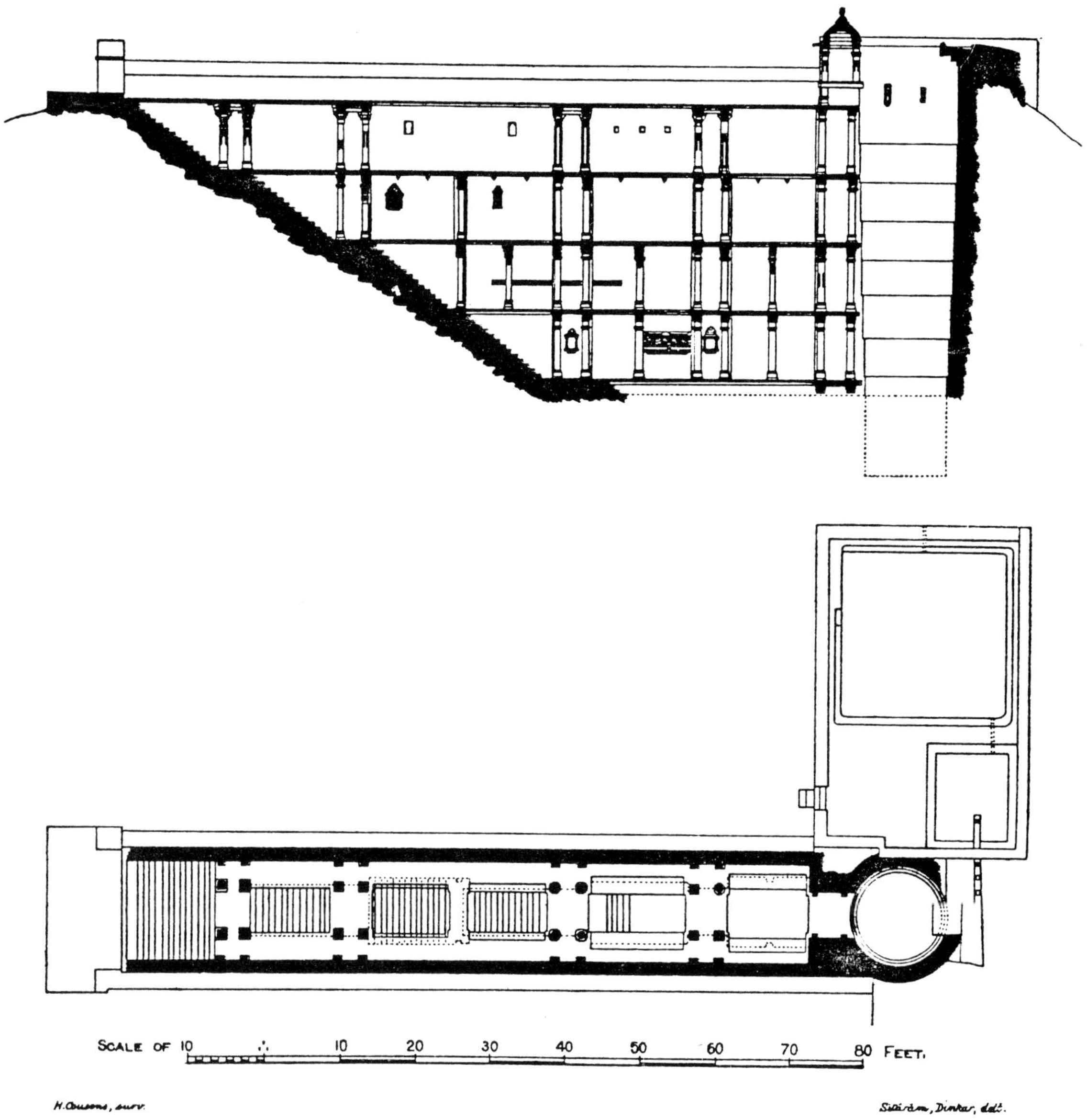

Abb. 41 Vayad: Stufenbrunnen des 13. Jh.

marktet, auch dies in einer kulturspezifischen Form, denn die Ware besteht weniger aus den Notwendigkeiten des gegenwärtigen als des zukünftigen Lebens.
Für diesen Typus des öffentlichen Raumes gibt es nicht nur den Sanskritausdruck „ghat“, der mit „Uferterrasse“ nur sehr unvollkommen wiedergegeben werden kann, sondern auch eine kulturspezifische architektonische Form, die ihresgleichen in der übrigen Welt nicht kennt. Vergleichbar wären allenfalls noch die kolossalen Projekte, die Alessandro Specchi 1704 für die Terrassierung des Tiberufers in Rom entwarf, jedoch wurde nur ein kleiner Teil davon, der Porto di Ripetta, verwirklicht, und auch dieser ist bezeichnenderweise im Zuge der ingenieurmäßigen Umgestaltung des Lungotevere verschwunden, die in dem Flußlauf nur eine lästige Schmutz- und Gefahrenquelle erblickte (C. d'Onofrio 1980: 285).

Die indischen Ghats sind steile, durch Podeste gegliederte Treppenfluchten, die von der Höhe des Ufers zum Wasserspiegel hinabführen (Abb. 41, 42, 43). Da der Wasserstand starken Schwankungen unterworfen ist – in Benares sind Unterschiede von 8 m keine Seltenheit –, wandert das rege Leben im Jahresrhythmus auf den Terrassen hin und her. Neben einfachen Plattformen, die als Aufenthaltsflächen dienen, gibt es eine reiche Typologie der verschiedensten Kleinbauten für den gleichen Zweck, vom schattenspendenden Baum in einem zylindrischen „Wurzelbecken“ bis hin zu mehrgeschossigen Pavillonbauten.
Eine ganz besondere Faszination der Ghats in Benares liegt darin, daß das gegenüberliegende Flußufer unbebaut ist (Abb. 3). Der Ganges ist hier so breit, daß die Stadt nur auf dem westlichen Ufer liegt, und so ist das Gegenüber zu dieser ungeheuer dicht

Abb. 42 Stufenbrunnen in Bundi.

Abb. 43 Stufenbrunnen in Bundi.

Abb. 44 Moderner Baumschrein in Junagadh.

Abb. 45 Baumheiligtum bei Tiruparankundram. ▶

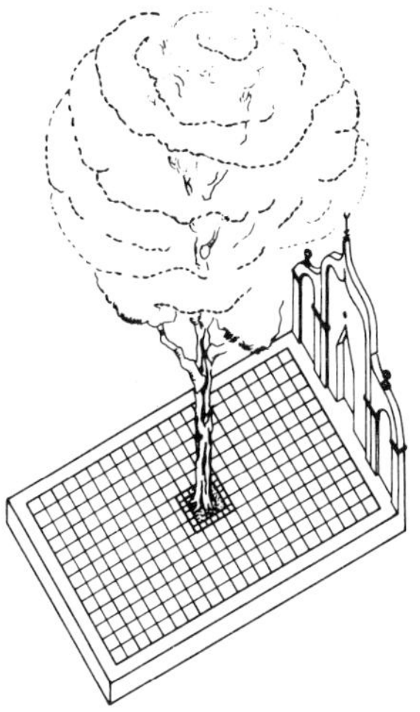

Abb. 46 Baummoschee (Idgah).

Abb. 47 Idgah bei Faizabad.

Abb. 48 Großer Dipdan in Dharwar.

bebauten, jahrtausendelang bewohnten und über die Ghats bis zum Wasserspiegel hinab in jedem Winkel künstlich bearbeiteten Stadt eine endlose Dschungelfläche: ein weiter Horizont unberührter Natur, über dem am frühen Morgen, wenn das Gedränge und Getriebe auf den gegenüberliegenden Uferterrassen am lebhaftesten ist, die leuchtend rote Scheibe der indischen Sonne aufsteigt.

Kein Zweifel, die Macht der Natur – die Gewalt des breiten Flusses, die lebensfeindliche Kraft der Sonne, die Undurchdringlichkeit des Urwaldes –, dies ist der eigentliche Wurzelgrund der indischen Architektur und Stadtbaukunst, die nicht nur Schutz vor diesen Urgewalten schafft, sondern zugleich einzelne Elemente herausgreift, einfaßt und ästhetisch überhöht, wie hier das Element Wasser im architektonischen Gestus der Uferterrassen.

Haben wir dies einmal als ein Grundanliegen der indischen Architektur erkannt, so fällt der Blick allenthalben auf Naturelemente, die in gleicher Absicht architektonisch gefaßt sind. Neben dem Wasser sind vor allem Bäume ein so häufiges Thema des Bauens, daß man von einer regelrechten „Baumarchitektur" sprechen kann (J. Pieper 1977c) (Abb. 44–47). Für diese Häufigkeit mag zunächst eine Ursache darin zu suchen sein, daß Indien ungemein reich an Baumarten ist, von denen einige durchaus als „natürliche Architektur" anzusprechen sind. Besonderes der Banyan-Baum (Ficus Bengalensis) ist eine solche Spezies, die mit ihren herabhängenden Luftwurzeln im Boden neu ausschlägt und mit der Zeit eine „Palisade" oder einen „Stützenkranz" um den eigentlichen Stamm bildet. Unter dem dichten Blattwerk ist jede fremde Vegetation unmöglich, der Boden ist hart und glatt wie eine Tenne und wenn man, von außen herkommend, zwischen den Luftwurzeln unter die weit ausladende Krone tritt, hat man das Gefühl, sich in einem tatsächlichen, wenngleich lebenden, wachsenden und von der Natur selbst geschaffenen Innenraum zu befinden.

Die Banyanbäume werden häufig mit nur wenigen baulichen Ergänzungen und Kunstgriffen zu tatsächlich genutzten Räumen umgebaut. Besonders häufig findet man an der Landstraße Bäume, die als Rastplätze dienen. Zu diesem Zweck sind sie mit einer breiten, steinernen Plattform eingefaßt, die sich zum Schutz gegen Insekten und Feuchtigkeit etwa einen

Abb. 49 Dipdan in Maharashtra.

Abb. 50 Schirm als Ehrenzeichen über einem Prozessionsbild in Suchindram.

Meter über dem Boden erhebt. Bei größeren Bäumen und in günstiger Lage zu Siedlungen kann sie so geräumig sein, daß sie einer komplett mit Samovar, Herd und Wasserstelle ausgestatteten Restauration Platz bietet. Gelegentlich findet man auch Kultstätten, kleine Schreine oder Votivtempelchen, die um den Stamm oder in seine Höhlungen eingebaut sind, und nicht selten ist dann die steinerne Plattform von einem Priester in Besitz genommen, der den Kult versieht und von den Einkünften des Baumheiligtums lebt (Abb. 44).

Im islamischen Norden sieht man außerhalb der Ortschaften häufig einen Moscheentyp, der für die Id-Feierlichkeiten benutzt wird, und der ebenfalls die bergende, schirmende und beschattende Eigenschaft der großen und dichten indischen Bäume nutzt: Eine rechteckige, sorgfältig aus Werkstein errichtete Plattform ist mit ihrer Längsachse nach Mekka ausgerichtet, und diese Seite ist, wie in jeder anderen Moschee auch, durch eine pilastergegliederte Mauer mit Mihrab und Schmuckflächen als die Kibla-Wand gekennzeichnet. In der Mitte der Plattform jedoch erhebt sich ein mächtiger Baum, dessen weitausladende Krone die gesamte Versammlungsplattform bedeckt und der die eigentliche Behausungsfunktion dieses merkwürdigen Zwittergebildes aus Kunst und Natur übernimmt (Abb. 46, 47).

Banyanbäume werden auch ohne jede künstliche Ergänzung architektonisch genutzt. So steht in wohl jedem indischen Dorf an prominenter Stelle ein großer Banyanbaum, unter dem seit Jahrhunderten das Panchayat, der Dorfrat, tagt. Diese Verbindung des Baumes mit den elementaren Formen der Souveränität, die in einem legendären goldenen Zeitalter, als jedes Dorf noch seinen eigenen König wählte, auch die Gerichtsbarkeit mit einschloß, hat den Baum zum Symbol der Macht werden lassen, zum Würdezeichen, das vor allem in seinen Abstraktionsformen nachwirkt: in der freistehenden Säule, die im historischen Bautyp der Inschriftensäule (Stambha) die königlichen Edikte trug, als hölzerner Pfahl in der Mitte des Dorfteiches, wo sie den Lebensbaum assoziiert, in der Lichtersäule (Dipdan) (Abb. 48, 49), wie sie in den Tempeln und an den Wegkreuzungen Maharashtras als Hoheitszeichen steht, und schließlich in der einfachen hölzernen Anschlagsäule des indischen Alltags. Neben der freistehenden Säule gilt der Schirm (Abb. 50) als Abstraktionsform des Versammlungsbaumes, und so fungiert auch er als Würdezeichen: als notwendiges Requisit einer indischen Hochzeit, als Attribut des indischen Königtums, als Paraphernalie in hinduistischen Prozessionswesen und hier, besonders bezeichnend, in mehrfach abstrahierender Verfremdung als verkleinerter Messingschirm, der neben

Abb. 51 Der Kalpavriksha von Lodurva.

dem Baldachin des Lokalgottes getragen wird – Metamorphosen eines Würdezeichens also vom Baum zu Schirm und von dort zu Materialwechsel, Veredlung und Verkleinerung der nur noch symbolischen Replik.

Zwei besonders interessante Baumnachahmungen der indischen Architektur verdienen ihrer künstlerischen Bedeutung wegen eine eigene Erwähnung, der Metallbaum von Lodurva (Abb. 51, 52) und der Thronbaum von Fathepur Sikri (Abb. 53).

In Lodurva, inmitten der Wüste bei Jaisalmer gelegen, wurde im 17. Jh. der mittelalterliche Jaintempel erneuert und erweitert. Bei dieser Gelegenheit errichtete man eine dreistufige Pyramide, deren Terrassen, von zinnenbekrönten Mauern umschlossen, den Weltenberg darstellen. Zuoberst erhebt sich ein Viersäulenpavillon, dessen monolithisches Dach einen aus Kupfer getriebenen Baum trägt. Dies ist Kalpavriksha, der „Baum Kummerlos", der wunscherfüllende Baum der Inder.

Als wunscherfüllender Baum (Abb. 54) ist wahrscheinlich auch jene merkwürdige Säule zu verstehen, auf deren Kapitell Kaiser Akbar seine Privataudienzen gewährte. In der Mitte der um 1570 errichteten Audienzhalle (Diwan-i-Khas) steht eine mehr als 7 m hohe freistehende Säule, deren Kapitell über vier diagonal den Raum durchschneidende Stege mit den Galerien des ersten Obergeschosses verbunden ist. Der wuchtige Kapitellhals wird durch drei Reihen von je 32 Hängezapfen gebildet, die wie steinerne Früchte von dem geschwungenen Astwerk der Kragkonsolen herabhängen (Abb. 247, 248). Darüber thronte der Kaiser wie der wunscherfüllende Geist im Geäst des mythischen Baumes.

Als Würdezeichen verwendet auch der indische Städtebau den Baum, einzeln, im Mittelpunkt der Stadt oder als Baumkonstellation an den Grenzen des Weichbildes. In Badami (Distrikt Bijapur, Karnataka) ist der Stadtplan von einem orientierten Hauptstraßen-

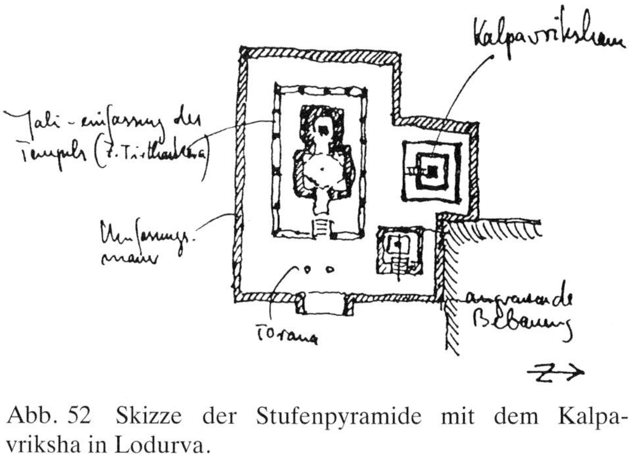

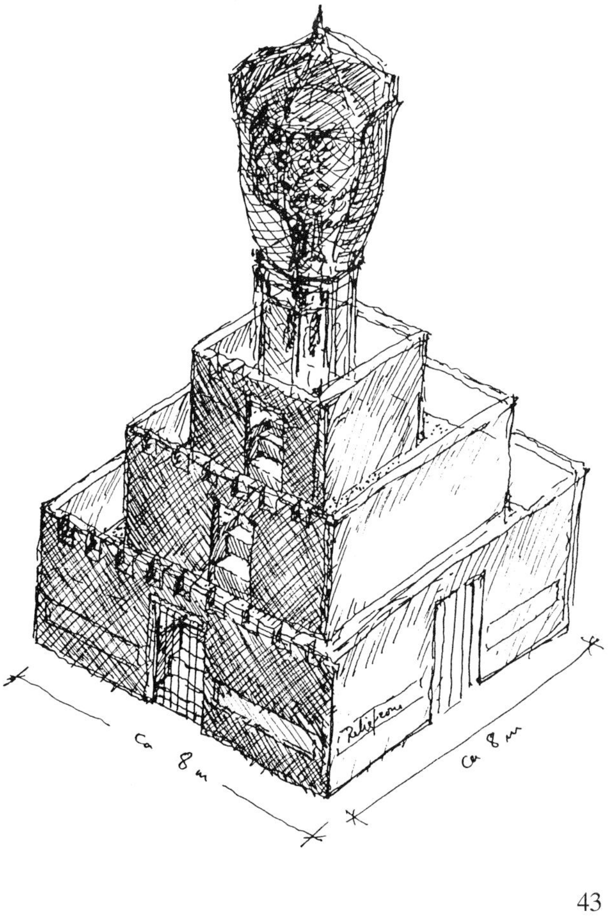

Abb. 52 Skizze der Stufenpyramide mit dem Kalpavriksha in Lodurva.

Abb. 53

Abb. 54

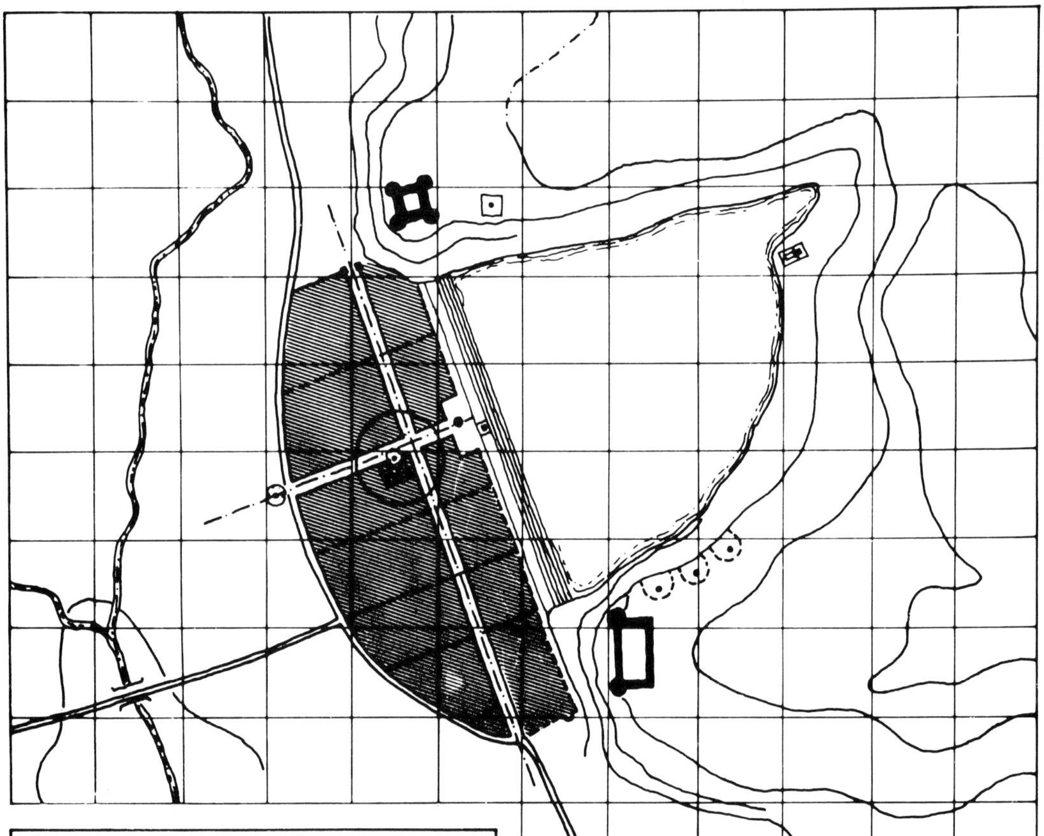

Abb. 55

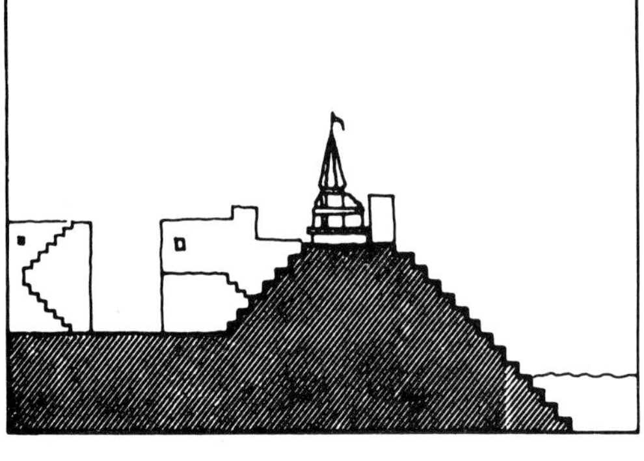

Abb. 53 Akbars Thron in Fathepur Sikri: ein steinerner Baum.
Abb. 54 Kalpavriksha aus Besnagar: Baumplastik als Bekrönung einer freistehenden Säule.
Abb. 55 Planskizze von Badami.

Abb. 56 Blick auf den Baum im Zentrum von Badami.

kreuz viergeteilt (Abb. 55). Am Schnittpunkt dieser Straßen liegt das kultische Zentrum der Stadt, ein Doppeltempel, und in einer Ausweitung der Ost-West-Achse erhebt sich davor ein großer Tamarinden-Baum, der einzige Baum im Stadtgebiet, der im öffentlichen Raum steht (Abb. 56). Dieser Baum markiert den Mittelpunkt des Stadtsystems, eine Erinnerung zugleich an den mythischen Baum Kalpavriksha auf dem Berge Meru im Mittelpunkt des indischen Kosmos und an den Mittelpunktsbaum im Zentrum der altindischen Siedlung, unter dem vor Zeiten die weisen Könige Gericht hielten. Tatsächlich besitzt dieser Baum keinerlei solche oder ähnliche Funktionen. Er ist zum reinen Symbol geworden, zum Zeichen der kollektiven Ordnung des städtischen Gemeinwesens. Diese zeichenhafte Bedeutung des Baumes, die durchaus an unsere mittelalterlichen Marktkreuze, Perrons, Rolandsäulen oder andere Insignien städtischer Freiheit erinnert, wird noch durch ein interessantes Detail der Straßenpflasterung unterstrichen (Abb. 57). Während die Ost-West-Achse mit großen, quadratischen Steinplatten rechtwinklig zur Straßenrichtung gepflastert ist, weist die Nord-Süd-Achse ein Diagonalpflaster auf, und der Schnittpunkt beider Achsen ist wiederum durch einen Ring kleinformati-

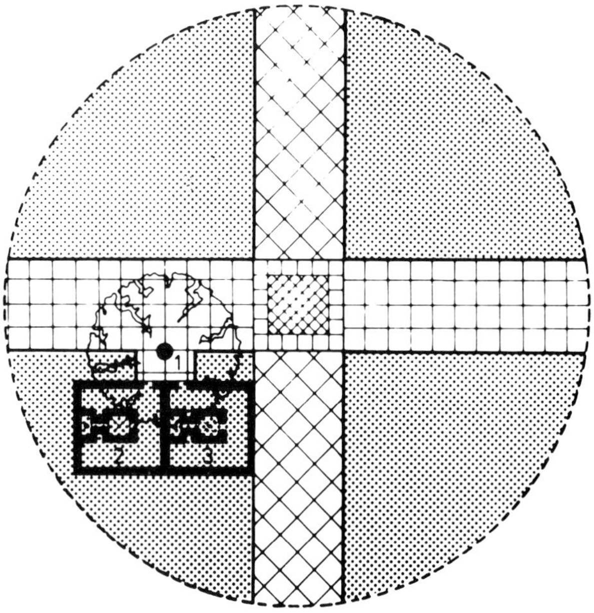

Abb. 57 Stadtmitte von Badami mit den unterschiedlich gepflasterten Achsen, 1 Tamarindenbaum.

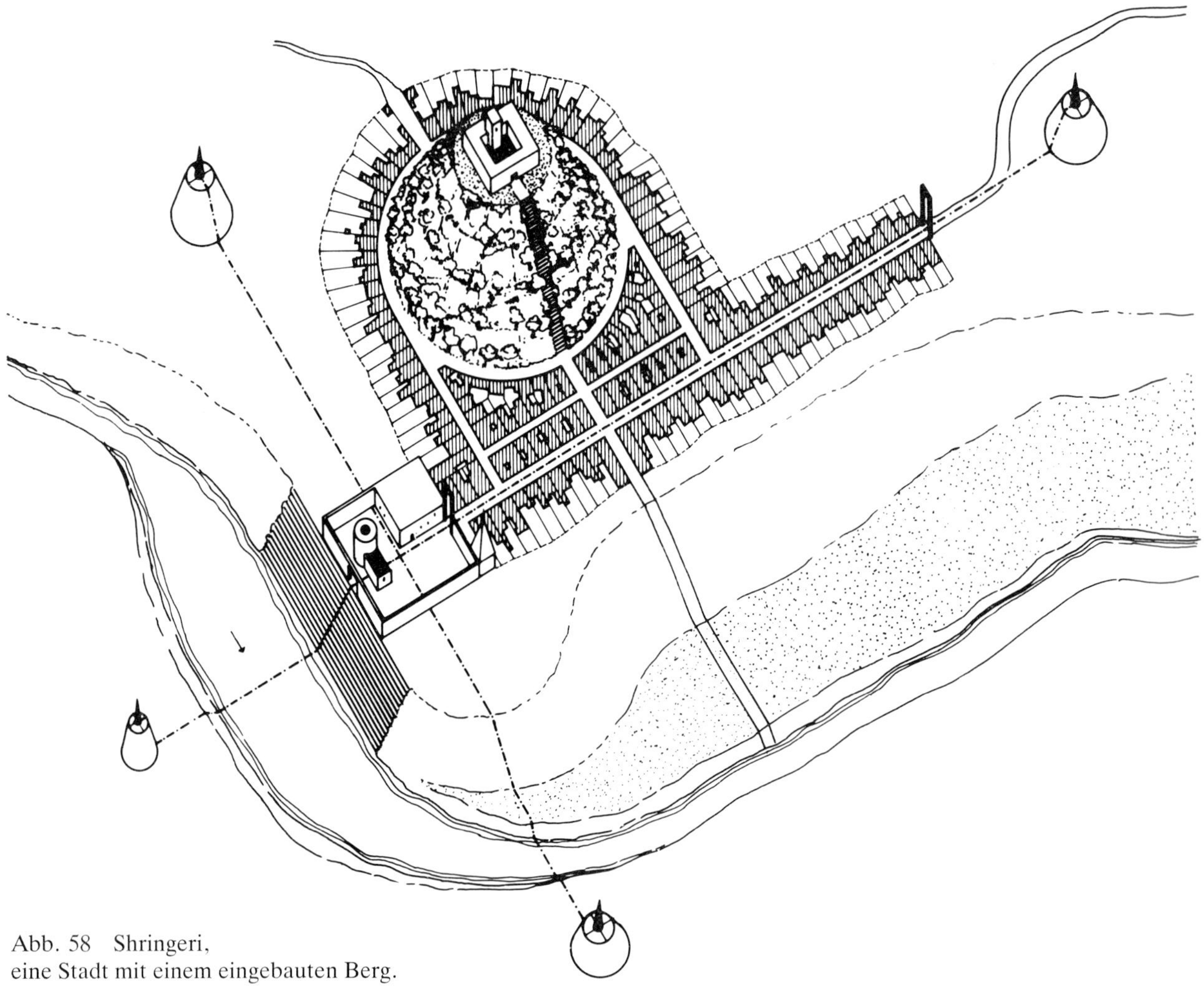

Abb. 58 Shringeri,
eine Stadt mit einem eingebauten Berg.

gen Pflasters abgesetzt, der ein ebenfalls kleinformatig und diagonal gepflastertes Feld einfaßt. Mit diesem Kunstgriff wird die Bedeutung der Straßen als orientierte Achsen noch einmal hervorgehoben, die Wichtigkeit des Mittelpunktes unterstrichen und somit die Deutung des gesamten Systems durch den Mittelpunktsbaum als Kosmosanalogie oder auch einfach als Abbild idealtypischer städtischer Ordnung akzentuiert.
Während in Badami Baum und Straßenkreuz symbolische Bedeutung besitzen, wobei der Baum das Stadtgefüge deutet und interpretiert, gibt es im indischen Raum auch zahlreiche Stadtanlagen, bei denen ein Naturelement nur um seiner selbst willen architektonisch gefaßt ist: Ein Baum wird wegen seines gewaltigen Wuchses, ein Berg wegen seiner bizarren Formation oder irgendein anderes, am Ort bereits vorhandenes Naturelement wird ganz in die Architektur einbezogen, eingebaut oder von dem System der Stadt umschlossen. Eine sehr schöne Anlage dieser Art ist der Wallfahrtsort Shringeri im bewaldeten Bergland der Western Ghats (Kadur District, Karnataka) (Abb. 58). Dort liegt über einer Biegung der Tungabhadra ein kleiner, aber sehr steiler, kegelförmiger Hügel, Shringa-Giri genannt, der im Ramayana als Geburtsort des Asketen Rishya Shringa erwähnt wird. Auf seinem Gipfel wurde schon früh ein Shiva-Tempel errichtet, dessen Alter legendär ist und der einen regen Pilgerbetrieb anzog. Um den Fuß des Hügels wuchs deshalb eine ringförmige kleine Stadt, die den heiligen Ort in der Mitte völlig umschließt. Im 8. Jh. gründete der große shivaitische Reformer Shankara Acharya hier sein berühmtes Kloster unmittelbar am Steilufer der Tungabhadra, und damit entstand das städtische System, das sich bis heute unverändert erhalten hat: Von den Uferterrassen des Flusses und der Plattform des Haupttempels führt eine Achse nach Norden, an dem heiligen Berg des Rishya Shringa und seiner ringförmigen Umbauung vorbei. Diese Achse ist an beiden Enden durch große Torbauten abgeschlossen, und auf diesem Abschnitt werden viermal jährlich im Rahmen mehrtägiger Feste die Tempelwagen hin und her bewegt.
Am Nordende der Achse, unmittelbar hinter dem Tor und gewissermaßen als Pendant zu den Uferterrassen jenseits des Tempels im Süden, erhebt sich ein kleiner

Abb. 59 Ansicht des Felsenheiligtums von Tiruchirapalli von Norden.

Hügel, der einen der vier Schreine trägt, die das rituelle Umfeld – bezogen auf den Ufertempel als Mittelpunkt – abstecken.
Die Prozessionen, Feste und Stadtrituale sind auf die Achse beschränkt, jedoch einmal im Jahr während Dashara wird ein kleiner Wagen mit dem Kultbild des Haupttempels um den Berg gezogen. Die Choreographie der rituellen Begehungen und der zahlreichen Feste im Jahresablauf, von der noch ausführlicher zu reden sein wird, akzentuiert also die Geometrie des Stadtplanes, die mit der axialen Beziehung zwischen Wasser, Tempel, Torbauten und Berg einerseits und mit der ringförmigen Umschließung des exzentrisch gelegenen ursprünglichen Bergheiligtums andererseits vorgegeben ist.
So unterstreichen also die räumlichen Gesten der Feste die Absicht der Stadtarchitektur, die beiden vorhandenen, topographisch bemerkenswerten Naturelemente architektonisch einzufassen: den Gipfel des Berghügels, auf dem vor Zeiten der große Asket geboren wurde, und den steilen Abstieg zum Fluß, wo einst Shankara eine Kobra beobachtete, die einen schwangeren Frosch mit ihrem gespreizten Schild vor den Strahlen der Sonne schützte. Wegen dieses ungewöhnlichen Ereignisses werden noch heute die Wassertiere an dieser Biegung des Flusses heilig gehalten, vor allem eine Spezies karpfengroßer, schwarzer Fische, die hier so zahlreich sind, daß man ihre Rücken

Abb. 60 Der eingebaute Berg von Tiruchirapalli auf einem Stich des 19. Jh.

dicht an dicht aus dem Wasser ragen sieht. Der Fluß ist an dieser Stelle buchstäblich lebendig, und dieses merkwürdige Bild trägt nicht weniger zu der eigenartigen Atmosphäre des Ortes bei, als der ganz in die Stadt eingebaute Berg und die Achse, auf der die Tempelwagen wie in einem Kindertraum hin und her bewegt werden.
Es gibt in Indien eine ganze Reihe von Städten, die wie Shringeri von eingebauten Bergen beherrscht werden: Tiruparankundram bei Madurai, Palni an der

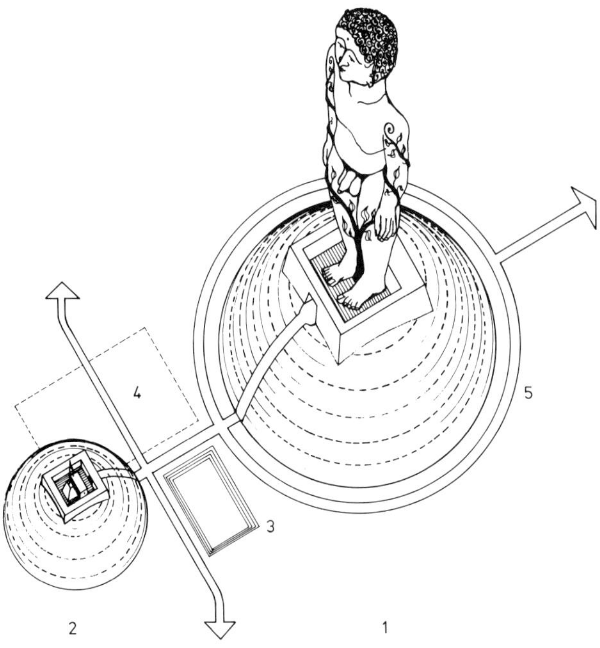

Abb. 61 Schematische Skizze des Jaina-Heiligtums in Shravana Belgola: 1 Der Gommata auf dem Berg Indragiri; 2 Jainatempel auf dem Berg Candragiri; 3 Shveta Sarovara („Weißer See"); 4 Basare und Wohnquartiere; 5 Pradakshina-Patha (Umwandlungspfad).

Grenze von Tamil Nadu nach Kerala oder Tiruchirapalli (Abb. 59, 60) am Kaveri – dies alles sind Anlagen, die in ihrer Mitte Berge wie gewaltige anikonische Objekte umschließen (Abb. 64–67). Es scheint, als habe hier eine uralte chthonische Neigung einen so kolossalen Ausdruck gefunden (Abb. 61, 62, 63), wie er im eigentlichen Bauen selbst nicht mehr zu verwirklichen war. Architektur und Bauwerk scheinen hier wie parasitär um Berg oder Fels gelegt, um den eigentlichen Gegenstand der Verehrung, dem die Anlage von Tempel und Stadt nur als untergeordneter Vorhof dient.

In dieser monumentalen Steigerung zeigt sich mit besonderer Deutlichkeit ein Grundzug der indischen Baukunst: der Geschmack des Erdnahen, Troglodytischen, der auch dort niemals ganz verschwinden mag, wo sich die Bauten zu größerer Höhe emportürmen (J. Pieper 1983). Diese Massigkeit und Erdnähe der indischen Architektur hat zunächst eine einfache Begründung in der extremen Hitze des indischen Sommers. Nordindien gehört in den Monaten von März bis Juni zu den heißesten Landschaften der Erde. Mensch und Tier verfallen in völlige Apathie, die Vögel hocken bewegungslos mit weit aufgesperrten Schnäbeln auf den Dächern, und die meisten Baumarten werfen in dieser Zeit ihr Laub ab. Das Land ist

Abb. 62 Der Gommata.

Abb. 63 Der Gommata.

braun und verdorrt, der Ackerboden rissig aufgebrochen und der Himmel bleigrau, obwohl nicht eine einzige Wolke zu sehen ist. Die Hitze trägt Massen von Staub bis hoch hinauf in die oberen Luftschichten, und dahinter steht die Sonne fahl wie im Dunst unseres Novemberhimmels – es ist eine Art Hitzewinter über das Land hereingebrochen, unerbittlich wie der russische Januar, aber in den Temperaturen dessen extremes Gegenteil.
Bauen heißt hier also zunächst Schutz vor den Strahlen der Sonne zu schaffen, vor Hitze, Staub und Verdorren, und so besitzt die indische Architektur dieses trocken-heißen Raumes eine gewisse Masse und Schwere, ganz anders als die luftdurchströmten Verandabauten des tropischen Südens. Sie ist introvertiert, um innenliegende Höfe organisiert, nach außen abweisend und nach oben durch massige Decken abgeschlossen.
Schon die Architekturtheorie des 18. Jahrhunderts hat dies gewußt und über die Ursachen spekuliert, und für Quatremère de Quincy stand bereits fest, daß sich alles Bauen dieses Raumes aus dem Souterrain

Abb. 64 Fernblick auf den Heiligen Berg Shatrunjaya. ▶

Abb. 65 Blick auf die Jainatempel des Shatrunjaya.

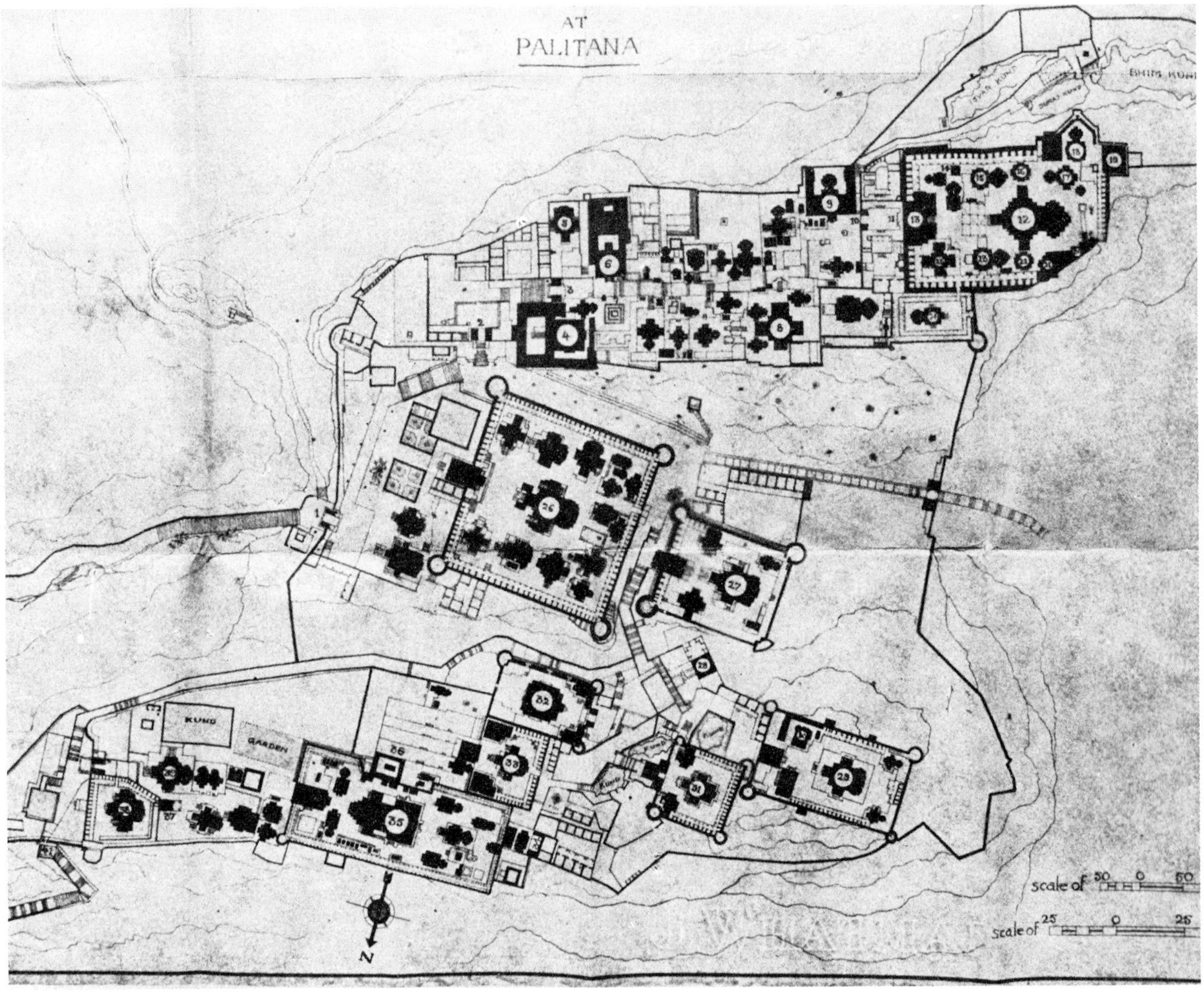

Abb. 66 Lageplan der Jainatempel auf dem Berg Shatrunjaya: 1 Adisvara-Tempel; 2 Chaumukhji-Tempel.

Abb. 67 Anikonisches Kultobjekt auf dem Berg Girnar.

entwickelt hat, aus den natürlichen und künstlichen Wohnhöhlen der Frühzeit. Diese „unterirdischen Festungen gegen die brennenden Strahlen der Sonne", wie er sie nennt, bleiben für ihn auch weiterhin das Modell, als Wohnung und Kultbau aus Mauerwerk errichtet werden und als im Laufe der Kulturentwicklung die großen Städte der indischen Stromebenen entstehen.

Mag man diese Theorie belächeln, aber sie enthält ein Richtiges darin, daß Haus und Gasse nordindischer Städte tatsächlich etwas Höhlenartiges haben, daß sie in ihrer ästhetischen Wirkung, in Material und Konstruktion eng mit der Massigkeit des Erdbaues verbunden bleiben. Dies gilt zunächst für die allereinfachsten Formen der dörflichen Lehmarchitektur der Stromebenen und der ariden Räume des Nordwestens. Dieses Material, das den klaren geometrischen Formen feind ist, behält immer etwas von seinem amorphen Ursprung, vom Graben, Aufschichten und Modellieren der Rundungen, selbst dort, wo Holzbalken und Reisiglagen für die Dachkonstruktion verwendet werden. Aber auch der städtische Ziegelbau bevorzugt einfache, öffnungsarme und sehr massive Mauern, die von den Möglichkeiten filigraner Ziegelarchitektur kaum etwas ahnen lassen. Selbst die einheimischen indischen Wölbtechniken mit ihren flachen Kappen und Bögen bleiben sehr erdnah, dem Boden verhaftet, und wo sie kühner werden, wie etwa in den enormen Substruktionen der Jami Masjid in Gulbarga, behalten sie die Massigkeit und Gedrungenheit des Monolithischen und scheinen damit der mehr als zwei Jahrtausende alten troglodytischen Bauweise verbunden.

Diese Flucht vor der Sonne, diese Vorliebe, sich in Erde, Höhle oder Fels hineinzugraben, geht mit einer chthonischen Furcht, mit einer Verehrung alles Erdhaften einher. Noch heute beginnt jeder Bauvorgang mit der Zeremonie der Erdberuhigung, die schützende Erde wird besänftigt, der Baugrube wird mit fünf Flüssigkeiten geopfert, und dann beginnt das rituelle Abstecken und Bemessen der Baustelle. Überhaupt ist der Umgang mit der Erde, die vor der todbringenden Sonne schützt, auf hundertfache Weise ritualisiert, und gegenüber dem einfachen, erdgebundenen Bauen der indischen Lehm- und Ziegelarchitektur besteht ein überaus vielschichtiger Komplex der rituellen Überhöhung architektonischer Gesten.

Bhū, die lebensbewahrende, bergende und schützende Mutter Erde, wird an zahllosen Stellen verehrt, in den unendlich vielen Steinen am Wegesrand oder in Bergspitzen, die durch Bemalung als anikonische Kultstätten der Tellus Mater gekennzeichnet sind, oder in Höhlen, Grotten, Mulden, Erdspalten, die als „Falten ihres Körpers" gelten, bis hin zu den ephemeren Sandhügeln, die am Strand von Rameshwaram bis zum Eintreffen der nächsten Flut verehrt werden und die neben ihrer phallischen Bedeutung als Objekt des Shivakultes auch eine Erinnerung an chthonische Praktiken bewahrt haben. Ja, die Verehrung geht sogar so weit, daß alle Architektur, alle Tempel, Städte und Paläste nach klassischer indischer Auffassung als die „Juwelen der Bhu Devi" angesehen werden, als kostbarer „Schmuck der Frau Erde", wie es sich als Epitheton ornans gerade der prächtigsten Städte findet.

Demgegenüber ist die Sonne als Gegenpol der lebenspendenden Erde zunächst eine todbringende Macht, und als solche ist sie eine der schreckenerregenden Figuren des indischen Pantheons. Aber wie viele andere eigentlich zerstörerischen und schrecklichen Gottheiten hat auch Surya, der Sonnengott, einen wohlwollenden Aspekt: Nach indischer Auffassung ist Surya der „Herr des Samens", der sich in jedem Menschen mit fortzeugt, eigentlich verantwortlich für dessen Leben ist und der so etwas wie die sich immer aufs neue inkarnierende Lebensenergie darstellt. Diese Ideen sind sehr volkstümlich und haben eine enorme praktische Bedeutung für die traditionelle indische Heilkunde, für Ayurveda und die darauf beruhenden Lehren der Gesundheit und des langen Lebens. Die positiven Assoziationen der Sonne und ihrer als Surya vergöttlichten Form sind neben den erwähnten negativen natürlich auch in der klassischen Architektur Indiens wirksam geworden. An erster Stelle sind hier die astronomischen Großbauten des Maharajas Jaisingh von Jaipur, Delhi, Ujjain und Benares zu nennen.

Bauhistorisch besonders interessant ist das Observatorium in Jaipur in Rajasthan (Abb. 68), das nach 1727 zusammen mit der gesamten Stadt innerhalb weniger Jahre errichtet wurde. Jaipur war die Residenz des Rajputengeschlechtes der Kachwaha, das seine Herkunft von der legendären Sonnendynastie Ayodhyas ableitete, und so wurde der gesamte Organismus der Neugründung nach einer positiv besetzten solaren Symbolik angelegt: Die Ost-West-Achse des regelmäßigen Straßensystems ist wahrscheinlich auf den Sonnenaufgangspunkt am Gründungstag (17. 11. 1727) ausgerichtet, und in dieser Richtung außerhalb der Stadt auf einem Berg liegt auch der Tempel des Sonnengottes, Surya Mandir. Auf der Hauptstraße wurde während der Feudalzeit bei außergewöhnlichen Anlässen, wie religiösen Festen oder feierlichen Einzügen des Rajas, eine Sonnenfigur auf einem Wagen hin und her gezogen. Der Grundriß der Stadt ist in neun Felder geteilt, deren Bedeutung nicht ganz geklärt ist, die aber möglicherweise für die Sonne (identisch mit dem Palastbezirk) im Zentrum und die acht Planeten stehen können (wobei die Inder statt des Uranus den Mond mitzählen). Im zentralen Palastbereich liegt auch die monumentale Sternwarte, der der Gedanke zugrunde liegt, die herkömmlichen indischen Instrumente der Sternbeobachtung auf das Hundertfache zu vergrößern und damit ohne optische Hilfsmittel in der Genauigkeit zu verbessern. Ihre wichtigste Funktion ist wohl darin zu sehen, daß sie die Daten des Agrar- und Festkalenders genau bestimmt; darüber hinaus macht sie mit dem jahreszeitlichen Wechsel des Schattenwurfes den Rhythmus der Zeit an zentraler Stelle im Stadtgefüge sichtbar.

Neben den Naturelementen Berg, Fels, Höhle oder Baum, die, wann immer möglich, in das Raumsystem einer Stadt oder eines Einzelbauwerkes miteinbezogen werden, ist es vor allem das Wasser, das in seinen künstlichen Fassungen ein Hauptthema der indischen Architektur darstellt. Besonders bei Tempelbauten kann die Wasserarchitektur so monumental angelegt sein, daß sie als kultischer und architektonischer Gegenpol zur eigentlichen Sakralarchitektur verstanden werden muß. So etwa präsentiert sich die Anlage von Modhera in Gujarat (Abb. 69), die aus der Zeit der Solanki-Dynastie (11.–13. Jh.) stammt. Der Tempel, der heute nur noch in Teilen erhalten ist, war der Sonne geweiht; mit seiner expressiven Architektur

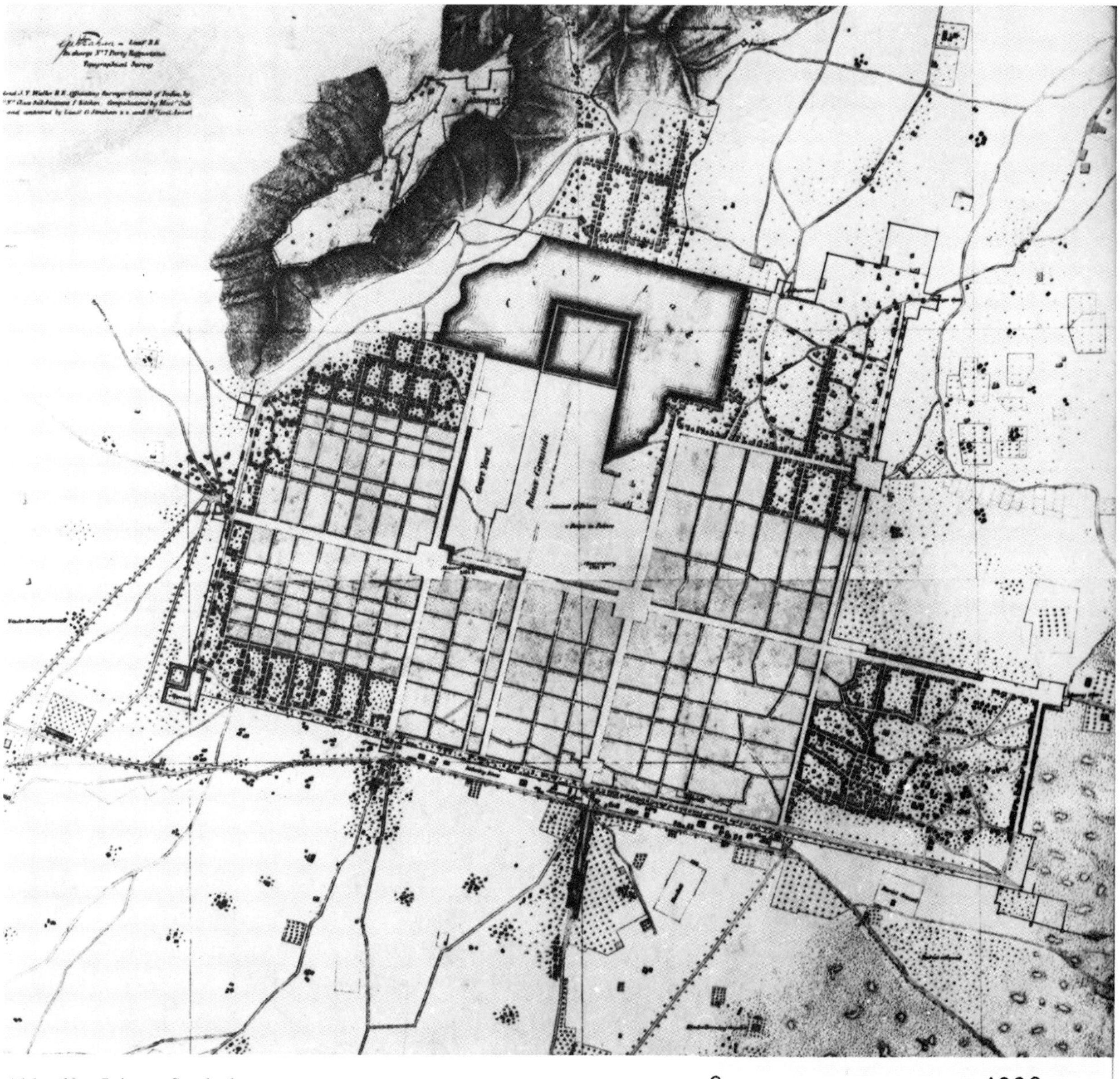

Abb. 68 Jaipur: Stadtplan. 0 ——— 1000 m

von Shikara und äußerer Vorhalle (Gudhamandapa) hat er das Vorbild für spätere Sonnentempel, vor allem für den Sonnentempel von Konarak in Orissa, abgegeben. Unmittelbar vor dem Tempel liegt ein gewaltiges Wasserbecken (Kunda), in das man über steil abgetreppte Stufenberge hinabsteigt. Auf den zahllosen Podesten liegen kleine Schreine und Nebentempelchen, die die Bedeutung der Wasseranlage als gleichgewichtig neben dem Sonnentempel erscheinen lassen: Sonne und Wasser, vergöttert als Surya und Chandra, todbringend und lebensspendend, als Sonne den Tag, als Mond die Nacht regierend – all diese Gegensätze sind im Aufstieg der Architektur und im Abstieg der Wasserbauten mit baulichen Mitteln formuliert und einander gegenübergestellt.

Auch im Städtebau kann das Wasser in ähnlich monumentaler Wirkung zum Gegenstand der Planung gemacht werden. Hier sei abschließend die alte Residenz der Chalukya, Badami (Abb. 70), in ihrer sinnfälligen architektonischen Fassung von Wasser und Fels beschrieben. Ein kunstvoll gebauter, terrassierter Damm sperrt ein enges, von Steilwänden gefaßtes Tal. Auf der einen Seite liegt die Stadt, von ihrem orientierten Achsenkreuz in vier Quartiere geteilt, auf der anderen die Wasserfläche. Dort, wo die Querachse auf den Damm trifft, findet sich eine platzartige Ausweitung, über der sich ein oben auf der Dammkrone errichteter Tempel erhebt. Hoch oben in den Steilwänden rings um den Stauweiher liegen ausgedehnte Höhlentempel und Höhlenklöster monastischer Gemeinschaften in einer augenfälligen topographischen Kontrastsituation, so daß man meinen könnte, hier habe sich eine „Stadt Gottes", geschmückt mit allen Assoziationen des Wassers und der

Abb. 69 Die Ghats am Teich von Modhera.

roten Felsen, bewußt gegen die Stadt in der Ebene gesetzt.

Von der Höhe der Klöster ist das rigide Achsenkreuz der Hauptstraßen deutlich wahrzunehmen, und man erkennt bei ihrem Schnittpunkt die zwei niedrigen Tempel. Davor steht der große Tamarindenbaum, der ja nicht nur die kosmologische Gesamtanlage deuten will, sondern der als architektonisch gefaßtes Naturelement im Mittelpunkt der Stadt noch einmal in augenfälliger Weise die Bedeutung hervorhebt, die die indische Architektur ihrer Beziehung zur Natur beimißt, sei es, indem sie besondere Sinnverbindungen zu ihrer naturräumlichen Umgebung herstellt, oder sei es, daß sie einzelne Wasser, Pflanzen, Steine, ja sogar Tiere wie in Shringeri in ihren innersten Gefäßen trägt.

In extremem Gegensatz zu dieser Naturnähe der indischen Architektur steht eine Baugewohnheit, für die es schwerfällt, vergleichbare Erscheinungen aus der europäischen Baukunst zu zitieren, die Praxis nämlich, einzelne Bauglieder oder auch größere Wandflächen mit Metall, Glas oder anderen glänzenden Materialien zu überziehen.

Die Kreuzkapelle auf der Burg Karlstein oder die Wenzelskapelle im Prager Veitsdom, die Karl IV. gegen 1372 erbauen ließ, sind ja wohl deshalb so bemerkenswert, weil sie für die europäische Baukunst zwei absolute Ausnahmen darstellen: Die Innenwände und Gewölbe der beiden Kirchenräume wurden von oben bis unten mit Edelmetallblechen überzogen, die einzelne Halbedelsteine und spiegelnde und geschliffene Kristalle einfassen; ein ungewöhnlicher Versuch,

Abb. 70 Die Höhlenklöster über dem Stauweiher von Badami; rechts hinter dem Stufendamm liegt die Stadt.

die mittelalterliche Edelsteinallegorese oder auch die Lichtmetaphorik der Epoche, die in den diaphanen Glaswänden der Gotik ihren so charakteristischen architektonischen Ausdruck gefunden hat, mit anderen baulichen Mitteln zu wiederholen.

Die Prager Experimente fanden in der europäischen Baukunst keine Nachahmung und die Spiegelwände des Barock, die gewisse ästhetische Parallelen zu diesen gotischen Metallarchitekturen aufweisen, schöpfen aus ganz anderen Quellen. Metallische Oberflächen sind jedoch ein ausgesprochen charakteristisches Schmuckelement der Sakralarchitektur im gesamten südostasiatischen Raum und hier – wo der architektonische Schmuck insgesamt in auffälliger Analogie zu den verschiedensten Formen des Körperschmuckes, der Tätowierung, Bemalung und Maskierung gebildet ist – werden auch die ästhetischen Grundabsichten dieser dekorativen Praxis deutlich (J. Pieper 1982).

Eine der bekanntesten und auch wohl größten Architekturen dieses Typus kann man in Amritsar bewundern, in der heiligen Stadt der Sikhs (Abb. 71). Der auch ausdrücklich so genannte „Goldene Tempel" dieser Religionsgemeinschaft ist vom Dach bis zum Sockelmauerwerk vollständig mit goldglänzendem Metall überzogen, und der unwirkliche, irritierende Effekt, den ein solches Bauwerk bewirken muß, das aus einem für das Bauwesen untypischen Material, eben Edelmetall, errichtet ist, wird noch dadurch gesteigert, daß sich das Bauwerk auf einer künstlichen Insel inmitten einer weiten Wasserfläche erhebt, die die irreale Erscheinung vielfältig bricht und spiegelt.

Besonders bezeichnend ist die Verwendung von Metallen in der Fachwerkarchitektur Nepals (Abb. 72). Gewöhnlich sind die Gebäude, auch solche, die repräsentativen Zwecken dienen, aus geschnitztem hölzernen Ständerwerk errichtet, und die Gefache sind mit roten, natürlich belassenen Ziegeln gefüllt. Auch die Tempelarchitektur ist in dieser Weise gestaltet. Bei besonders wichtigen Kultbauten jedoch, etwa bei dem auch überregional bedeutenden Tempel von Changu Narayan (Abb. 73) am Nordrande des Kathmandutales, sind die hölzernen Teile durch Metall ersetzt. Sowohl die Pfosten und Rahmen des Fachwerks als auch die reichgeschnitzten hölzernen Paneele um Tür- oder Fensteröffnungen sind aus vergoldetem Messing gearbeitet, oder zumindest mit Blechen überzogen. Hier ist also das lebende, warme Material des Holzes durch das tote und kalte des Metalls ersetzt. So wird der Kultbau durch die Veredlung und Verfremdung des natürlichen Materials aus der vertrauten Sphäre

des Alltäglichen entrückt und als das ganz und gar Andere gekennzeichnet.
Dies erinnert uns augenscheinlich an eine Praxis des Körperschmuckes, die in Nepal hochentwickelt ist und zudem in enger Verbindung zu kultischen Handlungen steht: an die Praxis der Maskierung.
Die magische Faszination der Maske beruht vor allem darauf, daß sie die lebendigen Züge des menschlichen Gesichtes in ein absolut totes Material überträgt, in der Regel in Metall, und daß dieses starre Gesicht dann wiederum von einer lebenden, sich bewegenden und sprechenden Person getragen wird.
Die Übertragung der Maske und der damit verbundenen Assoziationen in das Medium der Architektur hat ihren literarischen Widerhall in dem Märchen von der Messingstadt aus 1001 Nacht gefunden, und in dieser bizarren Geschichte wird auch deutlich, in welcher Absicht die Architektur hier den Kothurn besteigt.
Dort ist die Rede von einer legendären Stadt jenseits der arabischen Welt, wohin eine Handvoll Abenteurer aus Baghdad nach langer und an mysteriösen Erlebnissen reicher Fahrt endlich gelangen. Alles an dieser Stadt ist aus Messing, das in der Sonne glänzt, und als es den Neugierigen nach großen Mühen endlich gelingt, in das Innere einzudringen, bemerken sie voller Verwunderung, daß auch die Straßen, die Plätze, sogar die Häuser mit ihren Fenstern und Türen aus Metall gegossen sind. In diesem schimmernden und abweisenden Ambiente erleben sie, daß die alte Weisheit eines unbekannten Volkes in zahlreichen Inschriften präsent ist, jedoch finden sie nicht ein einziges lebendiges Wesen; die gesamte Bevölkerung liegt tot in den Straßen. Statt dessen treten scheinbar lebendige Metallfiguren auf, die sich mechanisch bewegen, zu den Besuchern sprechen und ihnen Weisungen erteilen – Weisungen, die so zeitlose Wahrheiten enthalten, daß sie die alternde menschliche Zunge nicht artikulieren könnte. So kann auch der Ort, an dem sie ausgesprochen werden, nur jenseits allen Verfalls liegen, erbaut aus einem zeitlosen Material und bewohnt von alterslosen Figuren, so jenseitig, daß sie metallisch und doch belebt erscheinen.

Abb. 71 Der „Goldene Tempel" von Amritsar mit seiner metallischen Oberfläche, die sich im Wasser spiegelt.
Abb. 72 Kleiner Messingtempel in Kathmandu.
Abb. 73 Changu Narayan, Nepal, eine „maskierte" Tempelfassade, bei der alle Holzteile aus Metall gearbeitet sind.

6. GESTALTUNGEN DES UNWIRKLICHEN

Der mittelalterliche Alexanderroman, ein eindrucksvolles literarisches Zeugnis der Schaulust und Phantastik dieser Epoche, erreicht seinen ersten Höhepunkt in der Episode, in der Alexander bei der Königin Kandake zu Gast weilt (Alexanderroman 1974 : 145). Nachdem der junge König den Palast aus einem unbekannten Stein besichtigt hat, durch dessen durchscheinende Wände er dem Sonnenaufgang zuschauen kann, und nachdem er Räume mit metallenen Wänden und spiegelnden Decken gesehen hat, zeigt ihm Kandake das Prunkstück ihrer Architektur der Schaulust und des Staunens: ein Haus, das mit seinen Fundamenten nicht auf der Erde ruht, sondern auf einem gewaltigen viereckigen Balkenwerk mit hölzernen Rädern, das von 20 Elefanten fortbewegt wird. In diesem „wandernden Haus" wohnte die Königin, wenn sie mit ihren Truppen in die Schlacht zog.

In dieser fabelhaften Schilderung mögen sich Erinnerungen an die mobile Architektur der Antike erhalten haben, etwa an den fahrenden Totentempel, in dem der Leichnam Alexanders von Babylon nach Alexandrien überführt wurde, oder an die Nachbildungen von Toren und Türmen eroberter Städte, die in römischen Triumphzügen mitgeführt wurden. Vielleicht spiegelt sich hier auch das mittelalterliche Interesse an beweglichen Architekturen, wie sie als Requisiten des Standortdramas und des Prozessionsspieles geschaffen wurden und bis in die ephemeren Bauwerke der barocken Festarchitektur nachwirken (M. F. dell'Arco 1978). Möglicherweise ist hier aber auch eine indische Quelle verarbeitet worden, wie sie in den nachantiken Überarbeitungen des Alexanderromans an vielen Stellen nachzuweisen sind, ein auf langen Umwegen in den Westen gelangter Augenzeugenbericht über die fahrenden Tempel der Inder. Denn was im Alexanderroman als Inbegriff einer Architektur des Unwahrscheinlichen geschildert wird, ist im indischen Raum eine sehr formenreich entwikkelte Realität (J. Pieper 1980b). Im Hochtal von Kathmandu, in Orissa, in Kerala, Mysore und vor allem im dravidischen Süden gibt es eine hölzerne Architektur, die in allen Einzelheiten den lokalen Stilen der steinernen Sakralarchitektur entspricht, die jedoch auf ein massiges, oft mehrere Meter hohes, hölzernes Fahrwerk montiert ist, so daß sie durch die Stadt bewegt werden kann (Abb. 84).

Die Tempelwagen finden Verwendung im Zusammenhang des indischen Prozessionswesens und hier vor allem aus Anlaß der Neujahrsfeste oder ähnlicher Erneuerungsrituale, bei denen der mythische Stadtgründer, in der Regel der Gott des Stadttempels, das Terrain förmlich abschreitet, also seine mythische Gründungstat rituell wiederholt und bestätigt (K. Beitl 1961).

Die Wagen im südindischen Tamil Nadu sind die monumentalsten Bauten dieser Art und sie dürften wohl

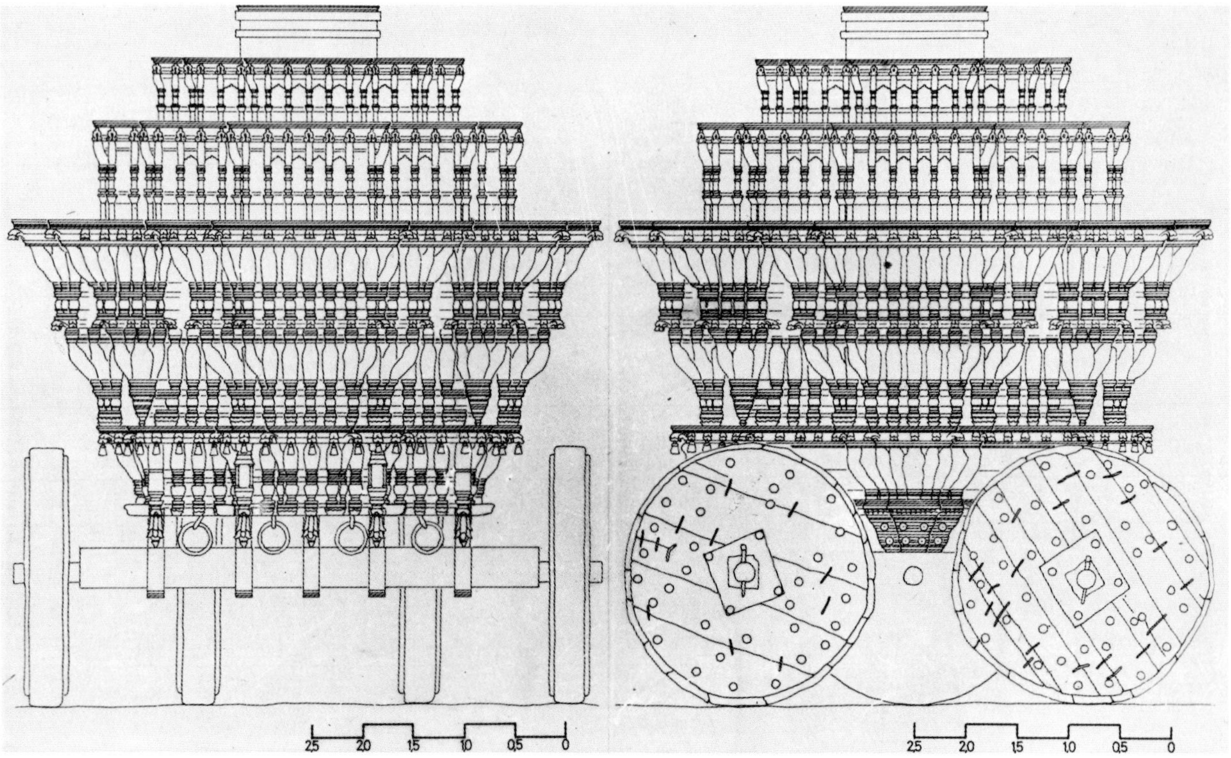

Abb. 74 Mobile Architektur aus Tamil Nadu: Jambukeshvaram, Swami Ter.

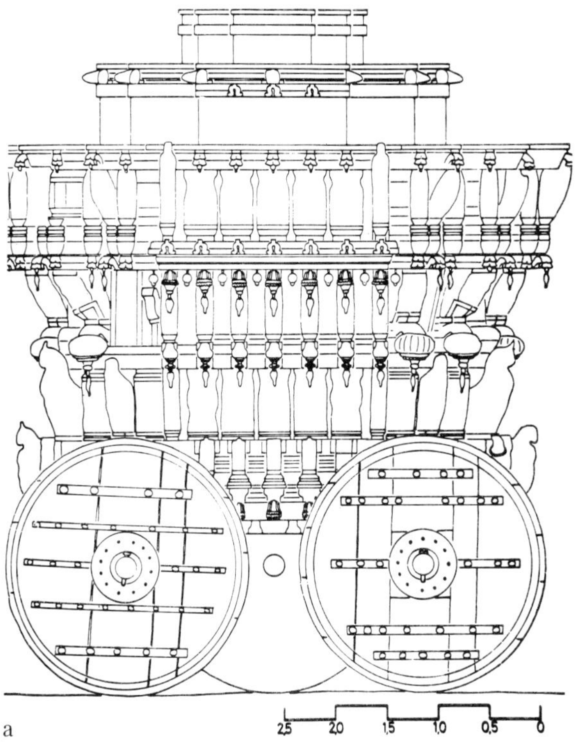

a

Abb. 75 Die Tempelwagen von Tirupparankundram (a), Vaikuntisvarankovil (b, c) und Seringapatanam (d).

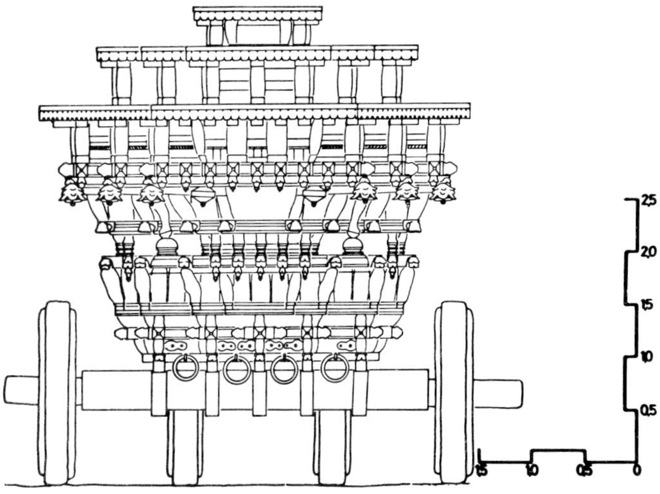

b

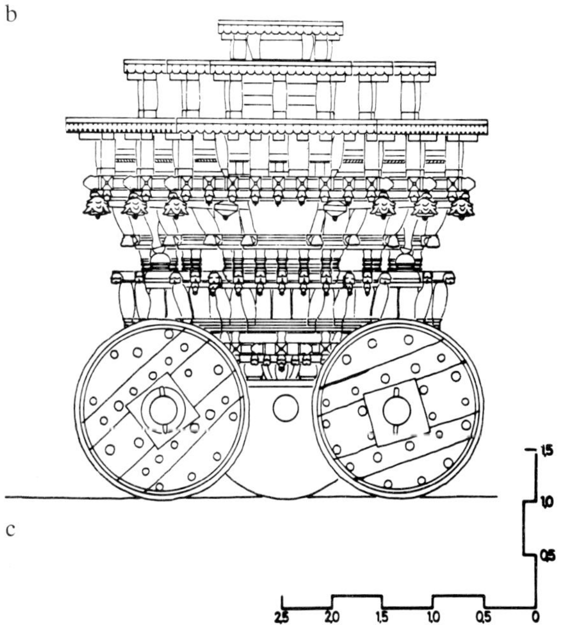

c

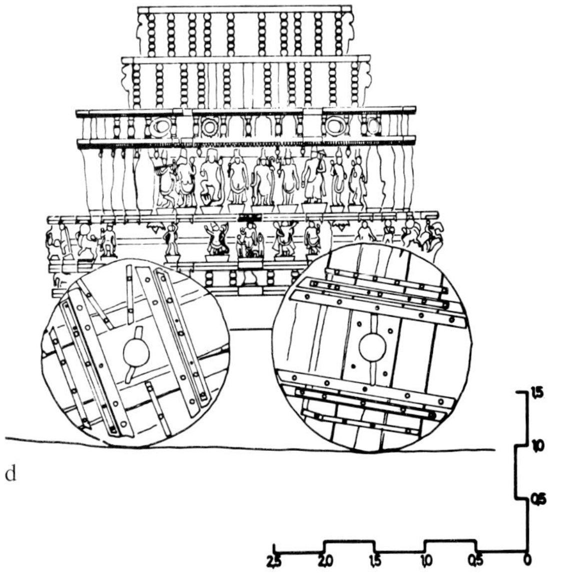

d

zu den größten mobilen Architekturen überhaupt gehören. Sowohl von der Größe her, die es durchaus mit einem echten Steintempel aufnehmen kann und die ein Gewicht von mehr als 20 t auf die Achsen bringt, sind sie als echte Architekturen zu bezeichnen, als auch wegen ihrer konstruktiven und dekorativen Details, die die Architektur der steinernen Vorbilder bis ins einzelne wiederholen. Denn die Tempelwagen sind hölzerne Nachahmungen der steinernen Tempel, zu denen sie gehören: Schon im äußeren Umriß lehnen sie sich an das signifikante Element der dravidischen Sakralarchitektur – den Tempelturm (Gopuram) – an. Auch die Stockwerksgliederung des festen Unterbaus ähnelt diesem Element, und in der Regel ist auch der Bilderschmuck des Sockels und der Volants dem ikonographischen Programm des Muttertempels entlehnt (Abb. 74, 75).

Zum Wagenfest kommen die Bauern der Umgebung in großer Zahl in die Stadt, da die Stadtbevölkerung allein nicht ausreichen würde, den Wagen zu bewegen. Vor Beginn des Umzuges wird die rechte Vorderachse des Wagens mit Dharbagras geschmückt sowie eine Kokosnuß zum gnädigen Gefallen der göttlichen Wageninsassen daran zerschmettert, und dann beginnen die Massen an sechs dicken Tauen zu ziehen, bis sich der Koloß ächzend und schwankend in Bewegung setzt.

Das Festschema der Wagenfeste ist sehr einfach. Das

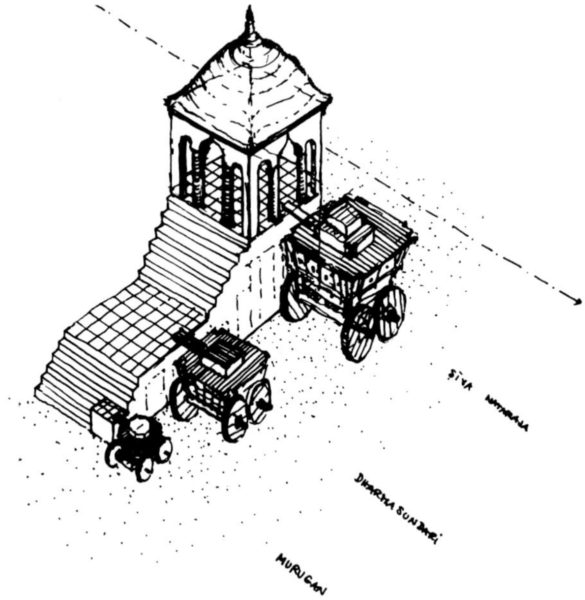

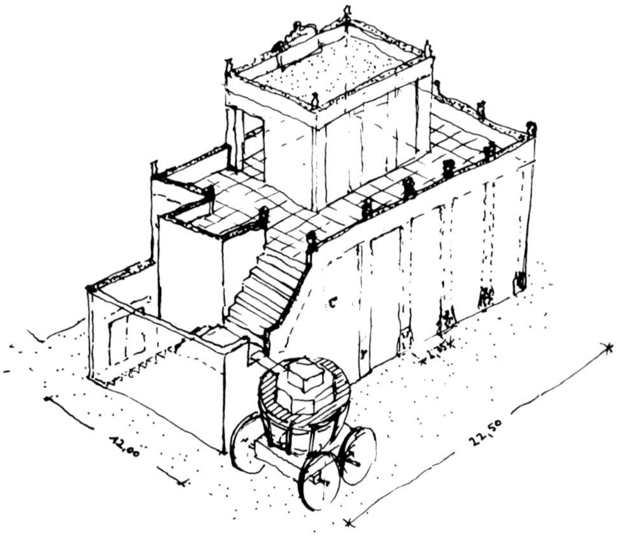

Abb. 76 Chidambaram: Pavillon zum Besteigen der Tempelwagen (Ratha Mandapa).

Abb. 77 Ratha Mandapa aus Seringapatana.

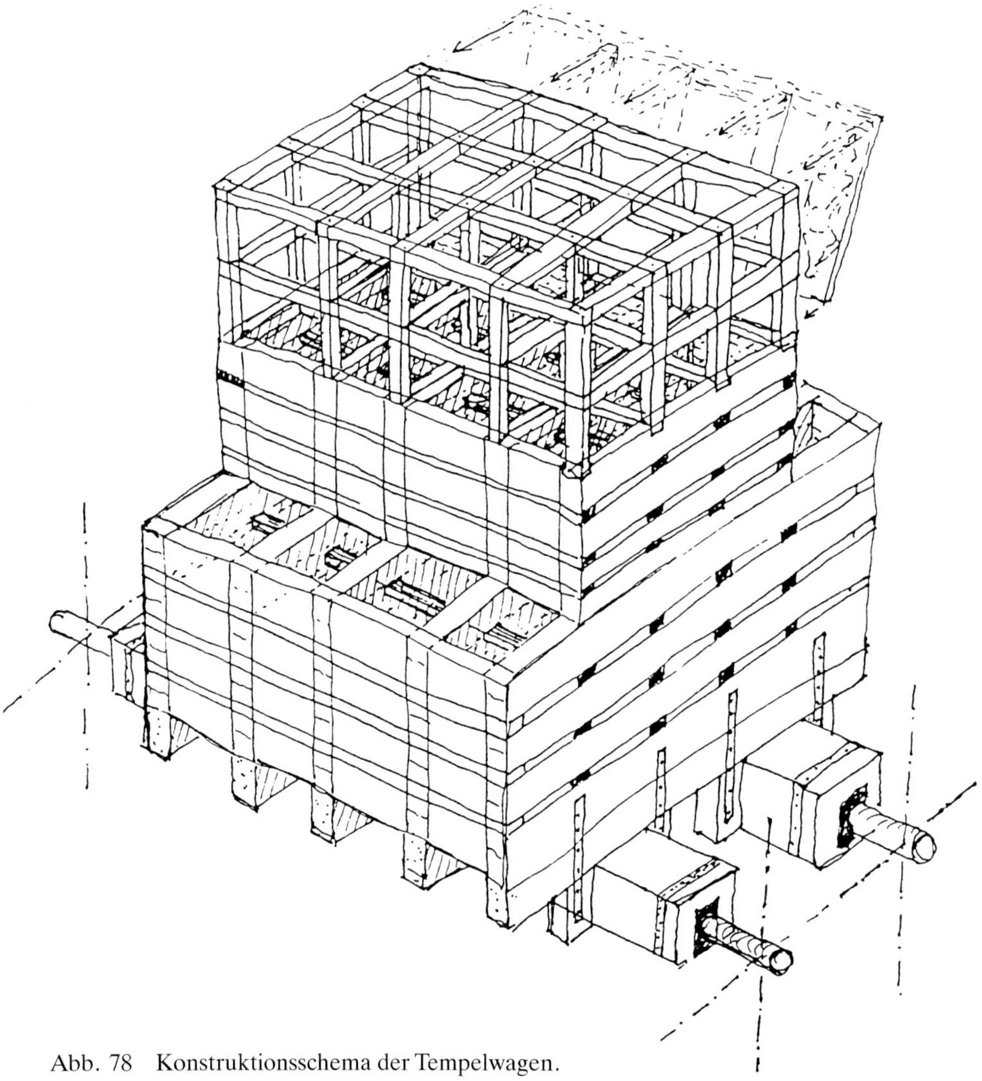

Abb. 78 Konstruktionsschema der Tempelwagen.

Abb. 79 Während des Wagenfestes in Shrirangam.

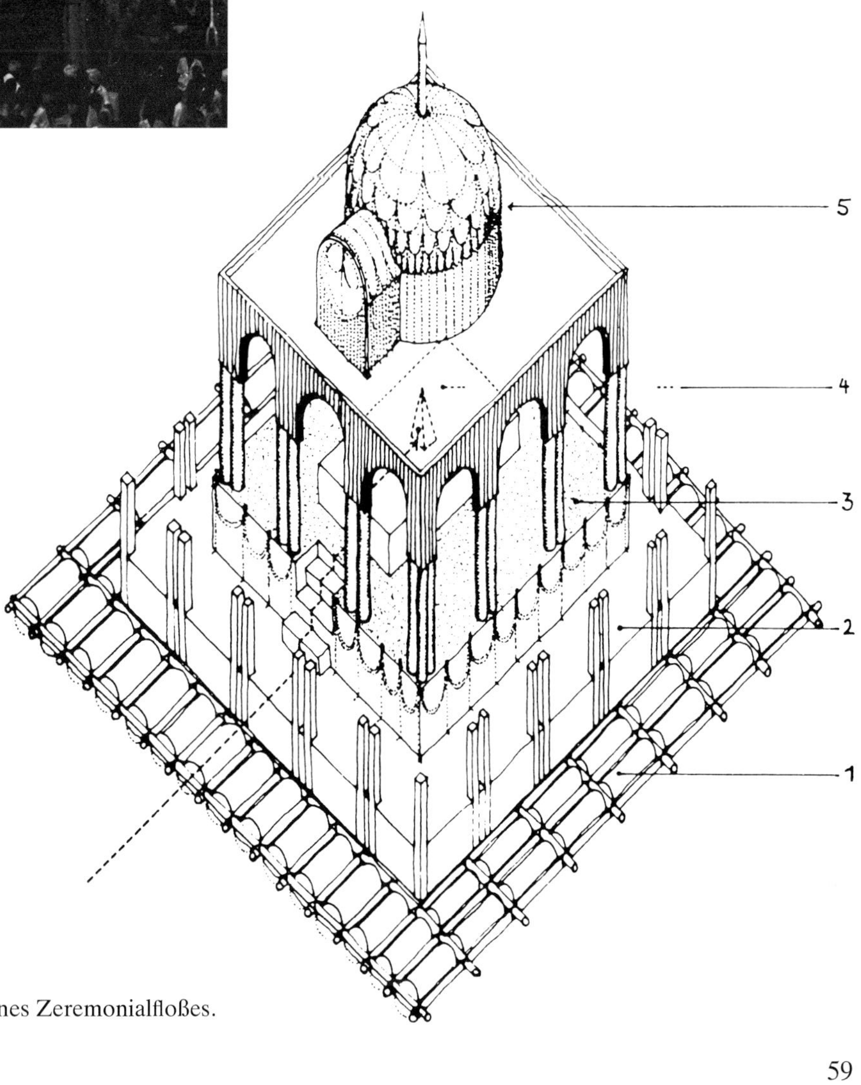

Abb. 80 Isometrische Idealskizze eines Zeremonialfloßes.

Abb. 81 Zeremonialfloß aus Shrirangam.

Prozessionsbild des Stadtgottes wird zu einem eigenen „Besteigungspavillon“ (Abb. 76, 77) gebracht, dort auf den Wagen gesetzt und einmal um die Stadt gezogen, wobei jeweils in den Ecken Feuerwerke abgebrannt werden. Anschließend kehrt der Gott in seinen Tempel zurück – nach dem pompösen Umschreiten seines Herrschaftsgebietes, dessen mythische Schöpfung er auf diese Weise alljährlich aufs neue bestätigt, wohnt er wieder in dessen innerster Kammer.

Von besonderer Bedeutung für den ästhetischen Reiz dieser Architektur ist die Konstruktionstechnik (Abb. 78). Die Wagen sind in einer Blockbauweise aus miteinander verkämmten Balken errichtet, aber ohne jede Diagonalaussteifung, so daß das Gebilde keine Torsion aufnehmen kann und sich beim Umzug hin- und herbewegt und sich dreht und windet, als sei da ein gewaltiges Tier aus einer fernen Zeit zurückgekehrt, als noch der schwere Tritt der Riesen und Ungetüme die Erde erzittern ließ.

Daß diese Assoziationen durchaus beabsichtigt sind, zeigt sich deutlich auch in einem anderen architektonischen Detail, in der Form der Hänger und Volants. Die Hänger sind textile Nachbildungen der Tempelsäulen, und wenn sich der Wagen bewegt, schwanken sie hin und her (Abb. 79). Da die massiven Holzräder auf den starren Achsen völlig unberechenbar hin- und herrutschen, sind diese Bewegungen sehr heftig und ruckartig, wie bei den springenden Tempeln der indischen Märchen, die in einer übermütigen Laune ihre Wände und Gewölbe hin- und herwerfen und auf ihren Säulen wie auf Beinen tanzen.

Abb. 82 Der versteinerte Wagen des Vithala-Tempels in Vijayanagara.

In dieser Architektur wird also die alte, allen Völkern vertraute Vorstellung von der „Kirche, die ums Dorf geht", wörtlich in Szene gesetzt – eine Vorstellung, die sowohl etwas Kurioses als auch Bedrohliches an sich hat, etwas von der Verwirrung all dieser „Verkehrten Welten", die sowohl belustigen als auch beängstigen können. Es scheint deshalb kein Zufall zu sein, daß diese extreme Form der Grenzüberschreitung in der mobilen Architektur so oft an Erneuerungsrituale geknüpft ist, die häufig eine Erinnerung an das uranfängliche Chaos mit beinhalten und auch eine latente Furcht, daß dieser Zustand plötzlich wieder hereinbrechen könnte.

In Bhaktapur in Nepal findet das Wagenfest am Vorabend des Neujahrsfestes statt, aus Anlaß eines Erneuerungsrituales par excellence also, und hier wird das Ursprungschaos auch tatsächlich im Verlauf des Festes wieder heraufbeschworen (N. Gutschow 1982). Die beiden Hälften der Stadt, die historisch aus zwei verschiedenen Siedlungskernen entstanden sind, kämpfen gegeneinander um den Besitz des Wagens, nicht nur symbolisch, sondern im vollen Ernst und erst am Neujahrstag wird dieser selbstzerstörerische Kampf im gemeinsamen Aufrichten eines phallischen Mastes beendet. So wie die südindischen Tempelwagen die dravidischen Architekturformen nachahmen, ist das nepalesische Gegenstück unübersehbar in den Details des newarischen Pagodenstils gehalten, und wenn er während des chaotischen Kampfes buchstäblich zwischen den beiden Stadthälften hin- und hertanzt, versteht jedermann die Botschaft, daß im uranfänglichen Chaos nicht nur die konventionellen Ordnungen des menschlichen Zusammenlebens, sondern selbst die Gesetze der Natur noch keine Gültigkeit besaßen.

So werden die wandernden Tempel der Erneuerungsrituale zum Symbol einer mythischen Zeit, die weiter zurückliegt als die Ordnungstaten der Kulturheroen, als die Erde in ihren Fundamenten noch nicht befestigt war und selbst die Berge noch das Recht besaßen, sich frei zu bewegen, wie es in einem indischen Mythos heißt:

„Vor Zeiten, im ersten Weltalter, waren die Berge geflügelt. Sie gingen in alle Himmelsrichtungen, geschwind wie Sonnenvögel. Da fürchteten sich, wie sie dahinzogen, die Götterscharen, wähnend, sie möchten herabfallen. Darauf ergrimmte der Tausendäugige, Hundertkräftige und schnitt den Bergen zu Hunderttausenden mit seinem Blitzkeil die Flügel ab." (H. Zimmer 1979: 28)

Dieser „Tausendäugige" und „Hundertkräftige" ist Indra, der in der indischen Mythologie die sieben Tagewerke der Genesis vollbringt.

Wenn die mobile Architektur vor allem anderen ein wohlüberlegtes Spiel mit den Gesetzen der Tektonik darstellt, in dem vor allem die Schaulust und das Staunen ihr Recht gefordert haben, wenn sie der gleichen Lust zu fabulieren entstammt wie diese Märchen und Mythen, so ist darin sicherlich das zentrale Thema dieser architektonischen Gattung zu erblicken. Daneben gibt es jedoch noch einen weiteren Aspekt, der hier erwähnt werden muß: die Faszination der ständigen Verwandlung, die Freude an immer neuen, sich auseinanderentwickelnden Formen, die aus diesen wandernden Architekturen spricht.
So sind die indischen Tempelwagen fahrende Nachahmungen ihrer Tempel; die Tempelcella hat darüber hinaus noch ihre verkleinerte Nachbildung in der Mitte eines quadratischen Teiches, eine zweite in Holz in Form eines Tempelfloßes (Abb. 80, 81), und einmal im Jahr macht der Stadtgott eine Wasserpartie auf diesem Lustteich nach einem choreographischen Schema, das mit Feuerwerk und Tanzritual bis in die Einzelheiten dem Wagenfest entspricht (J. Pieper 1980c). Aber nicht genug damit, daß hier der Tempel sich zweimal in Holz und einmal in Stein, einmal fahrend, ein andermal schwimmend und ein drittes Mal als Insel wiederfindet, sondern der Wagen selbst macht noch mehrere Rückverwandlungen durch, einmal als wortwörtlich in Stein übersetzte Kopie der Kopie, wie etwa im Vithala-Tempel in Vijayanagar (Abb. 82), und ein zweites Mal als verfremdete Übernahme der Formen in einem Typ der Pavillonarchitektur, in deren Bezeichnung „Ratha" sich das Wissen um diese endlosen Metamorphosen erhalten hat. – Dies ist es wohl, was Hegel (1971 Bd. 18: 120) meint, wenn er sagt: „In Indien gibt es keinen Gegenstand, der gegen Phantasie und Poesie fest wäre."

J. P.

III. Bilden

Praktischer Zweck und symbolische Bedeutung indischer und islamischer Kunst – Herkunft und Absichten der Bauherren und Baumeister

1. SINN UND FORM INDISCHER BAUTEN

Unter denjenigen Gemeinschaften Eurasiens, in welchen Architektur als abbildende Kunst verstanden wurde, nehmen die Hindus, Jainas und Buddhisten eine hervorragende Stellung ein (H. Sedlmayr 1960: 211). Die Angehörigen dieser Religionen stellten Glaubensfragen in den Mittelpunkt des täglichen Lebens; an Denkmälern aus den letzten beiden Jahrtausenden können wir ablesen, daß Teile von Tempeln beispielsweise den Sinn des Himmels hatten (Abb. 86), und bei vererbten Formen überwiegt noch in der Gegenwart die symbolische Bedeutung (Abb. 176). Die einheimischen Bauhandwerker lebten so fest in ihrer Überlieferung, daß sie in der gleichen Bauweise auch die Moscheen (Abb. 192) und Gräber (Abb. 207) der fremden Herren errichteten; wir wissen nicht, ob sie sich dabei der altertümlichen Bedeutung der Bauformen noch bewußt waren.

2. INDIEN UND DER ISLAM

Seit gegen Ende des 12. Jh. n. Chr. die islamische Herrschaft in Delhi (Abb. 189) errichtet wurde, wechseln in der Geschichte Indiens Zeiten, während derer in allen besetzten Teilen – also besonders im Norden – oder nur unter bestimmten Dynastien die einheimischen Religionsgemeinschaften verfolgt oder zwangsweise bekehrt wurden, mit Epochen der Toleranz. Indo-islamische Begegnungen stehen unter dem Zeichen der gewaltsamen Eroberung – aber schon in der Frühzeit waren zwischen den beiden grundsätzlich verschiedenen Kulturen geistige Beziehungen möglich (A. Schimmel 1980: 47). Solche wurden häufig durch aufgeklärte Herrscher gefördert, wenn z. B. bereits im 14. Jh. n. Chr. in Bengalen (Abb. 196, 197) durch den islamischen Eroberer eine Übersetzung des Mahabharata veranlaßt wurde oder Kaiser Akbar im 16. Jh. n. Chr. eine Versöhnung zwischen Hindus und Muslimen anstrebte (Abb. 53) – konnten aber auch mit der Regierung dieser Männer enden. Fast unbeeinflußt von den Wechselfällen der Politik fand das Volk eine Möglichkeit des Zusammenlebens auf Grund von Glaubensvorstellungen und auch Zügen des Aberglaubens, die, wie der Baumkult, (Abb. 46), dem Hinduismus (Abb. 5, 12, 44, 45, 51, 54, 56) und bestimmten Gruppen der Mohammedaner (Abb. 47) gemeinsam waren. Außerdem erfolgten aus wirtschaftlichen und gesellschaftlichen Gründen freiwillige Übertritte vom Hinduismus zum Islam. In der volkstümlichen Heiligenverehrung konnte der Islam sich in allen eroberten Ländern einheimische Überlieferungen aneignen (I. Goldziher 1890: 333). Hindus und Muslime fanden Gegenstände gemeinsamer Verehrung. Der Sufismus sah verwandte Züge besonders im indischen Bhakti-Kult mit dem Streben nach der Befreiung der Seele aus den Fesseln des Körpers (Saraswati 1960: VI 608). Mit der Sehnsucht nach dem Entschwinden des Ich in der Gottheit trugen die Mystiker wesentlich zur Islamisierung Indiens bei (L. Massignon 1954 :86). So kam es, daß hinduistische Yogins in muslimische Heiligenkalender aufgenommen wurden. Die islamische fundamentalistische Orthodoxie hat wie überall, so auch auf indischem Boden solche Entwicklungen bekämpft. Schreine von Muslim-Heiligen wurden an vorislamischen Kultorten errichtet (ERE 1934: XI 68–72). Hindus gelobten zum Islam überzutreten, wenn ein zusätzliches Gebet an Allah erhöert würde (T. W. Arnold 1913: 289). Der Sternenglaube beherrscht die gesamte indo-islamische Bevölkerung, die das Menschenleben durch astrologische (Abb. 18, 68) Erscheinungen beeinflußt sieht (G. Mensching 1957: 42). Elemente des Sanskrit, des Arabischen, Persischen und Türkischen sind in der lingua franca des mittleren und nördlichen Indien gemischt, wobei dasselbe Wort im Hindustani durch die altindischen Devanagari-Zeichen und im Urdu mit arabischen Schriftzeichen wiedergegeben wird.

Eine gemeinsame Sprache bildete sich vor allem in der Kunst aus: gleich, ob sie von einheimischen und von der Fremdherrschaft unberührt gebliebenen Bevölkerungsteilen, ob sie von Handwerkergilden, die freiwillig oder unter Zwang Mohammedaner geworden waren, oder ob sie von ausländischen Wanderkünstlern betrieben wurde. Die Annäherung der Lebensweise und der Austausch von Kunstformen wurde wohl auch dadurch begünstigt, daß zeitweise Hindu-Frauen von islamischen Fürsten geheiratet wurden und Moscheen und Paläste in einer Mischung aus einheimischen und fremden Bauweisen errichtet erhielten. Bis zum heutigen Tage wurden durch Zusammenleben und Zusammenstoß die Mohammedaner und Hindus immer wieder in Unruhe gestürzt; in der gleichen Zeit schuf man aber als bleibenden Ausdruck dieses Nebeneinanders von scheinbar unversöhnlichen Gegensätzen typisch indische Werke der Baukunst. Auch als in der Neuzeit der politische Gegensatz zwischen Hindus und Muslimen immer schärfere Formen annahm, dauerten die Berührungen zwischen Sufis und indischen Mystikern fort (A. Schimmel 1964: 102). Bis heute wechseln die Anschauungen der Geschichtsschreiber über diese widerspruchsvollen Erscheinungen. In dem neuesten Sammelband zur indischen Kulturgeschichte nennt Mirza bei der Betrachtung der muslimischen Religion und Gesellschaft eine Menge von Beispielen dafür, wie Mohammedaner ganz natürlich hinduistische Gewohnheiten übernahmen. Im Abschnitt über die Beziehungen zwischen Hindus und Mohammedanern erkennt Majumdar zwar solche Tatsachen an, betont aber, daß die grundlegenden Unterschiede zwischen den beiden Religionsgemeinschaften immer nur äußerlich überbrückt waren und jederzeit wie in den Tagen der ersten Kämpfe fortbestanden. Der Kunsthistoriker Saraswati beurteilt die geschichtlichen Vorgänge auf Grund der erhaltenen Denkmäler und bestätigt die allgemein verbreitete Auffassung, daß fremde, gegensätzliche Elemente zu einer glücklichen Verschmelzung und neuen künstlerischen Schöpfung gelangt seien (Saraswati: VI 608; 616; 636; 662). Für den begrenzten Zweck unseres Versuches haben wir nur diese Auswirkungen des Zusammenlebens von Hindus und Mohammedanern zu berücksichtigen (Abb. 89, 200, 206, 248, 249, 274).

3. YOGA, YANTRA, MANDALA

Soweit es bei der Beschäftigung mit einer Äußerung der menschlichen Gesellschaft möglich ist, betrachten wir nun, gewissermaßen losgelöst vom geschichtlichen und täglichen Geschehen, diejenigen geistigen Vorstellungen der Inder, welche sich unmittelbar oder mittelbar in der künstlerischen Gestaltung von Höhlen und Freibauten widerspiegeln. Der Gegenstand dieser Untersuchungen stellt möglicherweise den Teil einer überzeitlichen Erscheinung dar: des Seelenlebens und besonders des Erlösungsstrebens. Den Sinn von Bauformen, die im christlichen Abendland z. B. als Abbildung des Himmlischen Jerusalem verstanden sein wollen, erfassen wir im Bereich der indischen Architektur u. a. dann, wenn wir danach fragen, welchen Sinn Hindus, Buddhisten und Jainas im Dasein sahen und wie sie danach ihr Leben formten (Abb. 15, 17, 23).
Einige indo-islamische Kunstformen erklären sich aus grundlegenden philosophischen Vorstellungen, die den altindischen Religionen trotz aller Unterschiede im einzelnen gemeinsam waren. Das göttliche Gesetz, „Dharma", schreibt gerechte Handlungen vor. Hüter dieses Gesetzes auf der Erde ist der König. Durch Einhaltung des Gesetzes, durch gute Taten erwirbt man moralisches Verdienst, „Karman". Dies ist eine der Möglichkeiten, das Leben in Einklang mit dem Weltgesetz, mit den kosmischen Kräften zu bringen. Gerecht und auch glücklich zu leben ist *ein* Ziel; ein anderes, höheres: so tugendhaft zu leben, daß man zu keiner Wiedergeburt mehr bestimmt wird und Erlösung aus dem Kreis der Wiedergeburten, „Samsara", erlangt. Der Inder strebt danach, in Harmonie mit der irdischen und himmlischen Welt zu leben. In glückbringenden Riten ahmt er die Schöpfung der Welt nach. Unter zahlreichen mikrokosmischen Symbolen versteht er das Weltgebäude, das er auf mannigfache Weise abbildet. Sein Ideal ist der Yogin, der durch psycho-physiologische Übungen Vorbilder liefert, wie die Welt durch geistige Anspannung, Yoga (Abb. 11, 38) und Askese zu überwinden und die Befreiung von den Wiedergeburten zu erlangen ist (Th. Brosse 1963: S. III).
In diesem Stadium der Betrachtung bedarf man eines Yantra, also eines Mittels, das die Kräfte bändigt, einer Meditationshilfe, eines Meditations-Schaubilds, eines Psycho-Kosmogramms, eines graphischen, linearen Kultbilds (H. Zimmer 1926: 54), eines kreisförmigen Gebildes, Mandala. Dieses enthüllt das Spiel der Kräfte im Weltall und im Menschen; es ist ein Abbild des Weltalls und der kosmischen Schöpfung (G. Tucci 1961: 33).
Die Mythen von der Weltschöpfung, das Bild von der Welt der Götter und Menschen, die Idee der Weltüberwindung durch Yoga vergegenwärtigt man sich durch Meditation. Ein Sonderfall der Yantras und Mandalas sind Bildwerke (Abb. 62, 175) und Kultbauten (Abb. 176). Da die Mehrzahl der Gläubigen geistige Vorstellungen leichter in anschaulichen Darstellungen begreift, entstanden vielgestaltige architektonische Abbildungen der Welt: (Abb. 15, 33–35) als gemeinsame Schöpfung von Glaubenslehrern und Künstlern. Aber wer wahre Einsicht erworben hat, gelangt zur reinen Schau bildloser Wahrheit und benötigt keines der zahlreichen und immer reicher ausgestalteten Heiligtümer (Abb. 170, 273) und Kultbilder (Abb. 63, 160, 175) (M. Thiel-Horstmann 1984: 150).
Wenn wir also im vorliegenden Versuch eine bescheidene Auswahl von Ruinen und gegenwärtig verehrten Kultstätten altindischer Religionen und Denkmäler des Islam kennenlernen, sind wir uns darüber im klaren, daß diese Zeugnisse im tiefenpsychologischen Sinn den „Kulturkanon" oder nach religionsphilosophischen Überlegungen die „Tradition" der Völker darstellen, aber für einige Gruppen dieser Bevölkerung nicht „nötig" waren. Ein Hindu, der das Lingam, also das Zeugungsglied des Gottes Shiva und damit die Fruchtbarkeit und Weltschöpfung in einer vergänglichen Gestalt aus Sand verehrte (Abb. 38, 39), „benötigte" zur Meditation über Gott und Welt, Tier und Mensch kein monumentales steinernes Geschlechtssymbol wie im Heiligtum von Ahichchhattra (Abb. 159), oder einen Blick auf das lustvolle Spiel, das junge Frauen mit dem Glied ihres (vergöttlichten?) Partners an der steinernen Tempelwagen-Wand von Konarak trieben (Abb. 175). Mancher Inder bedurfte zur Kommunikation mit dem Göttlichen keiner felsgehauenen Kultstätte wie Dhamnar (Abb. 181) oder eines aus festem Haustein gefügten

Tempels wie Aihole (Abb. 168). Er konnte auch den aufwendigen Kult des Tempelwagens (Abb. 21, 74–77, 79, 82, 84, 165, 175, 183) genausogut entbehren wie die aufreizende erotische Bildwelt an den Fassaden nordindischer (Abb. 176) und im Innern südindischer (Abb. 275) Tempel. Ein Mohammedaner durfte überhaupt kein Bild herstellen oder betrachten, das die Schöpfung Allahs nachahmte, und durfte an sich weder im Bereich der antiken Kunst im Vorderen Orient Paläste mit klassischen Themen schmücken noch im Einflußbereich der indischen Bildner Teile von „Götzentempeln" für den eigenen Gebrauch in Larwand (Abb. 187) neu verwenden oder indische Formen für den Neubau der Freitagsmoschee von Ahmedabad nachahmen oder umbilden lassen (Abb. 198–200).

Der Yoga, den eine Asketin oder ein Asket im Tapas (Sanskrit: in der „Hitze") der Buße, der Kasteiung zur Versenkung in das eigene Innere oder zur Meditation über das Göttliche üben – das geistige, graphische, symbolische, magische Diagramm eines Yantra, mit dem Religionsstifter und Religiöse die Verbindung zwischen irdischer und himmlischer Welt beschwören –, werden durch Baumeister, Bildhauer und Maler im Grundriß einer Kultstätte, im Aufbau von Stupa oder Tempel, an bilderreichen Wänden und Pfeilern und schließlich im Deckenschmuck von Hallen, Gängen und Kammern als Mandala, eine Meditationshilfe aus der Durchdringung von Kreis und Quadrat, gestaltet. Das Ziel der Askese ist es, eine leidvolle Welt zu überwinden, in dieser Welt der Illusionen nicht wiedergeboren zu werden. Im indischen Weltbild ergänzen sich die geistigen Anstrengungen des Tapas und die erotischen Potenzen des Kama, also des Liebesverlangens, verkörpert im Liebesgott Kama. Nach einer Stelle im Rigveda bewirkten Tapas und Kama die Weltschöpfung und fördern während eines Weltzeitalters das geistige und irdische Glück der Lebewesen. Als glückbringend verehren die Inder die Göttin Shri, die in ihrer Erscheinungsform als Shri Lakshmi die Frau des welterhaltenden Gottes Vishnu und die Mutter des Kama ist, und als weltliche Glücksbringerinnen gelten die Devadasis, die „Gottesdienerinnen", die im Allerheiligsten des Tempels (Abb. 275) vor dem Hauptgötterbild kultische Tänze aufführen, die mit der Gottheit eines Tempels symbolisch verheiratet werden, ohne weltlichen Ehemann bleiben und daher auch nicht zu einer Witwe werden können, die ja nach der traditionellen – und heutzutage erst langsam zu überwindenden – hinduistischen Vorstellung Unglück bringt und in der menschlichen Gesellschaft keinen Platz findet. Zu einigen den wirtschaftlichen Wohlstand fördernden Symbolen und zugleich den geistigen Aufstieg symbolisierenden Yantras gehören Plastiken der Devadasis, der Tempeltänzerinnen, an der Basis, den Wänden, den Stützen und in der Deckenzone des Tempels (Abb. 175). Ein Mandala wird sowohl in der Kulttanz-Halle Nritya Mandapa des Tempels (z. B. in den Ruinen des Hausteinbaus von Konarak erhalten) oder in kreisförmigen Bildfeldern mit dem Tanz des Krishna und seiner Geliebten (z. B. in den Terrakotten des Backsteintempels von Bansberia) oder auch heute im – leider nur noch von Männern aufgeführten – Rundtanz in der Holzkonstruktion einer weiten und hohen Halle eines Tempels von Kerala (Abb. 270) verehrt. Kürzlich würdigten z. B. Golzio, Kersenboom, Marglin oder Vatsyayan den geistigen Ort des Tanzes und der Devadasis im hinduistischen Weltbild; wir werden unten (s. S. 90) zu der Frage Stellung nehmen, an welchem Platz innerhalb einer indischen Siedlung die Tänzerinnen wohnten, wenn sie frei von der Erfüllung des Tempelrituals waren.

4. WELTSCHÖPFUNG UND BAUFORM

Geistige Bilder und Ideale: Welt-Höhle (Abb. 88), Welt-Ei, Opfer, Lingam (Abb. 159), Agni, Stupa (Abb. 143), Welt-Mensch, Lotos (Abb. 248), Hausbau (Abb. 83). – Gebäude und ihre Teile: Wohnhaus, Garbhagriha (Abb. 160), Mandapa, Stupa, Turm, Palast (Abb. 240). – Bauweisen für Decken und Gewölbe: Waagerechter Sturz (Abb. 163), Kragekonstruktionen, Satteldach, verschiedene regionale Hausbau-Formen.

Die Vorstellung von der kosmischen Nacht, das Bild des Kosmos als Höhle, die Höhlensymbolik (Abb. 70, 88, 144–146), die Symbolik von Nacht und Finsternis als dem Ort, wo die Dinge sich einst befanden – dies alles spielt in kosmogonischen Mythen eine große Rolle. Nach dem Rigveda war zu Beginn der Schöpfung Dunkelheit in Dunkelheit verborgen, und Kramrisch nimmt wohl zu Recht an, daß in Erinnerung daran das Allerheiligste des indischen Tempels von den frühesten Zeiten des Freibaus an seinen höhlenartigen Charakter beibehalten habe (Abb. 160, 163, 232, 239, 243, 261) und daß der Besucher des Tempels hier ein Zentrum finde, wo er eine geistige Neugeburt erleben soll: im Garbhagriha, dem „Mutterschoßhaus" (S. Kramrisch 1946: 163).

Nicht zufällig sind die frühesten indischen Kultstätten aus unvergänglichem Material in Höhlen erhalten; die Bedeutung der Höhle als Mittelpunkt und Herz ging in den gesamten späteren Freibau ein. In der Gupta-Zeit scheint die Baukunst sich aus dem Fels zu befreien; eine Kultstätte in Udayagiri ist zur Hälfte aus dem Berg gehauen, zur Hälfte in Werkstein errichtet (Abb. 163). Im benachbarten Sanchi stellt das gesamte Heiligtum zur gleichen Zeit einen Freibau aus tektonisch einfachsten Formen dar (Abb. 142 = Tempel 17). Während aller Prunkentfaltung nord- und südindischer Tempel blieb das Allerheiligste stets eine einfache, flachgedeckte Cella. Noch in der Baukunst von Vijayanagara wurden nach 1000 Jahren Tempel aus natürlichen Höhlen heraus entwickelt (Abb. 231, 232, 239). Auch wo das quadratische, stets durch eine niedrige Tür zugängliche und meist dunkle Garbhagriha durch Kragekonstruktionen oder ausnahmsweise durch Gewölbe abgeschlossen wurde, behielt es den Eindruck des Urtümlichen, Geheimnisvollen, Verborgenen (Abb. 261, 272). Selbst in den hohen Kuppelbauten von Bijapur (Abb. 268, 269) beobachteten englische Archäologen, im Gegensatz zu Bauten der übrigen islamischen Welt, eine merkwürdige Dunkelheit. An anderen indo-islamischen Bauten, in denen Erinnerungen an den Höhlenbau nachzuklingen scheinen, kann man sich fragen, ob die Höhlenverehrung, die auch der islamische Volksglaube kennt, zu typisch indo-islamischen Kunstformen beigetragen hat.

In Höhlen ziehen sich auch heute noch die oben genannten indischen Yogins zurück, um in Meditation und Askese Befreiung von der Wiedergeburt zu erlangen. In einer der zahlreichen indischen Schöpfungsmythen preist der Rigveda „Tapas“ = Askese und „Kama“ = Liebe als Ursprung des Lebens. An den Wänden indischer Kultstätten werden beide Aspekte in der Existenz verehrt. Fruchtbarkeitsgottheiten, wie die Yakshis an den Zäunen des buddhistischen Steinzauns von Mathura (Abb. 148), feiern die Fülle des Lebens, zu dem die Frau immer wieder lockt. Der Liebesakt bildet den Gegenstand zahlreicher Tempelplastiken, z. B. in Konarak (Abb. 175). Die Überlieferung von Schriften zur Baukunst in Orissa zeigt, daß die Bilder aus dem Liebesleben zur Freude der weltlich eingestimmen Betrachter dienen sollen, daß aber die Eingeweihten durch sie hindurch das ihnen zugrundeliegende Yantra erkennen mögen, das zur Überwindung flüchtiger Freuden und zum Streben nach Erlösung auffordert. Im Garbhagriha wird das schöpferische Prinzip angebetet: das Lingam, das Zeugungsglied des Gottes Shiva, dessen Mythologie an den Tempelwänden abzulesen und in täglichen Riten zu beobachten ist (Abb. 38, 39).

Bei vergleichenden religions- und kunstgeschichtlichen Betrachtungen wurde kürzlich auch erläutert, daß der buddhistische Stupa ein Symbol für das weltschöpferische Lingam sein könnte (J.-E. van Lohuizen 1980, in: Dallapiccola 283), und John Irwin zeigte, daß der Opferpfosten Yupa, ein Holzpfahl, oder eine steinerne Säule als Sinnbild für den Stützpfeiler des Universums auch das männliche Glied bedeuten können (J. Irwin 1980b: 253–56) und daß der indische Tempel als Mikrokosmos nicht nur ein statisches „Bild der Welt“, sondern ein dynamisches „Bild von der Weltschöpfung“ darstelle (Editor's Introduction, in: Kuiper 1983: 8).

Die gedankenreiche Vorstellungswelt der Inder hat ihren Niederschlag auch in vielen Schmuckformen und Baugestalten gefunden, in denen die Schöpfung gepriesen wird; durch ununterbrochene Tätigkeit der Handwerkerschulen sind solche Formen auch in manchen islamischen Bau auf indischem Boden eingegangen.

Unter den indischen Pflanzen wurde vor allem der Lotos zum Symbol für die sich stets erneuernden Lebenskräfte und schließlich zum Inbegriff der Reinheit und Schönheit (ERE 1960: VIII 143). Man entwarf Flachdecken von Mandapas in diesem inhaltsreichen Muster. Der Lotos diente auch als Füllung für die Kreisform in dem quadratischen, mandalaförmigen Schlußstück einer Laternendecke im buddhistischen Tempel von Sanchi und als Mittelpunkt der Laternendecke von Pandrenthan (Abb. 86). Die Idee des Lotos hat vielleicht zur Entstehung des Decksteins Amalaka beigetragen (P. K. Acharya 1946: VII 58). Wir werden später sehen, daß dieses Bauglied den nordindischen Tempelturm, Shikhara (Abb. 173, 174, 176), und auch die Kuppel von Mandapas (Abb. 169, 170) abschloß. Ein stilisierter Lotos wurde später zur beliebtesten Krönung indo-islamischer Kuppelbauten (Abb. 89, 247, Nr. 3, 253, 266), ein Lotos schmückte eine Flachdecke in Fathepur Sikri (Abb. 247).

Der Yoga war ein altindisches Ideal. Askese und Buße sind die *eine* Seite indischen Wesens, der Sinnenlust und Lebensfreude als ein anderes Ziel gegenüberstehen, aber nicht widersprechen. Das Bild des Yogin, der durch Buße übermenschliche Kräfte entwickelt, begeisterte im alten Indien auch diejenigen, die selbst nicht zu gleicher Konzentration fähig waren, und ist bis heute lebendig. Prajapati, der Vater der Götter, Dämonen und Menschen, übte Buße und schuf die Welt durch sein Opfer. Vom Schweiße seines Körpers bildete sich ein Ei, das auf dem Urwasser schwamm. Geteilt, ergab die obere Hälfte das Firmament, die untere den Ozean. Die Welt hat also nach altindischer Vorstellung die Form eines riesigen Eies und der Himmel die Gestalt einer Halbkugel (K. Kirfel 1920: Einl. S. 10). Der halbkugelige Hauptteil des massiven Stupa (Abb. 143, 146) ist daher auch als Anda = „Ei“ bekannt; kuppelförmig gestaltete man auch den Abschluß des dravidischen Tempels in einem massiven Shikhara. In Turfan werden wir räumliche Stupas iranischer Bauart aus Würfel und Halbkugel kennenlernen (Abb. 155).

Gedanken von der Weltschöpfung durch Selbstopferung regten auch Bauformen an. Der kosmische Mensch, die Weltseele, der Purusha, hatte sich geopfert, damit aus ihm Götter, Sonne, Mond, Feuer, Luft und schließlich aus seinen Füßen die Erde geboren werden konnten. Durch sein Opfer besteht die Welt. Jedes Opfer, jeder Bau eines Opferaltars, eines Feueraltars, Agni, Cayana, Citi, wiederholt den Schöpfungsakt, wobei der Opferherr Yajamana sich mit dem Welt-Schöpfer Prajapati identifiziert. Wurde der Feueraltar zum Zweck des vedischen Opfers in jedem Falle neu errichtet, so stellte später in geschichtlicher Zeit der Hindu-Tempel (Abb. 169) ein riesiges Mal

dar, das weniger die Form als vielmehr die Idee des Opferaltars bewahrte. Der Altar Vedi bildete den Oberteil, die wahre Krone am massiven Bau des Tempelturms (S. Kramrisch 1946: 147).
Zum vedischen Opfer gehörte die Errichtung des Opferpfostens Yupa-Stambha (P. K. Acharya 1946: VII 431), an den das Opfertier gebunden wurde. Ein Pfosten stützt nach altiranischer Mythologie den Himmel, befestigt die Erde, hält die Welten. Nach den vedischen Texten sind die Riten des Opfers und die mutmaßliche Gestalt von Opferpfosten und Feueraltar oft beschrieben worden. Neuerdings ergaben Ausgrabungen, z. B. vom Feueraltar und der Stätte eines Pferdeopfers des 3. Jh. n. Chr., eine direkte Anschauung: von der Baugestalt eines Altars, dessen symbolische Form Grundriß, Bauweise und künstlerische Gestalt des mittelalterlichen Tempels bestimmen sollte.
Dieser Tempel gilt, wie wir im nächsten Abschnitt sehen werden, als Abbild des Welt-Gebäudes; sein Baumeister wird als Nachkomme des Welt-Schöpfers betrachtet. Das rituelle Diagramm, nach dem der Bau entworfen wird, das Vastupurushamandala, bewirkt, daß der Tempel mit der Gestalt des kosmischen Menschen identifiziert wird (Abb. 13): nicht, indem er eine menschliche Gestalt abbilden soll, sondern indem seine Anlage die Ordnung widerspiegelt, durch welche die Welt erhalten wird (S. Kramrisch 1946: 6, 11, 359). Das Bild von der Welt in Gestalt eines Menschen ist über ganz Indien verbreitet (W. Kirfel 1928: Abb. 4). In den Bauschulen des Südens und des Nordens bezeichnet man Gebäudeteile nach den Gliedmaßen des menschlichen Körpers (N. K. Bose 1932: 92). Seit den Upanishads vergleicht man das Weltall mit dem Körper des kosmischen Menschen. Wenn die Hindus Purusha = Kosmos = Opferaltar und die Buddhisten den Buddha = Kosmos = Stupa (Abb. 154, 161) setzen, so ergibt sich, daß im ersten Falle das Bild vom Weltmenschen der Idee des Altars und dem Tempel als monumentalem Altar zugrunde liegt und im zweiten das Bild des Buddha der Baugestalt des Stupa.
Die Welt-Schöpfung wiederholt der Mensch auch symbolisch durch den Bau seines Wohnhauses. Er „meint“ damit eine Befestigung der Erde, das Festhalten der Schlange, welche die Welt trägt. Diese Schlange liegt auch am Bauplatz des Tempels (K. Fischer 1976b: Abb. 69); sie symbolisiert das gestaltlose Chaos. Dadurch, daß sie an einem Ort festgebannt wurde, wurde die Welt-Schöpfung möglich. Symbolische Riten beim Hausbau wiederholen diesen Akt. Für die monumentale Baukunst wird dies von Bedeutung, da das indische Wohnhaus die Vorbilder für Palast (Abb. 271), Tempel (T. Bhattacharya 1947: 270) und sogar Moschee (Abb. 197) und Grab (B. Ghose 1949: 108) liefert (Abb. 196). In Bengalen (Abb. 83) und Südindien werden bis heute Dorfhäuser, Paläste

Abb. 83 Chandrakona, Bengalen: Marktplatz, im Hintergrund Tempel des 17. Jh.

und Tempel nach der gleichen Grundform gebaut. Die einfache Rundform des Wohnhauses wurde auch zu einer Abschlußform des südindischen Tempelturms: des massiven, kuppeligen Shikhara auf runder Basis (M. R. Anand 1963: 15).
Der Haustein- oder Backstein-Tempel des Mittelalters bewahrt symbolische Formen, die aus der weit zurückliegenden Zeit des vedischen Holzbaus stammen. Das Bild vom hölzernen Bogen bei der Rückkehr aus dem Tode in das Leben, das Bild vom Baum (Abb. 12, 44–46, 53–57) als Stütze des Welt-Alls, das Bild vom Holzpflock als Opferpfosten, das Bild vom Baumstamm (F. D. K. Bosch 1960: 93) als Welt-Achse und Träger der drei Welten haben bewirkt, daß schon in der indischen Frühzeit Bau und Schmuck aus Holz die Bedeutung einer „Unsterblichkeitsform“ erhielt und daß beim Übergang zu Bauten in dauerhaftem Material die Steinmetzen die Arbeit des Zimmermanns nachahmen und die rituelle, symbolische Form aus Holz in den Stein übertragen sollten (Dictionnaire 1960: 160).

5. WELTBILD UND BAUFORM

Geistige Bilder und Ideale: Gestuftes Welt-All, Welt-Berg (Abb. 176), Welt-Achse, in Geschosse gegliederter Himmel, halbkugelartige Himmelskuppel (Abb. 155), Götter-Fahrzeug (Abb. 165, 175). – Gebäude und ihre Teile: Tempel, Palast (Abb. 240), Vimana, Shikhara, Gopura (Abb. 232, 273), Stambha, Ringschichtendecke und Kuppel über Mandapas. – Bauweisen für Decken und Gewölbe: Waagerechter Sturz, Kragekonstruktionen, krumme Steinbohlen (Abb. 248).

Über der Erde denkt sich der Inder den Himmel als einen Stockwerkbau, dessen einzelne Geschosse von den Göttern bewohnt werden; die mannigfach geformten Etagen der Himmelsbewohner heißen Vimanas (W. Kirfel 1920: Einl. S. 7). Möglicherweise hängt das altindische hölzerne Stufenhaus mit dieser Vorstellung zusammen; auf alle Fälle spielt in der monumentalen Baukunst historischer Zeit der Stockwerkbau als Symbol des Welt-Gebäudes und Welt-Bergs eine beherrschende Rolle (Wasmuth 1931: III 180). Am deutlichsten wird sie in den Vimanas, den Tempeltürmen über dem südindischen Garbhagriha, durch gestufte Bauschichten ausgedrückt (Abb. 169, 170). Über dem Breitrechteck symbolisieren die sieben, neun oder elf Geschosse der Tempeltore, der Gopuras (Abb. 273), dieselbe Idee. Einen Stockwerkbau zu Wohnzwecken ließ Kaiser Akbar auch in Fathepur Sikri errichten (Abb. 247, Nr. 5). Zu einer architektonischen Darstellung des stufenförmigen Weltbildes wurden schließlich königliche Residenzen und Städte (W. Müller 1961: 140).

Terrassenartig gegliederte südindische oder vertikal aufstrebende nordindische Tempeltürme bilden den Welt-Berg Meru ab. Viele Tempel sind nach mythischen Bergen benannt: Kailasa, Mandara, Meru, Sumeru. Die Kultstätte wird nicht nur durch die Bauform als Bild des Kosmos begriffen, sondern auch tatsächlich mit Gebirgen zu einer Einheit verbunden (Abb. 15, 19, 58, 59, 61, 64–67). Noch in der Spätzeit dravidischer Kultur entstand der Malyavanta-Rama-Tempel von Vijayanagara auf der Kuppe eines felsigen Berges (Abb. 231). Wie bei der Entstehung des indischen Freibau-Tempels und auch noch 1000 Jahre später eine tatsächliche Höhle die Idee von der Welt-Höhle verkörperte, während sonst ihr Bild durch Schicht- und Kragebau veranschaulicht wurde, so handelt es sich auch in Vijayanagara (Abb. 239) oder bei Tempeln auf den Spitzen des Berges Parasnath (K. Fischer 1954a: Abb. 1–3; K. Fischer 1956c: 32) um direkte Gleichsetzungen von Berg und Kultstätte. Doch blieben dies Ausnahmen gegenüber dem künstlich gebildeten Berg Meru, den Mensching ein indirektes Kult-Symbol nennt (G. Mensching 1955: 368). Dem Inder schwebt kein direktes Bild eines Berges vor; wir werden also den Meru in verschiedener Gestalt aus Terrassen, ansteigenden Schichten (Abb. 176) oder auch durch ein Kegeldach (Abb. 261) dargestellt finden.

Nicht nur der Opferpfosten, sondern auch der Meru ist eine Stütze des Himmels (B. Rowland 1946: 46). Schon auf der frühen indo-iranischen Keramik suchte man den Himmel durch Symbole darzustellen; das altiranische Bild einer Achse oder eines Pfostens als Träger eines Baldachins sollte später im indischen Ehrenschirm und den Vorstellungen vom Welt-Pfeiler fortleben. In südindischen Zeremonien wird der Meru als Stütze der Schaukel für das Götterbild angesprochen (J. Burgess 1883: 326). In freistehenden Säulen (Ashoka-Säulen Abb. 142, 195), Stambhas, Manastambhas, in schlanken Stockwerkbauten (Abb. 247, Nr. 5) und Pavillons können die Vorstellungen von Welt-Berg und Welt-Achse miteinander verschmelzen. Den Welt-Berg, die Mitte der Welt, überragt um ein Stück der Welt-Pfeiler. In neueren Tempeln, die mit ihrem Walmdach zunächst das Wohnhaus von Travancore nachahmen, dringt aus dem Garbhagriha ein Pfeiler durch das ganze Gebäude und tritt durch die Spitze als Pfahl zutage (P. Brown 1971: Taf. 119, 2): ein Symbol für Haus und Tempel als Bild und Mitte der Welt. Solche Pfeiler tragen Kultstatuen auf einer Lotosbasis oder unter dem Schutze eines Baldachins, eines Pavillons, der die Form eines selbständigen Gebäudes auf einer Säule annehmen kann.

Erde und Himmel werden in magischen Diagrammen abgebildet. Sie beruhen auf der Vorstellung vom quadratischen Himmel und der runden Erde oder auf der Idee des quadratischen Mandala der Erde und der Eklipse – sie geben zu zahlreichen geometrischen Figuren auf der Grundlage entweder nur des Quadrats oder der Komposition von Quadrat und Kreis Anlaß. In den buddhistischen Höhlen Turfans konnte die Form der Laternendecke wie diejenige der Kuppel die Himmelszone bedeuten (EUA 1958: III 853). Der Tempelgrundriß nach einem Psycho-Kosmogramm wird also an der Decke des Mandapa wiederholt und künstlerisch auf viele Weisen bereichert (Abb. 86). Die Grundform von Quadrat und Kreis verbindet sich mit der Neun-Felder-Komposition entweder im plastischen Schmuck einer Flachdecke, deren Quadrate mit dem symbolischen Lotos gefüllt sind, oder derart, daß eine Neun-Felder-Decke im zentralen Feld durch eine Halbkugel aus krummen Steinbohlen durchbrochen wird (J. M. Nanavati 1963: Taf. 28, 95). Spolien solcher Mandapa-Decken dienten auch zur Gestaltung der frühesten indo-islamischen Moscheen; später verzierten indische Steinmetze die Decken der Wohnhäuser in islamischen Residenzen mit Mandalas des Himmels (Abb. 248). Im indo-islamischen Zeitalter erreichte die Konstruktion der Kuppel aus radialen Lagerfugen einen Höhepunkt. Wir werden darauf zurückkommen, wieweit die Form der Halbkugel ganz natürlich das Bild der sichtbaren Himmelswelt wiedergeben sollte.

Aus dem Himmel lassen die Götter sich in Vimanas zur Erde nieder. Durch den Kult, durch Bilderdienst, durch Tempelbau erweisen die Gläubigen den Göttern Verehrung; die Puja, welche sie den Himmlischen darbringen, übertragen sie auch auf deren Behausungen, wo die Götter als Gäste empfangen und bewirtet werden. In ihren Himmelsfahrzeugen in der Form der himmlischen Paläste landen die Götter auf der Spitze des Tempels, um sich dem Gläubigen zu manifestieren. Vimana heißt der Tempelturm über dem Garbhagriha (Abb. 273); ein Vimana ist auch der Palast des Königs (Abb. 241), der die göttliche Macht auf der Erde vertritt. Auf späteren Miniaturen sind

die Himmlischen in Fahrzeugen durch die Luft fliegend dargestellt; die Fahrzeuge weisen Bauform und baldachinartige Bekrönungen wie gleichzeitige Tempel auf.
Noch heute spielen in allen Teilen Indiens zu den jährlichen Tempelfesten die Prozessionen eine große Rolle, bei denen die Götterbilder in Bambus-Fahrzeugen durch die Straßen gezogen werden. Man darf gleichsetzen Tempel = Haus = Welt-Berg = Himmelspalast = Fürstensitz = Götterfahrzeug (T. Bhattacharya 1947: 270). Die Wagen (Abb. 74–79, 165) heißen Vimana oder Ratha (Wasmuth 1931: III 188). In Süd-Indien stimmt ihr Aufbau aus Madhuka-Holz mit der vorwiegenden Form des Tempelturmes überein (Abb. 165). In Bengalen (Abb. 84) spiegeln sie die Konstruktion des Dorfhauses mit aufgebogenem Gesims aus Bambus wider (Abb. 83), das wir später auch als Vorbild für Moscheen (Abb. 197) und Tempel (Abb. 261, 262) aus Backsteinen kennenlernen werden. In Orissa und den übrigen Gebieten des nordindischen Tempelturms faßt ein Schnurkranz das Bambusgestänge des Wagens zusammen. Möglicherweise ist dieses Konstruktionsglied ein Vorbild für die Form des Decksteins Amalaka, auf dessen symbolische Bedeutung wir im nächsten Abschnitt zu sprechen kommen. Steinerne Tempel des Südens und Nordens (Abb. 175) wurden auch als riesige Fahrzeuge gestaltet (Abb. 82). Sie wirken als monumentale Massenbauten; die Räume sind von untergeordneter Bedeutung und im üblichen waagerechten Sturz oder Kragebau geschlossen.

6. WELTÜBERWINDUNG UND BAUFORM

Geistige Bilder und Ideale: Moksha, Nirvana, Yoga. – Gebäude und ihre Teile: Stupa (Abb. 143), Amalaka auf Tempeltürmen (Abb. 169) und überkuppelten Mandapas. – Bauweisen für Decken und Gewölbe: Kuppel, übereinandergesetzte Kuppeln mit Öffnung der unteren Kalotte (Abb. 155), Laternendecke (Abb. 85, 86).

Eine der vielen Wirkungen des Kunstwerks liegt in seiner Bedeutung als Weg, als Tor, als Leiter zum Himmel (E. B. Smith 1956: 207). Den Gedanken eines geistigen Aufstiegs des Gläubigen aus den niederen Sphären menschlicher Beschränktheit zu den höheren Ebenen des Bewußtseins symbolisieren der Stockwerkbau (Abb. 247, Nr. 5), der Stufenturm (Abb. 149) oder die Terrassenanlage jenes großen Mandala Barabudur. Eine Art des körperlichen Aufstiegs von der Erde zum Himmel erstrebt der Opferer (H. G. Q. Wales 1957: 166). Der Opferaltar, dessen Form später dem indischen Tempel und Stupa zugrunde liegen sollte, wurde in vedischer Zeit in der Form eines Vogels errichtet, damit der Opferherr wie ein Vogel zum Himmel fliegen könne. Das Überschreiten der Grenze zwischen Erde und Himmel

Abb. 84 Guptipara, Bengalen: Prozessionswagen des 19. Jh.

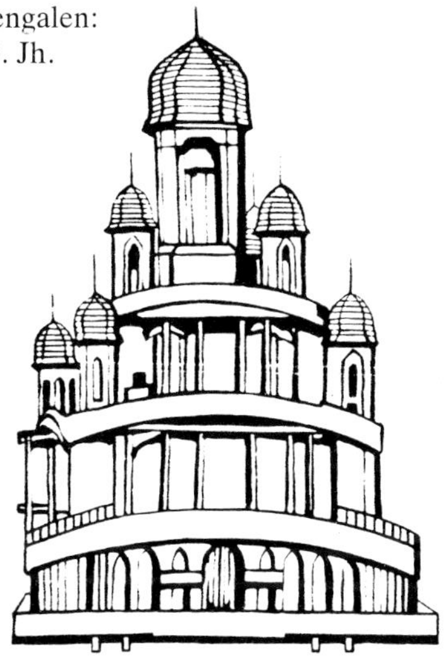

durch den Menschen wurde schließlich eines der Ziele des Yoga (H. Zimmer 1951: 47).
Wer nach den vorgeschriebenen Riten ein Haus baut, wer nach den Vorschriften konstruierte Tempel besucht und recht gefertigte Bilder anbetet, lebt nach dem kosmischen Gesetz und darf auch in dieser Welt Glück und Wohlstand erwarten. Aber wer Einsicht in das Wesen der Welten gewonnen hat, wird versuchen, so tugendhaft zu leben, daß er durch die Anhäufung von Verdienst schließlich dem Leiden entflieht, aus der Kette der Wiedergeburten erlöst wird und in das Nirvana eingeht. Dieses Streben nach Selbstbefreiung haben wir als eines der Lebensziele des frommen Inders beschrieben. Nicht jeder verfügt über die nötige Selbstzucht, Yoga. Yogins, welche dem irdischen Leben entsagen und alle Sinne auf überirdische Dinge anspannen, können am ehesten erwarten, sich von dieser Welt zu den Sitzen der Himmlischen zu erheben. Nicht nur mit symbolischen Schmuckformen, sondern auch mit einer Anzahl von Bauweisen suchten die Inder dieses Ideal realistisch auszudrücken.
Die allgemein verbreitete mythologische Vorstellung vom fliegenden Menschen hat im Gebiet der altindischen Religion den besonderen Sinn, daß der Yogin, der Arhat, also der Mönch und Asket, diese unsere Welt verläßt, wenn er sich in die Luft erhebt und dabei die Decke des Hauses durchstößt, welches die Welt bedeutet. In der religiösen Dichtung ist diese Stelle im Dach, durch welche Mönche das Haus verlassen, öfter als Kannika-Mandala beschrieben. Coomaraswamy hat zunächst ein solches Bauglied – das im Zusammenhang mit einem Sparren-Gebälk noch die weitere symbolische Bedeutung als Verbindungsglied zwischen König und Ministern besitzt – als eine Art „Dachplatte", als einen kreisrunden Anker in der Sprengwerkkonstruktion des Holzhauses interpretiert (A. K. Coomaraswamy 1930: 239–242). Solches Sparrenwerk ist in den Kulthöhlen entweder tatsächlich erhalten oder im Fels nachgeahmt; dabei befin-

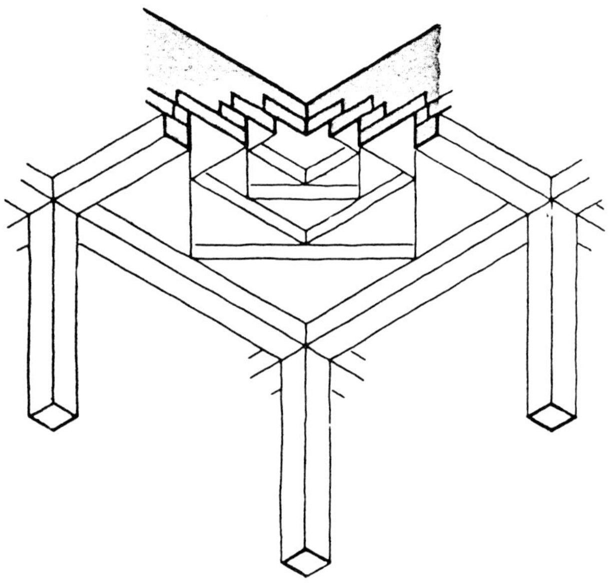

Abb. 85 Konstruktions-System einer „Laternendecke".

den sich gelegentlich auch Dachplatten der geschilderten Art (P. Brown 1971: Taf. VIII 7; XIX). Als im mittelalterlichen Tempel Holzbauweisen imitiert wurden, hat man möglicherweise im Hängezapfen und in den konzentrischen Schlußstücken einer Ringschichtendecke diese Form bewahrt. Die nächste Verwandtschaft mit der literarisch überlieferten Holzbauweise sehe ich in den Gewölbekonstruktionen aus krummen, gebogenen Steinbohlen (K. Fischer 1974b: S. 184, Nr. 15): Übertragung aus der Holzbaukunst in den Stein z. B. in Fathepur Sikri (Abb. 248). Wir wissen nicht, ob die Handwerker in der Akbar-Zeit bewußt oder unbewußt altindischen Vorstellungen folgten; zunächst haben wir buddhistische, hinduistische und jinistische Kultbauten kennenzulernen, in denen für die Dachzone Konstruktionsformen mit der symbolischen Bedeutung des „Durchgangs aus der irdischen in die himmlische Welt" verwendet wurden.

Im Anschluß an Coomaraswamy erklärt S. Kramrisch (1946: 351), daß den ideellen Mittelpfeiler eines Tempelturms der Deckstein Amalaka in der gleichen symbolischen Bedeutung wie eine Dachplatte krönt. Der Tempel ist die Mitte zwischen Himmel und Erde, das Bauglied Amalaka bewirkt und symbolisiert den Weg zum Himmel; am nordindischen Turmtempel hat dieser Deckstein seinen festen Platz gefunden (Abb. 174, 176). Gleichzeitig werden dort Ringschichtenkuppeln über Mandapas durch den gleichen kreisrunden Steinblock Amalaka bekrönt. Auf den technischen Aspekt dieser Tatsache kommen wir unten (S. 85) noch zu sprechen. In Süd-Indien übernimmt den Ort und die Bedeutung dieses Decksteins eine kleine massive Kuppel, die in ihrer Form an ältere, nicht erhaltene Freibauten mit gewölbtem Dach anschließen dürfte (Abb. 170, 171). Wir wissen nicht mit Sicherheit, ob im Altertum eine andere Bauform so deutlich den Weg von der Erde zum Himmel darstellen sollte: die Laternendecke (Abb. 85, 272). In den Höhlen und im Freibau ist diese Konstruktion durch Plastik und Malerei als Himmel bezeichnet (Abb. 86), wie auch Flachdecken über Höhlen und mittelalterlichen Hallen-Bauten das himmlische Reich eines der hinduistischen Hauptgötter und der acht Welt-Hüter bedeuten. Im Gegensatz zu diesen ebenen Lösungen im waagerechten Sturz verjüngt sich die Kragekonstruktion einer Laternendecke so, daß eine quadratische Fläche, die einen Bruchteil der Grundfläche bedeckt, den Raum schließt. An modernen Holzbauten sehen wir, daß dieses letzte Quadrat offen sein kann: um den Rauch des Herdes aus dem Wohnhaus zu entlassen oder um dem Wohn- und Kultraum „laternenartig" Licht zuzuführen (K. Fischer 1974b: 40–45).

Im allgemeinen widerspricht dem Wesen eines „Nutzbaus" – sakraler oder profaner Funktion – eine Öffnung in der Dachzone, da sie nicht nur Vorteile bietet und Rauch abziehen oder Licht eindringen läßt, sondern schwerer wiegende Nachteile mit sich bringt – da sie den Weg für Staub, Kälte, Regen und Schnee freigibt. Die offene Laternendecke, die nach den Vorberichten neuester völkerkundlicher Expeditionen noch heute an Lehm- und Holzbauten in den Stammesgebieten Nordwest-Pakistans und Ost-Afghanistans üblich ist, stellt genauso eine Ausnahmeerscheinung im Nutzbauwesen der Gebirgsvölker dar, wie das Pantheon mit seinem offenen Kuppelauge auf dem Gebiet des Kultbaus außergewöhnlich bleibt. Jedoch kennen wir aus Ost und West Beispiele von ausgemalten Decken, Gewölben, besonders Kuppeln und von übereinander konstruierten Kuppeln mit Öffnung der unteren Kuppel, wodurch die Illusion einer Himmelswelt oder sogar die Illusion eines Aufstiegs von der irdischen zur himmlischen Welt erzeugt werden soll (Abb. 155). Östliches und westliches Gedankengut, dessen Austausch wir oben (S. 1) beobachteten, verbinden sich weiterhin bei einer Sonderform der Großgewölbebaukunst: bei den übereinandergesetzten Kuppeln, besonders mit Öffnung in der Kalotte zu einem darüberliegenden Raum (Abb. 268, 269) (K. Fischer 1974b: 89).

Man bemerkte, daß in der Spätantike, im frühen Christentum und im gesamten Orient der Bau einer Kuppel zunächst nur den physisch sichtbaren Himmel, „sky", bedeute, daß aber die bildnerische Ausstattung den eigentlichen Sinn erkennen lasse, durch ein Tor oder Fenster den Blick zum Himmel, „heaven", dem psychischen Ziel der Sehnsucht jenseits des Kuppelbaus zu eröffnen. Keith weist darauf hin, daß die vedische Zahlensymbolik drei Welten kenne: earth, sky, heaven; verdreifacht ergibt sich die symbolische Zahl neun (ERE 1930: IX 407).

7. YANTRAS DER SÄULENHALLE

Von verschiedenen Gesichtspunkten aus wollen wir versuchen, die Frage nach dem Fort- oder Wiederaufleben von Symbolen und Bauweisen zu beantworten. Dabei lassen sich grundsätzliche Bemerkungen von H. v. Einem (1952: 97, 102) über das Kunstwerk als Ganzheit in Form und Gehalt auch auf Erscheinungen der indischen Baukunst ausdehnen, wo die Lebensform der Gemeinschaft auf dem Mythos beruht und wo in der Baukunst Riten den Erfolg menschlichen Tuns sichern sollen. Dies gilt z. B. von drei Baugestalten, die an Tempeln und Moscheen häufig in verschiedenen Landschafts- und Zeitstilen abgewandelt werden. Bei der Säulenhalle interessiert uns der Grundriß, bei dem Neun-Felder-Muster die ebene Decke und beim Fünf-Turm-Bau oder Fünf-Kuppel-Bau die Verbindung von Grund- und Aufriß.
Weit verbreitet sind quadratische und rechteckige Hallen mit einem Wald von Stützen, die ein flaches Steindach oder auf waagerechten Architraven Aufbauten aus Holz und Backstein in Mörtel trugen: auf dem Hügel von Mohenjo Daro (Abb. 101), im Maurya-Palast von Pataliputra (Abb. 137), im Kloster von Ajanta VI, im „Tausend-Pfeiler-Mandapa" südindischer Riesentempel (Abb. 273), in der „Audienzhalle" und auf der „Thronplattform" von Vijayanagara (Abb. 235) und in verschiedenen Bauten islamischer Herrscher auf indischem Boden. Bei einer so allgemein verbreiteten Bauform kann es sich immer und überall um regional selbständige Schöpfungen des Steinmetzen oder um Übertragung aus Holzkonstruktionen handeln; bei den Indern dürften auch Erinnerungen an vielsäulige und mehrgeschossige Paläste der großen Epen nachwirken (P. K. Acharya 1946: VII 385).

8. MANDALAS DER NEUN-FELDER-DECKE UND IHRE KOMBINATION MIT DER SÄULENHALLE

Einige Ayagapatas sind in 9 Felder mit glückbringenden Symbolen zerlegt (A. K. Coomaraswamy 1927: Abb. 71). Segenspendende Zeichen, Svastikas, fliegende Himmelswesen und Lotossymbole füllen auch die 9 Quadrate einer Decke in der Höhle II in Badami (K. Fischer 1961a: 399). Solche Mandalas können auch in allen Feldern oder nur im Mittelquadrat mit dem Lotos verziert sein (Abb. 86). In der frühmittelalterlichen Baukunst Südwest-Indiens beginnt man damit, über den vier Stützen eines Mandapas eine Flachdecke durch Reliefierung in 9 Felder zu zerlegen und mit den Bildern der 9 Planeten zu besetzen, oder aber das mittelste Feld mit einer brahmanischen Hauptgottheit und die übrigen rechteckigen Flächen mit den Ashtadikpalas, also den 8 Göttern über die Haupt- und Nebenhimmelsrichtungen, zu schmücken (H. Cousens 1926: Taf. 89, 103). Dabei werden auch die Decken von Säulenhallen in Höhlen oder Freibauten rhythmisch in 9 Felder untergliedert. In den Palästen von Vijayanagara konstruierte man aus sich kreuzenden Steinbalken Decken in dem gleichen Muster (K. Fischer 1974b: Bild 283). Auch in reinen Nutzbauten dieser Residenzstadt wurden Flachdekken aus Bruchstein in Mörtel mit 2×2 sich überschneidenden Rippen gebaut, so daß sich wiederum 9 Felder ergaben. Die indischen Steinmetzen, die nach dem Fall von Vijayanagara in der islamischen Residenz Bijapur Arbeit fanden, bauten dort aus mächtigen gekreuzten Steinbalken Neun-Felder-Dekken im Mihtari Mahall (K. Fischer 1974b: Bild 11), und in Werkstein-Mörtel-Technik konstruierten sie langrechteckige und quadratische Felder in neun Abteilungen über dem Erdgeschoß der Ibrahim Rauza (Abb. 266). Noch in der neueren südindischen Holzbaukunst werden Decken häufig in 9 Felder unterteilt (S. Kramrisch 1961: Taf. 3, 4).
Die Ayagapatas der Kushana-Zeit hat Soper (A. C. Soper 1947: 266) als Mandalas des Himmels erklärt. Hatte die Einteilung von indischen Flachdecken in 9 Felder auch ohne Ausschmückung durch kosmologische Symbole die Bedeutung als Himmelssymbol? Nach Keith ist die symbolische Zahl Neun ein Quadrat der Drei, welche die drei Welten Erde, Luftraum und Himmel bedeutet. Kirfel erwähnt, daß die Geographie Bharatas nach den 9 Himmelsrichtungen geordnet ist: Mitte, 4 Hauptgegenden, 4 Zwischengegenden (W. Kirfel 1920: 81). Jede ist mit je einer Gruppe von Mondhäusern in Beziehung gesetzt. Die vishnuitische Geographie kennt das Abbild des Universums, welches in 9 quadratische Abteilungen gegliedert ist. Auch im chinesischen Universismus und in Decken tibetischer Gräber findet man verwandte Formen. Wu beschreibt ein chinesisches Mandala aus 9 Quadraten mit einem Menschen im Mittelfeld und verfolgt eine solche geometrische Gruppierung von 9 Rechtecken auch in der Anlage des Tempels von Deogarh (N. I. Wu 1963: 21, 37). Den zentralen Turm dieses Gupta-Tempels umgeben vier verkleinerte Wiederholungen seiner Bauform an den Ecken einer quadratischen Terrasse.

9. MANDALAS AUS KOMBINATIONEN VON FÜNF-TURM-BAUTEN, FÜNF-KUPPEL-BAUTEN UND DER NEUN-FELDER-DECKE

Ein Mandala aus fünf Einheiten, bei denen eine beherrschende die Mitte einnimmt und vier kleinere und gleich große seltener im Achsenkreuz, meist in den Diagonalen wie in den Ecken eines Quadrats verteilt sind, diente im alten Indien als Symbol für zahlreiche geistige Bilder. – Wenn der König als Vertreter der kosmischen Mächte auf der Erde geweiht und sein Anspruch auf die Beherrschung der Welt bestätigt wurde, bereitete man nach astrologischen Riten ein Mandala in Lotosform. In die Krüge, aus welchen Weihwasser geschüttet werden soll, bannte man die Gottheiten; um einen Hauptkrug in der Mitte wurden vier kleinere in den Himmelsrichtungen verteilt. Indische Asketen saßen bei einer Bußübung, Panchagnitapas, zwischen 4 Feuern und ließen die Sonne als fünftes auf sich niederbrennen. – Der Inder betete einen Gott aus seinem Pantheon an, bezog diesen aber in eine gleichberechtigte Verehrung von 5 Hauptgottheiten ein; weitere Nachweise für die besondere symbolische Bedeutung der Zahl Fünf hat Kirfel gesammelt (W. Kirfel 1959: 97–101).

In der Panchayatana-Puja wurden 5 Steine als Symbol für 5 Hauptgötter verehrt; für diesen Synkretismus fand man eine besondere Form der Panchayatana-Tempelgruppe aus 5 Baukörpern: 4 kleinere Tempel an den Ecken einer Terrasse oder in den Ecken eines mauerumfriedeten heiligen Bezirks umgeben einen zentralen Tempelturm (S. Kramrisch 1946: 200, 218, 255; P. Brown 1956: 260). In diesem „Schrein der fünf Edelsteine", Pancharatna, einem Symbol für das fünfköpfige Shiva-Linga oder für die fünf Elemente Erde, Wasser, Luft, Feuer und Äther, sah Havell nicht nur die Anregung zu indischen Baukomplexen aus 5 Türmen, sondern auch das Vorbild für indisch-islamische Raumlösungen in Gräbern und Moscheen, bei denen ein Würfel durch eine Mittelkuppel und 4 kleinere Nebenkuppeln über den Ecken bekrönt wird (E. B. Havell 1913: 22, 158). Demgegenüber hat Chaghtai darauf aufmerksam gemacht, daß schon im frühislamischen Zeitalter aus Turan und Iran Baugestalten des Würfels mit einer Mittelkuppel und 4 Nebenkuppeln bekannt sind (A. Chaghtai 1937: 92). Strzygowski, Monneret, Swoboda und Erdmann zeigten, daß diese Form eine Weiterentwicklung des iranischen Feuertempels darstellt (K. Erdmann 1941: 65). Inder schufen für einheimische und islamische Auftraggeber zahlreiche Kombinationen von Säulen, mit symbolischen Mandalas verzierten Flachdecken, Kuppeln und Türmen, die z. T. nur in bildlichen Darstellungen überliefert sind. Ein Kuppelbau, wie er aus Bharhut-Reliefs bekannt ist, nimmt auf einem Gandhara-Relief die Mitte einer Terrasse ein (Abb. 151), deren 4 Ecken durch Säulen mit persepolitanischen Kapitellen besetzt sind. Foucher sieht auf dieser Abbildung einen Baugedanken angedeutet, der später im Kuppelbau des Taj Mahall (Abb. 247, Nr. 3) mit den 4 Eckminaretts verwirklicht wurde (A. Foucher 1905–51: 826).

In der spätsassanidischen Zeit war eine Bauform endgültig ausgebildet, die auf Islam, Christentum und die indische Kultur eine nachhaltige Wirkung haben sollte. Es ist ein Quadrat, in dessen Mitte 4 Stützen

Abb. 86 Pandrenthan, Kashmir: Laternendecke über dem Garbhagriha des Shiva-Tempels, 8.–9. Jh.

ein kleineres, mit einer Hauptkuppel überdecktes Quadrat bilden; in den Diagonalen werden 4 Eckräume durch kleinere Kuppeln, im Achsenkreuz 4 langrechteckige Räume durch Tonnen überwölbt (L. Van den Berghe 1961: Taf. 2, 3, 27, 30). Dieser Typus, der wie andere altiranische die Kunst der Nachbarländer beeinflußte, regte nicht nur die Schöpfer der frühen islamischen Gräber und Moscheen, sondern auch die Erbauer der Kreuzkuppel-Kirche zu neuen Raumlösungen an (K. M. Swoboda 1952: 10; K. Erdmann 1952: 53).

Damit begann für die indische Baukunst eine tausendjährige Tradition. Die Aufteilung eines Quadrats in der Weise, daß wiederum ein quadratischer Mittelraum entsteht, ergibt notwendigerweise einen Grundriß von 9 gleich oder verschieden großen Raumeinheiten. Im Grundriß wird eine solche Fläche von 9 und mehr Quadraten für die Herstellung von kosmogonischen und kosmologischen Mandalas genützt (A. Volwahsen 1968: 44, 45); an der Neun-Felder-Decke finden indische Gottheiten und Planetenbilder Platz (Abb. 86). Solche geometrischen Figuren entsprechen den Grundkombinationen der Neun-Felder-Decke. Wir haben nun zu betrachten, wie diese Grundriß- und Deckengestaltungen im Außenbau einmal durch 1 oder 5 turmartige Aufsätze, ein andermal durch 1 oder 5 Kuppeln bekrönt wurden. Die Haupt- und Nebenkuppeln traten direkt in Erscheinung oder wurden durch Türme überhöht oder blieben unter einem einheitlichen Dach verborgen.

Der Typus des Panchayatana-Baues lag dem Grundriß

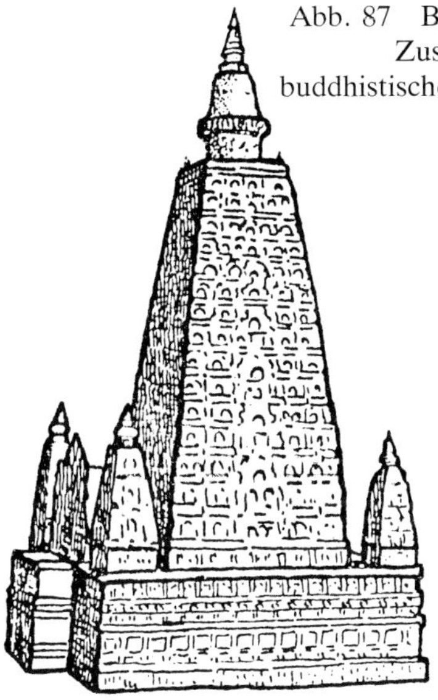

Abb. 87 Bodhgaya: ursprünglicher Zustand des guptazeitlichen buddhistischen Erleuchtungstempels.

des Erleuchtungstempels von Bodhgaya zugrunde (Abb. 87): eine Komposition von einem überragenden Mittelturm und 4 Verkleinerungen dieser Bauform auf den Ecken einer Terrasse. – An lehmziegelnen buddhistischen Kultstätten von Turfan leiten aus dem Würfel Trompen (Abb. 156) oder pendentifartige Zwickel (K. Fischer 1974b: Bild 126) in den Grundkreis der Kuppel über. Andere kubische Kammern, die von einer Kuppel betont wurden, werden in den Ecken aus Kombinationen von Kuppel + Turmaufsatz bekrönt (K. Fischer 1976b: Bild 47). Weiterhin kann eine Terrasse im Zentrum einen hohen Stufenturm und an den Ecken Miniaturformen dieser Baugestalt tragen (Abb. 157). – Iranische Bauweise und indische Schmuckform verbinden sich in Delhi am Grab des Humayun (Abb. 245), bei dem der Mittelkuppel überkuppelte Pavillons in den Diagonalen untergeordnet sind. – In Bijapur hat das Erdgeschoß des Mihtari Mahall eine Deckenkomposition aus 9 Feldern mit einem quadratischen Mittelstück in sparrenartiger Konstruktion, 4 flachen Eckkuppeln über Trompen-Baldachinen und 4 Spiegeldecken. Im Obergeschoß sind 9 gleich große Quadrate in waagerechtem Sturz und Spiegeldecken mit Lotosmustern geschlossen; das mittlere Feld ist nochmals in 9 gleich große, lotosgeschmückte Felder unterteilt (K. Fischer 1974b: Bild 11). Die geometrische Form dieser Deckeneinteilung kehrt im Grundriß des Nau Gumbaz wieder; als Überdeckung wählte man eine große Mittelkuppel und 4 kleinere Eckkuppeln sowie 4 Pyramidendächer im Achsenkreuz (K. Fischer 1974b: Bild 302). – Die Grundform von überkuppeltem Mittelquadrat und turmbekrönten Eckbastionen erkennen wir in reiner Tektonik z. B. am Gol Gumbaz (Abb. 247, Nr. 2); mehr dekorativ ist dagegen die Gestaltung am Grab des Muhammad Quli Qutb Shah in Golkonda (K. Fischer 1974b: Bild 316). – Indisch-islamische Lusthäuser und Wasserpavillons, Baradaris, sind häufig über Neun-Felder-Grundriß mit Kuppeln konstruiert oder durch quadratische Räume in den Diagonalen und langrechteckige im Achsenkreuz zu einem größeren Quadrat erweitert; es können auch Neun-Felder-Kompositionen in quadratischen und runden Räumen aneinanderstoßen (O. Reuther 1925: Taf. 117, 171, 172). – Besonders reich wurde ein Bau von Feria Bagh entworfen: eine quadratische Terrasse mit abgeschrägten Ecken nimmt im Zentrum ein Gebäude des gleichen Grundrisses auf. Dieser birgt in der Mitte einen quadratischen Raum, dessen Kuppel im Achsenkreuz von langrechteckigen Kammern und in den Diagonalen von überkuppelten Achtecken umlagert wird. Die Einwölbung der langrechteckigen Räume besteht aus einer Kuppel in der Mitte, die seitlich von Halbkugeln widerlagert wird (Abb. 258). – Sicheres baumeisterliches Können und ein vollendetes Gefühl für die Komposition von Baukörpern und die Harmonie der Raumlösung verbanden sich über einem solchen Grundriß am Taj Mahall in Agra (A. Volwahsen 1969: Taf. 85). Eine solche Grundstruktur des Panchayatana-Musters kopierte man im Zeitalter des Aurangzeb, als man das Grab der Rabia Daurani (K. Fischer 1974b: Bild 98) in eine Bewässerungsoase des Dekkhan stellte (Abb. 254). – Bei einer Grundform des bengalischen Ziegeltempels wird ein griechisches Kreuz von einem Quadrat ummantelt (Abb. 261). Die Vierung ist mit einer Trompen-Kuppel eingewölbt, die außen nicht in Erscheinung tritt, sondern im Beispiel von Bansberia durch einen achteckigen Tambour mit einem Kegeldach betont wird. Die 4 quadratischen Resträume in den Ecken der Kreuzbalken werden durch abgetreppte Schichten in eine Kuppel übergeführt, die ebenfalls von außen nicht zu erkennen ist; über ihr hängen Dachkehlen, die sich aus der Durchdringung von Tonnensegmenten ergeben. Die 4 verbleibenden Rechteckräume sind mit lotrechten Ringtonnen überwölbt. Den gleichen Grundriß und die gleiche Einwölbung hat ein anderer Typus des bengalischen, nach dem Vorbild des Bambuswohnhauses errichteten Tempels. Er unterscheidet sich im Äußeren von Bansberia dadurch, daß über der Mittelkuppel ein quadratischer Bau mit pyramidenförmig abgestuftem Turm in der Art eines nordindischen Shikhara sitzt und daß auf den Ecken sich Miniaturen dieses Bauteils befinden (Abb. 264).

Der Feuertempel (s. o. S. 72) auf dem Takht-i Suleiman in Iran war mit dem „Kreuzraum“ (R. Neumann 1961: 58, Abb. 22) verbunden, der aus der frühiranischen und späteren turanischen Baukunst in zahlreichen Beispielen überliefert ist (G. A. Pugachenkova 1958: 207; A. Godard 1962: Abb. 188). Auch diese Baugestalt sollte in der indo-islamischen Kunst zur Grundlage reicher Spielformen werden.

Der Kreuzraum auf dem Takht-i Suleiman besteht aus einem quadratischen Mittelraum mit Nischen, die wie

Kreuzarme wirken. In der Vierung befand sich eine Vertiefung, in der vier Stützen – wahrscheinlich für einen Baldachin – eingelassen waren. Den Raum denkt sich der Ausgräber als Trompenkuppel über tonnengewölbten Kreuzarmen. Der Bau ist von einem Quadrat ummantelt. So sind auch viele timuridische Bauten von Herat (Mausoleum der Gauhar Shad = K. Fischer 1978a: S. 382, Fig. 7.18) und Samarkand (G. A. Pugachenkova 1963: 1ff.) entworfen. An diesen Bauten wurde kürzlich die besondere Bauweise aus einem System gekreuzter Bögen genau beschrieben. Der Kreuzraum von Herat ist zum Quadrat abgeglichen, derjenige von Brindaban tritt auch im Äußeren als griechisches Kreuz in Erscheinung (K. Fischer 1974b: Bilder 45, 250). Der quadratische Zentralraum wurde in der ersten Hälfte des 15. Jh. n. Chr. in Herat durch ein dekoratives System sich überkreuzender Bögen in ein Sechzehneck als Grundlage für eine flache Kuppel übergeführt; derjenige von Brindaban wurde Ende des 16. Jh. durch überkreuzte Steinrippen auf Konsolen mit sphärischen Dreiecken in den Grundkreis einer Kuppel umgewandelt (Abb. 260). In beiden Fällen liegen um diese Mittelkuppel im Achsenkreuz (Abb. 259) Systeme von Halbkuppeln, Viertelkuppeln und Fächergewölben. In dem früheren Beispiel von Herat scheint es sich um überwiegend dekorative Formen zu handeln, während in Brindaban die Restflächen von Gewölben möglicherweise eine konstruktive Wirkung haben. Diese wäre mit dem System zu vergleichen, nach dem die Kuppel der Hagia Sophia in Byzanz durch Halbkuppeln widerlagert wurde und nach dem später osmanische Moscheen konstruiert wurden (K. Erdmann 1963: Abb. 10–12).

Wir sehen, daß auch die Mittelkuppel der Baradari von Feria Bagh im Achsenkreuz von langrechteckigen Räumen umgeben war, die aus einer Abfolge von Halbkuppel – Kuppel – Halbkuppel gewölbt sind (Abb. 258). Indische Handwerker, welche seit der Tughluq-Zeit gelegentlich und seit der Mogulzeit häufiger einen quadratischen Grundriß durch sphärische Dreiecke in den Grundkreis der Kuppel überführten, dürften die Anregung zu dieser ganz unindischen Bauweise zunächst durch iranische, später auch direkt durch osmanische Vermittlung aus dem Gebiet der byzantinischen Großgewölbebauten erhalten haben. Sie nützten diese Neuerung besonders zu schmuckreichen Bauten von kleinem Maßstab.

War den Erbauern des vishnuitischen Tempels von Brindaban (Abb. 259, 260) und des indo-islamischen Palastes von Feria Bagh (Abb. 258) die alte symbolische Bedeutung des Neun-Felder-Grundrisses oder des Fünf-Kuppel-Baus gegenwärtig und kannten sie den konstruktiven Wert der Widerlagerung einer Kuppel durch Halbkuppeln? Bei unserer Untersuchung von Bauweisen der indo-islamischen Spätzeit werden wir in Teil VI gelegentlich eine äußerliche Übereinstimmung mit Spätlösungen der abendländischen Kunst bemerken. Als Nebenergebnis einer Studie zur indischen Baukunst halten wir solche Beobachtungen fest, ohne daraus weitere Folgerungen zu ziehen. Zur Lösung traditioneller Aufgaben verfügen Baumeister in der Frühzeit über eine begrenzte Möglichkeit von Grundformen und in der Spätzeit über begrenzte Möglichkeiten zur Erweiterung und Bereicherung. Während es wahrscheinlich ist, daß die Idee des Fünf-Kuppel-Baus seit der sassanidischen Zeit verschiedene Bauten in West und Ost anregte, gibt es Grund- und Aufrißbildungen, die einander ähnlich sehen, aber keine geschichtliche Verbindung miteinander haben.

Ein Entwurf des Santin Aichel für eine Wallfahrtsstätte des Klosters Raigern steht in der Tradition barocker Raumkombinationen. Ein polygonaler, auf Überkuppelung berechneter Mittelraum wird im Achsenkreuz und je zweimal in den Diagonalen von jeweils vier untergeordneten Räumen und Baukörpern umgeben (H. G. Franz 1962: Abb. 95). Eine ähnliche Komposition von Raumeinheiten und Baugliedern liegt Gebäuden wie dem Grab des Humayun (Abb. 245, 246) und dem Taj Mahall (Abb. 247, Nr. 3, 252) zugrunde. – Guarino Guarini konstruierte über dem Zentralraum von San Lorenzo in Turin eine Kuppel auf sich kreuzenden Bögen (R. Wittkower 1958: pl. 151). Die Baumeister der Moschee von Córdoba (M. Rumpler 1956: Abb. 76–79; Ch. Ewert 1968–80: I), des Grabes von Herat und des Govind Deo in Brindaban (Abb. 259, 260) lösten den Übergang aus dem Quadrat in den Kreis auf ähnliche Weise. – Bei einer armenischen Variante der Kreuzkuppelkirche wird die Kuppel über dem Mittelquadrat im Außenbau durch einen Zylinder mit Kegeldach bekrönt (H. Lützeler 1959: Abb. 528a). Auch in dem bengalischen Tempel von Bansberia steigt über der Kuppel des Mittelquadrats ein polygoner Tambour mit Kegeldach auf (Abb. 261). – Bengalische Tempel mit 5 oder mehr Türmen (Abb. 264) erfahren ähnlich wie spätbyzantinische osteuropäische Kirchen (M. Rumpler 1956: Taf. XIIa. – Über die Verbindungen von Byzanz zu verschiedenen Kulturen benachbarter und entfernter Regionen vgl. u. a. N. Pigulewskaja 1969: 150, seit der Zeit, als „Seide nach Goldgewicht gewertet wurde") eine Vermehrung der Geschosse, eine Steigerung der Vertikalität und eine Häufung der Schmuckformen.

Multiplizierende Massen waren nach Speiser jederzeit ein Grundzug indischer Tempelbaukunst. Dagegen errichteten die Mohammedaner subsumierende Kuppelkonstruktionen (W. Speiser 1964: S. 6–7). In indo-islamischen Bauten wurden beide Stilrichtungen miteinander vereinigt. Für flache Decken und kühne Gewölbe erfanden indische Baumeister die vielfältigen Bauformen, deren handwerkliche Grundlagen wir nun beschreiben.

IV. Bauen

Handwerkliche Mittel und künstlerische Möglichkeiten – Grundsätzliches zur indischen Bauweise

1. ALLGEMEINE EINFÜHRUNG

In allen Teilen Indiens stehen heute in gut erhaltenem Zustand Bauten, durch die während des vergangenen Jahrtausends geistige Bilder ausgedrückt wurden. Ein Tempel in Khajuraho, Kandariya und Mahadeo, wird „Höhle" genannt (Abb. 176). Das dunkle Allerheiligste erweckt die Vorstellung einer Höhle (Abb. 160, 163); der Turm darüber steigt gebirgsartig empor. Zugleich wird in den Decken durch Figurenschmuck die himmlische Region der Götterspitze angedeutet. Eine „Himmelskuppel" errichtete nach der Bauinschrift Ali Barid in seinem Grab zu Bidar – in einem jener zahlreichen indo-islamischen Bauten mit der Kuppel über dem Quadrat. In vielen Fällen haben also indische Kultgemeinschaften und islamische Bauherren geeignete Baumeister und Handwerker gefunden, welche die herrschenden religiösen und gesellschaftlichen Ideale durch einen fest gegründeten und sicher aufgeführten Bau in künstlerisch vollendeter Form ausdrückten. Daraus könnte man folgern, die Steinmetzen hätten grundlegende Kenntnisse als ein sicheres Gerüst besessen. Aber an Ruinen und reparierten Bauten bemerken wir dieselben Fehler in der Anlage eines Fundaments oder in der Einschätzung des Kräftespiels immer wieder. Nicht nur in einem frühen Bau von Aihole, sondern auch in einem Tempel der Nayyak-Zeit von Tirupati, als man schon längst in den riesigen Massenbauten des süd- und nordindischen Tempels Steinlasten bewältigt hatte, wurde die Tragfähigkeit eines Steinbalkens falsch beurteilt, der in „einfachem" waagerechten Sturz eine Halle eindecken sollte. Und als die gewaltigen Wölbungen des indoislamischen Zeitalters vor aller Augen standen und man Kuppeln der Mogul-Zeit von Thatta in nächster Nähe hatte, wurde eine Kuppel von Hyderabad in Sind zwar inschriftlich der Tradition nach richtig als Himmel verstanden, jedoch so schlecht konstruiert, daß sie bald wieder einstürzte (K. Fischer 1974b: 17). Daher suchen wir die handwerklichen Möglichkeiten indischer Künstler während der gesamten Zeit darzustellen, aus der Freibauten mit erkennbaren oder rekonstruierbaren Decken und Gewölben erhalten sind.

Wenn wir einen Überblick über alle Bauweisen gewinnen wollen, mit denen die Inder die Räume von Freibauten nach oben abschlossen, so werden wir fast alle technischen Mittel kennenlernen, die von den Anfängen der Baukunst bis zum Ende des vor-naturwissenschaftlichen Zeitalters Verwendung fanden. Kultbauten der altindischen Religionsgemeinschaften, aus Haustein in trockenem Verband versetzt, beruhen auf Grundsätzen des waagerechten Sturzes (Abb. 163, 165, 172, 233) und der Überkragung wie die Massen- und Gliederbauten der Ägypter und Griechen. Lehmziegelbauten Zentral-Asiens sind durch Lehmmörtel (Abb. 156), Wölbungen indo-islamischer Kultstätten aus Bruch-, Hau- oder Backstein durch Kalkmörtel zu einheitlichen Bauteilen zusammengefaßt (Abb. 238, 243), wie die Großgewölbebauten der römischen Kaiserzeit. Bei bestimmten Rippen-Konstruktionen Ost-Irans und Nord-Indiens ist wie an armenischen und gotischen Raumschöpfungen die Frage zu stellen, wo diese Bauglieder strukturelle Funktion hatten und wo sie mehr ästhetisch und symbolisch zu verstehen sind (Abb. 259, 260). Schließlich beobachten wir in Bauten des 17. und 18. Jh. eine geradezu „barocke" Konstruktions- und Schmuckweise in der Durchdringung von Räumen und ihrer komplizierten Überdeckung durch Restflächen von Gewölben (Abb. 268, 269). Seit Beginn des 19. Jh. führten europäische und indische Ingenieure für Nutzbauten die jeweils modernen technischen Methoden nach Asien ein. Gewissermaßen unabhängig davon errichten Hindus, Jainas und Mohammedaner neue Kultstätten weiterhin auf gewohnte Weise, indem sie wie früher Massen oder Hohlräume formen.

2. ERFAHRUNG UND GEFÜHL

Viele Meisterwerke der Baukunst, wie das Pantheon (Abb. 247 Nr. 1), die Thermen, die Hagia Sophia, iranische und osmanische Moscheen, gotische Kirchen, italienische Kuppeln oder die Gewölbe des Barock, sind auch vom technischen Standpunkt aus, vor allem auf die Konstruktion der Raumschalen hin, untersucht worden. Zusammenfassende Darstellungen finden sich bei A. Macku (1947: 387) und H. Straub (1949: 391). Über das Verhältnis von gefühlsmäßigem Bauen und Tatsachenwissen in der Antike haben sich E. Dyggve (1956: 399) und D. Thode (1975: 1) geäußert. Architekten betrachten das Sammeln und bewußte Verwerten von Erfahrungstatsachen schon als Anfang wissenschaftlicher Tätigkeit (R. Bössenroth 1962: 21).

Für die Bauten des Alten Orients, Indiens und des Islam wurde gewöhnlich nicht nach modernen Vorstellungen zu einer bestimmten Aufgabe diejenige Form gewählt, mit welcher man die geforderte Sicherheit bei geringstem Aufwand an Stoff = Baukosten erreichte. Unverhältnismäßig viel Mauerwerk zur Widerlagerung von Tonnengewölben oder zur Absicherung von Kuppelbauten führten nicht nur Römer und

Sassaniden auf, sondern benützen auch heute noch islamische Konstrukteure (F. Langenegger 1911: 105). Auch die Mauern für Massenbauten indischer Tempeltürme und für indo-islamische Raumschöpfungen sind oft mit einer Verschwendung an Material errichtet. Königlichen Stiftern als den größten Grundeigentümern des Landes standen die unerschöpflichen Steinbrüche häufig kostenlos zur Verfügung. Die Arbeitskraft der niederen Kasten war an sich billig; weiterhin verhieß freiwillige Hilfeleistung beim Tempelbau himmlischen Lohn. Schließlich geboten die Herrscher nach siegreichen Kriegen über Sklaven beim Wiederaufbau und der Neuerrichtung von Städten und Palästen. Wenn also die Baumeister nach den Erfahrungen, die sie bei der Anlage von Gebäuden begrenzten Ausmaßes gesammelt hatten, beim Entwurf für ausgedehntere Hallen und höhere Türme meinten, daß eine Vervielfachung von Baustoff die Sicherheit der neuartigen Baukörper und Räume gewährleisten würde, so stand ihnen dieses Material zur Verfügung. Sie benützten es nach ihrem „statischen Gefühl".

Als allgemeine Erfahrungstatsache werden die Bauschulen des Ostens und Westens die Beobachtung überliefert haben, daß es günstig ist, für Erdgeschoßmauern den festesten Stein zu wählen, der in der Nachbarschaft ansteht, aber für obere Geschosse und vor allem für die Einwölbung zur Erleichterung der gesamten Anlage einen Baustoff von geringerem spezifischen Gewicht zu suchen. In barocken Großgewölben sind die Kämpfer oft aus Haustein, die übrigen Teile aus Backstein gemauert. In Resafa findet man z. B. die Stadtmauer und Türme aus Gipsstein und die ursprüngliche Holzdecke später durch Gewölbe aus porösem Kalkstein ersetzt. Tempelbauer haben seit dem frühen Mittelalter gelegentlich das Erdgeschoß, also Mandapa und Garbhagriha, aus Werkstein geschichtet und den Turm über dem Allerheiligsten aus Backstein in Kalkmörtel konstruiert. Aber immer wieder stellen wir fest, daß es keine planmäßige Entwicklung und Auswertung handwerklicher Kenntnisse gibt. Die riesigen Steintürme über den Kultkammern der Chola-Tempel sind bis zu dem 80 t schweren Deckstein aus dem gleichen Stoff errichtet (Abb. 165); bei den Gopuras (Abb. 273) dagegen, die man in dieser Zeit zu bauen beginnt, folgt immer auf einen doppelgeschossigen Unterbau aus Granit ein mehrgeschossiger Aufbau aus zurückspringenden Schichten in Backstein-Mörtel-Holz-Verbindungen. Auf diesem Wechsel des schweren Granits mit dem leichteren Ziegel beruhen auch die riesigen Massenbauten in den Tempeln von Vijayanagara (Abb. 242, 243) und in den Palästen der anschließenden dravidischen Schulen (Abb. 240, 241). Die Hindu-Steinmetzen, die z. B. die mittelalterlichen Tempel des Dekkhan im Erdgeschoß aus schwarzem Basalt in trockenem Verband zusammensetzten, erfanden für obere Stockwerke, besonders für den Turm über dem Garbhagriha, einen außergewöhnlich leichten Ziegel. Er wurde mit Sägemehl vermischt und wog etwa ⅓ des üblichen Backsteins. Nach Yazdani verwendeten die Erben dieser Handwerkergilden auch für islamische Gräber dieselbe Technik: Über dem schweren Basalt-Mörtel-Freibau des Humayun-Grabes in Bidar (Abb. 218) führten sie eine leichtere Kuppel aus „Schwimmziegeln" auf, der so leicht ist, daß er im Wasser nicht untergeht. Wenn man für den ganzen Bau das gleiche Steinmaterial verwendete, bildete man für die unteren Teile große, für die oberen aber kleinere Blöcke, die jedoch immer noch groß genug waren, durch ihre Eigenlast die darunter liegenden im Gleichgewicht zu halten.

Weitere Erfahrungen lehrten, daß man bei Flachdekken, Bögen und Gewölben durch Verringerung des Querschnitts die lastende Masse erleichtern kann. Die Tonne im spätsassanidischen Ktesiphon hat im Scheitel einen geringeren Querschnitt als am Gewölbekämpfer. Bei Kuppeln kann man ein Stück unterhalb des Gewölbescheitels zur Sicherheit einen Schlußring einlegen. In Chotcho ging man zur letzten Konsequenz dieser Überlegung weiter: die Kuppelkalotte offen zu lassen und jede Scheiteldurchlastung zu vermeiden (Abb. 155). Scheitelöffnungen verwendet man in der orientalischen Profan-Architektur zur Beleuchtung für Kreuzungen von Straßen in überdeckten Bazaren und als Rauchabzug. Diese Öffnung wird, wie in der europäischen Monumental-Architektur, oft durch eine „Laterne" bekrönt. Die sogenannte Laternendecke (Abb. 85) wurde in den erhaltenen Freibauten Indiens meist mit einem Deckstein abgeschlossen (Abb. 86); aber in den neueren Holzbauten ist sie im Scheitel durch ein offenes Quadrat entlastet (Abb. 272), und nach einer Rekonstruktion eines solchen Raumabschlusses im parthischen Nisa befand sich über einer entsprechenden Öffnung ein leichter Giebelbau als Laterne.

Die Mittelkraft – oder Leitlinie, Stützlinie, Drucklinie, Resultierende –, mit welcher der moderne Statiker nach den Grundsätzen des Parallelogramms der Kräfte den Verlauf der Druck-, Zug- und Schubwirkungen im Bauwerk vorausberechnet und nach der er Widerlager, Verstrebungen, Anker und andere Hilfsmaßnahmen plant, muß zur Vermeidung von Zugspannungen im mittleren Drittel des Mauerquerschnitts bleiben. Wenn sie bei flachen Gewölben austritt, werden zur Gegenwirkung Zug- oder Ringanker in das Mauerwerk eingelegt oder die Mauer durch Strebepfeiler und -bögen verstärkt. In Großgewölbebauten römischer, byzantinischer, gotischer und barocker Architekten meinen wir den theoretischen Verlauf der Stützlinien (M. Rumpler 1956: Abb. S. 11) oft in der Neigung des Strebewerks zu verfolgen. Bei neueren Nachrechnungen ergibt sich gewöhnlich, daß diese Leitlinien, welche die alten Baumeister nach ihrem Gefühl für das Kräftespiel im Mauerwerk entwarfen und welche unserem Auge heute noch als logisch erscheinen, tatsächlich nicht den jetzt gültigen Sicherheitsbestimmungen entsprechen. Desgleichen sind an altindischen Massenbauten und in islamischen Gewölben oftmals die Baustoffe über jedes zulässige Maß hinaus beansprucht. Daß es in Ost und West nicht öfter zu Baukatastrophen gekommen ist, wird u. a. der „Schlauheit des Materials" verdankt: In trockenem Verband verlegte Steinmassen setzen sich, der erhärtende Mörtel erhält eine immer größere Zugfestigkeit, und so entstehen künstlerische Schöpfungen im Grenzbereich der statischen Gesetzmäßigkeit.

Im Frühjahr 1985 hatte der Baumeister Frei Otto Architekten, Bauforscher und Kunstwissenschaftler zu einem Gespräch über die „Geschichte des Konstruierens" an das „Institut für Leichte Flächentragwerke" (IL) der Universität Stuttgart eingeladen. Dabei erkannte man verwandte Probleme in westlicher und östlicher Architektur, z. B. über die Vorstellung der Ingenieure und Handwerker alter und neuer Zeit über das Kräftespiel im Bauwerk.

Den Eindruck größter Stabilität, eine gewisse Übereinstimmung zwischen dem tatsächlichen Kräfteverhältnis und den gefühlsmäßigen Vorstellungen vom Spiel der Kräfte beobachten wir in Tonnengewölben (Abb. 142 „Tempel 18", Abb. 162) und Kuppeln von parabolischer Querschnittsform, wobei schräg wirkende Schubkräfte in senkrecht gerichtete Druckkräfte umgewandelt werden. Hier ergibt sich eine statisch günstige Form des Gewölbes und der Widerlagsmauern, da die Resultierende in spitzem Winkel abgeleitet, gelegentlich durch das sehr massige Gemäuer selbst oder aber durch schräg anlaufende Streben sicher aufgenommen wird. Eine Abböschung des gesamten Mauerwerks oder eine Verstärkung der Mauer zwischen Wandöffnungen durch geneigtes Strebewerk gehört auch zu den immer wiederkehrenden Mitteln indischer Bauweise. Es werden nicht nur Mauern abgeböscht, welche Gewölbe mit großer Schubwirkung tragen, sondern auch flach eingedeckte Bauten: gefühlsmäßig stemmt man also Widerlager in ähnlicher Weise gegen den Druck von Massenbauten und gegen den Schub von Gewölben über Hohlräumen. In Mohenjo Daro wurden Backsteinmauern von Wohnhäusern mit flachem Holzdach in einem Winkel bis zu 4° abgeböscht (Abb. 137). Die Stadtmauer von Chotcho errichtete man aus Lehmziegeln nach ähnlichen Grundsätzen. Von der Tughluq-Zeit an böschte man gesamte Mauerwände oder Ecken und Pfeiler quadratischer oder achteckiger Bauten ab (Abb. 193, 194); möglicherweise haben diese Hilfsmaßnahmen zur Erhaltung vieler Kuppelbauten beigetragen. Schwibbogen-Gewölbe von Warangal (Abb. 228) und Mandu (Abb. 215) wurden wahrscheinlich für Flachdächer entworfen, erhielten aber wiederum eine Neigung der Außenmauer. In Tanjore hat man Hallenbauten mit verschiedenen Raumabschlüssen gewöhnlich zwischen den Fensteröffnungen mit Strebebögen verstärkt.

Als bergartige Massenbauten (Abb. 176, 232) mit gleichmäßiger Belastung aller Teile sind nicht nur die altindischen Tempel entworfen, sondern als gewaltige „Monolithe" (P. Brown 1975: 81) wirken statisch auch die Flachkuppeln über geringeren Spannweiten (Abb. 238) und die großen Kuppeln, welche durch besonders guten Mörtel zu einheitlichen Bauteilen zusammengebunden werden (Abb. 245, 246, 247 Nrn. 2, 3, 6, 266, 267, 269). Die Vorstellung von der Zerlegung der Kräfte durch Rippen, Gurte und Streben in einzelne Kraftbahnen erlangte im Orient nicht die gleiche Bedeutung wie in der abendländischen Baukunst. Im Bereich der indischen Kultur erfolgte nicht wie im übrigen Eurasien nach v. Kaschnitz-Weinberg eine Dynamisierung der Nervaturen. Es kam nicht zu einer folgerichtigen Ablösung der Architektur durch Skelettbauformen, welche Sedlmayr als Voraussetzung für mittelalterliche Architektursysteme erkannt hat. Gelegentliche Erfahrungen indischer Baumeister auf diesem Gebiet wurden nicht weiter ausgewertet. Man bildete mehr das Gefühl für die Wirkung von Baumassen aus, als daß man Erfahrungswerte von der Tragfähigkeit der Bauglieder gesammelt hätte.

Schließlich hatten iranische, turanische und nordwestindische Baumeister besondere Vorkehrungen gegen Naturereignisse zu treffen, die noch heute in diesen Landschaften nichts Seltenes sind: Erdbeben. In Thatta oder Peshawar findet man z. B. mehrstöckige Häuser aus Lehmziegeln oder Backsteinen, denen eine Art Fachwerkgerüst und Anker aus langen Holzbalken bei Erdstößen eine gewisse Sicherheit verleihen sollen. Parallel und diagonal verlegte Hölzer versteiften auf Grund örtlich gesammelter Erfahrungen in Samarkand und Herat die Wände hoch aufstrebender Bauten mit Doppelkuppeln. Im Abschnitt über die „Hilfskonstruktionen" (9) werden wir dieses handwerkliche Mittel und unter „Rippen und Gurte" (10) ein anderes besprechen, das in Turan und Iran als besondere Sicherung gegen Erdbebenstöße beschrieben wurde: ein System aus sich überkreuzenden Bögen. Wir werden beobachten, daß ein Geflecht von Rippen zwar dekorativ eine Ausdeutung von Kraftlinien darzustellen scheint, daß aber die Struktur der Kuppel auf einfachen Trompen beruht. Gefühlsmäßig konstruierte man in Erdbebengebieten aus Backstein und Werkstein so, wie man in Holz durch Kreuzung und Verflechtung des Materials immer eine hohe Standfestigkeit erreicht hatte.

3. VERWERTUNG MATHEMATISCHER KENNTNISSE UND NATURWISSENSCHAFTLICHER ERKENNTNISSE

Grundtatsachen der angewandten Geometrie mußten schon den vedischen Indern bekannt sein, die nach komplizierten Regeln den Opferaltar anlegten. Über eine fortgeschrittene Algebra sind wir aus der Gupta-Zeit, über trigonometrische Kenntnisse aus dem Mittelalter unterrichtet. Aber im Anschluß an Bose hat S. Kramrisch (1946: 208) darauf hingewiesen, mit wie einfachen Faustregeln im Bauwesen Kurven berechnet wurden und werden. Architekten bemerkten, daß die nordindischen Tempeltürme aus einer Anhäufung grob zugehauener Blöcke bestehen, deren fein geschmückte Außenfläche später mit der Reinheit einer sorgfältig berechneten mathematischen Kurve gestaltet wurde. Die indo-islamischen Baumeister werden nicht nur als Künstler, sondern auch als Mathematiklehrer gerühmt; danach war ein Baumeister des Shah Jahan mit dem Euklid wohl vertraut. Soweit ich sehe, läßt sich nicht mit Sicherheit sagen, ob die Kreis-Quadrat-Figuren an indischen Mandapa-Decken in der Ebene oder in der Höhe und ob die Kurvatur der nordindischen Shikharas Ergebnisse der mathematischen Wissenschaft oder des handwerklichen Probierens sind; und ob die Konstruktion von Trompen und Pendentifen auf einem erfahrungsmäßigen Fortschreiten von kleineren zu größeren Abmessungen beruht, oder ob in ihnen Erkenntnisse iranischer, osmanischer, byzantinischer und letztlich griechischer Naturwissenschaft verwertet sind.

„Anerkannte Regeln“ der Bauingenieurkunst stellen oftmals nur den Niederschlag des augenblicklichen Standes der Wissenschaft dar (A. Berlowitz 1915: passim). Die Kuppel der Hagia Sophia lieferte lange Zeit den Kanon für Kunst und Handwerk des Gewölbebaus. E. Herzfeld (1942: I 13) sah in ihr ein Ergebnis der gelehrten Berechnung und letztlich des euklidischen Geistes, der bei allen Nachahmungen ihrer Bauform mit sphärischen Pendentifs lebendig blieb. Kuppeln über sphärischen Dreiecken überspannen in Indien nur Räume von bescheidenem Durchmesser (Abb. 258–261); diese Konstruktion beruht wohl weniger auf selbständiger mathematischer Tätigkeit als vielmehr auf der Nachahmung von erfahrungsgemäß anerkannten Vorbildern. Die vorherrschende Kuppelform des (islamischen) Indien ist aber diejenige, bei der wie im Iran der Würfel durch eine Trompe in die Halbkugel übergeleitet wird (Abb. 156), oder wo auf empirischer Grundlage das Quadrat in das Oktogon, dieses in das Sechzehneck usw. bis zu einer Näherungsform des Kreises verwandelt wird (Abb. 191, 200, 202, 204, 208, 211, 214, 218, 224, 226, 246, 249, 256, 257, 266, 269). Der indische Steinmetz, der zunächst an das Komponieren von Baukörpern gewöhnt war, konnte eine Raumform selbständig am ehesten durch solch erfahrungsmäßiges, gewissermaßen plastisches Bilden in einer Art schichtweiser Vorkragung erreichen.

4. ÜBERLIEFERUNG DER HOLZBAUWEISE UND DER FELSBILDNEREI

Wir sahen, daß schon im vedischen Indien Bauten aus Holz wegen der symbolischen Bedeutung dieses Baustoffs als Weltbaum und als Opferpfosten an sich einen hohen rituellen Wert hatten und daß dem Zimmermann in der altindischen Gesellschaft besondere Bedeutung zukam. Kulthöhlen (Abb. 88, 144–146) und Kultbauten wurden daher später nach dem Vorbild des Schreinerwerks entworfen: beim indischen Tempel von der Chalukya-Zeit an, in Akbars Hofkunst (Abb. 249) und auch in Bidar und Bijapur. Holzkonstruktionen wurden nicht nur durch Massivbauten nachgebildet wie in den Monolith-Kuppeln des südindischen Shikhara (Abb. 169 links) oder in Felsaushöhlungen wie in den buddhistischen Chaityas (Abb. 145) nachgeahmt, sondern auch auf Gerüste aus Hau- oder Backstein übertragen (E. Diez 1915: 161). Im Alten Orient, in der Antike im weitesten Sinne, in der islamischen Baukunst und in der neueren abendländischen, errichtete man ebenfalls Raumschalen-Holzkonstruktionen; gebogene Streben wurden durch Schilde wie etwa bei dem Bauteil Kannika-Mandala zusammengefaßt (s. o. S. 69). Aber während in diesen Kulturkreisen steinerne Gewölbe später meist nach den neuen Gesetzen dieses Baustoffs entworfen wurden, blieb man in Indien lange Zeit bei der Übertragung der reinen Holz- oder Höhlenform in den Freibau. Die Nachahmung von Holzornamenten in einen weichen Sandstein bereicherte das Bild der indischen Kunst. Jedoch die Anwendung von Erfahrungen aus dem Holzpfostenbau in Steinsäulen-Konstruktionen und die Behandlung von Backstein-Gewölben und Haustein-Kuppeln nach den statischen Bedingungen des biegsamen Bambus führten zu falschen Berechnungen und Baukatastrophen.

5. FUNDAMENT

Steinbauten, deren Türme die Grundmauern durch vertikalen Druck im ganzen belasten oder deren Gewölbe auf einzelne Bauglieder einen starken Schub ausüben, erfordern andere Fundamente als Holzbauten mit leicht versteifbarem Rahmenwerk. In den Flußniederungen setzen Backsteinbauten, deren Rohstoff durch Versalzung angefressen wird, steinerne Grundlagen voraus – den Einsturz einer Kuppel in Sind führt man auf mangelnde Fundamentierung zurück (H. Cousens 1929: 111, 132). Der Shikhara von Konarak stürzte wahrscheinlich ein, weil im

Dünengelände keine besonderen Sicherheitsmaßnahmen für den riesigen Haustein-Bau getroffen wurden. Im Dekkhan hatten nicht nur frühmittelalterliche Tempel ungenügende Fundamente, sondern es kam auch noch in Vijayanagara zu Einstürzen, weil die Grundlagen des Bauens nicht ausreichend gesichert waren. Am selben Ort verließ man sich noch in dieser Zeit gern auf das festeste Fundament: den Fels, wie die Gebirgsnatur ihn bot (Abb. 231, 232).

6. FALSCHE EINSCHÄTZUNG DES TRAGVERHALTENS VON STEINBAUTEN

Die ein- oder mehrgeschossigen Hallen und die hoch aufsteigenden Türme indischer Tempel machen zunächst den Eindruck, als seien ihre schweren Steinblöcke fest und sicher zusammengefügt. Aber an vielen Einzelheiten in Sind, Gujarat (H. Cousens 1931: 8), Mittelindien und Vijayanagara (H. Longhurst 1917: 75) hat man Fehler bei der Übertragung von Holzbauweisen in den Stein beobachtet. Bauschäden von Aihole, Ghumli oder Tirupati zeigen, daß 1 ½ Jahrtausende hindurch Steinbalken immer wieder falsch bemessen wurden und durch ihr Eigengewicht brachen, da die Spannweiten zu groß gewählt worden waren. Indische Steinmetzen erstrebten durch Schichten und Vorkragen und durch das Weglassen von Stützen immer weitere und höhere Räume der Mandapas; die Ergebnisse sind künstlerisch von bescheidener Wirkung und handwerklich bedenklich unstabil. Als der Bauherr des Palastes von Deeg im 18. Jh. ausgedehnte hohe Hallen nach dem Zeitgeschmack wünschte, verlegten die Steinmetz-Zimmerleute riesige monolithe Steinbalken nach der Art von Teakholz-Bohlen. Sie mußten bald danach abgestützt werden, so daß der beabsichtigte Raumeindruck zerstört wurde; auch jetzt sind noch alle Bauglieder – 20 m freiliegende Steinbalken – weit über das vernünftige Maß hinaus beansprucht. Noch immer dachte der Inder in Kategorien der Höhlenbauweise, in der er ohne Rücksicht auf konstruktive Bedingungen nach dem Raumgefühl Kammern und Hallen komponieren, durch Stützen unterteilen oder aber mit einer einheitlichen Decke von großer Spannweite abschließen konnte (Abb. 232, 233). Nach Parmentier haben die Inder bei der Nachahmung von Holzkonstruktionen und von Höhlen im Freibau niemals ein Verständnis für die Bedingungen und Grenzen ihres Materials erworben (H. Parmentier 1948: 17).
Einen besonderen Grund für die Gleichgültigkeit der südasiatischen Bauleute gegen gründliche Vorausberechnung und langwierige Sicherheitsmaßnahmen sieht K. Döring (1920: 254) u. a. darin, daß es dem Bauherrn vor allem darauf ankam, eine Kultstätte möglichst rasch als Opfergabe fertigzustellen. Bei einem Kuppelbau bemerkte A. v. Le Coq (1913: 6) in Chotcho eine Unsicherheit der Baumeister, welche Reparaturen und zusätzliche Sicherungen nötig machte. Marçais spricht von einer allgemeinen Nachlässigkeit im islamischen Bauhandwerk; unklare Vorstellungen von der Tragfähigkeit des Materials beobachtete Langenegger auch im Irak. Um Fragen der Statik scheinen die alten Baumeister in West und Ost sich nicht bekümmert zu haben (P. K. Acharya 1946: VII 217). Zu einem genaueren Urteil wird man vielleicht kommen, wenn man weitere Lücken unserer Kenntnis im Denkmälerbestand schließt und bei einem Vergleich geplanter, unvollendeter, eingestürzter und gut erhaltener Riesen-Massenbauten von Großgewölbe-Konstruktionen sieht, ob ein Tempelturm von Khajuraho (Abb. 176), ein Torturm von Chidambaram (Abb. 273) oder Kuppeln von Bijapur (Abb. 266–269) nur durch das Zusammenwirken glücklicher Umstände auf uns gekommen sind, oder ob sie das Ergebnis sicherer handwerklicher Überlieferungen darstellen.

7. WERKSTOFFGERECHTE BEHANDLUNG DES LUFTGETROCKNETEN LEHMZIEGELS, DES BACK- UND HAUSTEINS

Aber Architekten wie E. La Roche (1921: 45) und Marchal kamen nach eingehenden Studien zu der Auffassung, daß die indischen Handwerker viele Steinbauten tadellos ausführten, daß die Herkunft vom Zimmermannshandwerk den indischen Steinmetzen nicht gehindert hat, die Gesetze des neuen, dauerhaften Baustoffs zu erkennen. In Gujarat wurde der Stein oft nachlässig gehandhabt; doch weiß J. Burgess (1876: 187) am Beispiel von Gop und anderen Plätzen von besonders sorgfältiger Steinbearbeitung zu berichten. Auf einen Widerspruch zwischen merkwürdiger Mißachtung einfacher handwerklicher Grundlagen und erstaunlicher Festigkeit in Großkonstruktionen werden wir noch häufig stoßen. Einerseits stützten die Bauleute sich auf eine Summe fester Erfahrungen und auf ein sicheres Gefühl für Baustoff und Bauglieder; andererseits vernachlässigen sie solche Kenntnisse, wenn ihnen die Gestaltung symbolischer Bilder oder die prachtvolle Ausgestaltung eines Fürstensitzes wichtiger werden als die Sicherheit.

8. TROCKEN VERSETZTER UND IN MÖRTEL VERLEGTER HAUSTEIN

Indische Handwerker schlugen den Stein gewöhnlich in Blöcken so fein zu, daß sie ihn in engen Fugen mörtellos verlegen konnten. Das Mauerwerk des mittelalterlichen Tempels ist meist auf diese Weise als sichere

Auflage für schwere Deckplatten im waagerechten Sturz errichtet (Abb. 172, 177).
Schäden im trocken verlegten Mauerwerk wurden in spät- und nachmittelalterlicher Zeit gelegentlich durch Reparaturen mit Mörtel auf armselige Weise behoben. Vor allem in den Landschaften Indiens, in denen mit Backstein gebaut wurde, bereitete man aber schon früh aus dem gleichen Rohstoff, der für die Ziegel diente, auch einen guten Kalk- oder Gipsmörtel. So entstanden die Mauern der Häuser in Mohenjo Daro. Im mittleren Ganges-Jamuna-Gebiet baute man im frühen Mittelalter Wände, Kragekonstruktionen und Tonnengewölbe aus Backstein in Mörtel (Abb. 162). In islamischer und neuerer hinduistischer Baukunst von Bengalen (Abb. 83, 196, 261) und in Sind (Abb. 205–207) diente der Lehm des Delta-Gebiets als Baustoff und Bindemittel für Gewölbe und Kuppeln. Die südindischen Gopuras sind in den oberen, zurückspringenden Geschossen aus Backstein und Mörtel errichtet (Abb. 232, 273). Überlieferungen iranischer Kunst mögen eine Sonderform islamischer Baukunst in Gujarat angeregt haben: direkt neben großen Haustein-Bauten in trockenem Verband stehen Backstein-Mörtel-Konstruktionen. Dagegen ist es nicht sicher, ob die Verwendung von Kalk-Mörtel in Gandhara (Abb. 154–157), im Nordwesten (Abb. 178, 179), in Kashmir und im Punjab (Abb. 209) auf Überlieferungen der römischen Antike zurückgeht. Die Großgewölbe der Kaiserzeit in der Hauptstadt beruhten u. a. auf der besonderen Qualität des Mörtels. In frühchristlichen Bauten Syriens wechseln Arbeitsweisen in trockenem Verband mit solchen aus sorgfältig bereitetem Zement (H. C. Butler 1929: 179–181). Wahrscheinlich handelt es sich in Indien um so selbständige und natürliche handwerkliche Gepflogenheiten wie bei der Verwendung des Lehmmörtels für Lehmziegel-Gewölbe Zentralasiens (Abb. 156).
Großgewölbebauten in Haustein erforderten in islamischer Zeit einen zähen und rasch abbindenden Mörtel von zementartiger Wirkung zur Aufnahme von Zugspannungen. Im Dekkhan (Abb. 218, 220), in Malwa (Abb. 213, 214) und Bijapur (Abb. 266, 269) z. B. wurden Gewölbe und Kuppeln aus Hau- und Backstein nach den Erfahrungen iranischer Mörteltechnik im Gleichgewicht gehalten. Aus Vijayanagara wird berichtet, daß der König Krishnadevaraja aus dem portugiesischen Goa einen Wasserbau-Ingenieur einlud und über dessen Forderung, zu den geplanten Bauten Kalkmörtel anrühren zu lassen, lachte. In dieser Residenz wurden in Sakral- und Profanbauten Methoden des trockenen Verbandes und von Backstein-Mörtelverbindungen für Erd- und Obergeschosse wahlweise verwendet (Abb. 232, 234, 238, 240, 241, 243). Andere Legenden erzählen davon, daß die Bauleute, die zur Konstruktion des Grabes der Rabia Daurani nach Aurangabad (Abb. 254) berufen wurden, zunächst Vorschuß kassierten und dann 10 Jahre lang verschwunden waren: während dieser Zeit hatten sie Kalk, Gewürze usw. besorgt, nach uralter Überlieferung gemischt und in Löcher vergraben, um so nach geheimen Rezepten einen guten Mörtel für die notwendigen Gewölbebauten zu erhalten. Vielleicht darf man daran erinnern, daß auch im abendländischen Bauwesen noch bis vor kurzem ein Mörtel, der auf besondere Beanspruchung berechnet war, jahrelang „eingesumpft" wurde. Im Dekkhan hörte ich oft die Erzählung von Bauführern, die Münzen in den Mörtel werfen, nach denen die Handwerker suchen, wobei sie das Bindemittel ordentlich mischen.
Bei der indo-islamischen Baukunst im allgemeinen (H. Thunnissen 1950: 132) und bei den Kuppeln von Bijapur (Abb. 247 Nr. 2, 267) im besonderen (E. La Roche 1921: 118) wurde festgestellt, daß die außergewöhnlichen künstlerischen Formen der kühnen Gewölbe und Kuppeln nur durch die Verwendung eines hervorragenden Mörtels zu erklären seien, der sehr rasch erhärtete und im Laufe der Zeit eine immer größere Festigkeit erlange. An Ruinen von Vijayanagara (Abb. 238) und Uch kann man nachprüfen, welche Wirkung die indo-islamischen Steinmetzen von ihrem Mörtel an Flachdecken und Kuppeln erwarten konnten. Wie in der Römerzeit und noch im gegenwärtigen Baugewerbe erzeugt der Mörtel monolithe Gebilde, die in den Großbauten des Islam auf indischem Boden vorwiegend senkrechten Druck auf das massive Mauerwerk ausüben und deren Schubwirkungen durch Hilfskonstruktionen aufgenommen werden.
Bei den freihändig gemauerten Gewölben und Kuppeln kam es auf ein rasches Abbinden des Mörtels an. Man nimmt aber für spätere, außergewöhnlich große Raumdecken wie die von Lucknow (K. Fischer 1974b: Bild 338) an, daß die Anlage sich erst langsam setzte und der Mörtel nach ein bis zwei Jahren seine volle Wirkung erreichte.
Weiterhin diente der Mörtel dazu, Flachdecken (Abb. 232) und Gewölbe (Abb. 242) nach außen abzudichten. In einem Lande, das jeden Herbst schweren Monsun-Gewittern ausgesetzt ist, in dem man aber keine Dachstühle über die Raumdecken setzt, kommt einer solchen Mörtel-Schutzschicht eine besondere Bedeutung zu. Ringschichtendecken, die durch Mörtelschichten außen zur Kuppelform abgeglichen werden, erhalten dadurch eine zusätzliche Sicherung, die den gesamten Aufbau von oben her umgreift. Eine solche Schicht verhindert auch den Bewuchs durch Pflanzen, die in dem üppigen Klima sich rasch ausbreiten, in Mauerritzen eindringen und die Sicherheit der Gebäude gefährden.
Zu den großen Tempelfesten werden gewöhnlich einmal im Jahre Mauern und Decken frisch gekalkt. Damit wird der Bau konserviert – zugleich hat die glänzende weiße Farbe eine symbolische Bedeutung:

durch sie schimmert der Bau wie der weiß leuchtende Götterberg, durch diesen Überzug werden die verschiedenen Materialien des Gebäudes zu einer neuen Einheit zusammengefaßt (S. Kramrisch 1946: 125). Immer wieder haben wir zu berücksichtigen, daß dieselbe Tätigkeit eine praktische und eine symbolische Bedeutung haben kann. Eine Mörtelschutzschicht an den vertikal aufsteigenden Wänden oder über den horizontalen Dächern sicherte den Bau auch dagegen, daß Regenwasser in die Fugen drang und eiserne Klammern, welche große Steinblöcke verbanden, zum Rosten brachte.

9. VERSCHIEDENE HILFSKONSTRUKTIONEN

Noch heute werden bei einigen Bauverfahren nach statischen Berechnungen Sicherheitsmaßnahmen verwendet, deren Nutzen man in der historischen Baukunst erfahrungsmäßig kennengelernt hatte: Anker, Auflast, Dübel, Entlastungsbogen, Rippen, Unterzüge. An Bauten Indiens sind hölzerne oder eiserne Ring- oder Zuganker von Baustoffdieben häufig entfernt worden oder von selbst gerissen, ohne daß der Bau einstürzte. Diese Sicherungen waren also entweder überflüssig, oder sie hatten ihren Zweck während der Bauzeit und unmittelbar danach erfüllt, wenn das Gebäude aus trocken verlegten Steinen sich gesetzt oder der Mörtel abgebunden hatte. Zur erhöhten Sicherheit verwendete man Holzkonstruktionen bei steinernen Gewölben auch dann, wenn Lehrgerüste nicht unbedingt nötig waren.
Steinerne (M. Grassnick 1983: 17) und eiserne (M. Grassnick 1977: 50, Abb. 14) Klammern oder eiserne Dübel faßten schwere Steinblöcke in trockenem Verband zusammen. In der Guptazeit und später in Orissa verbanden eiserne Anker ganze Gebäudeteile. Anker waren und sind in der Baukunst ein bewährtes zusätzliches Sicherungsmittel.
Bestand bei diesem Material die Gefahr des Rostens und der Entstehung von Hohlräumen im Mauerwerk, so konnten hölzerne Anker zu faulen beginnen. Aber unter günstigen klimatischen Bedingungen haben sich z. B. in Lehmziegelmauern von Surkh Kotal Holzbalken erhalten; allerdings ist deren statische Funktion unklar. An indischen Bauten erwies sich Teakholz als außerordentlich wetterfest. Im achteckigen Mauerkern eines Kuppelgrabs von Multan (Abb. 194) lag ein polygonaler Ringanker. Durch die Stärke der geböschten Mauer liefen Teakholzbalken; durch Aufblattung waren sie mit je einem Ringanker verbunden, der an der Innen- und Außenseite des Baus in Erscheinung trat. Dieser Ringanker faßte wohl nach der Vorstellung des alten Baumeisters vom Kräftespiel im Backstein-Mauerwerk den ganzen Bau zusammen. Er ist heute an mehreren Stellen gerissen, erfüllt also keine Funktion mehr. Möglicherweise war er vor allem darauf berechnet, während des Abbindens des Mörtels eine zusätzliche Standfestigkeit zu gewähren. Ähnlich verhielt es sich wahrscheinlich in Uch (Abb. 209), wo in das achteckige Mauerwerk mehrere polygonale Ringanker eingelegt und in den Kuppelkämpfer zwei kreisrunde Anker aus Holz eingezogen wurden. Aus Vijayanagara wird berichtet, daß die Holzanker aus dem Gopura des Pattabhirama-Tempels entfernt wurden. In situ beobachten wir an den Bauten dieser Stadt und im benachbarten Hospet Holzbalken als Versteifung von Tür- und Fenstergewänden und als Anker in Tortürmen und in einem Doppelapsiden-Bau (Abb. 242).
Altindische und vorderorientalische islamische Tradition führte zu den Raumschöpfungen von Bijapur. Noch sind nicht alle technischen Einzelheiten dieser Großgewölbebauten geklärt. Die Kuppel des Gol Gumbaz (Abb. 267) wird durch eine Art Zementmörtel zu einer Einheit zusammengefaßt, die auf den massigen Unterbau mehr vertikalen Druck ausübt, als daß sie ihn durch Schub belastet. Neuerdings erforderten Risse in der Kuppel eine sorgfältige Denkmalpflege. Man bemerkte einen Verfall der Holzbalken und des Mörtels im Kern dieses Ziegelgewölbes. Ein Anker wurde bisher noch nicht erkannt, ist aber aus verschiedenen Äußerungen der Restauratoren zu erschließen; er würde die „monolithe" Kuppel am Kämpfer fest zu einer einheitlichen Wirkung zusammenbinden und den Übergang zu den starken Grundmauern vermitteln.
Im Palast von Feria Bagh (Abb. 258) hoben versteckt eingebaute Zuganker aus mächtigen Harthölzern von 7 m Länge und 24 × 24 cm im Querschnitt den Gewölbeschub auf. Freiliegende eiserne Zuganker sieht man an mehreren Stellen des Nayyak-Palastes von Madura (Abb. 274). Bei Eisenankern indo-islamischer Großbauten habe ich bisher noch keine Spannschlösser wie in barocken Hilfskonstruktionen dieser Art beobachtet.
Wie im gotischen und barocken Gewölbebau wurde auch für iranische und indische Tonnen und Kuppeln ein gleichbleibendes struktives Grundgerüst verwendet, das in den einzelnen Stilperioden und Kunstlandschaften durch abwechslungsreiche Dekorationen in Gestalt von Baugliedern oder reinen Ornamenten ausgedeutet wurde. Doch unterschied sich die orientalische Bauweise in anderen Punkten grundlegend von der abendländischen mit ihrer Zerlegung der Kräfte. Das Skelett von Bogenkonstruktionen und darauf beruhenden komplizierten Gewölben kann man noch heute in chorasanischen Bazaren beobachten. Im gegenwärtigen iranischen Backsteinbau und afghanischen Lehmziegelbau findet man immer wieder die Beobachtungen bestätigt, nach denen Großbauten des Altertums wie der Gol Gumbaz ohne Lehrgerüst, sondern nur über einfache Hilfskonstruk-

tionen wie „planches de plâtre“ oder „form boards“ aufgeführt wurden.
Wie die gotischen Baumeister Strebepfeiler durch schmuckreiche Fialen bekrönten, um möglicherweise gleichzeitig durch diese Auflast die Standfestigkeit der Bauglieder zu verstärken und einen zeitgemäßen, vertikal betonten Schmuck anzubringen, und wie auf Strebemauern und Gesimsen barocker Großbauten Vasen und Galerien mit Figuren dekorativ und strukturell verstanden werden können, so mag man sich fragen, ob der Deckstein Amalaka auf dem nordindischen Tempelturm in erster Linie eine symbolische Bedeutung als Durchgangspunkt von der irdischen zur himmlischen Sphäre oder eine strukturelle Funktion als Auflast hatte. Kramrisch beschreibt die Vorsprünge am nordindischen Shikhara als künstlerische Sonderform des Turmbaus; diese Bauglieder hatten zwar nicht die Aufgabe, wie ein Strebepfeiler einem Schub entgegenzuwirken, doch verstärkten sie die Wände. O. Reuther schildert, wie diese Wandvorlagen als Miniatur des Hauptturms mit diesem zusammen das Bild des Berges ergeben und in der Weise dieses Turmes selbst durch Amalakas bekrönt werden (Wasmuth 1929: III 189). Es ist nicht sicher, ob die mittelalterlichen Tempelbauer mit diesen Decksteinen die Wandvorsprünge belasten und damit verstärken und diese Bauglieder als Sicherung gegen den riesigen Tempelturm lehnen wollten – doch liegt diese Vorstellung als eine praktische Erfahrung nahe und mag zur Festigung vieler Türme beigetragen haben (Abb. 169, 174, 176).
Desgleichen *können* die Türmchen und Pavillons auf Eckbastionen quadratischer Anlagen das Mauerwerk verstärken (Abb. 247 Nr. 2), und diese vier Eckpunkte *können* dem Schub einer großen Mittelkuppel entgegenwirken (H. Thunnissen 1950: 136).
Eine flache Kuppel übt auf ein Mauerquadrat einen starken Seitenschub aus. Dieses Gemäuer wird statisch günstig verstärkt, wenn es durch einen hochgezogenen Tambour (Abb. 247 Nr. 3) einer darübergesetzten Kuppel gleichmäßig belastet wird (D. N. Wilber 1955: 66). Zugleich kann man diese Schale als einen Wetterschutz für die innere Kuppel betrachten (Abb. 247 Nr. 6): Indo-islamische Großgewölbe liegen nicht wie gotische oder barocke Kreuzgewölbe unter großen Dachstühlen verborgen, die nicht nur einen Schutz gegen Schnee und Regen darstellen, sondern auch mit ihrer gesamten Last die Seitenmauern der Gebäude verstärken. Ob die Pyramidendächer über den Kuppeln von Bauten in Gandhara und Kashmir als Auflast oder Schutzschicht geplant waren, oder ob die Kombination von Kuppel und Pyramide die Idee des Himmels erwecken sollte, vermögen wir nicht sicher zu entscheiden.

10. KONSTRUKTIVE UND DEKORATIVE RIPPEN UND GURTE

Auch andere Bauteile werden ihre konstruktive Funktion im wesentlichen während der Bauzeit erfüllt haben und später überflüssig geworden sein: Unterzüge und Rippen. In Vijayanagara sind Unterzüge am sogenannten Wächterhaus erhalten und an einem benachbarten Gebäude entweder abgefallen oder abgeschlagen.
Sich kreuzende Bögen (Ch. Ewert 1968–80) und Rippen bilden das Gerüst auch iranischer und turanischer Kuppeln. Die Frage, ob sie konstruktiv unbedingt notwendig sind, wurde vor allem beim Vergleich mit armenischen (A. U. Pope 1946: 133) und gotischen Gewölben gestellt. Für die indische Baukunst sind auf diesem Gebiet noch keine Sonderstudien gemacht worden. In dem außergewöhnlichen Bau des Govind Deo von Brindaban (Abb. 259, 260) scheinen die starken, viereckigen Hausteinrippen ein echtes struktives Gerüst für die Kuppel im Schnittpunkt eines griechischen Kreuzes zu bilden: Rippen aus sich überschneidenden Bögen werden wir vor allem im Islam untersuchen; hier können wir vorwegnehmen, daß sie oft aus Stuck angearbeitet sind und vielleicht das Kräftespiel ästhetisch ausdeuten, aber nicht seine strukturelle Grundlage darstellen.
F. Wetzel (1918: 30) hat bei der Beschreibung frühindischer Gräber auf angearbeitete, bunt dekorierte Rippen hingewiesen. Diese Beobachtungen bestätigen eine Bemerkung von Diez über den Illusionismus der islamischen Baukunst, wonach die tragenden Glieder durch ein Netz von später aufgelegten Schmuckformen verschleiert werden. Oftmals sieht man die konstruktiven Bauglieder erst nach Beschädigungen und nach dem Herabbröckeln des Putzes. Nach Cousens wurde in Gräbern von Thatta über die eigentliche Ziegelstruktur eine Putzschicht gelegt und in diese ein Muster großformatiger Steine eingezeichnet. Manchmal soll auch schlechte Arbeit an mittelalterlichen Tempeln durch Verputz verdeckt werden. Die „Zwiebelkuppel (vgl. u. a. Abb. 247 Nr. 3) mit ihrer Ausbauchung im unteren Drittel stellt keine besondere konstruktive Leistung dar, sondern wird einfach durch dekorative Auskragung über das übliche Grundgerüst hinaus erzielt“ (P. Andrews 1985).
Manche genaueren Beobachtungen an orientalischen Bauwerken sind erst auf Reisen in neuester Zeit möglich geworden. An indischen Denkmälern hat man heute die Gelegenheit, in Profanbauten, im unvollendeten Gebäudeteilen oder in Ruinen die reine Struktur zu erkennen, die entweder im selben Baukomplex oder in einer benachbarten Kultstätte durch Schmuck überdeckt wird. In Hayatnagar werden die einzelnen quadratischen Joche der Moschee durch Baldachintrompen und Netzpendentifs in ein Achteck übergeleitet, von dem flache Klosterkuppeln aufsteigen. Diese

Bau- und Schmuckglieder bilden ein Netz, „réseau", welches J. Rosintal (1937) ausführlich beschrieben hat. Sie dienen zu einer bewußten künstlerischen Gestaltung des Innenraums. Strukturell beruhen diese Raumschalen auf dem Prinzip einer Flachkuppel, die in vorzüglichem Mörtel über einer polygonalen Basis liegt; dies kann man in den unverputzten Gewölben am Brunnen im Bereich dieses Kultorts beobachten. Das gleiche Verhältnis finden wir in Raichur, wo im Wehrbau der Burg die Struktur frei zutage liegt, während in der Moschee der Siedlung Glieder aus Stuck unabhängig von der Struktur einen reizvollen Schmuck erzeugen. In Bidar sieht man am unvollendeten Grab des Ibrahim, wie ein Quadrat durch eine spitzbogige Trompe in ein Polygon als Ausgangspunkt für eine Flachkuppel übergeleitet wird, während das nahe gelegene reichverzierte Grab des Ali über dieser Strukturform durch pendentifartige Zwischenstücke in Stuck bereichert ist. Die Ruine von Haripur läßt den Übergang aus dem Quadrat durch Schichten von über Eck gesetzten Backsteinen in den Grundriß der Kuppel klar erkennen; diese bengalische Bauform liegt in Bansberia (Abb. 261) und Guptipara unter einem Stucküberzug verborgen.
Für das Abendland haben z. B. Rave, für die islamische Kunst im allgemeinen J. Franz-Pascha (1887, in: Handbuch der Architektur II 3 [2] 40), für den Iran Wilber und für das islamische Indien u. a. La Roche den Unterschied zwischen einfachem struktivem Gerüst und dem vorgeblendeten reichen Schmuckwerk mit scheinbar tragenden Gliedern gezeigt. Im Bereich der europäischen Baukunst ist das Verhältnis zwischen konstruktiver Grundform in Gestalt der Tonne oder des Kreuzgewölbes und dem phantasievollen überspielenden Netzwerk oder windschiefen Gurten besonders aus Spätgotik und Spätbarock bekannt. Windschiefe Gurte kommen in Werkstein, aber ohne struktive Belastung z. B. in den Trompen des Iltutmish-Grabes in Delhi (Abb. 191), in einigen Beispielen von Bijapur und in späten Bauten wie Feria Bagh (Abb. 258) vor. Überall wird das einfache struktive Grundgerüst durch vielgestaltige Schmuckglieder künstlerisch ausgedeutet. Auch im Königinnenbad und dem sogenannten Elefantenstall von Vijayanagara sind einfache Flachdecken oder Flachkuppeln durch angearbeitete Muster von Rippen verziert, welche ein kompliziertes struktives Gerüst vorspiegeln.

11. GLEICHZEITIGKEIT VERSCHIEDENER HANDWERKLICHER MITTEL UND MISSVERSTÄNDNISSE BEI IHRER WECHSELWEISEN ANWENDUNG

Indische Handwerker bevorzugten zwar während der einzelnen Stilperioden und in den verschiedenen Kunstlandschaften bestimmte Bauweisen, waren aber oft in der Lage, gleichzeitig nach ganz verschiedenen Überlieferungen zu bauen: mit allen Varianten des einheimischen Schichtens und Kragens und mit allen Sonderformen vorderorientalischer Wölbekunst. Wir sehen, daß man in fast allen Bauschulen den waagerechten Sturz verwendete, aber daneben z. B. im islamischen Gujarat und Dekkhan Kuppeln baute. Oder: Die Tonne wurde bereits in der Gupta-Zeit durch Überkragen und mit radialen Lagerfugen konstruiert (Abb. 162); beide Bauweisen erfuhren in der späteren dravidischen Kunst eine Steigerung ins Monumentale (Abb. 242, 243, 273). Nach den Ausführungen auf S. 78 ist die Kuppel über sphärischen Dreiecken ein Kennzeichen mathematischer Begabung und eine Leistung der griechisch-byzantinischen Welt, die Trompen-Kuppel dagegen als Ergebnis empirischer Denkweise und eines plastischen Arbeitsvorganges ein typischer Beitrag der indo-iranischen Kultur. Doch finden wir auch Pendentif- und Trompen-Kuppeln gleichzeitig: unter den Tughluqs – als auch Tonne, flache Klosterkuppel und Kreuzgewölbe neben dem waagerechten Sturz Verwendung fanden – in ihrer einfachen abstrakten Form und unter den Moguls um viele vorderorientalische und indische Schmuckmotive bereichert.
Wie im übrigen Altertum kannte man auch in Indien fast alle jemals bekanntgewordenen Bauarten. Schon im 4. Jahrtausend v. Chr. beobachten wir erstmals das Nebeneinander von einfacher Steinschichtung und Gewölbekonstruktion in Sumer. In der Han-Zeit werden Bögen und Gewölbe durch Überkragung und durch radiale Konstruktion hergestellt. Im 5. und 6. Jh. n. Chr. bauten lokale Schulen, wahrscheinlich ohne große künstlerische Ambitionen, in Ägypten Trompen- und Pendentif-Kuppeln (J. B. Ward-Perkins 1949: 56–58; nach einem Hinweis von J. Engemann ist die Pendentif-Kuppel auf Taf. VI 3 nicht um 400 n. Chr., sondern in die justinianische Zeit des 6. Jh. n. Chr. zu datieren). Um die gleiche Zeit begann man in Turfan nach sassanidischem Vorbild Trompen (Abb. 156) zu konstruieren und aus eigener Erfindung den Übergang vom Quadrat zum Kreis durch das „Türkische Dreieck" herzustellen (spätere Beispiele u. a. Abb. 229, 249); im 13. Jh. bestehen beide Bauformen in der islamischen Baukunst von Turan nebeneinander. Auch in armenischen Kirchen wurden Pendentifs und Trompen nebeneinander verwendet (D. T. Rice 1938: 6).
Die handwerklichen Mittel blieben lange Zeit die gleichen, aber sie wurden nur zu bestimmten Zeiten für besondere künstlerische Raumschöpfungen genutzt. Kragekonstruktionen handhabten die Inder jederzeit mit großem Geschick; im frühen und mittelalterlichen Tempel gestalteten sie damit höhlenartige Kammern für eine besondere Gattung von Kultstätten in einer eigentümlichen Sonderform. Im islamischen Zeitalter kamen sie dem Wunsch nach weiteren

und höheren Hallen durch eine technische Bewältigung des Gewölbe- und Kuppelbaus nach. Vielleicht stimmen diese Wandlungen des Sehens und Bildens mit den Beobachtungen G. v. Kaschnitz-Weinbergs (1961: 14) überein, nach denen in Eurasien die Architektonisierung der künstlichen Höhle zunächst durch den Kragebau und später durch das echte Gewölbe erfolgte. Den Übergang aus einem würfelförmigen Raum zu einer Halbkugel stellte man in vorislamischer Zeit im Vorderen Orient und in Gandhara durch Eckplatten dar; die klare stereometrische Form dieser Lösung ist noch in einem Hindu-Fürstensitz von Chitorgarh spürbar. Ein Zusammenhang zwischen handwerklicher Überlieferung und künstlerischem Stil besteht auch in der indo-islamischen Trompen-Kuppel, mit welcher Inder, die an das Übereinanderschichten und Vorkragen gewöhnt waren, Räume unter den Tughluqs und unter den Sharqis (Abb. 211), im Dekkhan (Abb. 218) und in Malwa (Abb. 214) formten.

Eckplatten und Trompen dienten den indischen Steinmetzen von der Einführung dieser Bauweisen an bis zur neuesten Zeit als gebräuchliches Handwerksgut. Aber nicht jederzeit schufen sie damit Bauformen von künstlerischer Einheitlichkeit. Bei der Überleitung aus breit- und langrechteckigen Bauten von Hospet oder Puri in Kragekonstruktionen sind die Eckplatten technisch nicht nötig; sie stellen ein Spiel mit beliebten Mitteln dar, verunklären aber den Raumeindruck gegenüber altindischen Bauten, die auf dem einfachen Überkragen beruhen. Desgleichen wurden in Nutzräumen von Vijayanagara und Hospet Trompen, die für Kuppelwölbungen erfunden worden waren, als rein dekorative Bereicherung, ohne funktionelle Notwendigkeit an Bauten „zitiert“, deren Einheit von Handwerk und Kunst bisher auf der Kombination von Baugliedern des waagerechten Sturzes und der Überkragung beruhte.

Die Trompe ist ein Bauglied, welches aus einer Ebene in eine andere und zwischen Flächen vermittelt, die statische Funktion eines Bogens oder einer Brücke hat und mit gleicher Festigkeit gegründet sein sollte. Die Kämpfer von runden und spitzen Bögen müssen also fest aufstehen, um den Schub der Schenkel aufzunehmen. Aber manchmal wurde für dieses Bauglied nicht eine tektonische Form zugrunde gelegt, sondern eine beliebte Schmuckform nachgeahmt. Z. B. war der Hufeisenbogen eine dekorative Erfindung des Orients für Galerien und Nischen; seiner Natur nach kann er keine schwere Last aufnehmen, da er im unteren Drittel ausknicken würde.

Indisch-islamische Baumeister und Steinmetzen verbinden mit dieser steinernen Bau- und Schmuckform auch eine Zierweise, die aus der Holzbaukunst des Chaitya-Bogens stammt. Weder im Bambusbau noch in seiner Nachahmung durch felsgehauene Klöster und die Prunkfassade der Chaitya-Halle (Abb. 88, 145) gab es Probleme der Statik. Unbekümmert wurden die (geheiligten) Formen auf den Freibau übertragen. So sehen wir an islamischen Bauten Indiens an manchen Übergängen aus dem Würfel in die Halbkugel Ecklösungen mit der Verbindung von Trompe, Hufeisenbogen und Chaitya-Gestalt (K. Fischer 1974b: Bilder 175, 177, 220). Die ästhetisch reizvolle Übertragung einer solchen Schmuckform bereichert zwar das plastische Gesamtbild des Baues, gefährdet aber seine Sicherheit. Haben in solchen Fällen die Baumeister gewußt, daß die Trompenkuppel (Abb. 191) im Gegensatz zur Pendentifkuppel (Abb. 202) mit ihrem Schub nicht die vier Ecken belastet, sondern ihr Gewicht auf acht Punkte des Grundquadrats verteilt, oder lag ihnen ohne Rücksicht auf handwerkliche Sicherheit vor allem an der Anwendung der beliebten Schmuckform?

12. BAUFORM ODER SYMBOL

In der Antike und im Alten Orient wurden nach W. Andrae (1933: 67) „aus der Vorzeit stammende“ Dinge ehrfürchtig empfunden, auch wenn der uralte Sinn verblaßt war. A. Macku (1947: 64) beschreibt das Nebeneinander von rein materialtechnischen und symbolischen Formen als allgemeine Erscheinung der Baugeschichte. Im alten Indien hatten verschiedene symbolische Bauglieder zugleich konstruktiven Wert.

Auch in der islamischen Architektur werden häufig Formen, die als Struktur geschaffen waren, als Dekoration weitergebildet (J. Franz-Pascha 1887, in: Handb. d. Architektur II 3 [2] 50). Bogen und Kuppel erscheinen in der frühen indo-islamischen Kunst als technische Neuerung und erwarben bald eine „rituelle“ Bedeutung. Hier wollen wir einige Bauformen am Scheitel von Bauwerken betrachten, die an indischen Tempeln und indo-islamischen Kultstätten sowohl auf praktische Erfahrung zurückgehen als auch durch geistige Vorstellungen bestimmt sein können. Bauten, die unter diesen Bedingungen in schöpferischen Zeiten entstehen, besitzen nach unseren Kriterien einen Kunstwert (F. Wachtsmuth 1925: 2); weniger künstlerischen, aber immer noch den gleichen symbolischen und gesellschaftlichen Wert im Sinne des „Kulturkanons“ haben die Beispiele der Spätzeit (H. Goetz 1940b) in unserem vorletzten Kapitel über Bauten zwischen Kashmir und Kap Komorin.

Wie wir schon S. 1 überlegten, teilten die Inder mit den Völkern Eurasiens bestimmte allgemeine sinnbildliche Vorstellungen „traditioneller Kulturen“ (B. Rowland 1954: 1), die sie durch besondere Bauformen auszudrücken suchten. Dabei scheint es einerseits, daß ihre Vorstellungskraft sich außergewöhnlich lebhaft entwickelte und zur Maßlosigkeit neigte (L. v. Schroeder 1887: 99, 499); aber andererseits standen

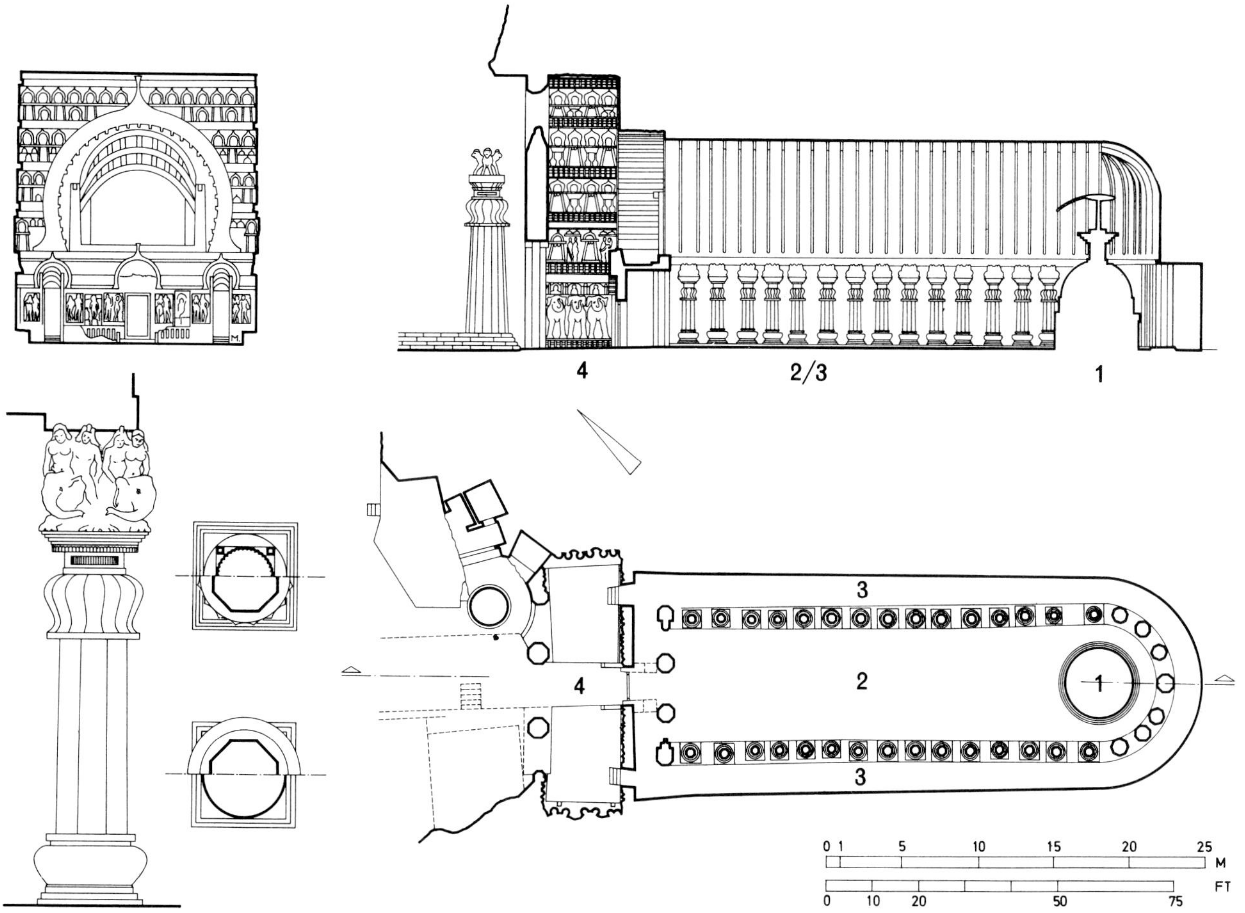

Abb. 88 Karla: Chaitya-Halle, Grundriß, Aufrisse, Details. 1 Stupa; 2 Mittelschiff; 3 Seitenschiffe; 4 Vestibül.

den indischen Handwerkern zur Gestaltung solcher Bilder nur die gleichen Mittel wie anderen Bauleuten des vornaturwissenschaftlichen Zeitalters zur Verfügung.

Phantastische Vorstellungen von Welt-Schöpfung, Welt-Bild und Welt-Überwindung lernten wir S. 65 kennen. Nüchterne und verstandesmäßige Überlieferungen des Baugewerbes beobachteten wir S. 78. Architekten, die den parabolisch zulaufenden Turm über dem Garbhagriha studierten, fragten sich, ob kosmologische Sinnbilder dieser Gestalt zugrunde liegen, oder ob die Bauform konstruktiv zwangsläufig bedingt und ihr erst später ein symbolischer Wert beigelegt wurde (P. Rambach 1954: 19). Im folgenden wollen wir unter gemeinsamen Gesichtspunkten nachprüfen, ob bestimmte Bauweisen am oberen Abschluß von Eindeckungen aus technischen Erwägungen gewählt wurden oder ob sie auf symbolischen Vorstellungen beruhten, wobei die Bauteile zufällig auch günstige statische Wirkung ausübten. Daß letzteres in den meisten Fällen wahrscheinlich ist, wird daraus hervorgehen, daß die Inder Bauglieder mit der gleichen symbolischen Bedeutung an verschiedenen Konstruktionsarten verwendeten, wobei sie das eine Mal statisch richtig, das andere Mal statisch ungünstig wirkten.

Seite 76 lernten wir handwerkliche Kunstgriffe kennen, eine Kuppel mit radialen Lagerfugen gegen den Scheitel hin zu entlasten oder überhaupt die Kalotte geöffnet zu lassen. Auch in Kashmir scheinen Kuppeln – verschiedener Konstruktion – gelegentlich in der Kalotte offen und durch das landesübliche Pyramidendach überhöht gewesen zu sein (R. C. Kak 1933: 59). Eine solche Öffnung bleibt z. B. in der mittleren Schale der drei übereinandergesetzten Kuppeln des Grabes von Herat (s. o. S. 74) dem Betrachter verborgen; wo eine solche Öffnung künstlerisch und als Blickfang genutzt ist, kann sie nach unserer Darstellung S. 70 eine symbolische Bedeutung gehabt haben: genau wie der Schluß- oder Deckstein auf einer Ringschichtenkuppel oder auf einem Tempelturm den Durchgang zum Himmel abzubilden. S. 82 betrachteten wir nordindische Türme aus einer Verbindung von waagerechtem Sturz und Überkragung mit einem schweren Deckstein, der durch seine Auflast die Wände gegen etwa auftretende Schubkräfte verstärkte. Hieraus könnte man schließen, daß indische Baumeister die günstige konstruktive Wirkung der

Abb. 89 Sasaram: Grab des Hasan Khan Sur, um 1535.

Auflast und des Hängezapfens im Kragebau und auch die statische Bedeutung einer Öffnung in einem echten Gewölbe erkannt hätten und damit regelmäßig ihre Gebäude sicherten. Wir haben aber jetzt zu zeigen, daß Hängezapfen und Decksteine auch an Kuppeln mit radialen Lagerfugen angebracht wurden, wo sie eine gegenteilige Wirkung ausüben: sie belasten den empfindlichsten Punkt des Gebäudes, widersprechen jeder gefühlsmäßigen Vorstellung vom Kräftespiel im Bau und haben in einigen Fällen vielleicht zum Einsturz von Kuppeln geführt, während die zahlreichen „echten" Kuppelbauten mit Schluß- und Decksteinen wahrscheinlich durch die „Schlauheit des Materials", z. B. durch die Zugfestigkeit des Mörtels, erhalten blieben.
Am nordwestindischen mittelalterlichen Tempel krönen ganz ähnliche Decksteine, Amalakas (K. Fischer 1974b: Bilder 16, 106, 138, 246 „D"), den Turm des Shikhara (Abb. 174, 176) und die Kragekonstruktion der Ringschichtendecke (K. Fischer 1974b: Bild 246 „A-C"). In der Mitte der letzteren befindet sich ein Hängezapfen (K. Fischer 1974b: Bilder 147, 248) als Kern von dekorativen Variationen über das indische Grundthema des symbolischen Lotos; auch der Deckstein ist meist in Lotosform (K. Fischer 1974b: Bilder 160, 224) gestaltet. Hindu-Baumeister errichteten aus Spolien dieser Anlagen oder aus neuem Material (Abb. 189 links) Bauten für die islamischen Herren und verwendeten bei denselben Kragekonstruktionen dieselben symbolischen Bauformen weiter (K. Fischer 1974b: Bilder 77, 120, 121, 172, 185, 188). Aber als sie dazu übergingen, Kuppeln mit radialen Lagerfugen zu bauen, die im Scheitel erleichtert werden sollten, bekrönten sie die Kalotte auch dieser Gebäude mit den schweren Baugliedern (Abb. 89, 193) des Amalaka (K. Fischer 1974b: Bilder 62, 65, 68, 73, 75, 77, 120) und Kalasa, die von altindischen Ringschichtenkuppeln und Shikharas entlehnt sind. Nur gelegentlich begnügten sie sich mit leichteren Spitzen aus Holz und Metall (K. Fischer 1974b: Bilder 300, 316, 318, 324), wie sie im Vorderen Orient als Ehrenzeichen auf Kuppelgräbern üblich waren (F. Langenegger 1911: 105, 108, 118). Gewöhnlich brachten sie nach der Weise hinduistischer und jinistischer Ring-

schichten-Kuppeln Decksteine auf radial konstruierten Kuppeln an, die nur gelegentlich am Kämpfer so weit verstärkt sind, daß sie – nach den modernen statischen Berechnungen – diese zusätzliche Belastung ohne Gefahr aushalten können (M. Siraju'l-Islam 1960: 227). Bis zur Gegenwart baut man in allen Teilen Indiens auf Kuppeln schwere Auflasten in Lotosform.

Der Hängezapfen in der Mitte einer Schlußstein-Komposition, Padmashila (J. M. Nanavati 1963: 29), wurde an Ringschichtendecken alter und neuer Zeit angebracht (S. 180). Indische Kuppeln aus radialen Lagerfugen haben in der Frühzeit gewöhnlich eine unverzierte, glatte Laibung (K. Fischer 1974b: Bilder 68, 73, 75, 99, 170). Wo Hängezapfen als Gegenstück zum Decksteinaufbau vorkommen, stellen sie den Lotos oft reduziert dar (K. Fischer 1974b: Bilder 65, 77, 188) (Abb. 198, 204). Aber jede zusätzliche Belastung am Scheitelpunkt beeinträchtigt die Sicherheit der weitgespannten Gewölbe (Abb. 89, 193). Lotosförmige, schlußsteinartige Hängezapfen und Decksteine in Amalaka-Gestalt mit weiteren steinernen Aufbauten erfüllen an der radial konstruierten Großkuppel (K. Fischer 1974b: Bilder 65, 77, 84, 88, 89, 121, 188, 192, 226, 238, 243) zwar die traditionellen symbolischen und dekorativen Funktionen, gefährden aber das Gewölbe (Abb. 266). Wenn also indische Bauleute noch in der Spätzeit die handwerkliche Sicherheit der künstlerischen Bedeutung geopfert haben, wird man auch bezweifeln, ob frühe indische Konstruktionen an symbolischen Kultbauten absichtlich mit statisch günstigen Hilfsmaßnahmen geplant wurden.

V. Baugestalten

1. ALLGEMEINES

Nach grobem Schema beherrschte der Buddhismus das Bauen bis zum 5. Jh., als die Pallavas in Südindien und die Guptas in Nordindien zum Hinduismus übertraten. In den folgenden sechs Jahrhunderten entstanden in den verschiedenen Regionalreichen die Typen des hinduistischen Tempels. Gleichwohl entwickelten sich einzelne buddhistische Kultzentren (z. B. Nalanda in Bihar oder Sanchi in Zentralindien) bis ins 12. Jh. weiter. Als im 13. Jh. die islamischen Eroberer die hinduistischen Regionalreiche zerstörten und deren Tempel als Baumaterial für Moscheen benutzten, erreichte die Baukunst der Hoysala in Südindien, der Solanki im Westen und der Codaganga in Orissa ihren Höhepunkt. In den folgenden Jahrhunderten entwikkelte sich in den hinduistischen Provinzen (Rajputana, Bundelkhand, Tamil Nadu) die Baukunst auf der Grundlage bereits entwickelter Modelle nur geringfügig weiter.
Seit dieser Zeit schufen vorderorientalische Baumeister und indische Maurer auch Kult- und Wohnstätten für die neuen islamischen Herren. Über vierhundert Jahre hinweg wurden immer wieder aus der Türkei und aus Persien Baumeister zur Gestaltung von Moscheen, Gräbern, Burgen und Palästen herangezogen. Vorderasiatische Raumvorstellungen mußten sich immer von neuem mit lokalem Handwerk auseinandersetzen. Dennoch: indische Handwerker prägten die Provinzstile des 15. und 16. Jh. in entscheidendem Maß, und altindische Symbole fanden Eingang in islamische Bauprogramme.

2. BEHAUSUNG UND SYMBOLIK

Das Leben der Gemeinschaft ist nach Kastengesetzen geregelt und soll eine kosmische Ordnung widerspiegeln. Hütte, Haus (Abb. 83), Palast (Abb. 240, 241. 271), Tempel (Abb. 176, 232) und Stadt (Abb. 3, 95, 152, 173, 235) bedeuten nach verschiedenem Wert alle dasselbe: Abbild himmlischer Bezüge. Gleitend sind die Übergänge zwischen Einzelhaus, Gehöft, von gelockerter und zusammengeballter Siedlung über kleine Dörfer bis zum Riesendorf auf der einen Seite, und zwischen Dorf und Stadt andererseits.
Bei der einfachen Aufgabe, der Familie einen Schutz gegen Wetter, Tier und Mensch zu schaffen, verbindet der Inder praktische Handgriffe mit reichen mythologischen Vorstellungen. Er vergleicht die Teile des Hauses mit denen des menschlichen Körpers; der Vastupurusha (Abb. 13) symbolisiert die Parallele Bau–Mensch; wir sehen, wie die Architekturformen des Hindutempels mit menschlichen Gliedmaßen verglichen werden. Vor Zeiten meint der Inder mit den Göttern gemeinsam auf Bäumen gelebt zu haben. Der Weltenbaum (Abb. 56), dessen Krone zum Boden und dessen Wurzeln zum Himmel reichen, bleibt Wohnort der Götter und Achse der Sakralbauten: Stupa (Abb. 147, 153, 154) und Tempel (Abb. 171). Wohnhaus, Palast und Tempel entstanden aus denselben Formen, waren aber nach der gesellschaftlichen und religiösen Bedeutung des Hausherrn von verschiedener Wirkung und von höchster Wirkung natürlich als Sitz des Gottes. Im Wohnhaus (Abb. 83) schuf der Mensch sich einen Platz in dieser Welt, im Tempel (Abb. 261–264) schuf er nach dem Vorbild des Hauses ein Abbild der himmlischen Welt. Innerhalb der Wohnbauten gibt es weitere gesellschaftliche Stufungen. Wie in anderen Kulturkreisen wurden Bauvorschriften aufgestellt und zu umgehen gesucht. Das Material des gebrannten Ziegels oder des Hausteins (Abb. 240, 241), das längere Haltbarkeit als Lehm, Holz und Stroh (Abb. 83) verhieß, und die Mehrgeschossigkeit (Abb. 247, Nr. 4–6) mit dem Vorteil, mehr frische Luft zu erhalten als Bewohner von eingeschossigen Häusern, kam nur den höheren Kasten und Herrschern zu.
Gedanken vom (Welten-)Baum und dem hölzernen Opferpfosten „Yupa“ leben auch in der Baugestalt der freistehenden Ehren- und Gedenksäule „Stambha“ (Abb. 142: Ashoka-Säule) fort. Der älteren Auffassung nach sind sie Träger von Inschriften, hauptsächlich von Edikten des Kaisers Ashoka (Abb. 195), der den größten Teil der erhaltenen Säulen ohne irgendwelchen weiterreichenden Symbolismus errichten ließ. Nach anderer Ansicht aber hätten sie sehr wohl symbolische Funktion: als Darstellung der Weltenachse sind sie ein symbolischer Hinweis auf die im Zusammenhang mit dem Mittelpfosten des Stupa geschilderten Anschauungen von den elementaren Ordnungsformen des Kosmos. Für ihren königlichen Stifter bedeutete die Errichtung die symbolische Wiederholung des Schöpfungsmythos, eine Geste also, mit der der Herrscher seinen Anspruch als Ursprung und Garant der positiven Ordnung der Welt demonstriert. Die Symbolik der Säule wird von der Darstellung des Kapitells in bezeichnender Weise variiert. Die häufigen Löwenkapitelle sind aus der Zeit Ashokas oder noch späteren Datums. Sie sind wahrscheinlich aus Westasien übernommen, wo der Löwe eine ganz andere heraldische Bedeutung hat als in Indien. Stambhas der Vor-Ashoka-Zeit tragen entweder Bäume, Stiere oder Elefanten, Embleme, die im symboli-

schen Zusammenhang mit der ständigen Erneuerung des Lebens in den Zyklen der Zeit, mit der schöpferischen Potenz oder mit dem Lebensquell Wasser stehen. Sie sind also, ebenso wie die Symbolik der Säulenschäfte, ein Baustein in jenem enormen Gebäude, das die spekulative Phantasie der Inder errichtet hat, um das grundsätzlich gute und geordnete Wesen der Welt darzustellen, die nur dann Leid über den einzelnen bringt, wenn er ihrem Schein statt ihrer Natur anhängt.

Diese symbolischen Zusammenhänge sind auch der Grund, weshalb Stambhas in der Regel vor Stupas (Abb. 142), Chaityas (Abb. 88) oder an anderen wichtigen Punkten buddhistischer Ritualzonen und auch vor Tempeln der Jainas und Hindus stehen – hier oft als Träger von Götterbildern oder deren Vahanas, also (Luft-)Fahrzeugen. Die Angehörigen dieser drei altindischen Glaubensgemeinschaften verehrten abstrakte Kultsymbole oder menschengestaltige Götterbilder in Höhlen und Freibauten einer gemeinsamen Stilentwicklung auf der Grundlage der urtümlichen Behausung. Dabei bildete man im Buddhismus vor allem den Stupa aus, doch kannten auch Jainas dieses massive Kultmal und seinen reichgeschmückten Zaun, z. B. von Kankali Tila (Abb. 148). Der Hau- oder Backsteintempel wurde von der Gupta-Zeit an zur bevorzugten Kultstätte der Hindus (Abb. 162, 163), doch errichteten auch Buddhisten in der späteren Phase von Sanchi einen solchen Freibau (Abb. 142). Vor allem die Jainas komponierten aus Tempeln süd- und nordindischer Stile ganze Städte (Abb. 180).

Wohnhaus

Unter den einfachsten Behausungen wird man auch auf indischem Boden schon sehr früh die vegetabilische Kuppelhütte, also eine Unterkunft aus leicht biegbarem Holz, Schilf und Gras, hergestellt haben. Auf Pfosten gesetzt, konnte sie in Grund- und Aufriß reichere Hausformen ergeben. Heute sind diese Typen genauso selten wie das Kegeldachhaus. Die weiteste Verbreitung haben Rechteckbauten erlangt. Spitztonnige Hütte (Abb. 262), Tonnendachhaus und Rechteckhaus, entweder mit konvexer Aufwölbung oder konkaver Schweifung, sind dabei mehr zeit- und landschaftsbedingt. Der Grundriß des schmalstirnigen Firstdachhauses bot sich zur Längsreihung und weiteren Gruppierung an. Die Gehöftbildung führte zu der sehr beliebten Form des Hofhauses. Die Wohnräume gliedern sich auf drei Seiten um einen offenen Rechteckhof, der auf der vierten Seite durch eine Veranda mit dem Hauseingang abgeschlossen wird. Eine Sonderform bildete sich im Schachtelhofsystem aus, wo eine Menge Höfe ineinander und nacheinander geordnet werden. Gelegentlich befindet sich ein Pavillon in der Mitte eines Hofes. Im Aufriß lieferte das breitstirnige Firstdachhaus die Grundlage für praktische und formschöne Erweiterungen. Je nach der Landschaft ist es ein Pfostenbau oder besteht aus Erd- und Lehmwänden. In der Ebene sind lange Räume an-, in der Höhe Geschosse aufsetzbar. Stockerker – in späteren Bauten kunstvoll vergittert, um den selbst unsichtbaren Frauen den Blick auf die Straße freizugeben – springen in den verschiedenen Geschossen vor. Dieser Bautypus und derjenige, der in den heißen Trockenzonen der beliebteste wurde, das Flachdachhaus, lassen sich mit Galerien und Terrassen pyramidenartig aufgipfeln. Nach allen Seiten gibt es die Möglichkeit, in der Ebene und in der Höhe an bestehende Bauten Zellen anzusetzen (Abb. 247, Nr. 4–6).

In jüngeren topographischen, soziologischen, ökonomischen und besonders stadtgeschichtlichen Forschungen wurden die Wohnhäuser und Wohnviertel der Kasten, vor allem der Handwerker, in Dorf und Stadt ermittelt. Erst neuerdings hat man durch Gelände-Aufnahmen größerer Tempelstädte, z. B. von Suchindram (Abb. 20–23), und durch die oben (S. 65) genannten vergleichenden Studien zur tänzerischen Kultur in Südindien und Orissa nähere Einzelheiten über die Unterkünfte der Devadasis, also der historischen Tempeltänzerinnen, aufgezeichnet. Sie lebten entweder in ihrer Familie in einem einfachen Wohnhaus nahe dem Tempelbezirk oder auf Kosten eines wohlhabenden Gönners allein oder mit mehreren Devadasis unter einem Dach einer aufwendigeren mehrgeschossigen Anlage. Aus den Ruinen von Vijayanagara (Abb. 235, 236) oder in bis vor kurzem bewohnten Reihen von Häusern in südindischen Siedlungen werden wir über die Straßenzüge unterrichtet, die den Tempeltänzerinnen vorbehalten blieben. Von hier aus wurden sie unter genau festgelegten Zeremonien zum heiligen Tempelbezirk geleitet, wo sie im Garbhagriha oder einem Tanz-Mandapam (Abb. 270, 275) vor dem Götterbild oder Gläubigen die kultischen Riten nach den uralten Regeln der Tanzlehrbücher aufführten und von wo sie anschließend wieder in ihre weltlichen Behausungen zurückkehrten. Im Sinne der indischen erotischen Symbolik informieren uns Tempelinschriften und literarische Zeugnisse darüber, daß manche Devadasis nicht nur aus Gottesminne tanzten, sondern im privaten Bereich ihrer Unterkunft auch den Vertretern des Gottes in Gestalt von Tempelpriestern, Tempelschätze stiftenden Königen und Tempelgrund besitzenden Landeigentümern, manchmal ihren hausbesitzenden weltlichen Beschützern und schließlich auch zahlungskräftigen Pilgern am Ende eines zeremonienreichen Tages mit ihrer Liebe dienten. Wir wissen wohl noch zu wenig, um sagen zu können, ob ihr außergewöhnlicher, glückbringender Stand sie zu diesen Dienstleistungen verpflichtete und ob ihr Einkünfte in die Tempelkasse flossen und wo die schwankende Grenze zwischen der immer wieder genannten sakralen Prostitution und ihren profanen Varianten lag. Über die topographische Bestimmung, die Besteuerung und den Polizeischutz, über Anlage, Ausstattung mit relativ dauerhaftem hölzernem Mobiliar und rasch wechselndem fleischesfreudigen Personal dieser Orte weltlicher Lust unterrichten uns einheimische religiöse und politische Schriften sowie viele poetische Lobpreisungen von der Maurya-Zeit des 3. Jh. v. Chr. bis zu den bald entsetzten, bald süffisanten, manchmal sehnsüchtigen und schließlich nostalgischen Berichten westlicher Reisender.

Festung und Palast

Aus vorislamischer Zeit sind wenige Residenzbauten (Abb. 152) erhalten. Der Kushana-Palast in der Schicht von Begram II aus Lehmziegel über einem Steinfundament ist mehr als Ort des berühmten Verwahrfundes bekannt. Zum Palast gehörige Thronplattformen sind ebenfalls aus der Zeit des Reiches von Vijayanagara (Abb. 235) überliefert. Das Leben im Palast und dessen prachtvolle Einrichtung kennen wir aus dichterischen Schilderungen, besonders des Kalidasa, Bhavabhuti und Bana. Theoretische Schriften des 6. Jh. v. Chr. vergleichen den Palast mit dem Tempel. Besser bekannt sind uns Festungen. Schon in der Zeit der frühesten Dorfkulturen gibt es wie in Kot Diji die Verbindung von hochgelegener Burg mit tiefer gelegener Siedlung in ihrem Schutz. Akropolen (Abb. 45) bildeten die gesellschaftliche Grundlage der ersten Hochkultur von Mohenjo Daro und Harappa; von hier aus leitete man die öffentlichen Arbeiten. Landschaftsfestungen waren Rajgir (Taf. 133) in den Bergen und Mathura, Taxila/Sirkap (Abb. 152), Taxila/Sirsukh und Sisupalgarh (Abb. 141) in der Ebene im Schutze des Flusses und von Bergen. Stadt, Festung und Tempel müssen einst in Tanjore und in obengenannten Anlagen wie Kafir Kot (Taf. 178), Warangal (Abb. 228) oder Daulatabad, aus vorislamischer Zeit als Deogiri bekannt, vereinigt gewesen sein. K. F.

3. Buddhistische Bautypen

Der Buddhismus ist eine Erlösungsreligion mit dem Ziel, den Kreislauf der Wiedergeburten zu überwinden, den alle indischen Religionen als eine Grundtatsache der Existenz hinnehmen. Der Weg zu diesem Ziel, von Buddha als der „Achtfache Pfad der Erleuchtung" gepredigt, setzt Einsicht – „Rechtes Erkennen" – voraus und verlangt, konsequent in der alltäglichen Lebensführung – „im Rechten Handeln" – verwirklicht zu werden. Die Architektur des Buddhismus dient entweder dem einen oder dem anderen Ziel: Entweder schafft sie Baugestalten, die als Kultobjekte die Lehrmeinung von der Essenz der Welt versinnbildlichen, die es zu erfassen gilt, um dem Kreislauf der Wiedergeburten zu entrinnen; oder sie schafft Gebäude, die den Rahmen für die entsprechende konsequente Lebensführung darstellen, und zumindest im älteren Buddhismus ist dieses „Rechte Handeln" an das Ideal der monastischen Lebensweise geknüpft. Wir können somit drei Gruppen von Bautypen unterscheiden:

1. architektonische Kultobjekte, wie Stupa und Bodhighara,
2. Gebäude und Architekturteile, die solche Kultobjekte beherbergen oder einfassen, wie Chaitya und Vedika,
3. Gebäude des mönchischen Lebens, die Viharas und ihre Nebenanlagen.

Während das Bauheiligtum Bodhigara naturgemäß nicht in Monumenten erhalten, wohl aber durch schriftliche Zeugnisse und Darstellungen auf Reliefs bekannt ist, sind Stupas in großer Zahl auf unsere Zeit gekommen.

Der Stupa

Der Stupa (Abb. 142, 143, 146, 147, 153, 154) ist ein halbkugelförmiges Monument auf einem zylindrischen, kubischen oder mehrstufigen Sockel, bekrönt von einem Schirm (Chattra), der auf einem würfelförmigen Aufsatz steht.

Über die symbolische Bedeutung dieses Bautypus gehen heute die Meinungen auseinander. Der älteren und bis in die jüngste Vergangenheit einzigen Auffassung nach ist der Stupa ein Grabhügel, der über den Reliquien eines buddhistischen Heiligen errichtet ist. Als Grabbau wäre der Stupa ein Todessymbol, auch wenn der Tod eines buddhistischen Heiligen gleichbedeutend mit der Überwindung der Lebenszyklen ist. Jedoch ist in jüngster Zeit aufgrund umfangreicher archäologischer und literarischer Belege überzeugend dargelegt worden, daß er in Wirklichkeit ein monumentales Abbild des Kosmos ist und insofern als ein Symbol des Lebens verstanden werden muß.

Der Stupa wiederholt in seinen architektonischen Teilen diejenigen Elemente, die nach indischem Weltbild die Angelpunkte des Universums repräsentieren. In der Mitte des Bauwerkes steht ein senkrechter Pfosten, der unten im Wasser oder, bei zu tief liegendem Grundwasserspiegel, in einem irdenen Wassertopf steht und der oben die Schirme trägt. Wasser und Schirm sind uralte indische Lebenssymbole, das Wasser als Quell des Lebens und der Schirm als Abstraktion des Baumes, der als ein Kosmos in ständiger Verjüngung und Erneuerung begriffen wird. Der Pfosten selbst stellt die Weltenachse dar, die Verankerung der Landmassen auf den Wassern des kosmischen Ozeans und nach einem vorbuddhistischen Mythos auch das Instrument, mit dem Indra im Schöpfungsakt Wasser und Land teilte. Dabei entstand die Sonne, die in ständigem Lauf um die Erde den Regen erzeugt und somit in wechselnder Verbindung der getrennten Elemente das Leben erhält. Um den Mittelpfosten des Stupa legt sich die Halbkugel (Anda), geometrischer Ausdruck der vollkommenen und endlosen Form, die die Vollkommenheit und Endlosigkeit des Universums symbolisiert.

Der Stupa wird bei der Verehrung rituell umschritten. Diese Umwallung heißt Pradakshina und symbolisiert in Nachahmung des Sonnenlaufs die dargestellten Auffassungen der elementaren kosmischen Vorgänge. Das Pradakshina-Ritual ist vorbuddhistisch, ebenso wie der Stupa, doch wurde beides zusammen mit den daran geknüpften kosmologischen Vorstellungen vom Buddhismus assimiliert und in dieser Form im ganzen indischen Raum verbreitet.

Im Mahayana-Buddhismus wurde das einfache symbolische Grundmodell des Stupa ausgebaut, um Platz für die viel komplexere Symbolik und die zahlreichen Göttergestalten zu schaffen, die der Buddhismus in einem langsamen Prozeß vom Hinduismus empfangen hatte. Der Stupa gewann jetzt die Bedeutung einer in mythischen Begriffen formulierten Ontologie. Dem Initiierten, der diese Sprache versteht, ist der Stupa eine klare Darlegung der Lehrmeinung über den Aufbau und den Sinn der Welt. Er ist die formelhafte Zusammenfassung des Gedankengebäudes, das in den Lehrreden in extenso dargelegt ist, und seine Funktion ist in etwa mit den Knotenschnüren vergleichbar, die die Märchenerzähler auf dem Lande bei sich tragen, um sich die einzelnen Abschnitte ihrer verwickelten Geschichten ins Gedächtnis zu rufen: Wie dort die Abfolge der unterschiedlichen Knoten für eine Fabel, einen Nebenplot oder ein Ereignis der Hauptgeschichte steht, so ist der Stupa eine dreidimensionale architektonische Assoziationshilfe, dessen einzelne Bauteile sinnbildlich auf einzelne Komplexe der buddhistischen Lehre und ihrer allgemein indischen Grundlagen verweisen.

Die Chaitya-Halle

Das ehrwürdige Mal des Stupa wurde nicht nur im Freien durch einen Zaun geschützt, sondern auch schon in früherer Zeit unter Holzbauten verehrt. Die Reste eines Rundbaues von Bairat lassen den Stupa von einem Säulengang umgeben und die Reliefs von Bharhut die Anbetung des Cetiya unter Häusern verschiedener Baugestalt erkennen (Abb. 88, 145, 146, 150). Die Stupa-Halle, Cetiyagriha, gewöhnlich als Chaitya-Halle bekannt, war zunächst ganz natürlich ein großer, runder Raum als Erweiterung des Stupa-Grundrisses; in Fels gehauen, bewahren die Höhlen von Guntupalle und Junnar diese Form. Als man später den Mönchen und auch Pilgern und buddhistischen Laiengemeinden einen Platz vor der heiligen Stätte, etwa zur Sammlung vor der Umwandlungszeremonie, einräumen wollte, schuf man einen langrechteckigen Raum von dem Allerheiligsten. Die Aneinanderreihung eines altindischen Tonnendachhauses – wie es heute noch in den Todahütten zu sehen ist – und eines Kuppeldaches ist in Versteinerung in den Höhlen von Barabar erhalten (Abb. 144). Aus der Vereinigung der beiden Raumtypen ergab sich die kanonische Form der apsidialen buddhistischen Chaitya-Halle mit dem Eingang an der Stirnseite. Der Grundriß ist bereits im Bau 40 von Sanchi in der Maurya-Zeit zu erkennen. Die frühesten Bauten sind in den Höhlen von Ajanta, Bhaja und Karla (Abb. 146, 88) überliefert. Aus der Gupta-Zeit stammen – später hinduisiert – Chaitya-Hallen aus Ziegeln in Ter und Chezarla. Die Anlagen sind dreischiffig mit breitem und überhöhtem Mittelteil unter Säulenreihen; sie geben Gelegenheit zur Umwandlungsprozession und zeigen rein formal eine überraschende Ähnlichkeit mit der altchristlichen Basilika.

Das Kloster: Vihara

Zumindest im Hinayana-Buddhismus war das Ziel der Lehre, die Erlösung, nur als Mönch zu erreichen. Aber auch im Mahayana-Buddhismus und in seinen Spätformen, als die Theologen zahlreiche „Abkürzungen des Pfades" ersonnen hatten, die auch Laien theoretisch den Weg zur Erlösung offenhielten, blieb das Mönchswesen die erstrebenswerte Lebensform. Ja, sie war auch für das Heilsstreben der Laien unabdingbar, da für sie die materielle Versorgung der Mönche die wichtigste Möglichkeit darstellte, Verdienste zu erwerben.

Der wichtigste Trakt des buddhistischen Klosters (sangharama von sangha – Gemeinde und arama – Garten) ist der Vihara, der „Ort, wo man seine Zeit verbringt". Ursprünglich bestanden die Viharas aus offenen Höfen, um die sich runde, quadratische oder oblonge Wohngebäude mit Kuppeln oder Zeltdächern gruppierten, eine Anlage, die wahrscheinlich auf die Nomadensiedlungen des alten Gandhara-Gebietes zurückgeht. Da auch diese Gebäude aus vergänglichem Material errichtet wurden, hat sich nichts davon erhalten, und wir haben nur deshalb genauere Kenntnis, weil sie zahlreich auf Reliefs dargestellt wurden. In den Felsklöstern jedoch wurde das gleiche Planschema in den gewachsenen Stein übertragen, wobei natürlich aus dem offenen Hof eine geschlossene Halle wurde, um die sich ringsum kleine Zellen gruppierten.

In Karla liegen einige Viharas westlich der Chaitya-Halle (Abb. 88). Die größeren sind dreigeschossig,

aber ohne jeden plastischen Schmuck. Aus den einfachen Hinayana-Grundformen, die sich in Karla erhalten haben, entwickelten sich die prächtigen Viharas des Mahayana-Stils, die in Ajanta und Ellora zu sehen sind (z. B. Höhle 2 in Ajanta). Während die Zellen ihre einfache Form behielten, wurde die Halle in der Mitte immer aufwendiger gestaltet und durch Säulenreihen so gegliedert, daß zwischen der Mittelhalle und den Zellen ein „Kreuzgang" entstand. An diesen Säulen konnte sich die ganze Schmuckfreude der indischen Plastik entfalten: alle Bauglieder der freistehenden Vorbilder wurden im Bereich des Kreuzganges getreu nachgebildet, Säulen, druckverteilende Auflagen, Pfetten und Sparren. Die Decke des Versammlungsraumes hingegen, die dem freien Himmel über dem ursprünglich offenen Hof entspricht, ist glatt.
Bei den Mahayana-Anlagen wurde dem Versammlungsraum nach außen eine prächtige Veranda vorgeschaltet. Die Zellen im Inneren, die der Eingangsseite gegenüberliegen, sind in Bilderschreine umgewandelt, von denen der mittlere immer eine überlebensgroße Buddha-Statue birgt.

4. DER HINDU-TEMPEL: FUNKTION, BEDEUTUNG, ENTWICKLUNG

In der hinduistischen Geisteswelt bezeichnet der Tempel den Ort, an dem sich die Götter im Zusammenhang mit täglichem und jahreszeitlichem Ritual manifestieren, an dem sich die Welten der Menschen und Götter „berühren". In den Bauformen schlägt sich diese Vorstellung von der Kommunikation beider Welten vielfältig nieder.
Als monumentales Bauwerk ist der Tempel in der Regel die Stiftung eines Herrschers oder Angehörigen des Hofstaates. Er steht an hervorragender Stelle, die als „heilig" empfunden wird. Häufig ist der Tempel daher einer Wasserstelle oder einem Hain zugeordnet, Orten also, die durch natürliche Erscheinungen dem Göttlichen verbunden sind und außerhalb von Städten liegen.
Während die wohlhabenden Jaina-Gemeinschaften sich in den Städten zahlreiche Tempel bauten – in jedem Quartier gibt es zwei bis drei Tempel –, dienen in den Quartieren der Hindus vor allem zahlreiche, in ihrer baulichen Gestalt unscheinbare Schreine der täglichen Verehrung. Bäume und Steine werden, entsprechend der lokalen Tradition, als Affe (Hanuman), Schlange (Naga) oder Muttergottheit (in Gujarat „Mata") verehrt. Anikonisch, d. h. bildlos, manifestieren sich diese auf Kulten der Volksreligion basierenden Götter. Die scharf geschnittenen Lehmkegel des Pilgerortes Padmanat bei Patan machen diese Vorstellung deutlich. Die erdverbundenen Götter der Töpfer erfahren lediglich eine Umbenennung und repräsentieren dann Helden des Mahabharata und Ramayana.
Im Gegensatz zu den Schreinen, die in den täglichen Ritus eingebunden sind, standen die großen Tempel, wie wir sie aus Ziegel oder Stein gemeißelt in Aihole, Bhuvaneshvara, Khajuraho, Modhera oder Tanjore sehen können (Abb. 173–176), im Zusammenhang eines verfeinerten Herrschaftskultes oder als fromme Stiftungen in Pilgerzentren.
Die Architektur der Tempel ist gleichnishaft zu sehen. Befreiung ist das Ziel alles menschlichen Bemühens in dieser Welt, die essentiell illusionär ist. Befreiung als Überschreiten einer Grenze spiegelt die Bauform des Tempels wider: In ihm wird die Grenze zwischen den Welten aufgehoben. Der Grundriß des Tempels, sein Schnitt, die Orientierung und nicht zuletzt auch die Lage beziehen sich auf die Ordnung des Universums, den Kosmos. Der Tempel repräsentiert die Essenz des Kosmos, bildet ihn ab und wird im Ritual ihm gleichgesetzt.
Der Tempelturm – als nordindischer Shikhara oder als südindischer Vimana – bezeichnet als Abbild des mythischen Weltenberges Meru den Mittelpunkt des Universums. Er bildet den Fixpunkt in einer potentiell ungeordneten Welt. Orientiert nach den Hauptrichtungen, repräsentiert er Ordnung in physischem und gedanklichem Sinne. Die Spitze des Turmes wird bekrönt von einem glückverheißenden Wasserkelch (Kalasha), der die „Grenze" symbolisiert, an der sich die Welten der Götter und Menschen treffen. Die Spitze symbolisiert das Absolute, das nicht der Wiederholung unterliegt. Als weithin sichtbares Zeichen steht der Tempelturm über der Höhle, dem „Schoß-Raum" (Garbha-Griha), in dem sich das Bild der Gottheit befindet.
Im Gegensatz zu den dem Turmbau vorgelagerten Hallen ist die Cella ein schlichter, unbelichteter Raum. Die Bewegung vom Licht ins Dunkel der Höhle, von der Vielfalt der Erscheinungen zum Einfachen, versinnbildlicht den stufenweisen Weg zur Befreiung. Der Grundriß der Cella entwickelt sich in der Regel über einem Quadrat. In der nachklassischen Zeit (nach 800 n. Chr.) wird diese Grundform langsam aufgelöst. Äußere Nischen werden axial angefügt, um Kultbilder, Wächter der Himmelsrichtungen, aufzunehmen. Vertikale Mauervorsprünge (Tatha) lösen die Kanten so weit auf, daß nahezu kreisförmige Grundrisse entstehen.
Der Cella vorgelagert sind Hallen (Mandapa), die sich zum Eingang hin immer mehr öffnen. Sie dienen der Sammlung und Vorbereitung auf die Verehrung des Gottes. Mitunter werden hier auch rituelle Tänze aufgeführt.
Das Bild der Gottheit ist Mittel zur Kommunikation mit der geistigen Welt. Wie das aufgeschichtete oder aus Stein gemeißelte Bauwerk folgt das Bild im Auf-

bau strengen Proportionsgesetzen, die es einbinden in eine Ordnung, die für alle Erscheinungen als gültig anerkannt wurde. Die Größe des Gesichtes bildet in der Regel den Modul für den Körperaufbau. Mit dem „Öffnen der Augen" wird das Bild zu einem potentiellen Erscheinungsort der Gottheit, nicht ihr permanenter Sitz.

Im Ritual erst wird die Gottheit präsent. Tägliche Zeremonien – in der Regel bei Sonnenaufgang, Mittag, Sonnenuntergang und Mitternacht – sind deshalb notwendig, um das Wesen der Gottheit „herbeizuholen". Da nur Eingeweihte mittels Formeln (Mantra), Silben (Bija) und symbolischen Handbewegungen (Mudra) und unter Benutzung von „Werkzeugen" (Vajra, Yantra) mit den Göttern kommunizieren können, bedarf es der Brahmanen, den Dienst im Tempel zu versehen. Sie sind die eigentlichen Vermittler, die die Präsenz der Gottheit, von der auch der am Ritual Unbeteiligte profitiert, sicherstellen.

Das Kernstück jeder Aktivität der Brahmanen ist die Puja. Das Wort bedeutet ganz allgemein „Verehrung" und schließt die Übergabe von fünf Opfergaben ein, die die Sinnesorgane symbolisieren. Puja wird in diesem Sinne zu einer „Abdankung der Sinnes-Natur". Während der Puja mögen Pilger oder Angehörige der umgebenden Quartiersgemeinschaft präsent sein. Sie schauen den Gott (Darshana) und erhalten vom Brahmanen eine geweihte Gabe des Gottes (Prasada). Das „Schauen" bildet einen wesentlichen Teil vor allem des Pilgerns. Der Initiierte ist in gewissem Sinne in der Lage, den Gott an beliebiger Stelle herbeizuholen. Dennoch begibt er sich auf den Weg, um diejenigen Götter zu schauen, die an einen bestimmten Ort gebunden sind.

Während der Blick auf den Gott über eine enge Öffnung in der Cella nur einzeln möglich ist, vereinigt das rituelle Bad an den Badestellen (Ghat) oder der Vorgang des Umschreitens (Pradakshina) der Cella, des Tempels oder des heiligen Bezirkes (Kshetra) die Gläubigen. Beim Tempel findet das Umschreiten in der Regel baulichen Ausdruck durch die Einfügung eines Umgangs um die Cella.

Im Gegensatz zu den Verkündigungsreligionen spielt die Predigt keine Rolle. Der Hinduismus kennt also keine Beträume.

In den ersten nachchristlichen Jahrhunderten standen die Kushana-Herrscher mit ihren Zentren in Mathura und Taxila in buddhistischer Tradition. Während sich jedoch der Buddhismus mit seinen Mönchsgemeinschaften auf städtische Kultur stützte, vollzog sich unter den breiten Volksschichten eine Wiederbelebung und Stärkung des Hinduismus. Seit dem 4. Jh. entwickelte sich der Hinduismus unter den Guptas zu seiner noch heute gültigen Form. Die ersten überlieferten Tempel dieser Zeit entstanden in Kathiawar und Bundelkhand. Es waren quadratische Bauten, auf Sockeln erhoben und mit Umgang versehen unter Pultdächern, die an den Turm über der Cella herangeschoben waren.

Baudetails wie über kreisförmige Längstonnen und mit hufeisenförmigen (Kudu-)Giebeln verzierte Geschosse machen deutlich, wie stark der hinduistische Tempel in der formativen, als „klassisch" bezeichneten Phase auf buddhistische Vorbilder zurückgriff. Die frühen Tempel in Aihole endlich lassen vermuten, daß noch im 7. Jh. Bauformen verwendet wurden, die eine andere, eigentlich nur im buddhistischen Kontext sinnvolle Nutzung ahnen lassen. Apsidiale Endungen weisen hin auf Chaitya-Hallen, und die periphere Unterbringung von Kultbildern in einem Zentralraum mit zweifachem Umgang (Ladh Khan-Tempel) läßt die Unsicherheit in der Organisation bereits bestehender Bautypen erkennen.

Wenige Jahrzehnte später jedoch ist um 650 n. Chr. im Chalukya-Reich auf dem Dekkhan der nordindische Tempeltyp und im Pallava-Reich an der Südspitze des Subkontinents der südindische Tempeltyp voll entwickelt.

Die Tempel zeigen in Grund- und Aufriß bereits diejenige Gliederung, die in den folgenden sechs Jahrhunderten weiter variiert wurde. An die quadratische Cella ist eine in der Regel belichtete Halle herangeschoben, die wiederum über eine Vorhalle zugänglich ist. Nur selten weist die Cella einen Umgang auf. In der Gestaltung der Baumasse wirken Cella mit Turm und Halle mit flachgedecktem Dach noch als widersprüchliche Gegensätze. Die Bauweise erscheint additiv. Erst zwei Jahrhunderte später wird das Ensemble weiter strukturiert, die Gestaltung des Weges von der Vorhalle bis zur Cella auch in der dritten Dimension gemeistert.

Nordindische Tempel werden in der älteren Literatur „indoarisch" genannt oder aber Nagara oder Prasada. Charakteristisch ist der Shikhara-Turm, dessen Gliederung anfangs horizontal, später vertikal bestimmt ist. Ursprünglich erhebt sich der Turm in klarer Trennung vom Unterbau, der Cella und Halle umfaßt. Der in seinem Umriß parabelförmige Turm ist nicht massiv. Über der Cella verengt sich der Raum, bedingt durch die Kragschichten des „falschen" Gewölbes.

Vermutlich ist die Gestalt des Turmes auf ältere, heute nicht mehr überlieferte Bambus- und Holzbauweisen zurückführbar. In den buddhistischen Chaitya-Höhlen sind die in Stein übertragenen Rippen noch deutlicher erkennbar. Während jedoch die bengalischen Tempel mit ihren herabgezogenen Traufen noch heute in der dörflichen Architektur ihr Vorbild haben, sind die Vorbilder des Shikhara-Turmes nicht überliefert. Beispiele freistehender Shikhara-Türme sind im Gegensatz zu den ursprünglich freistehenden Vimanas Süd-Indiens nicht erhalten bzw. nur aus Fragmenten rekonstruierbar. Statt dessen ist bereits im 7. Jh. in den Tempelbauten der frühen Chalukyas in Aihole und Pattadakal der Cella eine Halle angegliedert (z. B. Papanatha um 670). Die Sockelzone beider Bauteile ist gleichartig gegliedert, der Turm erscheint immer noch „aufgesetzt".

Wenige Jahrzehnte später jedoch geht die Architektur Orissas einen wichtigen Schritt weiter. Turm und Cella bilden bereits in den frühen Bauten eine Einheit. Den frühen Chalukya-Tempeln entsprechend, überwiegt noch die horizontale Gliederung der gesimsartig übereinanderliegenden Turmgeschosse. Erst im frühen 10. Jh. dominiert die vertikale Gliederung der zu Risaliten aufgelösten Kanten.

Endlich wird aus der Vorhalle (Jagamohan) ein unabhängiges quadratisches Bauglied, das nur über eine enge Einschnürung halsartig mit dem Turmbau verbunden ist. Der grundlegende Gedanke des stufenweisen Vordringens bis hin zum Allerheiligsten erscheint gesteigert.

Turm (Rekha-deul) und Vorhalle (Pidha-deul) sind horizontal gleichartig in Sockel (Bada), Gewölbekonstruktion (Gandi) und Spitze (Mastaka) gegliedert. Im Gegensatz zur Parabelform des Turmes ist die Vorhalle durch ein pyramidal gestuftes Dach gedeckt.

Im 11. Jh. erreicht die Baukunst in Orissa ihren Höhepunkt. An die Stelle des einteiligen Shikhara-Turmes tritt der mehrteilige. Um den Hauptturm gliedern sich kleinere Türme, die bereits auf halber Höhe des Gesamtbauwerkes enden.

Das dem Grundriß zugrundeliegende Raster erscheint erst in dieser späten Entwicklungsphase wirksam in die dritte Dimension übersetzt. Volwahsen stellt zu Recht fest, daß die differenzierte Gliederung des Tempels in ihrer kosmischen Ordnung dem Raum allseitig zugewandt ist. Der Innenraum des Tempels erscheint als unbedeutender Rest einer Plastik voller symbolischer Bezüge. Das Wissen um diese Bezüge erschließt die Gestalt des Bauwerks, nicht das visuelle Erlebnis, da kein Standpunkt – weder im Inneren noch außen – dem auf Achse, Zentrum und Orientierung reduzierbaren Gedanken gerecht wird.

Neben den Tempeln in Orissa sind es vor allem diejenigen in Khajuraho, der einstigen Hauptstadt des Chandella-Reiches, die den nordindischen Tempeltyp im 10. und 11. Jh. in seiner vollendeten Form dokumentieren (Abb. 176).

Die großen Tempel Orissas hatten zwar in ihrer Monumentalität alle Maßstäbe gesprengt. Durch additives Vermehren der dem Turm vorgelagerten Hallen entstand jedoch eine baulich nicht gelöste Situation. Anders in Khajuraho: die in Ost-West-Richtung gestreckten Bauten entsprechen sich in Schnitt und Grundriß vorzüglich. Die pyramidalen Stufendächer der vorgelagerten Hallen wachsen langsam empor, um endlich im mehrteiligen Shikhara zu gipfeln. Ebenso erweitern sich die rundum belichtete Eingangshalle und Vorhalle organisch zur eigentlichen Halle. Über ein Vestibül ist dann die Cella erreichbar. Da die Cella von einem Umgang umgeben ist – einem strukturellen Element, das in Orissa fehlt –, werden Halle und Cella im Grundriß zusammengezogen. Die Cella liegt im „Schoß" dieses gegliederten Großraumes. Belichtung erlaubt zudem zum ersten Mal auch eine reiche Innenausstattung, die dem plastischen Schmuck der Außenhaut entspricht.

Während in den Chalukya-Hauptstädten des 6.–8. Jh. der aus Turm (Shikhara) und Vorhalle bestehende, „nordindisch" genannte Tempeltyp seine gültige Gestalt erreicht, entwickelten die Pallavas im 7. Jh. den „südindisch" oder „dravidisch" genannten Tempeltyp. Charakteristisch sind das pyramidenförmig geschichtete Dach; Miniaturarchitekturen, die die Pilasterordnung der Sockelgeschosse wiederholen, werden geschoßweise übereinandergeschichtet. Über den gebogenen, vorspringenden Gesimsen stehen schreinartige Kapellen, die kleinen Chaitya-Tempeln von rechteckigem Grundriß mit überhalbkreisförmig gewölbtem Dach ähneln. In der Regel stehen diese Miniaturtempel so eng beieinander, daß sie über der Traufe eine Brüstung bilden. Schwere, massive Faltkuppeln bekrönen den Bau. An Gesimsen, Gesimsschreinen und Kuppeln wiederholt sich als charakteristisches Element das bereits in buddhistischer Zeit entwickelte Motiv des sogenannten Kudu-Giebels.

Im Südosten des Subkontinents dokumentierte sich das Erstarken des Hinduismus sinnfällig durch Übertritt des Pallava-Herrschers Mahendravarman I. (610–640) vom Jainismus zum Shivaismus. Während in der Frühphase nach buddhistischem und jainistischem Vorbild Höhlentempel entstanden, baute Mahendravarmans Sohn in Mahabalipuram (südlich von Madras am Meer) die ersten freistehenden Tempel (Abb. 164). Aus den am Ufer gelegenen mächtigen Granitfelsen ließ er nach dem Vorbild regionaler Architekturen – schilfgedeckte Wohnhäuser oder buddhistische Chaitya-Hallen – verschiedene Tempelformen meißeln (Abb. 183). Anscheinend handelte es sich um einen Wettbewerb zur Erlangung von Entwürfen für einen gültigen Tempeltyp. Die Gestaltung des bei den monolithen Modellen nicht ausgeführten Innenraumes war dabei nicht entscheidend. Der sogenannte Dharmaraja-Ratha schien durch den quadratischen Grundriß und die pyramidenförmige Anordnung von Miniaturtempeln auf den Gesimsen der stufenweise zurücktretenden Dächer am besten kosmologischen und rituellen Forderungen gerecht zu werden.

Auf der Grundlage der in Mahabalipuram gemachten Erfahrungen entstanden unter Narasimhavarman II. (680–720) die ersten struktiven Tempel in Mahabalipuram und Kanchipuram (Kailasanatha). Die durch den pyramidalen Aufbau hervorgehobene Cella wird von Einzelkapellen umgeben. Eine hohe Mauer mit innerem Portikus umschließt die Anlage, die über einen bereits in der Entwicklungsphase deutlich erkennbaren Torbau (Gopura) zugänglich ist.

Um 700 erscheint also der südindische Tempeltypus voll entwickelt. In den folgenden 800 Jahren wurde er vor allem unter drastischer Veränderung der Dimensionen variiert.
Den Vorbildern der Pallavas folgend, entstanden bis 740 unter den späten Chalukyas in Pattadakal und um 780 in Ellora unter den Rashtrakuta die hervorragendsten Schöpfungen südindischer Architektur. Der Kailasanatha-Tempel verdreifachte die aus Pattadakal bekannten Dimensionen und wurde als kompliziertes räumliches Gebilde aus gewachsenem Fels geschlagen. Erstmalig wurde ein Tempel in „reduktiver Gestalt" mit all seinen äußeren Formen und Innenräumen in den Fels übertragen.
Unter der Chola-Dynastie, die die Chalukyas und Rashtrakutas in Süd-Indien ablöste, entstand in der Hauptstadt Tanjore um 1000 n. Chr. als weitere Steigerung des südindischen Tempels der gewaltige Brihadishvara-Tempel. Mit 57 m Höhe, dem gewaltigen Schlußstein, der Terrassenpyramide über der Cella und dem über die beiden Sockelgeschosse reichenden Phallussymbol Shivas kennzeichnen Superlative den Tempel. Dem Vorbild der Pallavas folgend, stehen quadratische, kuppelbekrönte Miniaturtempel an den Ecken der Terrassengeschosse, gestreckte Wölbtempel an den Seiten.
In der späten Zeit der Chola-Dynastie erfährt der südindische Tempel in seinen Dimensionen eine Wandlung, die unerklärlich geblieben ist. Während bis ins 12. Jh. die Tempeltürme über vierhundert Jahre hinweg zu immer monumentalerer Gestalt gewachsen waren, schrumpften sie danach bis zur Unkenntlichkeit. Statt dessen gewannen die Torbauten (Gopura) an Bedeutung. Als gestreckt rechteckige Bauten sind sie mit einem runden Tonnendach, wie es in den Chaitya-Hallen bereits ausgebildet und in den verschiedenen Provinzen auch auf hinduistische Tempel übertragen worden war, abgeschlossen.
Um die inneren Tempelbezirke legen sich in den Tempelstädten des 13./14. Jh. immer neue Ringe, bis sich im 17. Jh. unter den Nayakas Dimensionen von 850 × 750 m ergeben (Abb. 33, 34, 35, 37). Während Nord-Indien und der Dekkhan bereits im 13. Jh. unter islamischer Kontrolle waren, konnte ein vereinigtes Süd-Indien bis 1565 standhalten. Die großen Tempelstädte wurden weiter ausgebaut, die Architektur wird von figürlicher Plastik überwuchert – zu Neuschöpfungen kommt es jedoch nicht.
Die nachfolgenden islamischen Invasionen vom Dekkhan her haben keine Spuren hinterlassen. Die südindischen Tempelstädte stehen heute noch in einer über 1500 Jahre zurückverfolgbaren, ungebrochenen Tradition.

5. JINISTISCHE TEMPELSTÄDTE

Der Jinismus hat keine Architektur hervorgebracht, die sich von den regionalen Vorbildern grundlegend unterscheidet. Es finden sich jedoch sowohl im Süden als auch im Nordwesten Indiens Bauten, die strukturell dem besonderen Jaina-Ritual gerecht werden. Sie dienen nicht der Gottesverehrung, sondern der Wiederholung mythischer Geschehnisse im Leben der Jinas oder Tirthankaras, wie die erleuchteten und „befreiten" Heiligen der Jainas heißen.
In Süd-Indien folgen die sogenannten Bastis in ihrem Aufbau dravidischen Vorbildern, die in den Städten der Chalukya-Dynastie im 5. und 6. Jh. n. Chr. entwickelt wurden. An der Stelle des hinduistischen Kultbildes wird einer der 24 Tirthankaras verehrt. In den Bettis dagegen werden nackte Asketen (entsprechend der Tradition der Digambara Jainas) verehrt. Aufrecht stehen sie überlebensgroß in einem Hof, der von einem Umgang umgeben ist.
Shravana Belgola ist seit dem 4. Jh. n. Chr. der große Pilgerort der Jainas im Süden (Abb. 61–63). Im Nordwesten entstehen in Saurashtra die Tempelstädte von Shatrunjaya und Girnar (Abb. 19, 64), die Spitzen heiliger Berge bekrönend. Abu, der dritte heilige Berg, liegt etwas weiter nördlich in Rajasthan, und Sametshikhara, der vierte heilige Berg, im östlichen Bihar. Es sind nicht Städte im üblichen Sinne, sondern Ansammlungen von Tempeln, die, durch eine wehrhafte Mauer umgeben, stadtähnlich wirken. Die zugehörigen Pilgerstädte liegen jeweils zu Füßen der Berge. Heilig sind die Berge als Orte mythischen Geschehens. Auf dem Girnar z. B. ist Neminatha (der 22. Tirthankara) ins Nirvana eingegangen und auf dem Sametsikara Parsvanatha (der 23. Tirthankara).
Zusammen mit dem fünften Berg, dem in dieser Welt nicht existierenden Astapada, bilden die Berge die von räumlicher Symbolik geprägte Gruppe von fünf (die vier Kardinalrichtungen mit dem Zentrum) heiligen Orten (Panchatirtha). Sie bilden die Berge des mythischen Kontinentes Nandishvaradvipa ab, das als Paradies gilt, in dem die Götter die Jinas fortwährend verehren. Auf regionalen Maßstab übertragen, wurden in Gujarat, Kutch und Rajasthan, überall dort, wo die Jainas stark vertreten sind, jeweils vier Tempel in einen kultischen Zusammenhang gebracht und als Abbilder der großen Pilgerorte verehrt.
Vor allem der Shatrunjaya-Berg (Abb. 65) war als Bezugspunkt der Jaina-Welt von weitreichender Bedeutung. Diejenigen Städte Kathiawars und Gujarats, in denen die Jainas zwar nicht zahlenmäßig, aber doch sozial dominierten – Jainas waren in der Regel unproduktive Händler und Geldverleiher –, waren geradezu auf diesen Berg hin ausgerichtet. Bei Vollmond im Oktober/November (Karttika Purnima) machen sich von allen Städten Pilgergruppen auf den Weg, und wer an der Fahrt nicht teilnehmen kann, verehrt

an dem Tor, durch das die Straße nach Shatrunjaya führt, ein großes Bild des heiligen Berges. In den Tempeln der Stadt hängen darüber hinaus bildliche Darstellungen der heiligen Berge, zum Teil werden auch große Modelle der Berge in den Tempeln gezeigt.

Neben den heiligen Bergen gibt es zahlreiche weitere Jaina-Pilgerorte, die im Typus der berühmten Tempelanlage von Ranakpur bei Falna in Rajasthan gleichen: in einem ummauerten Hof mit Umgang und zahlreichen Zellenschreinen steht ein dreifach gegliederter, mitunter mehrgeschossiger Bau. In Ranakpur (15. Jh.) wurden weitere Schreine und offene Hallen ringförmig um den zentralen Tempel angelegt, so daß auf 220 Säulen ein vielfältiges räumliches Gebilde von 29 Hallen entstand. Der vierhundert Jahre vorher in Dilwara auf dem Berg Abu bereits abgebildete Typ des Jaina-Tempels in einem Hof mit Umgang erfuhr hier eine komplexe Variierung und absolute Steigerung auch in der Durchbildung der Details in weißem Marmor.

Am Beispiel der Tempel auf dem Abu-Berg sollen die Jaina-Tempel Nord-Indiens beschrieben werden (Abb. 180). Der erste Tempel auf dem mit 1300 m höchsten Berg zwischen dem Himalaya und den Nilgiri-Bergen in Süd-Indien wurde im Jahre 1031 von Vimala, vermutlich einem reichen Minister der über Nordwest-Indien herrschenden Solanki-Dynastie, gebaut. Zweihundert Jahre später entstand neben dem Adinath-Tempel – jetzt nach Westen ausgerichtet – der Niminath-Tempel. Wieder sind die Stifter reiche Minister, und wieder berichten Legenden von sagenhaften Summen, die für den Tempelbau aufgebracht wurden. Tejahpala und Vastupala, die beiden Stifter, wollten ihre Schätze „auf der Spitze der Berge in der Weise aufstellen, daß sie jeder sehen, aber niemand rauben könne". Auch auf dem Girnar-Berg bauten sie einen Tempel.

In der Blütezeit der Solankis entstanden die beiden Tempel. Der spätere, nicht ganz fertiggestellte Adinath-Tempel wiederholt den vorgeprägten Bautyp, der im Chaumukh-Tempel des 15. Jh. wieder variiert wird. Über vierhundert Jahre hinweg ist also auf dem Abu in einem räumlichen Nebeneinander die Entwicklung des Bauens verfolgbar.

Aus weißem Marmor, der über 30 km weit herbeigeschafft werden mußte, entstanden die Tempel. Das filigranartige, tief unterschnittene Dekor von fast durchsichtiger Feinheit ist teils in minuziöser Weise gemeißelt, teils in Schabtechnik ausgeführt, wobei die Steinmetzen nach der Menge des anfallenden Marmorstaubes bezahlt wurden. Die älteren Tempel des 11.–13. Jh. sind als eingeschossige Bauten von einer Säulenstellung und einem Kranz von 52 Schreinen umgeben. Die 52 Tempel auf den heiligen Bergen des mythischen Kontinentes Nandisvaradvipa werden auf diese Weise abgebildet. In jedem Schrein sitzt ein Tirthamkara, unterscheidbar nur durch eine Sockelinschrift. Der Hauptbau besteht aus einer nur axial von einer Seite her zugänglichen Cella (Malugabhara) mit dem Kultbild eines Tirthamkara und einer größeren quadratischen Vorhalle (Gudhamandapa). Nach Süden und Norden ergänzen weit vorspringende Portale der Halle den Grundriß zur Form des Kreuzes. Die Cella wird durch ein gedrungenes Pyramidendach nur geringfügig betont.

Dem Hauptbau vorgelagert ist eine Säulenhalle und eine um einige Stufen niedrigere Plattform (Sabha- oder Ranga-mandapa). Da für rituelle Tänze eine stützenfreie Fläche benötigt wurde, tragen acht Säulen die geringe Last einer 6 m weiten, flachen Kragkuppel über ein Netz von Architraven auf die anschließenden Bauteile ab. Die acht inneren Säulen werden von Zackenbögen zu einem Oktogon von Toranas verbunden.

Im Gegensatz zum beschriebenen Tempeltyp besteht der bereits erwähnte Chaumukh-Tempel aus einem zentralen Hauptbau mit der nach vier Seiten sich öffnenden Cella, einer vorgelagerten Halle und Säulenumgängen. In dem dreigeschossigen Hauptbau sind die Obergeschosse nur Männern zugänglich. Die vierfache Gestalt des Tirthamkara in der Cella symbolisiert die Erleuchtung des Tirthamkaras, der den Lebewesen, die sich in den vier Richtungen versammelt haben, seine Lehre darlegt. Es heißt, zum Zeitpunkt der Erleuchtung eines Jina würden die Götter eine Halle schaffen, in der der Jina Platz nimmt. Dreifach wird der Jina dann durch die Götter vervielfältigt. Der Typ des Chaumukh-Tempels symbolisiert die göttliche Halle, nimmt wiederum Bezug auf mythische Vorgänge.

Als Zentrum ritueller Aktivitäten repräsentieren die Jaina-Tempel den Ort mythischer Geschehnisse aus dem Leben der Tirhamkaras. Dort sollen sie gebaut werden, wo ein Jina geboren oder initiiert, erleuchtet oder erlöst wurde. Im täglichen Ritus symbolisiert ein Band einer kleinen Kultfigur (Vidhinayaka) die Geburt des Jina. Mehrere kleine, übereinandergetürmte Podeste, mit gepunztem Silber kostbar belegt, symbolisieren Samasasarana, den himmlischen Pavillon, in dem ein Jina der Welt zuerst predigt. Bei der dreifachen Umgehung (Pradakshina) werden Hymnen zu Ehren des Satrunjaya gesungen. Der Tempel wird also im Ritus als Satrunjaya identifiziert und gleichzeitig als Abbild mythischer Vorbilder.

In den Jaina-Tempeln wird keine Gottheit verehrt, die Heil spendet. Die vollendeten Meister, die Jinas, wirken vielmehr als ideelle Vorbilder. Die Tempel der Stadtquartiere dienen auch als Zentren der Gemeinden. Stammbäume und Urkunden werden hier aufbewahrt. Ein Stiftungsrat übernimmt die Leitung eines Tempels, während ein Brahmane gegen festen Lohn den täglichen und jahreszeitlichen Ritus durchführt.

6. ISLAMISCHE BAUTYPEN

DIE MOSCHEE

Die Bezeichnung „Masjid“ (Moschee) geht auf die Wurzel des arabischen Wortes „sich niederwerfen“ zurück. Die Moschee ist also kein „Gotteshaus“, sondern ein Ort der Niederwerfung. Der im Gebet bestehenden Kulthandlung des Islam war ursprünglich jeder Ort recht. Später erst entstanden umfriedete Plätze, die nach Mekka ausgerichtet waren. Erst nach sorgfältiger astronomischer Berechnung erfolgte die Grundsteinlegung neuer Moscheen.
Das alltägliche Gebet zu den vorgeschriebenen Zeiten sollte möglichst in der Moschee verrichtet werden, Pflicht jedoch war das gemeinsame Freitagsgebet in der Hauptmoschee („Jami“) mit dem besonderen Vorrecht der Verkündigung der Freitagspredigt. Schon frühzeitig entwickelten sich Verhaltensvorschriften wie Ablegen der Fußbekleidung und rituelle Waschungen außerhalb des Betraumes.
Die Moschee war – neben der religiösen Bestimmung – zugleich Versammlungsort, Schule und „Gemeindehaus“. Es schlossen sich Herbergen, Armenküchen und Hospitäler an. Verfolgte genossen in ihren Mauern politisches Asyl. Der Kadi sprach in der Moschee an bestimmten Tagen Recht. Über den Gräbern von Heiligen entstanden Grabmoscheen (Dargah) – eine Bestimmung, die dem indischen Bedarf nach heiligen Orten stark entgegenkam. Im orthodoxen Sinne galten nur die heiligen Stätten in Mekka, Medina und Jerusalem als Pilgerziele. In Indien dagegen entwickelten sich parallel zu den hinduistischen Pilgerorten auf regionaler und lokaler Ebene zahlreiche mohammedanische Pilgerorte – allen an Heiligkeit voran das Grab des Aftab-i-Mulk-i-Hind (die „Sonne Indiens“) in Ajmer. 1166–1256 hatte dort der aus Persien stammende Heilige gelebt.
Bereits die ersten Moscheen bestanden aus Hof und Gebetsraum. Das Verhältnis dieser beiden Elemente zueinander sowie der Abschluß des überdeckten Raumes zum Hof hin und die Deckung des Gebetsraumes bildeten die gestalterischen Probleme des Moscheebaus.
Der Betraum (Haram) ist fast immer durch umlaufende Stützenhallen mit dem Hof verbunden (Sahn). Dort befindet sich der Reinigungsbrunnen für rituelle Waschungen und nicht selten auch ein Trinkbrunnen. Als nischenartige Vertiefung – ursprünglich nur zeichenhaft – kennzeichnet der Mihrab die nach Mekka gerichtete Qiblah-Wand.
Rechts neben dem Mihrab steht der Predigtstuhl (Minbar), der ursprünglich den Freitagsmoscheen vorbehalten war. Erst seit den Umayyaden, die im 8. Jh. die Hauptstadt des Kalifats nach Damaskus verlegten, gehört das Minar oder Minarett zur Moschee. Praktische Gründe – von der Galerie des Obergeschosses ruft der Muezzin zum Gebet –, vor allem aber auch der Wunsch nach Repräsentation ließ dieses weithin sichtbare Zeichen der Moschee entstehen. Es steht frei neben der Moschee oder an den Moscheekomplex angebaut.
Das Problem der Umsetzung des ursprünglichen Bauprogramms stellt sich in der islamischen Baukunst immer wieder neu. Das Grundschema der Zweiteilung in Hof und Betraum blieb dabei unverändert.
Die Umayyaden ersetzten in Damaskus die Lehmwände durch Quadern und Backstein, die Palmstämme durch Säulen aus antiken oder christlichen Bauten. Nicht selten wurden christliche Bauten umgewidmet und die Längswand zur Qiblah gemacht.
In Indien entstanden die frühen Bauten des 12. und 13. Jh. in Delhi, auf dem Dekkhan und in Gujarat ebenfalls als Spolienbauten aus Bauteilen hinduistischer oder jainistischer Tempel. Kragkuppeln deckten die Beträume der frühen Moscheen. Hinduistische Symbolik mit ihren kosmologischen Bedeutungsbezügen fand Eingang in islamische Baukomplexe. Einheimische Handwerker stellten ihr Können in den Dienst der neuen Bauherren. Sie lernten neue Wölbtechniken, tradierten jedoch im Detail hinduistisches Dekor. Den Baugedanken lieferten aber die neuen Herrscher, die zugleich über vierhundert Jahre hinweg zur Realisierung der kühnsten Bauten in Gulbarga, Bidar und Bijapur Baumeister aus Persien und der Türkei herbeiholten.
Bereits hundert Jahre nach der Gründung des Islam war das Industal erobert und dem Kalifenreich einverleibt worden. Der Subkontinent selbst war erst dreihundert Jahre später das Ziel vereinzelter Beutezüge. Ein erster dauerhafter Vorstoß erfolgte am Ende des 12. Jh. Vorerst verwaltete ein aufgestiegener türkischer Sklave – Qutb ud-din – für die Ghuriden Afghanistans die neue Provinz. Die im Süden des heutigen Delhi liegende Festung Lalkot (Abb. 189, 190, 191) wurde zur ersten islamischen Hauptstadt, und bereits 1193 wurde die Moschee Quwat-al-Islam aus den Bauteilen von Tempeln der Vorgängerstadt errichtet. Kragkuppeln und horizontaler Steinschnitt der Liwan-Kielbögen machen deutlich, wie sehr die frühen Bauten auch einheimischer Technik verbunden waren. Erst im folgenden Jahrhundert fanden islamische Wölbtechniken und Bögen mit radialem Steinschnitt endgültig Eingang in die Baukunst Indiens. Mehrfach wird die Moschee vergrößert, und in dem großen Hof deutet der Sockel eines gewaltig konzipierten Minars darauf hin, daß die Herrscher des 13. Jh. alle Maßstäbe zu sprengen gedachten. In Ajmer begann Qutb ud-din um 1200 eine zweite Moschee. Die Gebetshalle ist sehr viel größer als die in Delhi, und eine Bogenfassade verstellt den Blick auf den jainistischen Stützenwald. Dreifach übereinandergestellt ergaben sie eine in Indien bis dahin nicht gekannte Raumhöhe. Mit der Errichtung der beiden großen Hofmoscheen

waren für den Bautyp der Moschee in Indien Vorbilder gesetzt, die über Jahrhunderte weiterwirkten.
Erst die während der Regierungszeit von Firuz Shah gebauten Begampur- und Khirki-Moscheen (1375) entwickelten Details des Bauschemas weiter, die dann auch in den Provinzen im folgenden Jahrhundert aufgegriffen wurden. Die gewaltige Dimension des einzigen Liwans der Begampur-Moschee mit ungegliederten, abgeböschten Mauerflächen ist charakteristisch für den Tughluq-Stil und nimmt die Architektur der Sharqi-Dynastie in Jaunpur bereits vorweg.
Muhammad-ibn-Tughluqs Versuch, die Hauptstadt des Reiches im Jahre 1340 nach Daulatabad auf dem Dekkhan zu verlegen, endete im Chaos und im Verlust des Dekkhan. Timurs Eroberung Delhis (1398) ließ die einstige Zentralmacht in völliger Bedeutungslosigkeit zurück. Unter diesen Bedingungen entstanden um 1400 unabhängige islamische Provinzreiche in Bihar (Hauptstadt Jaunpur seit 1360), Bengalen (Hauptstadt Gaur), Gujarat (Hauptstadt Ahmedabad seit 1411), Malwa (Hauptstadt Mandu seit 1405) und auf dem Dekkhan (Hauptstädte Gulbarga seit 1367, Bidar seit 1422, später Bijapur, Golkonda und Hyderabad).
Im 14. Jh. hatte die Architektur der Provinzen in ihrer Abhängigkeit von Delhi jeweils eine Phase der Formation durchgemacht, die von der Verwendung von Spolien und der Neuorientierung des lokalen Handwerks gekennzeichnet war. Mit der gewonnenen Unabhängigkeit und der Gründung von Hauptstädten entstanden zugleich in allen Provinzen Großbauten (z. B. Mandu: Jami'Masjid 1440; Ahmedabad: Jami'-Masjid 1423), die vor allem im Material und im Detail sowie in der Überkuppelung des Mitteljoches neue Wege gingen.
Einzig die Jami'Masjid in Gulbarga verwirklicht unabhängig von den Vorbildern in Delhi einen neuen Baugedanken (Abb. 223, 224). Der Hofraum wird gänzlich überkuppelt, der Raum vor dem Mihrab durch eine Kuppel auf quadratischem Tambour betont. Über eine erweiterte, gewölbte Ringzone wird die gesamte Anlage belichtet.
Unter den Mogul-Kaisern fand die Entwicklung der Moschee ihren Abschluß. Mit der Jami'Masjid in Delhi (Abb. 253) (1644–1650) erfuhren indisch-hinduistische Baugedanken eine bemerkenswerte Umwandlung. War der indische Stützenwald der frühen Moscheen mit Liwan-Abschlüssen verkleidet worden, so tritt jetzt der Gebetsraum aus dem umgebenden Zellenkranz des Hofes deutlich hervor. Er erinnert dadurch an die im Hof freistehenden, umwandelbaren Tempel der Chalukya, Pallavas und Solankis. Als unabhängiges, nur mit der Rückwand in die Hofumfassung eingebundenes Bauwerk steht in Delhi der Gebetsraum noch in islamischer Tradition. Zu einer vollkommenen Ablösung sollte es nicht kommen. Die auf Tambours erhobenen Lotos- oder Zwiebelkuppeln verschwinden nicht mehr hinter hohen Portalen wie in Jaunpur oder noch in Fatehpur Sikri – als rein konstruktives Element zur Unwirksamkeit verdammt. Als wesentliche Elemente der Bauplastik kommen die Kuppeln in Delhi neben den schlanken Minaretten voll zur Geltung. Für die Hofmoschee sind die Kuppeln deutlich Symbol für himmlische und weltliche Hoheit (Abb. 253).

Die Grabbauten

Hindus verbrennen ihre Toten am Flußufer. Die Anhänger des Islam dagegen bauen ihnen eine Grabkammer (Quabr). Auf einfachen Gräbern steht ein Kenotaph (Zarih). Eine Überkuppelung stellt in der Regel eine Auszeichnung dar, die den Verstorbenen als Herrscher oder Angehörigen des Hofstaates ausweist. Während in Indien bis ins 13. Jh. ausschließlich „falsche" Kuppeln aus Kragschichten gemauert wurden, waren in Persien bereits in langer Tradition Grabbauten mit Kuppeln aus radial verlegten Keilsteinen oder Ziegeln üblich.
Beim Bau der ersten Hofmoscheen in Delhi und Ajmer wurde der Betraum noch mit Kragkuppeln gedeckt. Erst im Jahre 1236 fand die echte Kuppel im Grabbau des Iltutmish in der Nachbarschaft der Qutb-Moschee in Indien erste Verwendung.
Der quadratische Bau wird in Kämpferhöhe durch Trompen in ein Oktogon übergeführt. Im Gegensatz zu persischen Vorbildern steht die Bogenlaibung der Spitzbögen nur im Scheitel senkrecht zur Archivolte. Im Fußpunkt ist die Laibung verdreht und endet in der Ebene der Mauerscheiben. Erst im 14. Jh. ersetzen Zwickel aus gestaffelten Spitzbögen (Stalaktiten) diese unbeholfene Lösung.
Ein Jahrhundert nach Iltutmish baut Muhammad-ibn-Tughluq für seinen Vater zu Füßen der Festung Tughluqabad in einem künstlichen See eine Art Grabburg. Charakteristisch für das 14. Jh. ist die wuchtig-einfache Gestalt des durch abgeböschte Mauern besonders erdhaft wirkenden Grabbaus. Auf dem sparsam gegliederten Unterbau ruht die Kuppel aus weißem Marmor. Der Schlußstein der Kuppel verrät durch Verwendung von Amalaka- und Kalasa-Motiven die Wirksamkeit hinduistischer Symbolik auch in islamischen Bautypen. Die Schlußsteine hinduistischer Tempeltürme (Shikhara) erinnern an die Weltachse, die die Welt der Menschen mit derjenigen der Götter verbindet. Schon im Grabbau „Sultan Ghari" von 1231 war durch Verwendung von Neun-Felder-Decke und Laternenmuster die „Kosmisierung" islamischer Bauten im hinduistischen Sinne deutlich geworden.
Die Grabbauten der Tughluqs prägten den Typ des Grabmals bis ins späte 16. Jh. hinein in Nord-Indien und vor allem auch auf dem Dekkhan. Die Gräber der Bahmani in Gulbarga und Bidar waren in ihrer

schmucklosen und wuchtigen Art ganz den Vorbildern in Delhi verbunden. Erst im 16. Jh. wurden die Gräber des Dekkhan als schlanke und zum Teil transparente Kuben auf Podesten emporgehoben.
Mit den Gräbern der Lodi-Sultane deutete sich zu Beginn des 16. Jh. in Delhi eine Wandlung an, die während der kurzen Zwischenregierung Sher Shahs zur Reife gelangte. Das Grab 'Isa Khans dokumentiert diese Entwicklung. Es bildet ein Oktogon, das von einem Arkadengang umgeben ist. Acht Kuppelpavillons füllen die Fläche über dem Umgang – ein Motiv, das in der Fünf-Kuppel-Version des Hoshan Shah-Grabes in Mandu bereits aufgezeigt worden war. Der Grabbau Sher Shahs (Abb. 230) in Sasaram (Bihar) steigert diesen Gedanken: Der in einem See liegende, in zwei Stufen aufsteigende Hauptbau scheint gleichsam die Vorstellung hinduistischer Stufenbauwerke umzusetzen. Vier Eckpavillons des Unterbaus und jeweils acht Dachpavillons auf gestuften Terrassen bereiten die Kuppel vor.
Im Grabbau Akbars wird das Motiv der Stockwerkspyramide erneut aufgenommen. Neue Höhepunkte erreicht die Baukunst im 17. Jh., als in Agra das Taj Mahal (1630–1648) und in Bijapur der Gol Gumbaz (1660) entstanden.
Shah Jahan ließ das Taj Mahal für seine Lieblingsfrau, genannt Mumtaz-i-Mahal (die „Auserwählte des Palastes"), errichten (Abb. 252). Der eigentliche Grabbau bildet nur einen Teil der vielfältigen Anlage mit Vorhof und durch Achsenkreuze gegliedertem Garten (Charbagh). Auf einem hohen Sockel erhebt sich der Grabbau unmittelbar am Ufer der Yamuna in Sichtweite des Forts zu einer Höhe von 65 m. Flachreliefs und Einlegearbeiten gliedern die weiße Marmorhaut farbig entsprechend persischen Vorbildern. Den bereits angesprochenen Vorbildern (Gräber 'Isa Khans und Sher Shahs) des 15. Jh. folgend, bilden überkuppelte Pavillons den Übergang zur Scheinkuppel auf ungewöhnlich hohem Tambour.

J. P.*

* Diese Übersicht beruht auf gemeinsamen Vorarbeiten mit Klaus Fischer (Schöpfungen indischer Kunst, Köln 1961) und Niels Gutschow (Gutschow/Pieper: Indien, Köln 1978), der dort die den Abschnitten 4, 5 u. 6 entsprechende Skizze „Typen der indischen Baukunst" verfaßte.

VI. Chronologisch-geographischer Überblick

A. Vorgeschichtliche Zeit

1. ALLGEMEINE BETRACHTUNGEN ZUR VOR- UND FRÜHGESCHICHTLICHEN ENTWICKLUNG DER ARCHITEKTUR AUF DEM INDISCHEN SUBKONTINENT

Es war im Jahre 1922, als der indische Archäologe R. D. Banerji während der Untersuchung einer Hügelgruppe im unteren Sind, Pakistan, nahe dem Indus eine Entdeckung machte, die das bis dahin gültige Geschichtsbild Indiens wesentlich verändern sollte (Abb. 90). Unter Besiedlungsschichten einer buddhistischen Klosteranlage des 2. Jh. n. Chr. fand er Zeugnisse einer sehr viel früheren, ihm unbekannten Kultur (Abb. 91). Der Ort hieß Mohenjo-Daro, „Hügel der Toten", und die neu entdeckte Kultur wurde bald nach ihrer Entdeckung als „Harappa-Kultur" oder auch „Indus-Zivilisation" bekannt.
In den darauffolgenden Jahren begann mit weiteren

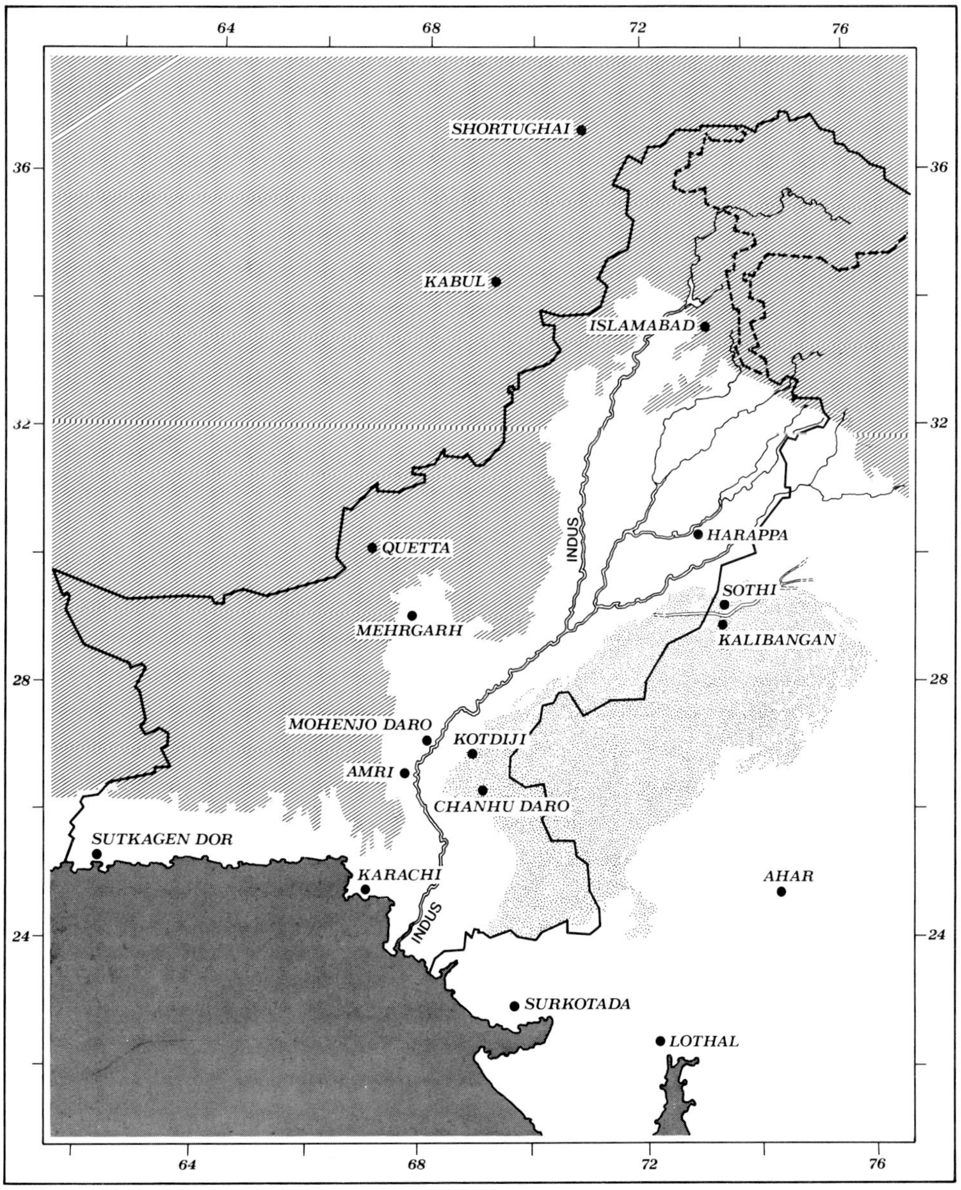

Abb. 90 Industal-Karte: mit den wichtigsten vorgeschichtlichen Fundorten (statt Sutkagen Dor muß der Ortsname richtig lauten: Sukhtagen Dor).

Abb. 91 Mohenjo-Daro, Akropolis: Blick auf das „Priesterkolleg“ mit buddhistischem Stupa (ca. 2. Jh. n. Chr.) von Südwesten.

Grabungen eine systematische Erforschung der Vorgeschichte des Subkontinentes, die sich bis dahin fast ausschließlich auf den durch die Literatur bekannten Teil beschränkt hatte.

Die mit dem Beginn der Kolonialisierung Indiens im 16. Jh. verstärkt durchgeführten sprachwissenschaftlichen Untersuchungen hatten ergeben, daß die alte Ritualsprache der Hindus, das Sanskrit, mit den germanischen Sprachen verwandt war. Diese Entdeckung bestätigte das damalige diffusionistische Denken des Abendlandes, sich selbst als Ursprung kultureller Entwicklung zu sehen.

Einige der ersten literarischen Werke wie Abraham Rogers' "Open Door to hidden Heathendom" (Die geöffnete Tür zum verborgenen Heidentum) (London 1651) oder das Werk von Philippus Baldaeus „Beschreibung der Ost-Indischen Kusten Malabar und Coromandel, derselben angräntzenden Königreiche und Landschaften, als auch des Kaiserreichs Zeylon benebenst der Abgotterey der Ost-Indischen Heyden“ (Amsterdam 1672) zeugen nicht nur von kaufmännisch-christlichem Denken, sondern auch von einer manchmal etwas phantastischen Wiedergabe dieser fremden Welt.

Auch wenn sich bedeutende Gelehrte wie die Brüder Schlegel bereits im frühen 19. Jh. mit der indischen Geisteswelt intensiv auseinandergesetzt hatten (Friedrich v. Schlegel, 1808), fand erst in diesem Jahrhundert der Wandel von einem „europäozentrischen zu einem universalhistorischen Weltbild“ (A. T. Embreé u. F. Wilhelm 1967) in der abendländischen Betrachtungsweise statt.

Im Rahmen der indischen Geschichtsforschung und somit auch der Erforschung indischer Baugeschichte waren neben den Quellenstudien historischer Texte die Studien materieller Hinterlassenschaften im Rahmen systematischer archäologischer Untersuchungen erst seit Mitte des 19. Jh. von größerer Wichtigkeit geworden.

1870 wurde General Alexander Cunningham zum ersten Direktor des Indischen Antikendienstes ernannt (S. Roy 1961). Sicherlich nicht unbeeinflußt von jenem „europäozentrischen“ Denken, konzentrierte sich die archäologische Forschung des „Archaeological Survey of India“ bis zum frühen 20. Jh. bevorzugt auf den in europäischen Quellen belegten Alexanderfeldzug (S. Ausfeld 1907; A. Stein 1929a) nach Nordindien und auf seine Auswirkung auf die indische Kunst vor allem in der frühbuddhistischen Plastik.

Bis zur Entdeckung der vorgeschichtlichen Harappa-

Kultur in den Jahren 1921–22 wurde die indische Kunst in Literatur und bildnerisch-plastischer Darstellung als ein geschichtliches Phänomen betrachtet, dessen Wurzeln in den Kulturen der um 1500 v. Chr. von Nordwesten vermutlich aus dem Hochland von Iran eingewanderten vedischen Arier zu suchen waren und das im ausgehenden 4. Jh. v. Chr., eben durch den Alexanderfeldzug (327–325 v. Chr.) und die darauf folgenden griechischen Kolonien in Baktrien abendländisch beeinflußt, eine erste kulturelle Hochblüte erfuhr.

Vor dem Hintergrund eines derartig auf Europa fixierten Geschichtsbildes bestand kein ausgeprägtes Problembewußtsein für die Vorgeschichte des Subkontinents, obwohl gerade diese Phase der menschlichen Entwicklung im Europa des späten 19. Jh. auf ein zunehmendes Interesse stieß. Vielleicht war dieses europäozentrische Weltbild der Grund dafür, weshalb bereits seit 1860 bekannte Funde aus dem indischen Paläolithikum, welche auf eine lange vorgeschichtliche Besiedlung des Subkontinents hinwiesen, nicht weiterverfolgt wurden und es bis in die 30er Jahre unseres Jahrhunderts (H. de Terra; T. T. Paterson 1939) dauern sollte, bis auch dieser Abschnitt der indischen Vorgeschichte erstmals systematisch erforscht wurde.

Die Entdeckung der Harappa-Kultur stellte somit nicht nur einen Umbruch im bisherigen Kultur- und Geschichtsdenken dar, sondern sie löste auch eine Welle neuer Forschungstätigkeiten aus. Auf der Suche nach den Ursprüngen dieser Kultur war neben der Frage nach ihrer relativen chronologischen Zuordnung auch jene von großer Wichtigkeit, inwieweit die reife Harappa-Kultur mit ihren urbanen Zentren und ihrer großflächigen Ausdehnung ein eigenständiges Ergebnis regionaler Entwicklung war oder, wie es der englische Archäologe Sir Mortimer Wheeler (1968) einmal formulierte, inwieweit sie als „Idee" von außerhalb in das Industal getragen worden war.

Mit der Diskussion um diese Entwicklung, die mit den beiden vorgenannten vereinfachten Modellen der Konvergenz (lat.-dt.: Annäherung; vgl. S. Champion 1982) und Diffusion (lat.-dt.: Auseinanderfließen; vgl. ibid.) beschrieben werden kann (heute jedoch mit bedeutend umfassenderen Modellen – vgl. L. R. Binford 1965 [1968]; C. Renfew 1970; D. L. Clarke 1968; speziell für die Harappa-Kultur: J. Shaffer 1978; L. Flam 1981 – durchleuchtet wird), ist eines der Hauptthemen angeschnitten, das die Forscher seit der Entdeckung der Harappa-Kultur beschäftigt.

Eine vorläufige zeitliche Zuordnung erfolgte bereits unmittelbar nach der ersten Veröffentlichung der Grabungsergebnisse durch Sir John Marshall (A. H. Sayce 1924). Anhand vergleichender Studien mit den Kulturen Mesopotamiens kam man jedoch zu durchaus abweichenden Werten, die zwischen dem 3. und 2. Jt. v. Chr. lagen. C. J. Gadd und S. Smith (1924) bezogen in ihre Betrachtung bereits Architekturelemente ein. „Die letzte, aber damit nicht weniger bedeutende Ähnlichkeit ist in den Ziegelbauten mit ihren Kanälen und Schmuckformen glasierter Ziegel (diese wurden in der Harappa-Kultur nie gefunden) zu finden. Indem man sich die Bilder der indischen Grabungen anschaut, erinnert man sich unwillkürlich an Dr. Halls und Herrn Woolleys Grabungen in Ur..."

Die eigentliche Grundlage für vergleichende Studien mit anderen, bereits bekannten Kulturen wurde erst in den späten 20er Jahren durch Feldforschungen in Baluchistan gelegt (Sir A. Stein 1929b, 1931; N. G. Majumdar 1934) und nach dem Zweiten Weltkrieg, als die Indische Union und Pakistan als unabhängige Staaten aus der Kronkolonie Indien hervorgegangen waren, systematisch bis zum heutigen Tag erweitert (B. de Cardi 1950, 1964; W. Fairservis 1971; J. Shaffer 1978; L. Flam 1981).

Mit der Entwicklung eines absoluten Datierungsverfahrens, der Radiokarbondatierung (siehe z. B. S. Champion 1982: 142) durch den amerikanischen Physiker Willard F. Libby (C^{14}-Methode), war ab 1949 zum ersten Mal eine direkte Bestimmung absoluter Zeitwerte von organischem Material möglich geworden. Von nun an wurde dieses Verfahren als Ergänzung und Korrektur zu der Methode der relativen Datierung durch Stil- und Formvergleiche in stratigraphisch gesichertem Kontext angewandt.

Die C^{14}-Untersuchungen der 50er Jahre bestätigten weitgehend früher erstellte Datierungen in die späte frühdynastische Periode und die sich daran anschließende Dynastie von Akkad in Mesopotamien, die beide in die 2. Hälfte des 3. Jt. v. Chr. fallen. Die heutige Datierung der reifharappazeitlichen Periode liegt etwa zwischen 2400–1900 v. Chr. Mit dieser zeitlichen Zuordnung ist jedoch die anfänglich gestellte Frage nach der Entstehung der Harappa-Kultur noch nicht beantwortet.

Wenn die Zeit zwischen 2400–1900 v. Chr. die Periode umschreibt, in der die Harappa-Kultur ihre Hochblüte in den großen Stadtzentren erreicht hatte, so ist auf dem Stand unseres heutigen Wissens auch eine vor- und frühharappazeitliche (formative) Periode zu beobachten (vgl. hierzu R. Mughal 1971 etc.).

Früheste Zeugnisse dauerhafter Besiedlung aus dem 7. Jt. v. Chr. sind seit 1975 aus einer französischen Grabung von Mehrgarh (J. F. Jarrige u. M. Lechevallier 1979c: 468) am Fuße des Bolanpasses in Baluchistan bekannt. Die ersten Siedlungsformen entstanden hier wohl nach der letzten Eiszeit, nachdem der Mensch gelernt hatte, den Boden zu bestellen und Vieh zu züchten.

Das Seßhaftwerden und damit verbunden die Entstehung dauerhafter Architekturformen war eine direkte Folge veränderter Bedingungen in der Nahrungsbeschaffung, ein Umbruch, den der aus Australien stam-

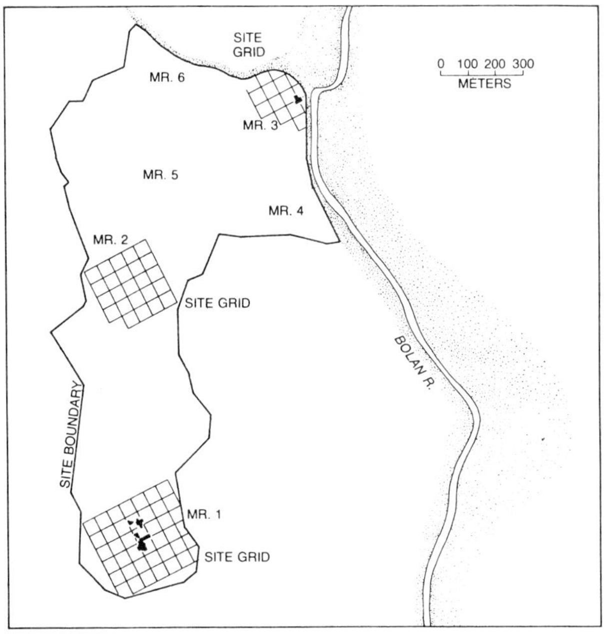

Abb. 92 Karte Mehrgarh: Der älteste Teil der Siedlung befindet sich im Bereich MR 3.

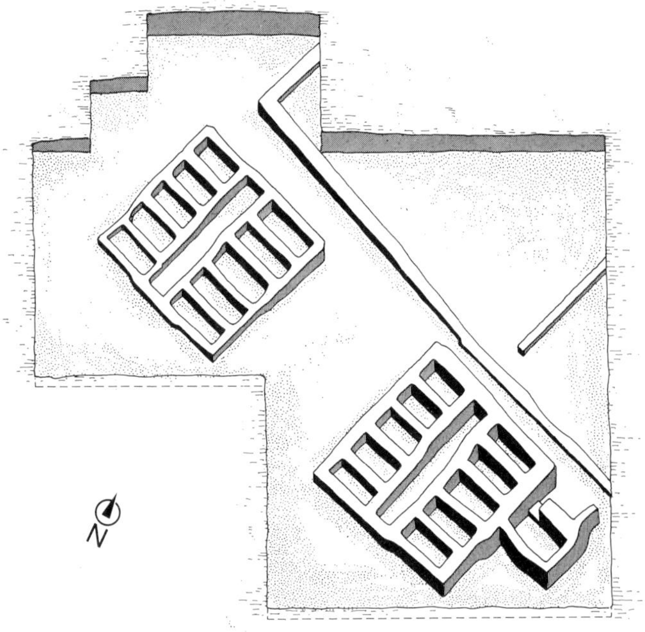

Abb. 93 Kornspeicheranlage aus Mehrgarh, Periode IIb, 5. Jt. v. Chr.

mende Archäologe Vere Gordon Childe (1950) als „Neolithische Revolution" bezeichnet hat. Daß der Ackerbau noch mehr als die Viehzucht unmittelbar von der Qualität des Bodens und von regelmäßiger Wasserzufuhr abhing, ist in Baluchistan an der Lage der frühen Siedlungen unmittelbar ablesbar, da sich diese entweder an Quellen oder in Flußnähe befanden (L. Flam 1981; W. Fairservis 1971).
Die uns bisher bekannten frühesten Siedlungen sind Kili Gul Muhammad I, ein kleiner Fundort unweit der heutigen Stadt Quetta im breiten Quettatal gelegen, und Mehrgarh I, das an dem äußersten Ende eines breiten alluvialen Tales, der Kachi-Ebene, liegt, die heute wegen ihres fast wüstenartigen Charakters nur dünn besiedelt ist. Beide Orte waren bereits zu einer Zeit (ca. 6000 v. Chr.) bewohnt, als Keramik, eine der sehr wichtigen Erfindungen des neolithischen Menschen, noch nicht bekannt war (zur Chronologie vgl. J.-F. Jarrige 1984: 22. Kili Gul Muhammad wird allgemein in das 4.–3. Jt. datiert). Lediglich aus Mehrgarh, deren früheste Schichten weitgehend horizontal erschlossen werden konnten, liegen uns über das Leben der Bewohner und über ihre Architektur erste Befunde vor.
In MR 3 (Abb. 92), dem nördlichsten Bereich Mehrgarhs, entdeckte man den ältesten Teil der Siedlung, in dessen untersten Schichten (MR 3 T: Tiefgrabung, Schicht 4; M. Lechevallier u. G. Quivron 1981 fig. 3) bereits rechteckige Architekturformen freigelegt wurden, die aus einzeln geformten Lehmziegeln (8 × 13 × 40 cm) mit abgerundeten Ecken und Fingereindrücken auf den Oberseiten errichtet worden waren. Eine der frühesten Strukturen maß 6 m in nord-südlicher Richtung und 3,60 m in ost-westlicher Richtung. Sie bestand aus einer durch eine Mittelwand getrennten, symmetrisch angeordneten Doppelreihe von mindestens acht rechteckigen Räumen (Abb. 93). Die Mauern standen noch bis 0,80 m hoch an und zeigten keinerlei Eingänge. Eine Siedlungsschicht darüber hatte man bereits 1977 (J.-F. Jarrige u. M. Lechevallier 1979c: 468) den Raum (2,00 × 1,80 m) einer Hausanlage gefunden, die jedoch nicht weiter freigelegt werden konnte. Die Mauern waren hier aus Ziegeln der Maße 7 × 14,5 × 28 cm errichtet, die ebenfalls an ihrer Oberseite Fingereindrücke aufwiesen.
In den folgenden Schichten wurden weitere rechteckige Kammeranlagen entdeckt. Jedoch war die ursprüngliche Doppelreihe durch eine Reihe fast quadratischer Mittelräume erweitert (Abb. 94), die vermutlich wie die anderen Kammern von oben erschlossen wurden, da man auch hier keinerlei Türöffnungen in den Seitenmauern sichern konnte. Über die Funktion der Architektur sagten die Ausgräber: „Die Architektur in MR 3, wie wir sie heute kennen, zeigt, daß große rechteckige Bauwerke mit unterschiedlichen Grundrissen, Proportionen und Konstruktionsarten für verschiedene Zwecke geplant worden waren: einige, tatsächlich aber nur eine Struktur aus Schicht 1, konnten zum Wohnen genutzt werden, andere nicht. Letztere dienten vermutlich dem hauswirtschaftlichen Gebrauch, der Lagerung von Gütern oder auch der Haltung von Kleintieren wie Schafen und Ziegen. Eine solche Nutzungsmöglichkeit schließt soziale und wirtschaftliche Betrachtungen ein und läßt vermuten, daß bereits eine entwickelte Form

Abb. 94 Mehrgarh: Kammeranlagen des 5.–4. Jt. v. Chr.

des Bauerntums bestanden haben mag und daß die Siedlung ständig bewohnt war" (M. Lechevallier u. G. Quivron 1981: 77).
Paläobotaniker und -zoologen, welche die pflanzlichen und tierischen Überreste untersuchten, konnten feststellen, daß Rind, Schaf und Ziege domestiziert waren und daß man Gerste und Weizen anbaute. In Erdbestattungsplätzen nahe der Wohnbereiche fand man als Grabbeigaben auch Lapislazuli und Türkis, Halbedelsteine, die bereits in dieser frühen Zeit auf Fernhandelsbeziehungen nach Afghanistan und Iran hindeuten. Neueste Forschungen in den Bergen Baluchistans haben allerdings gezeigt, daß beide Halbedelsteinarten ebenfalls in den Bergen Chagais vorkommen.
Auch in der nächsten Besiedlung Mehrgarhs (MR 4) (5. Jt. v. Chr.; J.-F. Jarrige 1981: 99; frühes Chalkolithikum), die südlich der ersten lag, behielt man die Tradition der Kammerbauten bei. Eindrücke von Weizenkörnern in den Seiten der Lehmmauern lassen vermuten, daß es sich um Getreidespeicher handelte.
Daß man ähnliche Strukturen an anderen Fundorten des 3. Jt. v. Chr., so zum Beispiel in Amri und Nindowari fand, könnte auf eine weit verbreitete Konvention deuten, Getreide in solchen Kammeranlagen aufbewahrt zu haben, wobei Getreide in Mehrgarh nach 5000 v. Chr. auch in großen Keramikbehältern gelagert wurde (J. F. Jarrige 1981: 105).

Während des 4. Jt. v. Chr. erfuhr Mehrgarh eine bedeutende Weiterentwicklung in Wirtschaft und Handel. Zu dieser Zeit entstanden im Quettatal sowie in Nord- und Südbaluchistan viele neue Siedlungen, deren günstige Lage eine Hochland-Flachland-Beziehung förderte, die zu einer allgemeinen wirtschaftlichen und technologischen Blüte führte. Die seit dem 5. Jt. bekannte Keramik wurde jetzt in hoher Qualität auf der Töpferscheibe hergestellt; Kupferschmelztiegel weisen auf eine örtliche Verarbeitung von Kupfer hin. Darüber hinaus verstärkte sich der Fernhandel mit im Westen liegenden Zentren wie Mundigak in Afghanistan, Namazga-Tepe in Süd-Turkmenien und Shahr-i Sokhta im südlichen Seistan (C. Jarrige u. M. Tosi 1981: 115 ff.).
Bis zur zweiten Hälfte des 4. Jt. waren die ökologischen Bedingungen der Hochland-Flachland-Beziehung so günstig, daß eine Besiedlung des Indus-Urstromtales noch nicht in größerem Maße eingesetzt hatte. Um die Mitte des 4. Jt. sind erste Besiedlungen im Bereich des oberen Industals wie beispielsweise Rahman Dheri (AP V) am Gomal-Fluß oder Jalilpur (R. Mughal 1974) im Punjab sowie Amri im unteren Industal zu beobachten. Zur Wende in das 3. Jt. zeugt die Zunahme von Siedlungen der „Amri-Kultur" im unteren Industral sowie der „Kot-Diji-Kultur", die hauptsächlich im Nordosten entlang eines schon vor langer Zeit ausgetrockneten Flusses, des Ghaggar

Hakra, lagen (L. Flam 1981), von der endgültigen Inbesitznahme des Industals. Die flächenmäßig noch kleinen Siedlungen lassen in ihren materiellen Hinterlassenschaften bereits alle Voraussetzungen erkennen, welche zur späteren Entstehung der urbanen Zentren wie Mohenjo-Daro und Harappa notwendig waren. Eine solche Tendenz zu Beginn des 3. Jt. mag auf einen Bevölkerungszuwachs zurückzuführen sein, für den das ökologische Potential der Hochland-Flachland-Beziehung Baluchistans zu eng geworden war. Aber auch technologische Fortschritte, beispielsweise auf dem Gebiet der Metallurgie, die Zunahme des Mittel- und Fernhandels sowie der Beginn gesellschaftlicher Hierarchisierung als Folge von Handwerksspezialisierung führten zum Phänomen „Harappa-Kultur", der ersten großen städtischen Zivilisation des Subkontinentes.

Neben jenen eher siedlungsgeographisch-ökologischen Beobachtungen ist für die vorharappazeitliche Geschichte in bezug auf die Hausarchitektur nicht viel zu sagen, da bisher zu wenige horizontale Grabungen mit stratigraphisch gesichertem Kontext durchgeführt wurden. Jedoch wissen wir beispielsweise von Mehrgarh, daß orthogonale Hausformen vorherrschend waren, wobei die stereotype Grundrißform der Kammeranlagen Mehrgarhs, die sich dort über Jahrtausende erhalten konnte, auf eine Funktionsgebundenheit hinweist, die sich im Laufe der Zeit kaum änderte.

Aber auch andere Architekturelemente, die uns in der späteren Harappa-Kultur wieder begegnen werden, so beispielsweise Lehmziegelplattformen, sind aus früherer Zeit aus Mehrgarh, aber auch aus Damb Sadaad (W. Fairservis 1975: 145 DS III) im Quettatal bekannt, wo darüber hinaus Ansätze von Abwasserkanälen aus roh behauenem Naturstein gefunden wurden.

Ein Teil eines Ziegelkanals sowie ein Brunnen von 1,80 m Durchmesser, dessen oberer Rand aus Bruchstein gemauert war und der sich darunter in Ziegelmauerwerk fortsetzte, wurden in Dabarkot im Loralaital von Sir Aurel Stein 1927 (A. Stein 1929b: 57) entdeckt. Da jedoch Dabarkot ebenfalls zur Harappa-Zeit besiedelt war, ist nicht auszuschließen, daß diese Anlage ebenfalls harappazeitlich ist.

2. STÄDTE DER HARAPPA-KULTUR

Mit der Entdeckung Mohenjo-Daros hatte man eine der größten Städte der Harappa-Kultur gefunden, die bis heute in mehr als tausend Fundorten nachgewiesen werden konnte. Allein entlang des Flusses Hakra in Rajasthan und in Cholistan östlich des zentralen Industals sind mehrere hundert Siedlungen durch Sir Aurel Stein (A. Stein 1943) und durch den pakistanischen Archäologen Rafique Mughal (R. Mughal 1971) entdeckt worden.

Nach der Teilung Britisch-Indiens in die Indische Union und Pakistan wurde die Suche nach prähistorischen Fundorten auf beiden Seiten intensiv fortgesetzt. Die bekannten Städte Harappa und Mohenjo-Daro liegen im heutigen Pakistan, die moderne Staatsgrenze verläuft mitten durch das ehemalige Siedlungsgebiet der Harappaner, das von den Füßen des Himalaya im Norden bis zum Golf von Cambay im Süden und von der Makranküste im Westen bis in die Gegend des heutigen Delhi im Nordosten reichte.

Weitere Forschung innerhalb der Indischen Union erbrachte nach 1947 die Entdeckung vieler Siedlungen in dem Bundesstaat Hariana, in Teilen Saurashtras und auf der Insel Kutch. In Saurashtra wurde in den 50er Jahren von dem indischen Archäologen S. R. Rao (S. R. Rao 1973) die vermeintliche Hafenstadt Lothal (Abb. 118) ausgegraben, deren architektonische Besonderheit ein monumentales, aus Ziegeln gemauertes Becken von ca. 35 × 210 m Größe ist, und von dem der Ausgräber annimmt, es sei ein künstliches Hafenbecken gewesen. Diese Deutung ist jedoch nicht allgemein anerkannt worden (vgl. L. Leshnik 1968).

In Saurashtra ist eine Änderung des Siedlungsverhaltens zur spätharappanischen Zeit zu beobachten. Während Lothal als reifharappazeitliche Siedlung in der Ebene nahe dem Meer und dem Fluß Sabarmati errichtet worden war, befinden sich die meisten der um 1900 v. Chr. gegründeten spätharappazeitlichen Orte im Landesinneren. Ihre geringe Siedlungsfläche von durchschnittlich weniger als 6 ha (Mohenjo-Daro war mindestens 9mal so groß), mag auf einen dörflichen Charakter hinweisen. Aber auch Lothal ist mit 7,5 ha Ausdehnung vergleichsweise klein.

Eine weitere reifharappazeitliche Gründung, Surkotada (J. P. Joshi 1974) (Abb. 119), auf der Insel Kutch, die der alten Flußmündung des Indus vorgelagert war, ist nur 0,72 ha (60 × 120 m) groß und hat wahrscheinlich auf dem Wege vom Industal nach Saurashtra als Zwischenstation gedient.

Die um 1900 v. Chr. in spätharappanischer Zeit intensiv einsetzende Besiedlung Saurashtras erfolgte im Zuge einer Auswanderungsbewegung vom zentralen Industal nach Osten. Sie ist, die Wüste Thar umgehend, im Süden in Saurashtra und im Norden in Hariana zu beobachten. Diese Auswanderungsbewegung wurde unter anderem auf eine Katastrophe im zentralen Siedlungsgebiet der Harappaner zurückgeführt, wobei die möglichen Theorien für eine solche von einer gewaltsamen Zerstörung durch die Invasion der Arier (M. Wheeler 1947b) über eine sintflutartige Überschwemmung des Industals mit einer darauffolgenden Aufgabe Mohenjo-Daros (R. Raikes 1963), bis hin zum Austrocknen des Flusses Ghaggar (Hakra) in Rajasthan (R. Raikes 1968) und der damit verbundenen Aufgabe von Hunderten von Siedlungen in diesem Gebiet reichen.

In den Bergzonen westlich des Indus und entlang der Makranküste sind Siedlungen der reifen Harappa-Kultur als vereinzelte Außenposten zu finden, die wie Sukhtagen Dor (Sir A. Stein 1931: 60; G. F. Dales 1962a), Sutka-Koh und Balakot (G. F. Dales 1976) in strategisch günstiger Position Flußtäler und deren Hinterland kontrollierten. Die Annahme, es handele sich bei diesen in Küstennähe liegenden Siedlungen um Stützpunkte und Häfen für die Küstenschiffahrt zwischen dem Industal und dem Persischen Golf, konnte bisher nicht bestätigt werden (G. F. Dales 1962b). Sie mögen ebenfalls als Handelsposten zur Erschließung des unmittelbaren Hinterlandes gedient haben.

Ein bisher völlig isolierter Fundort der reifen Harappa-Kultur, Shortughai, befindet sich in Nordafghanistan am Flusse Panj, nahe der Lapislazuli-Abbaugebiete Badakhshans (H.-P. Francfort 1983). Die Entfernung von dort bis zur nächsten, uns bekannten Harappa-Siedlung im oberen Industal beträgt mehr als 600 km, was für die damaligen Bedingungen eine Reisezeit von mindestens einem Monat bedeutet hätte, schließt man die mühsame Überquerung von Gebirgspässen mit ein. Shortughai war vermutlich Zwischenglied einer Lapislazuli-Handelsroute, die nach Westen führte und über die Kontakte zur Oxus- bzw. Namazga-Zivilisation (H.-P. Francfort 1983) bestanden haben mögen.

In Kalat, Baluchistan, wurden in mehreren Fundorten der Kulli Kultur (B. de Cardi 1964: 26) Einflüsse der reifen Harappa-Kultur festgestellt. Das Vorkommen harappazeitlicher Siedlungen entlang der Berggrenzen Baluchistans, oft in verkehrsgünstiger Lage an den Zugängen zu Pässen und Flußtälern, läßt vermuten, daß das Bergland Baluchistans nicht zum eigentlichen Siedlungsraum der Harappa-Kultur zu zählen ist, wobei vereinzelte Siedlungen in breiten Tälern, wie beispielsweise Dabarkot und Orte der Kulli-Kultur wie Nindowari (J. M. Casal 1966), möglicherweise als harappanische Außenposten angesehen werden müssen, die im Wirtschaftsaustausch eine Rolle spielten.

Die Indus-Zivilisation selbst war eine Kultur des alluvialen Flachlandes und nicht der Berge. Ihr Entstehungsgebiet ist vermutlich die Kachi-Ebene zu Füßen der Kirthar-Berge (J.-F. Jarrige 1984).

Liegt die vorharappazeitliche Siedlung Mehrgarh noch am westlichen oberen Ende der Kachi-Ebene, sowohl zum Flachland als auch zum Hochland orientiert, so befinden sich mehrere große früh/reifharappazeitliche Fundorte wie Pathani Damb (B. de Cardi 1964: 28) und Judeir-jo-Daro (P. A. No. 1, 1964: 11–12) in dem unteren östlichen Gebiet ihres Übergangs in die Indusebene. Während Pathani-Damb zu Füßen der Berge am Mula-Paß einen wichtigen Zugang nach Kalat beherrschte, lag der mehr als 30 ha große Ort Judeir-jo-Daro inmitten des Durchgangsgebietes zum Industal an einer alten Handelsroute, die von Quetta aus in das Industal führte.

Beide Fundorte sind noch nicht näher untersucht worden, können aber vermutlich zu den großen reifharappazeitlichen Siedlungen gezählt werden. Mohenjo-Daro, das politische und religiöse Zentrum der reifen Harappa-Kultur im unteren Industal, könnte mit seiner Lage in unmittelbarer Nähe des Indus als Verkehrsknotenpunkt für den nord-südlichen und ost-westlichen Handelsverkehr die letzte Stufe dieser west-östlichen Siedlungsentwicklung markiert haben.

Der britische Archäologe Stuart Piggott (S. Piggott 1950) stellte Vermutungen an, daß die Harappa-Kultur ein großes Imperium gewesen sei, das von den Zwillingsstädten Harappa im Norden und Mohenjo-Daro im Süden aus durch ein Priesterkönigtum regiert wurde. 1973 erweiterte der indische Archäologe S. R. Rao diese Vorstellung eines Zwillingsstädtewesens zu einem Vierprovinzensystem mit einer westlichen (Makran), einer zentralen (Sind), einer nördlichen (Punjab) und einer südlichen (Saurashtra) Provinz. Alternativ zu solchen Modellen imperialer, theokratischer Macht sind andere Gesellschaftssysteme vorstellbar, in denen statt eines Priesterkönigtums Stände oder Gilden die eigentliche Herrschaft in Händen hielten. Eine solche Hypothese würde durch die Tatsache unterstützt, daß man bisher weder Sakralarchitektur in Form von Tempeln noch Herrschaftsarchitektur in Form von Palastbauten vorfand. Darüber hinaus ist in der Harappa-Kultur jede Art monumentalisierender Grabbauweise unbekannt. Statt dessen zeichnet sich diese Zivilisation durch große Stadtanlagen mit Hunderten von Wohnhäusern aus, die auf einen gehobenen Lebensstandard ihrer Bewohner schließen lassen. Gleichzeitig ist aus den verschiedenen Haustypen und ihrer räumlichen Zuordnung erkennbar, daß die Städte von einer sozial komplex strukturierten Gesellschaft bewohnt wurden. Des weiteren ist eine gewisse Vereinheitlichung in der Formensprache der materiellen Hinterlassenschaften über die gesamte räumliche und zeitliche Ausdehnung der Harappa-Kultur auffällig, was auf einen Konservatismus der Produzenten deuten könnte. Da jedoch die noch nicht entzifferte Harappaschrift als mögliche Informationsquelle nicht herangezogen werden kann und die bisher gesicherten materiellen Hinterlassenschaften keine eindeutigen Schlüsse über mögliche politische Organisationsformen zulassen, müssen weiterhin alle bisherigen Annahmen über das politische System als rein hypothetisch betrachtet werden.

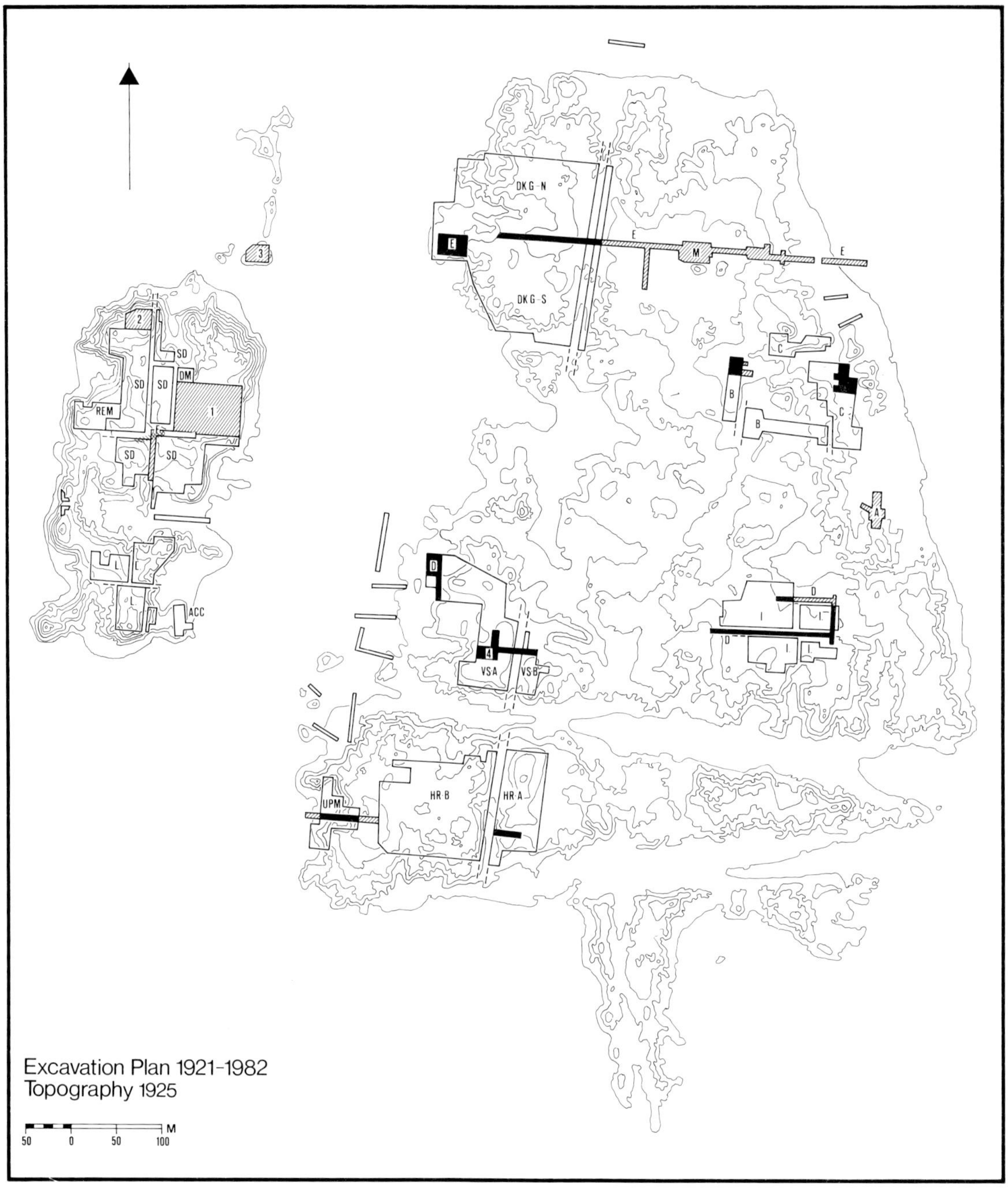

Abb. 95 Mohenjo-Daro: Grundriß mit den verschiedenen Ausgrabungsbereichen.

Mohenjo-Daro

Eine erste Erwähnung des Fundortes stammt aus dem Jahre 1911–12, als der indische Archäologe D. R. Bhandarkar (D. R. Bhandarkar 1912) im Zuge der Erforschung buddhistischer Bauwerke im Sind auch den Ort Mohenjo-Daro besuchte. Aber erst 1922 wurde von R. D. Banerji, dem Nachfolger Bhandarkars als Direktor des „Western Circle", eine Grabung durchgeführt (vgl. M. Jansen 1983c), in deren Folge der bronzezeitliche Charakter der Siedlung offenbar wurde. Insgesamt fanden bisher 25 verschiedene Grabungen in Mohenjo-Daro statt (Abb. 95, 96), die teilweise nach ihren Ausgräbern benannt wurden. So bedeuten die Abkürzungen: DK = K. N. Dikshit; VS = M. S. Vats; HR = H. Hargreaves; SD = A. D. Siddiqui; DM = B. L. Dhama. 1967 setzte die UNESCO Mohenjo-Daro auf die Weltliste erhaltenswerter Baudenkmäler und rief ein besonderes Programm ins Leben, um das vom Verfall bedrohte Kulturdenkmal zu schützen.

Durch die 25 Grabungen hatte man 10% der Gesamtfläche Mohenjo-Daros freigelegt, so daß einige Stadtbereiche mit vollständigen Hausgrundrissen und

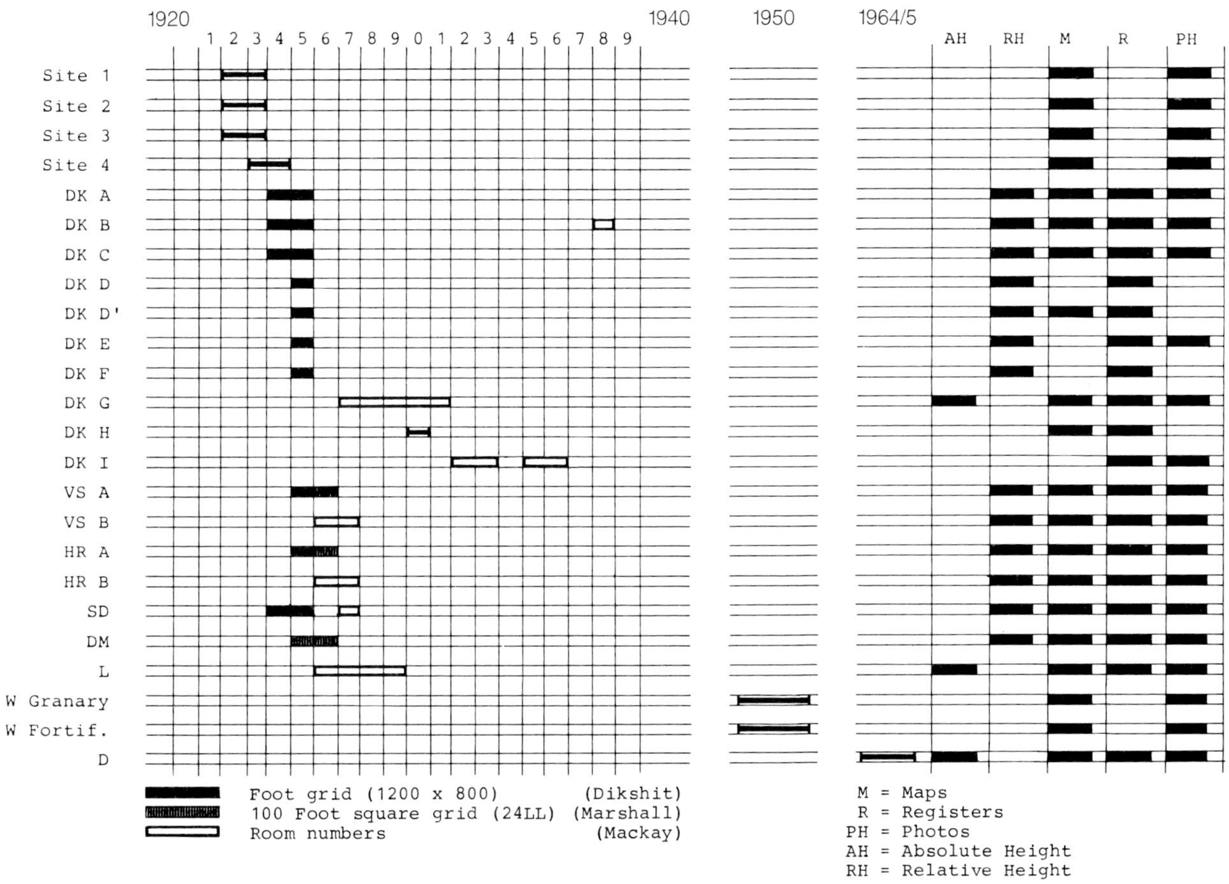

Abb. 96 Diagramm zu Abb. 95. Auf der vertikalen Achse sind die verschiedenen Grabungsbereiche eingetragen, während auf der horizontalen Achse die Grabungszeit sowie die uns vorliegenden Quellen zu den Bereichen angegeben sind.

Straßenzügen erkennbar sind (Abb. 97). Außer in Mohenjo-Daro wurden ebenfalls in Kalibangan (B. K. Thapar 1975) und Lothal (S. R. Rao 1973) vollständige Hausanlagen ausgegraben, die jedoch im Gegensatz zu denen Mohenjo-Daros ausschließlich aus Lehmziegeln gebaut waren und bereits kurz nach ihrer Freilegung durch Verwitterung weitgehend zerstört wurden.

Harappa diente 1857 englischen Eisenbahnbauern zur Errichtung der Eisenbahntrasse Lahore–Multan als Ziegelsteinbruch. Sie plünderten den Fundplatz so gründlich, daß danach innerhalb der Stadt keine zusammenhängenden Hausgrundrisse mehr erkennbar waren. Lediglich außerhalb der eigentlichen Stadtanlage blieben einige Bauwerke unversehrt. Vor diesem Hintergrund ist Mohenjo-Daro bis heute die ergiebigste Quelle architektonischer Forschung geblieben.

Bezogen sich die ersten Grabungen in Mohenjo-Daro meist nur auf die Freilegung von Strukturen unmittelbar unterhalb der archäologischen Oberfläche, so wurde nach 1927 zum ersten Mal von dem Archäologen Ernest J. H. Mackay, der zuvor in Kish gegraben hatte, eine systematische Tiefgrabung (Abb. 98) durchgeführt, um die gesamte Siedlungsgeschichte zu erforschen (E. J. H. Mackay 1938). Jedoch ist es weder ihm noch irgendeinem seiner Nachfolger gelungen, die untersten Schichten zu erreichen, da sich diese vollständig im heutigen Grundwasserbereich befinden (Abb. 99). In den 30er Jahren stagnierte die archäologische Forschung auf dem gesamten Subkontinent, nicht zuletzt auch wegen der weltweiten finanziellen Anspannung vor Ausbruch des Zweiten Weltkrieges. Während des Krieges waren es vor allem zwei englische Archäologen, welche die Vorstellung vom städtischen Bild Mohenjo-Daros prägten.

Der eine war Stuart Piggott, seit 1942 für den englischen Geheimdienst in Indien tätig, und der andere war Sir Mortimer Wheeler, der als Brigadegeneral 1944 von den Schlachtfeldern Nordafrikas fortgerufen wurde, um die Leitung des indischen Antikendienstes zu übernehmen (Abb. 100). Mit Wheeler kam die moderne Archäologie nach Indien. In zwei Grabungen, 1946 in Harappa und 1950 in Mohenjo-Daro, versuchte er zu belegen, daß das von Gordon Childe in den 30er Jahren geprägte Bild einer friedfertigen Indus-Zivilisation, die keine befestigten Städte kannte, falsch war. Sowohl in Harappa als auch in Mohenjo-Daro wies er mächtige Umfassungsmauern bzw. -wälle nach, die sich in Harappa noch immer aus der Ebene erheben, während sie in Mohenjo-Daro (westlich des Kornspeichers; M. Wheeler 1968: 44) fast völlig von den Sedimenten des Indus bedeckt worden

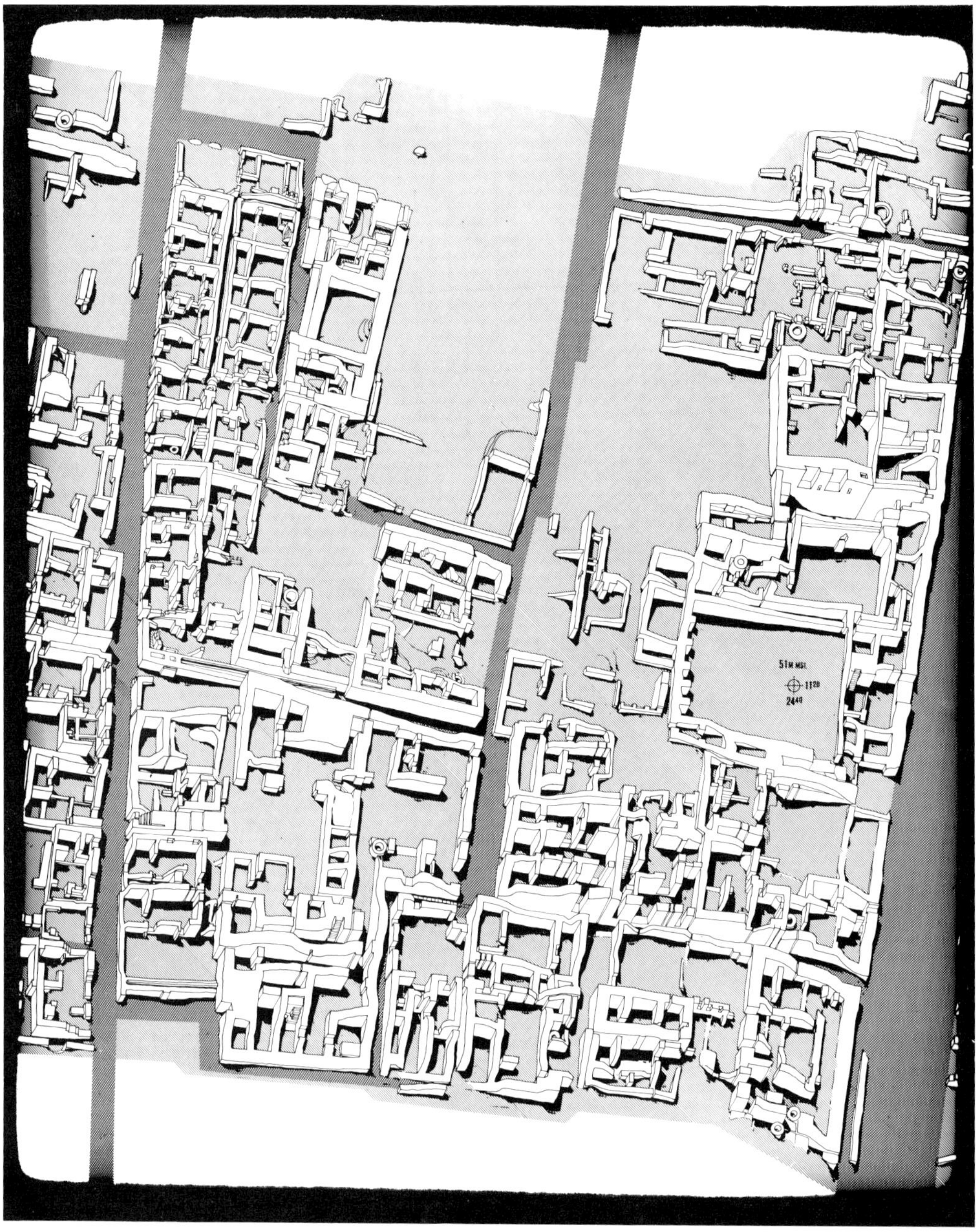

Abb. 97 Isometrische Ansicht des mittleren HR-Bereiches.

sind. Die Untersuchungen Wheelers beschränkten sich jeweils auf den höheren, westlich gelegenen Hügel der Fundorte. Wegen der dort gefundenen Umfassungsmauern und der besonderen Architekturen bezeichnete er diesen Teil der Städte als „Zitadelle" oder auch als „Akropolis" (M. Wheeler 1947: 58) (Abb. 101). Tatsächlich weisen alle bisher bekannten Siedlungen mit mehr als 12 ha Grundfläche eine solche, von der Hauptsiedlung räumlich getrennte „Akropolis" auf, die Wheeler als Sitz der städtischen Elite ansah. (Der Begriff „Akropolis" in der deutschen Übersetzung [Wheeler 1959b] für „Citadel" wird im folgenden beibehalten.) Das von Wheeler 1947 zum ersten Mal vergleichend dargestellte urbane Planungskonzept (Abb. 102) mit einer Akropolis im Westen und der Unterstadt im Osten kann somit durchaus, trotz vieler individueller Unterschiede der jeweiligen Anlagen (M. A. Fentress 1976), als charakteristisch für die großen harappazeitlichen Städte betrachtet werden.

Andererseits jedoch hat sich das ursprünglich von Stuart Piggott (S. Piggott 1950) entworfene Stadtmodell einer Rasteranlage (Abb. 103) mit drei nord-südlich und zwei ost-westlich verlaufenden Hauptverkehrsachsen, das danach von Wheeler übernommen wurde, nicht bestätigen können. Diesem Modell zufolge hätte Mohenjo-Daro aus einer fast quadratischen Stadtanlage mit 12 „insulae" bestehen müssen,

▲
Abb. 98 Mohenjo-Daro: DK-G-Bereich Tiefgrabung 1927–31.

Abb. 99 Mohenjo-Daro: Wheelersche Tiefgrabung 1950 nach Wassereinbruch.

von denen die mittlere, westliche die Akropolis bildete.
Ist dieses Modell eines gerasterten Grundrisses der gesamten Stadtanlage nach heutigen Erkenntnissen nicht mehr haltbar, so ist doch gewiß, daß sich die harappazeitliche Architektur mit gewissen Abweichungen im allgemeinen nach den Kardinalhimmelsrichtungen orientierte. In den großen Städten waren die nord-südlich verlaufenden Hauptstraßen als durchgängige Achsen ausgebildet (Abb. 105), während die ost-westlichen Straßen knickachsig verliefen. Mit der stets im Westen liegenden Oberstadt, der einheitlich orientierten Gesamtarchitektur und mit den nord-südlich durchlaufenden Straßenachsen haben wir Städte vor uns, denen eine festgelegte Planung zugrunde gelegen haben muß. Der Akropolis kam in diesem Planungskonzept eine besondere Bedeutung zu. Das ist nicht nur aus ihrer isolierten Lage, ihrer besonderen Position gegenüber der Gesamtstadt und aus ihrer Überhöhung erkennbar, sondern dies geht auch aus der sich wiederholenden Proportion 1:2

Abb. 100 Sir Mortimer Wheeler (Nr. 1) mit seinen Arbeitern auf dem Stupa, 1950, Mohenjo-Daro.

Abb. 101 Mohenjo-Daro: Luftbild der Akropolis von Süden.

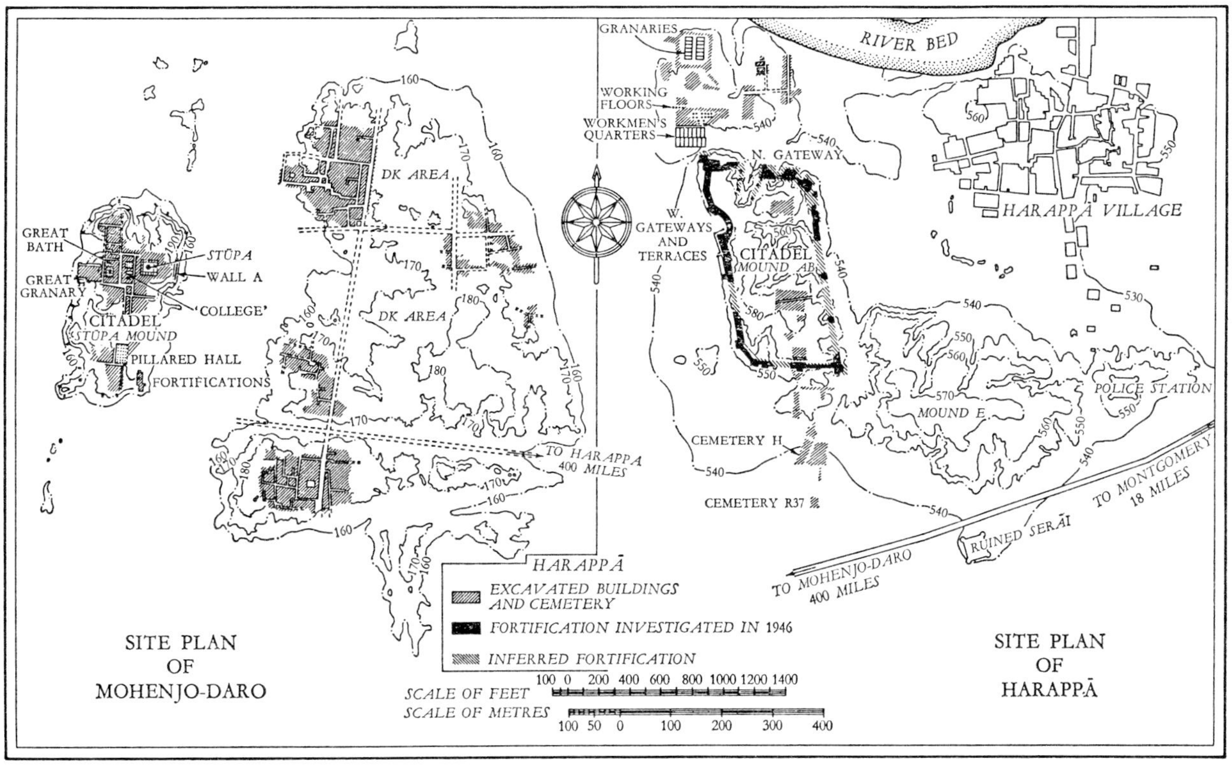

Abb. 102 Erster vergleichender Grundriß Mohenjo-Daros und Harappas mit der jeweiligen Akropolis im Westen.

Abb. 103 Von Stuart Piggott und Mortimer Wheeler angenommener Schachbrettrastergrundriß Mohenjo-Daros.
▼

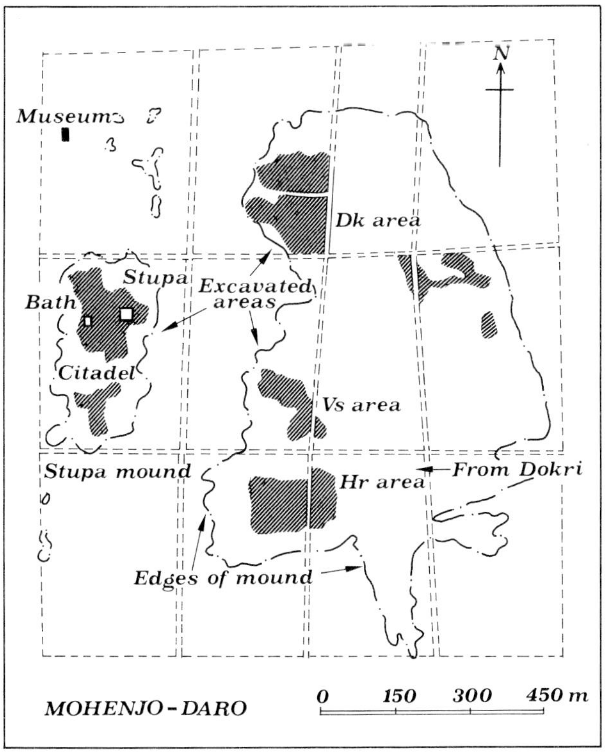

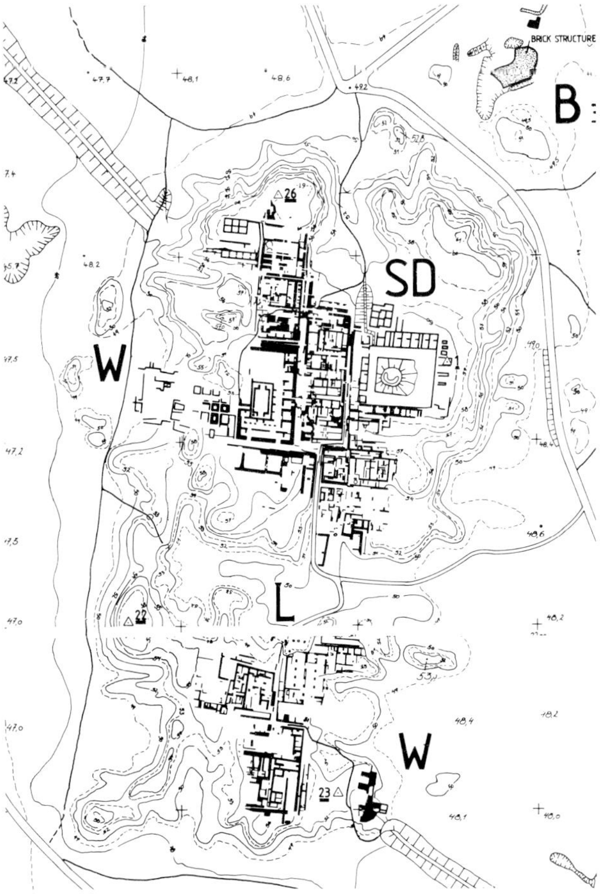

Abb. 104 Mohenjo-Daro, Akropolis, Grabungsbereiche: SD, L = 20er Jahre, W = Wheeler 1950 (letztere in den Originalplänen REM = Robert Eric Mortimer [Wheeler] und ACC bezeichnet). ▶

Abb. 105 Mohenjo-Daro: „First Street" im DK-G-Bereich.

und aus den architektonischen Sonderformen ihrer Bebauung hervor (Abb. 104).
Zwei der uns bekannten Akropolen, nämlich die Mohenjo-Daros und die Kalibangans, sind weitgehend horizontal erforscht worden. Sosehr sie sich aber auch in ihren äußeren Erscheinungsformen gleichen, so sehr unterscheiden sie sich in ihrer inneren Gliederung, so daß keine eindeutigen Schlüsse über eine einheitliche Nutzung zulässig sind.

3. DAS KONZEPT DER AKROPOLIS IN DER HARAPPA-KULTUR

Wo sich das Konzept der Akropolis als isolierter Hochbereich innerhalb der harappazeitlichen Architektur entwickelt hat, wissen wir noch nicht. Auch ist nicht bekannt, in welcher der großen Städte dieser Bautypus zum ersten Mal in Erscheinung trat. Keine der früheren Siedlungen weist eine derart eindeutige Gliederung auf. Zwar hat sich herausgestellt, daß Rahman Dheri (AP No. V) bereits mit einer rechteckigen Umfassungsmauer versehen war, daß in der Phase VII in Mehrgarh große Plattformen aus Lehmziegeln errichtet wurden und daß sich ferner in Kalibangan eine frühharappazeitliche Siedlung unterhalb der Akropolis verbirgt, deren Umfassungsmauern sich im Norden, Westen und Süden unmittelbar unter denen der reifharappazeitlichen befinden, aber trotz all dieser vorbereitenden Elemente in vor- und frühharappazeitlichen Anlagen unterscheiden sich diese wesentlich von denen der reifen Harappa-Kultur.
Der Amerikaner Louis Flam (L. Flam 1981: 148) meinte, in kegelförmigen Siedlungshügeln der Berge Kohistans direkte Vorläufer des „Akropolis-Unterstadt"-Konzeptes der reifen Harappa-Kultur gefunden zu haben.
Diese kegelförmigen Hügel (z. B. Dhal Bhutti) können bis zu 25 m hoch sein und weisen in ihren obersten Bereichen Bebauungen auf, deren Funktion noch nicht geklärt werden konnte. Sie wurden in der Regel durch eine im Süden liegende Rampe oder Treppenanlage erschlossen, während die anderen drei Seiten bis unmittelbar unterhalb der Spitze bebaut waren (L. Flam 1981: 123). Ob es sich hier aber tatsächlich um die Form eines Sakrosanktum als Vorläufer der harappazeitlichen Akropolis handelt, ist bisher ungeklärt.
Neben einer möglichen Ableitung der Formen und Funktionen der reifharappazeitlichen Akropolis aus jenen kegelförmigen Siedlungen Kohistans wäre eine solche ebenfalls aus weiter westlich liegenden Siedlungen wie Mundigak in Ost-Afghanistan (J.-M. Casal 1964) oder aus Altin Tepe (V. M. Masson 1967) in Süd-Turkmenien denkbar. Mundigak weist in seiner Schicht IV, 1 eine Monumentalarchitektur mit Halbsäulenvorlagen auf, die vom Ausgräber als „Palast" bezeichnet wurde (Abb. 106). Ähnliche Monumentalanlagen sind aus Altin Tepe, Schicht Namazaga vi, bekannt (Abb. 107). Letztere wurde von dem russischen Archäologen V. M. Masson mit mesopotamischen Hochtempeln verglichen, die, über monumentale Treppen erschließbar, auf terrassenartigen Lehmziegelunterbauten errichtet waren. Die Vorstellung Flams, daß jene kegelförmigen Siedlungen in Kohistan von einem Akrosanktum gekrönt gewesen sein mögen, ist offensichtlich mesopotamischen Architekturbeispielen entlehnt.
Betrachten wir die Hochbereiche harappanischer Städte, so stellen wir fest, daß sie eine Vielfalt an Architekturformen aufweisen, die sich nicht nur untereinander, sondern auch von Stadt zu Stadt unterscheiden und somit zumindest in ihrer Gesamtheit nicht mit den zuvor erwähnten Beispielen vergleichbar sind. Die Akropolis in Mohenjo-Daro mißt wie die Harappas und Sukhtagen Dors 400 m nord-südlich und 200 m ost-westlich (Abb. 104), eine Fläche von 8 ha bedeckend. Sie weist, im Gegensatz zu den anderen Akropolen, eine unregelmäßige Außenform auf, die nach Meinung der Ausgräber auf starke Erosion, vermutlich auch auf Indus-Überschwemmungen zurückzuführen ist.
Eine tiefe, etwa 40 m breite Senke trennt den nördlichen vom südlichen Teil. Im Westen sind beide Hügel jedoch durch einen schmalen Rücken miteinander verbunden. Der nördliche Teil ist im Osten von einer Anlage gekrönt, die im allgemeinen als ein buddhistisches Kloster aus dem 2. Jh. n. Chr. interpretiert wird, demnach also nicht harappazeitlich ist. Neuere Untersuchungen stellten diese Deutung in Frage (vgl. G. Verardi 1986; Interim Reports Vol. II, Aachen, im Druck). Im Zentrum des Klosters erheben sich über einer quadratischen Basis die vermeintlichen Reste eines Stupas, die schon von weitem als markante

Abb. 106 Mundigak: Tepe A, Periode IV, 1 Teil des Palastes.

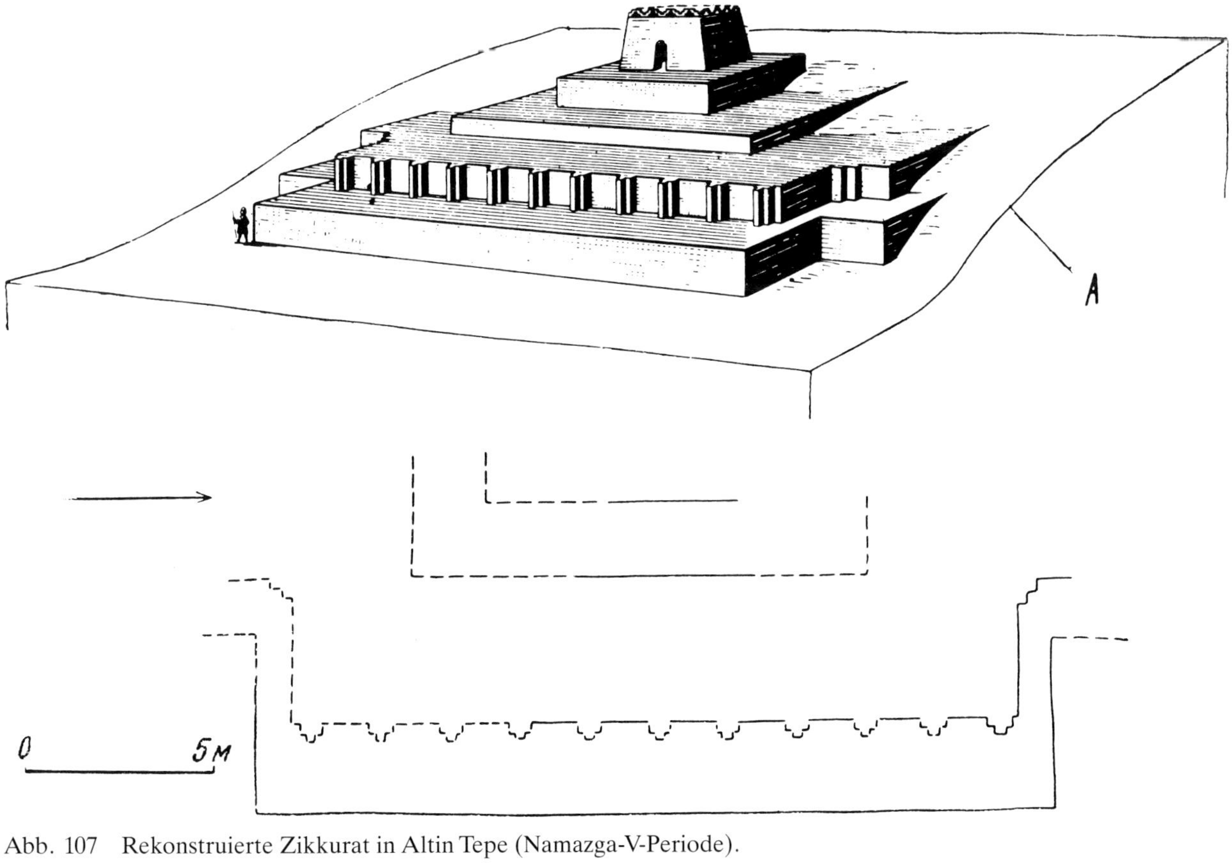

Abb. 107 Rekonstruierte Zikkurat in Altin Tepe (Namazga-V-Periode).

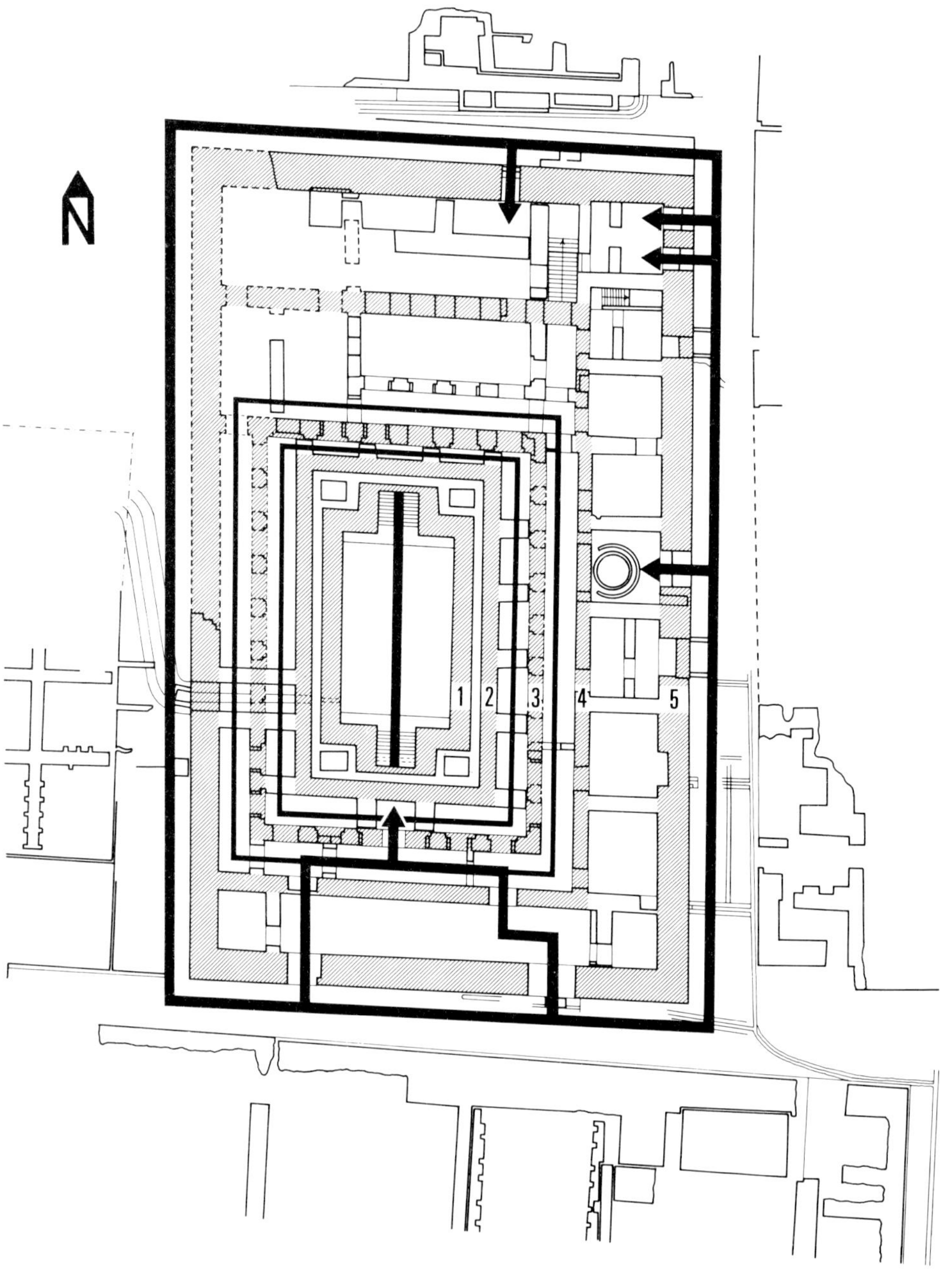

Abb. 108 Mohenjo-Daro: Grundriß des „Großen Bades“ mit konzentrischen Umschreitungswegen und zentralem Eingang von Süden.

Silhouette zu erkennen sind (Abb. 91). Westlich dieser Anlage wurde 1925 neben einem vielräumigen Komplex, welcher als „Priesterschule“ bezeichnet wird, das „Große Bad“ freigelegt. Es gehört mit 1700 qm Grundfläche zu den größten Gebäuden Mohenjo-Daros (Abb. 108). Nördlich des „Großen Bades“ schließt ein weiteres Bauwerk mit zellenartigen Kammern an, die alle an ein zentrales Entwässerungsnetz angeschlossen sind. Hier vermuteten die Ausgräber das „Priesterbad“, während ihrer Meinung zufolge das „Große Bad“ der Öffentlichkeit zur Verfügung stand. Nördlich des „Priesterbades“, im nordwestlichsten Teil der Akropolis, steigt das Gelände bis zum höchsten Punkt Mohenjo-Daros an. Hier wurden schottenartige Unterbauten freigelegt, die als Basis für eine bedeutende Hocharchitektur gedient haben müssen. Westlich des „Großen Bades“ liegt der von Wheeler 1950 ausgegrabene, 1350 qm große „Kornspeicher“. Mit seinen Ausmaßen von 50 × 27 m orientiert sich der Bau als einzige Architekturform Mohenjo-Daros mit seiner Hauptachse in ost-westliche Richtung. Ein möglicher Zugang zur Akropolis ist im Norden als Senke zwischen zwei gewaltigen Schutthügeln zu erkennen, jedoch konnte bisher keinerlei Verbindung von hier zum inneren Erschließungssystem der Akropolis hergestellt werden (Abb. 109).

Abb. 109 Mohenjo-Daro: nördlicher Zugang zur Akropolis.

Im südlichen Teil der Akropolis, dem „L-Bereich", grub E. Mackay 1926 kleinräumige Bauten aus (Sir J. Marshall 1931), die ältere Großstrukturen teilweise überlagerten und dadurch erkennen ließen, daß die ursprüngliche Funktion der Akropolis in der Spätzeit aufgegeben worden war. Für diese Deutung sprechen auch viele Anzeichen von Produktionsaktivitäten, die mit den späten Architekturformen in Verbindung zu bringen sind.

Südöstlich des „L-Bereiches" fand Wheeler 1950 bei weiteren Grabungsarbeiten eine Struktur, von der er annahm, sie sei eines der Tore einer die Akropolis umfassenden Befestigungsmauer (M. Wheeler 1968: 40). Weiterführende Überreste der Umfassungsmauer, die an dieses „Tor" hätten anschließen müssen, sind jedoch nie gefunden worden (Abb. 110, 104).

Der durch Großbauwerke auf der Akropolis belegten reifharappazeitlichen Periode folgte eine durch kleinteilige Überbauungen gekennzeichnete spätharappazeitliche oder posturbane Phase. Eine frühharappazeitliche Periode konnte selbst durch eine Tiefgrabung Wheelers im Jahre 1950 (M. Wheeler 1968: 44) nicht belegt werden. Diese westlich des „Kornspeichers" angelegte Sondierung wurde mit Hilfe von Pumpen, die der Absenkung des Grundwasserspiegels dienten, bis auf 7 m unterhalb der heutigen Oberfläche durchgeführt, mußte aber schließlich wegen des eindringenden Wassers abgebrochen werden (Abb. 99). Dennoch zeigt der entsprechende Schnitt dieser Tiefgrabung (M. Wheeler 1968: 44), daß die Akropolis auf einer gewaltigen Plattform errichtet worden war, die von einer im Querschnitt mehr als 6 m messenden Lehmziegelmauer eingefaßt war, so daß die darauf errichteten Bauten vor den Überschwemmungen des Indus, der im Sommer sein Wasservolumen um das 16fache erweitert, geschützt waren (Abb. 111). Indes befindet sich diese Plattform der ersten städtischen Gründung Mohenjo-Daros heute vollständig unterhalb der Ebene, so daß ledig-

Abb. 110 Mohenjo-Daro: Wheelersche Tiefgrabung südlich der „Befestigung" der Akropolis mit Tonkrügen in situ.

lich die Bebauungen auf der Plattform erkennbar sind und nicht die Gründungsplattform selbst (M. Jansen 1985b).

Darüber hinaus ist offensichtlich, daß die Bauwerke auf der Akropolis höher liegen als die auf der Plattform der Unterstadt, was wiederum ein Zeichen dafür ist, daß eine solche Überhöhung nicht allein durch das Bestreben nach Schutz vor Fluten erklärt werden kann. Die Aufschwemmung der Indus-Ebene seit 2500 v. Chr. bis heute wird zur Zeit mit etwa 7 m angenommen, wobei ungeklärt ist, ob sie in einem kurzen Zeitraum, eventuell durch eine Katastrophe ausgelöst (R. Raikes 1965b), oder stetig über den gesamten Zeitraum erfolgte.

Unabhängig von diesen Überlegungen ist mit großer Wahrscheinlichkeit zu sagen, daß ein wesentliches Merkmal harappanischer Stadtgründung die Errichtung zweier Plattformen war, eine für die Unterstadt und die andere für die Akropolis. Während in Mohenjo-Daro diese Plattformen heute im Boden des alluvialen Industals versunken sind, befinden sich diese in Harappa und in Kalibangan noch oberhalb der heutigen Oberfläche. Unter dieser Annahme handelt es sich bei den Senken auf der Akropolis in Mohenjo-Daro nicht notwendigerweise um Erosionsformen, sondern wahrscheinlich um Freiflächen auf einer gewaltigen Plattform, auf der sich, noch einmal erhöht,

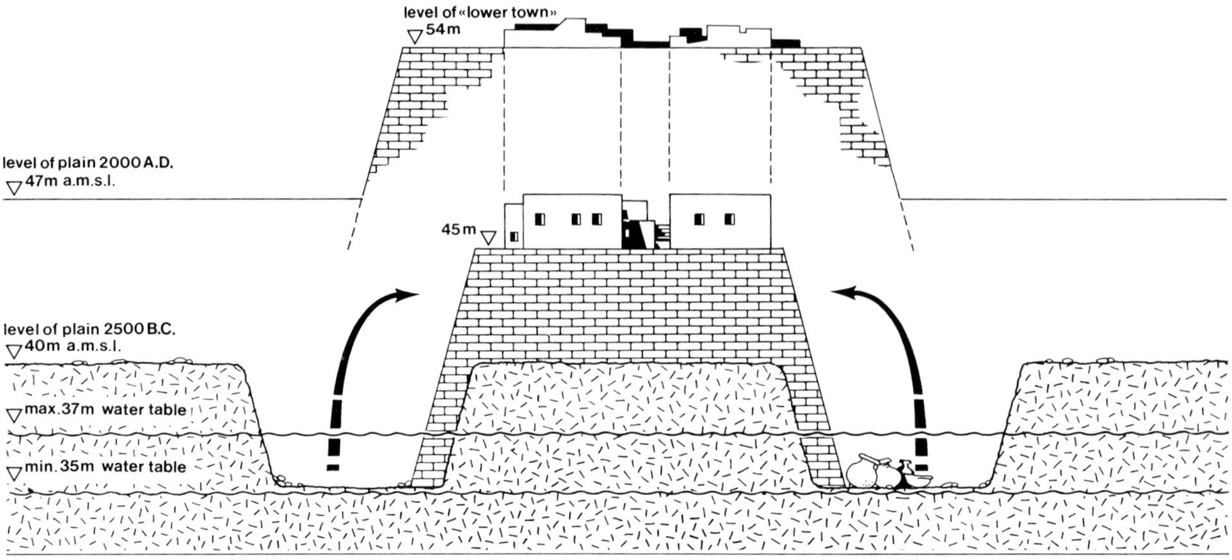

Abb. 111 Systematischer, hypothetischer Schnitt durch Mohenjo-Daro, die Gründungsplattform mit umgebendem Aushubbereich sowie deren Aufbauten zeigend. Bei dem hypothetischen Schnitt wurde von einer ca. 7 m hohen Aufschwemmung der damaligen Ebene bis heute ausgegangen.

die Großbauwerke wie das „Große Bad", der „Kornspeicher" oder die „Versammlungshalle" befanden. Sollte sich diese Hypothese als richtig erweisen, so hätten wir in der Anlage der Akropolis selbst ein wahres Monumentalbauwerk vor uns.

Die Monumentalität der Akropolis kommt am deutlichsten zum Ausdruck, wenn man sich die noch heute erkennbare Bebauung Mohenjo-Daros auf einer zusätzlichen Plattform ähnlich der Harappas vorstellt. Die Akropolis muß sich mit ihren Aufbauten in jenen Tagen mehr als 30 m über der Ebene erhoben haben!

Wie Mortimer Wheeler in seiner Grabung 1946 (M. Wheeler 1947a) nachweisen konnte, ist auch die Akropolis in Harappa von einer mehrfach erweiterten Böschungsmauer, mit Vorlagen verstärkt, eingefaßt gewesen (Abb. 112). Der Schnitt durch die Mauer zeigt eine ähnliche Hinterfüllung zur Errichtung einer Plattform wie in Mohenjo-Daro. Auch der Aushubbereich zu Füßen der Mauer ist erkennbar (Abb. 113). Nicht Tore führten *in* das Innere, sondern Rampen *auf* die erhöhte Plattform. Leider sind auf der Akropolis wegen der bereits erwähnten Zerstörung im Jahre 1857 keine vollständigen Fundamente von Häusern erhalten.

Daß Harappa nicht alleine zum Schutz gegen Fluten auf Plattformen errichtet worden war, zeigt zum Beispiel ein Gebäudekomplex, der nördlich der Akropolis in unmittelbarer Nähe des Flusses Ravi auf einer leicht erhöhten Plattform gefunden wurde.

Wäre Harappa latent von Fluten bedroht gewesen, so hätte man solche wichtigen Bauwerke – man nimmt an, daß es sich um eine Kornspeicheranlage handelte – nicht außerhalb der schützenden Plattform der Akropolis in der Ebene nahe dem Fluß errichtet. Daß sich die Ebene um Harappa im Gegensatz zu der um Mohenjo-Daro in den letzten 4000 Jahren nicht wesentlich verändert hat, zeigt außerdem nicht nur der Wheelersche Schnitt (1947a), sondern auch die Tatsache, daß Begräbnisplätze auch nachharappanischer Zeit unmittelbar unterhalb der heutigen Oberfläche gefunden wurden. Die östlich der Akropolis anschließende ehemalige Unterstadt Harappas ist weitgehend von dem Dorf überdeckt, nach welchem der Fundort einst benannt worden war (Abb. 102). Sie ist somit für weitere archäologische Forschung nicht zugänglich.

Die meisten Häuser des Dorfes Harappa sind mit den Ziegeln der alten Stadt errichtet worden. Als einzige verbleibende architektonische Zeugnisse der harappazeitlichen Stadt haben sich somit lediglich der Plattformrumpf der Akropolis und jene Strukturen in der nördlichen Ebene erhalten. Entsprechend der Wheelerschen Grabung muß sich der Haupteingang zur Akropolis im Norden befunden haben, der auch zu den am Ravi liegenden Außengebäuden (als „Kornspeicher" bezeichnet, M. S. Vats 1940: 16) führte; ein zweiter war als Rampe an der westlichen Außenmauer ausgebildet.

In Harappa konnte durch die Tiefgrabung Wheelers 1946 eine Siedlungsschicht (26, 26A) unterhalb der Böschungsmauerfundamente festgestellt werden, die anhand von Keramikfunden der frühharappazeitlichen Sothi/Kot-Diji-Kultur zugeordnet worden ist (R. Mughal 1971).

Als spät- bzw. nachharappazeitliche Besiedlungen sind neben der „Cemetery-H"-Kultur eine buddhistische und ein islamisches Gräberfeld auf der Akropolis sowie das moderne Dorf Harappa im Bereich der Unterstadt zu nennen.

Eine dritte harappazeitliche Akropolis ist aus dem Fundort Kalibangan (B. K. Thapar 1975: 20) am heute ausgetrockneten Flußbett des Hakra in Nordrajasthan bekannt. Kalibangan (Abb. 114B) wurde in den 50er Jahren entdeckt und seit 1961 von dem indischen Archäologen B. K. Thapar großflächig ausgegraben. Ein Abschlußbericht über die Grabungen liegt bis heute noch nicht vor. B. K. Thapar fand unterhalb der Akropolis, die wie in Mohenjo-Daro und Harappa westlich der Unterstadt liegt, eine frühere Siedlung (KLB I), die er als vorharappazeitlich einstufte, die aber wohl nach neueren Erkenntnissen der frühen Harappazeit zugerechnet werden muß (z. B. R. Mughal 1971). Sie war bereits von einer aus Lehmziegeln der Proportion 1:2:3 errichteten Mauer umgeben (Abb. 114A). Eine damit verbundene Plattformkonstruktion ist nicht berichtet.

Nach einem vermutlich gewaltsamen Ende gegen 2300 v. Chr. errichtete man, die bereits vorhandene Erhöhung ausnutzend, die harappazeitliche Akropolis über der verlassenen älteren Siedlung. Die Siedler integrierten drei der älteren Mauern in das Fundament ihrer neuen Einfassung. Lediglich im Osten bauten sie eine völlig neue Mauer, offensichtlich, um die Planungsvorgabe der Proportion 1:2 für die Akropolis einzuhalten (Abb. 114A). Insgesamt bedeckt die Akropolis Kalibangans mit einer Ausdehnung von 120 × 240 m nur 2,88 ha, etwa ein Drittel Fläche der zuvor besprochenen Akropolen. Ihre Außenform ist wie die Harappas nicht orthogonal, sondern bildet ein Parallelogramm. Der nördliche Eingang der früheren Anlage, durch eine Einknickung nach innen verdeckt angelegt, wurde auch in reifharappanischer Zeit bei-

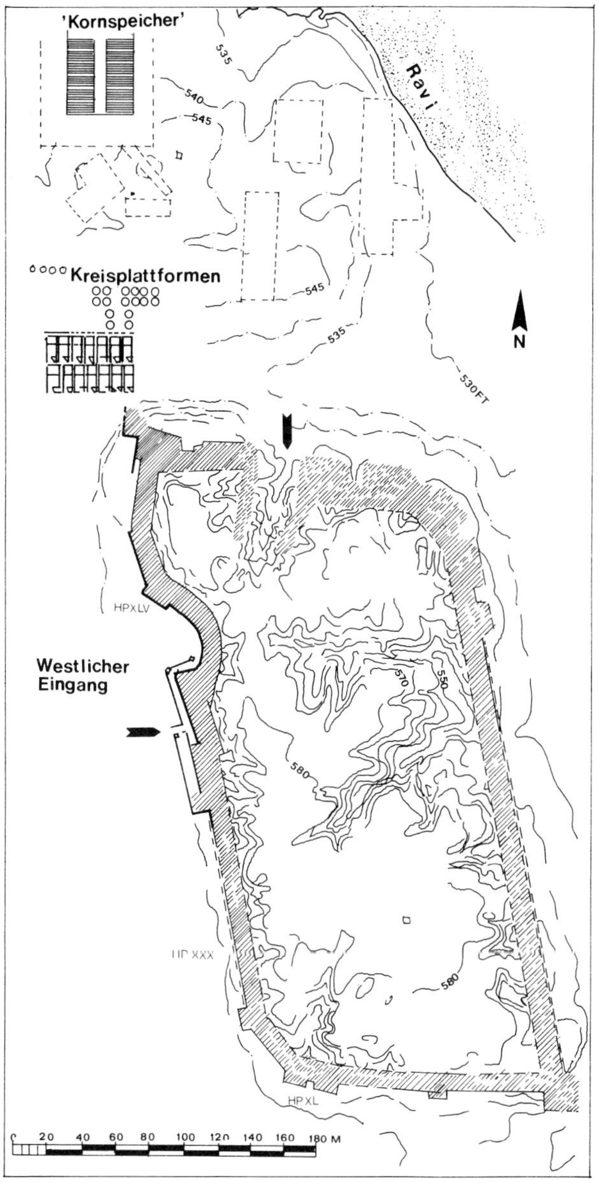

Abb. 112 Harappa: Grundriß der Akropolis mit nördlich vorgelagerten Strukturen.

Abb. 113 Harappa: Wheelerscher Schnitt durch die äußere Böschungsmauer mit hinterfüllter Plattform und äußerem Aushubbereich.

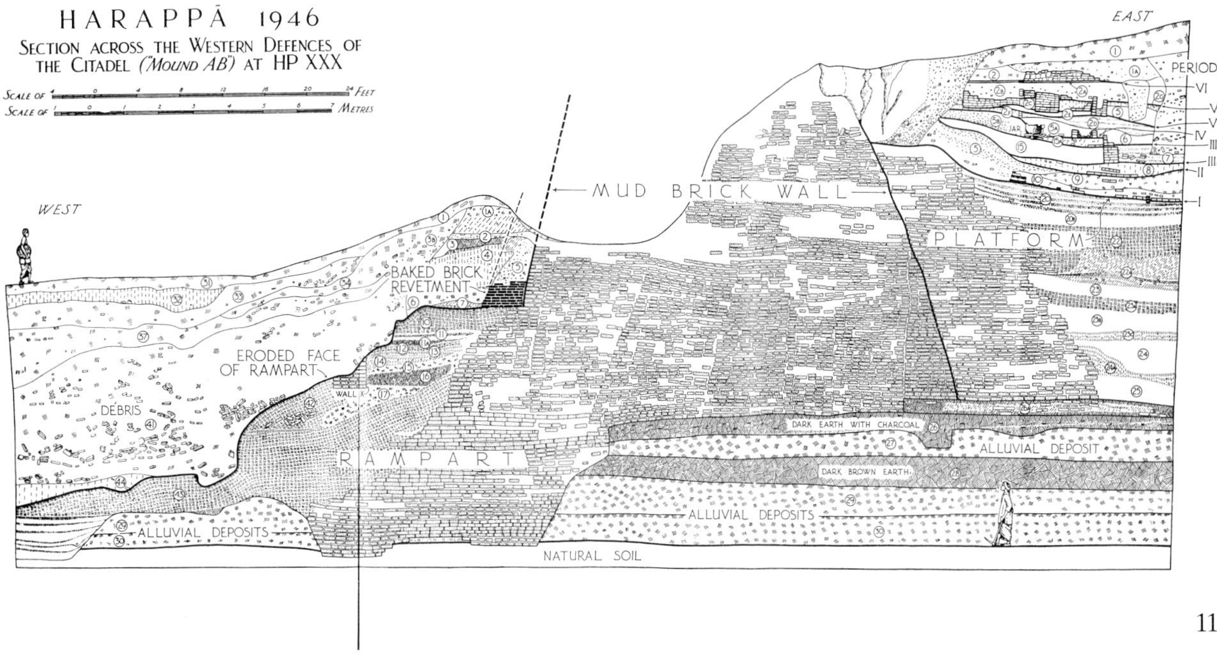

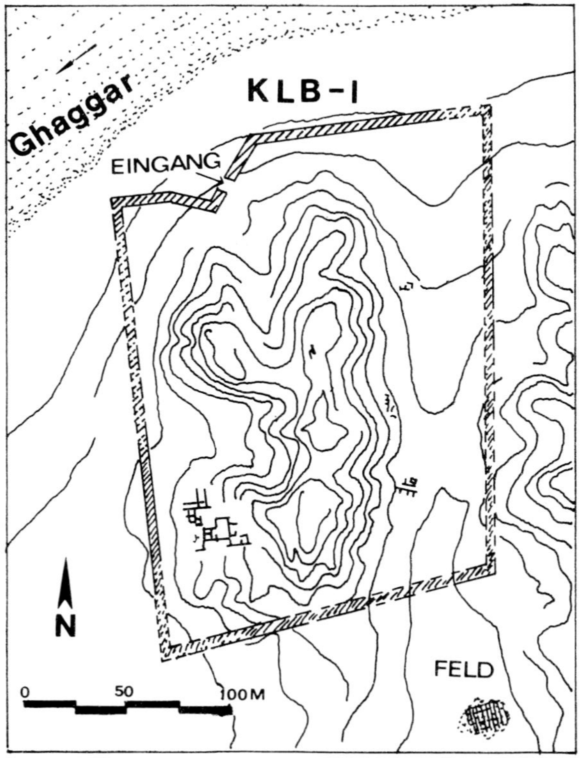

Abb. 114A Kalibangan: Grundriß der ersten Siedlung KLB 1.

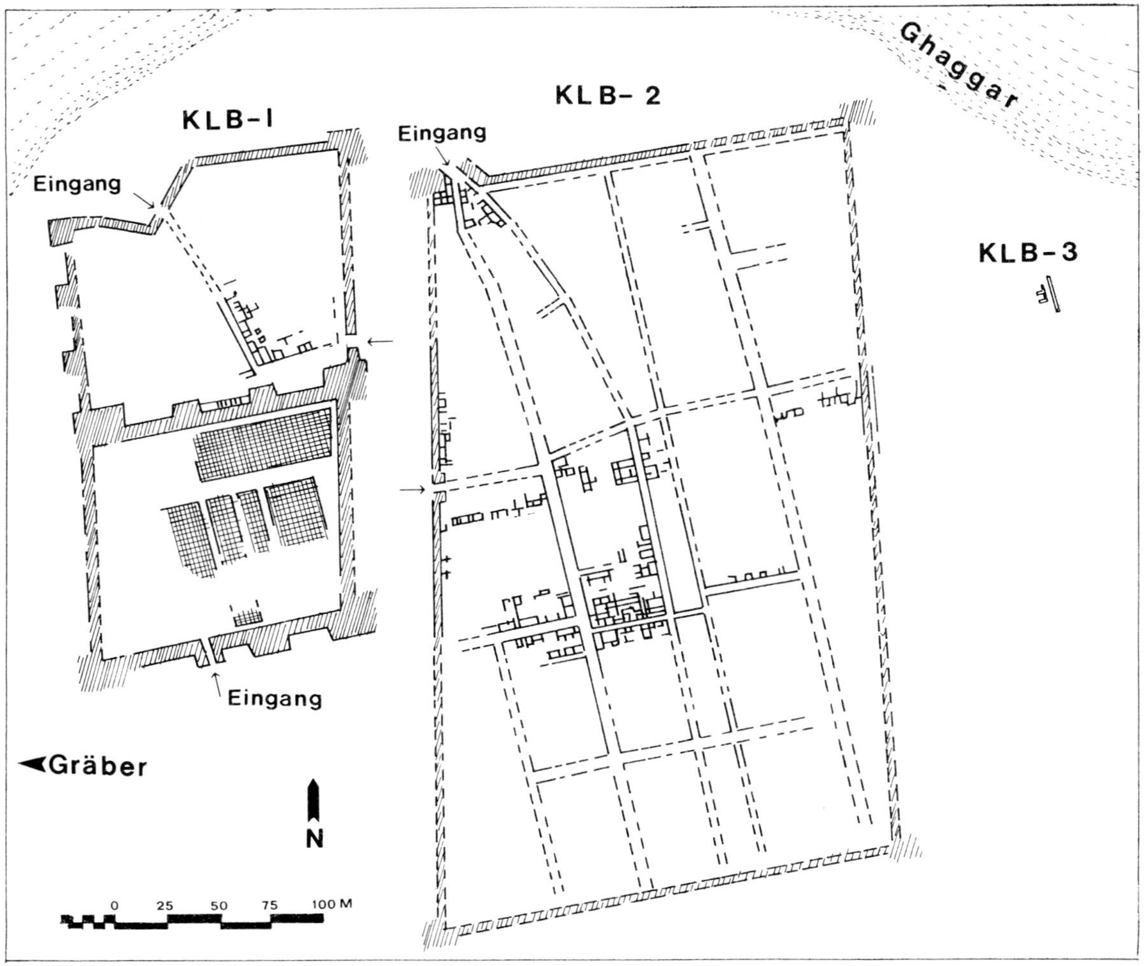

Abb. 114B Kalibangan: Grundriß der reifharappazeitlichen Siedlung KLB 2 mit der westlichen Akropolis KLB 1 und der Unterstadt KLB 3.

Abb. 115 Kalibangan: Zylindrisch gemauerter Brunnen im südlichen Bereich der Akropolis, ca. 2200 v. Chr.

behalten. Die Akropolis war durch eine ost-westlich verlaufende Lehmziegelmauer mittig in zwei fast quadratische Bereiche getrennt, die indirekt durch eine Treppenanlage miteinander verbunden waren. Vorlagen und vermutlich Eckbastionen verstärkten in regelmäßigen Abständen die Umfassungsmauer, deren Lehmziegel zwei Maße aufwiesen: nämlich ein größeres im älteren, unteren Bereich von 40 × 20 × 10 cm und ein kleineres Maß von 30 × 15 × 7,5 cm, das ebenfalls für die Häuser Anwendung fand.

Im südlichen Teil der Akropolis fanden die Ausgräber eine Reihe massiver, durch Passagen voneinander getrennter Lehmziegelplattformen, die von diesen über Stufen begehbar waren. Nicht nur die Maße dieser freigelegten Plattformen (50 × 25 m), sondern auch das Gesamtkonzept der Anlage erinnert an den „Kornspeicher" Mohenjo-Daros. Aber auch hier fehlen, bis auf einige Strukturen, die von B. K. Thapar als „Feueraltäre" identifiziert wurden, signifikante Überreste einer ehemaligen Bebauung. Außer diesen „Feueraltären" fand man auf einer der Plattformen noch einen in gebrannten Ziegeln eingefaßten Brunnen (Abb. 115).

Während die Ausgräber dem südlichen Teil der Akropolis eine religiös-rituelle Nutzung zuordneten, war der nördliche Teil, in dem man Wohnstrukturen freilegte, nach ihrer Meinung Sitz der städtischen Elite.

Eine weitere Akropolis ist aus Sukhtagen Dor an der Makranküste, nahe der heutigen iranisch-pakistanischen Grenze, bekannt (Abb. 116). Dieser im 19. Jh. entdeckte Fundort (Mockler 1877) wurde in den 20er Jahren von Sir Aurel Stein besucht (A. Stein 1931) und 1960 von G. F. Dales (1962a) näher erforscht. Leider fehlen bisher genauere Angaben über die architektonischen Details der Anlage, jedoch wissen wir, daß sie mit den Ausmaßen 400 × 200 m die gleiche Größe und Proportion wie diejenige in Mohenjo-Daro hatte. Ihre gewaltige Umfassung bestand aus trocken verlegtem Bruchsteinmauerwerk und nicht, wie in den Siedlungen der alluvialen Flußtäler, aus Lehmziegeln. Diese Tatsache macht deutlich, daß sich die harappanischen Siedler in der Verwendung des Baumaterials an ihre Umgebung sehr gut anzupassen verstanden.

Abb. 116 Sukhtagen Dor: Grundriß der Akropolis.

4. DIE UNTERSTADT IM KONZEPT HARAPPAZEITLICHER STADTPLANUNG

Als Ausgangspunkt für die Diskussion der uns bekannten Unterstadtanlagen soll wiederum Mohenjo-Daro dienen.

Geht man von der äußeren Erscheinungsform der heute erkennbaren, topografisch eher unregelmäßigen Gestalt der sich in ca. 200 m östlicher Entfernung von der Akropolis aus der alluvialen Ebene erhebenden Unterstadt Mohenjo-Daros (Abb. 117) aus, so bietet sich dem Betrachter auf den ersten Blick das Bild einer keineswegs so kompakten Anlage, wie sie beispielsweise aus Kalibangan bekannt ist. Neben einer Depression im nordwestlichen Gebiet, die sich südlich der KG-G-Grabung erstreckt, ist eine zweite, ost-westlich verlaufende Senke im Süden zu erkennen, die den südlichen Unterstadtteil (HR) von der Hauptmasse (VS, DK-B, C, DK-G) trennt.

Systematische Untersuchungen zu einem näheren Verständnis dieses Phänomens sind seit 1982 in der südlichen Unterstadt durchgeführt worden (M. Cucarzi 1984) und sollen in Zukunft fortgesetzt werden. Im Rahmen dieses geophysikalischen Surveys konnten Meßdaten ermittelt werden, die für die Gründung der Wohnquartiere auf einem Unterbau in Gestalt

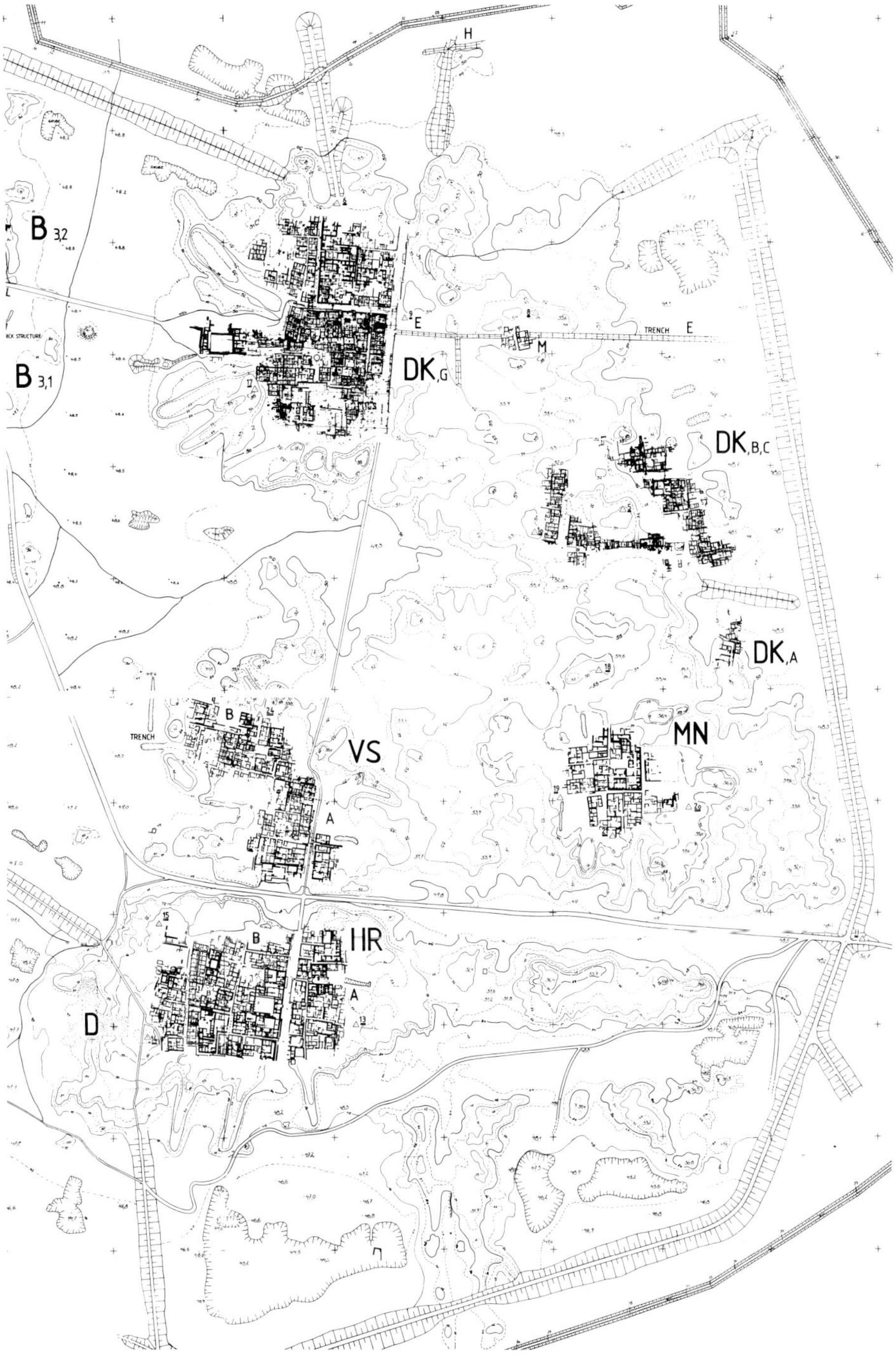

Abb. 117 Mohenjo-Daro: Grundriß der Unterstadt mit den ausgegrabenen Bereichen. Die nord-südliche Straßenachse ist im DK-G-, VS- und HR-Bereich erkennbar.

einer ca. 600 m langen Lehmplattform sprechen, welche die südliche Begrenzung Mohenjo-Daros dargestellt haben mag. Im Norden und Süden der Unterstadt sind durch Stichgrabungen Schuttablagerungen belegt worden (die nördlichen Ablagerungen wurden von E. Mackay 1938: 9 beschrieben), die vermutlich die Begrenzung der Metropole zu ihrer Blütezeit markieren, so daß man analog zu der aus den Umrissen bekannten Unterstadtausdehnung Kalibangans eine ähnliche Parallelogrammform für Mohenjo-Daro annehmen könnte.

Das System der Straßenführung wurde durch fünf zwischen 1924 und 1931 durchgeführte großflächige Ausgrabungen erkennbar. In dieser Zeit legte man eine von Norden nach Süden verlaufende Hauptstraße („First Street") von ca. 10 m Breite frei, wobei auch der Ansatz einer zweiten Hauptverkehrsader 170 m östlich der „First Street" im Bereich der DK-B-C-

Grabung zutage trat. Im Süden gibt es Anzeichen für eine ebenfalls in 170 m Entfernung, jedoch westlich der „First Street" verlaufende Straßenachse, die im Bereich der „University of Pennsylvania Museum" (UPM)-Grabung (G. F. Dales, M. Kenoyer 1986) freigelegt wurde, so daß ein nord-südlich orientiertes Straßensystem in Abständen von ca. 170 m Breite als wahrscheinlich gelten kann. Die bisher freigelegten, ost-westlich verlaufenden, breiteren Straßen waren nicht durchlaufend ausgebildet, und deshalb kann heute nicht mehr, wie beispielsweise von Piggott und danach von Wheeler (M. Wheeler 1968) geäußert wurde, von einem Rastergrundriß gesprochen werden.

Die einzelnen Stadtbereiche wurden durch schmale Gassen, die knickachsig von den Hauptstraßen abzweigten, erschlossen. Auf diese Weise bildeten die Verkehrswege ein regelmäßiges Netz, das entsprechend den Kardinalhimmelsrichtungen orientiert war. Sackgassenkonzepte, wie wir sie beispielsweise aus den späteren orientalischen Städten kennen, kamen in den Siedlungen der Harappa-Kultur nicht vor.

Eine Tiefgrabung, die im nördlichen DK-G-Bereich von Ernest Mackay in den Jahren von 1927–31 durchgeführt wurde (E. J. H. Mackay 1938), erbrachte eine chronologische Abfolge dreier Hauptperioden, einer frühen, einer mittleren und einer späten, welche wiederum in jeweils drei Phasen, die von oben nach unten gezählt wurden, unterteilt waren. Diese Periodisierung richtete sich jedoch nicht nach stratigraphischen Gegebenheiten, sondern nach einem horizontalen Schichtenmodell, das auf absolute Höhenmarken bezogen war. Demzufolge wurde Mackays Chronologie schon bald nach ihrer Veröffentlichung auf das heftigste kritisiert (M. Wheeler 1947b) und ist heute als nicht mehr gültig zu betrachten.

Die jüngsten Forschungen haben gezeigt (M. Jansen 1984c), daß Mohenjo-Daro eine bewegte Stadtorographie aufweist. So liegt die „First Street" im südlichen HR-Bereich ca. 2 m tiefer als ihre zeitlich gleiche Hinterbebauung, die sich terrassenartig erhebt. Wie es scheint, wuchsen bestimmte Wohnbereiche durch häufigere Einebnung und Erneuerung schneller als die Hauptstraßen, welche wegen der aufwendigen Kanalführung für längere Zeiträume auf ihrem alten Niveau beibehalten wurden. Aus diesen Beobachtungen ergibt sich die Notwendigkeit einer völlig neuen Überarbeitung der Stratigraphie Mohenjo-Daros, welche nur innerhalb zusammenhängender Strukturen erfolgen kann.

Schon von den untersten, durch E. Mackay freigelegten Schichten an war eine hohe Bebauungsdichte feststellbar, die auf eine nur begrenzt zur Verfügung stehende Besiedlungsfläche schließen läßt. In der letzten Phase hingegen ist hier wie auf der Akropolis ein Rückgang der Bebauungsdichte zu beobachten, der mit einem Rückschritt der architektonischen Qualität einhergeht: Mauern wurden weitgehend aus wiederverwendetem Ziegelbruch errichtet, die eigentlichen Wohnbereiche bestanden aus wenigen kleinen Räumen und einem größeren Hofbereich, viele Straßen wurden überbaut oder aufgegeben, und ausgedehnte innerstädtische Flächen dienten als Arbeits- und Schuttbereiche. Aber trotz dieser Aufgabe aller vormals urbanen Qualitäten lebte die harappazeitliche Produktionstechnologie weiter. So sprechen alle Anzeichen für den Zusammenbruch jener übergeordneten Organisation, welche diese Qualitäten geschaffen und erhalten hatte, aber gleichzeitig ist, zumindest für einige Zeit, das Weiterleben der handwerklichen Tradition auf lokal-regionaler Ebene festzustellen, bis auch diese assimiliert wurde. Der Verfall der städtischen Organisation in Mohenjo-Daro ging mit Abwanderungsbewegungen einher, die allerdings nicht die gesamte Bevölkerung betrafen. Zumindest in Sind lebten Teile der Harappa-Tradition in Kulturen wie denen Jhukars, Jhangars und Piraks weiter.

Über das gesellschaftliche Gefüge der reifharappazeitlichen Periode in Mohenjo-Daro und seine soziale Organisation ist bisher nur wenig bekannt. Nimmt man die Größe der einzelnen Häuser als Maßstab für eine soziale Hierarchisierung, so kann aus der gemischten Bebauung durchaus auf eine differenzierte Gesellschaftsstruktur geschlossen werden. Jedoch bedarf es weiterer umfangreicher Untersuchungen, um diesen zentralen Bereich der Stadtanalyse näher zu beschreiben.

Weitere Informationen über das Konzept der reifharappazeitlichen Unterstadt liegen neben denen aus Mohenjo-Daro nur in sehr beschränktem Umfang vor, da in anderen Orten wenige großflächige Grabungen durchgeführt wurden und von diesen wiederum bisher kaum abschließende Veröffentlichungen vorliegen. Eine dieser Grabungen ist Kalibangan (Abb. 114B), wo eine Unterstadt, vollständig von einer Mauer eingefaßt, gesichert werden konnte, die parallel zu der Befestigung der Akropolis verläuft.

Jeweils im Nordwesten und Westen fand man einen Zugang, wobei der nördliche verdeckt angelegt war. Von den vier nord-südlich verlaufenden Hauptstraßen trafen die beiden westlichen an dem nordwestlichen Eingang zusammen. Die ost-westlich orientierten Straßen waren wie in Mohenjo-Daro knickachsig angelegt. Bezogen auf die verschiedenen Straßenbreiten stellte man einen Grundmodul von 1,8 m für die engsten Gassen und das Vierfache für die Hauptstraßen fest (B. K. Thapar 1975: 26).

Das alte Flußbett des Ghaggar Hakra ist heute noch in Kalibangan wie in Harappa das verlassene Ravi-flußbett, im Norden der Siedlung erkennbar. Der Untergang Kalibangans, deren reifharappazeitliche Besiedlungsphase in die Zeit von ca. 2300 bis 1750 v. Chr. fällt (B. K. Thapar 1975: 32), wird mit dem

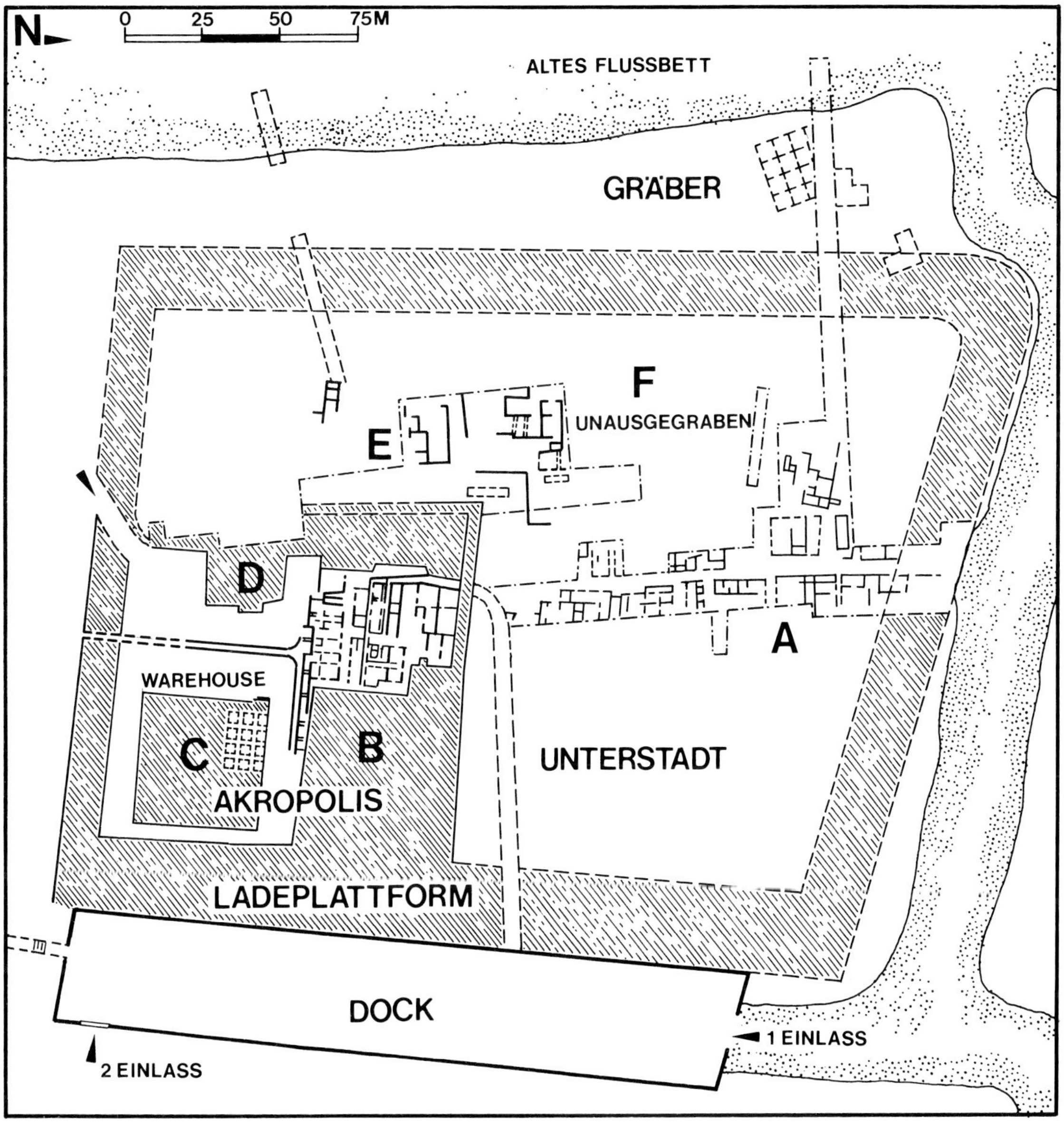

Abb. 118 Lothal: Grundriß mit dem „Hafenbecken" im Osten und der Akropolis im Südosten.

Austrocknen des Flusses in Verbindung gebracht. Dieser Hypothese zufolge war das gesamte Siedlungsgebiet entlang des Ghaggar von dem darauf folgenden ökologischen Zusammenbruch betroffen.

5. WEITERE SIEDLUNGSFORMEN DER HARAPPA-KULTUR

Neben dem bisher beschriebenen Typus der reifharappazeitlichen Stadt, bestimmt von einer immer im Westen liegenden, erhöhten Akropolis und einer davon getrennt errichteten Unterstadt, gibt es auch kleinere Fundorte wie Lothal, Surkotada, Kot-Diji, Amri und andere, die keinen einheitlichen Typus erkennen lassen. Das Konzept zweier durch unbebauten Raum voneinander getrennter Stadtbereiche fehlt hier völlig. Jedoch wird in diesen Siedlungen, wohl in Anlehnung an die großen Stadtanlagen, in der Regel ein meistens höher angelegter Teil als Zitadelle oder Akropolis bezeichnet, ohne sich durch weitere signifikante Merkmale auszeichnen zu müssen.

Die harappazeitliche Siedlung Lothal (S. R. Rao 1979) in Saurashtra bedeckt eine Fläche von nur 7,5 ha (Abb. 118) und ist somit kleiner als die Akropolen Harappas oder Mohenjo-Daros (8 ha). Mit 250 × 300 m ist sie mit der Hauptachse nord-südlich orientiert, wobei sich der vom Ausgräber S. R. Rao als Akropolis bezeichnete Bereich im Südosten befindet. Unmittelbar östlich erstreckt sich ein Becken aus gebranntem Ziegel von 210 m Länge und 35 m Breite fast über die gesamte Länge der Siedlung. Rao interpretierte diese Anlage als ein künstliches Hafenbekken, in dem Schiffe, über einen Kanal von dem nahen

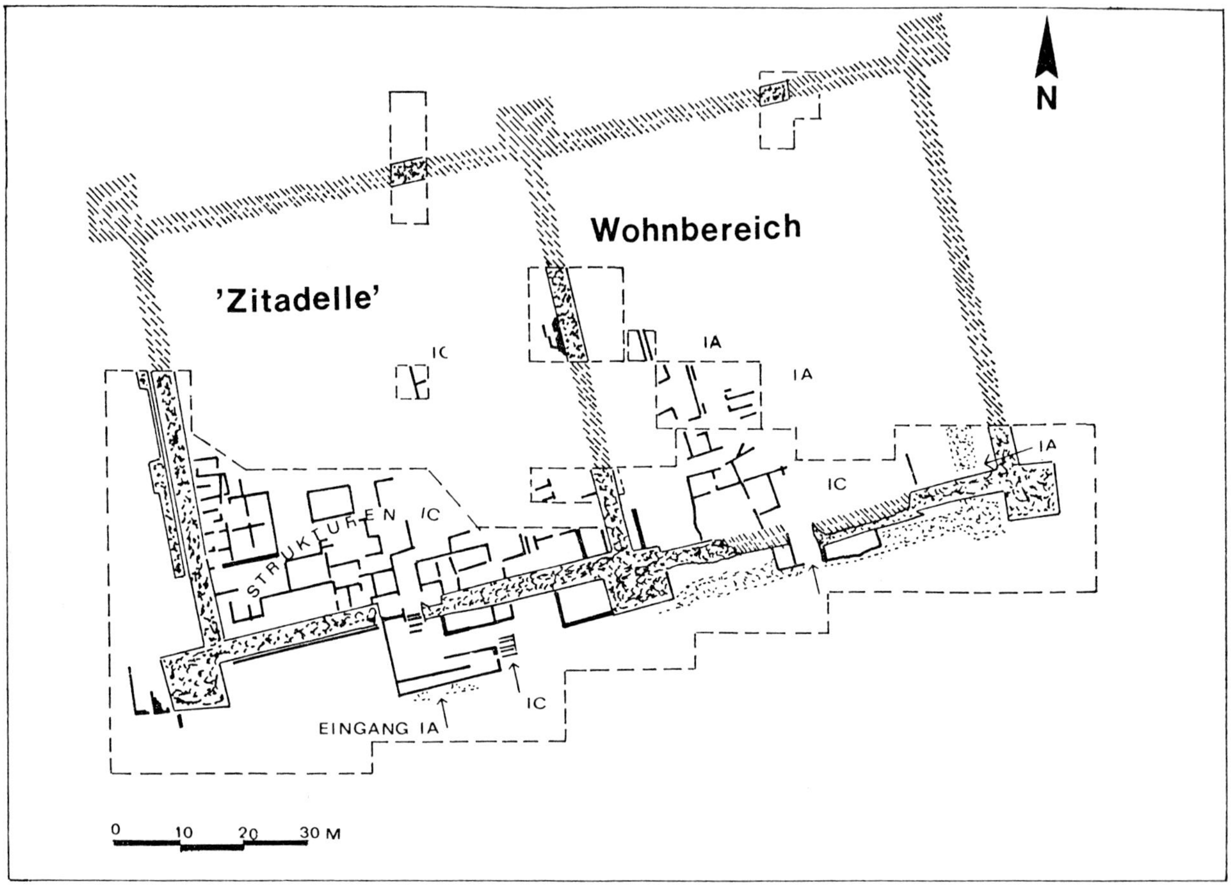

Abb. 119 Surkotada: Grundriß der ost-westlich orientierten Doppelquadratanlage mit leicht erhöhtem Bereich im Westen.

Sabarmati dorthin gelotst, auch zur Zeit der Ebbe be- und entladen werden konnten. Lorenz Leshnik (L. Leshnik 1968) und andere (G. Possehl 1967; M. Jansen 1979a: 201 ff.) haben die Funktion als künstlich angelegtes Hafenbecken in Frage gestellt und hielten die Anlage für ein großes Frischwasserreservoir.

Die Akropolis liegt auf einer leicht erhöhten Lehmziegelplattform von 126 × 30 m (Hauptachse ost-westlich), auf der Badeplattformen freigelegt wurden, deren Entwässerungskanäle mit Gefälle nach Süden und Osten verlegt waren. Zum Bereich der Akropolis ist ebenfalls eine quadratische Anlage von 43 m Kantenlänge zu zählen, die ursprünglich 64 quadratische Lehmziegelblöcke von 3,60 m Kantenlänge und 1 m Höhe trug; die Blockreihen waren durch 1 m breite Passagen voneinander getrennt. Diese Struktur sah Rao als ein Warenhaus an, in dem die Güter, die im nahen Hafen gelöscht worden waren, lagerten.

Die nur 1 m tiefer als die Akropolis gelegene Unterstadt erstreckte sich nördlich und westlich von dieser. Eine bis zu 5 m breite Straße (Nr. 1) verlief mitten durch die Siedlung in nord-südlicher Richtung, ohne jedoch einen direkten Zugang zur Akropolis erkennen zu lassen. S. R. Rao teilte die Unterstadt in einen Bazar (Block A) im Norden, in einen industriellen Sektor (Block E, F) im Westen und in einen Wohnbereich (Block G) im Nordwesten ein.

Lothal war während zwei Besiedlungsperioden (A und B) bewohnt, wobei die erstere, in vier Bauphasen untergliedert, der reifen Harappa-Zeit und die zweite der spätharappanischen Zeit zuzuordnen ist. Die Siedlung scheint mehrmals durch Überflutungen des nahen Sabarmati zerstört worden zu sein; vermutlich einer der Gründe, weshalb sich die Bewohner durch ausgedehnte Lehmziegelplattformen zu schützen suchten. Trotz der geringen Ausdehnung muß Lothal eine wichtige Rolle gespielt haben, da dieser Grenzort nicht nur als Rohstoffumschlagplatz für das zentrale Industal von Bedeutung war, sondern weil er auch eine wichtige Produktionsstätte der Halbedelstein- und Kupferverarbeitung war. Noch in heutiger Zeit wird in dieser Gegend Karneol gewonnen und verarbeitet.

Mag die Bedeutung Lothals als Handelsplatz und Hafenstadt auch durch die Ausgräber überinterpretiert worden sein, so zeugt die Lage der Siedlung doch von der erstaunlichen Ausdehnung der Harappa-Kultur zum Ende des 3. Jt. v. Chr. Die Verbindung von Lothal zum zentralen Industal verlief entlang der Insel Kutch und durch den „Rann of Kutch", eine weitreichende Salzwüste.

Abb. 120 Mohenjo-Daro: Luftbild des Hauses III, Block 10, DK-G Bereich vom Heißluftballon aus aufgenommen mit Eingängen aus verschiedenen Bauphasen.

Auf Kutch wurden Siedlungen wie Kotadi, Lakhapar und Jhangar gefunden, die alle größer als 70 ha sind und somit fast die eineinhalbfache Dimension Mohenjo-Daros aufweisen (J. P. Joshi 1972). Einige dieser Orte könnten nach ersten topographischen Hinweisen dem Stadttypus „Akropolis-Unterstadt" zugeordnet werden.

Surkotada (J. P. Joshi 1972: 117–139) ist mit lediglich 0,72 ha (Außenmaß: 60 × 120 m) eine der kleinsten bisher bekannten Siedlungen und auf Kutch der einzig näher erforschte Fundort (Abb. 119). Die Gesamtanlage wird durch zwei Quadrate von je 60 m Kantenlänge gebildet, die ost-westlich mit einer Abweichung von 15 Grad nach Nordnordwesten orientiert sind. Eine mit Eckvorlagen verstärkte Bruchsteinmauer umfaßte beide durch einen Durchgang verbundenen Bereiche. Die äußeren Zugänge lagen im Süden.

Die Schnitte ließen in beiden Quadraten drei Phasen (I A–C) erkennen: bereits in der I-A-Phase des westlichen Bereiches konnte eine deutliche Überhöhung gegenüber dem östlichen beobachtet werden. Die freigelegten Architekturen gehören der obersten I-C-Phase an und waren gegen die äußere Begrenzungsmauer gebaut, die somit Bestandteil der inneren Bebauung war. Eine axiale Straßenführung ist aus dem Grundriß Surkotadas nicht erkennbar. Als Baumaterial für die Häuser wurden Bruchstein, meist für die Fundamente, und Lehmziegel mit einem mittleren Maß von 10 × 20 × 40 cm verwandt. Der Ausgräber J. P. Joshi vermutete in dieser kleinen Siedlung einen Militärposten, der die Handelsroute der Harappaner nach Südosten schützen sollte.

6. SONDERFORMEN HARAPPAZEITLICHER ARCHITEKTUR

Eines der oft zitierten Merkmale harappazeitlicher Architektur ist das Fehlen von Tempeln, Palästen und Monumentalbauten. Die aus Millionen vorgefertigter Ziegel hergestellten Häuser – Naturstein wurde nur dort, wo er in unmittelbarer Umgebung vorkam, zur Errichtung der Fundamente verwandt – werden im allgemeinen als eintönig und schmucklos bezeichnet (Abb. 120). Tatsächlich weist die Harappa-Kultur, verglichen mit den anderen bereits bekannten Hochkulturen Mesopotamiens und Ägyptens, nur wenig von dem Glanz und Reichtum auf, der den allgemeinen Betrachter so fasziniert. Aber gerade diese Eigenschaft läßt die Harappa-Kultur vor dem Hintergrund heutiger Forschungsinteressen als besonders wichtig erscheinen. Mit einem Besiedlungsterritorium von mehr als 1 Million Quadratkilometern (etwa dem

Abb. 121 Specksteinsiegel (Steatit), das Indische Buckelrind (Bos indicus) darstellend, sowie Zeichen der unentzifferten Schrift.

Vierfachen der BR Deutschland), mit großen urbanen Zentren als Sitz der politisch-wirtschaftlichen, religiösen Macht, mit Fernhandelsbeziehungen und mit einer voll entwickelten Schrift (vgl. hierzu A. Parpola 1975, S. R. Rao 1979, I. Mahadewan 1977) liegen uns die wesentlichen Elemente einer Hochkultur vor, von der wir jedoch wenig Konkretes über die gesellschaftlichen und religiösen Lebensformen der Menschen wissen, die Träger dieser Kultur waren. Da die bisher als unentziffert geltenden Texte als Quellen noch nicht zugänglich sind und die bildliche Darstellung, meist in kleine Steatittafeln (Siegel) geschnitten (Abb. 121), sich im wesentlichen auf ikonische Tierdarstellungen und wenige narrative Szenen beschränkt, ist der archäologische Befund immer noch die einzige Quelle zur Rekonstruktion des gesellschaftlichen Lebens sowie des Wohn- und Siedlungsverhaltens der damaligen Zeit. Ist aus den archäologischen Quellen die Nutzung der Wohnhäuser nur schwer ablesbar, so gewähren uns die bisherigen Funde im Bereich der Sonderarchitektur noch weniger Einblick in ihre Funktion.

Wasserbauwerke

Schon 1925 wurde im nördlichen Bereich der Akropolis Mohenjo-Daros eine etwa 1700 m² große Anlage freigelegt, die wegen eines in ihrem Innenhof versenkten Beckens als „Großes Bad“ bezeichnet wurde

(M. Jansen 1979: 105ff., M. Jansen et al. 1983). Neben dem „Großen Bad", das als architektonisches Unikat der Harappa-Kultur angesehen werden kann, fand man innerhalb der Wohnarchitektur viele Waschungsplätze, die, von nahen Brunnen versorgt, an öffentliche Abwassersysteme angeschlossen waren.

Die Lage des „Großen Bades", in dessen Nähe sich weitere Badeplattformen und Brunnen befanden, veranlaßte Ernest Mackay (1938: 15) zu folgender Vermutung: „Im Hinblick auf die Nähe des wahrscheinlich heiligen Gebäudes unterhalb des 'Stupa' würde ich annehmen, daß Block 1 (zwischen dem 'Großen Bad' und dem Stupa gelegen) einst die Residenz eines sehr hohen Beamten, möglicherweise des 'Hohenpriesters' selbst war; oder in diesem Block war die Schule für die Priester." Über eine Badeanlage mit jeweils vier an einen zentralen Kanal angeschlossene Waschungszellen schrieb er: „Höchstwahrscheinlich war das Baden eine religiöse Pflicht wie für die meisten Inder heutzutage, und ich neige zu der Annahme, daß die Baderäume für die Mitglieder einer Art von Priesterschaft bestimmt waren, während die allgemeine Öffentlichkeit ihre Waschungen im Großen Bad vornahm" (E. J. H. Mackay 1938: 20). Ob der nördliche Teil der Akropolis tatsächlich von Priestern bewohnt und das „Große Bad" ein öffentliches war, konnte anhand der Fundsituation nicht eindeutig bestätigt werden.

Das „Große Bad" gehörte nicht zum ursprünglichen Planungskonzept der Akropolis, sondern wurde in späterer Zeit errichtet, da der untere, ältere Teil des westlich angrenzenden Kornspeichers in seiner nordöstlichen Ecke vom Entwässerungskanal des „Großen Bades" geschnitten wurde. Auch spricht darüber hinaus der technische Aufbau der Beckenanlage mit einer äußeren Stützmauer und schottenartigen Aussteifungen für eine Versenkung in älteren Baugrund.

Die bis zu 2 m dicken Außenwände waren mit einer Neigung von 8°, sich nach oben verjüngend, im Blockverband gemauert. Die Anlage selbst war durch eine bis zu 5 m breite Straße von den umliegenden Bauwerken freigestellt und somit als einziges, bisher bekanntes Einzelbauwerk Mohenjo-Daros frei umschreitbar. Erst während einer späteren Phase, in der man auch im Inneren des Bades Veränderungen vornahm, wurde der Umgang weitgehend durch Bauten versperrt (Abb. 122).

Hauptbestandteil der Anlage war ein ca. 7 × 12 m großes und 2,4 m tiefes Becken, das durch zwei sich am nördlichen und südlichen Kopfende gegenüberliegende Treppen zu je 10 Stufen begehbar war. Ein Pfeilerumgang gewährte im Süden Zugang zum Innenhof und zum Becken. Der Pfeilerabstand betrug jeweils zwei Pfeilerbreiten. Die Gesamtanlage wurde durch zwei im Süden befindliche Eingänge erschlossen, die in einen narthexartigen Vorraum mündeten, dessen versetzte Durchgänge schließlich in den Pfeilerumgang führten, von dem aus der Innenhof und weitere Räume im Osten und Norden erreicht werden konnten. Das gesamte Erschließungssystem verlief konzentrisch in drei Umschreitungszonen um das zentrale Becken. Die innerste führte im Hof um das Becken, die zweite wurde durch den Pfeilerumgang gebildet und die dritte von der außen umlaufenden Straße. Eine derartig orientierte Anlage mit dem Wasserbekken im Zentrum läßt vermuten, daß Umschreitungen rituell durchgeführt wurden und die drei Verkehrswege nicht nur der reinen Erschließung dienten.

Nördlich des Beckens schloß sich in der Breite des Innenhofes eine Pfeilerhalle an, die man in späterer Zeit teilweise zubaute. Aber weder hier noch irgendwo anders fanden sich materielle Anzeichen einer kultischen Nutzung des Gebäudekomplexes.

Die Wasserversorgung des Beckens erfolgte wahrscheinlich über einen doppelschalig gemauerten Brunnen in einem der östlich liegenden Räume. Es ist allerdings fraglich, ob das 150 Kubikmeter fassende Becken manuell gefüllt wurde, zumal die Harappaner über eine hohe hydraulische Technologie verfügten. Anzeichen einer Füllmechanik konnten jedoch nicht festgestellt werden.

Für die Wasserentsorgung war ein Abfluß in der südwestlichen Ecke des Beckens vorgesehen, von dem aus das Wasser in einen mit einem Kraggewölbe abschließenden, begehbaren Kanal von ca. 1,8 m Höhe geleitet wurde. Die ungewöhnlich Höhe dieses Kanals mag funktional durch den Niveauunterschied zwischen der durch die Tiefe des Beckens bestimmten Kanalsohle und der Oberfläche der umlaufenden Straße erklärt werden. Nach etwa 8 m nördlichem Verlauf änderte der Kanal seine Flußrichtung nach Westen, die nordöstliche Ecke des unteren „Kornspeichers" schneidend, um sich dann nach weiteren vierzig Metern wiederum nordwärts zu wenden. Die erneute Richtungsänderung des Kanals war durch ältere Strukturen bedingt, welche Wheeler 1950 fälschlicherweise als spätharappazeitlich identifizierte.

Die Wannenkonstruktion des Beckens stellt den technischen Höhepunkt harappazeitlicher Ingenieurkunst dar. Die 1,35 m dicke Innenschale war aus besonders maßhaltig hergestellten, in Gipsmörtel verlegten Ziegeln nach innen im Läuferverband derartig präzise gemauert, daß die Fugenbreite nur wenige Millimeter betrug. Von außen hatte man das Becken mit einer zusätzlichen, 3 cm starken Bitumenschicht völlig umschlossen, die durch eine zweite Ziegelschale von 0,3 m Dicke vor Schrumpfung geschützt war. Den äußeren Konstruktionsring bildete eine Mauer, die gleichzeitig als Fundament für die umlaufenden Pfeiler diente und die zusätzlich durch schottenartige Querversteifungen gegen Seitendruck geschützt war. Die Konstruktion läßt vermuten, daß es sich um eine Absicherung der eigentlichen Baugrube handelte, in der das Wasserbecken freistehend errichtet und mit

Abb. 122 Mohenjo-Daro: Luftbild (Heißluftballon) des „Großen Bades" mit westlich angrenzendem „Kornspeicher" sowie östlich angrenzendem „Priesterkolleg".

Bitumen isoliert wurde. Zum Schluß füllte man die verbliebene Baugrube mit Stampflehm. Die in Mesopotamien durchaus gebräuchliche Verwendung von Bitumen zur Abdichtung von Wasserbauwerken ist bisher in der Anwendung beim „Großen Bad" für die Harappa-Kultur einmalig. In späterer Zeit erfuhr das „Große Bad" wesentliche Veränderungen. Die äußere Umschreitungsstraße wurde im Westen und Norden bis auf eine schmale Passage zugebaut, und man unterteilte den inneren Pfeilerumgang derartig, daß eine Umschreitung des Beckens nicht mehr möglich war. Des weiteren wurde nördlich des Beckens ein über eine Treppe zugänglicher Hochbereich errichtet, indem man die Pfeilerhalle zumauerte und auffüllte. Bereits zu dieser Zeit scheinen wesentliche Funktionen der ursprünglichen Anlage aufgegeben gewesen zu sein.

Als die Ausgräber das „Große Bad" 1925 freilegten, fehlte die gesamte nordwestliche Außenmauer sowie der größte Teil der westlichen Pfeilerreihe. Das „Große Bad", wie man es heute kennt, ist eine hypothetische Rekonstruktion, die bereits 1927 vollendet wurde.

In den obersten, das „Große Bad" überdeckenden Schichten fand man, ähnlich wie in vielen anderen Bereichen der Stadt, Reste späterer Überbauung in Assoziation mit harappazeitlichen Artefakten (eine Scherbe mit Brahmi-Inschrift, die man während der Freilegung des Beckens fand, stammt aus einer Sekundärlage. Siehe hierzu M. Jansen et al. 1983). Offensichtlich wurde das „Große Bad" wie die anderen Großbauwerke in der nachurbanen Phase nicht mehr in seiner ursprünglichen Funktion genutzt, ein weiteres Anzeichen für die Aufgabe urbaner Qualitäten und den damit verbundenen Zusammenbruch städtischer Organisation. Das Vorkommen harappazeitlicher Artefakte in den obersten Schichten dagegen spricht für ein gewisses Fortleben der Handwerkstradition auf lokaler Ebene und somit gegen eine plötzliche Aufgabe der Siedlung. Ob die bei den Ausgrabungen während der 20er Jahre festgestellte Zerstörung des „Großen Bades" in seinem nordwestlichen Bereich harappazeitlich ist, kann heute nicht mehr entschieden werden. Rezente Störungen durch Ziegelraub oder Erosion sind ebenfalls denkbar.

Ein weiteres großes Wasserbauwerk der Harappa-Kultur ist bisher lediglich aus Lothal bekannt. Das östlich der eigentlichen Siedlung errichtete, ca. 210 × 35 m messende „Hafenbecken" oder „Wasserreservoir" bedeckt mit über 7400 m² eine Fläche, die mehr als 10% der Siedlung entspricht (Abb. 118). Bei einer mittleren Tiefe von 3,5 m faßte das Becken 26000 m³ Wasser. Die aus gebranntem Ziegel errichtete Außenmauer maß an ihrem Fuß 1,8 m und verjüngte sich unter Beibehaltung der inneren Lotrechtigkeit nach oben auf 1,05 m. Der Ausgräber S. R. Rao (1979) sah in dem Becken eine künstlich errichtete Hafenanlage, die über einen Kanal und den nahen Fluß Sabarmati mit dem Meer verbunden war und dem Be- und Entladen von Schiffen diente. Eine Schleuse sollte die im Becken befindlichen Schiffe vor dem Trockenfallen schützen.

Die Interpretation Raos gilt heute als umstritten. Jedoch sind alternative Deutungen der Funktion des Bauwerkes, wie z. B. seine Nutzung als Wasserreservoir (L. Leshnik 1968), ebenfalls wenig überzeugend, mündet doch, folgt man dem Grundrißplan Raos (1979: Pl. 38), ein Abwasserkanal der Siedlung in dieses. (Für eine Besprechung Lothals siehe P. Yule 1982.)

„Kornspeicher"

In unmittelbarer Nähe der zuvor beschriebenen Wasserbauwerke sowie nahe dem Fluß Ravi in Harappa wurde eine weitere Kategorie von Sonderarchitekturen gefunden, die in Mohenjo-Daro und Harappa die Bezeichnung „Kornspeicher" erhielt und die in Lothal als „Warenhaus" bezeichnet wurde. Allen diesen Bauwerken ist zu eigen, daß sie eine regelmäßige rechteckige bis quadratische Grundrißform aufweisen, von der die Ausgräber annahmen, es handele sich dabei um die Basis für einen hölzernen Überbau, welcher den eigentlichen Speicher oder Lagerraum gebildet hat. Gemeinsam ist diesen Architekturen jedoch auch, daß bei keiner von ihnen Reste eines hölzernen Überbaus archäologisch nachgewiesen werden konnten. Die Vorstellung, es habe sich bei diesen Strukturen um Kornspeicher gehandelt, wurde in Harappa geboren, wo M. S. Vats in der zweiten Hälfte der 20er Jahre außerhalb der Akropolis nahe dem alten Flußbett des Ravi den Hügel F näher untersuchte. Außer mehreren Häusern einheitlichen Grundrisses und neben kreisförmigen Ziegelplattformen legte er eine große Struktur frei, die aus zwei symmetrisch zu einer mittleren Erschließungsachse angelegten Blöcken von 17 m Breite und 51 m Länge (Abb. 123) bestand. Die nord-südlich ausgerichtete Anlage war vor allem in ihrem östlichen Teil stark zerstört und wurde später unter der Annahme eines symmetrischen Planungskonzeptes entsprechend rekonstruiert.

Jeder der beiden Blöcke war in sechs große Kammern unterteilt, die jeweils durch eine von außen heranführende Rampe voneinander getrennt waren. An den Außenseiten der Kammern fanden die Ausgräber in regelmäßigen Abständen Öffnungen, von denen sie annahmen, daß sie als Ventilationskanäle gedient hatten. Über die Funktion der Anlage schrieb M. S. Vats (1940: 19–20) folgendes: „Jede dieser Hallen, die Sir John Marshall als erster als Kornspeicher identifizierte, ist durch Mauern mit gleichem Abstand in vier schmale Kammern untergliedert. Diese waren offensichtlich als Fundamente für den Speicherboden gedacht, der ohne Zweifel aus Holz bestand, wobei ihre Zwischenräume genauso viele Luftkanäle bildeten, wie sie in römischen und anderen Kornspeichern auch benötigt wurden, um das Getreide oder Vorräte . . . vor Schwitzen oder Mehltau zu schützen." (Siehe hierzu z. B. M. Fentress 1976, M. Jansen 1979: 255 ff.) Außer diesem formalen Vergleich mit römischen Kornspeichern in England fanden die Ausgräber keinerlei Anhaltspunkte, welche auf die Funktion eines Kornspeichers hätten hinweisen können. Auch spricht die Lage des Bauwerkes in der Ebene außerhalb der später von Wheeler (1947) gefundenen Befestigung der Akropolis nahe dem Flusse Ravi gegen eine solche Deutung.

Bedeutend vorteilhafter dagegen scheint der Standort einer Struktur innerhalb der Akropolis Mohenjo-Daros gewesen zu sein, die von Wheeler (1968: fig. 9) ausgegraben und von ihm ebenfalls als „Kornspeicher" bezeichnet wurde (Abb. 124). Ein Teil der Anlage war bereits 1925 unmittelbar westlich des „Großen Bades" von Marshall freigelegt worden. Wegen der in Passagen (Lüftungskanälen) gefundenen Asche und Holzkohle hielt er das Bauwerk für einen „hammam" (Dampfbad). Die ursprünglich 50 × 27 m messende Anlage ist mit 1350 m² ca. 400 m² kleiner als jene in Harappa. Archäologisch nachweisbar war eine bis zu 6 m hohe, mehrfach aufgestockte massive Plattform aus gebranntem Ziegel, die in ihrem obersten Bereich 3 ost-westliche und 9 nord-südliche Reihen von insgesamt 27 kleineren Ziegelplattformen aufwies, die durch 0,8 m breite und 1,4 m tiefe Passagen voneinander getrennt waren. Auch Wheeler ging wie Marshall von einem hölzernen Überbau aus, dem die Plattform als Basis gedient haben soll und der den eigentlichen Getreidespeicher bildete. Eine Nische im nördlichen Teil der Architektur war seiner Vorstel-

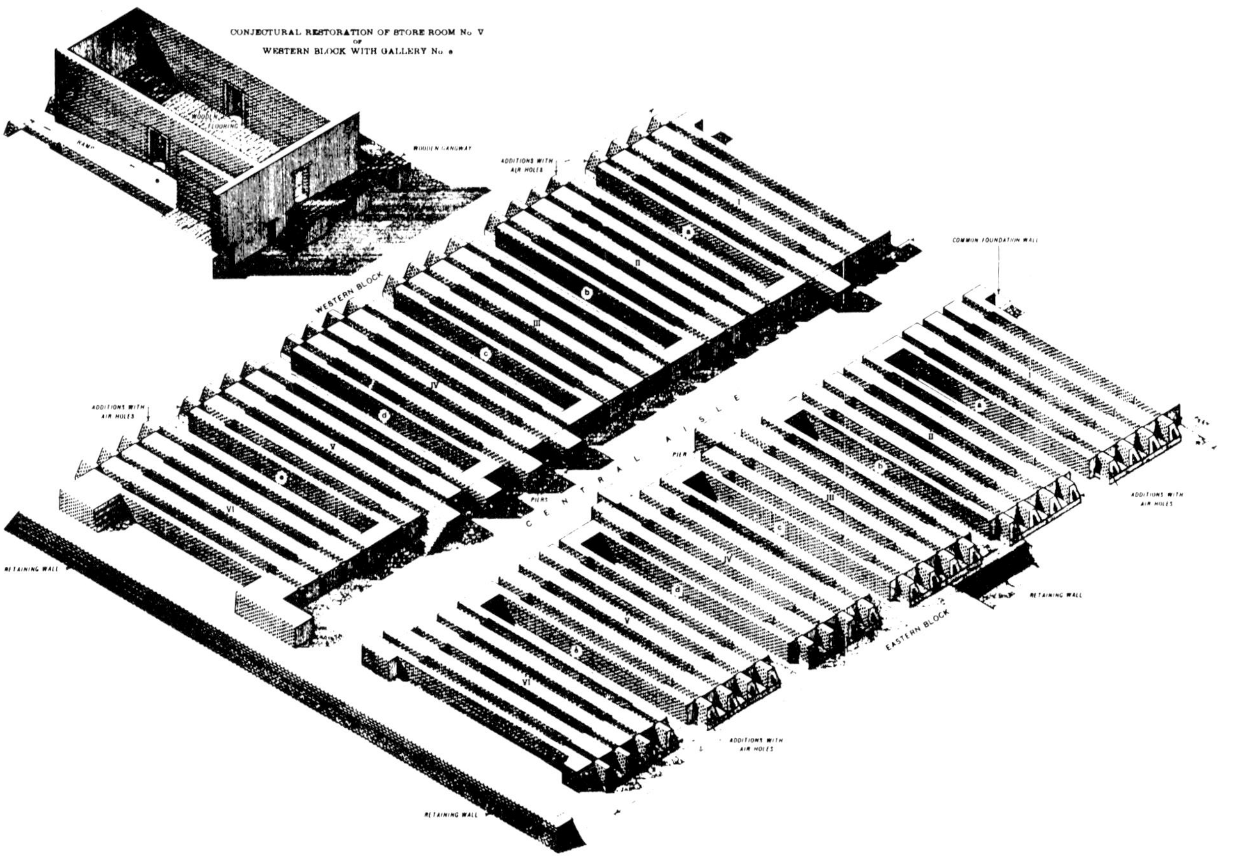

Abb. 123 Harappa: Isometrische hypothetische Rekonstruktion des „Kornspeichers".

lung zufolge der Ladebereich (Wheeler 1968: Fig. I, Pl. X) (Abb. 125). Nach neuesten Erkenntnissen (M. Jansen, in Vorbereitung) ist jedoch der untere Teil des „Kornspeichers" zeitlich nicht gleich mit den oberen 27 Plattformen und somit auch nicht mit dem von Wheeler angenommenen hölzernen Überbau. Die Plattformen müssen ungefähr in die Zeit des „Großen Bades" datiert werden, dessen Abwasserkanal in Höhe des Ladebereiches verlief, der sich zu diesem Zeitpunkt bereits unterhalb der Oberfläche befunden haben muß. Als weiteres Gegenargument kommt hinzu, daß auch von den Grabungen in Mohenjo-Daro keinerlei Befunde berichtet worden sind, welche auf die Funktion eines Kornspeichers hätten hinweisen können.

Die Auffüllung der Passagen sowie eine spätere, zum Teil improvisierte Überbauung, in der harappazeitliches Artefaktmaterial gefunden wurde, deutet auch hier wie im „Großen Bad" auf eine nachurbane Besiedlungsphase hin.

Eine ebenfalls rasterartig angeordnete und von Passagen ähnlicher Breite und Höhe wie in Mohenjo-Daro getrennte Anlage grub S. R. Rao (1979) in Lothal aus. Er entdeckte auf einer gewaltigen Lehmziegelbasis (41,15 × 48,77 m) im Südosten der Siedlung und nahe dem Becken die Überreste 12 quadratischer kleinerer Lehmziegelplattformen von je 3,60 m Kantenlänge. Rao ging davon aus, daß ursprünglich 8 × 8 solcher Blöcke die große Lehmziegelplattform überdeckt hatten (S. R. Rao 1973: Fig. 15). In der Vorstellung, daß Lothal der bedeutendste Hafen des Indus-Imperiums gewesen sei (1973: 66), interpretierte er diese bisher gewaltigste Struktur dieser Gattung als „Warenhaus", in dem die angelieferten Waren umgeschlagen wurden. Tatsächlich hätte das Gebäude eine Fläche von mehr als 2000 m² bedecken können, wenn es sich über die gesamte Plattform erstreckt hätte. In Anlehnung an seine Kollegen nahm auch Rao einen hölzernen Überbau an, der den eigentlichen Lagerraum gebildet haben sollte. Da aber weder der Nachweis einer Bebauung der gesamten Plattform noch Indizien für einen hölzernen Überbau gefunden wurden, muß auch die Rekonstruktion dieses Bauwerks als hypothetisch betrachtet werden. Der bedeutendste Fund aus dem „Lagerhaus" ist der von 65 Versiegelungen mit Gewebe- und Rieteindrücken auf ihren Rückseiten (S. R. Rao 1979: 113), die hinter einer Mauer in nicht eindeutig gesichertem archäologischen Kontext gefunden wurden. Diese Entdeckung sowie die unmittelbare Nähe zum Wasserbecken veranlaßten Rao offensichtlich zu der Annahme, es habe sich bei der Architektur um ein Lagerhaus gehandelt.

Ein weiteres bekanntes Beispiel dieses Bautyps ist,

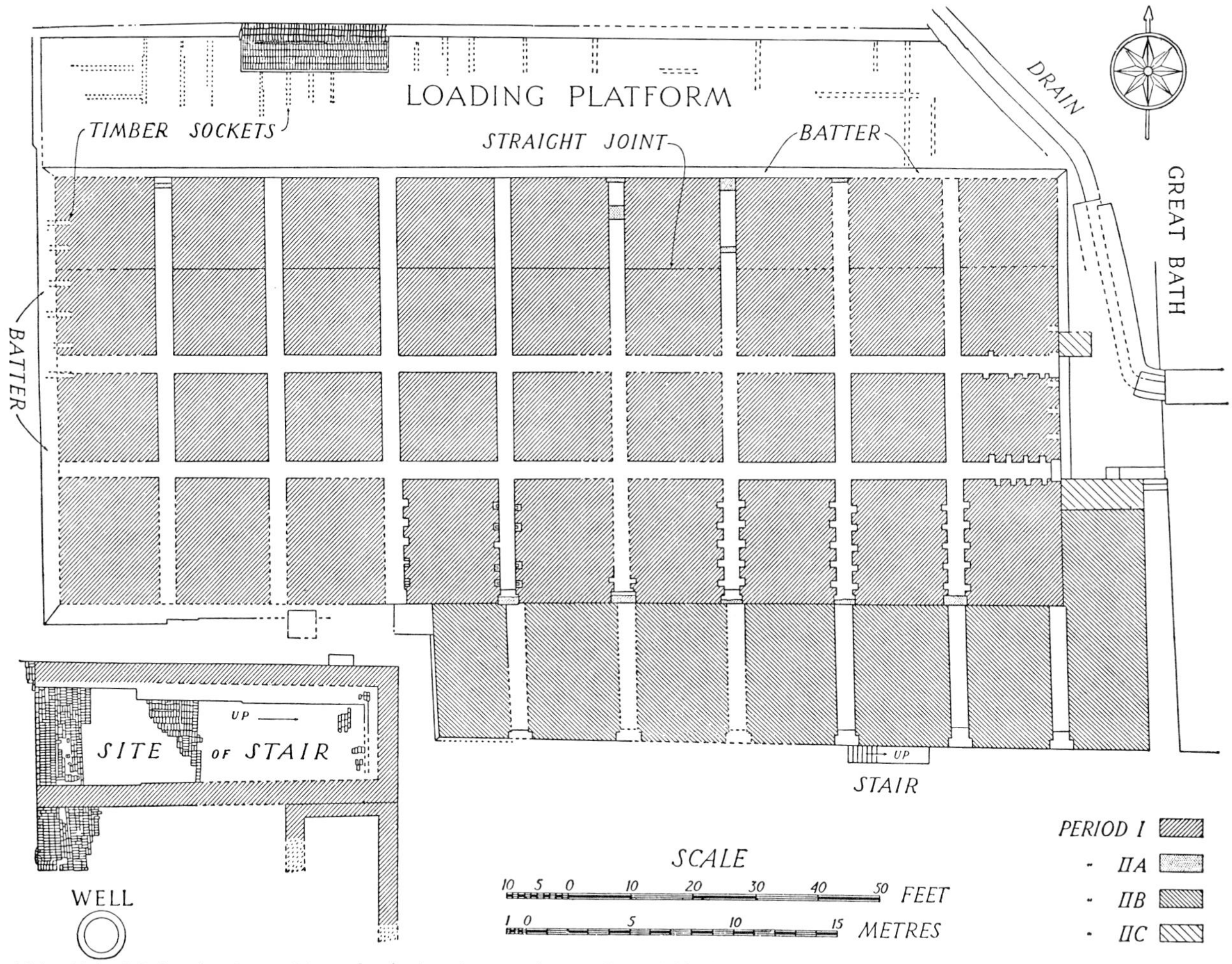

Abb. 124 Mohenjo-Daro: Hypothetisch rekonstruierter Grundriß des „Kornspeichers" mit Ladeplattform im Nordwesten. Die nordöstliche Ecke der Basis ist durch den Entwässerungskanal des „Großen Bades" geschnitten.

wenngleich es auch nicht unter dem Begriff „Kornspeicher" einzuordnen ist, die Plattformanlage im südlichen Bereich der Akropolis in Kalibangan (Abb. 114B), die der Ausgräber B. K. Thapar (1975: 25) wie folgt beschrieb: „Der umschlossene Bereich umfaßt fünf bis sechs massive Plattformen. Sie waren alle voneinander getrennt und wurden wahrscheinlich von der gesamten Siedlungsgemeinschaft für einen speziellen Zweck genutzt. Bisher sind fünf (dieser Plattformen) freigelegt worden, von denen eine vollständig erhalten ist. Alle Plattformen waren nach den Kardinalshimmelsrichtungen orientiert. Während die vollständig freigelegte Plattform eine ost-westliche Achse hatte, waren die anderen nord-südlich orientiert. Sowohl die Größe der Plattformen als auch die Breite der sie trennenden Umgänge ist unterschiedlich . . . Während auf der einen Plattform neben einem Brunnen und einem Feueraltar eine rechtekkige Grube . . . mit Schweineknochen und einer Geweihstange, die wahrscheinlich ein Opfer darstellen, gefunden wurden, entdeckte man auf einer anderen neben einem Brunnen eine Reihe mit sieben rechteckigen 'Feueraltären'."

Die Plattformanlage in Kalibangan ist nur bedingt zu der bisher beschriebenen Gattung von Plattformbauten zu zählen. Sie diente nicht als Hilfskonstruktion in Form eines Fundaments oder Unterbaus, wie für die anderen Beispiele angenommen, sondern war ein für sich selbständiger Architekturkörper, eine begehbare, künstliche Erhebung, die keines weiteren Überbaus bedurfte. Dies schließt jedoch nicht aus, daß sie als Träger für etwas, beispielsweise die Feueraltäre, diente und in dieser Funktion der Sinn ihrer Erhöhung lag.

Erinnern wir uns der archäologischen Befunde der „Kornspeicher" und des „Warenhauses", so stellen wir fest, daß für keine der Anlagen eine schlüssige Beweisführung im Sinne einer Nutzungsdeutung angetreten werden konnte, wobei in Harappa die Funktion als Kornspeicher am meisten angezweifelt werden muß. Aber auch in Lothal und Mohenjo-Daro fanden sich keine direkten Beweise für die von den Ausgräbern interpretierte Nutzung. Konstruktive Hinweise für hölzerne Überbauten, welche die eigentlichen Speicher gewesen sein sollten, fehlen bei allen Plattformanlagen völlig. Vielleicht hatten die Plattformen mit den Umgängen auch in Mohenjo-Daro, Harappa und Lothal ihren Eigenwert als selbständige

Abb. 125 Mohenjo-Daro: Sogenannte Ladeplattform im nördlichen Bereich des „Kornspeichers".

Architekturkörper; möglicherweise waren sie Ritualplätze wichtiger Zeremonien, die in der Nähe des heiligen Wassers vollzogen wurden? Zumindest stehen alle Bauwerke in unmittelbarem Bezug zum Wasser: In Mohenjo-Daro ist es das benachbarte „Große Bad", in Harappa der nahe Fluß, in Lothal das „Hafenbecken" und in Kalibangan eine Brunnenanlage. Andererseits könnte man die Kornspeicher Mehrgarhs als Zeugnisse einer langen Tradition im Gebrauch von unbeweglichen Getreidebehältern ansehen, die durchaus in der Harappa-Kultur in staatlich kontrollierten Anlagen großen Ausmaßes ihren Höhepunkt gefunden haben mögen. So überzeugend diese Deutung auch klingen mag, Hinweise für ihre Bestätigung wurden bisher noch nicht gefunden.

Andere Sonderformen harappazeitlicher Architektur

Mit einer Betrachtung der „Versammlungshalle" im Süden der Akropolis Mohenjo-Daros soll das Kapitel der „Sonderformen" abgeschlossen werden (Abb. 104). Die annähernd quadratische Halle (25,90 × 26,50 m), welche am Rande einer Senke liegt, die den nördlichen und den südlichen Teil der Akropolis voneinander trennt, war ursprünglich eine aus vier Reihen zu fünf Pfeilern (1,50 × 1,00 m) bestehende Pfeilerhalle, die offensichtlich ein Dach hatte. Sir J. Marshall (1931: 23–24) verglich sie mit Versammlungshallen in buddhistischen Klöstern, wohingegen Sir M. Wheeler (1968: 46) Parallelen zum achämenidischen „Apadana", einem freistehenden Repräsentationsbau in altpersischen Palastbezirken, meist als quadratischer Säulensaal ausgeführt, sah. Beide Vergleiche stammen aus mehr als 2000 Jahre späteren, völlig anderen Kulturkreisen, die nur mit Vorsicht zur Harappa-Kultur in Bezug gesetzt werden sollten. Trotzdem scheint jedoch der architektonische Befund in Mohenjo-Daro für die Interpretation des Bauwerks als überdachter Versammlungsort zu sprechen, wenngleich nicht mehr entschieden werden kann, ob diese Versammlungen in irgendeinem zeremoniellen Zusammenhang standen. Schließlich wurden auch in diesem Bereich der Akropolis Sonderarchitekturen wie die „Versammlungshalle" während der nachurbanen Phase kleinteilig überbaut und ihre ursprüngliche Nutzung aufgegeben.

7. FORMEN DES WOHNHAUSES

Den Sonderformen der harappazeitlichen Architektur steht eine große Masse an Architektur gegenüber, die, noch immer schwer entflechtbar, die eigentlichen Siedlungen und Städte gebildet hat. Archäologisch betrachtet stellen sie Gebilde dar, die horizontal und vertikal je nach Nutzungsbedürfnis des Menschen im Laufe der Zeit verändert wurden.

Aus den jeweiligen Grabungen sind uns vorwiegend die Grundrisse der Architekturen überliefert, deren dreidimensionale Wandlung, die im Laufe der Besiedlung stattfand, undokumentiert blieb, so daß die Pläne als Quellen architektonischer Forschung nur bedingt nutzbar sind. Eine der schwerwiegendsten Fehlinterpretationen, die daraus folgte, ist die Schichtenzuordnung Marshalls und Mackays für Mohenjo-Daro, die ebenfalls von Vats für Harappa übernommen wurde. Alle Ausgräber gingen von einem gleichmäßig horizontal verlaufenden Wachstumsprozeß aus, nach dem in gewissen Zeitabständen ganze Stadtbereiche um eine bestimmte Höhe anstiegen, und nutzten dabei die absoluten Höhen von Türschwellen, Fußböden und Treppenabsätzen als Indikatoren für ihre Schichtenzuordnung. Neuere Forschung hat jedoch gezeigt, daß zeitlich gleiche Architekturen schon in unmittelbarer Nachbarschaft Höhenunterschiede bis zu einigen Metern aufweisen können. Leider ist mit diesen Beobachtungen nicht nur die Architekturchronologie in Frage gestellt, sondern auch die anhand der Architektur entwickelte Chronologie der Artefakte wie Siegel, Figurinen und Keramik.

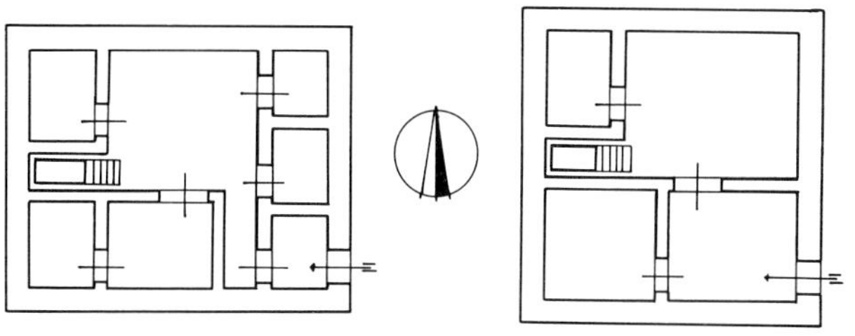

Abb. 126 Mohenjo-Daro: „gelbes" (links) und „rotes" Modell der Haustypologie von A. Sarcina (1979). Der Typus wird vorwiegend durch die Lage des Innenhofes bestimmt.

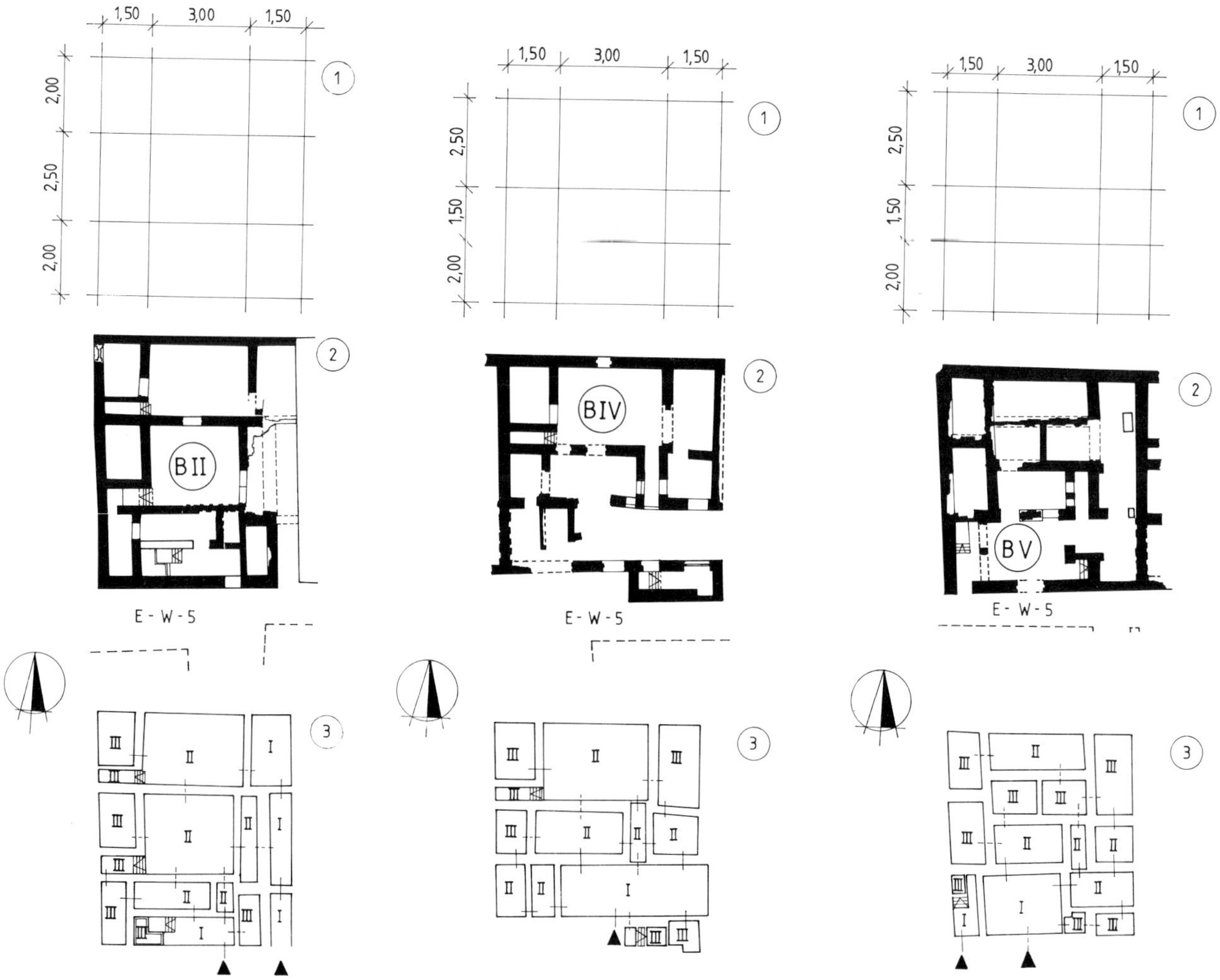

Abb. 127 Mohenjo-Daro: Haustypologie (Jansen 1984), basierend auf Achs-, Erschließungs-, und Raumwichtungsanalysen. Dieser Haustypus ist der späturbanen Phase zuzuordnen und ist hier in drei Varianten präsentiert.

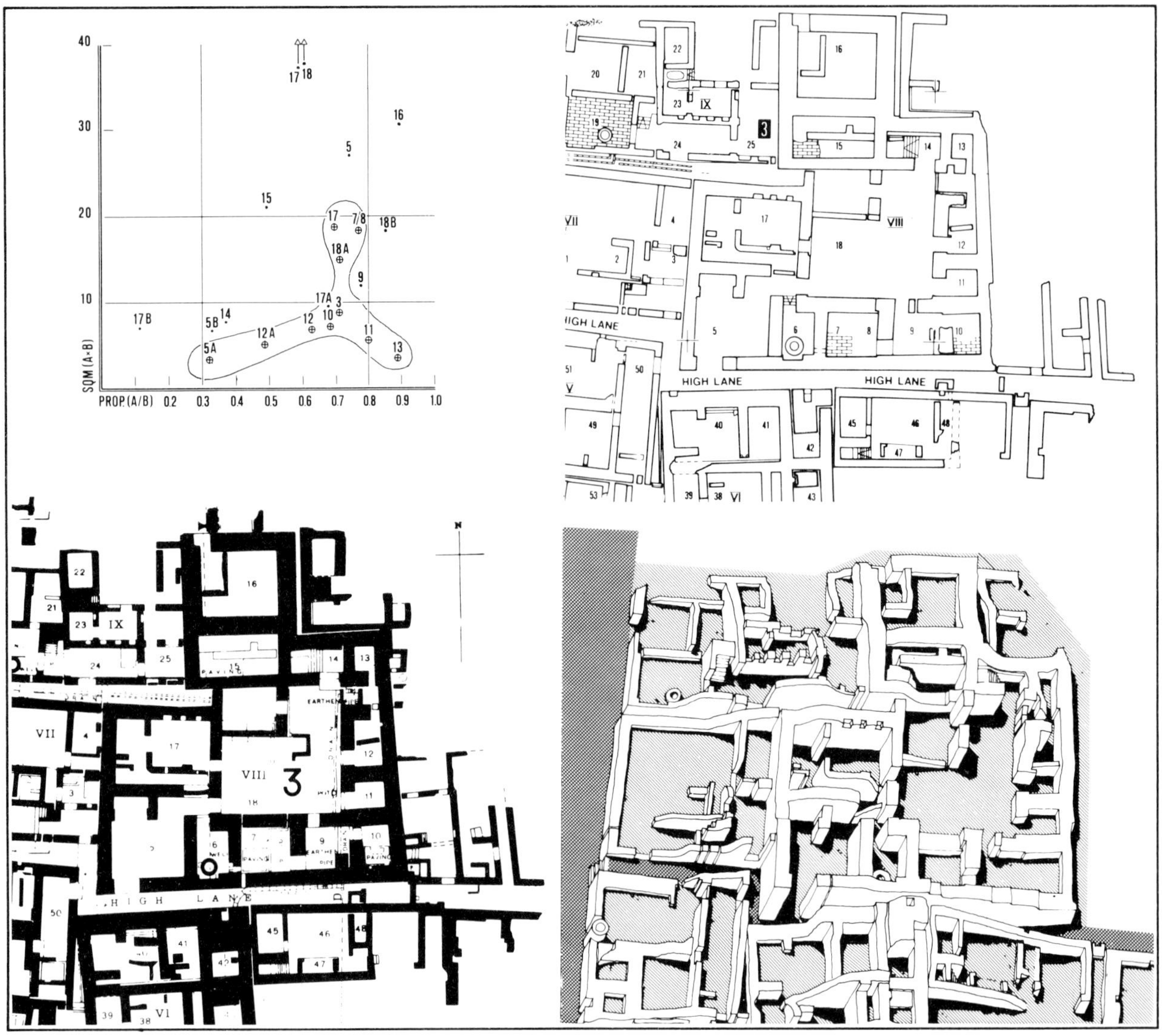

Abb. 128 Mohenjo-Daro: Analyse eines großen Hauses (HR-A, – VIII) mit Größen-Proportionsdiagramm der Räume (oben links), im heutigen Zustand (oben rechts) sowie im Originalzustand (unten links und Isometrie).

Erste Wohnhausbeschreibungen finden sich bereits in den Grabungsberichten Marshalls (1931) und Mackays (1938), obwohl von ihnen nie eine systematische Untersuchung der Wohnarchitektur durchgeführt wurde. 1979 veröffentlichte A. Sarcina (1979) eine erste flächendeckende Analyse der Architektur Mohenjo-Daros. Der sehr detailliert und sorgfältig durchgeführten Arbeit liegen jedoch zwei Probleme in bezug auf das Quellenmaterial zugrunde. Zum einen standen der Autorin lediglich die unbearbeiteten Grabungspläne der 20er Jahre zur Verfügung, in denen die verschiedenen Bauphasen nicht getrennt oder nur unzureichend voneinander getrennt dargestellt wurden, und zum anderen konnte sie nur die in den Grabungsberichten auszugsweise veröffentlichten Objektlisten auswerten, um die Architektur funktional zu bestimmen. Insgesamt entwickelte Sarcina fünf Haustypen, die im wesentlichen nach der Lage des Hofes und des Hauseinganges bestimmt wurden. Ihrer Analyse zufolge beträgt die durchschnittliche Größe eines Hauses ca. 100 m², wobei sich ca. 70% der Häuser im Bereich einer mittleren Abweichung von ±40 m² befinden. Von den 112 untersuchten Häusern fallen 58 in die Kategorie „Gelbes Modell", während 42 dem „Roten Modell" zugeordnet wurden. Diese beiden Haustypen repräsentieren somit fast 90% der von Sarcina analysierten Architektur (Abb. 126). Das „Gelbe Modell" zeichnet sich dadurch aus, daß der im Norden liegende Hof von allen Seiten, außer der nördlichen, von Räumen umgeben ist; im „Roten Modell" befindet sich der Hof in der nordwestlichen Ecke.

Die statistischen Analyseansätze Sarcinas wurden in den letzten Jahren durch Verfahren ersetzt, mit deren Hilfe versucht wird, nicht nur einen vorübergehenden Bauzustand oder einen Teil der Architektur zu erfassen, sondern die Bauwerke in ihrem gesamten Wachstumsprozeß zu verstehen (M. Jansen 1984c). Des weiteren wurden die Kategorien, welche einen Haustyp definieren, vom Ergebnis verschiedener Untersuchungsverfahren abhängig gemacht. Wichtig waren Studien zur Lage und zum Erschließungsschema bestimmter Räume innerhalb einer Architektureinheit, Größen- und Proportionsanalysen sowie Untersuchungen zur Assemblage gemäß der Grabungsinventaraufzeichnungen. Mittlerweile liegen erste Ergebnisse für das „Große Bad" (M. Jansen et al. 1983) und für die Häuser VIII (M. Jansen 1984c) und I im HR-A-Bereich (M. Jansen 1985, 1986c) vor (Abb. 127, 128), jedoch wird eine flächendeckende Analyse noch einige Zeit in Anspruch nehmen.

8. BAUTECHNIK

Das Hauptelement harappazeitlicher Architektur ist der luftgetrocknete Ziegel mit den idealisierten Proportionen Höhe : Breite : Länge = 1:2:4 und dem mittleren Maß 7 × 15 × 31 cm. Dieser Ziegel entspricht somit weitgehend unserem heutigen Einhandziegel, und es ist anzunehmen, daß seine Maße ebenfalls aus der Breite einer Handfläche (vgl. hierzu R. Rottländer 1984) und seine Proportionen aus dem Konzept der Addierbarkeit in alle Richtungen entwikkelt wurde. Die standardisierten Größen der Ziegel sowie ihre Oberflächenstrukturen lassen erkennen, daß sie vermutlich in Holzformen abgestrichen wurden, um danach an der Luft getrocknet zu werden. Der gebrannte Ziegel nahm innerhalb der Harappa-Kultur insofern eine Sonderstellung ein, als er vorwiegend im Zusammenhang mit Wasser, für Bauten von Brunnen, Badeanlagen und Kanälen Anwendung fand. Desgleichen wurde er in der alluvialen Ebene des Indus, wo Naturstein nicht in unmittelbarer Nähe vorkommt, als Ersatz für diesen in den Fundamenten vermauert. Demnach handelt es sich bei vielen der in Mohenjo-Daro ausgegrabenen hoch anstehenden Mauern nicht um eine einzige Bauphase, sondern um die Addition von mehreren Fundamenten verschiedener Perioden, deren Lehmziegelaufbauten in der Regel in Abständen eines Generationswechsels eingerissen und auf einem neuen Fundament, das auf dem älteren ruhte, neu errichtet wurden.
Nur wenige Großbauten und Häuser in Hanglage waren in Mohenjo-Daro vollständig aus gebranntem Ziegel errichtet. Die Dächer waren vermutlich als Flachdach ausgebildet, Anzeichen für Einwölbungen wurden nicht gefunden. Die Kleinteiligkeit der Raumgliederung ist ein Indikator für Holzbalkendecken mit Spannweiten, die selten 4 m überschritten. Überdeckte Großräume wie die „Versammlungshalle" und der nördliche Teil des „Großen Bades" bildeten eine Ausnahme. Offensichtlich waren die Harappaner in einem semiariden Gebiet ausgesprochene Lehmziegelarchitekten, die mit Holzbauweisen nicht sehr vertraut waren; ein Grund mehr, die hölzernen Überbauten der Kornspeicher in Frage zu stellen. Die Rechtwinkligkeit des Mauerwerks, das meist im Blockverband erstellt war, macht deutlich, daß die Harappaner bereits Instrumente zur Bestimmung der Horizontalen und Vertikalen kannten. Das Senkblei (Lot) wurde sicherlich zur Festlegung der Vertikalen verwandt, während wahrscheinlich mit Hilfe einer Wasserwaage die Horizontale bestimmt wurde.
Für die Konstruktion der runden Brunneneinfassungen wurde eine Sonderform des Ziegels entwickelt. Entsprechend der Verjüngung des inneren Radius waren die Ziegel keilförmig ausgebildet. Eine Drehung eines derartig gemauerten halben Zylinders um 90° hätte ein Tonnengewölbe ergeben können, aber eine solche technische Weiterentwicklung erfolgte in der Harappa-Kultur nicht. Das Kraggewölbe ist bei Kanalabschlüssen und bei Türeingängen die einzige uns bekannte Form der Schließung größerer Öffnungen in Ziegel. Im Bereich des Tiefbaus zeugen die zylindrischen Brunnenschächte jedoch von einem hohen Stand technischer Entwicklung, zumal die Kreisform die idealen statischen Voraussetzungen gegen den entstehenden Seitendruck der bis auf mindestens 15 m tief abgesenkten Brunnen bietet.
Vermutlich sind die durch Ziegel kreisförmig eingefaßten Brunnen eine Erfindung der Harappaner der alluvialen Ebene. In keiner der vor- und frühharappazeitlichen Siedlungen wurden bisher Brunnen gefunden. Selbst in den Städten Mesopotamiens und Ägyptens sind vertikale Wassererschließungssysteme innerhalb der Siedlungen fast völlig unbekannt. Um so erstaunlicher ist, daß für Mohenjo-Daro ein mittlerer Einzugsradius von nur 15 m pro Brunnen errechnet werden konnte (M. Jansen 1979a: 145).
Bezieht man diesen Wert auf die gesamte Siedlungsfläche einschließlich der noch nicht ausgegrabenen Bereiche, so müßte Mohenjo-Daro mehr als 700 Brunnen besessen haben mit durchschnittlich einem Brunnen in jedem dritten Haus. Ein derartig aufwendiges System der Wasserzulieferung innerhalb der Stadt stellt einen Wasserluxus dar, für den es eine Erklärung geben muß. Es stellt sich die Frage, weshalb man nicht das Wasser des nahen Flusses Indus für Waschungen und den häuslichen Gebrauch benutzte. Sowohl das „Große Bad" als auch die vielen Brunnen lassen vermuten, daß die Stadt, wohl aufgrund äußerer Notwendigkeiten, durch eine eigene, interne Wasserversorgung völlig autark sein wollte. Daß diese äußeren Umstände eher mit dem Flußverhalten des Indus als komplex mäandrierendes System zusammenhängen als mit anderen Bedingungen, wie beispielsweise einer möglichen Belagerung durch den Feind, mag durch die geographische Lage Mohenjo-Daros erklärt werden. Schon eine Flußbettverlagerung um nur wenige Kilometer hätte diese große Stadt von ihrer wichtigsten Lebensquelle, dem Was-

ser, abgeschnitten, wenn man nicht von Anfang an eine unabhängige Wasserversorgung geschaffen hätte.
So scheint das Siedeln im Industal von zwei grundlegenden Faktoren bestimmt gewesen zu sein, nämlich zum einen von dem Bedürfnis nach Schutz vor den zerstörenden Überschwemmungen des Indus und zum anderen von der Sicherstellung einer ausreichenden Wasserzufuhr in Zeiten einer Flußbettverlagerung. Als architektonische Problemlösung wurden zum Schutze gegen die Naturgewalten des Flusses die Plattformen errichtet, und vor einem Wassermangel während seiner Abwesenheit schützten die vielen Brunnen.
Sicherlich ließen sich über diese rationalen Erklärungen hinaus auch Spekulationen anstellen, die den Wasserluxus Mohenjo-Daros einer rituellen Funktion zuordnen.
Vor dem Hintergrund einer solchen Betrachtung könnte man das „Große Bad" vielleicht als Wasserheiligtum zur Verehrung des divinisierten Indus interpretieren, und die vielen Baderäume in den Häusern der Stadt mögen auch Orte ritueller Waschungen gewesen sein.
Die Funktion der Plattformen ist sicherlich vielfältigerer Natur, als daß man sie allein als Präventivmaßnahme gegen die Indusfluten ansehen sollte. Wie anhand der Beispiele von Akropolen anderer großer Städte, die nicht durch Überschwemmungen bedroht waren, deutlich wurde, hatten sie wahrscheinlich als erhöhendes Konstruktionselement eine ideologisch signifikante Bedeutung, die man wahrscheinlich ebenfalls den „Kornspeichern" zusprechen muß, wenngleich sich uns deren Inhaltlichkeit noch immer entzieht.
Obwohl für diese Hypothesen noch keine Beweise vorliegen, bleibt festzuhalten, daß Plattformarchitektur, Brunnenanlagen und Kanalsysteme zu notwendigen Bestandteilen harappanischer Siedlungen in den verschiedensten geographischen Regionen wurden. Inwieweit sie sich als reine architektonische Formen verselbständigten, ist noch nicht untersucht worden. Sie verschwanden in nachharappanischer Zeit und mit ihnen die großen Städte im Urstromtal des Indus. Es sollte mehr als tausend Jahre dauern, bis sich eine neue Zivilisation im zweiten großen Flußtal des Subkontinents, im Gangestal, entfalten konnte.

9. DAS „UNZIVILISIERTE" INDIEN ZUR ZEIT DER HARAPPA-KULTUR

Liegt uns in der Harappa-Kultur die erste große Zivilisation auf dem indischen Subkontinent vor, so sind die nachfolgenden kulturellen Erscheinungsformen unter dem Begriff des „unzivilisierten" Indiens zusammengefaßt worden (W. Fairservis 1975: 312). Mit der wohl treffenderen Bezeichnung „nichtzivilisiertes Indien" sind jene Kulturen gemeint, die auf der Stufe des Neolithikums in dörflichen Gemeinschaften fortlebten, während sich im Industal die großen Städte entwickelten. Solche dörflichen Kulturen bestanden gleichzeitig mit der Harappa-Kultur vom Kashmirtal im Norden bis in die südliche Spitze des Subkontinents. Das Verhältnis der Harappaner zu diesen Kulturen sowie zu den sie umgebenden Nomaden ist noch wenig erforscht.
Zeugnisse menschlicher Besiedlung aus dem ausgehenden 3. Jt. konnten in Burzahom (H. de Terra; T. T. Paterson 1939), im fruchtbaren Kashmirtal, das vom Jhelum durchflossen wird, festgestellt werden. Ausgrabungen erbrachten 16 Grubenhäuser, die bis zu 4 m tief in den Boden versenkt waren und über Stufen, die nach unten führten, erschlossen wurden (Abb. 129). Den schrägen Pfostenlöchern nach zu urteilen, welche die Gruben umgaben, waren die Häuser mit einem Pfahlkegeldach geschützt, wobei auch das Bodenloch des Zentralpfostens, der das Dach trug, in den meisten Fällen gesichert werden konnte. Die Gruben mit runden, ovalen und rechteckigen Grundrißformen dehnten sich im unteren Bereich bis auf fast 4,60 m im Durchmesser aus, wobei sie sich nach oben auf etwa 2,70 m verjüngten. Die Seitenwände waren mit Lehm verputzt, und im Zentrum, nahe dem Zentralpfosten, befand sich häufig eine Feuerstelle (B. M. Pande 1970; M. Nazeem 1982: 137). Die zur frühesten Periode I zu zählenden Grubenhäuser zeigen eine Affinität zu einigen Hausformen Zentralasiens (A. L. Montgait 1961). So wurden kreisförmige Grubenhäuser der mittleren Yang-Shao-Kultur in China gefunden (T. Cheng 1959: 76), welche denen Burzahoms ähnlich sind.
Der italienische Archäologe G. Stacul (1977: 229–235) entdeckte weitere Grubenhäuser in Loebanr im Swattal, Nordpakistan, die er in die Zeit zwischen 1700 und 1500 v. Chr. datierte. Das Grubenhaus gehört traditionell nicht in das Gebiet des indischen Subkontinents, und somit ist zu vermuten, daß diese südlich des Himalaya liegenden Kulturen chinesisch beeinflußt waren.
Eine weitere neolithische Zivilisation im ausgehenden 3. Jt. v. Chr. ist die der „geschliffenen Steingeräte" im Osten des Subkontinents. Diese könnte von Südostasien her beeinflußt gewesen sein, da Ähnlichkeiten zwischen gewissen Artefaktformen wie z. B. Rechteckbeilen, Schulterbeilen und breitschneidigen Beilen in diese Richtung weisen.
Die Architektur der dörflichen Gemeinschaften, wie etwa Chirand im Gangestal (B. Allchin u. R. Allchin 1982: 123), bestand aus kleinen Hütten, die aus Bambus erstellt und mit Lehm verschmiert waren.
In Zentralindien wurden Dorfkulturen neolithischer Hirten entdeckt, deren Ortschaften als „Aschehügel-Siedlung" bezeichnet werden (B. Allchin u. R. All-

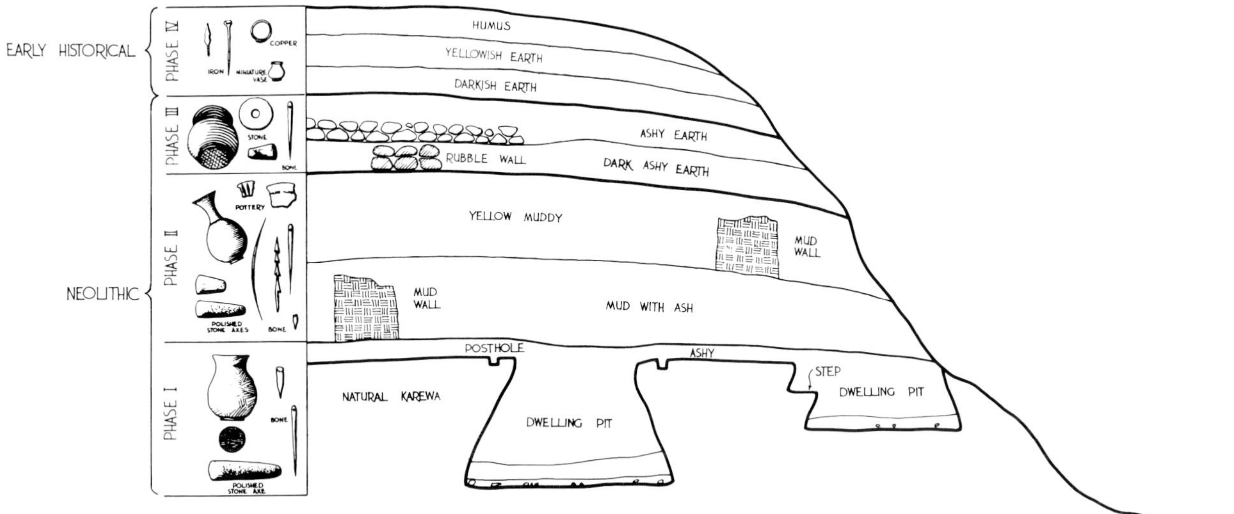

Abb. 129 Burzahom, Kashmir: Schematischer Schnitt mit Erdgruben in der neolithischen Phase I.

chin 1982), da, eng mit dem Dorf verbunden, vermutlich nahe der Koppel, große Ascheablagerungen verbrannten Dungs gefunden wurden. Einige der Ortschaften, so beispielsweise Utnur, lagen auf Plateaus, aber auch Höhlen und Felsvorsprünge wurden zum Schutz aufgesucht. Dauerhafte Hausformen sind erst für die Zeit um 2000 v. Chr. in Siedlungen wie Brahmagiri, Tekkalakota I und Hallur nachgewiesen worden (B. Allchin u. R. Allchin 1982: 287). Hier grub man Fragmente von Rundhütten aus, deren Wände aus Flechtwerk mit Lehm verkleidet bestanden. Nach 1700 v. Chr. dehnten sich diese Siedlungen unter zunehmender Verwendung von Bronzegerät aus. Trokken verlegte Bruchsteinmauern bildeten die Fundamente für die mit Lehmfußböden ausgestatteten Rundhütten. Eine Architektur aus massiven Lehmziegeln hat sich hier jedoch nie entwickelt. Ins ausgehende 2. Jt. werden Felsbilder datiert, die Reiter zu Pferde mit Pfeil und Bogen darstellen. Vermutlich repräsentieren diese den Übergang in die Eisenzeit (B. Allchin u. R. Allchin 1982: 294), die in Süd-Indien vor allem durch Megalithen (Hünengräber) charakterisiert ist.

B. Frühgeschichtliche Zeit

1. DIE ANFÄNGE DER GESCHICHTLICHEN FRÜHZEIT IM SPIEGEL SCHRIFTLICHER QUELLEN

Ayodhya: Hauptstadt des Königs Dasharatha, Geburtsort von Rama.
Hastinapura: Haupstadt der Kurus nördlich von Delhi.
Indraprastha: eine der Stadtgründungen Delhis.
Kurukshetra: Ort, an dem die Schlacht zwischen Kauravas und Pandavas stattfand (Mahabharata), nordwestlich von Delhi.

Der Beginn der geschichtlichen Frühzeit Indiens ist mit der Periode anzusetzen, in der die Geschehnisse stattfanden, welche in den ältesten, uns erschlossenen textlichen Überlieferungen, den Veden, beschrieben sind. Ihre Verfasser gehörten einer ethnischen Gruppe an, die als das Volk der vedischen Arier bezeichnet wird, welches in der 2. Hälfte des 2. Jt. v. Chr. nach Nordindien einwanderte. Der Veda (das Wissen) ist ein Oberbegriff für eine umfangreiche Literatursammlung, die mehrere Jahrhunderte umspannt und die in drei Gruppen untergliedert werden kann: 1. Mantras, d. h. heilige Worte, 2. Brahmanas, d. h. Erklärungstexte des Opferrituals, 3. Sutras, Leitfäden des Rituals, des Rechts und anderer Wissenschaften. (Für eine generelle Einführung siehe z. B. H. v. Glasenapp 1961.)

Die erste Gruppe der Mantras, die allgemein als „Veda" bezeichnet wird, liegt in vier Sammlungen (Sanhita) von Liedern, Gesängen, Opferformeln und Zaubersprüchen vor, von denen die Hymnen des Rigveda in die Einwanderungszeit jenes Volkes zu datieren sind, das in ihnen auch beschrieben ist.

Die Brahmanas umfassen Abhandlungen über die Ausführung heiliger Zeremonien. Sie werden um ca. 1000 v. Chr. entstanden sein, als die Arier mit der Besiedlung des Gangestales begannen.

In den Sutras, deren Prosa sich aus den Brahmanas entwickelte und die demzufolge später datiert werden muß, wurden die Vorschriften für das Ritual in übersichtlicher Weise geordnet, um den Priesterschülern das Auswendiglernen dieser Zeremonieregeln zu erleichtern.

Neben dem Veda, der als offenbart gilt, sind die großen indischen Epen, das Mahabharata und das Ramayana, wichtige Quellen historischer Betrachtung. Sie gehören wie weitere Lehr- und Gesetzesbücher zu den Werken der Smriti (Erinnerung) und gelten als nicht geoffenbart.

Zu der Gruppe der Smriti sind auch zwei Lehrbücher zu zählen, die für das Verständnis früherer Architekturformen von großer Bedeutung sind.
Beim Arthashastra handelt es sich um ein Handbuch der Staatskunst, das Kautiliya, dem Kanzler des Mauryakönigs Chandragupta (322–298 v. Chr.), zugeschrieben wird, das aber vermutlich später zu datieren ist (H. v. Glasenapp 1961: 110; R. Shamasastry 1967; R. P. Kangle 1963). Das Manasara (P. K. Acharya 1927–46) stellt eine Sammlung über die Kunst der Architektur und Plastik dar. Seine Anfänge weisen frühestens in das 5. Jh. n. Chr., jedoch gilt keine dieser Datierungen als gesichert, da die über Jahrhunderte hindurch mündlich überlieferten Texte erst sehr viel später schriftlich aufgezeichnet worden sind. So entstand die uns heute vorliegende und oft zitierte Fassung des Manasara erst in den 20er Jahren unseres Jahrhunderts. Es war P. K. Acharya, der auf Wunsch Sir John Marshalls aus elf unvollständigen Manuskripten in siebzehnjähriger Tätigkeit diese Fassung zusammenstellte. Da die Original-Manuskripte keinerlei Abbildungen oder Zeichnungen enthielten, wurde das Bildmaterial, den Textvorlagen entsprechend, von P. K. Acharya rekonstruiert und ist somit nicht älter als 60 Jahre.
Im Mahabharata (H. v. Glasenapp 1961: 454) wurden geschichtliche Ereignisse beschrieben, welche in der Zeit zwischen 1000 und 700 v. Chr. stattgefunden haben müssen, geht man davon aus, daß die in der 2. Hälfte des 2. Jt. v. Chr. in den Nordwesten Indiens eingewanderten vedischen Arier um ca. 1000 v. Chr. die westliche Gangesebene erreichten. Die im Mahabharata erwähnten Kämpfe zwischen den Stämmen der Kauravas und der Pandavas um Landrechte fanden auf dem Schlachtfeld bei Kurukshetra, nördlich von Delhi, statt.
Aus dem Mahabharata sind uns viele Namen von Städten und Siedlungen überliefert. Zu den wichtigsten gehört Hastinapura, die Hauptstadt der Kauravas, welche später nach Kaushambi verlegt wurde. Hastinapura lag etwa 90 km nördlich des heutigen Delhi; Indraprastha war eine der Stadtgründungen Delhis und Hauptstadt der Pandavas. Die Pandavas siegten in der Schlacht von Kurukshetra und Yudhishthira, einer der Söhne des Pandu gründete von Hastinapura aus ein großes Reich (vgl. R. C. Majumdar 1977 und R. Thapar 1966).
Liegt der Handlungsbereich des Mahabharata im Nordwesten des indischen Subkontinents, so verschiebt sich dieser im Ramayana nach Osten und in den Süden. Während im Mahabharata eine durch Blutsbande miteinander verwandte ritterliche Gesellschaft Hauptträger der Handlungen ist, sind es im Ramayana Könige, patriarchalische Alleinherrscher (H. v. Glasenapp 1961: 123). Im Ramayana wird die prunkvolle Stadt Ayodhya, die Hauptstadt des Königs Dasharatha aus dem Volk der Kosalas, genannt, in welcher der Held des Epos, Rama, als eine Inkarnation Vishnus geboren wurde, um einer Bitte der Götter gerecht zu werden und den Dämonenkönig Ravana zu töten. Geographisch gesehen wird im Ramayana ein großes Gebiet des indischen Subkontinents durchmessen, das bis nach Lanka reicht, wo Ravana regierte. Ob dieses Lanka mit dem heutigen Sri Lanka identisch ist, kann nicht mit Sicherheit entschieden werden. Nach Glasenapp (1961: 106) werden im Ramayana kulturelle Verhältnisse beschrieben, wie sie etwa im 1. Jh. v. Chr. herrschten.
Der Hintergrund der Geschehnisse ist bestimmt von „glänzenden Städten mit prächtigen Palästen, in denen machtvolle Könige mit einem Heer von Kämmerern, Beamten und Vasallen und einem Harem schöner Frauen Hof halten“. Als Kontrast hierzu werden aber auch „friedliche Einsiedeleien, in denen völlige Stille herrscht, die nur zeitweise unterbrochen wird von den Gesängen und Gebeten frommer Asketen, die ihr Leben dem Nachsinnen über das Überirdische weihen“ (H. v. Glasenapp 1961: 106) beschrieben.
Eine überaus große Vielfalt von Stadtformen und Dörfern spiegelt sich im Arthashastra wider, da in ihm allein für den Begriff „Stadt“ elf Formen (J. Laping 1982: 2) angeführt werden, wobei in den Begriffen eine Hierarchisierung von „Rajadhani“ als Residenzstadt des Königs bis hin zu „Putabhedana“ als Marktflecken mit Untergliederungen in Kreishauptstädte für über 800 Dörfer bis hin zu 10 Dörfern festzustellen ist. Daneben gibt es Fachtermini für Begriffe wie Festungsstadt „Pura“, Handelsstadt „Pattana“ und Festung „Durga“ (zur Problematik der Stadtbeschreibung siehe: A. Ghosh 1973).
Sicherlich konnte sich ein solch differenziertes Siedlungsmuster nur in komplexen politischen Systemen entwickeln (G. Erdosy 1985), die erst mit den Großreichen der Mauryas und Guptas in Erscheinung traten und somit als Quellen für architektonische Untersuchungen der geschichtlichen Frühzeit entfallen.

2. DER BEGINN DER GESCHICHTLICHEN FRÜHZEIT IM LICHTE DER MATERIELLEN HINTERLASSENSCHAFTEN

Ahichchhatra: 30 km westlich von Bareli, ehemalige Hauptstadt von Nordpanchala.
Hastinapura: Hauptstadt der Kurus nördlich von Delhi.
Kaushambi: 50 km westlich von Allahabad, ehemalige Hauptstadt des Vatsa-Landes.
Kushinagara: östlich von Gorakhpur, 477 v. Chr. Sterbeort Buddhas.
Mathura: das alte Madhupuri, Geburtsort von Krishna.
Rajgir: ehemalige Hauptstadt von Magadha.

Shravasti: am südlichen Ufer des Flusses Rapti gelegen, ehemalige Hauptstadt von Uttara-Kosala.
Tilpat: das alte Tilaprastha bei Delhi, Teil von Indraprastha.

Bis zum heutigen Tage fällt es schwer, die textlich überlieferten Vorgänge der arischen Einwanderung mit den vorliegenden archäologischen Befunden zur Deckung zu bringen (G. M. Bongard-Levin 1985: 58ff.). Zwar sind die ersten literarisch erwähnten Städte im Gangestal heute weitgehend auch archäologisch bekannt, jedoch bezeichnen wir die Zeit davor immer noch als „dunkle", wenngleich sie durch archäologische Feldforschung zunehmend erhellt wird. Die Kernfrage, welche die Zeitspanne nach dem Verschwinden der Harappa-Kultur bis kurz vor der Entwicklung urbanen Lebens im Gangestal betrifft, lautet nach wie vor: Welche materiellen Hinterlassenschaften (Architektur und bewegliche Objekte) aus der Zeit zwischen 1500 und 500 v. Chr. können dem Volk zugeordnet werden, das uns durch den Rigveda und durch die großen Epen aus jener Zeit bekannt ist (M. Lal 1984)?

Sir M. Wheeler (1947b: 82) schrieb die ersten während seiner Grabung in Harappa gemachten Funde aus einem nahe der Akropolis gelegenen Friedhof jenen arischen Einwanderern zu und folgte damit einer Hypothese, die bereits von Vere Gordon Childe (1934: 223) geäußert worden war. Nach Wheelers Meinung waren die großen Städte der Harappa-Kultur von den vedischen Ariern, welche ihren Gott Indra, den Gott des Krieges, als „Purandara" (A. A. Macdonell u. A. B. Keith 1912: II, XX, 7; II, LIV, 15), als Festungszerstörer bezeichneten, erobert und vernichtet worden. Mit einer gewaltsamen Zerstörung durch die Arier versuchte Wheeler auch die etwa dreißig Skelettfunde, die in den späten Schichten Mohenjo-Daros gemacht worden waren, zu erklären.

Vor dem Hintergrund heutiger Forschungsergebnisse ist Wheelers Interpretation jedoch nicht mehr haltbar. Vor allem die nachurbanen Schichten Mohenjo-Daros deuten auf eine Degenerationsphase während der Spätzeit hin, welche in einer regionalen Assimilierung endete und nicht in einer plötzlichen Katastrophe, wie beispielsweise einer gewaltsamen Zerstörung durch Feinde. Ähnliche Regionalisierungstendenzen harappazeitlicher Siedlungen zur nachurbanen Phase sind im Norden- und Südosten des Industals zu beobachten und mit vermutlichen Auswanderungsbewegungen aus dem zentralen Industalbereich in Verbindung zu bringen.

Der indische Archäologe B. B. Lal (1945–55, in AI No. 10–11) brachte zum erstenmal einen bestimmten Keramiktypus, die „Bemalte Graue Keramik", dessen Verteilungsgebiet sich weitgehend mit dem oberen Gangestal deckt und der in die 1. Hälfte des 1. Jt. datiert wird, in Zusammenhang mit den arischen Einwanderern. Viele der mit dem Mahabharata verbundenen Städte wie Hastinapura, Mathura, Indraprastha, Ahichchhatra, Tilpat, Kurukshetra usw. wiesen diese Keramik in ihren unteren Schichten auf. Ferner konzentrierte sich der Keramiktyp in einem Gebiet, das als einer der ersten Siedlungsräume der Arier angesehen wird, nämlich zwischen den Flüssen Ghaggar und Sutlej (V. Tripathi 1976: 122).

Die Kulturträger der „Bemalten Grauen Keramik" kannten bereits Eisen und züchteten Pferde, die vermutlich erst durch die arischen Einwanderer nach Indien eingeführt worden waren. Bedenken verschiedener Wissenschaftler gegen eine solche Identifizierung wurden damit begründet, daß die Verbreitung der „Bemalten Grauen Keramik" nicht entlang der von ihnen vermuteten Einwanderungsroute der vedischen Arier beobachtet werden könne (vgl. V. Tripathi 1976: 123). Dagegen ist jedoch einzuwenden, daß diese Kultur nicht notwendigerweise die Hinterlassenschaften der einwandernden, sondern der bereits seßhaften Arier darstellen kann.

Aber nicht nur die Kultur der „Bemalten Grauen Keramik" wurde für eine mögliche Identifizierung mit den Ariern in Betracht gezogen. Ebenfalls die „Gandhara-Grab-Kultur" (A. H. Dani et al. 1967; G. Stacul et al. 1972; H. Müller-Karpe 1983) im Nordwesten Indiens sowie die „Kupfer-Hort-Kultur" des Gangestales (R. Heine-Geldern 1936, 1956; S. Piggott 1944: 173–182) wurden mit ihnen in Verbindung gebracht. Welche dieser Kulturen die der vedischen Arier darstellt, kann auf dem Stand der heutigen Forschung noch nicht entschieden werden (für eine differenzierte Chronologie siehe M. Lal 1984: 88–106).

Die wenigen architektonischen Zeugnisse aus dieser Zeit beschränken sich auf Hausgrundrisse sowohl in runder als auch in rechteckiger Form. Die Hütten wurden entweder aus Lehmziegeln oder aus mit Lehm verstrichenem Flechtwerk hergestellt. In Kurukshetra (Bhagwanpura) konnte in den Schichten der „Bemalten Grauen Keramik" eine Entwicklung von kreisförmigen zu rechteckigen Hütten und schließlich zu vielräumigen, aus Lehmziegeln errichteten Wohnanlagen beobachtet werden.

Die während der deutschen Grabung in Sonkh (H. Härtel 1976: 75–76) bei Mathura freigelegten untersten Schichten (40–37) sind der „Bemalten-Grauen-Keramik"-Kultur zuzuordnen, in denen keinerlei Anzeichen für Lehmziegelarchitektur festgestellt werden konnten. Statt dessen deuten Pfostenlöcher darauf hin, daß die Leichtbauweise mit Flechtwerkausfachung auch hier vorkam. Abgesehen von diesen eher spärlichen Zeugnissen, welche sich auf die Grundrißformen von Hütten und ihre verwendeten Baumaterialien beschränken, fehlen weitere archäologische Befunde zur näheren Bestimmung frühzeitlicher Architektur. So ist die Darstellung eines vedischen Dorfes in einem der führenden architektur-

Abb. 130 Hypothetische Rekonstruktion eines vedischen Dorfeinganges.

geschichtlichen Werke (P. Brown 1971: Pl. I 1.) nicht archäologisch nachgewiesen, sondern späteren Abbildungen an den Toren des berühmten Stupa zu Sanchi aus dem 2. Jh. v. Chr. entlehnt (P. Brown 1971: Frontispiz; A. Volwahsen 1968: 13) (Abb. 130, 142, 143). Ebenfalls von einer Abbildung am südlichen Tor in Sanchi (s. S. 152) beeinflußt erscheint die Ansicht der Stadt Kushinagara (ca. 500 v. Chr.), welche vermutlich nicht die historische Architektur um 500 v. Chr. darstellt, sondern einer Vorstellung aus dem 2. Jh. entspricht (Abb. 131).

Percy Brown verstand die indische Architektur als das Ergebnis einer lokalen Entwicklung, welche in den Dörfern (Grama) der vedischen Arier ihren Ursprung hatte. So führten nach seiner Meinung beispielsweise die Zaun- und Toranlagen der vedischen Dörfer zu den Befestigungsanlagen der frühen Städte, wie etwa denen Kushinagaras, bis hin zu den Umfriedungen der Stupas mit Torana (Tor) und Umzäunung.

Archäologisch und textlich besser belegt sind die ersten Stadtanlagen im Gangestal (D. Schlingloff 1969), deren Entstehung ungefähr in das 7.–6. Jh. v. Chr. zu datieren ist. Nimmt man wiederum die jeweils mit der Architektur assoziierte Keramik als Klassifikationsmerkmal zu Hilfe, so setzt der Urbanisierungsprozeß offensichtlich mit dem Erscheinen der „Nördlichen Schwarzpolierten Keramik" ein, die an vielen Orten die „Bemalte Graue Keramik" ablöste (M. Lal 1984).

Die ersten Stadtanlagen waren in der Regel von Stadtwällen umgeben, ein Umstand, der sie flächenmäßig begrenzte und somit die ersten Bauaufnahmen erleichterte (A. Ghosh 1973: 62ff., R. N. Metha 1970). Eine der frühesten Stadtanlagen ist die Kaushambis, der Regierungssitz des Udayana, welcher ein Zeitgenosse Buddhas war (D. Schlingloff 1969: 86f.) (Abb. 132). Kaushambi hatte eine Wall-Graben-Befestigung, die eine annähernd quadratische Fläche von ca. 2,3 km^2 umschloß. Die meisten der Gangestal-Stadtanlagen waren, wie die der Harappa-Kultur im Industal, ausgesprochene Flachlandgründungen, die in der Nähe des Ganges und seiner Zuflüsse errichtet waren, was eine latente Bedrohung dieser Siedlungen durch die Hochfluten der Flüsse bedeutete. So wissen wir aus textlichen Quellen, daß die Stadt Hastinapura durch das Hochwasser des Ganges so weit zerstört wurde, daß sie aufgegeben werden mußte und man eine neue Stadt, Kaushambi, gründete. Lediglich Rajgir, die alte Metropole des Magadha-Reiches, wurde nicht im alluvialen Gebiet des Gangestals, sondern in einem von Bergen umgebenen Talkessel errichtet. Aber auch sie war durch einen Schutzwall befestigt (s. S. 144) (Abb. 133).

Obgleich die Umrisse der meisten altindischen Städte und infolgedessen auch ihre Ausdehnungen inzwischen weitgehend bekannt sind (D. Schlingloff 1969: 132ff.), weiß man bisher nur wenig über ihre innere Erschließung und den Hausbau. Lediglich in Bhita, einer kleinen Stadtanlage von 0,26 km^2 Größe in der Nähe von Allahabad (D. Schlingloff 1969: 92), 1909–12 von Sir John Marshall teilweise ausgegraben und von ihm frühestens in das 4. Jh. v. Chr. datiert, wurde städtische Architektur großflächig freigelegt (Abb. 134). Diese nicht zur Gründungszeit altindischer Stadtanlagen zu zählende Architektur zeigt Ansätze eines Rasterplans, der um 45 Grad zu den Kardinalhimmelsrichtungen versetzt ausgerichtet ist. Die wenigen erhaltenen Grundrisse weisen orthogonale Hausformen auf, in denen Schlingloff Ähnlichkeiten mit Hausdarstellungen aus Barhut (Schlingloff 1969: 138, Abb. 24; 139, Abb. 25) und Ajanta (D. Schlingloff 1969: 100) feststellte. Seiner Meinung nach handelte es sich hierbei ursprünglich um eine Gehöftform aus vier Langhäusern, die eine Vierungsanlage mit Innenhöfen bildeten (Abb. 135). Die Weiterentwicklung dieses Typus führte wohl zum altindischen Stadthaus, das mehrstöckig war und einige Vorhöfe und einen Baumgarten besitzen konnte (D. Schlingloff 1969: 102). Die gleiche Architekturform wurde zum Vorbild für den Königspalast. Jedes Haus in Bhita war freistehend errichtet und durch schmale Gassen vom Nachbarhaus getrennt. Einer Hochrechnung zufolge, die den ausgegrabenen Bereich von Bhita zur Grundlage nahm, soll die Stadt 940 Hauseinheiten besessen haben, die von 10000 bis 20000 Menschen bewohnt gewesen sein mögen, was einer Einwohnerdichte von 390–780 Einwohnern pro Hektar entsprochen hätte.

In einer vergleichenden Betrachtung über die Größe der Gangesstädte und die frühen Stadtanlagen der griechisch-römischen Antike stellte Schlingloff (1969) fest, daß sich beide in ihren Dimensionen durchaus entsprachen. Jedoch ist wegen der bisherigen Unsicherheit in bezug auf die Datierung der Stadtgründungen im Gangestal ein solcher Vergleich unter Vorbehalt zu betrachten, da viele der zugrunde gelegten Stadtbegrenzungen aus späterer Zeit stammen. Die Größe und die Dichte der Besiedlungen läßt auf eine

Abb. 131 Die Stadt Kushinagara (5. Jh. v. Chr.) nach einer Abbildung (1. Jh. v. Chr.) am südlichen Tor zu Sanchi.

politisch-wirtschaftliche Organisation schließen (G. Erdosy 1985), die im Arthashastra beschrieben ist und frühestens in das Maurya-Reich des ausgehenden 4. Jh. v. Chr. datiert werden kann.
Aus der 1. Hälfte des 1. Jt. sind nur wenige architektonische Sonderformen bekannt. Dazu zählen die Hügelgräber von Lauriya-Nandangarh (Propyläen Kunstgeschichte Bd. 16, 1971: 197; S. P. Gupta 1980: 23–25, 43–44). Die Höhlenarchitektur der Barabar-Hügel (P. Brown 1971: 3; A. Volwahsen 1968: 97), die dem 3. Jh. v. Chr. zugerechnet wird, mag bedeutend ältere Hausformen darstellen, die hier in den Felsen verewigt wurden.
Gegen Ende des 6. Jh. v. Chr. wurde durch die neuen Religionsformen des Buddhismus und Jinismus der Hinduismus in seiner konservativen Grundhaltung in Frage gestellt. Vor allem der Buddhismus entwickelte sich schon bald nach dem Tode seines Begründers, Gautama Buddha, zu einer breiten Volksreligion, die sich wie der Jinismus aus dem republikanischen Gedankengut nordindischer Städte entfaltete (R. Thapar 1977: 50–70; Sh. Mukerji 1969). Trotzdem mußten die nordindischen Republiken im 6. Jh. v. Chr. den monarchischen Formen des Reiches von Magadha unter König Bimbisara († 493 v. Chr.) und seinem Sohn Ajatashatru († 461 v. Chr.) weichen.

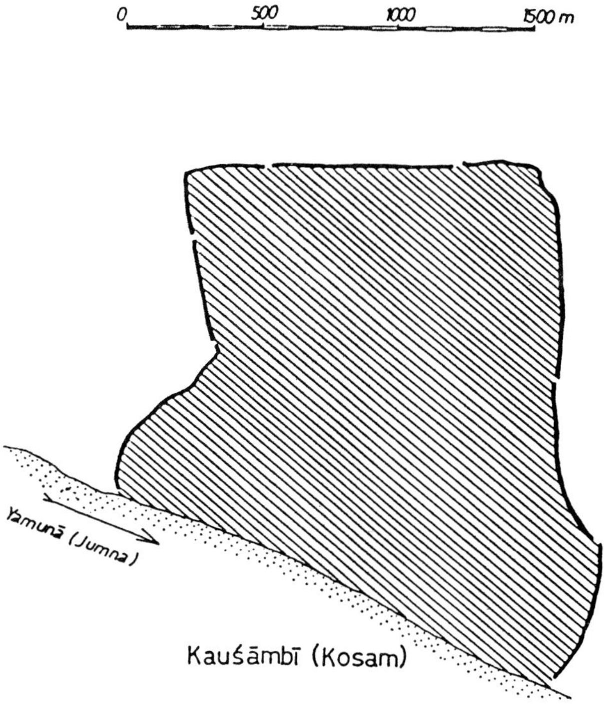

Abb. 132 Grundriß der Stadt Kaushambi (ca. 6. Jh. v. Chr.) am Fluß Yamuna.

Abb. 133 Rajgir: Teile der Umfassungsmauer (ca. 6. Jh. v. Chr.).

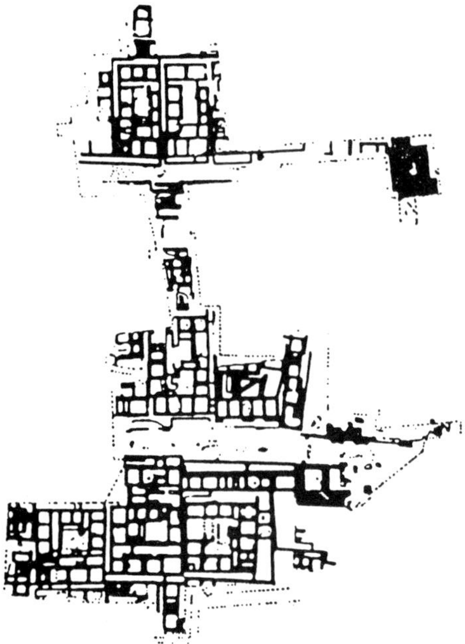

Abb. 134 Ausgegrabene Bereiche der Stadt Bhita (ca. 2. Jh. v. Chr.).

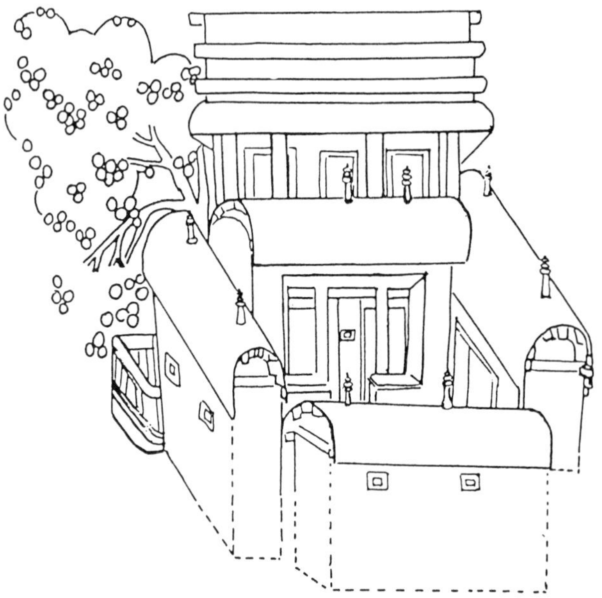

Abb. 135 Stadthaus mit Baumgarten nach einer Malerei aus Ajanta.

C. Die geschichtliche Zeit

1. DIE MAURYA-PERIODE (4.–3. JH. V. CHR.)

Barabar-Berge: in Bihar gelegen. Hier wurden die ersten Höhlen, wie die Lomas-Rishi-Höhle und die Sudama-Höhle, von Asketen der Ajivikasekte in den Granit gehauen (3. Jh. v. Chr.).
Bhir-Hügel: eine der Stadtgründungen im Taxilatal, Nordwestpakistan (6.–2. Jh. v. Chr.).
Pataliputra: Hauptstadt des Maurya-Reiches unter Chandragupta; von Megasthenes beschrieben.
Rajghat: frühindische Stadt bei Benares.
Sirkap: Parthische Gründung im Taxilatal.
Ujjain: ehemalige Königsstadt von Avanti, Rajasthan.

Der Thron der Nandas, welche die Nachfolge der Könige von Magadha angetreten hatten, wurde 321 v. Chr. von Chandragupta usurpiert, der damit die Dynastie der Mauryas gründete. Sein Enkel, Ashoka, erhob den Buddhismus zur Staatsreligion und legte den Grundstein zu einer der außergewöhnlichsten Entwicklungsperioden in der indischen Kulturgeschichte. Die Hauptstadt des Maurya-Reiches wurde Pataliputra, in der Nähe des heutigen Patna. Pataliputra ist die erste Stadt, von der detaillierte Beschreibungen überliefert sind, die wir Megasthenes, dem Botschafter des Seleukos Nikator, welcher am Feldzug Alexanders des Großen teilgenommen hatte und danach das Seleukidenreich gründete, zu verdanken haben. (Erste allgemeine außerindische Berichte sind von Ktesias um 400 v. Chr. überliefert.) Megasthenes beschrieb die äußere Form Pataliputras als Parallelogramm von etwa 14 km Länge. Seine Betrachtungen lesen sich wie folgt: „Dort, wo der Ganges sich mit einem anderen Fluß trifft, liegt Palibothra, eine Stadt von 80 Stadien Länge und fünfzehn Stadien Breite. Sie bildet die Form eines Parallelogramms und ist von einer Befestigung aus Holz umgeben, die mit Schießscharten durchbrochen ist, um Pfeile abzuschießen. Sie hat einen Graben für die Verteidigung und um die Abwasser der Stadt aufzunehmen.“ (J. W. McCrindle 1972: 66)
Ferner berichtete er, daß der Stadtgraben 200 m breit war und die Befestigungsanlage 570 Türme und 64 Tore besaß (McCrindle 1972: 68). Den Maßangaben zufolge hätte die Stadt einen Umfang von etwa 34 km gehabt und eine Fläche von fast 26 km^2 bedeckt, für die damalige Zeit eine Größendimension, die unsere Vorstellungskraft übersteigen mag, jedoch konnte Schlingloff anhand einer einfachen Kalkulation nachweisen, daß die Angaben des Megasthenes durchaus

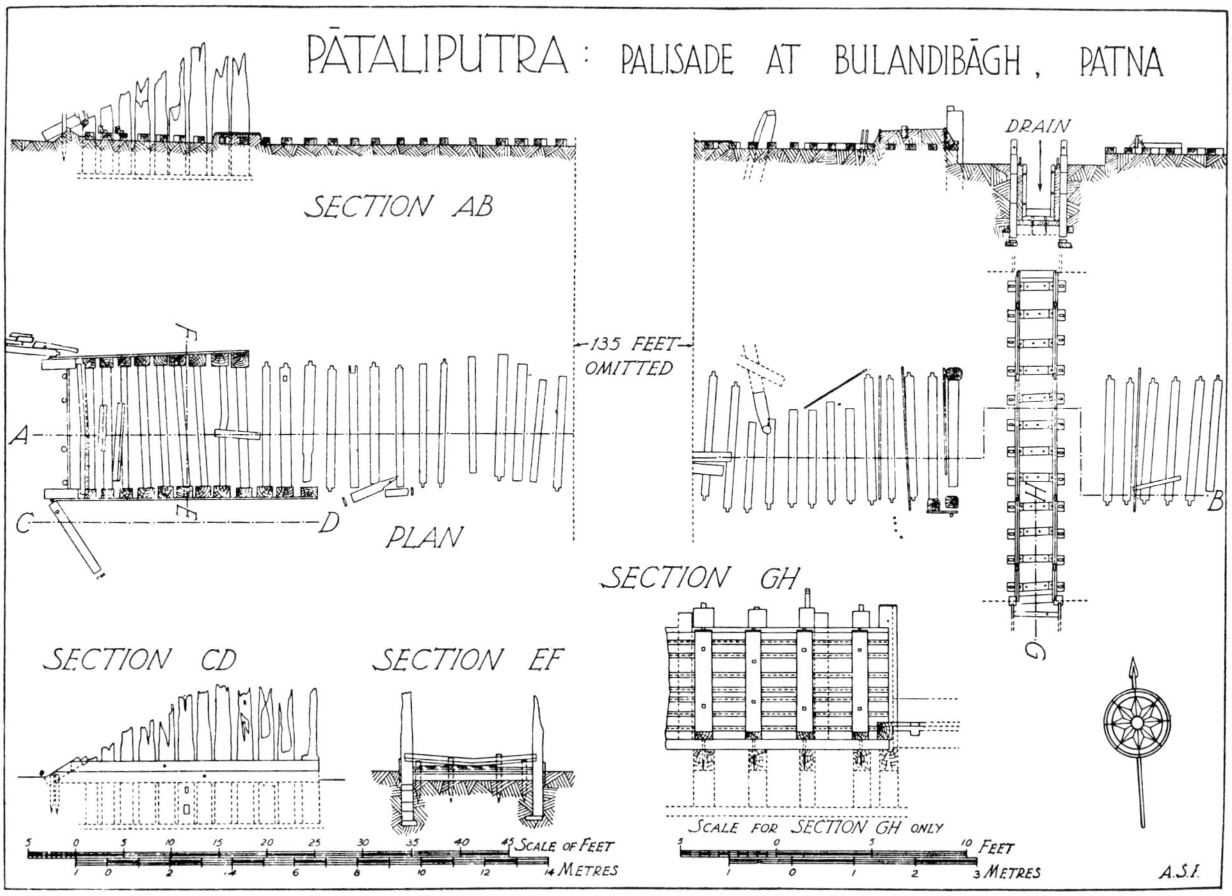

Abb. 136 Überreste der Palisadenanlage von Pataliputra.

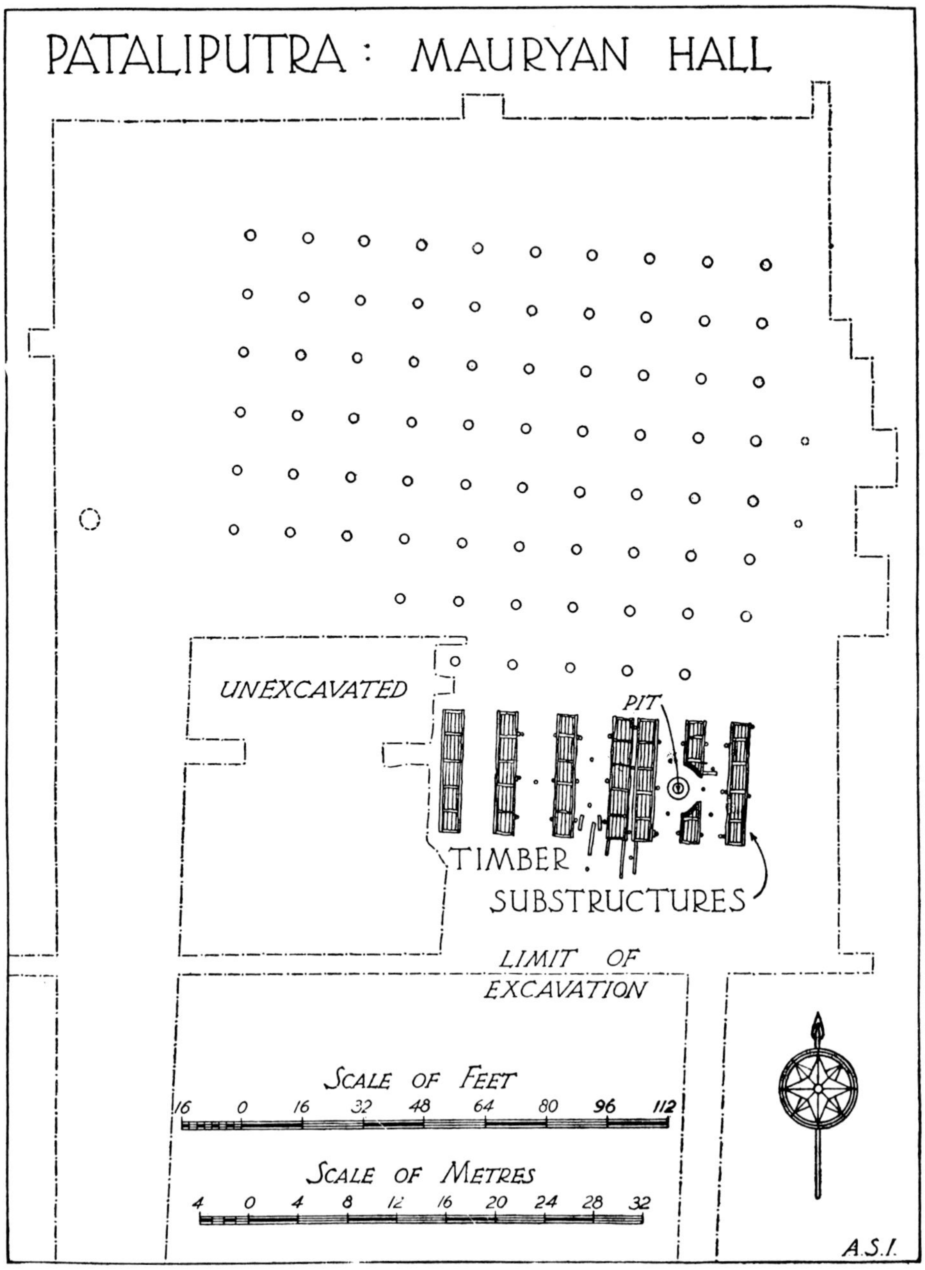

Abb. 137 Grundriß der Säulenhalle von Kumrahar, Pataliputra, mit Zugang von Süden.

glaubwürdig sein könnten. Er dividierte die Länge der Umfassungsmauer durch die Anzahl der Türme und Stadttore und erhielt einen mittleren Abstand von 53,22 m. Im Staatslehrbuch wird für die Turmabstände innerhalb einer Befestigungsanlage ein Idealmaß von 54 m angegeben, das in der Befestigung Pataliputras annähernd erreicht worden sein kann. Nach Schlingloff (1969: 103), der sich auf Megasthenes bezieht, hätte Pataliputra das Dreifache der Größe Alexandrias und das Doppelte der Größe des kaiserlichen Roms innerhalb der aurelianischen Stadtmauer betragen und wäre somit die größte Stadt der Welt gewesen.

Zwei weitere berühmte Reisende, Fa-Hien (etwa 400 n. Chr.) und Hiuen Tsiang (etwa 635 n. Chr.), beide buddhistische Pilger aus China, besuchten Pataliputra auf ihren Reisen durch Indien. Entsprechend ihren Ortsbeschreibungen konnte L. A. Waddell (1903) das alte Pataliputra nahe bei Patna wiederentdecken und teilweise ausgraben. Tatsächlich fand Waddell Reste einer Palisadenanlage etwa 5,40 m unterhalb der Grabungsoberfläche (Abb. 136). Er nahm an, daß die Palisaden Bestandteil einer äußeren Befestigungsanlage gewesen seien. Weitere Holzstrukturen, die man tief im Boden fand, deuteten entweder auf Pfahlgründungen (L. A. Waddell 1903: 41) oder auf Fundamentbefestigungen zum Schutz gegen den nahen Fluß. Einige hölzerne Abwasserkanäle zeigen, daß die

Abb. 138 Rekonstruierte Ansicht der Säulenhalle von Kumrahar.

Stadt einen hohen hygienischen Standard hatte. Weitere Grabungen von D. B. Spooner (1912–13) und spätere Grabungen von B. P. Sinha und L. A. Narain (1970) erbrachten in bezug auf die eigentliche Stadtgestalt keine wesentlichen neuen Erkenntnisse.

Auf der Suche nach dem Palast des Königs und weiterer Monumentalarchitektur wurden lediglich von D. B. Spooner die Reste einer Säulenhalle freigelegt, die aus 10 Reihen zu je 8 monolithischen Säulen bestanden hatte (Abb. 137). Die Halle war ost-westlich ausgerichtet, ihr Eingang lag im Süden. Von hier aus führte eine breite Treppe vermutlich aus den Wassern eines Kanals zu einer Vorhalle, deren Dach ebenfalls von Säulen getragen wurde. Insgesamt bedeckte die Halle eine Fläche von 39,14 × 31,66 m. Der mittlere Säulenabstand betrug 4,60 m. Die monolithischen Säulen waren aus poliertem Chunar-Sandstein hergestellt und hatten eine Höhe von ca. 9,90 m. Ihr Durchmesser verjüngte sich von ca. 0,75 m an der Basis auf ca. 0,55 m am oberen Schaft. Vermutlich waren sie bis zu 2 m in den Boden versenkt gewesen, so daß sie als eingespannte Stützen freitragend stehen konnten. Der untere Bereich war in der Regel nur grob bearbeitet (Schlingloff [S. 113] gibt an, daß der untere Teil der Säulen ebenfalls poliert war) und ruhte auf einer hölzernen Unterkonstruktion, die als Rost eine sichere Fundierung im alluvialen Boden des Gangestales garantierte. Wahrscheinlich bestand das Dach aus einer Holzkonstruktion.

Über die mögliche Nutzung dieser Halle, die wohl außerhalb der Stadtbefestigung errichtet worden war, wurden verschiedene Vermutungen angestellt (S. P. Gupta 1980: 245). Ein Vergleich mit der Apadana, einer aus Persepolis bekannten Form der Audienzhalle des Königs, ist ebensowenig nachweisbar wie eine Nutzung als Versammlungshalle für buddhistische Mönche (L. Waddell 1903). Gupta (1980: 285–307) lehnte beide Deutungen ab und interpretierte die Halle als „Ramya Mandapa" oder als „Baradari", einen aus steinernen Säulen gebildeten Pavillon, der, den Fluß überblickend, als luftiger Aufenthaltsort am Abend der städtischen Nobilität zum Verweilen diente (ähnlich auch Schlingloff 1969: 115) (Abb. 138). Monolithische Säulen wurden aber nicht nur als tragende Elemente in der Architektur verwendet, sondern entwikkelten sich zu eigenständigen Hoheitszeichen, wie etwa im heiligen Bezirk des frühen Stupa zu Sanchi (Abb. 142). Sie wurden in den verschiedenen Teilen des Maurya-Reiches errichtet und mit Kapitellen und buddhistischen Symbolen gekrönt, welche zu den ersten Rundplastiken im geschichtlichen Indien zu zählen sind (siehe z. B. J. Irwin 1973–76). Im frühen Mittelalter nutzten islamische Herrscher diese Säulen als neues Statussymbol, wie beispielsweise Firoz Tughlaq Shah, der eine Ashoka-Säule aus dem nordindischen Topra in seine neue Hauptstadt Firozabad, dem heutigen Delhi-Firozabad, schaffen und in seiner Residenz aufstellen ließ, wo sie heute noch steht (Abb. 195).

Die Steinhauer-Kunst, welche die monolithischen Säulen der Ashokazeit hervorbrachte, geht einher mit der technischen Fähigkeit, künstliche Räume in natürlichen Höhlen zu schaffen, deren früheste Form in den Barabar-Bergen, Bihar, zu finden ist (etwa um 250 v. Chr.). Eine der Höhlen, die Sudama-Höhle (A. Volwahsen 1968: 97), besteht aus zwei Raumkörpern, einem orthogonalen und einem kreisförmigen, die einander durchdringen (Abb. 139), eine Form, welche im frühesten Ashoka-Stupa von Sanchi den Grundriß eines buddhistischen Mandala bildete.

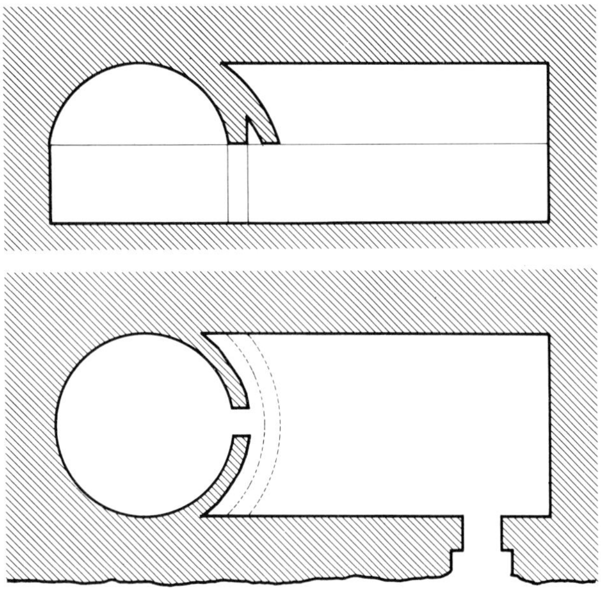

Abb. 139 Grundriß und Schnitt der Sudama-Höhle in den Barabar-Bergen (3. Jh. v. Chr.).

Für die Entwicklung der altindischen Stadt und sicherlich auch der frühen Architekturformen waren zwei Ereignisse von herausragender Bedeutung. Zum einen hatte der Einbruch persischer Machthaber im Nordwesten Indiens mit der Gründung der persischen Satrapie Gandhara im 6.–5. Jh. v. Chr. großen Einfluß, und zum anderen hinterließ in unmittelbarer Folge darauf der Eroberungsfeldzug des Makedoniers Alexander des Großen 326 v. Chr. in demselben geographischen Raum und in der Erweiterung nach Süden in das Industal deutliche Spuren.

518 v. Chr. verleibte Darius I. die 20. Satrapie Indien dem achaemenidischen Reich ein und gründete eine Stadt auf dem Bhir-Hügel im Taxila-Tal (J. Marshall 1960). Mit dem achaemenidischen Einfluß in Nordwest-Indien war die Entwicklung des Subkontinents zumindest mittelbar an die des erweiterten Mittelmeerraumes angeschlossen.

So war das Kharoshthi, eine der frühen indischen Schriftformen, aus der aramäischen Schrift entwickelt worden. Desgleichen wirkten sich die Verwaltungsformen der Satrapie auf die Wirtschaftssysteme und Zahlungsmittel aus, wie erste Silbermünzfunde zeigten. Der Bhir-Hügel wies insgesamt vier Besiedlungsphasen auf, die vom 5. bis zum 2. Jh. v. Chr. datiert werden können (J. Marshall 1960).

Im Gegensatz zu der späteren parthischen Gründung von Sirkap, die offensichtlich hippodamisch beeinflußt ist, finden wir in der Bhir-Siedlung noch unregelmäßige Planungskonzepte vor (Abb. 140). Bestimmend ist hier die „First Street", die, etwa 7 m breit, in Nord-Süd-Richtung verläuft. Da diese Straße bis auf gewachsenen Boden hin verfolgt werden konnte, ist anzunehmen, daß sie zum ursprünglichen Planungskonzept der achaemenidischen Stadtgründung des 6. Jh. gehörte. Marshall bezeichnete die Häuser als „orientalisch", womit er ein Grundrißkonzept meinte, das von einem zentralen Hof aus die umliegenden Räume erschließt. Seinen Angaben zufolge bedeckte ein durchschnittliches Haus etwa 360 qm mit einer darin enthaltenen Hoffläche von ca. 70 qm. Zusätzlich nahm Marshall noch mindestens ein weiteres Geschoß an, so daß ohne den Innenhof eine überdachte und geschlossene Wohnfläche von ca. 580 qm zur Verfügung gestanden hätte. Einschränkend bemerkte er jedoch, daß die einzelnen Wohneinheiten nicht eindeutig voneinander trennbar sind. So können die Einraumstrukturen am Hause K nach außen orientierte Basarräume gewesen sein (Abb. 140). Als Baumaterial wurde Kalkstein verwendet, der aber nur in den Fundamentbereichen Anwendung fand. Somit kann der eigentliche Überbau durchaus in Lehmziegel ausgeführt gewesen sein.

Offensichtlich stehen wir hier einer völlig anderen Bautradition gegenüber, die von der des Gangestales, wo viel Holz zum Bauen zur Verfügung stand, deutlich abweicht und die eher dem Konzept arider Bauweise, wie wir sie auch aus der Harappa-Kultur kennen, entspricht. Damit ist jedoch noch nicht anzunehmen, daß die Bhir-Architektur in der Tradition der Harappa-Architektur stand, sondern eher, daß jede Region ihre eigene, an Material, Klima und Tradition angepaßte Technik entwickelte. Wenn die Bhir-Siedlung auch keinerlei Brunnen aufweist, so fand man doch in fast jedem Haus Sickerschächte. Diese Erdgruben waren mit zerbrochener Keramik angefüllt oder sogar mit Ringformen aus gebranntem Ton ausgekleidet. Auch aus Kalkbruchstein gemauerte Auskleidungen wurden gefunden. Diese Art der Abwasserbeseitigung findet sich ebenfalls in anderen frühen Stadtanlagen des Gangestales (M. Wheeler 1959a: Pl. 27). Tonröhren als Abwasserleitung wurden offensichtlich auch für Regenwasser benutzt.

Obwohl die meisten der altindischen Städte für eine vergleichende Studie ihrer inneren Strukturen noch zu wenig erforscht sind, liegen für eine solche über ihre Befestigungswerke detaillierte Informationen vor. Die frühesten Befestigungsanlagen stammen – will man den Angaben ihres Ausgräbers (G. R. Sharma 1960), der sie um 1000 v. Chr. datiert, folgen – aus der Stadt Kaushambi im zentralen Gangestal. Diese Datierung ist jedoch keinesfalls unumstritten und wird von vielen Wissenschaftlern in Frage gestellt (vgl. A. Ghosh 1973: 81; D. Schlingloff 1969: 87–88). Die Befestigung Kaushambis besteht aus einem mächtigen Erdwall, der außen mit gebrannten Ziegeln verkleidet war und verschiedentlich mit der Befestigung Harappas verglichen wurde. Auch Ujjain (IA 1957–58; 1958: 50), die ehemalige Hauptstadt des Königreiches Avanti, war von einem Graben und einem Wall umgeben, deren Entstehung um 600 v. Chr. datiert wird (A. Ghosh 1973: 65).

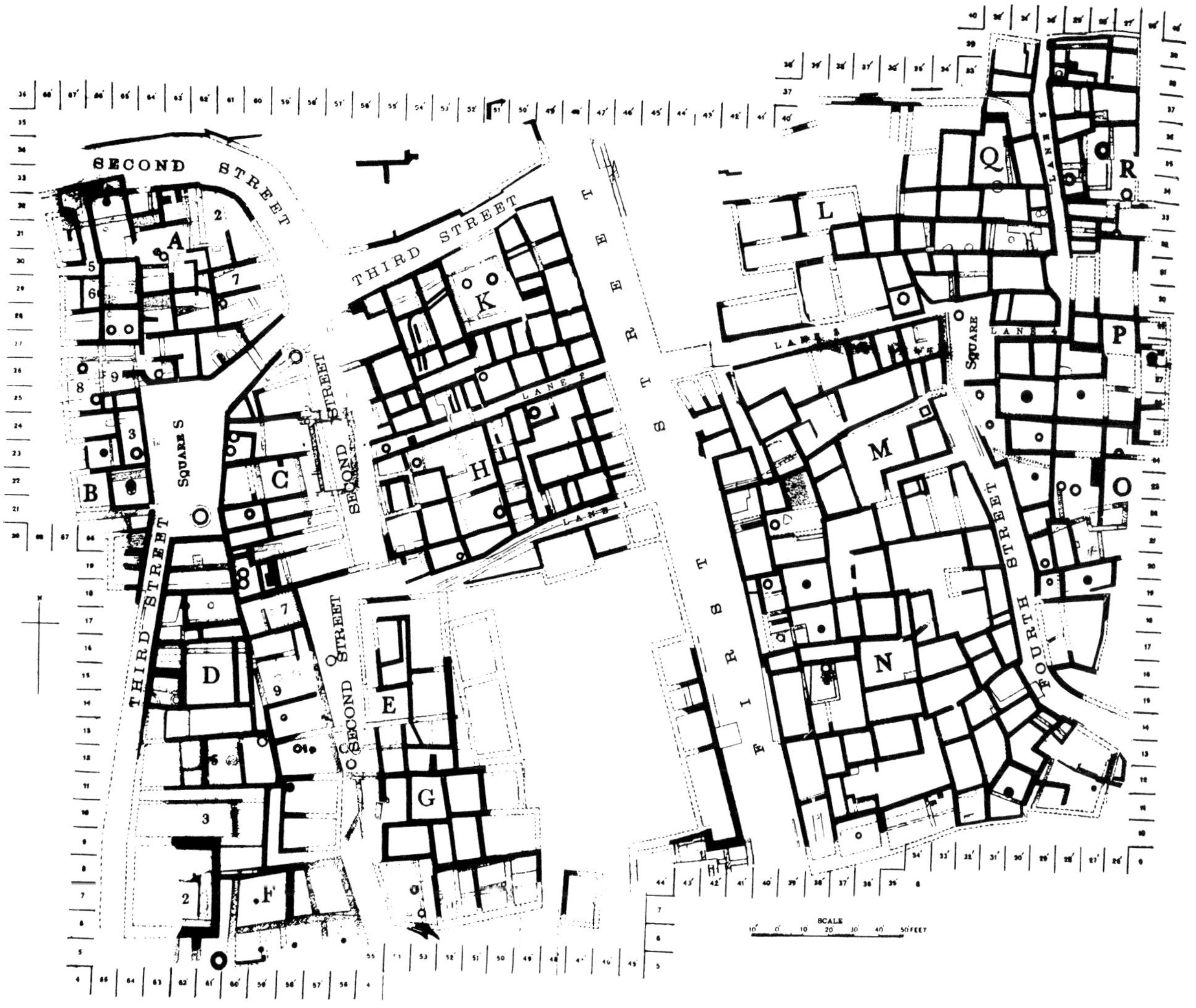

Abb. 140 Grundriß der freigelegten Hausformen der Bhir-Siedlung (ca. 3. Jh. v. Chr.).

In Ujjain und in Rajghat, dem heutigen Benares, fand man Anzeichen für die Bestätigung der Annahme, daß Befestigungswerke bereits zur Zeit der „Bemalten Grauen Keramik“ errichtet worden waren. In Rajghat wurde in der untersten Schicht ein Erdwall gefunden, der um ca. 600 v. Chr. zu datieren ist.

Die Befestigungsanlagen von Neu-Rajgir, der von Bimbisara im 5. Jh. v. Chr. gegründeten Hauptstadt des Magadhareiches, wurden über Schichten der „Nördlichen Schwarzpolierten Keramik“ errichtet, welche die „Bemalte Graue Keramik“ im 6.–5. Jh. v. Chr. ablöste. C^{14}-Datierungen (D. P. Agrawal 1971: 103) der Befunde ergaben Zeitwerte zwischen 265 bis 105 v. Chr. Aus allen Beobachtungen könnte somit geschlossen werden, daß diese Befestigung nicht Teil der Stadtgründung, sondern viel später zu datieren ist.

Auch Shravasti, die ehemalige Hauptstadt von Uttara-Kosala, etwa 80 km nördlich von Ayodhya am Flusse Rapti gelegen, scheint in ihrer ersten Siedlungsphase (etwa 550–300 v. Chr.) (K. K. Sinha 1967), die reich an Funden „Nördlicher Schwarzpolierter Keramik“ war, noch ohne Befestigung gewesen zu sein; diese ist im 3. Jh. zum erstenmal nachweisbar.

Angeblich ursprünglich ohne Verteidigungsanlage geplant waren auch die Städte Ahichchhatra, die Hauptstadt des Panchala-Reiches (A. Ghosh u. K. C. Panigrahi 1946), und Vaisali, der Geburtsort von Mahavira, des Jinismus-Religionsstifters, im heutigen Distrikt von Muzaffapur. Die Befunde werden in das 2. Jh. v. Chr. datiert (B. P. Sinha u. S. P. Roy 1969).

Der indische Archäologe A. Ghosh leitete aus diesen archäologischen Beobachtungen zwei geschichtliche Phasen ab, die erste um 600 v. Chr. und die zweite um 200 v. Chr., in denen verstärkte Aktivitäten zur Errichtung von Stadtanlagen zu beobachten sind, was auf ein besonderes Schutzbedürfnis der Bewohner in diesen Phasen schließen läßt. Ghoshs Meinung zufolge fällt die erste Phase in die Vorzeit der Gründung des Magadha-Reiches und die zweite in den Niedergang des Maurya-Reiches zur Zeit hellenistischer Invasionen. In den jeweiligen Zwischenperioden, als sich die Großreiche auf ihrem Machthöhepunkt befanden, waren, dieser Theorie entsprechend, Befestigungsanlagen nicht immer notwendig (A. Ghosh 1973: 66–67), da eine innere Sicherheit gewährleistet war, die genügend Schutz nach außen bot.

Vor dem Hintergrund dieser Betrachtungen wäre die Frage zu stellen, inwieweit die hölzerne Befestigungsanlage Pataliputras mit ihren 570 Türmen und 64 Toren primär der Verteidigung diente oder als machtvoller Ausdruck königlicher Präsenz eher Repräsentations- als Verteidigungscharakter hatte. Um eine Doppelreihe aus Holzpalisaden von 34 km Länge, wie sie für Pataliputra angenommen wird, zu errichten, hätte es immerhin mehr als 200 000 kräftiger Holzstämme bedurft, was einer Waldfläche von ca. 2000 ha entsprochen hätte. Der Wert des kostbaren Holzmaterials sowie seine leichte Entzündbarkeit sprechen eher für die Loslösung von einer reinen Verteidigungsform hin zu einer repräsentativen Einfassung der machtvollen Königsstadt, die keinen Gegner ernsthaft zu fürchten hatte. Schlingloff, der die von Megasthenes beschriebene Anlage rekonstruierte, sieht in der Palisadenarchitektur eine Verteidigungsanlage in einer archaischen Bauweise, die der Steinarchitektur vorausging (D. Schlingloff 1969: 106, 118).

Neben den weltlichen Architekturen der Städte und Paläste entstanden bald vor allem unter dem Einfluß von Buddhismus und Jinismus Formen der Religionsarchitektur, zu deren herausragenden frühen Beispielen die Felshöhlen von Barabar (s. S. 153 sowie Abb. 144) und der Stupa von Sanchi (s. S. 151, Abb. 143) zu zählen sind.

Unter der Herrschaft Ashokas entstanden die Stambhas (Abb. 195), monolithischen Säulen, die im ganzen Reich errichtet wurden. Die Säule von Sarnath mit dem berühmten Löwenkapitell wurde später zum Vorbild des heutigen indischen Staatswappens.

Wheeler (1948: 85–103) vermutete, daß Steinmetze aus dem von Alexander im Jahre 330 v. Chr. zerstörten Persepolis abwanderten und die Kunst der Steinbearbeitung und -polierung nach Indien brachten. Andere Wissenschaftler sprechen wiederum von baktrischen und sogar assyrischen Einflüssen (J. Marshall 1922; J. Irwin 1980a; siehe auch S. P. Gupta 1980). Der indische Archäologe S. P. Gupta schließt alle außerindischen Einflüsse aus und sieht die Steinmetzkunst des 3. Jh. v. Chr. als eine eigenständige örtliche Weiterentwicklung aus der traditionellen Holzschnitzkunst des Gangestals (S. P. Gupta 1980: 285–307).

Mit dem Erscheinen von Städten im 7. Jh. v. Chr. war die zweite große Urbanisierungsphase auf dem indischen Subkontinent eingeleitet. Diese Entwicklung war durch die Kulturen der „Ockerfarbenen Keramik" und der „Bemalten Grauen Keramik" vorbereitet worden und setzte sich in der Kultur der „Nördlichen Schwarzpolierten Keramik" unter wesentlichen gesellschaftlichen und wirtschaftlichen Veränderungen fort. Die Stadt wurde zum zweitenmal Konzentrationsbereich von Menschen, Macht und Reichtum, wie im Staatslehrbuch beschrieben. Mit der Herrschaft der Mauryas war eine kulturelle Hochblüte wiedererreicht, die zweifellos den regionalen politischen und religiösen Strömungen entsprang, aber die auch stimulierende Elemente persischer und griechischer Kultur in sich barg. Wenngleich auch die Zeitspanne zwischen dem Ende der ersten Hochkulturen im Industal um 1700 v. Chr. und dem Beginn des Städtewesens im Gangestal im 7. Jh. v. Chr. noch nicht in zufriedenstellendem Maße erforscht ist, so kann doch schon gesagt werden, daß zwischen den beiden Hochkulturen keinerlei architektonische Verbindungen bestanden. Das schließt jedoch nicht aus, daß Traditionen der Indus-Zivilisation in den geschichtlichen Kulturen weiterlebten. Trotzdem sollte nicht ausgeschlossen werden, daß sich Traditionen erhalten haben mögen, die als kollektives Bewußtsein überlebten.

M. J.

2. DIE SHUNGAS UND IHRE ZEIT (2.–1. JH. V. CHR.)

Bharhut: Reliefverzierte Fragmente von einem Stupa-Zaun, heute vor allem im Indian Museum, Calcutta (A. Cunningham 1879).
Bodhgaya: Reich verzierter Stupa-Zaun (A. K. Coomaraswamy 1935).
Jaugada: Ruinen einer befestigten Stadt (IA 1956 bis 1957: 30).
Sanchi: Stupas „I–III" (J. Marshall 1940).
Shishupalgarh: Ausgrabung einer mauerumwehrten Stadt (K. Fischer 1961: Abb. 12; D. Schlingloff 1969: Abb. 8).

Nach den Mauryas stellten etwa vom 2. Jh. v. Chr. bis zum 2. Jh. n. Chr. die Shunga- und frühen Andhra-Herrscher in der Mitte des Subkontinents indischen Technikern und Künstlern große weltliche und religiöse Bau-Aufgaben: die Gestaltung menschenreicher Städte und die Ausbildung des heiligsten Mandala des Buddhismus, des Stupa.

Die Ausgrabungen von Shishupalgarh (Abb. 141), südöstlich der späteren hinduistischen Kultstätten von Bhuvaneshvara (Abb. 173), vielleicht im Gelände des alten Tosali einer Ashoka-Inschrift und dem Tosala des Ptolemaios, wahrscheinlich dem historischen Kalinganagara einer Kharavela-Inschrift, ergaben zunächst eine ältere Besiedlung, von der keine Wohnstätten, sondern nur eine grobe schwarz-rote Keramik bekannt wurde, und dann eine Stadt des 2. Jh. v. Chr.,

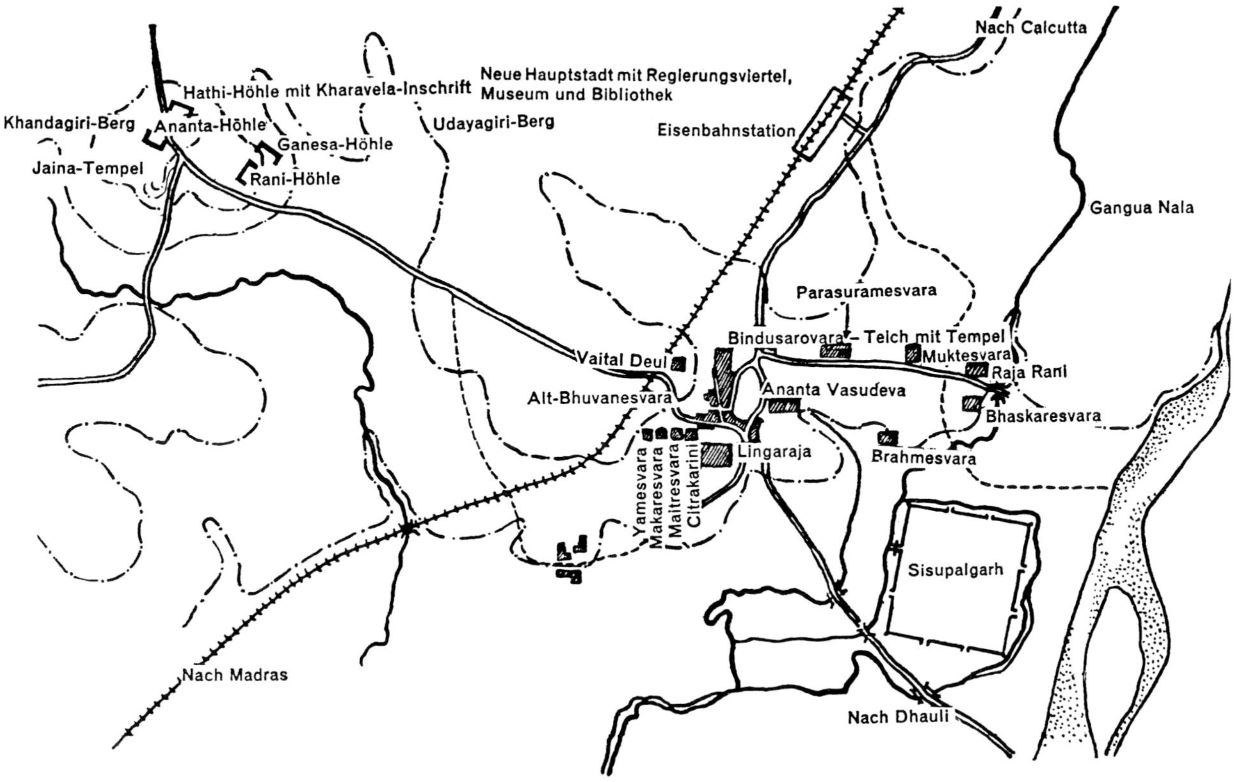

Abb. 141 Bhuvaneshvara und Umgebung: Ruinen von Shishupalgarh. Mittelalterliche Tempel (vgl. Abb. 173, 174).

die dann nach Beschädigungen und Wiederherstellungen bis zum frühen Mittelalter bestand. Wahl des Geländes, Einbeziehung eines Flusses, Anlage von Gräben und Wällen, rechteckiger Grundriß und gleichmäßige Verteilung der Tore spiegeln schon in der Gründungszeit Grundsätze der altindischen Stadt- und Festungsbaukunst wider, wie sie ungefähr gleichzeitig in den Manasara Shilpashastras und in des Kautiliya Arthashastra nach älterer mündlicher Überlieferung aufgezeichnet worden sein mag. Durch die westlichen Stadttore sieht man heute auf die etwa 1½ km entfernten nordwestlich gelegenen Türme des mittelalterlichen Bhuvaneshvara mit der Spitze des Lingaraj (Abb. 173). In der Ebene zwischen den Flüssen Bhargari und Gangua, durch einen Graben umgeben, bedeckt die quadratische Stadt hinter durchschnittlich 8 m hohen Festungswällen etwa 1 qkm. Die Ecken der Mauern sind durch Bastionen verstärkt, und die 4 Seiten des Quadrates werden durch je zwei Tore in gleiche Zwischenräume unterteilt (Abb. 141). Eine umsichtige Planung läßt sich noch heute erkennen: zwischen den 8 Toren die Spuren eines Schachbrettmusters mit gerade verlaufenden und sich rechtwinklig schneidenden Hauptstraßen. Von einem Wohnviertel stammen Häusergrundrisse auf Lateritfundamenten. Etwa in der Mitte des Stadtgebietes wurden 8–16seitige steinerne Pfeiler entdeckt, die Dekorationen wie die Freibauten von Bharhut oder wie die Höhlenarchitektur von Orissa aufweisen und, solange weitere Grabungen nichts Genaueres aussagen, als Reste einer Pfeilerhalle gedeutet werden.

Über eine lange Besiedlung in der Nähe von Ashoka-Felsinschriften unterrichten auch die ersten Grabungsberichte von Jaugada im Distrikt Ganjam. Auf neolithische und eisenzeitliche Funde folgt die Schicht einer etwa quadratischen, befestigten Stadt, die auf jeder Seite durch zwei Tore betreten wurde.

Besonders nach den Reliefs von Bharhut, Bodhgaya und Sanchi rekonstruiert man Stadtarchitektur, Einsiedlerhütte und auch Tempel der vorchristlichen Jahrhunderte (A. K. Coomaraswamy 1929–31: 2 u. 3; A. Ray 1964). Dieselben offenen Gebäude oder überdeckten Hallen mochten dabei durch die verschiedenen Religionen zu verschiedensten Zwecken verwendet worden sein. Die reichste literarische und archäologische Nachricht haben wir für die Buddhisten, die den Stupa als Reliquienschrein oder Symbol verehrten.

Die große Aufgabe der Zeit war die Übertragung des Erd-Tumulus als Reliquienbehälter oder Erinnerung an den Buddha mit dem schützenden Holzzaun in dauerhaftem Stein. Stupa I von Sanchi (Abb. 142, 143), die Stiftung Ashokas, an den eine Säule erinnert, war nach der Maurya-Herrschaft beschädigt, wurde aber unter den Shungas unter Beibehaltung des alten Erd- und Ziegelkerns in doppeltem Umfang wiederhergestellt und mit Haustein verkleidet. Etwa gleichzeitig errichtete man am selben Ort, ebenfalls

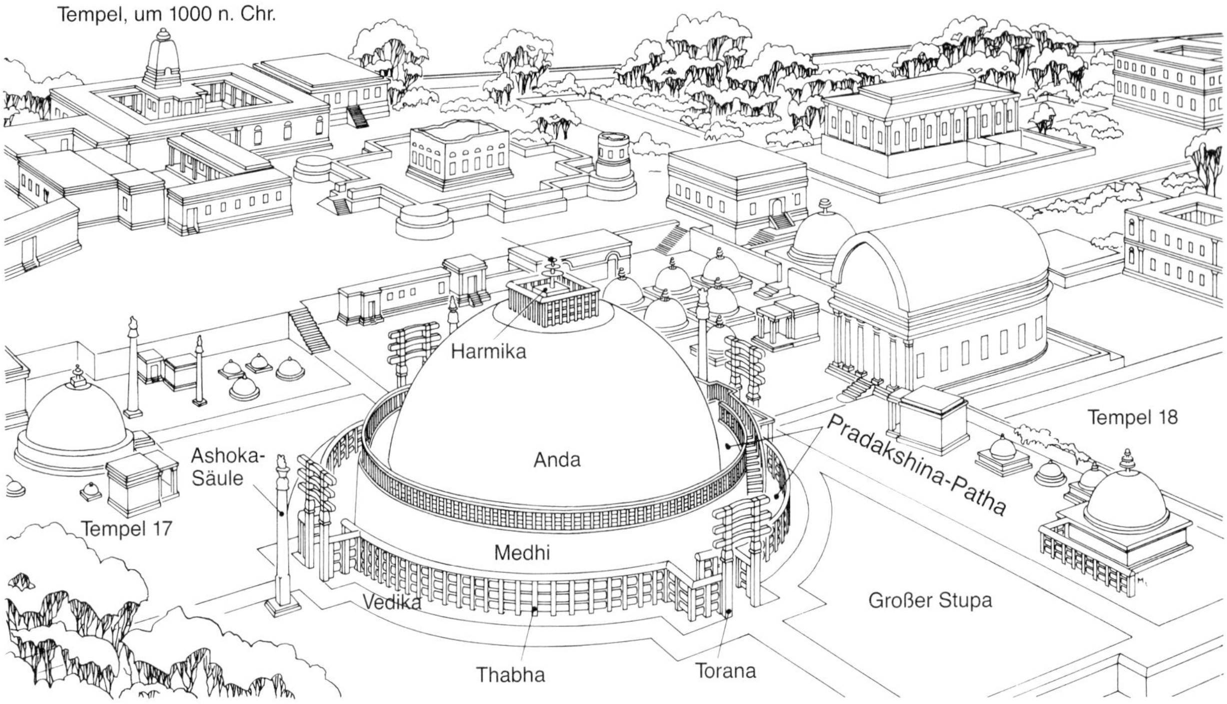

Abb. 142 Sanchi: Rekonstruktion des Klosterbezirks. „Großer Stupa" des 1. Jh. v. Chr. Gupta-Tempel 17 und 18. Mittelalterlicher Tempel.

Abb. 143 Sanchi: Stupa I.

mit steinernem Zaun zum Schutz und als Prozessionspfad zur Umwandlung des Heiligtums, die Stupas II und III. Dazu stiftete man zahlreiche kleinere Votiv-Stupas (Abb. 142). Auftraggeber, entwerfende Meister und ausführende Handwerker machten das einfache Mal bei immer zunehmender Größe und verfeinertem Schmuck zu einem großartigen Gesamtkunstwerk. Gleichzeitig erhalten die Reliefs der Tore (Abb. 143) wertvolle historische Nachrichten, wie eine ideale Ansicht der Stadt Kushinagara (P. Brown 1971: Frontispiz) (Abb. 131), wo der Buddha ein halbes Jahrtausend zuvor gestorben war, und anschauliche Darstellungen von buddhistischen Heiligtümern (Abb. 54), z. B. mit der Verehrung eines Baum-Heiligtums (A. K. Coomaraswamy 1927: Abb. 41–43, 45, 46, 53, 55, 56).

3. FRÜHE HÖHLENHEILIGTÜMER (ETWA 2. JH. V. CHR. BIS 2. JH. N. CHR.)

Barabar-Berge: Gruppe von Höhlen der Ajivikas, aus der Ashoka-Zeit stammend, später reicher verziert.
Bhaja: Kloster und Chaitya-Halle der Buddhisten (A. Volwahsen 1968: 99).
Haibak: Buddhistische Höhlenklöster mit felsgehauenem Stupa.
Junagadh: Buddhistische Wohn- und Kultstätte (K. Fischer 1961a: 181).
Karla: Kloster und Chaitya-Halle der Buddhisten.
Ramgarh: Höhle und Theater-Architektur (V. Goloubew 1914).
Udayagiri und Khandagiri: Höhlen der Jainas und Buddhisten (V. S. Agrawala 1946).

Während Baumeister den Plan der Stadt und Bildhauer die menschliche Freifigur und das erzählende Relief schufen, entwickelten andere Künstler in allen kulturellen Mittelpunkten des weiten Landes die handwerkliche Fertigkeit, Bauten und Bilder aus dem anstehenden Fels zu schlagen.
Die besondere und innerhalb der gesamten Weltkunst einzigartige schöpferische Leistung der Jahrhunderte vor und nach Christi Geburt besteht darin, für das nächste Jahrtausend die Grundformen der Felsarchitektur und in ihr Bildtypen zu schaffen, die auch im Freibau erhalten werden sollten.
In Bihar, dem alten heiligen Land des Buddhismus, trafen wir in der Maurya-Zeit die ersten Beispiele indischer Felskunst (A. Volwahsen 1968: 97) im Dienste der Ajivikas (Abb. 139). In den Barabar-Bergen vertritt das Tor zur Lomas-Rishi-Höhle (Abb. 144) nach der Dekoration insofern eine spätere Stufe, als der Künstler sich nicht auf die notwendige Aushöhlung eines Raumes beschränkte, sondern auch Zierformen der gleichzeitigen Holzarchitektur und einen vielleicht aus der Holzschnitzerei bekannten Elefanten-

Abb. 144 Barabar-Berge, Lomas-Rishi-Höhle: Eingangsportal.

fries in Stein übersetzte. In langrechteckigem Versammlungsraum und in kreisrunder Kammer für das Kultobjekt haben wir nun voll ausgebildet die bekannte Vorform der apsidialen Chaitya-Halle. Architektonisch einfacher, aber kunstgeschichtlich bedeutend wegen der frühesten indischen Malerei aus geschichtlicher Zeit ist die Jogimara-Höhle des 2. Jh. v. Chr. bei Ramgarh, in deren Nachbarschaft sich ein in Fels gehauenes Freilichttheater befindet.
Auch auf den beiden Hügeln Udayagiri und Khandagiri in Orissa kennt man natürliche Höhlen mit Inschriften, rohe Ausarbeitungen natürlicher Höhlen zu asketischen Behausungen, Höhlen mit Stufen, Pfeilern, Galerien, mehreren Hallen und Reliefschmuck, und schließlich mehrgeschossige, komplizierte tektonische Anlagen mit fein ausgearbeiteten plastischen Figuren und Friesen mit Beziehungen zur halb profanen Welt des Theaters.
Von der entgegengesetzten Küste des indo-pakistanischen Kontinents ziehen die westlichen Ghats zum mittelindischen Hochland von Dekkhan. In diesen Landschaften bieten die horizontalen Lagen des Trapp, eines basaltartigen vulkanischen Gesteins, die besten Arbeitsbedingungen für die Kunst der Felsbehauung. Die Kanten der treppenartig ansteigenden

Abb. 145 Bhaja: buddhistisches Höhlenheiligtum. Klosterzellen beiderseits des Eingangs zur Chaitya-Halle.

Steinschichten enden in fast senkrechten Klippen, die sich als Oberfläche für geplante Bauten anbieten. Viele aufragende Felswände mögen die Bauherren zur Wahl des Platzes für mönchische Siedlungen mit Kult-Mittelpunkten angeregt haben, die in den alten Kulturlandschaften mit ausgebildeten Straßensystemen und reichen Dörfern das notwendige Hinterland fanden. Unter diesen besonders günstigen technischen und gesellschaftlichen Voraussetzungen entwickelte sich die Höhle des westlichen Indien rasch zu einer frühen Kunst, die in der Gupta- und Nach-Gupta-Zeit nur noch um ikonographische Bildtypen und dekorative Einzelheiten bereichert werden konnte.

Viharas und Chaitya-Hallen von Bhaja wurden aus stilistischen Gründen immer als die frühesten Zeugnisse dieser Kunst angesehen und werden heute noch nach geschichtlichen Erwägungen ins 1. Jh. v. Chr. datiert. Dieser Zeitansatz wird durch die Buchstabenform einer kürzlich gefundenen Inschrift in den Holzsparren eines Tonnendaches bestätigt (IA 1955–56: 70). Die achteckigen Säulen der Chaitya-Halle sind stark einwärts geneigt, wie sie wohl von hölzernen Vorbildern abgesehen wurden, die sich der Last eines Gebälkes, mehrerer Stockwerke und eines Dachaufbaues entgegenstemmten (Abb. 145). Die dreischiffige Apsiden-Halle ist nach der obigen Schilderung aus Langrechteck und Rundraum zusammengewachsen; am rückwärtigen Ende ist als Kultmittelpunkt ein Stupa ausgehauen, den ein Holzchatri krönt. Auch in der Tonnenwölbung haben sich Reste der später eingefügten Holzbalken mit der erwähnten Inschrift erhalten, während der hohe Eingang jetzt zwar für das Studium des Inneren Licht hereinläßt, aber früher ebenfalls durch eine Holzkonstruktion ausgefüllt war. Den Übergang zu den einfachen Klosterzellen vermitteln Steindekorationen, die in natürlicher Größe zeitgenössische Holzhaus-Fassaden in Balkonen, Terrassen, Mehrgeschossigkeit und Umgängen nachahmen. Die Hinayana-Mönche, die im bildlosen Stupa dieser Chaitya-Halle ihren Religionsstifter verehrten, wohnten in anschließenden kleinen, rechteckigen Zellen um einen großen Mittelraum herum, der über eine Veranda betreten wurde. Besonders zu erwähnen ist eine halbnatürliche Halle, in der man eine Menge unregelmäßig verteilter kleiner Votiv-Stupas ausgehauen hat.

Eine der letzten Anlagen und den künstlerischen Höhepunkt, auch in der Durchbildung der menschlichen Gestalt, stellt Karla (Abb. 88) nahe Bhaja dar. Diese Hinayana-Anlage wurde zu Beginn des 2. Jh. n. Chr. vollendet; die Buddhafigur aber an der Eingangswand zeigt, daß auch diese heilige Stätte später von einer bilderverehrenden Mahayana-Gemeinde weiter verwendet wurde. Die immer wieder zu erwähnende Tradition geheiligter Orte wirkt auch hier fort: Vor dem Eingang der Chaitya-Halle stehen mittelalterliche Gedenksteine, wie sie zur Erinnerung an Sati, die Selbstverbrennung von Hindu-Frauen, oder an im Kampf gefallene Helden aufgestellt wurden; heute versperrt den Blick auf die Fassade ein moderner und jährlich neu geweißter Hindu-Tempel; Rauchspuren in der Vorhalle deuten auf shivaitische Höhlenbewohner hin, die den buddhistischen Stupa zeitweise als Teil eines riesigen Lingam verehrten.

Aus der Ebene, durch die heute die Eisenbahn Bombay–Poona fährt, steigt steil ein Mittelgebirgszug mit weichem, bloßliegendem dekkhanischem Trapp auf. Daraus wurde die hohe und fast genau nach Westen blickende Felswand für eine Wohn- und Kultstätte ausgewählt. Von den mehrgeschossigen, einfachen rechteckigen und niedrigen Klosterzellen sind durch späteren Erdrutsch nur die allgemeinen Umrisse deutlich; aber der Kultmittelpunkt, die Apsidenhalle, ist in Architektur und Plastik rein erhalten (Abb. 146). Sie öffnet sich gegen Sonnenuntergang, und zu dieser Tageszeit hat man während des ganzen Jahres die Möglichkeit, bei natürlichem Licht den Löwenpfeiler (K. Fischer 1961a: Taf. 30) vorn links am Eingang, die achteckigen Pfeiler der Vorhalle mit ihrer reichen Figurenplastik, die dreischiffige Halle mit ihren durch reiche Figurenkapitelle verzierten 41 Säulen und den Stupa im Hintergrund zu sehen. Die Säulen verjüngen sich leicht nach oben, stehen aber im Gegensatz zu den früheren von Bhaja fast genau senkrecht. Holzteile aus der Erbauungszeit bezeugen, daß die Herkunft von der Zimmermannsarbeit auch jetzt noch nicht vergessen ist. In der figuralen Plastik zeigt sich die frühe Höhlenkunst schon in der vollen Beherrschung aller technischen und künstlerischen Mittel, aus dem anstehenden Gestein ¾-Figuren als Stif-

Abb. 146 Karla: buddhistisches Höhlenheiligtum. Chaitya-Halle mit Stupa.

terpaare, in Tanz- und Liebesszenen (K. Fischer 1979: Bild 1–3) oder als Reiter auf verschiedenen Tieren in den Pfeilerkapitellen zu gestalten. Unter diesen sei besonders auf zwei Beispiele der Sphinx und das deutliche Nachleben der alten Beziehungen zum Westen hingewiesen.

Schließlich gibt es an der westlichen und nördlichen Grenze des indisch-pakistanischen Subkontinents zwei Landschaften mit Höhlen, die von einfachen „vorgeschichtlichen", „megalithischen" Behausungen über die Zeit der ersten Höhlenkunstformen bis in die anschließenden Jahrhunderte des Mahayana-Buddhismus reichen. Sie liegen in der Nachbarschaft derjenigen westasiatischen Kulturlandschaften, aus denen vielleicht sehr früh wesentliche Anregungen zu Höhlen- und Steinbautechnik kamen, vertreten aber nach inhaltlicher Bedeutung und künstlerischer Formgebung rein indische Entwicklungsstufen. Auf der Halbinsel Saurashtra sind es besonders die Höhlen von Junagadh, die neben buddhistischen Wohn- und Kultstätten auch frühe Formen des Profan-Wohnbaus bewahren.

Und den Weg des Buddhismus nach Norden zu den turkestanischen und chinesischen Höhlensiedlungen und Höhlenheiligtümern bezeichnet Afghanistan, wo natürliche Öffnungen in den Felsmassiven beiderseits des Hindukusch den Menschen von der Frühzeit bis

Abb. 147 Haibak, Nord-Afghanistan: aus dem Fels gehauener Stupa.

zur Gegenwart Notunterkunft gewähren und zur weiteren Ausarbeitung auffordern. Die Höhlen des ostafghanischen Darunta z. B. oder die des zentralafghanischen Bamiyan und die von Haibak in Baktrien setzen etwa im 2. Jh. n. Chr. ein, als die frühe Höhlenkunst im indischen Mutterland einen ersten Abschluß erreicht. Während dort westasiatische Motive aus der Zeit sehr früher kultureller Beziehungen nachwirken, treffen wir hier auf archäologische Spuren neuen künstlerischen Austausches mit den jetzigen westlichen Nachbarn in den Nachahmungen parthisch-sassanidischer Wölbungstechnik. Bot für die indische Chaitya-Halle die Tonnenwölbung nicht erhaltener Bambusbauten volkstümlicher Herkunft das Vorbild, so erkennen wir in Trompen und Pendentifs der Höhlen von Haibak Anregungen aus dem iranischen Lehmziegel- und Backsteinbau. Auch in Haibak finden sich nach altindischer Tradition Kultobjekt und mönchische Siedlung im Raum eines Felsmassivs nebeneinander; jedoch ist hier der Stupa nicht ein Bauglied inmitten einer Höhle, sondern ein riesiges Monolithwerk (Abb. 147). Und im Gegensatz zu den indischen Höhlenstätten liegen die Mönchszellen nicht unmittelbar neben dem Hauptheiligtum, sondern sind in eine Felswand zu dessen Fuß eingehauen. Nebeneinander liegen: ein kreisrunder Saal von 10,75 m Durchmesser, der von einer ovoiden, bienenkorbartigen Kuppel mit dem plastischen Schmuck eines indischen Lotus überdeckt wird; ein im Volksmund „Bazar" genannter Komplex von zwei langen Gängen mit davon ausgehenden kleinen gewölbten Zellen; ein viereckiger Raum, der nach Baugesetzen, die aus ganz anderen älteren westlichen und vielleicht späteren indisch-islamischen Freibaukonstruktionen bekannt sind, in eine halbkugelförmige Kuppel übergeleitet wird; und schließlich fünf rechteckige und flach geschlossene Kammern.

4. DIE KUSHANA-HAUPTSTADT IM MITTELINDISCHEN MATHURA (1.–3. JH. N. CHR.)

Ruinenhügel in Mathura (J.-Ph. Vogel 1930):
Bhuteshar
Chaubara
Chaurasi
Jamalpur
Kankali Tila
Katra
Ausgrabung in Sonkh bei Mathura (H. Härtel 1974).

In Mathura am Südufer der Yamuna haben wir vom 1. Jt. v. Chr. bis zur Gegenwart Zeugnisse menschlichen Lebens, welche die indischen und fremden Nachrichten über die Bedeutung der Stadt für Geschichte und Religion bestätigen. Am Katra-Hügel wurden Wälle und weitere Reste von Siedlungen auf-

Abb. 148 Mathura, Museum: Fragmente eines Steinzauns vom Stupa-Hügel in Kankali-Tila.

gedeckt, die nach der bemalten grauen Keramik bis ins 6. Jh. v. Chr. zurückgehen und durch alle folgenden Jahrhunderte hintereinander bewohnt blieben. Die Siedlung, in verkehrsgeographisch günstiger Lage, wurde vom zentralasiatischen Herrschergeschlecht der Kushanas zur Hauptstadt erwählt. Politische und wirtschaftliche Verbindungen mit Ost und West, religiöse Toleranz und ein Geschmack an den verschiedenartigen Kunstströmungen der Zeit befähigten diese Dynastie, Mathura vom 1.–3. Jh. n. Chr. zum führenden kulturellen Mittelpunkt nicht nur ihres Reiches, sondern des ganzen nördlichen und mittleren Indien zu machen. Nahm der Kushana-Stil im Gandhara-Land mit der Sommerhauptstadt Begram Anregungen aus der westlichen Welt auf, so stellten die Herrscher in Mathura zunächst indische Künstler und ihren Formenschatz in ihren Dienst. Im Laufe der Zeit sollten beide Richtungen einander beeinflussen; Elfenbeinarbeiten im Kushana-Stil von Mathura wurden in einem Verwahrfund im afghanischen Begram ausgegraben (J. Hackin 1954).

Abb. 149 Mathura, Museum: Relief mit Stiftern vor Turm-Heiligtum.

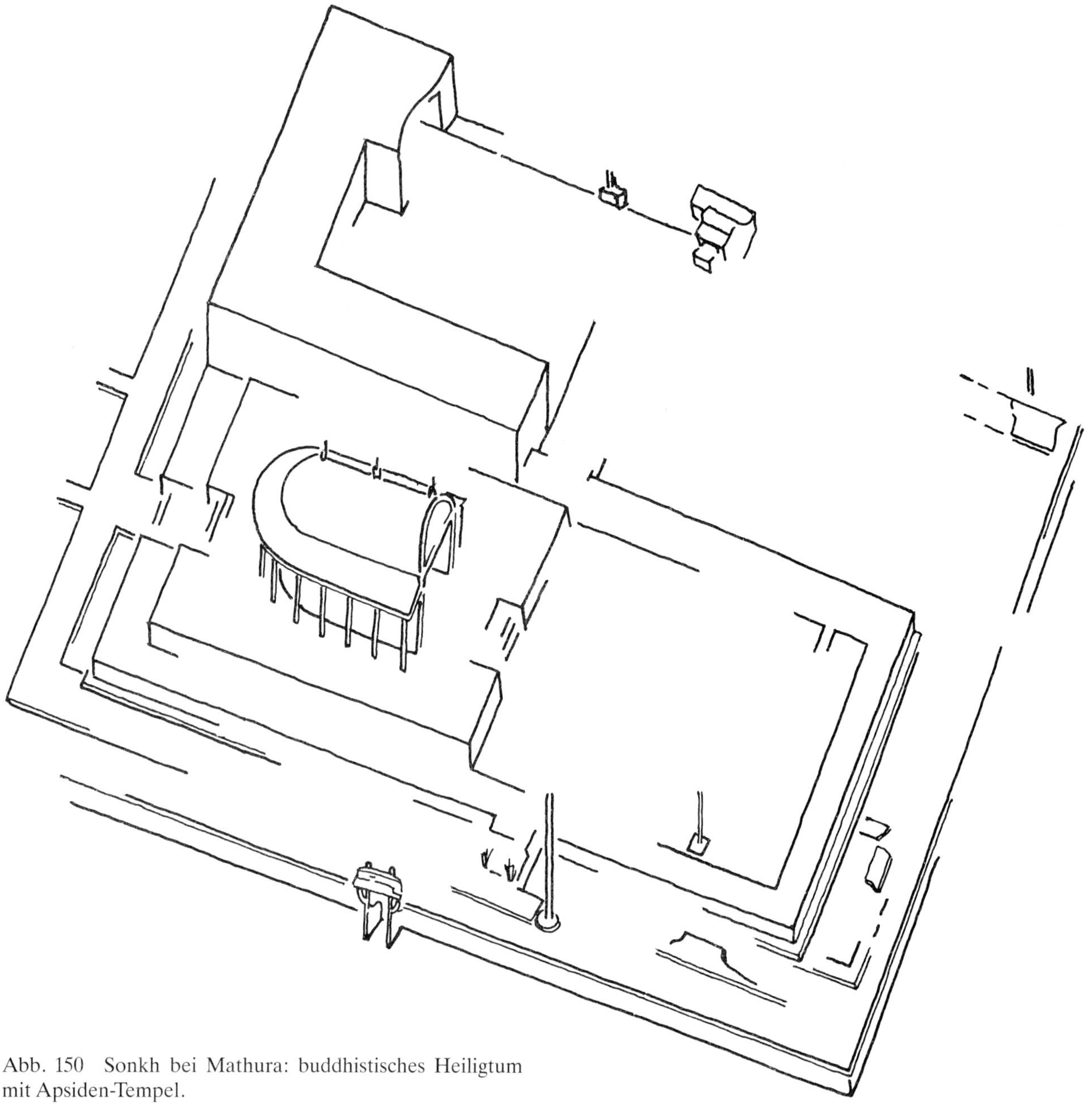

Abb. 150 Sonkh bei Mathura: buddhistisches Heiligtum mit Apsiden-Tempel.

Im Norden durch den Flußbogen der Yamuna begrenzt (K. Fischer 1961a: Abb. 21), lag hinter einer dem Gelände angepaßten 7 m dicken Lehmziegelmauer mit dem zusätzlichen Schutz eines hohen Erdwalls die Stadt. Die südliche Mauer setzte an der Ostecke an eine kurze, vom Fluß herziehende Mauer in rechtem Winkel an und erstreckte sich über fast 3 km Länge in einer ununterbrochenen Geraden. Das Stadtgelände war von mehreren Hauptstraßen durchzogen, deren stellenweise gerade Führung noch heute in Grenzlinien der modernen Stadt sichtbar ist. In der westlichen Hälfte der Stadt lag an einem Straßenschnittpunkt wiederum hinter einer dicken und hohen Lehmmauer mit Eckbastionen eine rechteckige Festung.

Porträtstatuen von Kushana-Fürsten stammen aus „Dynasten-Heiligtümern“, von denen eine Ausgrabung in einem afghanischen Gegenstück von Surkh Kotal eine Vorstellung geben mag. Im Mittelpunkt und an der Stadtgrenze von Mathura legte man Plastik hinduistischer, buddhistischer und jinistischer Kultstätten frei: Die künstlerisch und religionsgeschichtlich wichtigen Funde stammen besonders von den Stupa-Hügeln Bhuteshar, Chaubara, vom Tempel in Chaurasi und dem Steinzaun eines besonders reich geschmückten Ortes. Das Bruchstück eines Stupa-Zaunes von Kankali Tila im Museum Lucknow (Abb. 148) zeigt verschiedene Schmuckmotive nebeneinander: Die senkrechten Zaunpfosten schließen über stehenden Frauenfiguren mit Nachahmungen hölzerner indischer Architektur wie Zaun, Fenster und Bögen, und der darüber liegende Querbalken enthält im Unterteil Tiere zwischen Palmetten und darüber als Abschluß einen antikisierenden Perlstab. Diese westöstlichen Verbindungen wurden kürzlich durch einen Vergleich von Architekturornamentik am Bel-Heiligtum in Palmyra mit Architekturfragmenten vom Huvishka-Kloster in Mathura-Jamalpur anschaulich gemacht (H. Seyrig 1940). In die Kushana-Zeit geht auch die Schaffung neuartiger Bautypen zurück, die als erste Formen des Turmes für den späteren indischen Tempel große Bedeutung gewinnen sollten. Nach Fragmenten darf man als Neuerung über dem Allerheiligsten mit dem Kultbild einen Stufenbau annehmen (Abb. 149). Die Schichten des Turmbaues können der Ausgangspunkt für die Entstehung des eigentlichen indischen Tempels gewesen sein, der aus der anschließenden Gupta-Zeit in den aufrechtstehenden Beispielen erhalten ist (H. G. Franz 1978). Weiteren Aufschluß über die frühkushanische zentralindische Baukunst brachten kürzlich die Ausgrabungen des Museums für Indische Kunst in Berlin in Zusammenarbeit mit indischen Kollegen: Im nahegelegenen Sonkh fand man Spuren früher Besiedlung und aus dem 1. Jh. n. Chr. die Ruinen einer großen Kultstätte mit prunkvollem Torana-Zugang und einem Apsiden-Tempel (Abb. 150).

5. DIE KUSHANAS UND IHRE NACHFOLGER IM NORDEN: GANDHARA UND ANGRENZENDE KULTURLANDSCHAFTEN (ETWA 1.–5. JH.)

Gandhara

Mardan: Relief: durch Treppen zugängliche Terrasse mit einem überkuppelten Kultbau in der Mitte und 4 Säulen an den Ecken (Abb. 151).
Takht-i Bahi: Buddhistisches Kloster (K. Fischer 1961a: Taf. 40; Fischer 1974: Bild 122). Unterirdische Korridore durch Kragekonstruktion von spitzbogigem Querschnitt geschlossen. Rechteckige Kultnischen allseits des hypaethralen Klosterhofes durch ebene, viertel- oder halbkreisförmig ausgesparte Schieferplatten in Kuppeln oder Tonnen mit Viertelkugelschluß aus vorkragenden Steinen übergeleitet.
Taxila (J. Marshall 1951): Abfolge mehrerer Städte. Zahlreiche buddhistische Kultstätten.
Sirkap: Hellenistische und parthische Siedlung etwa vom 1. Jh. v. Chr. bis zum 2. Jh. n. Chr. Hauptstraße im rechten Winkel von Nebenstraße gekreuzt. Palast. Apsidentempel (Abb. 152).
Jandial: Antentempel mit Säulen aus Trommeln und ionischem Kapitell; über dem Opisthodom vermutlich ein Turm indischer Überlieferung (P. Brown 1956: pl. XXXIV).

Abb. 151 Gandhara-Relief aus Mardan mit einem buddhistischen Doppelkuppelbau und 4 Säulen in den Diagonalen.

Baktrien

Balkh: das alte Zariaspa, sog. Top-e-Rustam. Ruine eines Lehmziegel-Stupas (Abb. 153) mit runden, ursprünglich offenbar überkuppelten Räumen (K. Fischer 1961a: Taf. 37; K. Fischer 1976b: Bild 42).
Surkh Kotal: Dynasten-Heiligtum der Kushanas mit Resten zweier Feuertempel. Heiligtümer ursprünglich durch Holzbalken in waagerechtem Sturz abgeschlossen, in Umbauperiode des 3. oder 4. Jh. Nischen durch radial konstruierte Rundbögen überspannt (D. Schlumberger 1983).

Swat

Mingora: Buddhistisches Heiligtum mit mehreren Stupas und Gandhara-Plastik (Reports . . . 1962).
Shankardar: Massiver Stupa im Swat-Tal (Abb. 154).

Kashmir

Pandrenthan: Shiva-Tempel (K. Fischer 1976b: Bild 12). Einzelliger, eingeschossiger Bau mit Abschluß des Kultraumes durch eine Laternendecke (Abb. 85, 86) und Bekrönung durch ein massives Dach in Gestalt zweier übereinandergesetzter, sich verjüngender, gekappter Pyramiden. Öffnung des Heiligtums nach den vier Himmelsrichtungen durch niedrige rechteckige Tore mit Blendarchitektur aus Kleeblattbögen und Giebeln.
Payar: Shiva-Tempel, Ende des 1. Jt. n. Chr. (K. Fischer 1974b: Bilder 1–3, 127). Quadratisches Garbhagriha durch einen halbkugelförmig ausgehöhlten Steinblock bedeckt, darüber massives doppeltes Pyramidendach mit Amalaka.

Abb. 152 Taxila, Luftaufnahme der Stadt Sirkap.

Abb. 153 Balkh: Rekonstruktion eines lehmziegelnen Stupa.

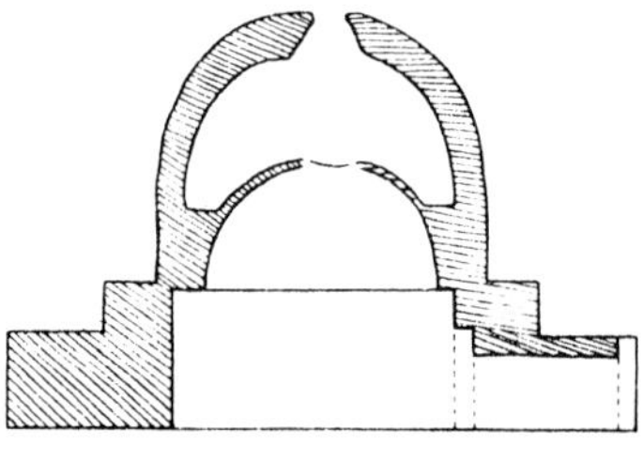

Abb. 155 Chotcho: Stupa A, Skizze des Ausgräbers.

Abb. 154 Shankardar im Swat-Tal: Stupa aus Schiefergestein.

Bäzäklik: Buddhistische Klosterzellen und Kulträume, teils aus Lößklippen gehöhlt, teils in Lehmziegeln errichtet (K. Fischer 1974b: Bild 125).
Chotcho: Siedlung. Auch bekannt als Idikutschari, Khara-Chodscho, Stadt des Dacianus (A. v. Le Coq 1913).
Stupa A: Quadratische Terrasse, achteckige Basis; Kreiszylinder mit offener Kalotte durch hohen Tambour mit flacher, wiederum geöffneter Kalotte ummantelt (Abb. 155).
Ruine T 1: Würfelförmiger Raum durch Trompen aus vorkragenden Lehmziegeln in Halbkugel überführt (Taf. 156).
Iliköl: Tempelgruppe a, Tempel II B „Tempel der Brahmi-Inschrift". Würfelförmiger Raum durch auf den Kopf gestellte Pyramide mit oberer sphärischer Begrenzung in eine Halbkugel verwandelt (K. Fischer 1974b: Bild 126).
Yar-Khoto in der Turfan-Oase (H. G. Franz 1965: Taf. 275): Stupa-Ruine. Quadratischer Lehmziegelbau mit einem zentralen Mittelturm und vier kleineren Ecktürmen im Panchayatana-System (Abb. 157).

Während der 1. Hälfte des 1. Jt. n. Chr. stehen buddhistische Bauten und Bilder im nordwestindischen Grenzgebiet unter mittelmeerländischem Einfluß. Nachwirkungen der griechischen Herrschaft über Baktrien, Nebenwirkungen des Handels zwischen Rom und China und nicht zuletzt Überlieferungen indischer Zimmermanns- und Steinmetzenkunst vereinigen sich in einer synkretistischen Mischkultur (A. Foucher 1905–51). Die ältesten Freibauten Indiens haben durch Witterung, Erdbeben und Kriege stark gelitten; an den Ruinen erkennen wir altindische Gewohnheiten wie den waagerechten Sturz für Nutzanlagen und Kragekonstruktionen, in Takht-i Bahi für Kultstätten auf dem Grundriß des Quadrats, des Rechtecks und des Kreises. Aus Steinplatten formte man pyramidenförmige Dächer zum Schutz von überkuppelten Kulträumen.
Wie in anderen Ländern, in denen Nomaden seßhaft wurden, können auch unter den Kushanas, die aus den Steppen Zentral-Asiens gekommen waren und in Baktrien, Gandhara und Nord-Indien ein Großreich gegründet hatten, die Formen des Pyramidendaches von Payar oder Pandrenthan die Erinnerung an das Zelt bewahren. Die Kuppel über dem Raum mit dem Kultbild des Buddha bedeutete wahrscheinlich den Himmel. Nach A. C. Soper (1947: 229) versinnbildlichen die rechteckigen Zellen von Takht-i Bahi mit ihren durchbohrten Schieferplatten als Übergang zur Kragsteinkuppel den Weg von der irdischen zur göttlichen Welt genau wie die Himmelsgottheiten an der Laternendecke (Abb. 86). Man hat sich schon gefragt, ob Bauformen von Gandhara nach einheimischen Überlieferungen und aus dem Kontakt mit den antiken Kulturen noch weitere symbolische Bedeutungen gehabt haben können: ob z. B. der hohe Kreiszylinder von Balo und der Querschnitt der Gesamtanlage eine Übertragung der basilikalen buddhistischen Kulthöhle in den Freibau darstellt; ob der Querschnitt des Tempels mit Kuppel und Pyramidendach in Bogen-Giebel-Form wie in der Antike auch in Payar die Bedeutung des Himmels hatte.
Indische Baumeister oder Wanderkünstler aus den hellenisierten Ostprovinzen des römischen Kaiserreiches konstruierten in Gandhara die Übergänge aus quadratischen Kultkammern in den Grundkreis für Kuppeln aus vorkragenden Schieferplatten auf zwei Weisen: erstens durch ebene Eckplatten, also durch eine „flache Eckbrücke", die kein primitiver Notbehelf, sondern ein technisch hochentwickeltes Mittel zur mathematisch klaren Gliederung von Würfel und Halbkugel und letztlich ein Erbe griechischen Geistes ist; und zweitens durch Kragsteinschichten in Chotcho (Abb. 156), die zwar nur eine einfache handwerkliche Tätigkeit erfordern, die aber alle künstlerischen Möglichkeiten zur Weiterentwicklung bis schließlich zu den sphärischen Pendentifs der Byzantiner einschließen. In Gandhara und in Syrien wurden diese beiden Lösungen für den Übergang etwa vom 2.–6. Jh. n. Chr. verwendet; in den Ländern am östlichen Mittelmeer führten sie zu den Raumschöpfungen der justinianischen Zeit, während sie in Nord-Indien keine Nachfolge fanden.
Die buddhistischen Kultstätten in den Oasen des Tarim-Beckens sind durch Wandgemälde aus Höhlen und Lehmziegel-Freibauten berühmt geworden, die sich jetzt zum großen Teil in den Museen von Berlin-Dahlem, Delhi, London und Paris befinden. Die Länder längs der Seidenstraßen zwischen Rom und China wurden in der 2. Hälfte des 1. Jt. zu kulturellen Mittelpunkten. In den Bildwerken, vor allem aber in den Malereien unterscheidet man seit etwa 500 n. Chr. mittelmeerländische, iranische, indische und ostasiatische Stilelemente.
Weder Holz- noch Steinbalken wurden für monumentale Aufgaben im waagerechten Sturz verlegt. Dagegen zog man gelegentlich über geringere Zwischenräume fast ebene Decken aus großformatigem Lehmziegel in einem sehr guten Lehmmörtel. Über dem Kreiszylinder und über dem Quadrat wurden Kuppeln aus Kragekonstruktionen gespannt. Bei letzteren verwendete man als Übergang vom Viereck zum Kreis die Trompe (Abb. 156), die von der sassanidischen Trompen-Kuppel her bekannt ist und in dem weiten Zeitraum und in dem weiten Gebiet, mit dem wir uns hier befassen, auch als Vermittlung in radial konstruierte Kuppeln dient.
In Turfan scheint das Türkische Dreieck als Überleitungszone zwischen Würfel und Halbkugel wie in Iliköl erfunden worden zu sein (L. Waddell 1903); in

Abb. 156 Chotcho: Lehmziegelruine T 1, Wandgemälde und Trompenkuppel.

Chotcho treten auch erstmalig übereinandergesetzte Kuppeln mit geöffnetem Scheitel auf (Abb. 155).
Die meisten Bauten, deren ursprüngliche Gesamtwirkung als Mal und Raum die stark verwitterten Ruinen hin und wieder ahnen lassen, hatten eine symbolische Bedeutung. Ob die Tonne eine Monumentalisierung der Schilfhütte oder des Zelts darstellt – in jedem Falle dient sie als Schale über einem Iwan im Profanbau zum Zeichen fürstlicher Macht. In buddhistischen Kultbauten hat sie wahrscheinlich genau wie die felsgehauenen Tonnen in Kulthöhlen mit ihrer Ausmalung durch Gestirnzeichen eine Himmelsbedeutung gehabt. Über Kultstätten symbolisierten die Kuppeln – durch vorkragende Schichten oder in radialen Lagerfugen konstruiert – wahrscheinlich auch die Himmelszone.
Die Multiplizierung des Stufenturms dient zu weiteren Mandalas. Die architektonische Betonung eines Mittelpunktes und die Wiederholung der Bauform an den vier Ecken eines Quadrats kann räumlich durch den Kuppeltempel (K. Fischer 1976b: Bild 47) und plastisch wie in Yar-Khoto durch Kompositionen von Terrassen mit Zentralturm und vier Ecktürmen geschehen (Abb. 157). In beiden Fällen liegt der altindische Panchayatana-Typus zugrunde.
Die Sonderstellung des nordindischen Berglandes Kashmir in der Geschichte der asiatischen Kunst und im Verlauf der ost-westlichen Kulturbeziehungen kommt auch in den verschiedenartigsten Formen für obere Abschlüsse von hinduistischen Kultbauten um die Wende vom 1. zum 2. Jt. n. Chr. zum Ausdruck.

Abb. 157 Turfan-Oase: lehmziegelner buddhistischer fünftürmiger Kultbau.

Einheimische kosmologische Vorstellungen gewinnen Gestalt in einem außergewöhnlichen Bild, wie dem des Himmels. Als Bauform wählte man einmal nach altindischer Sitte in Payar den halbkugelig ausgehöhlten Steinblock (K. Fischer 1974b: Bilder 1–3, 127); die fliegenden und das Himmelsgewölbe stützenden Zwickelfiguren berühren als Grundriß der Kuppel einen Kreis aus aneinandergereihten Perlen – dieses Schmuckmotiv kennen wir aus der sassanidischen

Kunst. In Pandrenthan bildet ein Lotosring inmitten eines Perlenkreises ein bedeutungsvolles Mandala des innersten Quadrates einer Laternendecke (K. Fischer 1976b: Bild 12), deren dreieckige Vermittlungsfelder wiederum durch fliegende Gottheiten die himmlische Sphäre bezeichnen (Abb. 86). Beide Heiligtümer werden durch Pyramidendächer abgeschlossen, bei dem letztgenannten Bau über einer Kuppel vorderorientalischer Konstruktion und einem stufenförmigen Grundriß aus der Tradition des mittelalterlichen Tempels.

Ein lehmziegelner Stupa in der alten baktrischen Hauptstadt Balkh (Abb. 153), dessen Baumasse durch überkragte und überwölbte Gänge und Kammern aufgelöst ist (K. Fischer 1961a: Taf. 37), kann als Mandala auch die vier Weltteile und den Platz am Wegekreuz symbolisieren, wo der Buddha Erinnerungsmale zum Gedenken an Religionsstifter und als Sinnbild der Lehre zu errichten empfohlen hatte. Das Steinmodell eines Stupa (H. G. Franz 1965: Abb. 148) läßt vielleicht die ursprüngliche Gestalt des Hügels von Balkh erahnen. Möglicherweise liegt allen diesen Baugestalten das buddhistische Weltbild zugrunde: Die Erde ist eine nach den vier Haupthimmelsrichtungen orientierte Scheibe, in deren Mitte sich der Weltberg Meru erhebt.

Die Bauleute von Turfan schufen ausdrucksstarke Formen für wesentliche Inhalte der buddhistischen Lehre und Denkmäler weltlicher Macht für die Schützer des Buddhismus an der Peripherie des indischen Kulturkreises. An der späteren Entwicklung der Bild- und Baukunst Indiens nahmen diese Grenzländer nicht mehr teil; aber es scheint, als ob einige Baugestalten von großartiger Geschlossenheit der Komposition über weite Strecken und Zeiträume hinweg eine Wirkung ausgeübt hätten. In einer Kultstätte der Turfan-Oase, im Prinzip der Tempel von Surkh Kotal und in einem Wehrturm von Sistan ist die Grundform des iranischen Feuerheiligtums zu erkennen: ein überkuppelter quadratischer Zentralraum, von langrechteckigen, tonnengewölbten Korridoren im Achsenkreuz umgeben, die verbleibenden quadratischen Eckräume in den Diagonalen durch Kuppeln oder Türme bekrönt. Wir sehen, daß diese Raumschöpfung der sassanidischen Kultur auf indischem Boden bis zur neuesten Zeit vielfach abgewandelt werden sollte; man darf die hier genannten Denkmäler – wobei Surkh Kotal in der Eindeckung eine Sonderentwicklung genommen hat – als die Vermittler dieser Idee an die indische Welt betrachten (L. Vanden Berghe 1961: Taf. 2, 3, 27, 30). In dieser spielte während der vorislamischen Zeit die Wölbung mit radialen Lagerfugen technisch und künstlerisch nur im Kushana-Reich und deren Nachbargebieten eine Rolle.

6. BUDDHISTISCHES SÜD-INDIEN (ETWA 2.–4. JH.)

Amaravati: Reliefs von einem Stupa, bes. in den Museen von Madras und London (H. Sarkar 1980a).
Nagarjunikonda: Ausgrabung einer buddhistischen Siedlung mit Stupas und Klöstern (H. Sarkar 1980b).
Ramatirtham: Kloster und Chaitya-Halle (Abb. 158).

Vom 2.–4. Jh. n. Chr. leistet die Andhra-Kunst in der Vengi-Schule in den Baugestalten und dem Reliefschmuck der großen buddhistischen Stupas von Amaravati und Nagarjunikonda einen Beitrag zur gesamtindischen Kultur, der zunächst als Endpunkt vieler älterer künstlerischer Bestrebungen den Geist der Zeit vollendet ausdrückt, zugleich einen Übergangspunkt zur Gupta-Zeit bedeutet und schließlich ein Ausgangspunkt für die spätere Kunst in den südostasiatischen Missionsgebieten wird. Aus den älteren indischen Schulen von Bharhut und Sanchi und aus den gleichzeitigen Werkstätten von Gandhara und Mathura sind einige Motive in den Formenschatz der Andhra-Kunst eingegangen; auch finden sich als natürliches Ergebnis der Handelsbeziehungen mit dem Westen Spuren der Mittelmeerkulturen in den buddhistischen Denkmälern (A. Ray 1983).

Der Typus des Klosters mit der Aneinanderreihung von Zellen in der Längsachse oder um ein offenes Viereck herum lebt in Freibau und Felsbau weiter, in apsidialen Chaitya-Hallen (Abb. 150, 158) und kreisrunden Stupas.

Abgeschlossen und nur nach langem Fußmarsch zu erreichen, lag die Mönchssiedlung am nördlichen Felshang des Gurubhaktakonda und auf den kahlen Felshöhen des Durgakonda bei dem heutigen Dorf Ramatirtham, ungefähr 10 km nordöstlich von Vizianagram. Auf seinen Wanderungen soll der durstige Rama hier einen Teich geschaffen haben. Die unfruchtbare Bergwildnis bildet den geeigneten Hintergrund für die Entstehung der Legende, und noch heute findet man im alten Klostergelände mehrere kunstvoll aus dem Fels gehauene Wasserbehälter, die sich wie früher jährlich im Monsun füllen. Auch sind an einigen Stellen Steinmauern als Aufbau und Erweiterung dieser künstlich-natürlichen Wasserbecken zu erkennen. Inmitten dieses dicht bewaldeten Mittelgebirges, der Heimat von Bären und Leoparden und zahlloser Affenscharen, stürzt das Felsmassiv des Gurubhaktakonda nach Norden etwa 170 m fast senkrecht ab. Es wird in der Mitte durch einen schmalen Vorsprung unterteilt, zu dem ein steiler Pfad von der Talsohle her führt. Auf diesem Felsennest hat sich ein Kloster angesiedelt, dessen Insassen in der Längsausdehnung des schmalen Plateaus in sauber gefügtem Haustein Zellenreihen erbaut hatten, die sich auf einen verbindenden Korridor öffneten. Versammlungs-

Abb. 158 Ramatirtham im Andhrastaat: buddhistisches Kloster mit Chaitya-Halle und Stupa.

halle, Votivstupen und 5 große apsidiale Chaitya-Hallen waren in der Ost- und Westachse aufgereiht. Am westlichen Ende befand sich der kultische Mittelpunkt dieses Horstes: ein großer, massiv aus Bruchsteinen errichteter Stupa. Er war einst vom seicht nach Westen abfallenden Gelände und vom Norden her über dem steilen Absturz der Felswand gleich gut zu sehen. Im Tal und auf der gegenüberliegenden felsigen Höhe Durgakonda lagen weitere Klosterbauten und Stupas des geschilderten Typus. Sorgfältig gepflasterte Fußböden mit Mondsteinmustern und Bruchstücke von Buddha-Bildern zeigen, daß auch in dieser Einsiedelei alle Kunstformen der Zeit Verwendung fanden. Wenn wir auch keine besonderen Nachrichten davon haben, ob Auftraggeber oder Künstler die Absicht hatten, Landschaft und Architektur gemeinsam zu formen, so empfinden wir zumindest als moderne Betrachter in den Kultstätten von Ramatirtham eine großartige Einheit von Natur und Kunst (Abb. 158).

Baumeister und Handwerker, die an altindischen Aufgaben wie den oben geschilderten buddhistischen Einsiedeleien arbeiteten, und einheimische und fremde Künstler, die gelegentlich mittelmeerländischen Import für reiche weltliche Auftraggeber in den oben erwähnten Haupt- und Hafenstädten nachahmten, mögen sich zeitweise bei den größten Aufträgen der Andhra-Zeit vereinigt haben: der Errichtung und Ausschmückung riesiger Stupas in der Nähe der aufeinanderfolgenden Residenzen. Die Erforschung der Megalithdenkmäler und der schwarz-polierten Keramik hat gezeigt, daß die Königsstädte in der Nähe sehr alter Siedlungen aufblühten. An einem Ort wie Nagarjunikonda, der schon lange wegen seiner prachtvollen Bauten berühmt ist, wurden jetzt auch Apsidenbauten des bekannten Typus ausgegraben (H. G. Franz 1965: Abb. 98).

Abb. 159 Ahichchhatra: Terrassenheiligtum mit monumentalem Lingam.

7. GUPTA-ZEIT (MITTE DES 4. JH. BIS UM 600)

Ahichchhatra: Terrassentempel, ursprünglich von einem riesigen monolithen Lingam bekrönt (Abb. 159).
Bhitargaon: Backstein-Tempel. Vorhalle durch Tonne mit radialen Lagerfugen, Garbhagriha – nach dem restaurierten Zustand zu urteilen – durch klostergewölbeartige Konstruktion abgeschlossen (P. Brown 1956: 50; A. K. Coomaraswamy 1927: 83).
Bodhgaya: Begründung des Tempels zur Erinnerung an die Erleuchtung des Buddha, im Panchayatana-System mit einem zentralen Turm und vier verkleinerten Wiederholungen der Turmform an den vier Ecken der Terrasse (Abb. 87).
Chezarla: Tonnengewölbter Apsidentempel (A. K. Coomaraswamy 1927: Abb. 147; A. Volwahsen 1968: 98).
Delhi: Ruinen der Hindu-Hauptstadt Indraprastha, jetzt islamischer Bezirk der Qutb-Moschee, hierher aus Mathura übertragene „Eiserne Säule" des Kumara-Gupta v. 415 (Abb. 190).
Deogarh: Tempelruine auf Terrasse mit Zugangstreppen im Achsenkreuz, Turm über dem Garbhagriha als Stufenbau oder Shikhara im Nagara-Stil zu rekonstruieren (K. Fischer 1961a: Abb. 25–27); besonders reich verziertes Eingangstor (Abb. 160).
Eran: Säule des Buddha-Gupta mit Inschrift von 484/5 n. Chr. (K. Fischer 1961a: 402 s. v.).
Sanchi:
– Tempel 17. Vorhalle und Garbhagriha mit waagerechten Steinplatten eingedeckt (Abb. 142).
– Tempel 18: Langrechteckiger Bau und Apsis ursprünglich durch eine Tonne überwölbt (Abb. 142).
Sarnath: Dhamek-Stupa. Massiver Backstein-Kern (Abb. 161), später mit Sandsteinplatten verziert (K. Fischer 1961a: Taf. 94).
Ter: Trivikrama-Tempel. Rechteckiger Kultraum mit Apsiden-Schluß durch tonnenförmige Kragekonstruktion eingedeckt und im Mittelalter durch Mandapa mit Laternendecke erweitert (Abb. 162).
Udayagiri (P. Brown 1971: pl. XLI 1): Tempel 1. Stützen und waagerechter Sturz als Vorhalle eines würfelförmigen Höhlenheiligtums (Abb. 163).

Während der Gupta-Herrschaft in Mittel- und Nord-Indien im 4. und 5. Jh. und – nach einer Unterbrechung durch den Hunnen-Einfall – im 6. und 7. Jh. blühten Philosophie, Dichtung, Musik und bildende Kunst. Schöpfungen dieser Epoche, dem Höhepunkt der altindischen Kultur, wirkten auf Mittelalter und Neuzeit fort.
Tonnen über Hindu-Tempeln (Abb. 142 Tempel 18, Abb. 162), die sich von der in Fels gehauenen oder

Abb. 160 Deogarh: Tor zum Garbhagriha des Gupta-Tempels.

aus Holz errichteten buddhistischen Chaitya-Halle herleiten, werden meist in vorkragenden Steinschichten konstruiert. Gelegentlich kommen Backstein-Gewölbe mit radialen Lagerfugen vor. Vorhallen und Kulträume von Tempeln der Jainas und Buddhisten sind durch waagerechten Sturz abgeschlossen.

Daß Wölbungen wie in Nordwest-Indien und Zentral-Asien den Himmel bedeuten sollten, ist möglich, aber durch Inschriften oder Innenausstattung bisher nicht nachzuweisen. Dagegen beginnen unter den Guptas die Überlieferungen sowohl des dunklen, flachgedeckten Garbhagriha als auch des architekturtheoretischen Schrifttums, nach dem dieser Haupt-Kultraum des Tempels als Bild der Höhle verstanden wird.

Das Garbhagriha von Udayagiri (Abb. 163) ist aus einer natürlichen Höhle geschlagen. Seine Würfelform, seine Enge und Finsternis, sein einfacher waagerechter Abschluß sind im Tempel 17 von Sanchi (Abb. 142) durch eben verlegte steinerne Balken und Platten nachgeahmt. Diese Baugestalt ist eine Schöpfung der Gupta-Künstler, die durch alle Wandlungen und Bereicherungen nord-indischer Tempel, Tempelburgen und Tempelstädte bis heute der Mittelpunkt, der „Schoß“, die „Keimzelle“ des indischen Tempels bleiben sollte. Die Höhle stellte man sich inmitten des Weltbergs vor; das Garbhagriha von Deogarh lag unter Steinschichtungen verborgen, welche ebenfalls erstmals in der indischen Kunst einen bergartigen Umriß andeuteten. Am Hof der Guptas pflegte man

Abb. 161 Sarnath: Dhamek-Stupa.

Abb. 162 Ter: Apsis des Backstein-Tempels.

Abb. 163 Udayagiri: Haustein-Mandapa vor felsgehauenem Garbhagriha.

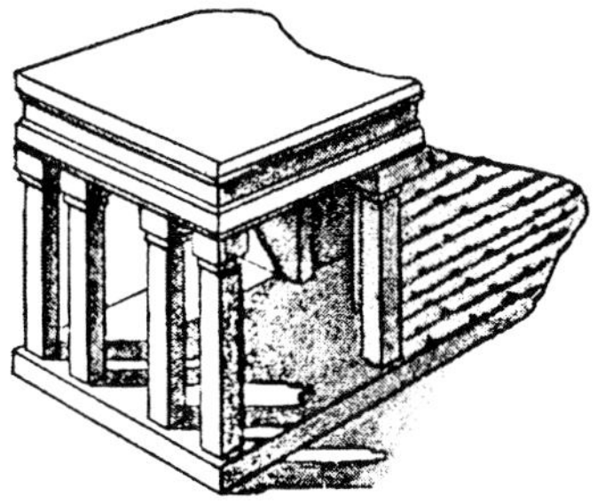

die Künste, die – z. T. durch den geistigen Austausch mit fremden Kulturen – schon eine äußerste Verfeinerung erreicht hatten. In der Bildhauerei dieser Epoche sind die reifsten Leistungen der frühindischen Schulen von Amaravati, Gandhara und Sanchi in einem voll entwickelten Stil zusammengefaßt, der in den kommenden Jahrhunderten bei der dauernden Wiederholung der Themen erstarren mußte. Die Baumeister schufen einfache Grundformen, die als struktives Gerüst für alle Erweiterungen in der Ebene und in die Höhe dienten und bei aller Nachahmung und Bereicherung als Kern der heiligen Stätte die ursprüngliche, ausdrucksstarke Aussagekraft bewahrten. Über dem Garbhagriha begannen hinduistische Auftraggeber, Tempelpriester und Baumeister das Hauptkultbild durch turmartige Aufbauten zu betonen.

Eine Erweiterung im Aufriß erzielte man dadurch, daß man auf dem Flachdach eine Erhöhung aufführte. Letztere kann zunächst aus übereinandergeschichteten Steinplatten bestanden, aber bald die verschiedenen Formen eines pyramidenartig breit gelagerten Terrassenbaus wie im südindischen Tempel des Dravida-Stils oder eines steil aufsteigenden, nach oben verjüngten Turmes wie im nordindischen Nagara-Stil angenommen haben. Aus der Vereinigung dieser und weiterer Bereicherungen der Urform in Grund- und Aufriß entsteht die voll entwickelte Form des Guptatempels, der seinerseits zum Ausgangspunkt für alle folgenden landschaftlichen Abwandlungen wird (K. Fischer 1961a: Abb. 24).
Eine Sonderform wird im Terrassentempel von Ahichchhatra (Abb. 159) überliefert, wo das Fruchtbarkeits-Symbol von Shivas Lingam nicht in einem Garbhagriha verborgen ist, sondern als Monument unter freiem Himmel aufragt.
Schöpferisch wie die Baumeister bei dem Entwurf der Tempelgestalt waren die Bildhauer bei der Wiedergabe der Götterwelt an den Tempelwänden und bei der Ausschmückung aller Bauteile, z. B. des Tempeltors.
Am Tempel von Deogarh befinden sich in reich verzierten Nischen im Norden, Süden und Osten in Dreiviertelplastik Szenen aus der hinduistischen Ikonographie. Den Eingang vermittelte im Westen eine Tür, die als Musterbeispiel der Gupta-Plastik gelten kann (Abb. 160). Von vier Rahmenfeldern sind je zwei aus einem Steinblock gehauen. Die Grundfläche für das gesamte Gelände bilden Basen für je vier Figuren beiderseits des Türfeldes. Diese Basen steigen von innen nach außen leicht an, während die Figuren von innen nach außen immer kleiner werden, so daß eine Gerade durch ihre Köpfe nach außen führt und daß also den Unterbau für das schmuckreiche Gewände sowohl eine statisch schwer lastende als auch dynamisch fein ausgewogene Massenkomposition bildet.
In der Gupta-Zeit errichteten Herrscher nach dem Vorbild der Maurya-Könige Säulen als Träger von religiösen Symbolen und zugleich als Statussymbol. Eine steinerne Säule von Eran ist am Platz ihrer Errichtung verblieben, während die technologisch noch immer rätselhafte „Eiserne Säule" von Mathura durch islamische Eroberer wohl als Siegeszeichen und neues Statussymbol nach Delhi gebracht wurde (Abb. 190).
In Bodhgaya entstand eine Grundform der mittelalterlichen Sakralarchitektur im Panchayatana-System mit einem Mittelturm und vier Nebentürmen. Sie waren in der steil aufstrebenden Shikhara-Form des Nagara-Stils (G. Michell 1979: 89) gestaltet, der von nun an in Nord-Indien vorherrschen sollte (Abb. 87). Dabei wurde eine handwerklich einfache Bauweise zur Grundlage reicher künstlerischer Abwandlungen.

8. „DRAVIDA"-BAUSTIL

Pallava (etwa 600–900)

Mahabalipuram: Baugruppe des sog. Küstentempels. Eine kleine und eine größere quadratische Kammer des Shiva-Kults, jeweils durch waagerechten Sturz geschlossen und durch massiven Turm aus zurückspringenden Geschossen mit massivem Turmhelm gekrönt. Quadratischer Hauptschrein mit dem Shivalinga ursprünglich durch eine ebene Zwischendecke aus Teakhölzern und Steinbalken abgegrenzt; nach der Plünderung des Heiligtums jetzt aus einem einheitlichen Raum bestehend; dieser durch massiven Turm betont. Eine später zugefügte rechteckige Kammer mit dem Bild des Vishnu durch ebene Steinblöcke geschlossen. Quadratischer Nebenschrein des Shiva flach eingedeckt (Abb. 164).
Kanchipuram: Vaikuntha Perumal (P. Brown 1956: pl. LXIV). Mauerumschlossenes Rechteck. Darin von Osten nach Westen in der Ebene: säulengegliedertes Mandapa, mit Korridor umgebenes quadratisches Garbhagriha. In der Höhe: in der Achse über dem Garbhagriha drei würfelförmige Kultkammern und ein massives Shikhara; über den Korridoren zurückgesetzte Geschosse. Alle Baueinheiten mit schweren Steinplatten in waagerechtem Sturz geschlossen.

Chola (etwa 900–1200)

Chidambaram: Ostgopura des 11. Jh. in der Umfassungsmauer des später erweiterten Shiva-Heiligtums (J. Harle 1963: 49). Zweigeschossiges, aus Granit in trockenem Verband errichtetes Breitrechteck mit Tordurchfahrt. Darüber sieben zurückspringende Geschosse aus kombinierter Backstein–Mörtel–Teakholz-Konstruktion. Korridore vorwiegend durch Überkragung, gelegentlich durch Halbtonnenwölbung geschlossen, spätere Erweiterungen (Abb. 273).
Tanjore: Brihadishvara-Tempel, um 1000. Quadratisches Garbhagriha als Kern einer später erweiterten Anlage. Zweigeschossige quadratische, flach gedeckte Kammer. Stufenpyramide aus 12 zurückspringenden – angeblich stellenweise durch Kragekonstruktionen erleichterten – Geschossen und einem auf 80 t geschätzten massiven, klosterkuppelförmigen Shikhara (Abb. 165).

Die südindischen Pallava-Könige stifteten zunächst Tempel, die aus hartem Gestein geschlagen wurden und in denen heute die frühesten dravidischen Bauformen erhalten sind. Von den gleichzeitig errichteten Kultstätten aus Holz, Metall, Ziegel und Mörtel ist dagegen nichts erhalten. Freibauten aus mächtigen, trocken verlegten Granitblöcken beginnen Ende des

Abb. 164 Mahabalipuram: Küstentempel.

Abb. 165 Tanjore: Brihadarishvara-Tempel der Cholazeit mit neuerem Prozessionswagen.

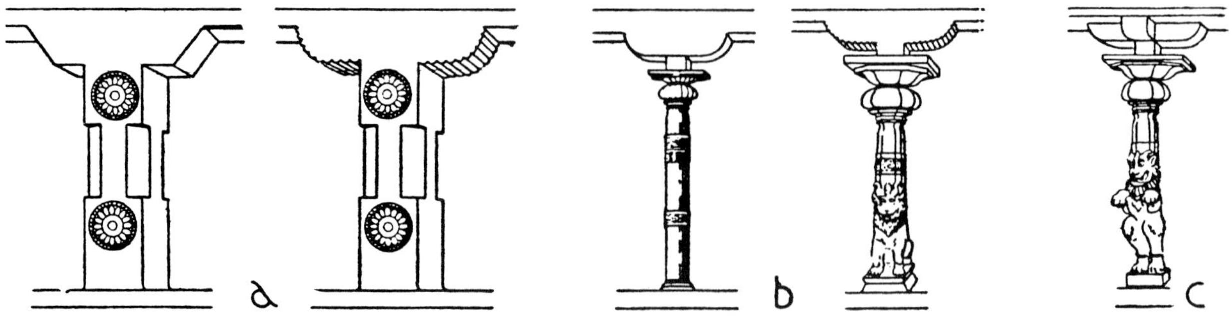

Abb. 166 Mahabalipuram: Entwicklung der Pfeiler in der Pallava-Periode.

7. Jh. unter Parameshvaravarman I. Im frühen dravidischen Stil entwickelte man unter den einzelnen Herrschern bestimmte kanonische, in Handbüchern festgelegte Bau- und Schmuckformen (C. Sivaramamurti 1952: Abb. 1–3) (Abb. 166). Über dem Allerheiligsten türmt man Vimanas aus zurückgesetzten Terrassen und einem kuppelförmigen massiven Shikhara. Die Baumeister dieser Tempel haben die kanonischen Teile einer südindischen Kultstätte, nämlich Umfassungsmauer, Tor, Korridore, Versammlungshalle und Allerheiligstes in der Ebene und in die Höhe harmonisch proportioniert. Wiederum gelingen mit den einfachsten handwerklichen Mitteln und in Anlagen von bescheidenem Umfang Bauwerke, die später durch stadtartige Ausdehnung und durch Riesentürme erweitert und übersteigert, aber an künstlerischer Wirkung kaum übertroffen werden konnten.
Selbst das grelle Licht der Sonne, die ständig über Süd-Indien scheint und nur während der Monsunregen zeitweise verschwindet, dringt nicht tief in die Korridore und Kammern der wuchtigen Kragekonstruktionen mit ihren geringen Öffnungen ein. Der Besucher eines Pallava-Tempels erlebt auf dem Weg durch Umfassungsmauer, Vorhalle und Gänge bis vor das dunkle Garbhagriha und beim Blick in dieses hinein besonders stark „die Höhle“. Aus der Übereinanderschichtung der waagerecht abgeschlossenen Architektur-Einheiten, welche in der Aneinanderreihung dieses Bild der Höhle hervorrufen, ergibt sich ganz natürlich die Vorstellung eines Berges, der diese Kammern birgt. Die gestuften Türme über dem Allerheiligsten versinnbildlichen den Welt-Berg, auf dessen niederen oder höheren Geschossen nach ihrem Verdienst die Wesen wohnen; einer der schönsten dieser Bauten heißt Vaikuntha-perumal = „der Himmel des Vishnu“.
Die dravidischen Handwerker verließen sich weiterhin auf die Tragfestigkeit der trocken, waagerecht oder in Kragebauweise verlegten Hausteinquadern, um das Garbhagriha abzuschließen und durch prunkvolle Aufbauten zu betonen. Mandapas als Erweiterungen von Pallava-Tempeln erhielten gelegentlich eine Laternendecke.
Kleine Tore zu Umfassungsmauern der Heiligtümer wurden bereits unter den Chalukyas und Pallavas mit massiven, querrechteckigen Aufsätzen in Tonnendach-Form abgeschlossen. In Tanjore führen Gopuras, die niedriger als der Turm über dem Allerheiligsten dieses Tempels, aber höher als alle anderen bisherigen süd-indischen Torbauten sind, in den kultischen Bezirk. In der Folgezeit werden keine architektonisch bedeutenden Vimanas mehr errichtet; dafür wachsen die Gopuras immer höher und werden zum Wahrzeichen der späteren dravidischen Kunst. Beim Aufbau der Stockwerke über breitrechteckigem Grundriß verwenden die Steinmetzen und Zimmerleute Erfahrungen, die sie bei der Errichtung von Stufentürmen über dem quadratischen Garbhagriha gesammelt hatten.
Das höhlenartige Garbhagriha, das in den Pallava-Bauten in einem ausgewogenen Maßverhältnis zum Turmaufbau stand, verschwindet in der frühen Chola-Zeit unter den riesigen Vimana-Stockwerkbauten und später inmitten der Ummantelung durch Hallen, Korridore, Prozessionsstraßen, heilige Teiche. Kultkammern in der Art eines Garbhagriha bergen auch die typisch dravidischen und hinfort immer weiter in die Höhe gesteigerten Gopuras. Der Welt-Berg, der unter den Pallavas und frühen Cholas in den Vimanas abgebildet wurde, wird von der späteren Chola-Zeit an in den Gopuras symbolisiert. J. Harle (1963) veröffentlichte eine Inschrift, nach welcher das Ost-Gopura von Chidambaram als Meru verstanden wird.
Die Tempel der Chola-Zeit waren Mittelpunkte des geistigen Lebens und in ihrer Gesamtheit ein Symbol für die religiöse Begeisterung, welche in Süd-Indien das ganze tägliche Leben beherrschte und zu immer größeren Stiftungen der Könige und Anstrengungen der Bauleute führte. Die Erweiterung des Tempelgrundrisses zu Tempelstädten und die Aufschichtung von Stein- und Ziegelmassen zu riesigen Türmen betonten zwar die Heiligkeit des Ortes und des Kultbildes inmitten und unter diesen Baumassen, brachten aber keine neuen künstlerischen Lösungen. Nur die Baumeister unter den frühen Chola-Königen bewiesen eine einzigartige Meisterschaft, den Stoff zu bändigen und die innere Größe der pallavazeitlichen Fels- und Freibauten bei der Steigerung in die äußere Monumentalität zu bewahren.
In allen Teilen Indiens arbeiteten die Steinmetzen

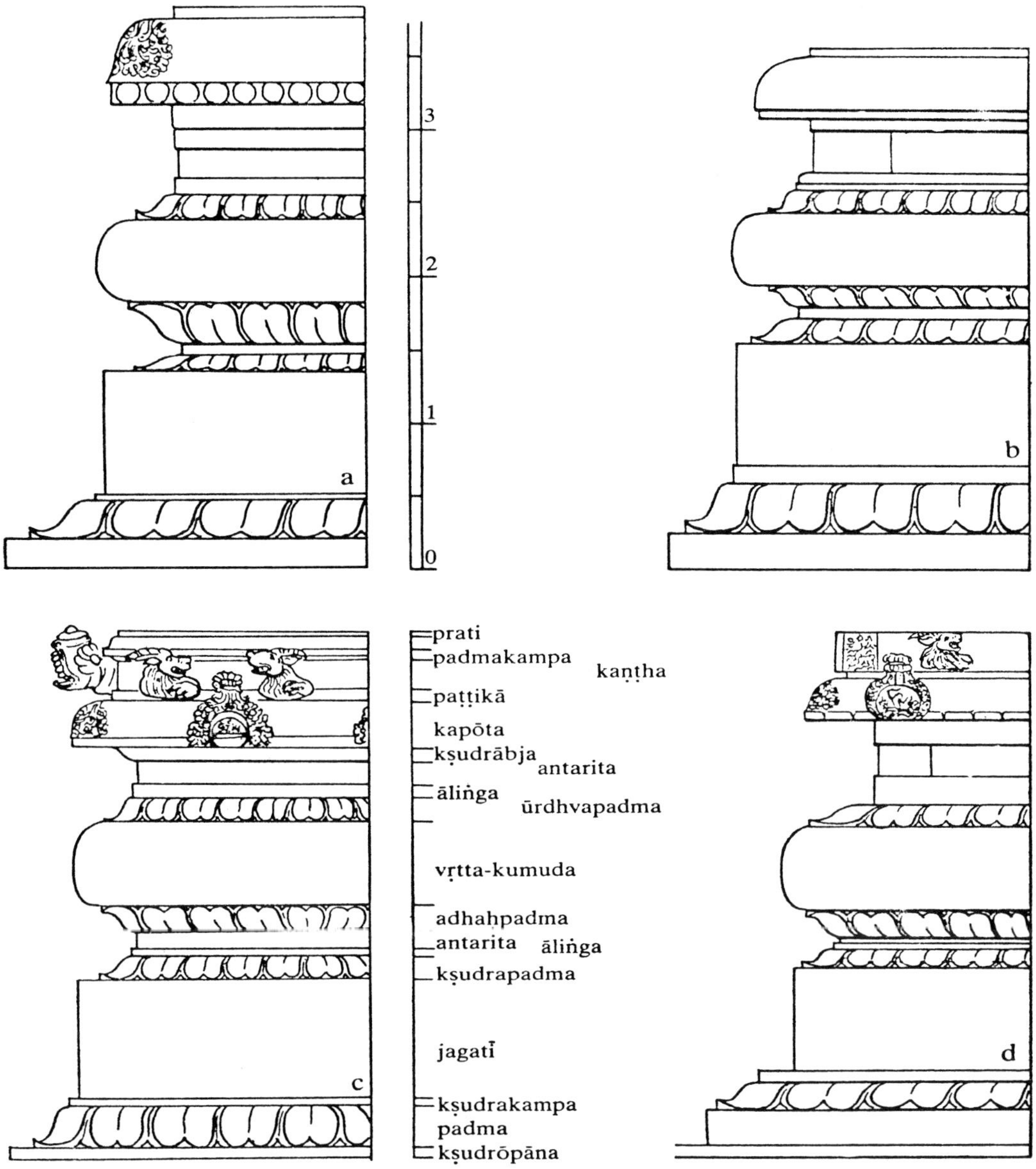

Abb. 167 Basis-Systeme von Pfeilern in der Chola-Periode.

nach Handbüchern, die ihnen zum Beispiel die Schmuckformen an der Außenwand des Tempels (Abb. 167) erläuterten. In neueren Forschungen gewinnen wir immer mehr Einblick in die Herkunft und Ausbildung und Praxis der alten Baumeister (M. W. Meister 1983: p. V).

9. „VESARA"-BAUSTIL

Frühe Chalukya-Herrscher (etwa 600–800)

Aihole: Durga-Tempel. Langrechteckiges Heiligtum mit Stützen und Kapitellen im dravidischen Stil, Apsidenschluß und Betonung des Garbhagriha durch Turmstumpf im nordindischen Nagara-Stil mit südindischen Dravida-Schmuckformen (Abb. 168).

Badami (K. Fischer 1961a: Taf. 106–108): Malegitti-Shivalaya. Langrechteck aus Vorhalle, Mandapa und Garbhagriha, alle in waagerechtem Sturz geschlossen. Über dem Garbhagriha Turm aus zurückspringenden Steinschichten und mit massivem, achtteiligem, klosterkuppelartigem Helm.

Mahakut: Tempelgruppe Mahakuteshvaranatha, nach Inschrift vor 601 n. Chr. entstanden, Tempel an der Westseite des heiligen Teiches. – Vorhalle und Garbhagriha in waagerechtem Sturz geschlossen. Über den Kulträumen massiver, vertikal aufstrebender Turm aus 10 Steinschichten und Amalaka oder Turm in horizontalen Schichten mit Bekrönung durch kuppelförmigen, massiven Shikhara (Abb. 169).

Pattadakal: Die Tempel Kashinatha, dahinter links Virupaksha und rechts Mallikarjuna (Abb. 170), mit nord- und südindischen Turmformen.

Abb. 168 Aihole: Durga-Tempel.

– Kashinatha-Tempel: Garbhagriha durch vertikalen Turm im Nagara-Stil betont (Abb. 170).
– Mallikarjuna-Tempel: Vorhalle, Mandapa und Garbhagriha durch waagerechte Steinplatten eingedeckt. Über dem Eingang kleines, massives Gopura. Über dem Kultraum Stockwerk-Turm mit massiver Haube auf kreisrundem Grundriß.
– Virupaksha-Tempel: Nach Inschrift aus der Regierungszeit des Chalukya-Königs Vikramaditya II., 733 bis 742. Vorhalle, Mandapa und Garbhagriha durch steinerne Balken oder Platten flach gedeckt. Über dem Hauptkultraum ein Turm aus zurückgesetzten Terrassen und massiver Haube auf quadratischem Grundriß.

Spätere Chalukya-Herrscher (etwa 1000–1300)

Narasamangalam: Hindu-Tempel (K. Fischer 1961a: Taf. 181; K. Fischer 1974b: Bild 142). Untergeschoß aus Granit. Vorhalle und Garbhagriha mit großen Steinplatten gedeckt. Turm über dem Garbhagriha mit zurückspringenden Stockwerken aus Backstein in Kalkmörtel, massive Haube und Architekturschmuck im Pallava-Stil. Seitenteile des quadratischen, viersäuligen Mandapa durch Steinbalken eingedeckt, die Steinplatten über den vier Mittelstützen durch Relief in neun Felder geteilt.

Somnathpur: Keshava-Tempel, 1268 n. Chr. (K. Fischer 1961a: 410; K. Fischer 1974b: Bilder 145–147). Rechteckiger heiliger Bezirk (Abb. 171) aus Säulengängen mit Laternendecken (Abb. 172). In der Achse der Torhalle die Tempelterrasse mit einem Mandapa und drei von diesem Bauteil sternförmig ausgehenden Garbhagrihas (Abb. 171). Letztere flach gedeckt; über ihnen Stufentürme mit Verzierungen durch Miniaturformen des nordindischen Shikhara; Abschluß durch eine massive Krone, eine Vermischung des nordindischen Amalaka und der dravidischen Haube. Die quadratischen Abschnitte über den Säulenstellungen des Mandapa zunächst durch schwere Architrave bedeckt und dann durch vielgestaltige kombinierte Kragekonstruktionen in der Form von Neun-Felder-Decken, Stalaktiten-Gewölben und Halbkugeln abgeschlossen.

Der Dekkhan zur Zeit der späteren Chalukyas (etwa 1100–1400)

Alampur: Tempelgruppen. Flachgedeckte Vorhallen, Korridore, Mandapas und Garbhagrihas. Allerheiligstes durch Turm aus zurückgesetzten Steinschichten und dravidischen Shikhara oder durch senkrecht aufsteigenden und einbiegenden Turm im nordindischen Nagara-Stil betont (K. Fischer 1961a: Taf. 114–118; K. Fischer 1974b: Bild 148).

Abb. 169 Mahakut: Tempelgruppe Mahakuteshvara.

Unter Vesara = „Kreuzung", „Vermischung", faßt man Hindu- und Jaina-Tempel in Südwest-Indien, im Gebiet der Chalukyas und im Dekkhan zusammen, an deren Türmen und Hallen auf dravidische Bauweise horizontalbetonte und auf die nordindische Nagara-Bauweise vertikal-aufstrebende Bauglieder vereint sind (S. Kramrisch 1946: 291).

Die Begründer der südwestindischen Chalukya-Dynastie residierten in Badami, Aihole und Pattadakal. Vom Beginn ihrer Herrschaft in der Mitte des 5. Jh. bis zum Höhepunkt Anfang des 8. Jh. entstanden in diesen Hauptstädten und in ihrer Umgebung Hausteintempel in trockenem Verband.

Aus einfachen Steinbauformen (Abb. 172) sind die Vorhallen, Mandapas und Garbhagrihas der frühen Tempel zusammengesetzt: waagerechte Platten oder Balken decken die niedrigen Kulträume, Steinschichten in terrassenförmiger, horizontaler Gliederung oder in vertikaler Aufgipfelung betonen das Allerheiligste (Abb. 168–171). In Hallen mit Pult- oder Walmdächern sind Typen des profanen Holzbaus monumentalisiert.

Im apsidialen Grundriß des Durga-Tempels (Abb. 168) können Baugedanken der buddhistischen, basilikalen Chaitya-Höhlen (Abb. 88, 145, 146) nachwirken. Während diese Baugestalten am Endpunkt einer Entwicklung stehen und keine Nachfolge finden, schafft man gleichzeitig für die beherrschenden symbolischen Vorstellungen der Hindu- und Jaina-Tempel neue Möglichkeiten des künstlerischen Ausdrucks.

Abb. 170 Pattadakal: Tempelgruppe, vorn der Kashinatha, rückwärts links der Virupaksha, rechts der Mallikarjuna.

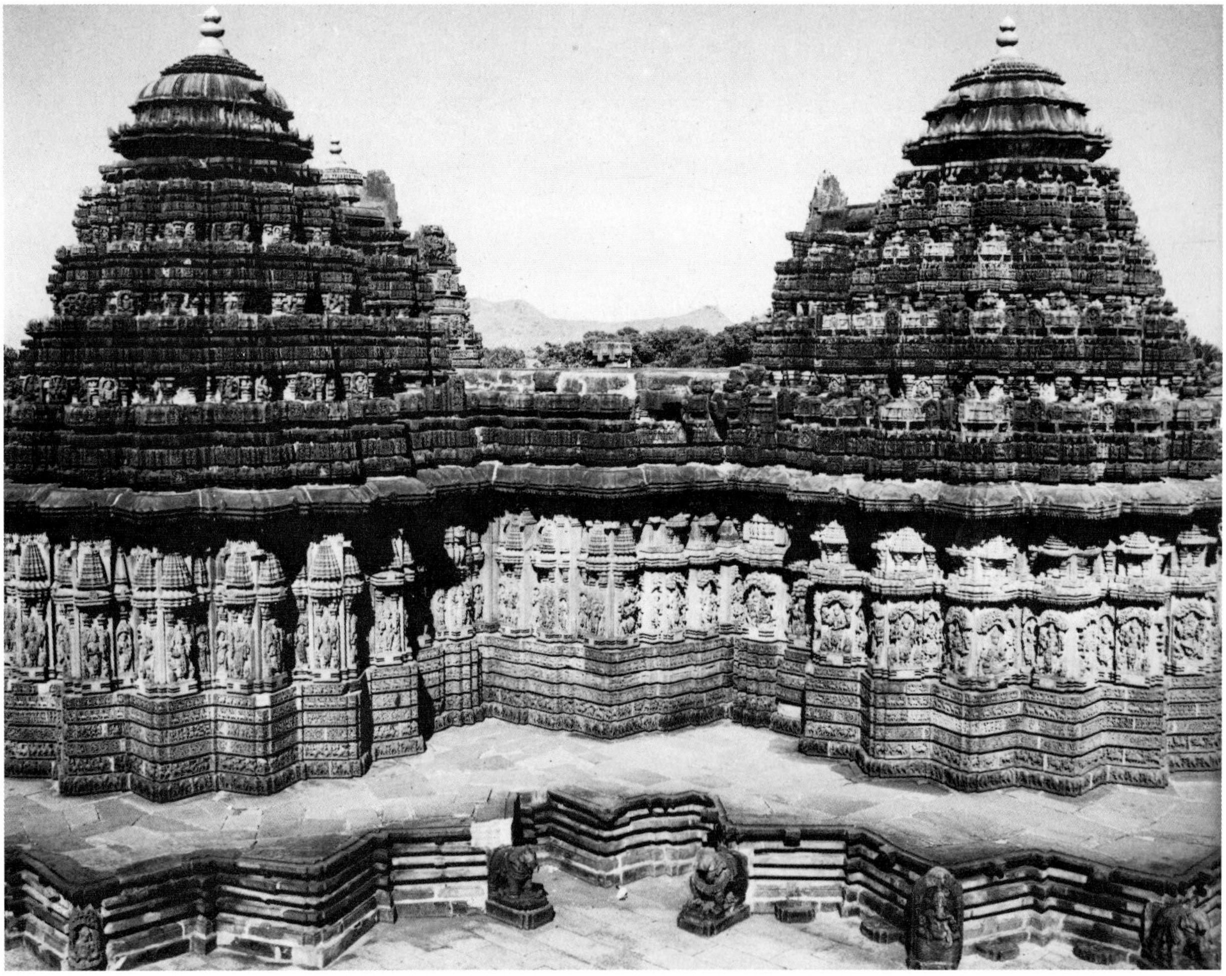

Abb. 171 Somnathpur: Keshava-Tempelgruppe auf sternförmiger Terrasse.

Abb. 172 Somnathpur: Korridore mit Laternendecken.

Etwa gleichzeitig mit den Höhlen- und Freibau-Heiligtümern der Guptas (Abb. 163) entstanden im Chalukya-Gebiet Kultstätten aus Vorhalle und quadratischem sanctum mit waagerechtem Sturz, welche ebenfalls das Bild der Höhle verdeutlichten. Von nun an ist diese urtümliche, megalithische Zelle das Herz auch aller südindischen Tempelbezirke. Um ein Geschoß, auf das Flachdach des Tempels emporgehoben, symbolisiert sie die Idee des Altars und des Opfers. Wie die Baumeister der Guptas, so gingen auch die der Chalukyas daran, das Garbhagriha im Außenbau durch einen Turm als Bild des Weltbergs zu betonen. Im Dekkhan, dem gebirgigen Verbindungsland zwischen Nord- und Süd-Indien, schufen sie die Grundformen für die gesamte spätere Entwicklung zum Beispiel in Alampur oder Mahakut: den „dravidischen", durch zurückspringende Terrassen waagerecht betonten Turm (Abb. 170 rechts und links, 171) mit der Bekrönung durch einen massiven Stupi auf achteckigem, viereckigem oder kreisrundem Grundriß, und den „nordindischen", nach späteren Texten in seiner Gesamtheit als Shikhara bezeichneten, vertikal aufstrebenden (Abb. 168, 170 Mitte) und über kurvig einbiegendem Umriß durch einen Deckstein Amalaka abgeschlossenen Turm. Kuppelförmige dravidische Stupis und nordindische Decksteine Amalaka auf dem Shikhara versinnbildlichten wohl von Anfang an eine Sphäre, die den Übergang von der Erde zum Himmel vermitteln soll. Flachdecken der Mandapas sind gelegentlich durch Reliefs in Felder zerlegt und mit Szenen aus der brahmanischen Mythologie geschmückt (K. Fischer 1961a: Taf. 103–105; K. Fischer 1974b: Bilder 142–145). Aus dieser Verbindung von Architektur und Plastik werden in den nächsten Jahrhunderten die Neun-Felder-Decken mit den Welthütern hervorgehen.

Ein Mindestmaß an handwerklichen Mitteln reichte also den Baumeistern und Bildhauern, die wesentlichen kosmologischen Symbole des Jinismus und Hinduismus in vollendeter künstlerischer Geschlossenheit und Eindringlichkeit zu verdeutlichen. Die Grundformen dienten späteren Generationen zu immer reichhaltigeren Erweiterungen in der Ebene und in die Höhe, ohne daß neue Kunstformen erfunden wurden. In Pattadakal unterrichten uns Inschriften über die Namen einiger der Künstler, denen diese bedeutenden Schöpfungen gelangen (K. Fischer 1961: 65).

Abb. 173 Bhuvaneshvara: Teich mit Lingaraja und anderen Tempeln.

10. „NAGARA"-BAUSTIL

Orissa (etwa 800–1250)

Bhuvaneshvara: Heiliger Teich der Tempelstadt, besonders (Abb. 173) Lingaraja (P. Brown 1971: pl. LXXXV), um 1000. Die quadratischen Anlagen des Bhog Mandir und des Nat Mandir und das rechteckige Jaganmohana durch vorkragende Steinblöcke geschlossen. Das Shri Mandir flach gedeckt; das Shikhara darüber aus einem Wechsel von flach gedeckten und im Kragebau geschlossenen Kammern zusammengesetzt und durch einen schweren Deckstein Amalaka gekrönt.

– Bhashkareshvara, um 1075. Jaganmohana, Shikharas über dem Garbhagriha und über den quadratischen Räumen der vier Ecktürme des Panchayatana-Bezirks im Kragebau geschlossen (Abb. 174).

Konarak: Ruine des Sonnentempels (P. Brown 1971: pl. LXXXVIII–XC), das Heiligtum begonnen unter dem Bauherrn König Narasimha Deva, 1238–1264. An aufgehendem Mauerwerk erhalten das Jaganmohana: quadratischer Bau mit drei zurückspringenden Geschossen; nach älteren Berichten im Innern entsprechend durch Krageschichten abgeschlossen. In den Ruinen von Nebengebäuden Reste schwerer Steinblöcke in waagerechtem Sturz und Vorkragungen. Der Bau als Wagen vorgestellt; reicher entsprechender Wandschmuck (Abb. 175).

Mittel-Indien (Mitte des 10. bis Mitte des 12. Jh.)

Khajuraho: Tempel von Kandariya Mahadeva und Kali Devi Jagadambi, 1. Hälfte 11. Jh. Mandapas durch Ringschichtendecken geschlossen und durch Stockwerkbauten mit massiver Bekrönung von zunehmender Größe betont. Quadratisches Garbhagriha mit vorkragenden Steinschichten abgeschlossen und durch Stockwerk-Bauten mit massiver Ummantelung in Turmform bekrönt (Abb. 176).

Sanchi: Tempel 45, um 1000 (Abb. 142 Hintergrund). An der Ostseite eines von Zellen umgebenen Klosterhofes querrechteckige Vorhalle und quadratisches Garbhagriha mit Buddhabild. Der Hauptkultraum durch Laternendecke (vgl. Abb. 85) mit zentralem Lotos geschmückt. Darüber als weitere Bildkammer genützte, in waagerechtem Sturz geschlossene Entlastungs-Konstruktion, die Ummantelung des Shikhara zerstört.

Der Norden und Nordwesten einschliesslich Gujarat (10. bis Anfang des 14. Jh.)

Delhi-Lalkot: Gebiet des alten Indraprastha, jetzt im Bereich des Qutb al-Manar. Teile von mittelalterlichen Hindu- oder Jaina-Tempeln, seit dem Ende des 12. Jh. in islamische Kultstätte umgewandelt (K. Fischer 1974b: Bilder 168, 169). Säulengänge mit waagerechtem Sturz, Laternendecke und Ringschichtenkuppel abgeschlossen (Abb. 190).

Abb. 174 Bhuvaneshvara: Panchayatana-Tempelgruppe des Bhashkareshvara.

Abb. 175 Konarak: Sonnentempel in Gestalt eines steinernen Wagens, Detail einer Wand und eines Rades mit erotischen Gruppen.

Abb. 176 Khajuraho: Terrasse mit der Tempelgruppe von Kandariya Mahadeo und Kali Devi Jagadambi.

Abb. 177 Osia: Hindu-Tempel mit Dach aus krummen Steinbohlen.

Abb. 178 Bilot (oder Kafir Kot): Shikhara aus einer verfallenen Tempelgruppe.

Abb. 179 Malot: Tempel, Übergangszone aus dem Würfel durch ein „Türkisches Dreieck“ in die Halbkugel.

Modhera: (Abb. 69). Sonnentempel und Heiliger Teich (W. Lobo 1982). Schmuckreiche Bauten in trokkenem Verband mit waagerechtem Sturz geschlossen.
Osia: Siedlung mit Tempeln (Abb. 177) und Ruinen aus dem 8.–10. Jh. in der Ebene und auf dem Berge. – Ruine unterhalb des Berges. Flachgedecktes Mandapa. Quadratisches Garbhagriha durch Steinplatten abgeschlossen; darüber Reste eines Shikhara: eine Entlastungskonstruktion von Kammern durch krumme Steinbohlen in Kurvenform ummantelt.

„Salt Range“ (2. Hälfte des 1. Jt.)

Bilot, auch als *Kafir Kot* bekannt: Tempelgruppe C (M. Wheeler 1950: pl. VIIIa; K. Fischer 1961a: Taf. 272, 273; K. Fischer 1974b: Bilder 128–130). Durch doppelläufige Freitreppe betretbare Terrasse mit zentralem Tempel auf quadratischem Grundriß. Die Terrasse unter dem Tempelturm und im westlichen Vorbau durch kellerartige Kammern ausgehöhlt (Abb. 178). Diese und das Garbhagriha durch Konsolsteine und Steinbalken aus dem Quadrat in den Grundkreis der Kuppel verwandelt.
Malot: Hindu-Tempel (M. Wheeler 1950: 56; K. Fischer 1961a: Taf. 71, 72; K. Fischer 1974b: Bilder 119, 131). Rechteckiger Torbau und quadratischer Tempel mit Vorhalle auf einer Terrasse. Verzierung der Mauern und Konstruktion der Öffnungen durch Kleeblatt-Bögen aus vorkragenden Steinblöcken und durch zeltdachartige Giebel. Überleitung der quadratischen Cella durch Stufen-Pendentifs in den Kreis als Grundlage einer halbkugelförmigen, durch Gußmauerwerk zum Würfel abgeglichenen Kuppel (Abb. 179). Neuzeitlicher Schmuck durch eine Laterne auf der Scheitelzone.

Unter lokalen Dynastien und freigebigen privaten Stiftern wurden in allen Teilen Nord-Indiens seit der späten Gupta-Zeit von Hindus und Jainas, ausnahmsweise in Sanchi auch von Buddhisten, Tempel gebaut. Teilweise dienten sie den neuen islamischen Herren als Spolien für Moscheen und Gräber; stellenweise wurden auch noch in den Jahrhunderten nach der Eroberung Tempel nach den alten Überlieferungen errichtet. Überall verlegte man Werkstein in trockenem Verband. Besonders nach der Abfolge der Tempelräume, nach der Baugestalt der z. T. mehrgeschossigen Mandapas und nach den Baugliedern und dem Profil der Tempeltürme unterscheidet man mehrere Regional-Stile der „Nagara“-Bauweise.

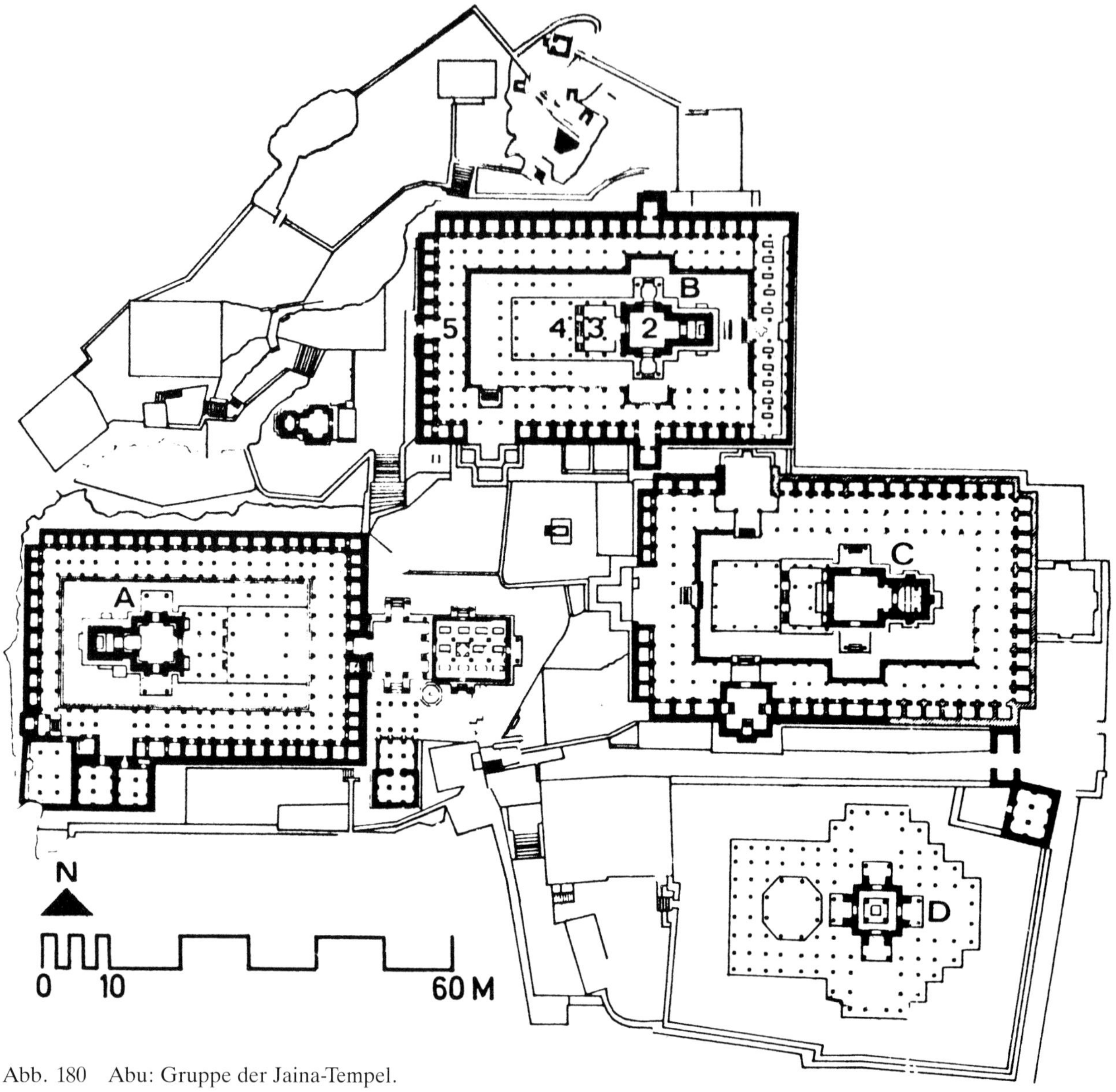

Abb. 180 Abu: Gruppe der Jaina-Tempel.

In Nordwest-Indien, vor allem in Gujarat und Saurashtra, kennt man eine besondere Terminologie: offene Pfeilerhalle über dem Grundriß eines Stufenkreuzes = Sabha-Mandapa; Versammlungsraum = Gudha-Mandapa; Allerheiligstes = Prasada. Mandapas mit flacher Decke = Samatala Vitana; mit kuppelförmig ausgehöhlten Steinen = Utkshipta Vitana; mit Ringschichtendecke und Lotos-Hängezapfen = Sabha-Padma-Mandaraka (J. M. Nanavati 1963: fig. 1–5). Die Jainas bauten in ihren Tempelstädten über hohen Stützen weiträumige Hallen (Abb. 180).
Für Mittel-Indien haben die Shilpashastras folgende Bezeichnung des Tempelbaus überliefert: Vorhalle = Ardha-Mandapa; erste Säulenhalle = Mandapa; Haupt-Versammlungshalle = Maha-Mandapa; Verbindungsteil zur Kultkammer = Antarala; Allerheiligstes = Garbhagriha; Umgang = Pradakshina-Patha. Die Bau- und Schmuckglieder heißen Anga-Shringa und Uru-Shringa.
Unter den mittelalterlichen nordindischen Tempelstilen ist derjenige der Küstenlandschaft Orissa von der späten Gupta-Zeit an bis zur islamischen Herrschaft ein halbes Jahrtausend lang zu verfolgen. Die Tempel sind gewöhnlich aus Laterit in trockenem Verband konstruiert. Im voll ausgebildeten Tempelplan folgen vom Osteingang nach Westen drei Mandapas aufeinander: das Bhog Mandir – die Halle zum Niederlegen der Opfergaben, das Nat Mandir – die Halle für Tanz und Musik, das Jaganmohana – die Versammlungshalle vor der Anbetung; daran schließt das Garbhagriha, hier als Shri Mandir bezeichnet.
Abgesehen von frühen Tempeln mit Pult- oder Walmdach und einer Sonderform von tonnenartig abgeschlossenen Massivkonstruktionen wurden in Orissa

anfangs kleinere, später in Ausdehnung und Höhe immer weiter wachsende Tempel ein halbes Jahrtausend lang aus Baueinheiten mit waagerechtem Sturz und vorkragenden Steinschichten errichtet. Wiederum reichte ein Mindestmaß an handwerklichen Mitteln aus, um altindische grundlegende geistige Vorstellungen in künstlerischer Geschlossenheit und Eindringlichkeit auszudrücken.

Kragekonstruktionen wurden in Orissa schon an den buddhistischen Kultstätten von Ratnagiri beobachtet. Sie erfuhren in den riesigen mittelalterlichen Hindu-Tempeln eine zusätzliche Sicherung durch eiserne Anker und Klammern. Als Ausnahme innerhalb der indischen Architekturgeschichte sind aus dem mittelalterlichen Orissa auch Profanbauten in solchen Kragekonstruktionen erhalten, nämlich die Brücken von Jajpur und Puri.

Innerhalb der mittelalterlichen nordindischen Kunstlandschaften nimmt Orissa eine Sonderstellung ein. Die Kammern und Hallen der Tempel erstrecken sich in einer einzigen Längsachse; sie sind grundsätzlich durch einfache Kragekonstruktionen abgeschlossen. Das quadratische Shri Mandir endet in waagerechtem Sturz, über dem weitere flach gedeckte Kammern folgen, oder wird durch eine hohe Kragekonstruktion (K. Fischer 1974a: Bild 106) abgeschlossen. Beide Bauweisen können durch ein Shikhara ummantelt sein, das zunächst senkrecht hochsteigt, dann gleichmäßig einbiegt und durch einen Amalaka bekrönt wird und in Orissa als Rekha-Typus bekannt ist. Die horizontalen Schichten von Kragekonstruktionen, die in den terrassenartigen Abschlüssen über den Tempelhallen immer klar zutage treten, können auch über der Kultkammer die Gestalt des Turmes bestimmen, dessen vertikaler Aufbau aus einer Folge von horizontalen Elementen besteht; im alten und neuen Bauhandwerk von Orissa heißt diese Form Bhadra oder Pida Deul (Abb. 173, 174).

Urformen der Steinschichtung erzeugen Bilder der Höhle und des Berges. N. K. Bose (1932) hat in neuzeitlichen Architektur-Lehrbüchern der Baumeister und Bildhauer von Orissa auch fast alle die Vorstellungen wiedergefunden, die wir oben als Grundlage des indischen Haus- und Tempelbaus beschrieben: die Bedeutung der Welt-Schlange unter dem Bauplatz; die astrologischen Weiheriten; die priesterliche Herkunft des Bauleiters; das religiöse Verdienst des Bauherrn für die Errichtung der Kultstätte. An mittelalterlichen und neueren Tempeln Orissas lebt die Architektur-Symbolik aus der frühindischen Kultur fort. Der Deckstein Amalaka sichert nicht nur die Substanz vieler Türme und Hallen, sondern bedeutet über den Kragekonstruktionen von Bhog Mandir, Nat Mandir, Jaganmohana und Shri Mandir die Verbindung zwischen Erde und Himmel.

Die Halbtonnen und Klostergewölbe aus krummen Steinbohlen (Abb. 177) und die Laternendecken schaffen etwas Hohlraum über den Mandapas; die Ringschichtendecken und kombinierten Kragekonstruktionen nähern sich der Halbkugelform und bilden den geeigneten optischen Hintergrund für die fliegenden Himmelswesen, welche die Bildhauer an dieser Zone angebracht haben. Wenn der Architekt bei der Abbildung des Himmels durch den Dekorateur unterstützt wird, so nimmt er bei der Darstellung der Welt-Berg-Idee die Landschaft selbst zu Hilfe. Von Junagadh aus erreicht man nach 5 Stunden steilen Aufstieges an der Kuppe des Berges Girnar (K. Fischer 1974a: Bilder 162, 163) die Jaina-Tempel; ihre Spitzen steigern die Gipfel der Berglandschaft um eine letzte Erhöhung – ihre Himmelskuppeln schützen architektonisch-plastische Abbilder des Welt-Bergs Meru.

Vor dem Einbruch des Islam beherrschten indische Handwerker alle Mittel des Schichtens und Vorkragens von Steinen derart, daß sie damit am selben Gebäude die geeignete künstlerische Gestalt für die geheimnisvolle Höhle, den mächtig aufsteigenden Berg und den gewölbten Himmel fanden. In abgelegenen Gebirgstälern, deren ältere Kultstätten nicht als Spolien für islamische Heiligtümer dienen mußten und deren zurückgezogen lebende Bewohner eine beschränkte Glaubensfreiheit genossen, entstanden noch um die Mitte des 2. Jt. Neuanlagen von monumentaler Massenwirkung, mit Kultzellen zur stillen, privaten Verehrung und mit weiträumigen, hochgespannten Raumschalen über Hallen zur Versammlung der Gemeinde (Abb. 180).

Könige und Kaufleute wetteiferten in der Errichtung von Denkmälern des Glaubens. Wiederum dienten die Sakralbauformen, wie Torbögen „Torana", zum Schmuck der profanen Anlagen. Zu den verdienstvollen Werken der königlichen Stifter gehörten auch Wasserbauten (J. Jain-Neubauer 1981); natürliche und künstliche Teiche sind in ganz Indien mit den Heiligtümern oft eng verbunden (Abb. 69, 164, 173, 264). Die Brunnen sind aus Baueinheiten zusammengesetzt, welche auch zu Korridoren und Hallen von Tempeln dienen könnten. Vor dem Tempel von Modhera befindet sich ein Teich, dessen weite Stufenflucht aus sorgfältig zugehauenen und trocken verlegten Steinblöcken mit Miniaturbauten nordwest-indischer Tempelarchitektur gesäumt sind (Abb. 69). Die religiöse Bedeutung einer Wasseranlage wird in einer Inschrift von Wadhwan hervorgehoben. Für Wasserversorgung und Befestigung einer Siedlung nutzte man also die technischen Erfahrungen und die künstlerischen Mittel, mit denen man die Kultstätten der Schutzgötter dieser Stadt errichtet hatte.

Die mittel- und nordindischen Tempel haben bei aller künstlerischen regionalen Vielfalt die gleichen handwerklichen Grundlagen. Allerheiligstes und bekrönender Turm beruhen auf den erprobten Mitteln: Das Garbhagriha und die Korridore zu seiner Umwandlung sind flach gedeckt; das Shikhara ist aus einer Folge von Kammern mit waagerechtem Sturz oder vorkragenden Steinen zusammengesetzt und durch reich skulptierte Baustoffmassen ummantelt. Dagegen werden die mehrstützigen Vor- und Haupthallen auf neuartige Weise überspannt: seltener mit krummen Steinbohlen und Laternendecken, vorwiegend mit Ringschichtendecken und kuppelartigen Kombinationen aus verschiedenen Kragekonstruktionen.

Inmitten dieses Reichtums bleibt das Allerheiligste weiter eine einfache höhlenartige Kammer. Die offenen Stützen-Mandapas lassen jetzt im Gegensatz zu älteren Baugestalten mehr Licht in das Innere dringen (Abb. 177); es sammelt sich vor der rechteckigen Tür zum Garbhagriha und erleuchtet das Haupt-Kultbild. Begabte Baumeister haben die Steinmassen der Vorhallen und Umgänge durch gestufte Krageschichten mit kuppelartigen Abschlüssen in aufsteigender Linie zusammengefaßt; in der Aufgipfelung der Baueinheiten zur Spitze des Shikhara haben sie ein deutliches Bild vom Welt-Berg entworfen (Abb. 174, 176). In diese Steingebirge sind die Vorstellungen vom Opferaltar, vom Opferpfosten und von der Welt-Achse mit eingegangen.

Im letzten Viertel des 1. Jahrtausends herrschten in Ost-Afghanistan, in Kashmir, am oberen Indus und in den Bergen, die als „Salt Range" bekannt sind, brahmanische Fürsten entweder von mehr regionaler Bedeutung wie die Hindu Shahis von Kabul oder von weitergreifender kulturgeschichtlicher Wirkung wie Lalitaditya. Mauern und Türme werden nach alt-indischen Überlieferungen in trockenem Verband, Werkstein-Kuppeln in Mörtel konstruiert.

Die Tempel von Bilot sind soweit erhalten, daß man als Bekrönung des typisch indischen Garbhagriha einen Turm (Abb. 178) von kurvig einbiegendem Umriß erkennen kann, also ein nordindisches Shikhara, das erstmals vielleicht unter den Guptas in Deogarh, mit Sicherheit aber unter den Chalukyas in Aihole und Pattadakal konstruiert wurde, an nordindischen Hindu-Tempeln gegen Ende des 1. Jt. z. B. aus Osia bekannt ist und von nun an die Leitform des hinduistischen und jinistischen Tempels werden sollte. Aber während der Turm im Chalukya-Gebiet und in allen anderen späteren mittel- und nordindischen Beispielen als massiver oder aus Kammern zusammengesetzter Bauteil ein waagerechtes oder durch vorkragende Steine abgeschlossenes Garbhagriha deckt, ummantelt er im nordwestindischen Grenzland eine tonnengewölbte Vorhalle und zwei übereinandergesetzte, überkuppelte und zur Flachdecke abgeglichene Kultkammern. Ähnlich bestehen die Grabtürme von Palmyra aus einer Abfolge von tonnengewölbten rechteckigen Räumen und quadratischen Kammern mit Werkstein-Kuppeln. In Syrien sind die Kuppeln stets aus radialen Lagerfugen konstruiert; in Bilot und Malot (Abb. 179) ist diese Bauweise an einigen Beispielen nachzuweisen, doch können andere, noch nicht im einzelnen veröffentlichte Kuppeln auch, wie die von Sanghao oder Miran, in vorkragenden Schichten geschlossen worden sein. Wie der Oberbau von Malot aussah, kann aus den Ruinen nicht mehr mit Sicherheit ermittelt werden. Im 19. Jh. bezog ein islamischer faqir die Ruine und schloß eine Öffnung im Scheitel durch die Laterne, die das Gebäude heute noch deckt.

Diese Kuppel-Turm-Tempel und die Laternendecke-Pyramidendach-Tempel von Kashmir (s. oben Abb. 85 und 86) sind häufig mit Bogen-Giebel-Mustern verziert. Wie in Gandhara hat wohl auch hier diese Komposition den Himmel angedeutet – gleich, ob Bauherren und Baumeistern der symbolische Wert dieses antiken Schmuckmotivs geläufig war, oder ob sie eine weit verbreitete und eingebürgerte Zierform übernahmen, oder ob die Baugestalten des Giebels und der Pyramide gleichzeitig eine Monumentalisierung des nordindischen Wohnhauses bedeuteten.

Die überkuppelten Kultkammern befinden sich in Bilot in der vertikalen Achse eines steil aufstrebenden Turmes, der wie jedes nordindische Shikhara ein Bild des Welt-Bergs darstellt und mit dem Deckstein Amalaka den Übergang zwischen Erde und Himmel versinnbildlicht. Wir überlegten S. 69, daß Baugestalten oft mehrere symbolische Bedeutungen haben können und daß derselbe Tempel Sinnbild für verschiedene kosmologische Vorstellungen sein kann. Dies gilt besonders von Bauwerken im Bereich einer eklektischen Kultur.

Der Welt-Berg-Turm des indischen Tempels überragt gewöhnlich ein Garbhagriha als Bild der Höhle. Dies *kann* in Bilot (Abb. 178) der Fall sein. Die Kuppeln über dem Garbhagriha des Erdgeschosses und über den Kulträumen des Obergeschosses *können* aber auch die Himmelszone bedeuten. In Malot *scheint* im 19. Jh. die Laternenkuppel über eine ursprüngliche Scheitelöffnung gesetzt worden zu sein; dies könnte eine Annäherung an den Typus übereinandergesetzter, räumlich verbundener Kuppeln darstellen und wiederum ein Bild für den Übergang von der Erde zum Himmel sein. In einigen Tempeln von Kashmir wurden ebenfalls Kuppeln mit geöffnetem Scheitel beobachtet. In Pandrenthan wird die Laternendecke als Widerspiegelung des Himmels von Pyramidendächern geschützt. In der Art nordindischer Shikharas wurden wohl auch die Türme des nordwestlichen Grenzgebiets mit dem Deckstein Amalaka bekrönt. In Bilot ist am Ort kein einziges dieser Bauglieder erhalten, doch sieht man rechts am Tor der Tempelgruppe B auf typisch indische Weise eine Miniatur des Haupt-Tempelturms im Relief: dieses zeigt den üblichen Turm auf quadratischer Basis, mit kurvig einbiegendem Umriß und mit Amalaka. Zufällig wurden in den Bergen Nord-Afghanistans, in Chigha Sarai an der Mündung des Pesch in den Kunar – einem nörd-

Abb. 181 Dhamnar: in eine Bergkuppe eingetiefte Tempelgruppe.

lichen Zufluß des Kabul – Amalaka-Decksteine als Spolien in islamischen Festungen und als letzte Zeichen von Hindu-Tempeln entdeckt.
Wie die Bauweisen zwei verschiedenen Überlieferungen, der indischen und der antiken, angehören, so dienen auch die Bauformen zum Symbol für indische und antike Vorstellungen.
Nach unseren früheren Überlegungen (s. oben S. 1, 163) übernahmen die Inder aus der Mittelmeerwelt die Kuppel nicht als eine fremde Baugestalt, sondern als eine willkommene Möglichkeit, eigene Gedanken auf die bestmögliche Weise auszudrücken, also den Himmel durch eine Halbkugel zu versinnbildlichen. Dürfen wir auch in den Kuppeln über den Kultkammern von Bilot oder Malot ein Abbild des Himmels sehen? Oder sollte die Kuppel hier eine niedrige, dunkle, würfelförmige Kammer – die gewöhnlich durch eine Kragekonstruktion oder eine Flachdecke abgeschlossen wird – wie eine geheimnisvolle Höhle überwölben?

11. SPÄTERE FELS- UND HÖHLENHEILIGTÜMER (2. HÄLFTE DES 1. JT.)

Ajanta: Chaitya-Halle XXVI, um 600 n. Chr. Höhle mit ausgespartem, durch ein Buddha-Relief geschmücktem monolithem Stupa in der Apsis (K. Fischer 1961a: Taf. 131).
Dhamnar: Frühmittelalterlicher Felstempel mit Türmen über den Garbhagrihas im Nagara-Stil (Abb. 181).
Ellora: Höhlen und Monolithe der Buddhisten, Jainas und Hindus (A. Volwahsen 1968: 141) der Rashtrakutazeit, meist 8. Jh. n. Chr.)
– Blick aus der Jaina-Höhle XXXII Indra Sabha auf den dravidischen Tempel im Hof (Abb. 182).
– Kailasa. Größter felsgehauener Hindutempel mit Korridoren, Mandapas, Kultbildern und Abschluß in Gestalt eines dravidischen Stupa.
Mahabalipuram: Pallava-Hauptstadt vom 6.–8. Jh. n. Chr. mit Freibautempeln (Abb. 164), Höhlen und felsgehauenen hinduistischen Kultstätten. (Abb. 183: von Süden = auf der linken Seite Front des Sahadeva-

Abb. 182 Ellora: Jaina-Höhle XXXII „Indra Sabha".

Tempels, rechts die Bhima, Arjuna und Draupadi Rathas.)
Masrur: Frühmittelalterlicher Felstempel mit Shikhara im nördlichen Nagara-Stil und Wiederholung dieser Turmform nach dem Panchayatana-System in den vier Ecken (Abb. 184).

Südindische und nordindische Tempel- und Turmbauweise und auch ihre verschiedenen Mischungen gehen in diesen Jahrhunderten in Hausteinbauten und felsgehauenen Werken nebeneinander her. Die Buddhisten entwickelten den einfachen Tempeltypus wie Sanchi 17 für ihre Zwecke nicht weiter. Hindus und Jainas bereicherten die Freibautempeltypen, die sich auf dieser Grundlage aufbauten, im streng architektonischen Sinne nur langsam weiter – aber in der monolithischen Nachahmung früher Stein- oder Ziegeltempel verwendeten sie alle plastische Fülle, die indische Bildhauer bisher in Höhlenkunst und im freistehenden Kultobjekt in den Dienst der Religion gestellt hatten. „Steingemäßes" Denken und Bilden stand am Beginn der indischen Kunst geschichtlicher Zeit; die Schöpfung des Freibautempels leitete ein neues Zeitalter der indischen, ja der asiatischen Kunst ein – während in der 2. Hälfte des 1. Jt. n. Chr. der indische Freibautempel sich auf der Grundlage der Gupta-Schöpfungen weiterentwickelte, verehrten alle drei indischen Glaubensgemeinschaften ihre Götterbilder weiter in Werken der felsgehauenen Kunst. Dabei wurden die Schöpfungen der früheren Jahrhunderte um schmückendes Beiwerk bereichert. Besonders die Buddhisten steigerten in Klosteranlagen und Chaitya-

Abb. 183 Mahabalipuram: felsgehauene Heiligtümer in der Gruppe „Rathas“ = Tempelwagen, von Süden, links Front des Sahadeva, rechts Bhima, Arjuna und Draupadi.

Abb. 184 Masrur: felsgehauene Tempelgruppe.

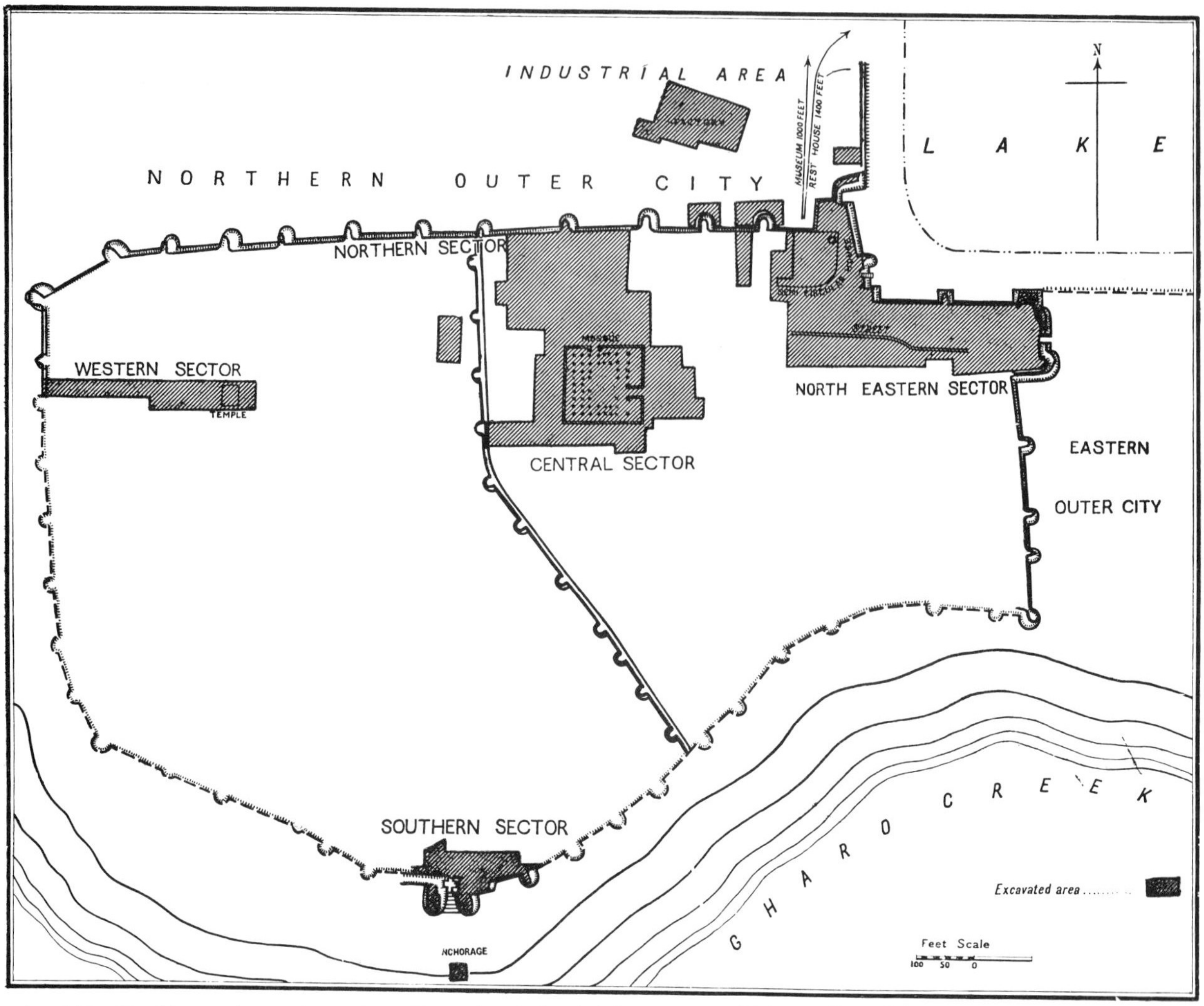

Abb. 185 Banbhore: Ausgrabung der frühen islamischen Hafenstadt nördlich von Karachi.

Hallen (Abb. 88, 146) die Felskunst zu einer ästhetisch vollkommenen Ausdrucksweise. Die letzten Jahrhunderte, in denen sie auf dem Boden des indischen Mutterlandes lebten und Kunstwerke schufen, bedeuteten zugleich das Ende der indischen Höhlenbaukunst und Felsbildnerei und vor allem den Höhepunkt der Höhlenwandmalerei. Buddhisten, Hindus und Jainas verwendeten die Statue (Abb. 62, 63) und das Relieffeld aus gewachsenem Stein.

Für brahmanische und jinistische Kultstätten wird schließlich eine Sonderform der Felskunst wenn schon nicht ganz neu erfunden, so doch zu einer neuartigen künstlerischen Aussageweise gesteigert: die Nachahmung der inzwischen im Freibau geschaffenen Tempeltypen in „Monolitharchitektur" – ehe der ganze indische Subkontinent und die von ihm beeinflußten Länder sich die neuen Möglichkeiten zu eigen machten, „versteinerten" gewissermaßen die neuartigen Formen nochmals (Abb. 181, 184), so wie vor einem halben Jahrtausend die Bambusbauweise der frühindischen Architektur in Stein umgesetzt worden war. Die letzten buddhistischen Höhlen gehören in den Umkreis der Kultur der Guptas, Chalukyas und Vakatakas. Pallavas und Rashtrakutas waren die Auftraggeber für südindische und dekkhanische Monolithen (Abb. 182, 183). Höhlen und Felstempel Mittelindiens und des Nordens machen unter verschiedenen Dynastien die Wandlungen der Spätguptazeit zu den mittelalterlichen Lokalstilen mit.

12. ZUR ISLAMISIERUNG INDIENS (8.–12. Jh.)

Banbhore im Indus-Delta (F. A. Khan 1976): An der Stelle älterer parthischer und hinduistischer Siedlungen Errichtung einer steinernen Festungsmauer und einer Hafenanlage in umayyadischer Zeit 711–756. Nach Inschriften: Erbauung der frühesten Moschee auf dem indisch-pakistanischen Subkontinent 727, Reparatur 906 (Abb. 185).

Khwaja Siah Posh: Backsteinernes Minarett in Afghanisch-Sistan, um die Mitte des 12. Jh. auf dem Grundriß einer Durchdringung von Kreis und Stern konstruiert (Abb. 186).

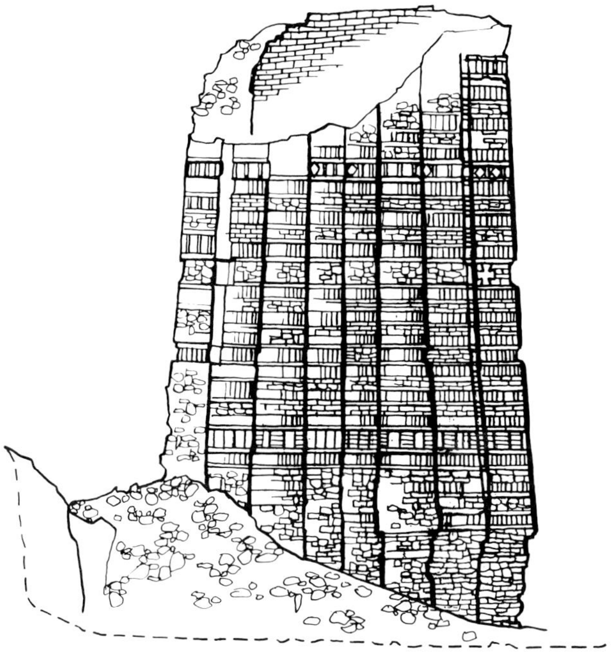

Abb. 187 Larwand, im afghanischen Gebirgsland von Ghor, aus nordwestindischen Tempelspolien zusammengesetzte Moschee.

Abb. 186 Khwaja Siah Posh, Stumpf eines backsteinernen Minaretts.

Abb. 188 Somnath, neueste Wiederherstellung des Sonnentempels an der Küste von Saurashtra, rechts am Pfeiler der Baumeister O. Sompura.

Larwand in Ghor im mittelafghanischen Bergland: Ruine einer Moschee aus Werkstein in trockenem Verband, vermutlich um 1200 aus Spolien nordwestindischer Tempel in Afghanistan zusammengesetzt. Portal (Abb. 187) und Mihrab aus krummen Steinbohlen. Würfelartiger Raum durch dreieckige Steinplatten in eine kombinierte Kragekonstruktion oder Ringschichtendecke verwandelt. Deckstein Amalaka im zerstörten Inneren (K. Fischer 1974b: Bilder 173, 174).
Somnath in Saurasthtra: Um 1950 errichteter Neubau an der Stelle des mittelalterlichen Sonnentempels durch den Baumeister O. Sompura (Abb. 188, vom Betrachter rechts).

Nach der Hijra (= Hedschra), der Auswanderung des Propheten Mohammed von Mekka nach Medina in Arabien 622 nach Chr., dem Jahre 1 der islamischen Zeitrechnung, verbreiteten die Mohammedaner ihre neue Lehre in alle Himmelsrichtungen. Vom umayyadischen Kalifat (661–750) in Mesopotamien und dem abbasidischen Kalifat (750–1258) in Mesopotamien und Iran gingen Eroberungszüge nach Osten, in deren Verlauf auch Bauten entstanden: in der umayyadi-

schen Periode Festungsstadt und Moschee in Banbhore (Abb. 185) und in abbasidischer Zeit eine Moschee im nordafghanischen Balkh (K. Fischer 1978a: p. 306, Fig. 6. 2). Während auf letztere Gründung keine dauernde Besetzung des östlichen Iran erfolgte, ließen sich später unter Mahmud von Ghazna im 10. Jh. und anschließend unter den Königen von Ghor die Mohammedaner in Afghanistan nieder. Von hier aus erfolgten Beutezüge nach Indien: Mahmud von Ghazna zerstörte mehrfach den Sonnentempel von Somnath an der Küste von Saurashtra mit seinem reichen hinduistischen Bildschmuck; von Tempeln in Gujarat ließen ghoridische Herrscher Kamelladungen nicht nur voller Tempelschätze, sondern auch mit Fragmenten von mittelalterlichen Tempeln der Hindus und Jainas über die Gebirgspässe nach Afghanistan bringen. Hier setzte man in Larwand aus den Spolien der „Götzentempel" im nordwestindischen Nagara-Stil eine Moschee zusammen, deren Torschmuck die Erinnerung an Hindu- oder Jaina-Tempel Nord-Indiens wachruft (Abb. 177, 190). In Verbindung mit den Bauschulen des Iran und Zentralasiens und ihren Minaretts auf sternförmigem oder kreisrundem Grundriß errichtete man in der Ghoridenzeit um die Mitte des 12. Jh. in Khwaja Siah Posh (K. Fischer 1974d: Bild 252; K. Fischer 1976c: Ill. 19–22) im afghanischen Sistan ein Backsteinminarett (Abb. 186) für eine inzwischen verschwundene Moschee aus Lehmziegeln; es beruht auf der Durchdringung von Kreis- und Sterngrundriß und bot möglicherweise das Vorbild für das unterste Geschoß des Qutb al-manar (K. Fischer 1976b: Abb. 6, Farbtaf. II) (Abb. 189).
Erst Qutb ud-din Aibak aus Haibak in Nordafghanistan (Abb. 147) begründete im Auftrag des Ghoridenherrschers 1192 nach der Eroberung von Delhi die endgültige Herrschaft des Islam über Nord-Indien. Seine Nachfolger besetzten in den folgenden Jahrhunderten weitere Provinzen Indiens. Ihrer Lehre gemäß zerstörten sie Kultstätten der Buddhisten, Jainas und Hindus mit menschengestaltigen Götterbildern; sie schlugen die anstößigen Figuren ab und ließen aus dem Steinmaterial für sich durch einheimische Handwerker Moscheen und Gräber errichten. Bald gaben sie weltliche und religiöse Bauten in Auftrag, für die man den Stein frisch zurechtschlug, wobei die einheimischen Künstler Motive altindischer Bau- und Schmuckkunst aufnahmen. Später übernahmen auch Inder für ihre Tempel und Paläste Anregungen aus der vorderorientalischen islamischen Wölb- und Dekorationsweise.
Neuerdings haben Hindu-Baumeister auch Tempel, die durch Mahmud von Ghazna zerstört worden waren, repariert oder neu aufgebaut; so hat P. O. Sompura (1960) den Sonnentempel von Somnath nach traditionellen Unterlagen wieder errichtet (Abb. 188) und dabei eine gujaratische Version mittelalterlicher Baulehrbücher verwendet.

13. DIE ERSTEN ISLAMISCHEN DYNASTIEN INDIENS

Die Ghoriden (1192–1246)

Die nordindische Residenz Delhi

Delhi-Lalkot: Gelände beim Minarett Qutb al-manar (Abb. 189) und der Moschee Quwat al-Islam (Abb. 190), um 1200. Bauherr: Qutb ud-din Aibak, aus Haibak (Abb. 147) in Afghanistan, Gouverneur des Ghoriden-Königs Ghiyat ud-din Muhammad. Moschee aus Spolien von 27 abgebrochenen Tempeln der Hindus und Jainas. Später Hinzufügung einer Torbogen-Scheinfassade (Abb. 190). Korridore und quadratische Räume in waagerechtem Sturz und Ringschichtendecken abgeschlossen (A. Volwahsen 1969: 40; K. Fischer 1974b: Bilder 168, 169). Gänge und Treppenräume des Sandsteinminaretts vorwiegend in Kragekonstruktionen. Untergeschoß = Durchdringung von Stern und Kreissegmenten (A. Volwahsen 1969: 13–20; K. Fischer 1976b: Farbtaf. II), zweites Geschoß = Zylinderformen, drittes Geschoß = Sterngrundriß.
– Grab des Shams ud-din Iltutmish (gest. 1236). Das Quadrat (Abb. 190 oben rechts) durch kielbogenförmige Trompe mit windschiefer Laibung in einem rechteckigen Rahmen in das Oktogon als Grundlage für eine Ringschichtendecke verwandelt (A. Volwahsen 1969: 180; K. Fischer 1976b: Farbtaf. IV). In der Trompe: nach altindischer Bauweise eine Viertelkugel aus Ringschichten (Abb. 191).
– Grab des Balban, um 1280. Erstmals auf indischem Boden ein Würfel durch viertelkugelartige, radial konstruierte Trompen auf Eckplatte in rechteckigen Rahmen in das Achteck als Grundlage für eine nicht mehr erhaltene Kuppel verwandelt (K. Fischer 1974b: Bild 170).

Die nordindische Provinz

Ajmer: Moschee Arhai-din-ka-jhompra = „Das in 2 ½ Tagen erbaute Haus", um 1200; Bauherr: Qutb ud-din. Spolien mittelalterlicher Tempel; offener Hof mit Kultstätte an der Westseite = Stützenquadrate mit Ringschichtendecken durch eine siebenachsige Scheinfassade verschleiert (K. Fischer 1976b: Farbtaf. III) (Abb. 192).

Die Khaljis (1290–1320)

Delhi-Lalkot: Erweiterungsbauten unter Ala ud-din, 1296–1316.
– Unterbau eines unvollendeten Minaretts (K. Fischer 1974b: Bild 168, rechter Bildrand).

– Madrasa. Quadratische Kammern durch Zwickel aus dem Wechsel von Steinbalken und übereckgesetzten Steinen in ein Sechzehneck als Basis einer Kuppel mit radialen Lagerfugen verwandelt. Korridore in waagerechtem Sturz und Laternendecken abgeschlossen (K. Fischer 1974b: Bild 171).
– Ala-i Darwaza (Abb. 189). Würfelförmiger Raum durch kielbogenartige Hufeisenbogen-Trompen in ein Polygon als Grundlage für eine Kuppel überführt (K. Fischer 1974b: Bild 177).
Delhi-Nizamuddin: Jama at Khana Masjid, errichtet wahrscheinlich zu Lebzeiten des 1325 gest. Nizam uddin. Breitrechteck mit einer größeren mittleren und zwei kleineren seitlichen Öffnungen. Die Seitenschiffe jeweils in zwei überkuppelte Quadrate geteilt, der Zentralraum von *einer* Kuppel überwölbt. Quadratische Eingangshalle durch das Türkische Dreieck in ein Oktogon als Grundlage der Kuppel überführt. Der quadratische Hauptraum durch reich geschmückte Trompen mit Zackenmustern und Inschriftbändern in ein Achteck verwandelt; dieses durch dreieckige Steinplatten auf Konsolen in ein Sechzehneck, letzteres durch vorkragende Steine in ein Zweiunddreißigeck als Grundlage der Kuppel verwandelt (K. Fischer 1974b: Bilder 175, 176).

Die Tughluqs (1320–1413)

Zeit des Ghiyat ud-din Tughluq Shah I. (1320–1325)

Delhi-Tughlaqabad: Grab des Ghiyal ud-din (A. Volwahsen 1969: 51 links). Inmitten einer Befestigung gegenüber den zerstörten Stadtmauern von Tughlaqabad quadratisches Grab mit abgeböschten Mauern. Überleitung durch doppelgeschossige Kielbogen-Trompen in das Oktogon, und von diesem durch Konsolsteine in das Sechzehneck und den Grundkreis der Kuppel (Abb. 193).
Multan: Grab des Rukn-i Alam (Abb. 194), Bauherr wahrscheinlich Ghiyat ud-din. Zweigeschossiger Ziegelbau über achteckigem Grundriß mit abgeböschten Mauern. Verwandlung des Oktogon durch Trompen in das Sechzehneck, Überleitung durch Eckplatten in das Zweiunddreißigeck als Basis der Kuppel (K. Fischer 1974b: Bild 178; A. N. Khan 1983).

Zeit des Muhammad b. Tughluq (1325–1351)

Daulatabad: das alte Deogiri, auch als Quwat al-Islam bekannt. Auf Befehl des Königs Verlegung der Hauptstadt von Delhi in den Dekkhan (K. Fischer 1974b: Bild 180). Noch vor Beendigung des Aufbaus wieder verlassen. Verwendung von Spolien aus Hindu-Tempeln. Später unter den Bahmanis und Nizam Shahis weiter ausgebaut (K. Fischer 1976b: Farbtaf. V).

Abb. 189 Delhi-Lalkot: links Ala-i Darwaza, rechts Qutb al-manar.

Abb. 190 Delhi-Lalkot: Blick vom Qutb al-manar: aus Spolien altindischer Tempel errichtete Moschee mit neuer Prunkfassade aus Torbögen, auf dem Platz aus der Gupta-Zeit stammende „Eiserne Säule", rechts im Hintergrund Grab des Iltutmish.

– Freitags-Moschee. Aus Resten eines mittelalterlichen Tempels errichteter Stützenbau; im Hauptraum vor dem Mihrab Verwandlung des Quadrats zum Oktogon, Überleitung durch Kragschichten in das Rund und Einwölbung mit Kuppel aus radialen Lagerfugen; Korridore mit Laternendecken (G. Yazdani 1914: 3).

Zeit des Firuz Tughluq Shah (1351–1388)

Delhi-Firozabad: Ruine der Residenz. Massiver Mauerkern aus drei zurückspringenden Geschossen durch Gänge und Kammern unter Klostergewölben, Kreuzgewölben und Flachkuppeln umgeben. Brunnen mit

Abb. 191 Delhi-Lalkot, Grab des Iltutmish, Überleitung des Würfels durch Trompen in den Grundkreis einer (zerstörten) Kuppel.

Massivdecken und Gräber mit Pyramidendächern (K. Fischer 1974b: Bilder 182, 183). Aufstellung einer Ashoka-Säule aus Topra (Abb. 195).

Delhi-Nizamuddin: Moschee des Khan-i Jahan, Premierminister, nach Bauinschrift 1370/1. – Durch Eckbastionen verstärktes, im Norden, Osten und Süden durch Torbauten geöffnetes Quadrat. Im Norden, Osten und Süden je eine, im Westen drei Reihen von je 11 überkuppelten quadratischen Räumen. Verbleibender offener Hof durch ein Kreuz von 7 Quadrat-Reihen in der West-Ost-Achse und durch 9 Reihen in der Nord-Süd-Achse unterteilt. Die quadratischen Räume durch Gußplatten (K. Fischer 1974b: Bild 181) und Pendentif-Kuppeln geschlossen.

Die Feldherren, die für die Ghoriden Nord-Indien eroberten und als Statthalter verwaltet hatten, regierten nach dem Erlöschen der Dynastie – 1205 – als sogen. „Sklaven-Könige" etwa ein halbes Jahrhundert selbständig weiter und ließen aus Spolien Moscheen und Gräber in altindischer Bauweise im trockenen Verband errichten.

Spolien von Tempeln der Hindus und Jainas mit waagerechtem Sturz, Überkragungen, Laternendecken und Ringschichtenkuppeln dienten für die ersten indo-islamischen Moscheen (Abb. 190). Für die Gräber des Iltutmish und seines Sohnes wurden Steine wahrscheinlich auch frisch gebrochen; Hindu-Handwerker verlegten sie aus vorkragenden Schichten in der gewohnten Kuppelform (Abb. 191).

Wenn die siegreichen Bauherren Prunkportale und Scheinfassaden mit Bogenschluß wünschten, verwendeten die Hindu-Steinmetzen Kiel- und Zackenbögen, deren Formen ihnen geläufig waren und die auch in den islamischen Ländern des Vorderen Orients schon lange bekannt waren. Aber während sie in Iran und Turan immer nach den Gesetzen des radialen Bogens konstruiert wurden, setzten die Inder in Delhi und Ajmer, wie Jahrhunderte zuvor in ganz Gujarat und Rajasthan, vorkragende Blöcke übereinander, deren vorspringende Teile sie zur gewünschten Bogenform glätteten (Abb. 192). Zwischen den „Sklaven-Königen" und den Khaljis herrschte 1266–1287 das „Haus des Balban"; an dessen schmucklosem Bruchsteingrab in Delhi wurden durch fremde oder indische Bauleute erstmals im Bereich der indo-islamischen Kunst Bögen radial konstruiert (K. Fischer 1974b: Bild 170).

Zum Ruhm des Islam häuften indische Steinmetzen gewaltige Baumassen aufeinander; künstlerisch hochbegabte Baumeister formten im Turm von Delhi und in den Kuppeln von Ajmer eindrucksvolle „Male". Die Spolien bilderreicher Kultstätten wurden so zurechtgestutzt, daß sie zu Heiligtümern einer monotheistischen Religion von betont abstraktem Wesenszug dienen konnten. An den Baugliedern blieb aber noch weit mehr Reliefschmuck, als Moscheen und Gräber in der Heimat der islamischen Eroberer jemals zeigten. Mit ihrer traditionellen plastischen Auffassung des Bauwerks beeinflußten die Besiegten von Anfang an die indo-islamischen Baugestalten (Abb. 191); hinduistische geistige Vorstellungen von der Anlage, Überdeckung und Beleuchtung des Raumes sollten Jahrhunderte hindurch die Stiftungen der islamischen Bauherren bestimmen. Kühnel hat u. a. am Beispiel der Moschee von Ajmer (Abb. 192) die Bedeutung der altindischen Bauweise für die Sonderentwicklung der islamischen Raumkunst auf indischem Boden hervorgehoben.

Das Minarett von Delhi (Abb. 189 rechts) und die Kuppelbauten von Ajmer beeindrucken rein als architektonische Male. Ob ein so gewaltiger Turmbau auch für eine bildfeindliche Religion nach altorientalischen Überlieferungen ein Sinnbild für die Welt-Mitte, für die weltliche Macht sein konnte? P. Brown (1975: 12) vermutet, daß der Qutb al-manar „den Schatten Gottes über Ost und West werfe" und ein Gegenstück zum Giralda-Turm von Sevilla darstellen sollte.

Es erhebt sich auch die Frage, ob islamische Bauherren in der alt-indischen Ringschichtendecke trotz ihres plastischen Reichtums die Kuppelform vorderorientalischer Kult- und Residenzbauten wiederfanden. Auf alle Fälle diente diese Bauform von Beginn der Eroberung Indiens an zum Abschluß weihevoller Innenräume; der Umriß konnte das Bild vertrauter halbkugeliger Raumschalen hervorrufen (Abb. 189 links).

Die plastisch reich verzierten Werkstein-Bauten der Khalji-Dynastie befinden sich sämtlich in der Hauptstadt Delhi und stammen aus den Jahren 1290–1320.

Abb. 192 Ajmer: Vorderansicht der Moschee Arhai-din-ka-jhompra.

Abb. 193 Delhi-Tughlaqabad: Grab des Ghiyat ud-din Tughluq Shah I.

Abb. 194 Multan: Grab des Rukn-i Alam.

Abb. 195 Delhi-Firozabad, Ruine der Burg des Firuz Shah mit Ashoka-Pfeiler.

Die indischen Handwerkergilden überbrückten islamische Zweckbauten aus Spolien und in frisch gebrochenem Stein mit waagerechtem Sturz und mit der Laternendecke. Bögen konstruierten sie seit dem oben genannten Balban-Grab durch radial verlegte Steine. Gleichzeitig verwendeten sie erstmals in größerem Umfang unindische Mittel zur Überkuppelung von quadratischen Räumen. Eine ältere Überlieferung besteht in der Überleitung aus dem Würfel in die Halbkugel durch vorkragende Steinschichten; sie bleibt jetzt wie auch später im indo-islamischen Kreis eine Ausnahme. Das künstlerische Bild der Kuppel wird von den Khaljis an durch die Eck-Trompe bestimmt.

Ob die frühislamischen Bauherren oder die indischen Steinmetzen in der Kuppel einen andern als einen rein praktischen Sinn, den der Raumschale, sahen, ist bisher durch keine literarischen oder inschriftlichen Nachrichten bekannt. Von Anfang an aber gehört die indo-islamische Trompen-Kuppel nicht nur zur Überlieferung iranischer Wölbetechnik mit ihren klaren technischen Formen, sondern auch zum indischen Kulturkreis mit seiner Freude an der plastischen Ausgestaltung und der künstlerischen Erhöhung der Nutzform.

Unter dem Gründer der Tughluq-Dynastie, Ghiyat ud-din, wurde in Delhi weiterhin in Haustein und in der Provinz in Backstein, überall aber mit reicher Ornamentik gebaut. Nach dem mißglückten Versuch des Muhammad, die Residenz nach Daulatabad im Dekkhan zu verlegen, mußte Firuz bei der Wiederbesiedlung von Delhi sich auf einfache Bruchsteinbauten (Abb. 195) beschränken.

Während des 14. Jh. wurden indische Baumeister und Steinmetzen mit allen Konstruktionsmethoden bekannt, die bisher im Vorderen Orient zur Errichtung großartiger Wölbebauten verwendet worden waren und die von nun an in allen Teilen Indiens bei Bewahrung einheimischer Überlieferungen zu den prachtvollsten Kuppelbauten des Subkontinents dienen sollten (Abb. 193).

Unter Ghiyat ud-din schloß man an herkömmliche Bauweisen an und verwendete waagerechten Sturz, Laternendecken und krumme Steinbohlen neben der inzwischen eingebürgerten Trompen-Kuppel. Diese wird in der frühen Tughluq-Zeit auch erstmals in Bauten über achteckigem Grundriß genutzt (Abb. 194).

Firuz Shah mußte bei der Zurückverlegung der Residenz nach Delhi äußerste Sparsamkeit walten lassen. In billigem Bruchstein und einem sehr guten Mörtel wurden Nutz- und Kultbauten jedoch nicht einförmig, sondern in einem erstaunlichen Abwechslungsreichtum abgeschlossen (Abb. 195): durch Klostergewölbe, Kreuzgewölbe, Übergänge zwischen Flachdecke und Flachkuppel, Hängekuppeln, Pendentif-Kuppeln und Zeltdächer. In bescheidenem Maße wurden Pavillon-Gräber durch eine Kombination altindischer Kragekonstruktionen mit modernen Kuppeln aus radialen Lagerfugen über den Bereich der reinen Zweckarchitektur hinausgehoben.

Baumeister und Ingenieure erhielten auch Aufgaben, die über den praktischen Zweck hinausgingen: z. B. eine riesige Säule des Ashoka von weither anzutransportieren und in der Residenz des Königs als Statussymbol wieder aufzurichten (Abb. 195).

Die Baumeister und Handwerker, die unter Firuz Shahs kluger Staatsführung neue Grundlagen für Konstruktionsweisen und Kunstformen der indo-islamischen Kultur schufen, sollten ihre Tätigkeit zunächst nicht länger in der Hauptstadt Indiens ausüben: Bei der Einnahme Delhis durch Timur wurden sie nicht wie die übrige Bevölkerung umgebracht, sondern vom Eroberer zu neuen Bauaufgaben nach Samarkand verschleppt.

Wiederum verfiel Delhi; die indo-islamische Baukunst entfaltete sich anschließend in den Provinzen weiter. In den folgenden Kapiteln dieses historisch-geographischen Teils werden wir Schöpfungen der frühesten Bauschulen von Delhi in mannigfacher regionaler Umwandlung wiedererkennen. In der orientalischen Sakral-Architektur spielten achteckige Grundrisse eine bedeutende Rolle. Im Bereich der indo-islamischen Kunst lernen wir diese Form erstmals unter den Tughluqs kennen (Abb. 194); sie wird unter

den Sayyids und Lodis zu bedeutenden Raumlösungen weiterentwickelt werden. Besonders fruchtbare künstlerische Gedanken der Tughluq-Zeit, Raumschalen im Unterteil nach der Art der Ringschichtendecke, darüber aber mit radialen Lagerfugen zu konstruieren und auf diese Weise altindische und vorderorientalische islamische Ideen zu verbinden, werden später wieder in den verschiedenen indischen Bauschulen aufgegriffen.
In der Mogul-Zeit wurden sogar altindische, iranische und turanische Baugedanken vereint. Die Kenntnis von der Konstruktion übereinandergesetzter Kuppeln kam wahrscheinlich aus dem timuridischen Samarkand über Ost-Chorasan und West-Afghanistan mit den frühen Moguls nach Indien. Wirkten darin letztlich handwerkliche Kunstgriffe weiter, welche sich in der ausgehenden Tughluq-Zeit indo-islamische Bauleute teils aus Notwendigkeit, teils aus Freude an vielgestaltigen Wölbekonstruktionen erarbeitet hatten?

Abb. 196 Chhota Panduah in Bengalen: Ruine eines Grabes.

Abb. 197 Gaur in Bengalen: Chhota-Sona-Moschee.

14. EINIGE BAUSCHULEN IN DEN ISLAMISIERTEN REGIONEN

Bengalen (Anfang des 14. bis Ende des 16. Jh.)

Chhota Panduah am Hoogli (Hugli): Ruine eines Grabes, Inschrift von 1477. Quadrat durch Zackenbogen-Trompen (K. Fischer 1974b: Bild 214) mit sphärischen Zwischenstücken in den Grundkreis einer Kuppel überführt (Abb. 196).
– Baradwari-Moschee, begründet durch Shah Saif uddin im 14. Jh., erneuert im 15. Jh. Baugruppe von 21schiffiger, drei Joche tiefer Moschee und viergeschossigem, sich verjüngendem Minarett auf kreisrundem Grundriß. Die quadratischen Räume der Moschee über Backsteinwänden und Basaltstützen durch Schichten von übereckgestellten Ziegeln und Reihen von Ziegel-Läufern in den Grundkreis der Kuppel verwandelt (S. K. Saraswati 1941: Nr. 14).
Gaur: Chhota-Sona-Moschee, 1493–1519. Fünf Schiffe zu je drei Jochen. Rechteck mit aufgebogenen Firstlinien. Die breitrechteckigen Räume des etwas breiteren Mittelschiffes durch Muldengewölbe abgeschlossen; das Rechteck über dem Mitteleingang durch Spiegelgewölbe mit konvex aufgebogener Kämpferlinie überdeckt. Alle quadratischen Räume der Nebenschiffe überkuppelt (Abb. 197).
Hazrat Panduah im Distrikt Malda: Adina-Moschee (K. Fischer 1974b: Bild 215), auch als Freitags-Moschee bekannt; Bauherr: Sikander Shah, 1364–1374. Mauerrechteck mit je zwei Stützreihen, 12 im Norden, 16 im Süden, 35 im Osten; auf der Westseite beiderseits eines Iwan je 4 × 17. Die größtenteils erhaltenen quadratischen Abschnitte der Korridore durch 306 Hängekuppeln auf übereckgestellten Backsteinschichten geschlossen. Der Iwan einst vermutlich durch Tonne mit spitzbogigem oder kielbogigem Querschnitt eingewölbt. Das Mihrab mit Spolien von Basaltsäulen aus Hindutempeln verziert.

Die Begründer der islamischen Herrschaft in Delhi eroberten von dort aus sehr bald Bengalen (K. Fischer 1975; G. Michell 1983). Bauten in einem regionalen Backstein-Stil sind vom 14. Jh. an bis zum Beginn der Mogul-Zeit erhalten.
Abgesehen von der dekorativen Bereicherung durch Spolien aus mittelalterlichen, steinernen Hindu-Tempeln, machen die frühen Ziegel-Moscheen Bengalens erstmals den Eindruck auf uns, den wir von typisch islamischen Bauten aus dem Vorderen Orient gewohnt sind: Alle Öffnungen sind mit radialen Bögen geschlossen, alle kleinen oder großen Räume durch entsprechend konstruierte Gewölbe und Kuppeln be-

Abb. 198 Ahmedabad: Freitags-Moschee, Hof und Fassade.

Abb. 199 Ahmedabad: Freitags-Moschee. Mittelraum vor der Gebetsnische.

Abb. 200 Ahmedabad: Freitags-Moschee, Gebetsnische.

Abb. 201 Ahmedabad: Siddi-Sayyid-Moschee, Hof und Fassade.

Abb. 202 Ahmedabad: Siddi-Sayyid-Moschee, Gewölbesysteme.

deckt. In dem steinarmen Lande kommt als Ausnahme innerhalb der sakralen Baukunst Indiens kein waagerechter Sturz vor.

Die Moscheen und Gräber (Abb. 196, 197) stellen die frühesten Denkmäler dar, in denen das regionale Dorfhaus (Abb. 83) aus Lehm mit konvex aufgebogenem Bambus-First (Abb. 262) und Palmblatt-Dach durch Backsteinbauten nachgeahmt, monumentalisiert ist. Die Übergänge aus dem Quadrat in das Rund der Kuppel durch vorkragende Schichten können im Lande selbst erfunden oder aus vorderorientalischen Vorbildern übernommen worden sein; typisch indisch ist in jedem Fall die dekorative Ausgestaltung dieser Übergangszone.

Gujarat und angrenzende Kunstlandschaften (Anfang des 14. bis Ende des 16. Jh.)

Adira („Friedhöfe"): Gruppe von Gräbern 1–4 Lal Mara Sharif an der Straße von Multan nach Dera Ismail Khan. Quadratische Backsteinbauten, z. T. mit

Abb. 203 Champanir: Freitags-Moschee, Doppel-Minarett-Fassade.

Abb. 204 Champanir: Freitags-Moschee, Blick in die Mittelkuppel.

Dreiviertelkreis-Bastionen bewehrt und mit glasierten Ziegeln bunt geschmückt. Früheste Inschrift 690 H = 1291 n. Chr. Jahrhundertelange Fortsetzung des Kuppelbaustils von Multan (A. Rahman 1981: Frontispiz u. Taf. V–VIII).

Ahmedabad:

– Freitags-Moschee, beendet 1423, Bauherr: Ahmad Shah I. Kultstätte an der Westseite eines weiten, von Kolonnaden umgebenen offenen Hofes. Beiderseits des auffallend breiten und hohen Mittelschiffes mit spitzbogiger Öffnung je ein kleines spitzbogiges Tor und fünf niedrigere Öffnungen in waagerechtem Sturz. Die 13 Schiffe in verschieden große und hohe quadratische Joche gegliedert. Wechsel von Stockwerken aus waagerechtem Sturz und Ringschichtendecke. Baustoff aus mittelalterlichen Siedlungen Asapalli und Karnavati (Abb. 198–200).

– Siddi-Sayyid-Moschee, 1515. An drei Seiten durch kunstvoll durchbrochene Sandsteinmauern geschlossenes und nach Osten geöffnetes Rechteck in fünf spitzbogigen Stellungen (Abb. 201). Die fünf Schiffe durch weitere Bögen in je drei Joche unterteilt. Quadratische Räume durch Kragschichten, Dreieckplatten und Baldachin-Trompen in das Oktogon als Basis flacher Kuppeln überführt (Abb. 202). Die verschiedenartigen Wölbungen zum einheitlichen Flachdach abgeglichen.

Broach: das alte Barygaza, Bharukaccha; Freitagsmoschee, um 1300. Heiligtum (J. Burgess 1896: 21) aus Spolien hinduistischer und jinistischer Tempel. Decken aus geradem Sturz und Ringschichten.

Cambay (oder Khambayat): Freitags-Moschee, um 1325. Rechteckiger, offener Hof mit verschiedenen pavillonartigen Bauten, auf der Westseite von zwei Reihen gerade geschlossener und überkuppelter Raumquadrate und von allen andern Seiten von je einer Reihe solcher Raumfolgen umgeben. In besonderer Ummauerung an der Südseite Grab mit beschädigter Kuppel. Wechsel von waagerechtem Sturz, Laternendecken, Ringschichtenkuppeln und kombinierten Kragekonstruktionen in Kuppelform (J. Burgess 1896: 25).

Champanir: Freitags-Moschee, 1485–1507, Bauherr: Sultan Mahmud Begarha. Breitrechteckige Stützen-Moschee an der Westseite eines weiten, offenen, von Kolonnaden umgebenen Hofes. Aus zentralem Zwölfstützen-Quadrat durch schwere Architrave ein gleichseitiges Achteck ausgespart; dieses durch zwei Geschosse hochgeführt (Abb. 203) und mit einer Konstruktion aus krummen Steinbohlen und angearbeiteten dekorativen Rippen in Kuppelform geschlossen (Abb. 204). Die übrigen Räume über dem Erdgeschoß durch Ringschichtenkuppeln bedeckt und durch Mörtelschutzschicht zur Halbkugelform abgeglichen.

Abb. 205 Thatta, Makli-Hill: Gräberstadt, vorn rechts Grab des Mirza Jan Beg, links rückwärts Grab des Diwan Shurfa Khan.

Thatta: Makli Hill (S. Ahmad 1952; M. I. Siddiqi 1970; M. A. Ghafur 1970; A. Schimmel 1983). Grab des Diwan Shurfa Khan, gest. 1638. Von 4 dreiviertelrunden Türmen bewehrter Würfel mit Kielbogenportal und Kuppel in „persischem" Umriß (Abb. 205 links).
– Grab des Mirza Jan Beg Tarkhan, gest. 1601. Sandsteinterrasse mit achteckigem Backsteinbau, kielbogigen Öffnungen im Achsenkreuz und Halbkugelräumen in den Diagonalen (Abb. 205 rechts).
– Grab des Jam Nizam ud-din Sama, gest. 1508 (Abb. 206). Mit zahlreichen Mustern altindischer und vorderorientalisch-islamischer Herkunft – u. a. Miniaturen des nordindischen Shikhara (Abb. 207) und Inschriften in arabischen Schriftzeichen – geschmücktes Mauerquadrat. Durch Trompen aus vorkragenden und zur Kielbogenform geglätteten Steinen in ein Achteck, dann in ein Sechzehneck verwandelt (Abb. 208); die Kuppel nicht erhalten.
Uch: Grab der Bibi Jawandi, ca. 50 m nördlich des Dorfrandes, ca. 1000 m östlich der Straße 12 km südlich des Panjnad, des Zusammenflusses von Sutlej und Chenab (A. N. Khan 1980). – Verwandlung des zweigeschossigen, abgeböschten Oktogons durch Trompen auf dreieckigen Platten in ein Sechzehneck als Grundlage einer halbkugelförmigen Kuppel (Abb. 209).

In Gujarat und Saurashtra (J. M. Nanavati 1963; J. Jain-Neubauer 1981) wurden während und kurz nach der islamischen Eroberung in der 2. Hälfte des 14. Jh. Tempel der Hindus und Jainas aus trocken verlegten Hausteinquadern im ganzen von den neuen Herren dem neuen Kult angepaßt oder abgebrochen und als Moschee wiederaufgebaut (J. Burgess 1900:15). Brunnen und andere Wasseranlagen wurden alle Jahrhunderte hindurch unter hinduistischen und islamischen Herrschern mit den gleichen technischen Mitteln errichtet (J. Jain-Neubauer 1981). Von der Gründung Ahmedabads unter Ahmad Shah 1411 an verwendete man nur noch gelegentlich Spolien. In prunkvollen Neubauten ahmte man bis zur Mitte des 16. Jh. altindische Tempelburgen nach und nützte das traditionelle Handwerk des Überkragens und Schichtens zur kunstvollen Gestaltung indo-islamischer Kultstätten. Unter persischem Einfluß (P. Brown 1964: 54) entstanden einige Bauten aus Backstein in Zementmörtel. – Je weitere Teile Indiens unser Überblick umfaßt und je mehr fremde Anregungen sich mit einheimischen Überlieferungen vereinigen, desto vielgestaltiger werden naturgemäß die handwerklichen Mittel, Räume durch waagerechten Sturz, traditionelle Ringschichtendecken oder iranisch-islamische Kuppeln abzuschließen – aber desto unwesentlicher erscheinen

Abb. 206 Thatta: Gräberstadt, Grab des Jam Nizam ud-din.

Abb. 207 Thatta: Jam Nizam ud-din, Schmuck eines Balkons an der Eingangswand, u. a. mit altindischen Shikhara-Formen.

Abb. 208 Thatta: Jam Nizam ud-din, Verwandlung des Würfels durch Trompenzonen in den Grundkreis einer (nicht vollendeten oder zerstörten) Kuppel.

Abb. 209 Uch: Grab der Bibi Jawandi.

oft die Möglichkeiten und Beschränkungen des Baustoffes im Verhältnis zum künstlerischen Formenreichtum. In einigen Fällen ist gesichert, in anderen wird vermutet, daß in den Traditionen des gujaratischen Handwerks einige Bauten in den benachbarten Landschaften Sind und Punjab errichtet wurden.
Vom Anfang des 14. bis zur Mitte des 16. Jh. entstehen in Gujarat und Saurashtra indo-islamische Kultstätten im herkömmlichen Steinbau in trockenem Verband und in Sind und im Punjab im Anschluß an die landesübliche Backstein-Bauweise reichverzierte Gräber. Aus Persien kommen über Sind auch neue Ideen der Wölbetechnik für Backstein-Großkonstruktionen; und in Sind errichtet man neben den Ziegelbauten auch Werkstein-Gebäude gujaratischer Anregung.
Wo in hinduistischen und jinistischen Tempeln ein Mandapa mit einer Ringschichtenkuppel bekrönt wurde, entstand eine Raumwirkung; wenn die neuen Bauherren für ihre Moscheen und Gräber eine künstlerische Lösung in der Weise vorderorientalischer und iranischer Kuppeln suchten, konnten sie die Schöpfungen des indischen Handwerks für diese Ausdrucksform als Spolien oder als Neubauten jederzeit verwenden (Abb. 202). Vor allem in die mehrgeschossigen Bauten (Abb. 199) drang durch noch so kleine Öffnungen vielgestaltig durchbrochener Steinplatten so viel Licht ein, daß die Kuppeln über einem Heiligengrab oder vor dem Mihrab einer Moschee (Abb. 200) während des ganzen Tages gut erhellt waren. Das gilt auch für kleine, reichgeschmückte quadratische Dekkenfelder oder Flachkuppeln in den Fronthallen der langgestreckten Moschee, gleich, ob sie sich mit ihren Säulenstellungen direkt zum Hof öffnen (Abb. 201) oder hinter einer Fassade mit Bogenöffnungen liegen (P. Brown 1975: 39).
Dagegen vermissen wir in den überkuppelten Ziegelbauten die Leichtigkeit, welche diese Konstruktionen im Iran nach dem Übergang von der spätsassanidischen zur frühislamischen Zeit erworben hatten. Sei es, daß persische Wanderkünstler auf indischem Boden die Arbeitsbedingungen verändert vorfanden oder daß Inder die persischen Anregungen nicht sofort in ihrer Eigenheit begriffen – jedenfalls „wirken“ im gegenwärtigen Zustand die Backstein-Kuppelgräber von Ahmedabad und Sarkhej bei aller neuartigen Monumentalität des Äußeren im Innenraum dunkel, schwer lastend und bedrückend, also ganz anders als in Persien selbst, wo sie Helligkeit und ein freiheitliches Empfinden ausdrückten – ästhetische Qualitäten, die zu dieser Zeit auf indischem Boden durch die einheimische Ringschichtendecke mit ihrer schweren Steinkonstruktion angestrebt und erreicht wurden. In diesen Jahrhunderten bestehen im nordwestindischen Grenzgebiet einheimische Steinbauweisen und fremde Ziegelbauweisen nebeneinander. Indische Steinmetze haben beim weiteren Kontakt mit Persien Gelegenheit, sich die Leichtigkeit iranischer Wölbweise anzueignen, die nach Davor (F. C. Davor 1962: 199) eine wesentliche künstlerische Bereicherung des indischen Massenbaus ergeben sollte. Die Inder nützen diese Erkenntnisse später in indo-islamischen Bauwerken wie dem Govind Deo von Brindaban (Abb. 259, 260) oder der Ibrahim Rauza von Bijapur (Abb. 266) bald für hinduistische Kultstätten, bald für mohammedanische Gräber.
Eine vollendete Raumlösung fand man für die Freitags-Moschee in Champanir: Der achteckige Mittelbau im Achsenkreuz der Stützen-Moschee erhebt sich in drei Geschossen und trägt eine Kuppel aus gekurvten Steinplatten. Im Erdgeschoß ist er entsprechend der Gesamtplanung der Moschee von vier Achteck-Bauten mit Ringschichtenkuppeln umgeben. Der Mittelbau wird durch ein griechisches Kreuz von Stützen hochgehoben. Über dem 3. Geschoß, also in der Höhe des Kuppelansatzes, befinden sich je zwei kleine Kuppeln in den Diagonalen der mittleren (Abb. 203, 204).
Der Grundriß der Moschee von Champanir besteht aus einer Aneinanderfügung von Baueinheiten, also nach Speiser aus einer spezifisch indischen Multiplizierung der Massen. In der gleichen Weise sind die Gräber des Usman – in Haustein – und des Darya Khan – in Backstein – entworfen. Im Aufriß dieser beiden Grabstätten und der Moschee von Champanir beobachtet man eine subsumierende Kuppelkonstruktion typisch islamischer Art.
Die indo-islamischen Baumeister von Gujarat errichteten also auf Grundrissen, die sich sowohl vom einheimischen Panchayatana-Typus als auch vom iranischen Feuertempel herleiten können, Male aus Baumassen und symmetrisch komponierte Innenräume, die eines gemeinsam haben: die Wiederholung eines zentralen Bauteils durch eine Verkleinerungsform in den Diagonalen. Im plastischen Schmuck wechseln bilderreiche indische Symbolik und islamische Abstraktion.

Die Sharqi-Dynastie (1360–1480)

Benares: Arhai-din-ka-jhompra-Moschee (K. Fischer 1974b: Bild 199), Mitte 15. Jh. Durch rechteckige Türme eingefaßte dreiachsige Fassade von Korridoren und Stockwerkbauten mit Eindeckung in waagerechtem Sturz flankiert. Quadratischer Mittelraum durch Eckbrücken mit Kielbogen-Trompen in das Oktogon und durch Konsolsteine in das Sechzehneck als Basis einer Kuppel übergeleitet.
Jaunpur: Atala-Moschee und Madrasa, 1408; Bauherr: Shams ud-din Sharqi. Offener rechteckiger Hof, im Norden, Osten und Süden durch Torbauten betretbar, im Westen mit Kultstätte aus quadratischem, überkuppeltem Mittelbau und beiderseits fünfschiffi-

Abb. 210 Jaunpur: Atala-Moschee, Frontalansicht mit Madrasa.

gen, drei Joch tiefen Anlagen mit niedrigeren Kuppeln abgeschlossen. Die quadratischen Räume im Erdgeschoß dieser Nebenflügel und in den doppelgeschossigen, sowohl zum Hof als auch zur Straße geöffneten Kammern der Madrasa durch Steinplatten in waagerechtem Sturz geschlossen (Abb. 210). Der Mittelraum der Moschee durch hohen Pishtaq aus quadratischen Türmen und Kielbogen-Nische betont. Drei quadratische Raumeinheiten durch Trompen in das Achteck, Sechzehneck und Zweiunddreißigeck und in den Grundkreis von Tambour-Kuppeln überführt (Abb. 211). Die Zentralkuppel in den Diagonalen durch vier Nebenkuppeln umgeben.
– Lal-Darwaza-Moschee (K. Fischer 1974b: Bild 198), 15. Jh., inschriftlich von Visadrus Sohn, dem hinduistischen Architekten Kamau. Gesamtanlage in kleinerem Maßstab ähnlich wie Atala-Moschee. Besonderheiten vor allem: flache Laternendecken über den quadratischen Stützenstellungen der Korridore.
– Freitags-Moschee (K. Fischer 1974b: Bild 197; K. Fischer 1976b; Bild 56, Farbtaf. IX), begonnen 1438 unter Husain Sharqi. Gesamtanlage und Ausmaße ähnlich wie die Atala-Moschee. Besonderheiten vor allem: kielbogentonnengewölbte Seitenflügel und Durchgänge. Im zweiten, dem Zenana-Geschoß Flachdecken aus Steinplatten oder Steinbalken, durch islamische geometrische Muster oder in der Form von altindischen Mandalas verziert.

Die Tughluqs gaben ihren Gouverneuren im Nordosten des eroberten Indien den Ehrennamen „Malik

Abb. 211 Jaunpur: Atala-Moschee, Trompenkuppel.

Abb. 212 Chanderi: oberstes Geschoß im Kushk Mahall.

us-Sharq" = König des Ostens. Nach dem Untergang des Tughluq-Reiches wurden diese Statthalter selbständig. Zwischen 1360 und 1480 errichteten sie, vor allem in den Residenzen Jaunpur, in Haustein Paläste, Hochschulen und Moscheen (A. Führer 1889). Inschriften und Steinmetz-Zeichen an vielen Bauten von Jaunpur unterrichten uns, daß Hindu-Handwerker nicht nur Trümmer mittelalterlicher Tempel zu Neubauten in waagerechtem Sturz verwendeten, sondern auch quadratische Kulträume durch kunstvoll verzierte, gewissermaßen übereinandergeschichtete Trompen-Zonen (Abb. 211) zu überkuppeln und langrechteckige Hallen mit Tonnengewölben von spitzbogigem Querschnitt abzuschließen verstanden.
Die schweren Massenbauten der horizontal betonten Madrasa-Stockwerke und der vertikal aufstrebenden Turm-Bogen-Fronten des abgeböschten Pishtaq (Abb. 210) stellen einen wohlberechneten Kontrast zum halbrunden Umriß der Kuppeln dar. Im Inneren, das durch Steingitter in der Trompen-Zone gut erleuchtet wird, wiederholt sich die Abfolge einfacher, aber ausdrucksstarker kubischer und sphärischer Grundformen.
Es ist noch nicht in jedem Falle sicher nachzuweisen, welche der waagerecht verlegten steinernen Balken und Platten über den quadratischen Nebenräumen Spolien von Hindu-Tempeln oder neu hergestellte

Abb. 213 Mandu: Moschee des Malik Mughit, Gesamtansicht der Baugruppe.

Bauteile sind. Jedenfalls sind islamische Kultstätten mit Mustern aus Quadrat-Kreis-Kombinationen verziert, die oft eine Verbindung von altindischen Mandala-Formen und islamischen geometrischen Figuren darstellen. Mit dieser Flächenverzierung und mit der Panchayatana-Komposition von einer Haupt- und vier Nebenkuppeln vereinigten indische Handwerker vorderorientalische und einheimische Überlieferungen.

Malwa (15. Jh.)

Chanderi: Kushk Mahall (K. Fischer 1974b: Bild 195), 1445; Bauherr: Mahmud Shah I. Nach Ferishta durch den Herrscher von Malwa (G. Yazdani 1959) als Palast aus sieben Stockwerken geplant; davon vier mit Resten von waagerechtem Sturz, Binderbögen und Satteldächern erhalten (Abb. 212).
– Shazadi ka Rauza (K. Fischer 1974b: Bild 196). Hohes, zweigeschossiges Mauerquadrat durch Trompen aus drei übereinander vorkragenden Schichten von radial konstruierten Kielbögen über großen dreieckigen Platten in das Achteck übergeleitet. Weitere Vermittlung in das Sechzehn- und Zweiunddreißigeck als Grundlage des Kuppelrunds durch dreieckige Steinplatten.
Mandu: Moschee des Dilawar Khan (K. Fischer 1974b: Bild 200). Kultstätte an der Westseite eines offenen Hofes in einem Mauerrechteck; 4 × 14 Stützen aus Spolien. Tore aus gekurvten Steinbohlen in Kielbogenform. Die quadratischen Abteilungen der Kultstätte in waagerechtem Sturz oder mit Laternendecken geschlossen.

– Moschee des Malik Mughit, 1432. Plattform auf Substruktionen aus Kielbogen-Kolonnaden (Abb. 213); Freitreppe und Torbau im Osten (Abb. 214). Korridor aus Pfeilern und waagerechtem Sturz im Norden, Süden und Osten des offenen Hofes. Im Westen das Sanktuarium mit der Gebetsnische. Aus einem Mauer-Stützen-Bau von 15 Schiffen zu vier Jochen drei gleich große Oktogone ausgespart; gleiche Konstruktion dieser Polygone und des Eingangsportals: über Kielbögen aus krummen Steinbohlen mit gerader Aufmauerung vorkragende Ringschichten als Überleitung zu einer Trompen-Kuppel in radialen Lagerfugen.
– Grab des Hoshang Shah (K. Fischer 1974b: Bild 202; K. Fischer 1976b: Farbtaf. VI), begonnen unter ihm selbst, vollendet unter Mahmud I. um 1440. Überleitung aus dem Quadrat durch Trompen auf Konsolen und aus windschiefen Kielbögen mit gerader Aufmauerung in das Oktogon; Vermittlung durch Kielbogen-Trompen aus Kugelflächen in radialer Fugung in das Sechzehneck; Übergang über Konsolsteine in das Zweiunddreißigeck und den Grundkreis der Kuppel. Miniaturkuppeln auf den Ecken.
– Hindola Mahall, Audienzhalle (P. Brown 1964: 67). T-förmiger Grundriß: Langrechteck mit abgeböschten, beiderseits durch 6 hohe Spitzbögen geöffneten Mauern; im rechten Winkel dazu ein massiger, durch Fenster und Balkons verzierter Bau als Ummantelung eines griechischen Kreuzes (Abb. 215). Der Langraum durch fünf Binderbögen mit gerader Aufmauerung überspannt – wahrscheinlich als Grundlage einer Flachdecke und nicht als Gerüst für Quertonnen (Abb. 216).

Anfang des 15. Jh. bauten die Ghoris in ihren aufeinanderfolgenden Residenzen Dhar und Mandu zunächst mit Spolien hinduistischer Tempel. Von 1436 bis 1531 herrschten die Nachfahren der Khaljis; es blühte ein Stil mit vorderorientalischen Bauformen und altindischen Schmuckformen von regionaler Eigenart.
Während eines kurzen Widerstandes der Herrscher von Malwa gegen die Mogul-Eroberung wurden um die Mitte des 16. Jh. nochmals Paläste errichtet, die wegen ihrer Komposition in der Hügel-, Tal- und Seelandschaft berühmt geworden sind. – Im Khalji-Stil baute man in verschiedenen Sitzen von Malwa, z. B. in Chanderi (Abb. 212).
Altindische Gewohnheiten des waagerechten Sturzes, der Kragekonstruktionen und der Laternendecke leben nicht nur in Spolien der frühesten Bauten fort, sondern gehen auch in den reichen Formenschatz dieser Regionalschule als bequeme technische Möglichkeiten und als geeignete Schmuckmittel der Innenräume ein. Die radial gefugten Kuppeln in der Moschee des Malik Mughit (Abb. 213) ruhen auf einem Bau, den hinduistische Architekten des mittleren und

Abb. 214 Mandu: Moschee des Malik Mughit, Eingangsportal mit Gewölbekonstruktion aus krumm zugehauenen Steinbohlen.

Abb. 215 Mandu: Hindola Mahall.

Abb. 216 Mandu: Hindola Mahall.

Abb. 217 Bidar: Gräbergruppe der Bahmani-Dynastie, vorn links das Grab des Sultan Ahmad Shah al-Wali.

nördlichen Indien als Grundlage für Kragschichten-Konstruktionen verwendet hatten. Aber die indo-islamischen Baumeister von Mandu entwarfen – wie z. B. die von Ahmedabad-Usmanpur – eine Verbindung zwischen den Stützen des Achtecks nicht im üblichen waagerechten Sturz und mit dreieckigen Platten, sondern in Bogenform; jedoch werden diese Bögen nicht wie im islamischen Gujarat radial konstruiert, sondern aus krummen Steinbohlen in altindischem Sinne zusammengefügt (Abb. 214). Ein solch abwechslungsreicher Bauteil wird dann in dem Hoshang-Grab in die Ecken des Grundquadrats eingestellt, um auf ganz unislamische Weise in ein Achteck zu vermitteln, über dem nun wiederum nach vorderorientalisch-islamischem Muster ein Trompetengeschoß in das Sechzehneck führt.

Die Trompen-Kuppel bestimmt das Bild der Innenräume von Mandu und Chanderi – sei es, weil die iranischen Anregungen inzwischen von den Indern völlig verstanden worden waren oder weil auch von Malwa aus direkte neue Verbindungen nach Persien gingen. Ein würfelförmiger Baukörper, der durch eine große mittlere und vier kleinere Eck-Kuppeln bekrönt wird, *kann* eine Komposition nach dem oben geschilderten altindischen Panchayatana-Typus darstellen, *kann* aber auch direkt nach persisch-islamischen Vorbildern – und damit nach vorislamischen Urbildern – entworfen sein: Mandu, Grab des Hoshang.

Das Kreuzgewölbe (K. Fischer 1974b: Bild 205) kommt als reine Nutzarchitektur an untergeordneten Stellen der Freitags-Moschee und des Rupmati-Palastes vor. Ein Satteldach von Chanderi dient wahrscheinlich zu praktischen Zwecken. Zeltdächer von Mandu bilden einen reizvollen Kontrast zur Silhouette der Kuppel-Pavillons und sind wahrscheinlich aus künstlerischer Absicht entworfen. In den Sattel-, Zelt- und Kuppelformen der Bauten von Malwa *können* auch Erinnerungen an Zeltbauten oder Holzhäuser fortleben.

Abb. 218 Bidar: Grab des Sultan Humayun Bahmani.

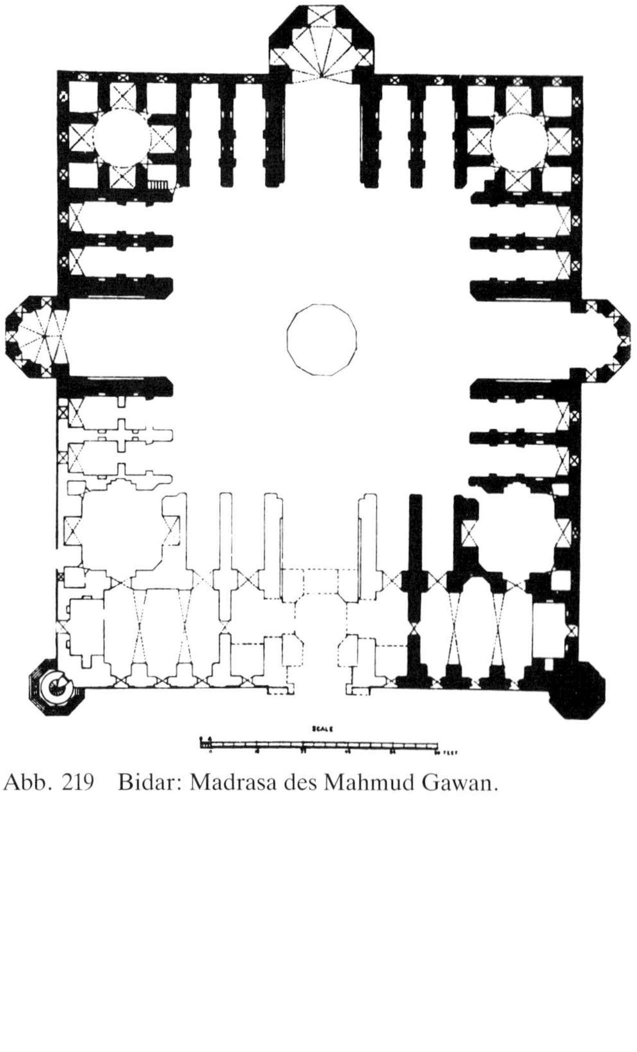

Abb. 219 Bidar: Madrasa des Mahmud Gawan.

Abb. 220 Bidar: Madrasa des Mahmud Gawan.

Abb. 221 Firozabad an der Bhima: Darbar-Halle.

Als Vorbild für die Schwibbogen-Konstruktion von Chanderi (Abb. 212) und Gurtbögen im Hindola-Mahall (Abb. 216) wird man entweder direkt die Kunst des Bahmani-Reiches oder eine gemeinsame vorderorientalische Quelle für den Dekkhan und Malwa annehmen. Innerhalb von Mandu stellt das Hindola-Mahall mit dem schweren, abgeböschten Gemäuer (Abb. 215) und dem einfachen Inneren einen – zufälligen oder beabsichtigten – Gegensatz zu dem eng benachbarten Jahaz Mahall (K. Fischer 1974 b: Bild 204) mit seiner leichten und luftigen Palast-Architektur dar. Aber im Vergleich mit den Schwibbogen-Bauten von Firozabad/Bhima (Abb. 221) und Warangal (Abb. 228) hat dieselbe Bauweise in Mandu durch die plastische Bereicherung des Außenbaus eine neue künstlerische Gliederung und Verfeinerung erfahren.

Der Dekkhan (14.–17. Jh.)

Bidar: Auf einem Straßenkreuz basierende Stadtanlage von 1430 mit dem Chaubara als Mittelpunkt (Abb. 6, 7).
– Kali-Moschee. Querrechteckiges, durch Stützen nach Osten geöffnetes Mauerquadrat aus drei Schiffen zu je zwei Jochen und einer polygonalen, zum Quadrat ummantelten Mihrab-Nische. Letztere durch Turmgeschoß und Kuppel bekrönt. Das quadratische Joch vor dem Mihrab durch eben verlegte Steinplatten mit Relief-Gliederung in neun Felder geschlossen; die übrigen Quadrate durch Baldachin-Trompen in Kuppeln verwandelt (G. Yazdani 1947: 196).
– Grab des Sultans Ahmad Shah al-Wali Bahmani, 1422–1436. Quadrat mit zweigeschossiger Gliederung durch Blendportale und -nischen. Reich verzierte querrechteckige Eingangshalle, durch Folge von übereckgesetzten Steinen und Steinbalken in ein halbes Achteck als Überleitung zu zwei Viertelkuppeln verwandelt. Quadratische Grabkammer, durch Trompen in ein Achteck und durch dreieckige Platten in ein Sechzehneck als Grundlage einer Kuppel übergeleitet (Abb. 217).
– Ruine des Grabes von Sultan Humayun Bahmani, Mitte 15. Jh. Verwandlung eines Quadrats durch Kielbogen-Trompen in ein Achteck; Überleitung durch übereckgesetzte Steine und Steinbalken in ein Sechzehneck als Grundlage der Kuppel (Abb. 218).
– Grab des Sultans Kalimullah Bahmani (G. Yazdani 1947: pl. 82), Anfang 16. Jh. Vierseitig geöffnetes Mauerquadrat mit ausgesparten Nischen durch Baldachin-Trompen mit gerader Aufmauerung in ein Achteck als Grundlage eines Zeltdaches umgewandelt.

Abb. 222 Firozabad an der Bhima: sog. „Küche" (oder Türkisches Bad?).

Abb. 223 Gulbarga: Freitags-Moschee.

– Madrasa des Ministers Mahmud Gawan (P. Brown 1975: pl. XLIII 2; K. Fischer 1974b: Bild 211), 1472 bis 1481. Im Achsenkreuz eines offenen, ummauerten, durch Eckminaretts betonten quadratischen Hofes ein Iwan als Eingangsportal und drei Iwans mit 5/8-Schluß (Abb. 219); diese Räume durch Tonnen von kielbogigem Querschnitt eingewölbt und über dem apsidenartigen Schluß durch eine kleine Kuppel auf polygonalem Tambour bekrönt (Abb. 220).

Firozabad am Bhima-Fluß: (K. Fischer 1955a) eine Art Neben-Residenz des Taj ud-din Firuz Shah Bahmani, 1397–1422.

– Stadtbefestigung und Nord-Tor. Die gesamte Tiefe der erweiterten Stadtmauer durch eine gegurtete Tonne mit kielbogigem Querschnitt ausgefüllt. Die Stirnseite aus großen, vorkragenden, zur Kielbogen-Form geglätteten Quadern konstruiert. Die Abschnitte der Tonne zwischen den Gurten durch Rippen in kleinformatigem Werkstein unterteilt. Quadratische Kammern im Untergeschoß der Wehranlage durch vorgekragte Steine in flache Hängekuppeln überführt.

– Ruine im Nordteil der Stadt, ehem. Darbar-Halle? Langrechteckige, Iwan-artige Halle. Untergeschoß aus drei Kielbogen-Feldern. Vier kielbogenförmige Gurtbögen mit gerader Aufmauerung auf Konsolen. Keine Eindeckung, keine Anzeichen für usprüngliche Einwölbung erhalten (Abb. 221).

– Ruine im Südteil der Stadt, sog. Küche oder Türkisches Bad. Folge von quadratischen Räumen durch sparrendachartig verzierte Pyramidendächer abgeschlossen oder mit Kuppeln über Baldachin-Trompen und Kragstein-Pendentifs überwölbt; beide Bedekkungen von Rauch-Abzugslöchern durchbrochen (Abb. 222).

Gulbarga: die Zeit der Bahmanis. Freitags-Moschee, 1367. Baumeister: Rafi aus Qazwin. In hohen Kielbogenstellungen geöffnetes, vollständig überdecktes Mauerrechteck. Rechteckige und quadratische Abschnitte durch Tonnen und Trompenkuppeln abge-

Abb. 224 Gulbarga: Freitags-Moschee.

schlossen (Abb. 223). In der Hauptkuppel vor dem Mihrab besonders reich verzierte Übergangszone aus dem Quadrat in das Oktogon durch Konsolsteine und Drei-Bogen-Trompen mit ausgesparten Fenstern (Abb. 224).
Hyderabad: Char Minar (P. Brown 1975: pl. XLIII 1), 1591. Betonung eines Straßenkreuzes durch einen quadratischen, im Achsenkreuz sich mit vier Kielbögen öffnenden, auf Durchfahrt angelegten Bau (Abb. 30–32); 3 aufsteigende, zurückgesetzte Terrassen und Blendarchitekturen, in den Ecken des Quadrats vier schmuckreiche Minaretts (Abb. 225). Überleitung aus dem Stützenquadrat durch eine Verbindung von Pendentif und Trompe mit gerader Aufmauerung (Abb. 226) über das Sechzehneck in ein Zweiunddreißigeck; von diesem Umgang aus kielbogenförmige Öffnungen (Abb. 227) zu einem hypaethralen Hof mit einer Moschee, darüber Umgang mit Verkleidung durch Gittermuster und Zugang zu den Ecktürmen (Abb. 225).
Warangal: Festung, Darbar-Halle des Shitab Khan alias Sitapati, Gouverneur der Bahmanis, ca. 1460 bis 1515. Langrechteck mit abgeböschten, durch sechs hohe Spitzbögen geöffneten Seitenmauern und Eingangstoren aus hohen Kielbögen an den beiden Schmalseiten. Zwischen den Öffnungen der Längswand auf Konsolen hufeisenbogenartig ansetzende Kielbögen mit gerader Aufmauerung. Kein Dach, kein Anzeichen einer Einwölbung erhalten (Abb. 228).

Abb. 225 Hyderabad A. P. = im Dekkhan: Char Minar, Oberteil des monumentalen Torbaus mit Moschee und einem der „Vier Türme", im Hintergrund einer der vier Bögen der „Char Kaman".

Unter den Bahmanis und Baridis entstanden in dem ausgedehnten Mittelgebirgsland des Dekkhan (E. S. Merklinger 1981) meist in Werk- und Bruchstein mit einem besonders vorzüglichen Mörtel Werke der Bauingenieurkunst in Palästen und Kultstätten.

In den Denkmälern des frühislamischen Dekkhan lernen wir eine große Anzahl handwerklicher Möglichkeiten für Deckenlösungen als Ausdruck verschiedenartiger Raumvorstellungen kennen. Zu den altindischen Gewohnheiten der waagerechten Schichtung und der Massivdecken kommen nicht nur Anregungen aus der nordindischen islamischen Baukunst, sondern auf Grund der lebhaften politischen und wirtschaftlichen Verbindungen auch direkte und ganz neuartige persische Vorbilder. P. Brown (1975) betont besonders die Bedeutung der Architektur von Delhi und die Tätigkeit persischer Künstler. G. Yazdani (1947) deutet viele Bauformen aus den Überlieferungen hinduistischer Handwerkergilden, welche die Meisterwerke der mittelalterlichen dekkhanischen Tempel schufen. Auf Grund dieser Vorarbeiten gliederte ich die Denkmäler von Firozabad/Bhima in solche persischer Anregung, in solche unter Einwirkung des Tughluq-Stils und in solche einheimischer indischer Tradition (K. Fischer 1955a: S. 254–255 u. Anm.).

Die altindische Kragekonstruktion findet noch an den Toren von Firozabad/Bhima Verwendung. Die Steinmetzen und Zimmerleute, die an Tempeln des Dekkhan ein flachgedecktes Mandapa mit der Neun-Felder-Decke geschmückt hatten, bildeten diese Symbol- und Zierform über einem Raum der Kali-Moschee von Bidar zur Strukturform weiter.

Die Zeltdächer von Firozabad/Bhima (Abb. 222) und Bidar können sich direkt vom Iran herleiten oder von der indisierten iranischen Form des Tuhluq-Zeitalters stammen.

Abb. 226 Hyderabad: Char Minar, Blick in die Kuppel.

Mit Sicherheit kommt aus dem Vorderen Orient, letztlich aus vorislamischen Quellen, die Raumform einer Folge von Schwibbögen mit gerader Aufmauerung. In der Ruine von Firozabad/Bhima (Abb. 221) ist m. W. das älteste Beispiel auf indischem Boden erhalten; in Warangal kann man trotz des fehlenden Daches eine Vorstellung von der bedeutenden Innenraumwirkung gewinnen (Abb. 228).

Indo-islamische Bauherren und Baumeister scheinen aber vor allem die gewölbte Halle geschätzt zu haben. Von verschiedenen früheren Versuchen, Raumabschnitte mit der Tonne zu überspannen, gelangt man unter den Bahmanis zu einer sicheren Beherrschung einer weitgespannten Kielbogentonne über dem Iwan (Abb. 219).

Mit der Kuppel bürgern sich auch sofort viele konstruktive und dekorative Varianten ein. In Nutzbauten bevorzugt man die Flachkuppel, in repräsentativen Kultbauten die Trompen-Kuppel (Abb. 224). Fast genauso häufig wie letztere sind – vor allem beim Übergang vom Acht- zum Sechzehneck – Kragschichten und verschiedene Kombinationen zwischen Trompe und Pendentif (Abb. 226, 227). Im Zusammenhang mit der Baukunst von Bijapur (Abb. 269) gewinnt die Idee Gestalt, in einem schmalen Hohlraum zwei Kuppeln übereinanderzusetzen.

Abb. 227 Hyderabad: Char Minar, Blick aus der Kuppel in die Durchfahrt.

Abb. 228 Warangal: Darbar-Halle.

Die iranische Raumform des Iwan ist auf indischem Boden nur selten nachempfunden worden. Sie kam im islamischen Dekkhan dem Verlangen nach Bauten mit weitgespannten Bögen entgegen. In den buddhistischen Höhlen (Abb. 88, 145) der indischen Westküste hatte man in Tonnen mit kielbogenartigem Querschnitt wohl schon ähnliche Raumwirkungen angestrebt. O. Reuther warnt zu Recht davor, in allen späteren Tonnen Nachwirkungen dieser frühen Bauform zu sehen; doch kann man in Sonderfällen G. Yazdani zustimmen, der die Rippen in Tonnenbauten des islamischen Gulbarga aus der buddhistischen Höhlenbauweise erklärte – ähnlich ist der Raumeindruck des Nord-Tors von Firozabad/Bhima.

Auch andere Bauten in den mohammedanischen Residenzen des Dekkhan können Stoff zu den oben gestellten Fragen nach der symbolischen Bedeutung indo-islamischer Architektur liefern. Humayun Shah Bahmanis Gouverneur, der hinduistische Fürst Sitapati, bekannt geworden als Sitab Khan und Bauherr der Darbar-Halle von Warangal (Abb. 228), wird durch ein Gedicht in Sanskrit und Telugu verherrlicht und als Repräsentant des Indra auf dieser Erde gefeiert; vielleicht bestätigt diese Literaturstelle von Warangal eine Vermutung P. Browns (1975: 67), der in der Audienz-Halle mit den Schwibbögen eine besondere esoterische Bedeutung vermutet. Schließlich gehört das Kuppelgrab des Ali Barid zu denjenigen indo-islamischen Bauten, die in bilderreichen Inschriften mit der Himmelskuppel und mit dem Paradies verglichen werden (K. Fischer 1974b: Bild 212).

In den zahlreichen Gräbern von Golkonda faßt eine äußerlich fast unveränderte Lotos-Kuppel zwei übereinandergesetzte Räume zusammen (K. Fischer 1974b: Bilder 316–319). In den meisten Fällen überspannt eine Flachkuppel den Kultraum; ausnahmsweise gibt ein Auge in dieser Raumschale in das dunkle Innere der oberen Schale den Blick frei, doch nicht wie beim Typus der konstruktiv selbständig übereinandergesetzten und räumlich voneinander getrennten Kuppeln. Während in Bijapur das Licht aus dem Erdgeschoß durch ein weites, niedrig gelegenes Kuppelauge die obere Raumschale noch teilweise erhellt (Abb. 269), verliert es in Golkonda seine Leuchtkraft in der Zone der engen, hochgelegenen Zwischenöffnung.

In Nutzbauten liegt die Konstruktion meist bloß. In Palästen ist sie durch saubere Stukkierung verkleidet. Gräber und Moscheen sind durch indische Innendekorateure prunkvoll gestaltet: in geometrischen Mustern vorderorientalischer Herkunft oder mit dem indischen Lotos und anderen pflanzlichen Formen.

Im Laufe der Zeit überspinnt immer reicherer Stuck das Äußere und Innere der konstruktiv unveränderten Bauten (Abb. 225).
Während der indo-islamischen Kunstentwicklung ist der symbolische Lotos zu einer reinen Zierform geworden. In Stuck wurde er an eine weitgespannte Flachkuppel im Char Minar (Abb. 226), an eine Spiegeldecke und an Flachkuppeln in der Mekka-Moschee, an eine der unteren Raumschalen der Golkonda-Gräber und an Klosterkuppeln in Hyderabad und Hayatnagar angearbeitet. Die Zwiebelkuppeln von Golkonda erheben sich auf einem Blütenkelch in Lotos-Form und schließen mit einer vielgestaltigen Komposition auf dem Scheitel: aus einer Amalaka-Lotos-Figur indischer Herkunft und einer kugelverzierten Metallspitze vorderorientalischer Überlieferung. In einer Reduzierung des Panchayatana-Typus wird der Umriß dieser Mittelkuppel in den Bekrönungen der Türmchen wiederholt, welche in den Diagonalen auf den Ecken des quadratischen Unterbaus stehen.
Im Prunktor Char Minar sind Türme als Zeichen weltlicher Macht mit einer Moschee als dem geistigen Mittelpunkt der Residenz verbunden. Das Gebäude hat keinen praktischen Zweck als Torturm zu einem bestimmten heiligen Bezirk oder als befestigtes Stadttor, sondern erfüllt seinen Sinn offenbar als Mittelpunkt, als Kreuzungspunkt von vier Straßen (Abb. 30–32, 225–227). „Flache, zweidimensionale" Kielbogen-Tore iranischen Charakters wiederholen in regelmäßigen Abständen nach den vier Himmelsrichtungen hin das Motiv des Char Minar, eines plastisch geschmückten, dreidimensionalen, „typisch indo-islamischen" Baus.
In den Moscheen mit ihren großflächigen Fassaden und weiten Flachdächern, im Turmbau des Char Minar und in den Gräbern von Golkonda mit ihren weithin sichtbaren Kuppeln erlebt man den gleichen Raum: Quadratische Grundformen werden durch mehrfach gebrochene und gekehlte und mit Rippen verzierte Übergänge in ein Polygon verwandelt, das eine flache Raumschale trägt – entweder eine ganz ebene Decke oder eine Flachkuppel oder eine niedrige Klosterkuppel. Diese Innenräume waren auf glänzend weiße Stuckierung berechnet; bei vielen Moscheen, welche durch die Gläubigen instand gehalten werden, und bei einigen Gräbern, die der Denkmalpflege unterstehen, bemerkt man noch heute, wie das starke Tropenlicht sich an den hellen Wänden spiegelt und die Stuckbilder als Ausdeutung des architektonischen Grundgerüsts hevortreten läßt.

Sayyids (1414–1451), Lodis (1451–1526) und Surs (1530–1545)

Sayyids

Delhi-Khairpur: Grab des Muhammad Sayyid (gest. 1444). Achteckige Plattform. Achteckiger Grundriß aus dreiteiligen, stark gestelzten Kielbogen-Arkaden mit ungleichen Spannweiten. Verstärkung der Ecken durch abgeböschte Pfeiler. Decke des Umgangs durch Gurtbögen in je drei Felder zerlegt; jeweils das mittlere Feld überkuppelt und durch Pavillons bekrönt, die beiden seitlichen flach geschlossen. Überleitung des zentralen Achtecks durch Trompen auf Konsolsteinen in das Sechzehneck und über drei Kämpferschichten in die Kuppel. Angeputzte Rippen; Fragment eines lotosförmigen Decksteins (F. Wetzel 1919: 81).

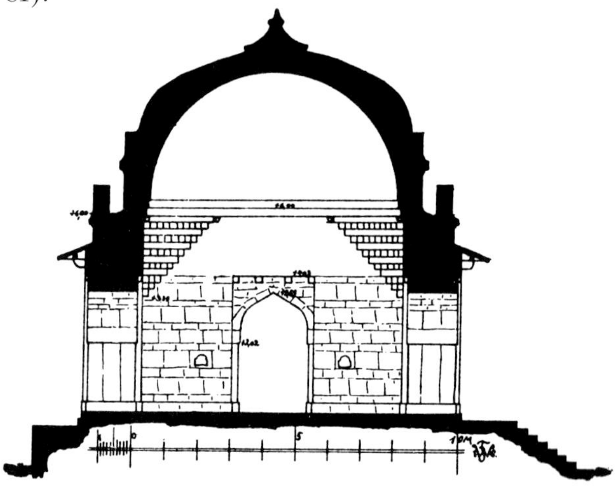

Abb. 229 Sasaram: Grab des Shah Sur, Wächterhaus, Überleitung des Würfels durch „Türkisches Dreieck" in die Kuppel.

Lodis

Delhi-Khairpur: Moti- oder sogen. Perl-Moschee, vermutlich durch den Premierminister des Sikander Lodi kurz nach der Freitags-Moschee von Khairpur errichtet (M. Siraju'l-Islam 1960: 72). Ausgedehnter Bezirk, durch Bruchsteintor mit Öffnung aus Kielbögen und Kragekonstruktionen betretbar. Die Moschee selbst aus Werkstein. Abfolge von fünf Quadraten. Das mittelste vor dem Mihrab durch Trompen in Achteck, Sechzehneck und Kreis überführt; die beiden nördlich und südlich davon gelegenen durch reich verzierte Muqarnas in das Achteck, dann durch Konsolsteine in ein niedriges, sechzehneckiges Geschoß und anschließend in den Kreis als Ausgangspunkt für Flachkuppeln verwandelt. Die Laibung der Kuppel teils glatt, teils durch angeputzte Fächerornamente geschmückt.

Abb. 230 Sasaram: Grab des Shah Sur.

Delhi-Humayunpur: Grab des Shihab ud-din Taj Khan (F. Wetzel 1919: Abb. 178). Zweigeschossiger Bau über dem Quadrat. Ursprunglich die große Mittelkuppel von vier Nebenkuppeln umgeben. Überleitung aus dem Quadrat durch Trompen in das Oktogon und durch kleinere Trompen auf Konsolen in ein Sechzehneck aus einer Abfolge gleichmäßig hoher rechteckiger Nischen. Vermittlung durch einen mehrstufigen Kämpfer auf Konsolen in den Grundkreis der Kuppel. Diese verputzt durch eine Rosette im Scheitel und sich schneidende, rot bemalte Stuckbänder. Äußere Bekrönung durch schweren, gut erhaltenen und reich verzierten Amalaka.

Surs

Delhi: Purana Qala-Moschee, auch als Sher Mandal bekannt, 1542. Bauherr: Shir Khan Sur. Breitrechteck mit fünf Öffnungen für fünf quadratische Räume. Nur die Einwölbung über dem innersten Quadrat vor der Qibla im Außenbau sichtbar. Besonders kunstvoller Wechsel in der Eindeckung: die beiden äußersten Abschnitte in einer Art Kreuzrippen-Gewölbe geschlossen. Die Quadrate der beiden mittleren Abteilungen über Kielbögen durch Muqarnas, stalaktitenartig vorkragende Schichten reich verzierter Steine, und Konsolsteine mit Knauf in ein Sechzehneck als Grundlage einer Kuppel mit radial verlaufenden Lagerfugen überführt. Mehrgeschossiger Zentralraum: die Mauer des Grundquadrats durch Kielbogen-Trompen in ein Achteck verwandelt; dieses durch dreieckige Steinplatten auf Konsolsteinen in eine sechzehneckige Zone mit Öffnung einiger rechteckiger Felder übergeleitet (P. Brown 1964: pl. XVIII 2; K. Fischer 1974b: Bilder 220, 221).

Sasaram: Grab des Hasan Khan Sur, um 1535; Baumeister: Aliwal Khan. Achteckiger Grundriß. Umgang durch Gurtbögen in je drei Felder zerlegt; jedes durch zweischalige Kuppel bedeckt. Der Zentralraum durch Trompen in das Sechzehneck und weiter in das Zweiunddreißigeck und über eine Kämpferschicht in das Rund übergeleitet. Die acht Ecken des Tambours durch Pavillons bekrönt. Die Kuppel durch einen Amalaka, einen mächtigen, gezahnten Deckstein mit weiteren Aufbauten bekrönt (Abb. 89).

– Grab des Shir Khan oder Shah Sur, um 1540; Baumeister: Aliwal Khan (H. Goetz 1938; K. Fischer 1974b: 11). Inmitten eines künstlichen Teiches über allseitiger Stufenflucht eine quadratische, mit Bastionen bewehrte Mauer. Hallen im waagerechten Sturz eingedeckt, Pavillons in kombinierten Kragekonstruktionen geschlossen; quadratisches Wächterhaus am Nordende des Sees durch Würfel- und Bandschichten in unregelmäßigem Wechsel – als Muqarnas oder Türkisches Dreieck (Abb. 229) aufzufassen – in den Grundkreis der Kuppel übergeleitet. Das Grab selbst: Umgangsbau über dem Achteck; durch Konsolsteine und dreieckige Platten als Basis von hochrechteckigen Nischen mit Blend-Spitzbögen und durchbrochenen Fenstern in das Sechzehneck und durch eine ähnliche, reduzierte Übergangszone in das Zweiunddreißigeck und darüber in den Grundkreis der Kuppel verwandelt. Deren Scheitel durch schweren Deckstein Amalaka und weiteren schmuckreichen Aufbau belastet (Abb. 230).

Unter den Sayyids, 1414–1451, und unter den Lodis (M. Siraju'l Islam 1960), 1451–1526, wird Delhi wieder zum politischen und kulturellen Mittelpunkt Indiens. Nach ihnen beginnt die Mogul-Herrschaft, die zunächst durch ein Interregnum afghanischer Usurpatoren, der Surs, unterbrochen wird; diese errichteten Bauten etwa zwischen 1530 und 1545. In der Residenz bildete sich im 15. und 16. Jh. in sauber zugehauenem und in Mörtel verlegtem Werkstein ein selbständiger Stil aus, der auch außerhalb des Hofes und schließlich in der Provinz Verwendung fand.
Der Neubeginn künstlerischer Tätigkeit in Delhi erfolgt unter den Sayyids und Lodis in Werksteinbauten von bescheidenem Ausmaß, aber sauberer handwerklicher Ausführung. Neben der Eindeckung untergeordneter Bauteile durch waagerechten Sturz und Spiegelgewölbe wird der Hauptkultraum von Moscheen und des vier- oder achteckigen Grabes und das Äußere dieser Sakralanlagen durch die Kuppel beherrscht. Die Überleitung aus dem Quadrat oder dem Polygon in den Kreis erfolgt durch Trompen oder Muqarnas, durch Nischen besonders kunstvoll verzierte Steinbalken. Bis zum Ende der Lodi-Zeit und dem Beginn der Mogul-Herrschaft haben die indoislamischen Steinmetzen sich von neuem alle Grundlagen sicherer Bauweise und geschmackvoller Schmuckweise geschaffen, die in der Folgezeit bereichert werden konnten.
Den Anstoß zu einer solchen geistigen Wandlung ergab die Begründung der Mogul-Herrschaft unter den beiden ersten Bauherren Babur und Humayun, die aus Turan und Iran den Hang zur Monumentalität mitbrachten. Aber ehe sie ihre Dynastie auf indischem Boden festigen konnten, errichteten afghanische Usurpatoren, die Sur-Herrscher, ein kurzes Interregnum. Die Bauten von Hasan und Shir (Abb. 230) spiegeln die Errungenschaften der Sayyid-Lodi-Zeit und auch das neuartige Prunkbedürfnis der Mogul-Kultur wider. An neuen Bauformen erschienen unter ihnen die Steigerung der Eckstein-Pendentifs (Abb. 229) zum Türkischen Dreieck (K. Fischer 1974b: Bild 63; K. Fischer 1986c), die Überleitung aus dem Quadrat in den Grundkreis der Kuppel durch das echte sphärische Dreieck und die zweischalige Kuppel, zunächst von geringem Umfang über baldachinartigen Bauteilen.
Iranisch-islamische Konstruktionsformen wie Trompe oder Pendentif sind von indischen Steinmetzen und Stuckdekorateuren durch vollplastische Schmuckglieder verziert und damit in den Bereich der indo-islamischen Kultur einbezogen worden. Die Laibung der Kuppel schmückt man nicht nur mit geometrischen, abstrakt verschlungenen Linien islamischer Tradition, sondern auch mit dem uralten symbolischen Lotos. Die schweren Bauglieder Amalaka und Kalasa, die bisher als bedeutungsvolle Sinnbilder den nordindischen Tempelturm bekrönt hatten, bringt man auf dem Scheitel nicht nur niedriger, massiger, gedrungener Kuppeln, sondern auch auf leichten und weitgespannten Raumschalen an ohne Rücksicht auf das Tragverhalten der Bauglieder. Die Moschee von Purana Qala oder das Grab des Shir Khan (Abb. 230) beeindrucken uns von außen als klar gegliederte, aus leicht überschaubaren, geometrischen Einheiten zusammengesetzte Würfel- und Halbkugelformen islamischer Tradition. Im Inneren folgen im ersteren Falle Kuppelgewölbe über pendentifartigen Konstruktionen und Trompengeschosse indischen, plastischen Charakters; und der Raum des zweiten Beispiels wird durch einen mächtigen Aufbau abgeschlossen, der mehr aus der Überlieferung des nordindischen Tempelturms als aus der Tradition iranischer Wölbkunst stammt.

15. DAS HINDUISTISCHE KÖNIGREICH VON VIJAYANAGARA (ETWA 1400–1565)

Tempelanlagen der Residenzstadt aus der 1. Hälfte des 16. Jh.

Vijayanagara (Splendours ... 1981; Vijayanagara ... 1983; K. Fischer 1985a):
– *Achyutaraya-Tempel*, 1539 (K. Fischer 1974b: Bild 270).
– *Malyavanta-Rama-Tempel*, auch als Ragunatha bekannt. Verbindung zur Berglandschaft (Abb. 231): Tempel als Kulthöhle Garbhagriha und als Berg Meru (Abb. 232, 233).
– *Pampapati-Svamin-Tempel*, auch als Virupaksha bekannt, auf älterer Grundlage ausgebaut und 1837 restauriert (H. Longhurst 1917: 96).
– *Vitthalasvamin*, auch als Vithoba oder Panduranga bekannt, 1513 begonnen, 1565 bei der Zerstörung der Stadt noch unvollendet (Saraswati 1960: VI 730).
– *Hazara-Rama-Tempel*, ein traditioneller Mittelpunkt der Dynastie und der Volksfrömmigkeit (Abb. 234).

Ausgedehnte Anlagen (Abb. 232, 235, 236) innerhalb eines Mauerrechtecks; kanonische Baugestalt: Granitmauern in trockenem Verband, glatt durchlaufend oder mit Anbauten von Korridoren aus Stützen und waagerechtem Sturz. Eingang zum Bezirk durch Gopuras (Abb. 232) aus zweigeschossigem Unterbau in

Abb. 231 Vijayanagara: Malyavanta-Rama-Tempel, Berg- und Höhlenheiligtum.

Abb. 232 Vijayanagara: Malyavanta-Rama-Tempel auf dem Matanga-Berg.

Abb. 233 Vijayanagara: Malyavanta-Rama-Tempel, Decke des Kalyana-Mandapa.

Abb. 234 Vijayanagara: Hazara-Rama-Tempel.

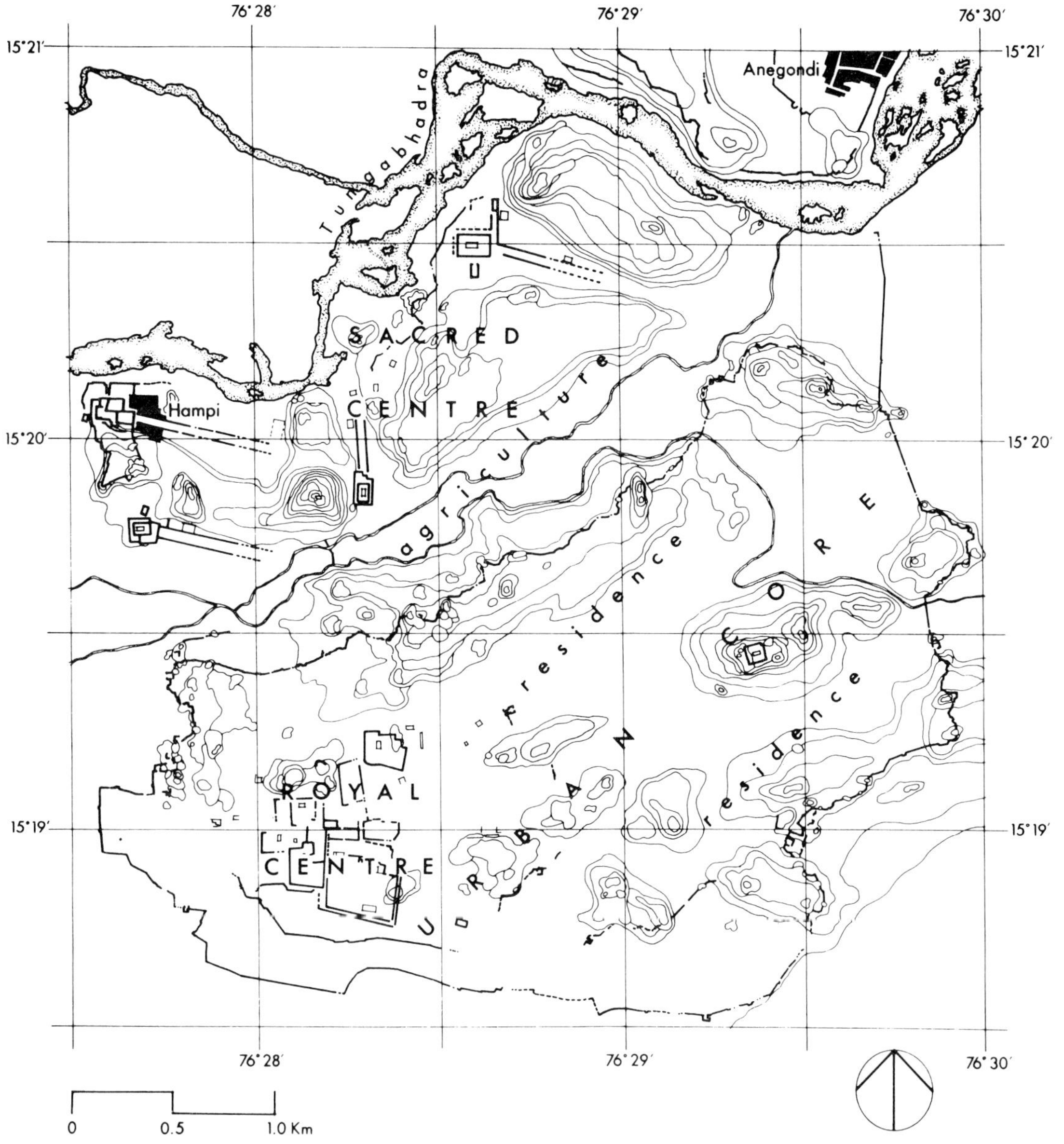

Abb. 235 Vijayanagara: hauptsächliche Besiedlungseinheiten: Kultstätten („Sacred Centre"), Feldbaugelände („Agriculture"), Wohngebiete („Royal Centre", „Residence", „Urban Core").

trocken verlegten Steinblöcken und Aufbau aus zusammengesetzten Backstein-Mörtel-Geschossen mit Bekrönung durch massive Backstein-Tonne. Diese Obergeschosse auf der Grundlage des Kragebaus konstruiert, gelegentlich durch Gänge mit Wölbungen oder Überdeckung in krummen Steinbohlen unterbrochen. Zahlreiche Mandapas; meist in waagerechtem Sturz geschlossen, gelegentlich durch Pultdächer und kombinierte Kragekonstruktionen bereichert. Enges, dunkles, flachgedecktes Garbhagriha inmitten eines steinernen Meeres von Hallen (Abb. 233) und Pavillon-Bauten verborgen. Typisch spätdravidische Form einer Halle für mythische Götterhochzeit, das Kalyana-Mandapa: plane Decke aus T-Träger-förmig zugehauenen Steinbalken (Abb. 231–233) auf Mauern und Stützen mit Auflageverbreitung (K. Fischer 1974b: 32–35, Bilder 108, 109, 270, 273, 274; K. Fischer 1986a: Abb. 19–22).

Stadtbefestigung, Wehrbauten, Wasserbauten und Paläste der Residenz

Vijayanagara (Abb. 235):

– *Wasserleitung* aus fein zugehauenen Granitquadern (Abb. 237).

– *Baradari,* sogen. „Lotos Mahall" oder „Rathaus" (K. Fischer 1974b: Bilder 281–283). Auf dem Grundriß eines Stufenkreuzes in Zackenbögen geöffnete Halle. Die quadratischen Abteilungen des Erdge-

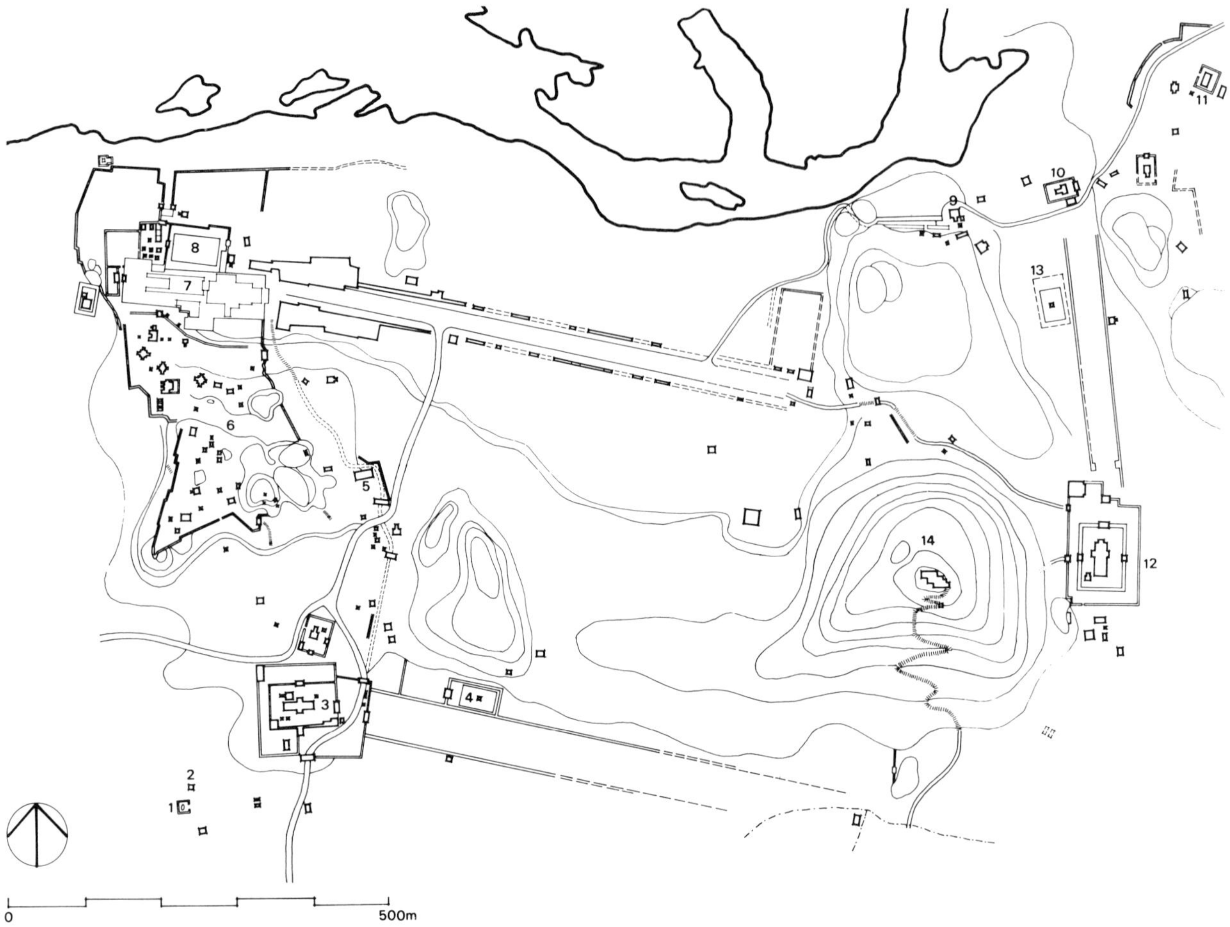

Abb. 236 Vijayanagara, Kultstätten: 1 Narasimha-Steinbild; 2 Tempel mit Linga; 3 Krishna-Tempel; 4 Teich; 5 Ganesha-Steinbild; 6 Hemakuta-Berg; 7 Virupaksha-Tempel; 8 Manmatha-Teich; 9 Kodanda-Rama-Tempel; 10 Shiva-Tempel; 11 Rama-Tempel; 12 Venkateshvara-Tempel; 13 Teich; 14 Matanga-Berg.

schosses durch eine flache Steindecke aus sich kreuzenden Steinbalken abgeschlossen. Darüber Scheingeschosse aus vorkragenden Steinschichten; außen zur Stufenpyramide mit Spielform der massiven dravidischen Shikhara-Haube abgeglichen.

Zenana-Gelände:

– *Ruine eines Kuppelbaues*, Reste der zentralen Kammer eines breitrechteckigen Gebäudes. Baldachin-Trompen in Stuckmörtel über Kielbögen als Vermittlung in ein ungleichseitiges Oktogon und weiter in eine Flachkuppel, als Gußplatte konstruiert (Abb. 238).

– *Sogen. Wächterhaus* (K. Fischer 1974b: Bilder 114 u. 279), rechteckiger Bau auf Plattform mit Treppe zur mittelsten Öffnung einer elfjochigen Stützenreihe mit Zackenbögen. Quadratische, ebene Deckenfelder durch scheitrechte Stürze in neun Abteilungen zerlegt und durch Hau- oder Bruchstein in Mörtel als Gußplatten abgeschlossen.

– *Sogen. „Elefantenställe“*, wahrscheinlich eine Moschee für die moslemische Garde des Hindu-Herrschers. Breitrechteck aus 11 quadratischen, in Kielbogen-Portalen geöffneten Kammern. Seitliche Treppen aus steigenden Tonnen in der Gestalt von aneinandergereihten Kielbögen. Der mittelste Raum ursprünglich durch einen Stufenturm bekrönt. Die je 5 angrenzenden durch Stuckglieder in flache Kuppeln oder Massivdecken als Gußplatten übergeleitet und durch eine zweite Schale im Außenbau betont. Auf jeder Seite rhythmischer Wechsel der Profile: durch einen Fries in Kämpferhöhe verzierte und sonst glatte Kuppel von kielbogenförmigem Querschnitt; turmartiger Aufbau über polygonalem Grundriß aus zurückgesetzten Stufen und mit Abschluß durch geripptes Bauglied in der Art eines dravidischen Shikhara; gerippte Kuppel; wiederum Turm-Polygon; wiederum glatte Kuppel (K. Fischer 1985a).

– *Palast*, sogen. „Bad der Königinnen“. Äußerlich schmuckloser Bau in Gestalt eines offenen Vierecks; quadratische Räume, nach innen durch Kielbögen und Erker gegen eine – möglicherweise einst durch Wasser gefüllte – Vertiefung geöffnet. Die quadratischen und achteckigen Abschnitte der umlaufenden Hallen durch Faltkuppeln oder kombinierte kuppel-

Abb. 237 Vijayanagara: Wasserleitung.

Abb. 238 Vijayanagara: Ruine eines Kuppelbaus.

Abb. 239 Vijayanagara: Nordgrenze am Tungabhadra-Fluß (gegenüber Anagundi), Felsgebirge mit Kulthöhle und Haustein-Vorbau.

Abb. 240 Anagundi: Schloß.

artige Konstruktionen über Baldachin-Trompen als Gußplatten geschlossen und außen einheitlich zum Flachdach abgeglichen (O. Reuther 1925: 80).

Palast- und Kultbauten in der Umgebung der Residenz

Anagundi: An der Tungabhadra gelegenes Felsgebirge mit Beispielen von Kultstätten im Übergang von Kulthöhle und steinernem Vorbau zum Freibau (Abb. 239).

Anagundi: Schloß des 16. Jh. Rechteckiger zweigeschossiger Bau mit Mittelrisalit. Quadratische Räume des Obergeschosses durch Flachkuppeln in verschiedenen dekorativen Formen als Gußplatte abgeschlossen. Pavillons und achteckige Türme mit dravidischen Shikharas eingedeckt (Abb. 240).

Chandragiri (O. Reuther 1925: 80): Palast und letzte Residenz der Nachkommen der Vijayanagara-Dynastie, Anfang 17. Jh. Dreigeschossiger Palast über breitrechteckigem Grundriß mit turmgekrönten Ecken und Mittelrisaliten. Mauern und Stützen aus Granit und trockenem Verband. Decken, Kuppeln und Türme aus Backstein-Mörtel-Konstruktionen. Der Raumteil mit dem Haupt-Festsaal – durch Mittelrisalit betont – mit einem Turm gekrönt: Oktogon über Kielbogenstellungen und Zwischengeschossen durch Klosterkuppel bedeckt und außen in der Art eines dravidischen Vimana durch zurückspringende Geschosse ummantelt und mit einem Shikhara in der Gestalt eines massiven, geschweiften Turmhelms abgeschlossen. Vier verkleinerte Wiederholungen dieses

Abb. 241 Chandragiri: Schloß eines Hindu-Herrschers.

Abb. 242 Hospet: Anantashayanagudi-Tempel.

Abb. 243 Hospet: Anantashayanagudi-Tempel.

Abb. 244 Hospet: Brunnen der Vijayanagara-Epoche.

Turms über den Eck- und Mittelrisaliten der Fassade. Korridore über Kielbögen mit gerader Aufmauerung und Wohnräume durch flache Kuppeln überwölbt oder durch Massivdecken mit angearbeiteten Stuckrippen in Neun-Felder-Musterung geschlossen (Abb. 241).

Hospet: Anantashayanagudi, 1513 begonnen. Bauherr: Krishnadevaraya. Mandapa aus Stützen und waagerechtem Sturz. Breitrechteckiges Garbhagriha (Abb. 242) aus Werkstein in trockenem Verband: geschlossen durch Backstein-Mörtel-Kragekonstruktion mit beiderseitig halbkreisförmiger Begrenzung (Abb. 243).

– Nahe gelegener historischer, noch heute benutzter Brunnen. Im Schaft Überleitung aus Quadrat durch Trompe in Oktogon (Abb. 244).

In der Berglandschaft südlich des Tungabhadra-Flusses (Abb. 235) herrschten seit etwa 1400 die Könige von Vijayanagara bis zum Untergang der Dynastie in der Schlacht von Talikota 1565. Anschließend wurde die Residenz von den mohammedanischen Siegern verwüstet. Die ausgedehnten Ruinen stammen meist von Stiftungen des Krishnadevaraya und Achyutaraya aus der 1. Hälfte des 16. Jh. Es wechseln Konstruktionen aus riesigen granitenen Steinblöcken in trockenem Verband und von Backstein-Mörtel-Verbindungen. Bauten dieses Stils finden sich auch in den alten Siedlungen südlich der Residenz (Abb. 242) und nördlich des Flusses (Abb. 240).

In den Bauten des südindischen Königreichs von Vijayanagara, welches jahrhundertelang das Dravida-Land gegen den vordringenden Islam verteidigte, sind verschiedene einheimische und fremde Überlieferungen verbunden.

Räume steinerner Tempel werden wie in der Pallava-Chola-Zeit durch waagerechten Sturz (Abb. 233) und Kragekonstruktionen, seltener mit Laternendecken, Pultdächern und kombinierten Formen aus krummen Steinbohlen abgeschlossen. Die Technik, Gopuras (Abb. 232 links) aus granitenen Untergeschossen und Backstein-Mörtel-Verbindungen mit Holzankern in zurückgesetzten Stockwerken zu errichten, wird weiter zu riesigen Kragebauten vervollkommnet und dient auch zur Eindeckung des quadratischen Lotos Mahall in der Residenz und des rechteckigen Anantashayanagudi (Abb. 243) in Hospet. Mit einem Gerüst sich kreuzender Balken wird ein Brunnen abgeschlossen; ein solches Skelett bildet wiederum im Lotos Mahall die Grundlage einer Deckenkonstruktion;

handwerklich und künstlerisch schließt man an eine Bauweise mittelalterlicher dekkhanischer Tempel an.
Von der Vijayanagara-Zeit an erlangte in den riesigen, sich stadtartig ausdehnenden Tempelbezirken ein Bauteil eine besondere Bedeutung: das Kalyana-Mandapa. Zu Prozessionen und Feierlichkeiten einer Götterhochzeit benötigte man eine weite und hohe, von Stützen nicht unterteilte Halle. Für diesen praktischen Zweck und für eine besondere Raumwirkung reichten die herkömmlichen Mittel der Steinmetzen nicht aus. Man entwickelte ein System, über erweiterte Auflagen T-Träger-artig zugehauene Steinbalken zu verlegen, und konnte von Flansch zu Flansch lange Steine und also über einen weiten Raum eine ununterbrochene Steindecke spannen (Abb. 232, 233). Inmitten der Steinmassen eines dravidischen Tempels schuf man im traditionellen Stütze-Last-System Hallen, die gegen außen durch Mauern und Stützen abgeschlossen waren, im Innern weite und gut beleuchtete Räume enthielten (K. Fischer 1974b: 32–35, Bilder 108, 109, 270, 273, 274; K. Fischer 1985d).
Gleichzeitig überspannte man in der Profan-Architektur kleine, quadratische Räume durch fast ebene Dekken aus Stein in Mörtel, mit oder ohne Gliederung durch Rippen (Abb. 238).
Aus Bruchstein in schnell und fest abbindendem Mörtel konstruierte und modellierte man auch über verhältnismäßig geringen quadratischen Abmessungen flache Kuppeln. Diese einfachen handwerklichen Mittel boten Anlaß zu reichen künstlerischen Bildungen: man gestaltete diese Decken mit ihrem ganz geringen Stich als indische Lotos-Kuppeln, als islamisches Netz-Pendentif, als achteckiges Zelt über Trompen, als Rippen-Kuppeln. Beim „Königinnen-Bad“ und in Anagundi sieht man auf dem Flachdach, in welche zementartige Mörtelmasse diese Bauteile gebettet sind. Kuppeln, deren Inneres für den Betrachter vom Erdboden aus sehr ähnlich aussieht, werden in den „Elefantenställen“ mit einer zweiten Schale überhöht; in deren Formen wechseln islamische Faltkuppeln mit einheimischen Stockwerkbauten.
Rippenzwickel, Baldachin-Trompen und einfache Trompen (Abb. 244) sind hier aus Stein und Mörtel geformt und im Brunnen von Hospet in großen Quadern gemauert; im Anantashayanagudi sind ebenfalls ganz unkonstruktiv sogar Eckbrücken-Übergänge in Ziegel und Stuck gebildet (Abb. 243). Man *kann* dies als „Mißverständnis des ursprünglichen Zweckes“ oder als „handwerklich unnötig“ bezeichnen, man *kann* dies aber auch als eine Aneignung der fremden Kunst im indischen Sinne werten. Jedenfalls ließen die Könige von Vijayanagara, die anfangs im geistigen Austausch mit islamischen Fürsten wie denen von Bijapur standen, nicht nur für ihre mohammedanische Palast-Garde Bauten im indo-islamischen Stil errichten, sondern schätzten auch in ihren eigenen Palästen die „gerade modernen“ Mischformen.
Seit der Chalukya- und Pallava-Zeit leben dekkhanische und dravidische Bauformen und ihre symbolischen Bedeutungen fort. Wie ein Jahrtausend zuvor bei der Schaffung des Hindu-Tempels gestaltete man im Pampasarovara-Tempel das Garbhagriha nicht nur in der Art einer Höhle, sondern schlug diesen Mittelpunkt der Kultstätte aus dem Fels, aus einer natürlichen Spalte selbst (Abb. 239). Für die stadtartigen Riesentempel wurde das Garbhagriha nach solchen Vorbildern als geheimnisvolle Zelle entworfen. Die Kuppe eines Felsberges, auf dem eine Legende des Gottes Rama spielte, umzog man mit einer künstlichen Mauer; einen Berg selbst erhöhte man also durch Heiligtümer und berg- und turmartige Bauten zum Bild des Weltbergs Meru (Abb. 231). Wir sahen schon, daß eigentlich nur indonesische Baumeister und Landschaftsgestalter Bergnatur und Hindu-Kultstätte gemeinsam komponierten und daß innerhalb Indiens nur die Bauherren und Baumeister von Vijayanagara die Idee des Weltbergs in diesem *einen* Beispiel so anschaulich ausdrückten. In den übrigen Kultstätten stellten sie den Meru nach den gewohnten Überlieferungen durch Stockwerkbauten dar: z. B. in den horizontal betonten Schichten der Mandapas und Garbhagrihas der Jaina-Tempel auf der Höhe über dem Pampapati-Tempel und in den vertikal aufstrebenden, zurückgesetzten Geschossen der riesigen Gopuras (Abb. 232). Die Künstler von Vijayanagara haben auch – eine Seltenheit in der indischen Kunstgeschichte – das Götterfahrzeug Vimana bildlich dargestellt: durch einen massiven Steinbau im Vithoba-Tempel (Abb. 82). Über den weiträumigen Kalyana-Mandapas besaß man jetzt ausgedehnte Decken (Abb. 233); im Vithoba-Tempel wurden sie in der Ebene in neun Felder gegliedert und mit dem Stufenkreuz und dem symbolischen Lotos verziert oder durch eine Kragekonstruktion in die Höhe gegliedert und mit einem Lotos-Hängezapfen abgeschlossen. In beiden Fällen meinen Architektur und Plastik den Himmel. In den Profanbauten der Könige und in einer Anlage, die wahrscheinlich die Moschee der königlichen Garde war, ist der Lotos als traditionelles Schmuckmittel in Stuck am Scheitel von Flächen und kombinierten Kuppeln angebracht.
Die Könige als Repräsentanten des Gottes durften ja in ihren Residenzbauten wie dem Lotos Mahall Formen der Sakral-Architektur verwenden. Ihre politischen Siege faßten sie zugleich als eine Ehrung an die Gottheit auf. Siegesmale gehören also der religiösen *und* der profanen Sphäre an. Eine Thronplattform, die aus Anlaß der Eroberung von Orissa 1513 gebaut wurde, gilt als „Siegeshaus“ (P. Brown 1971: 112), und Vijayanagara selbst bedeutet „Siegesstadt“.
Im Jahre 1565 erlag die Armee von Vijayanagara den vereinigten islamischen Streitkräften. Wie so oft, sollte der Besiegte den Sieger kulturell erobern. Viele Künstler und Handwerker von Vijayanagara (H. Goetz

Abb. 245 Delhi: Grab des Humayun.

1940b: 252) fanden neue Aufgaben in einer neuen „Siegesstadt“: der islamischen Residenz Bijapur, deren Könige führend unter den Gegnern von Vijayanagara gewesen waren. Bauformen und symbolische Schmuckformen des dravidischen Indien trugen wesentlich zur Entstehung des indo-islamischen Lokalstils von Bijapur (Abb. 265) bei. Während der gleichen Zeit waren andere Flüchtlinge aus Vijayanagara im unbesetzten, hinduistischen Teil Süd-Indiens tätig. Sie verbreiteten dort, besonders am Hof der Nayyaks, die Kenntnis des „modernen“ indo-islamischen Stils mit seinen Großgewölbe-Konstruktionen; die Tonnen- und Kuppelbauten von Madura und Tanjore beruhen z. T. auf der Tätigkeit solcher Wanderkünstler (Abb. 274).

16. DIE MOGUL-ZEIT

Babur (1526–1531) und Humayun (1531–1556)

Babur

Panipat: Moschee im Kabuli Bagh, 1526, wahrscheinlich durch Babur gestiftet (Y. K. Bukhari 1957: pl. 1). Großer quadratischer Raum vor dem Mihrab, beiderseits durch dreischiffige, zwei Joche tiefe Anlage aus quadratischen Räumen flankiert. Überleitung des zentralen Quadrats durch Trompen in Achteck, Sechzehneck und Grundkreis einer hohen Kuppel mit Laterne; Verwandlung der übrigen quadratischen Räume durch Pendentifs mit Rippennetzen in eine Kuppel.

Humayun

Delhi: Grab des Humayun, beendet 1564 durch die Frau des Verstorbenen. Baumeister: Mirak Mirza Ghiyat. Auf quadratischer Plattform ein Quadrat mit abgeschrägten Ecken und pavillon-geschmückten Kielbogen-Iwans im Achsenkreuz (Abb. 245). Im Erdgeschoß ein achteckiger Mittelraum ausgespart, in zwei Stockwerken hochgeführt und durch Trompen mit sphärischen, netzverzierten Zwischenstücken in den Grundkreis einer flachen Kuppel verwandelt (Abb. 246). Darüber eine Kuppel von kielbogenförmigem Querschnitt mit einer Bekrönung des Scheitels durch eine Metallspitze. Pavillons aus acht Stützen und einer Kuppel in den Diagonalen der Mittelkuppel.

Der Begründer der Mogul-Dynastie (M. A. Chaghtai 1937; S. K. Saraswati 1953; Y. K. Bukhari 1957), Ba-

Abb. 246 Delhi: Grab des Humayun.

bur, herrschte über Indien 1526–1531. Sein Sohn und Nachfolger, Humayun, verbrachte etwa 15 Jahre seiner Regierungszeit im Exil in Iran. Aus der Zeit des Babur sind nur bescheidene Bauten in Bruchstein erhalten; das erste Monumentalgebäude der Mogulzeit, das Grab des Humayun, wurde kurz nach dem Tode dieses Kaisers beendet (Abb. 245, 246).
Babur hat den Wunsch gehabt, Timurs Samarkand an prachtvollen Bauten zu übertreffen. Die Architektur des spättimuridischen Herat, das auf dem Wege von Turan nach Indien liegt, hat der Begründer der Moguldynastie anschaulich geschildert. Kielbogenförmige Stichkappen, Pendentifs mit Netzmusterung und Fächergewölbe als Überleitung von einem rechteckigen zu einem runden Raum, wie sie in den Backsteinbauten von Samarkand und Herat häufig sind, wurden unter Babur in einer Art „Siegesdenkmal" bei Kandahar in den Fels gehauen und in Panipat in Bruchstein und Stuck für die kleineren Kuppeln verwendet. An der größeren Mittelkuppel dieser Moschee wird eine struktive Kielbogen-Trompe durch ein solches Netzmuster geschmückt. Die islamische Trompen-Kuppel war zu dieser Zeit in Turan und Iran allgemein verbreitet. Auch Überleitungen aus sphärischen Zwischenstücken kannte man in diesen Ländern; ob unter Babur nach der Überlieferung tatsächlich Baumeister aus dem Osmanischen Reich nach Indien kamen und direkte Anregungen der Pendentif-Kuppel mitbrachten, können wir nicht genau sagen. Die politischen Aufgaben beschäftigten den Begründer des Mogulreiches voll und ganz; der aufmerksame Betrachter turanischer und einheimischer indischer Architektur konnte selbst nicht als Bauherr hervortreten.

Die Angehörigen der Sur-Dynastie verdrängten seinen Sohn lange Zeit vom Thron. Während Hasan und Shir Sur zum Ausdruck ihrer Macht die plastisch reich geschmückte Moschee von Delhi und die gewaltigen, schweren Steinbauten ihrer Gräber in Sasaram errichteten (Abb. 229, 230), lernte der flüchtige Humayun am persischen Hof eine Kultur kennen, in der die Feinheit der Miniaturmalerei und die Leichtigkeit des Backsteinbaus gepflegt wurden. Nach der Wiedereroberung der Herrschaft war es Humayun selbst nicht vergönnt, nach den Idealen persischer Architektur, die gemäß F. C. Davor (1962: 199) besonders in der eleganten Ausdrucksweise besteht, zu bauen; aber seine Frau vollendete sein Grab, in welchem Monumentalität und Feinheit durch einen iranischen Baumeister und indische Handwerker vereinigt wurden. Dies geschah schon in den Jahren, als der Sohn und Nachfolger Akbar, von den Überlieferungen des alten Indien beeindruckt, in seinen Residenzen und Kultstätten schwere Massenbauten der vorderorientalischen Wölbkunst vorzog.
Indische Steinmetzen, deren Vorläufer jahrhundertelang mit dem schweren Amalaka den Tempelturm abgeschlossen hatten, legten auf die Kuppeln der Sayyid-Lodi-Gräber eine Last von Aufbauten. Dagegen bevorzugte man in Panipat auf dem Scheitel der Kuppel eine Laterne vorderorientalischer Bauweise (F. Langenegger 1911: Fig. 140), wie wir sie über der Kuppel von Malot (K. Fischer 1961: Taf. 71, 72) als Aufbau islamischer Zeit kennengelernt haben. Im Grab des Humayun ist die untere, flache Kuppel über dem Kenotaph durch ein abstraktes Muster iranisch-islamischer Art geschmückt: durch einen vierundzwanzigzackigen Stern, wie er im Zeitalter des Shah Jahan am Grab des Diwan Shurfa Khan in Thatta wieder als Verzierung der Kuppel-Laibung dienen wird. Der persische Baumeister des Humayun-Grabes hat die Bauweise mit übereinandergesetzten Kuppeln wieder nach Indien eingeführt (Abb. 246); die Spitze der äußeren Schale mit ihrem scharf profilierten, kielbogigen Querschnitt wird durch eine Bekrönung aus einer Stange mit Scheiben und Kugeln betont (Abb. 245). F. Langenegger (1911: Fig. 158) hat zahlreiche Spielformen solcher Kuppelabschlüsse aus dem islamischen Orient zusammengestellt. Sie bestehen aus Holz und Metall und erhöhen den Kuppelbau, ohne ihn zu belasten. In der Folgezeit werden indischer Amalaka und vorderorientalische Metallspitze miteinander in Stein-Stuck-Kombinationen verbunden. Anfangs, unter Akbar, herrscht der altindische Eindruck eines schwer lastenden Baugliedes vor. Später, unter Shah Jahan, umfaßt ein Lotos aus Stuck eine Metallspitze; auf den immer weiter gespannten Kuppeln wird das Gewicht der Bekrönung geringer und die Vertikalität des Bauglieds betont.

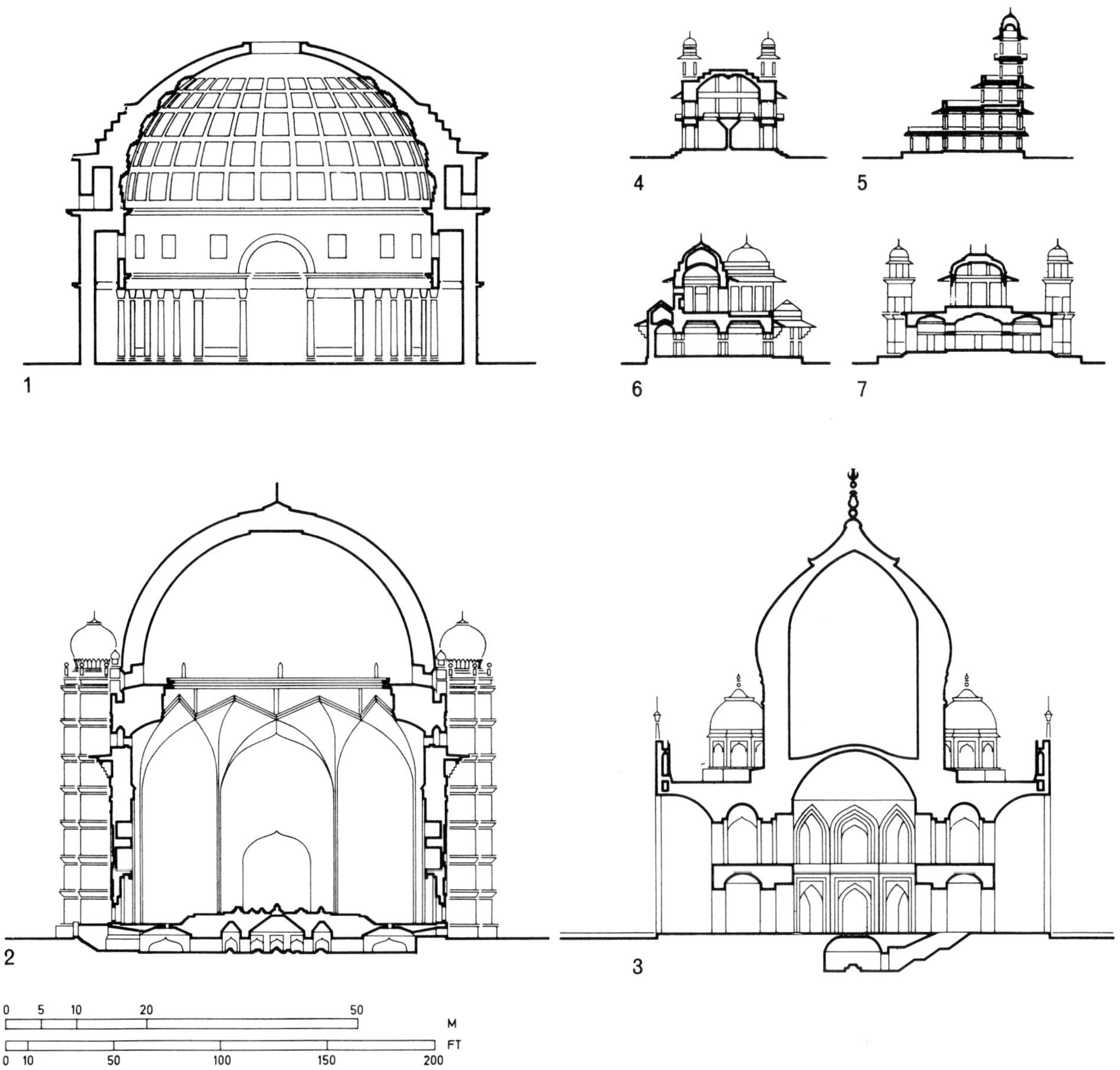

Abb. 247 Größenvergleich von Bauwerken: 1 Pantheon in Rom; 2 Gol Gumbaz in Bijapur; 3 Taj Mahall in Agra; 4 Diwan-i Khas in Fathepur Sikri; 5 Panch Mahall in Fathepur Sikri; 6 Haus des Raja Birbal in Fathepur Sikri; 7 Grabmal des Itimad ud-Daula in Agra.

Der Bauherr Akbar (1556–1605)

Agra: Burg, Jahangiri Mahall, auch als „Roter Palast“ bekannt. 1566 von Akbar begonnen und als einziger Bauteil bei der späteren Umgestaltung der Burg nicht verändert (O. Reuther 1925: 40; A. Volwahsen 1969: 61–65; K. Fischer 1974b: Bild 43, K. Fischer 1976b: Farbtaf. XXIV, XXV). Rechteckige Wohnräume durch schwere Steinplatten abgeschlossen: in waagerechtem Sturz durch steinerne Streben gestützt, durch eine Konstruktion aus gekurvt zugehauenen Steinbohlen mit Vouten und einer Spiegelfläche eingedeckt. Zahlreiche Pavillons: schwere Dächer mit schattenspendenden Vorsprüngen auf schlanken Stützen.
Fathepur Sikri: 1569 als neue Residenz gegründet, bei Verlegung des Hofes 1584 nach Lahore vor endgültiger Fertigstellung wieder verlassen.
– Diwan-i Khas, „Halle der Privataudienz“. Mauerquadrat (Abb. 247 Nr. 4) und zentraler Pfeiler (Abb. 53) im Erdgeschoß. Von dessen reichverziertem Kapitell Gänge in den Diagonalen zu den Ecken des Raumes. Über dem Ganzen ein Spiegelgewölbe aus gekurvten Steinsparren; an die Steinplatte des Spiegels ein zentrales Schmuckstück gearbeitet: geometrische Muster, Lotosblüte, Hängezapfen (Abb. 248). Die Konstruktion durch Gußmauerwerk hinterfüllt und nach außen zu einer dreistufigen Pyramide abgeglichen, Betonung der Ecken durch Stützen-Pavillons mit schweren Kuppel-Aufbauten (Abb. 247 Nr. 4).

Abb. 248 Fathepur Sikri: Diwan-i Khas, Decke und Lotos-Schlußstein im Obergeschoß.

– Jodhbais Palast, Wächterhaus (O. Reuther 1925: Abb. 31; K. Fischer 1974b: Bilder 112, 222, 223). Langrechteckiger Raum durch eine Kielbogen-Tonne aus gekurvten Steinsparren mit eingespundeten Steinbohlen überdeckt. Dieses Dach mit Gußmauerwerk hinterfüllt und äußerlich zu einem geradflächigen Satteldach abgeglichen.
– Miriams Haus (O. Reuther 1925: 38). Mehrräumige Wohnanlage. Darin u. a. Decken aus ebenen Steinplatten im Muster einer Laternendecke, also aus rechtwinklig gegeneinander verlegten Baugliedern.
– Panch Mahall. Fünfgeschossiger Bau von zurückspringenden Terrassen aus Stützen und Flachdecken und einem Pavillon aus vier schlanken Stützen mit einer schweren Kuppel (Abb. 247 Nr. 5).
– Raja Birbals Haus. Zweigeschossiger Wohnbau. Das Erdgeschoß mit einer ebenen Steindecke in reicher Gliederung durch lotosgefüllte Quadrate abgeschlossen. Die oberen Stockwerke durch eine flache Rippenkuppel überwölbt; darüber eine gesonderte Raumschale in der Form einer gestelzten Kuppel mit Amalaka, Lotos und Spitze (Abb. 247 Nr. 6).
– Die Moschee. Breitrechteckiger, im Westen durch Bastionen verstärkter, nach Osten offener Stützenbau mit zentraler Iwan-Nische. Dieser pishtaqartig ummantelte Torbau durch trompenförmige Stichkappen mit sphärischen Zwischenstücken in eine Halbkugel verwandelt. Der Hauptkultraum dahinter aus dem Quadrat durch große Kielbogen-Trompen in das Oktogon und durch ein kleineres Trompen-Geschoß auf dreieckigen Steinplatten und vorkragende Steinschichten in den Grundkreis einer Kuppel aus radialen Lagerfugen überführt. Die quadratischen Kulträume vor den Mihrab-Nischen in den nördlichen und südlichen Flügeln der Moschee durch Türkische Dreiecke in besonders reicher, horizontaler plastischer Untergliederung in das Achteck und weiter durch Trompen-Geschosse in eine Klosterkuppel aus krummen Steinbohlen überführt (Abb. 249).

Jaunpur: Akbar-Brücke (A. Führer 1889: 7; P. Brown 1964: pl. LXXX1), 1564–1568; auf Kosten Akbars Einwölbung der Brückenjoche durch Kielbogen-Tonnen. Einzelne Teile, vor allem die Pavillons, nach dem Hochwasser 1887 restauriert (Abb. 250).

Der Mogulkaiser Akbar suchte Überlieferungen des alten Indien und des Islam zu einer neuen geistigen Einheit zu verschmelzen. Dieses Ideal wird in den Formen der nordindischen Residenzen von Agra, Ajmer und Fathepur Sikri widergespiegelt: Indische Bauweisen mit Quadersteinen in trockenem Verband bilden das Gerüst für flach eingedeckte oder durch Kragekonstruktionen geschlossene Gebäude, die durch islamische Schmuckformen bereichert werden (Abb. 248). Eine repräsentative Kultstätte, die Freitags-Moschee von Fathepur Sikri, ist dagegen nach dem Vorbild des Iwan auf iranische Weise in einer Werkstein-Mörtel-Konstruktion eingewölbt (Abb. 249) und mit dem indischen Deckstein Amalaka verziert.
Der Abwechslungsreichtum von Raumdecken in Agra und Fathepur Sikri beruht im wesentlichen auf den vielen Verbindungen, in denen man waagerechte oder krumm zugehauene Steinbohlen in trockenem Verband zusammensetzte (Abb. 247 Nr. 4–7). Nur ausnahmsweise finden in der Residenz und in der Provinz Wölbungen islamischer Tradition Verwendung.
Die steinernen Balken und Platten über den rechteckigen Kammern im „Roten Palast" oder in Raja Birbals Haus (Abb. 247 Nr. 6) sind einfache Konstruktionen aus waagerechtem Sturz und schmuckreiche Gebilde entweder rein durch die Unterteilung in Felder oder durch die plastische Ausgestaltung – wie wir es von mittelalterlichen Hindu-Tempeln her kennen. Und wie bei altindischen Kultstätten von Vijayanagara sind beim Panch Mahall (Abb. 247 Nr. 6) eben überdeckte Stützenstellungen in der Ebene und in der Höhe zusammengesetzt worden.
Krumm zugehauene Steinbohlen als Tempeldach beobachteten wir erstmals in Nordwest-Indien. In den Palästen von Agra und Fathepur Sikri (Abb. 248) ist dieses typisch indische Handwerk zu einem höchst künstlerischen Abschluß von Innenräumen benützt worden. Es werden Konstruktionsformen der Kielbogen-Tonne, des Klostergewölbes, des Spiegelgewölbes, der Rippen-Kuppel (Abb. 249) und verschiedene Kombinationen von Raumelementen nachgeahmt. Die Vorbilder für die verschiedenartigen Raumformen stammen aus dem altindischen Zimmermanns-Handwerk.
Für bestimmte praktische und kultische Baupläne erwiesen sich die Formen des islamischen Iran als geeignet. Die Kielbögen, auf deren tragfähiger Wölbung die Brücke von Jaunpur (Abb. 250) beruht, und die Trompen und Pendentifs, die dem Kultraum der Moschee von Fathepur Sikri (Abb. 249) ein besonderes

Abb. 249 Fathepur Sikri: Freitags-Moschee, Kuppel im nördlichen Seitenflügel.

Gesicht verleihen, waren schon längst nicht nur im islamischen Kultbau Indiens, sondern auch im neueren dravidischen Palastbau heimisch geworden. Baldachin-Trompe, Türkisches Dreieck (Abb. 249), Stalaktiten-Übergang oder Netz-Pendentif werden meist auf indische Weise dekorativ interpretiert; hieran werden die Baumeister unter Jahangir anknüpfen. Stützen-Pavillons mit schweren, schattenspendenden Dächern und kuppeligen Aufbauten, die in zeitgenössischen Miniaturen oft als Architektur-Kulisse dienen, gehören einheimischen und fremden Überlieferungen an. Die großen Tore an den Eingängen zur Freitags-Moschee von Fathepur Sikri und das Portal zum Heiligtum selbst werden durch iranische Kielbögen und indische Pavillons beherrscht. Aus Iwan und Pishtaq sind kombinierte Baugestalten entstanden, die gegenüber den rein flächigen Scheinfassaden des Iran schwer, dreidimensional, indisch-plastisch wirken, die aber im Verhältnis zu den älteren indo-islamischen Pishtaq-Fassaden von Jaunpur (Abb. 210) leichter und durch Dekoration aufgelöst anmuten.

Wo immer wir bisher an islamischen Residenzen und Kultstätten den symbolischen indischen Lotos, Ringschichtendecken mit Hängezapfen, den Deckstein Amalaka und Mandala-Figuren im Architektur-Schmuck bemerkt haben, hielten wir solche Bauglieder und Flächenmuster für traditionelles Handwerksgut einheimischer Steinmetzen und Dekorateure, die ihre ererbte Kunstfertigkeit voll und ganz in den Dienst der neuen Herren stellten. Dagegen *können* altindische kosmologische Bauformen in Fathepur Sikri auf Wunsch des Mogulkaisers Akbar verwendet worden sein: Als dieser Bauherr nicht nur in privater Initiative eine neue Residenz gründete, sondern hier

Abb. 250 Jaunpaur: sog. „Akbar-Brücke".

auch eine Versammlungshalle anlegen ließ, in der hinduistische und mohammedanische Gelehrte im Gespräch mit ihm eine neue synkretistische Religion schaffen (E. Diez 1961: 103) und die Gedanken entgegengesetzter Anschauungen versöhnen sollten. Aus praktischen Ursachen ist es in Fathepur Sikri nie zu einem kontinuierlichen städtischen Leben gekommen. Der Versuch, Toleranz zur Grundlage von Politik und Kultur zu machen, endete mit dem Tode Akbars und gilt dem orthodoxen Mohammedaner noch heute als suspekt (M. Hamidullah 1954: 133). Nur einige Beispiele des Massen- und Gliederbaus und der Raumkunst haben sich erhalten, die wir als architektonischen Ausdruck für die geistigen Ideale Akbars verstehen dürfen: Mit traditionellen indischen handwerklichen Mitteln des Aufeinanderschichtens und Vorkragens und mit dem Kunstgriff kurvig zugehauener Steinbalken ließ der Mogul-Herrscher uralte hinduistische und buddhistische Symbole im Herzen einer islamischen Hauptstadt abbilden.
Die quadratischen Felder der flachen Steinplatten-Decke über dem Erdgeschoß von Raja Birbals Haus (Abb. 247 Nr. 6) sind mit Lotos-Mustern geschmückt (K. Fischer 1974b: Bilder 44 u. 224). Die äußere Schale der Doppelkuppel über dem Obergeschoß trägt einen Amalaka, eine Lotos-Rosette und Spitzen. Nach O. Reuther leitet sich das Panch Mahall technisch vom altindischen Holzpfostenbau her (Abb. 247 Nr. 5). Zugleich ist dieser Bau mit seinen gestufeten Terrassen ein anschauliches Bild für den Stockwerkbau des Kosmos. Den Diwan-i Khas nannte E. Diez (1961: 170) eine mythokosmische Anlage: Der Mittelpfeiler stellt den Berg Meru, den Weltenbaum, die Welt-Achse dar; er trug den Thron für den Kaiser Akbar, der sich von dort an seine Minister in den Ecken des Obergeschosses wandte – die reich geschmückten, freitragenden Gänge in den Diagonalen des Raumes symbolisierten die vier Welt-Ströme oder Paradiesesflüsse (Abb. 247 Nr. 4). Diesen Beobachtungen darf man noch folgende hinzufügen: An die Steinbalken des Spiegels im Zenit der Konstruktion aus krummen Steinbohlen ist ein Hängezapfen wie in einer Lotos-Ringschichtendecke gujaratischer Tempel angearbeitet (Abb. 248). Dieses einzigartige Schmuckstück der Deckenzone befindet sich genau im Zentrum der ganzen Anlage über dem Welt-Pfeiler und hat sicherlich dieselbe Bedeutung wie ein lotosförmiges Bauglied am Hindu-Tempel als Abbild der Welt-Schöpfung und Reinheit. Der Hängezapfen inmitten eines Lotos bildet aber auch das Zentrum des äußeren Abschlusses, der aus drei flachen Terrassen besteht und ein weiterer Hinweis auf den Stufenbau der Welt sein dürfte. Diese „bedeutsame" zentrale Gesamtkomposition über dem feierlichen Innenraum wird an den vier Ecken des Daches durch Kuppel-Pavillons umgeben – wie beim Panchayatana-Typus ein mittlerer Kuppel- oder Turmbau von vier Eckbauten in den Diagonalen eingefaßt wird.
Einige Bauten von Fathepur Sikri haben aber auch eine besondere Bedeutung für den frommen Mohammedaner und spielen auch eine Rolle im profanen Herrscherkult. So gilt die Freitags-Moschee als eine Nachahmung der Moschee von Mekka. Das Buland Darwaza wurde 1601 zur Erinnerung an den Sieg über Khandesh an der Stelle eines früheren, bescheideneren Torbaus errichtet; nach E. B. Smith (1956: 186) gehört es zu denjenigen indo-islamischen Bauten, in denen das Baldachin-Kuppel-Motiv nach der Tradition des antiken Stadttors die Hoheit des Herrschers bezeichnet.

Der Bauherr Jahangir (1605–1627)

Agra: Grab des Itimad ud-Daula, Vater von Jahangirs Frau Nur Mahall, 1626 (Abb. 247 Nr. 7). Rechteckiger Garten mit Torbauten im Achsenkreuz; in der Mitte der Anlage das eingeschossige Grab mit Baradari-Aufsatz. Rechteckige Kammern der Tore durch eine Übergangsform zwischen Stichkappe und Spitzbogen-Trompe mit sphärischen Zwischenstücken in das Polygon als Grundlage von Sterngewölben verwandelt. Erdgeschoßräume des Grabes durch Spiegeldecken geschlossen (Abb. 251). Baradari mit einer Decke aus krummen Steinbohlen in der Form eines Spiegelgewölbes geschlossen und in den Diagonalen durch vier Türme umgeben.
Lahore: Moschee der Mariam Zamani, der Mutter des Jahangir; 1614, älteste datierte Moschee der Stadt (M. Wheeler 1950: 83). Mittelraum: Grundquadrat durch Kielbogen-Nischen und gekehlte Pendentifs in ein Polygon als Ausgangspunkt für ein Sterngewölbe verwandelt. Mihrab: Breitrechteck durch Rippenzwickelnetz in Halbkugel übergeleitet.
Lahore-Shahdara: Grab des Jahangir und Torbauten des Gartens, nach seinem Tode um 1637 durch seine Frau Nur Mahall vollendet (M. W. Khan 1961: Fig. 29). – Rechteckiger Raum zwischen Wänden und

Abb. 251 Agra: Grabmal des Itimad ud-Daula, Inneres des Dachpavillons.

Zackenbogenstellungen durch massive, ebene Dekken oder Sterngewölbe über Pendentifs geschlossen. Osttor: breitrechteckiges Obergeschoß der Tordurchfahrt durch Folgen von übereckgesetzten Steinen in Näherungsformen von Kugelflächen überführt. Nordtor: rechteckige Raumabschnitte durch Übergangslösung zwischen Stichkappen und Spitzbogen-Trompen in Sterngewölbe verwandelt.

Jahangir ragt als Bauherr weder so hervor wie sein Vater Akbar noch wie sein Nachfolger Shah Jahan. Bei der Vollendung von Akbars Grab hielt er sich im wesentlichen an die Linie, die der Vorgänger vorgezogen hatte. Prunkvolle Residenzbauten sind aus seiner Zeit nicht erhalten, da seine Anlagen in den Hauptstädten später umgebaut wurden. Nur in der Festung Agra gehen einige Paläste im Akbar-Stil auf Jahangir zurück. An verschiedenen Stellen des nördlichen und mittleren Indien werden unter seiner Regierung kleinere Bauten ausgeführt, in denen die persischen Elemente im Stil der Freitags-Moschee von Fathepur Sikri zunehmen. Sein eigenes Grab und das seines Schwiegervaters, beide unter Jahangir begonnen und nach seinem Tode vollendet, zeigen den Übergang dieser iranischen Motive zum Großartigen und Prunkvollen. Von jetzt an ersetzt der kostbare Marmor die früheren, einfacheren Baustoffe.
Jahangir ist als Patron der Miniaturmaler in die Geschichte der indischen Kunst eingegangen, hat aber auf dem Gebiet der Architektur keine wesentlichen Neuschöpfungen angeregt. Am Akbar-Grab in Sikandra verwendete man neben den vorder-

Abb. 252 Agra: Mittelraum des Taj Mahall.

orientalischen Bau- und Schmuckweisen auch altindische: Gewölbe aus krummen Steinbohlen, Laternendecken, waagerechten Sturz. Wir treffen diese Formen noch gelegentlich in den Baradaris auf den Gräbern von Allahabad oder Agra. Jedoch wird die spätere Mogul-Baukunst durch eine Weiterbildung iranischer Anregungen bestimmt. Eine Form, die unter Akbar nur eine Ausnahme darstellte, z. B. im Hauptportal der Freitags-Moschee von Fathepur Sikri, wird von nun an die Regel: die Verwandlung von rechteckigen Torhallen, quadratischen Grabkammern oder ausgedehnten Moscheen durch Übergänge aus Trompen und Pendentifs mit Netzschmuck in Polygone als Ausgangspunkt von Sterngewölben. Die konstruktive Grundlage ist das einfache System einer Trompen-Kuppel, einer Stichkappe oder einer Hängekuppel. Dieses Gerüst wird seltener durch bunte Steine, häufiger durch bemalten Stuck in einer Vielzahl immer neuartiger Muster verschleiert.

Während der Kunsthistoriker M. R. Anand (1963: 29) in Jahangir den Mäzen sieht, der das Werk Akbars vollendete und besonders fruchtbare Ansätze der späteren Akbar-Architektur zur Weiterentwicklung brachte, schätzt ein Religionshistoriker wie M. Hamidullah (1954: 133) an Jahangirs Politik vor allem die Abkehr von der Häresie, von der Bevorzugung hinduistischer Kultur. Vielleicht äußert sich die neue Tendenz des Mogul-Hofes u. a. darin, daß nicht länger

Massen- und Stützenbauten mit waagerechtem Sturz und Laternendecken altindischer Herkunft gebaut werden, sondern daß jetzt im Zeitalter neuer direkter Kontakte mit Persien die Bau- und Schmuckformen der Großgewölbe-Konstruktionen etwa von Isfahan vorbildlich werden. Trotz einer solchen Bevorzugung der iranischen Elemente errichtet man weiterhin auf indischem Boden Bauten, die nicht in Persien stehen könnten und die eine struktiv-dekorative indo-islamische Einheit bilden. Das uralte Panchayatana-System hatte nicht nur den altindischen Religionsgemeinschaften als Grundriß für Turm- und Kuppel-Kompositionen gedient, sondern auch die frühislamischen Bauschulen Indiens angeregt. Auch die Baumeister im Zeitalter des Jahangir schufen neue Varianten. Am Grab der Schwester des Khushrau in Allahabad wird eine mächtige Lotos-Kuppel durch vier kleine überkuppelte Stützen-Pavillons umgeben; die Baradari auf dem Grab des Itimad ud-Daula umstehen vier Minaretts, die aus bastionsartigen Verstärkungen des Mauerquadrats hervorwachsen (Abb. 247 Nr. 7).

Der Bauherr Shah Jahan (1627–1658)

Agra, Burg:

– Anguri Bagh. Baugruppe am Ende eines Hofes über dem Fluß. Ein Bengali Mahall, ein breitrechteckiger Pavillon mit aufgebogener Firstlinie in der Art der lotrechten Ringtonne, beiderseits eingefaßt von quadratischen, durch krumme Steinbohlen spiegelgewölbeförmig geschlossenen Kammern (K. Fischer 1974b: Bild 237).

– Moti Masjid, „Perl-Moschee“, 1654. Sieben Schiffe zu drei Jochen auf Stützen mit Zackenbögen. Die quadratischen Raumeinheiten der mittleren Joche abwechselnd durch waagerechten Sturz und Pendentifkuppeln überdeckt (K. Fischer 1974b: Bild 238).

– Khas Mahall. Dreitoriger Breitraum mit vorgelagerter fünfjochiger Halle von drei Joch Tiefe. Über letzterer: Flachdecke aus Marmorplatten auf dem unteren Flansch von metallenen T-Trägern; auf dem oberen Flansch: Sandsteinplatten und Gußbeton (K. Fischer 1974b: Bilder 239, 240). (= Gegenwärtiger Zustand nach den Reparaturen 1946–1949 nach dem Vorbild von Reparaturen des 19. Jahrhunderts, bei denen die mogulzeitliche Konstruktion des einfachen waagerechten Sturzes durch englische Ingenieure in eine Eisenträger-Struktur verändert wurde.)

Agra, Taj Mahall: Grab der Frau des Shah Jahan, 1634. Angebliche Beteiligung des Bauherrn Shah Jahan am Entwurf, Hauptarbeit durch den Hofbaumeister Ustad Ahmad Lahori, mehrere Baumeister und Dekorateure; die Kuppel wahrscheinlich durch Ismail Khan Rumi (Abb. 247 Nr. 3). Achteckiger Mittelraum (Abb. 252) mit dem Kenotaph durch rechteckige Kammern im Achsenkreuz und durch Oktogone in den Diagonalen ummantelt und zum Quadrat mit abgeschrägten Ecken abgeglichen. Zentralraum durch halbkugelige Kuppel eingewölbt. Darüber hoher kreiszylindrischer Tambour mit Zwiebelkuppel als Blickfang. Die Kuppel in den Diagonalen von vier achteckigen überkuppelten Pavillons, das Grab selbst durch vier Minaretts an den Ecken einer quadratischen Terrasse umgeben. Am Haupteingangstor zum Garten- und Grabbezirk eine Kielbogen-Nische auf dem Grundriß des halben Achtecks in ein Netzgewölbe verwandelt. Unterirdische Grabkammer durch Klostergewölbe geschlossen.

Delhi, Freitags-Moschee: 1644–58 (Abb. 253). Beiderseits des Iwan und des Hauptkuppelraums vor dem Mihrab fünfschiffige, zweijochige Breitrechtecke. Wechsel von Decken aus waagerechtem Sturz über Kehle und überkuppelten Quadraten. Die Mittelkuppel und die beiden etwas niedrigeren Seitenkuppeln: Überleitung aus dem Quadrat durch reichverzierte Trompen und pendentifartige Zwischenstücke in den Grundkreis einer Kuppel mit dekorativ aufgelegten Rippen; darübergesetzt ein Kreiszylinder mit Zwiebelkuppel und Lotosbekrönung (K. Fischer 1974b: Bilder 95, 235, 236).

Die Burg Lahore: (M. W. Khan 1961: 4) Naqqar Khana, Sitz der Musikkapelle im Obergeschoß des Haupt-Burgtores. Breitrechteckiger Raum im Mittelteil flach gedeckt. An den Seiten, rechtwinkelig zur Achse des Raumes, Tonnen von spitzbogigem Querschnitt und mit geknickter Firstlinie.

Die Stadt Lahore: Moschee des Wazir Khan, 1634. Breitrechteck aus 5 Quadraten; das mittelste durch eine große, die beiden seitlichen durch kleinere zweischalige Kuppeln mit Schlußstück aus Stuck-Lotos und Metallspitze überwölbt (M. W. Khan 1961: 11).

Lahore-Shahdara: Grab des Asaf Khan, gest. 1641. Durch Kielbogen-Portale nach außen geöffnetes Achteck, im Innern in zwei Geschosse gegliedert und durch eine Flachkuppel überwölbt. Darüber ein niedriger achteckiger Tambour in eine Zwiebelkuppel überführt (M. W. Khan 1961: 20).

– Grab der Nur Jahan, gest. 1645. Quadratische Plattform. Quadratischer, eingeschossiger, durch Eckbastionen verstärkter Bau mit Risaliten im Achsenkreuz und in Kielbögen nach außen geöffneten Gängen. Die rechteckigen Abschnitte dieser Gänge durch lotrechte Ringtonnen eingewölbt (M. W. Khan 1961: 22).

Unter Shah Jahan erreichte die Verschmelzung indischer und islamischer Bau- und Schmuckweisen ihren Höhepunkt. In Residenzstädten – Agra, Delhi und Lahore – verwendete man weißen Marmor und kostbare Steine für Einlegearbeiten. Durch Marmorplatten verkleidete Backsteinbauten wurden später gelegentlich des kostbaren Materials beraubt.

In den repräsentativen Bauten der Residenz und in

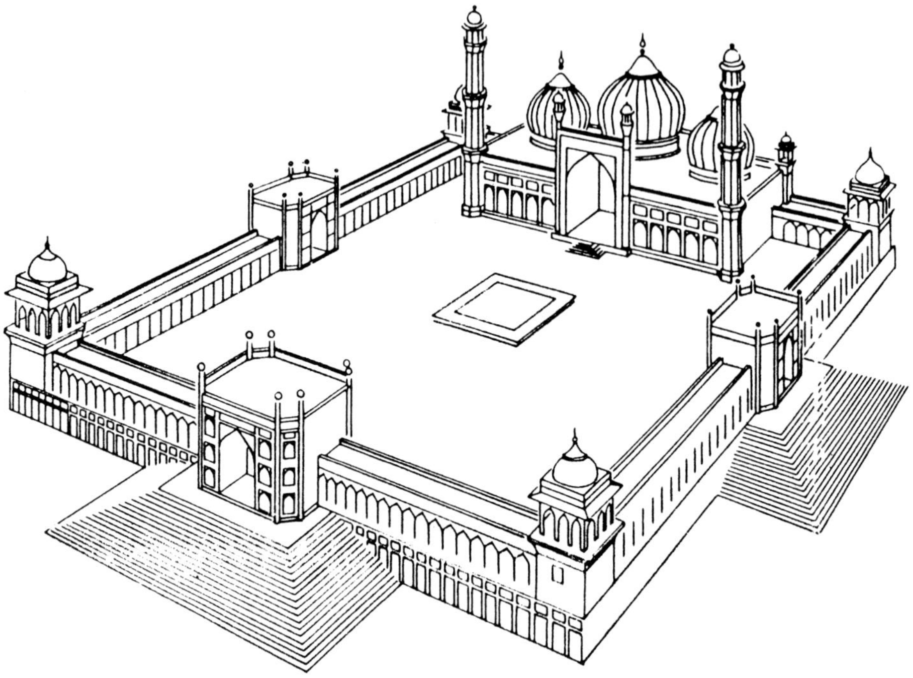

Abb. 253 Delhi: Freitags-Moschee.

verschiedenen Provinzen des Mogulreiches dienen einige altindische handwerkliche Mittel und viele Erfindungen islamisierter Länder zu struktiven Grundgerüsten, in denen seltener die funktionellen Glieder klar zutage treten wie bei den Pendentifen in der Perl-Moschee von Agra, in denen häufiger ein einfaches Skelett durch ein reiches dekoratives Spiel ausgedeutet wird, wie am Eingangsportal zum Taj Mahall und im Grab des Asaf Khan.

In den Marmorbauten der Residenz werden durch Pfeiler geteilte Hallen mit schmuckreichen Zackenbögen häufig durch einfache, waagerecht verlegte Steinbalken eingedeckt. Für stützenlose Säle konstruiert man wie in Vijayanagara oder Bijapur mit einem vorzüglichen Mörtel frei tragende ebene Decken. Pavillons schließen die indo-islamischen Steinmetzen gelegentlich noch in der altertümlichen Weise mit krummen Steinbohlen in Gewölbeform; doch gewinnt jetzt überall das Bengalische Dach an Verbreitung. Die lotrechte Ringtonne mit aufgebogenem First wird als beliebtes dekoratives Mittel auch in den Verband anderer, ausgedehnter Bauten einbezogen und dann durch eine flache Decke abgeglichen. Auf Marmormauern mit Verzierungen aus bunten Steinen erheben sich übereinandergesetzte Kuppeln, deren obere durch einen Tambour turmartig hochgehoben wird (Abb. 247 Nr. 3). Daneben gibt es wie früher Kuppelbauten mit doppelten Raumschalen, deren Umriß sich innerhalb der gewohnten Formen hält. Die Überleitung aus dem Quadrat in den Grundkreis der Kuppel erfolgt sowohl bei den eingeschossigen Räumen wie auch bei der unteren Raumschale in doppelgeschossigen Anlagen durch sphärische Dreiecke.

Dagegen überwiegen in den Sand- und Backsteinbauten einer Provinz-Hauptstadt wie Thatta andere Bauformen. Die Überleitung aus dem Quadrat in das Rund der Kuppel erfolgt über Trompen, Baldachin-Trompen, gekehlte Pendentifs; gegenüber den mathematisch reinen sphärischen Übergangsformen von Agra und Lahore bevorzugt man hier polygonale als geeignete Vermittlung zu sternförmigen Gewölben. Noch immer konstruiert man an Werksteinbauten Übergänge aus dem Quadrat über das Achteck in eine Näherung des Kreises durch Ringschichten, die Jahrhunderte zuvor in Sind unter gujaratischem Einfluß eingeführt worden waren. Häufig überzogen die Dekorateure Backsteinbauten mit einer Putzschicht, in welcher sie Formen von Werkstein nachzeichneten.

Der altindische Lotos dient auch jetzt als konventionelles Schmuckmittel. In Marmor, Stuck oder buntglasiertem Backstein ist er als Innendekoration mit islamischen, geometrischen, abstrakten Mustern verbunden. Wie im Dekkhan sind die Scheitel von Kuppeln nicht durch den schweren Amalaka belastet, sondern durch blütengleich aufstrebende Lotosblätter aus Stuck und schließlich mit einer Metallspitze bekrönt (Abb. 247 Nr. 3). Die mittelalterliche indische Kombination von Amalaka und Kalasa *kann* in einigen dieser abstrakten Formen nachwirken: während früher schwere Bauglieder die massiven Tonnen des Hindu-Tempels als ein Himmelssymbol zierten, erheben sich jetzt Folgen von Kugeln und schlanken Spitzen über dem gebogenen First des Bengalischen Daches und auf den vier Ecken eines Spiegelgewölbes.

Grund- und Aufriß des Panchayatana-Systems bestimmen nach E. B. Havell (1913) und A. Foucher (1905–1951: 826) die Baugestalt des Taj Mahall. Die Gruppierung einer Mittelkuppel mit vier Kuppeln in den Diagonalen kann nach unseren obigen Hinweisen auch auf den spätsassanidischen Feuertempel zurückgehen. Ob ein altindisches oder altiranisches Vorbild zugrunde liegt oder ob beide Quellen die Anregungen zu den späteren indischen Baugruppen dieser Art ergeben – die indo-islamischen Baumeister des Taj Mahall haben für eines der größten Gebäude dieses Typus die leichteste und zierlichste Form gefunden.

Am Tor zum Gartenbezirk dieses Grabes ist über einem Rechteck an einer Restfläche der Kugel aus Stuck ein kompliziertes geometrisches Muster entwikkelt worden. Über einigen Backsteinbauten von Thatta spannen sich Gewölbe, die vielleicht das Bild eines Sterns oder sogar des gestirnten Himmels erwecken sollten. Aus dem zeitgenössischen Schrifttum sind bisher keine Stellen bekannt geworden, nach denen diese Muster eine andere als rein dekorative Bedeutung haben.

Mit den Bauten der Epoche Shah Jahans endet die schöpferische Zeit der indischen Kunst. Von Aurangzeb an entstanden zwar bei der Wiederholung, Vergrößerung und neuartigen Ausschmückung überlieferter Typen hin und wieder gut proportionierte und sauber ausgeführte Bauten, doch erwecken sie meist mehr das Interesse des Historikers und des Bauingenieurs als das des Kunstwissenschaftlers. Nie wieder vereinigten sich auf indischem Boden unter *einem* Herrscher, an *einer* Bauaufgabe so viele verschiedenartige künstlerische Temperamente. Aus der Baugeschichte des Taj Mahall sind – eine Ausnahme im indischen und auch im indo-islamischen Bereich – zahlreiche Nachrichten über die beteiligten Landschaftsgärtner, Architekten, Außen- und Innendekorateure auf uns gekommen. Bei der Sichtung des Urkundenmaterials hat Chaghtai auch den persönlichen Einfluß des kaiserlichen Bauherrn auf das Werk klarzustellen versucht. Die Kuppel entwarf wahrscheinlich Ismail Khan Rumi, also ein Baumeister aus Rum, der Heimat der Osmanen, der Rum-Seldschuken, der „Römer" = Byzantiner. Haben wir hierin einen Hinweis darauf zu sehen, daß die schon öfter angedeuteten Beziehungen der indischen Großgewölbe-Bauten zu den Vorbildern byzantinischer und osmanischer Zeit noch gegen Ende der Mogul-Herrschaft lebendig waren und daß komplizierte Kuppeln Indiens von vorderorientalischen Wanderkünstlern konstruiert wurden?

Das Taj Mahall haben seit seiner Vollendung nicht nur Inder, sondern auch europäische Besucher des Mogul-Hofes so sehr bewundert, daß es schließlich zum bekanntesten Bauwerk Indiens wurde. Während der letzten Generation bahnte sich ein Wandel des Geschmacks an, und man begann, die Früh-Mogul-Form des einfacheren, strengeren, „männlichen" Humayun-Grabes (Abb. 245) der überfeinerten, „weiblichen", mehr dekorativen als tektonischen des Taj Mahall (Abb. 247 Nr. 3) vorzuziehen. Inzwischen ist auch gegen diese Anschauung wieder eine Reaktion eingetreten, und es gilt wohl nach wie vor z. B. H. Wölfflins (1921; abgedruckt in: Kleine Schriften 1946, S. 220) positives Urteil über die künstlerische Bedeutung dieses Grabbaus. Bei der Betrachtung von Handwerk und Kunst indischer Decken und Gewölbe erleben wir in der Epoche Shah Jahans eine Verfeinerung aller bisherigen einheimischen und fremden Bau- und Schmuckweisen; als typisches Werk der Mogul-Hofkunst stellt auch das Taj Mahall einen vollendeten Ausgleich zwischen indischer und islamischer Kunstauffassung dar.

Die Wandlung von der schweren zur leichten, von der massigen zur aufgelösten Form ist eine allgemeine Erscheinung der eurasischen Kunst. Um seiner symbolischen Beziehungen willen konnte in einer tausendjährigen Entwicklung der indische Tempel aber seine Massigkeit nicht grundsätzlich verändern; statt dessen bereicherten die Inder sein Äußeres und Inneres durch plastischen Schmuck, der gelegentlich dem urtümlichen Gefüge des Gesteins ein wenig von seiner Schwere nahm. Dagegen eigneten sich die Erbauer indischer Fürstensitze islamische Wölbformen an, um Thronsäle, die man sich unter dem Zenit des Himmels vorstellte, mit einer hohen, leichten Schale in der Art der mühelos schwebenden Himmelskuppel zu überspannen. Die Anregungen vorderorientalischer Wanderkünstler wurden auf indischem Boden indisiert: sie gewannen an Reichtum durch uralte symbolische Schmuckformen, sie verloren an ursprünglicher tektonischer Klarheit. Mit der letzten großen Welle iranischen Einflusses unter Shah Jahan gelangten indische Bauleute dazu, die Eleganz persischer Ausdrucksweise bis in jede Einzelheit zu übertragen.

Neben den vielgestaltigen Gewölbe- und Kuppelformen schätzte man weiterhin Repräsentationsräume, die mit einer Flachdecke abgeschlossen waren. In der Hindu-Residenz Vijayanagara und in der islamischen Hauptstadt Bijapur begann man durch eine besondere Technik, die vor allem auf der Zähigkeit eines rasch abbindenden Mörtels beruhte, auch größere Flächen in eben verlegten Steinen zu überdecken. In der späteren Mogul-Zeit beherrschte man das Handwerk, Räume ohne Unterteilung durch Stützen mit einer einheitlichen Decke zu überziehen.

Das Bengali Mahall stellte in der ostindischen Deltagegend eine handwerklich saubere, aber nüchterne Übertragung der Lehm-Bambus-Schilf-Form in den Backstein dar; im Verband eines größeren Gebäudes beschränkte man sich darauf, die lotrechte Ringtonne als einfache Raumschale auszuführen. Die Baumeister des Shah Jahan übersetzten nicht nur diese Baugestalten in den kostbaren Marmor, sondern werteten

Abb. 254 Aurangabad: im Vordergrund Wasserwerke, hinten Grab der Rabia Daurani.

auch ihre Möglichkeiten als Raum und als Körper künstlerisch aus. Im Anguri Bagh kontrastieren gerade, gebogene und gezackte Bauglieder wirkungsvoll miteinander; in der Naqqar Khana und im Grab der Nur Mahall wurden Raumabschnitte von Tonnen spitzbogigen Querschnitts und mit aufgebogenen Firstlinien mit anderen Raumformen verbunden und in ein übergeordnetes dekoratives Schema einbezogen.
Wir lernten indo-islamische Bauten mit sphärischen Dreiecken als Vermittlung zwischen Quadrat und Kreis kennen. In der Tughluq-Zeit und im hinduistischen Bengalen werden Bruch- oder Backsteine in einfachen, mehr zweckbedingten Bauten auf diese Weise verlegt. Sie ist dem Inder nicht ganz fremd, wie der frühe selbständige Versuch von Iliköl zeigt. Später scheinen von Zeit zu Zeit Anregungen byzantinischer oder osmanischer Großgewölbe in Indien verwertet worden zu sein, ohne daß monumentale Bauten mit Hänge- oder Pendentif-Kuppeln entstanden. Direkte vorderorientalische oder im Iran umgewandelte osmanische und byzantinische Bauformen mit sphärischen Dreiecken dienten den Mogul-Künstlern weniger zu besonderen technischen Leistungen, sondern vielmehr zur Komposition kleiner, harmonisch proportionierter Innenräume, zu miniaturhaften Umsetzungen der Großgewölbebauten in eine private Sphäre.
Behielt man sich die Verbindung von Kuppelerlebnis und Turmerlebnis als eine besondere Hoheitsform für einen Bau wie das Taj Mahall vor, an dem der Herrscher und Bauherr selbst den größten Anteil nahm? (Abb. 247 Nr. 3). Der Grabraum mit dem Kenotaph wird durch eine Kuppel halbkreisförmigen Querschnitts in den gewohnten Maßen überspannt (Abb. 252). Darüber trägt ein turmartiger Tambour eine Kuppel, die über dem Kielbogen konstruiert und zur Zwiebelform abgeglichen ist. Das Motiv der Kuppel wird von den vier Kuppel-Baldachinen in den Diagonalen der Zentralkuppel aufgenommen, das Motiv des Turms findet eine Entsprechung in den vier Minaretts an den Ecken der Terrasse.

Aurangzeb (1658–1707) und seine Zeit

Aurangabad: Grab der Rabia Daurani, der Gemahlin des Aurangzeb, datiert 1710. Baumeister: Ata Allah. Ummauerter, bastionverstärkter, durch achteckiges Tor im Osten geöffneter quadratischer Gartenbezirk. Durch vier Minaretts betonte quadratische Terrasse mit viereckigem, durch eine flache innere und eine steile äußere Kuppel bedecktem Grab (K. Fischer 1974b: Bild 98). Umriß der Kuppel auf vier Pavillons in den Diagonalen der Mittelkuppel wiederholt (Abb. 254). Von besonders dekorativem Reichtum die Eindeckung der quadratischen und rechteckigen Räume im flachgeschlossenen Osttor: Verwandlung des Quadrats durch stalaktitengeschmückte sphärische Dreiecke in die Kuppel; Einwölbung eines breitrechteckigen Balkons durch Tonne von kielbogigem Querschnitt mit Zackenbogenmusterung.

Man baute während des halben Jahrhunderts unter Aurangzeb in dem weiten Gebiet zwischen Dekkhan, Afghanistan und Bengalen Bauten sowohl in typisch altindischen Methoden des waagerechten Sturzes und der Überkragung als auch in typisch vorderorientalischen Wölbformen mit Trichter- und Zwickelkuppeln. Aber während unter dem Vorgänger Shah Jahan auf engerem Gebiet ein gleicher Reichtum an Konstruktionsmethoden im Dienst kunstvoller Schöpfungen und eines einheitlichen Stiles stand, hat die Ära

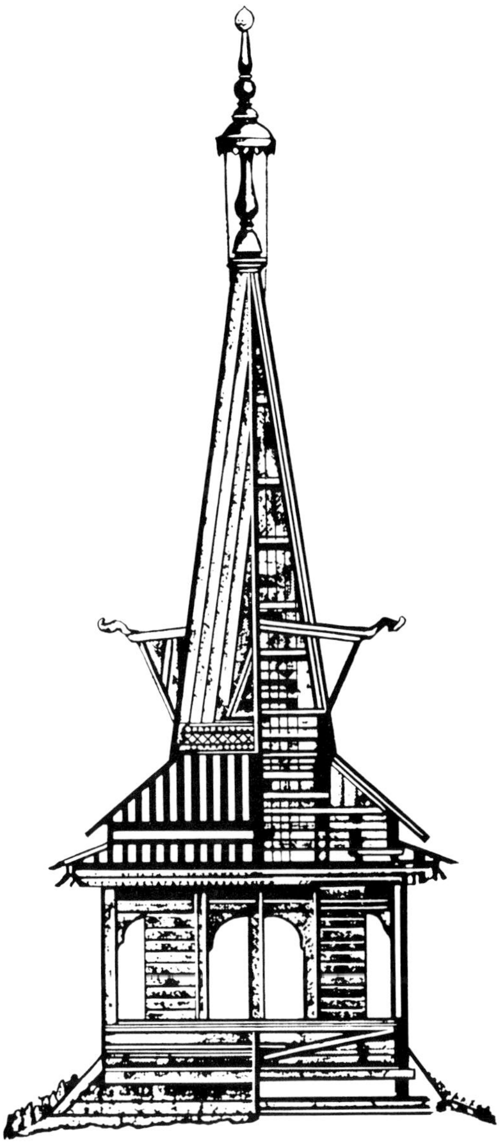

Abb. 255 Shrinagar: Freitags-Moschee.

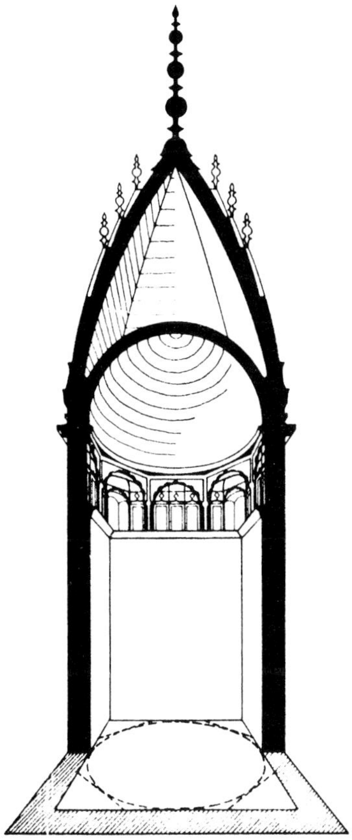

Abb. 256 Jammu: Hindu-Tempel Raghunatha Mandira.

des Aurangzeb die Baumeister weder in den Residenzstädten noch in den Provinzen zu neuen Erfindungen begeistert.

Trotzdem spielt auch in unserm Überblick über ein eng begrenztes Gebiet der indischen Baugeschichte das ausgehende 17. Jh. eine Rolle. A. Schimmel hat zunächst festgestellt, daß unter Shah Jahan die indoislamische Kultur einen Höhepunkt erreicht hatte, über den hinaus keine Steigerung möglich war, hat dann aber die weitverbreitete Meinung islamischer Historiker diskutiert, nach der Aurangzeb den bedeutendsten Versuch einer politischen Einigung Indiens machte. Zwar erreichte der letzte der großen Mogulkaiser seine weitgespannten Ziele nicht, doch stellte seine Herrschaft eine Art Vorstufe zu der britischen dar. Aurangzeb faßte den Subkontinent zur größten politischen Einheit der gesamten vorbritischen Zeit zusammen. Denk- und Bauweisen, die bisher auf bestimmte Landschaften beschränkt waren, wurden jetzt über alle Grenzen der Volkssprachen und des Volkstums hinweg verbreitet. Während das künstlerische Maß der vorhergehenden Jahrhunderte fehlte, gelangen einzelnen Handwerkergruppen erstaunliche technische Leistungen. Jetzt wurden indische Flachdecken auf die kühnste Weise entworfen, jetzt erhielten vorderorientalische Wölbungen den aufwendigsten Schmuck. Die Bauleute erreichten gerade das, was der Kaiser durch seine Rückkehr zur islamischen Orthodoxie vermeiden wollte: die weitere Verschmelzung mohammedanischer und indischer Kultur. Aurangzeb breitete den Islam in bisher unbesetzte Teile Indiens aus und trachtete danach, jahrhundertealte kulturelle Kontakte der islamischen Führungsschicht mit den Hindus zu unterbrechen; aber für einen sol-

Abb. 257 Jammu: Raghunatha Mandira, Kuppel im Shikhara.

chen Versuch war es zu spät. Aus dem halben Jahrhundert, das der Kaiser mit – letzten Endes doch fruchtlosen – Kämpfen verbrachte, datieren die frühesten Beispiele von Bauten, die zwar gewöhnlich außerhalb der kunstgeschichtlichen Betrachtung bleiben, die aber vom volkskundlichen Standpunkt aus Interesse beanspruchen: Es entstanden islamische Kultstätten (Abb. 255), die wie mittelalterliche hinduistische Gebäude aussahen; die Hindus und Jainas bauten Tempel, die auf islamische Weise entworfen, eingewölbt und verziert wurden (Abb. 256, 257).
Einheimische indische Steinmetzen hatten für Hindutempel des 16. Jh. in Vijayanagara und für islamische Bauaufgaben des 17. Jh. in Bijapur Kunstgriffe erfunden, um aus eben verlegten Steinplatten ausgedehnte rechteckige Räume zu überspannen (Abb. 233, 266 Mittelraum des Erdgeschosses). In dem Idgah von Agra (K. Fischer 1974b: Bild 12) und über einer Halle des Grabes von Abd ul-Wahhab in Kurnool (K. Fischer 1974b: Bilder 115, 324, 326) wurden erstaunliche technische Leistungen erzielt. In Agra halten Vouten eine Decke aus einer Folge von scheitrechten Stürzen in einer Achse im Gleichgewicht. In Kurnool ruhen scheitrechte Stürze auf Konsolen und unterteilen den Raum in der Längsachse; im rechten Winkel dazu spannt sich ein Netz von weiteren scheitrechten Stürzen. Der mittelste Stein dieser fest verspannten Konstruktionen muß gewaltsam eingepreßt sein: Nur so können sie ein festes Skelett für den weiteren Ausbau ergeben, der aus massiven Platten, von Werkstein Mörtel-Verbindungen besteht.
Im Zeitalter des Shah Jahan beobachteten wir Übergänge aus dem Quadrat in den Grundkreis der Kuppel durch sphärische Dreiecke in der Residenz und durch gekehlte, schildförmige Baldachin-Trompen in der Provinz. Unter Aurangzeb werden Stützenquadrate in der Perl-Moschee von Delhi (P. Brown 1975: Frontispiz) durch „echte" Pendentifs in den Kreis verwandelt, doch sind diese marmornen Bauglieder zwischen den Zackenbögen durch Reliefs aus Rundungen und Geraden verziert. In Aurangabad sind sphärische Dreiecke in ein gemeinsames dekoratives System von Stalaktiten aus angearbeitetem Stuck einbezogen (K. Fischer 1974b: Bild 98).

17. VON DEN HIMALAYAS BIS KAP KOMORIN – DURCHDRINGUNG INDISCHER UND ISLAMISCHER BAUFORMEN VOM 17. BIS ZUM 19. JH.

Kashmir und Jammu

Shrinagar: Freitags-Moschee (P. Brown 1975: pl. LVII), begründet im 14. Jh., restauriert während des 17. Jh., Erneuerung der hölzernen Dächer und Turmspitzen bis zur Gegenwart (Abb. 255).
Jammu (P. Brown 1971): Raghunatha Mandira, Mitte 19. Jh. (Abb. 256). Vieltürmige Tempelstadt. Hauptheiligtum: Quadratisches Garbhagriha durch zackenbogig geschmückte, hochrechteckige Eckbrücken mit reicher dekorativer weiterer Unterteilung in das Achteck, dieses durch lotosgeschmückte Varianten von Pendentifs in den Grundkreis einer Kuppel verwandelt (Abb. 257); diese außen zu einem nördlichen Shikhara abgeglichen (K. Fischer 1974b: Bild 336). Breitrechteckig vorgelagertes Mandapa durch Spiegeldecke abgeschlossen; darüber sechseckiges Zeltdach als nördlicher Shikhara-Turm ummantelt (Abb. 256).

Vesire im westlichen Indien

Feria Bagh bei Ahmadnagar: Ruine eines Baradari, wahrscheinlich Sitz eines Vesirs des 17. Jh. (Abb. 258). Zweigeschossiger quadratischer Bau mit abgeschrägten Ecken auf achteckiger Terrasse inmitten eines Sees. Zentraler, quadratischer, durch beide Geschosse gehender, überkuppelter Raum, im Achsenkreuz durch langrechteckige und in den Diagonalen von gleichzeitig achteckigen Räumen umlagert.

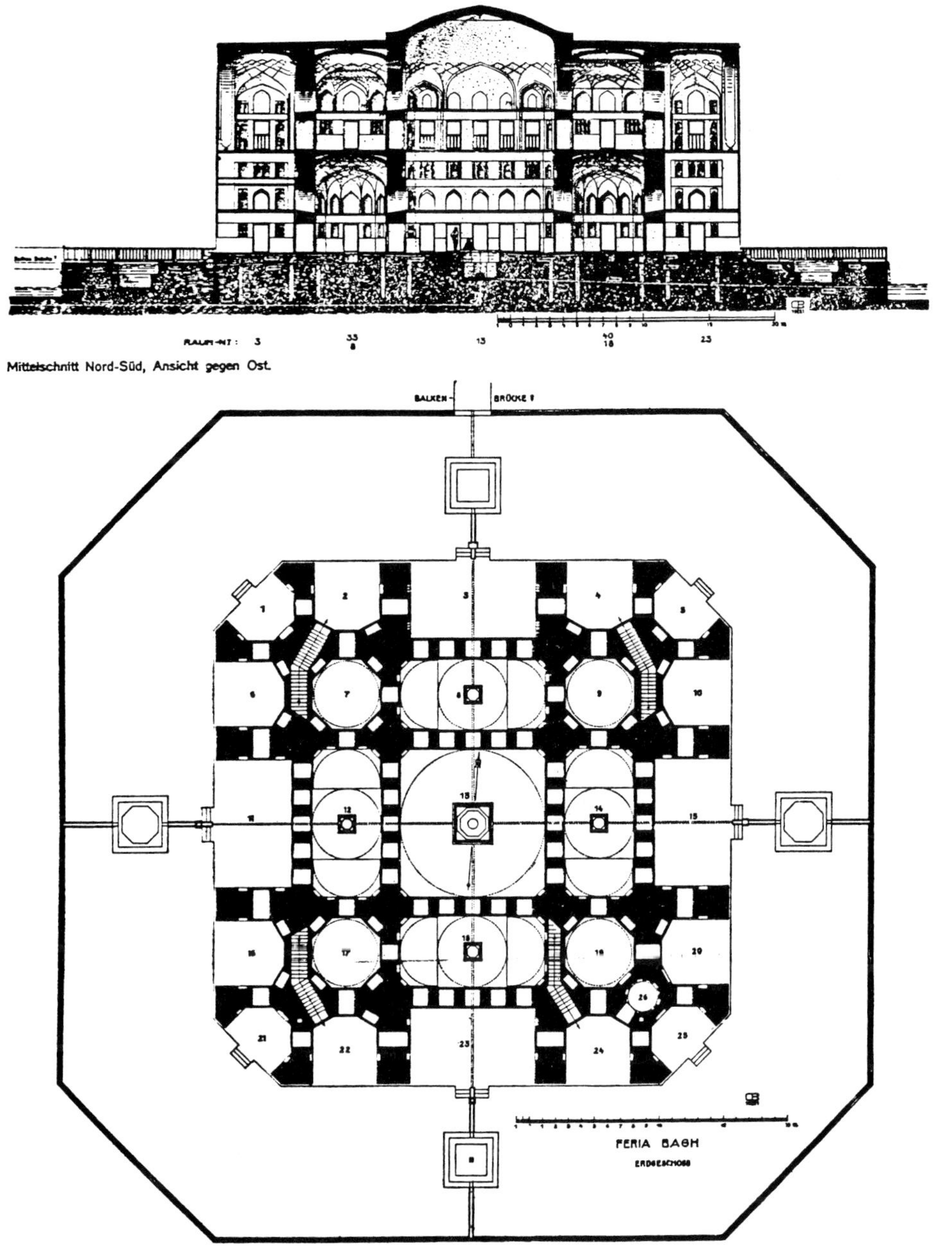

Abb. 258 Feria Bagh: Ruine eines Baradari.

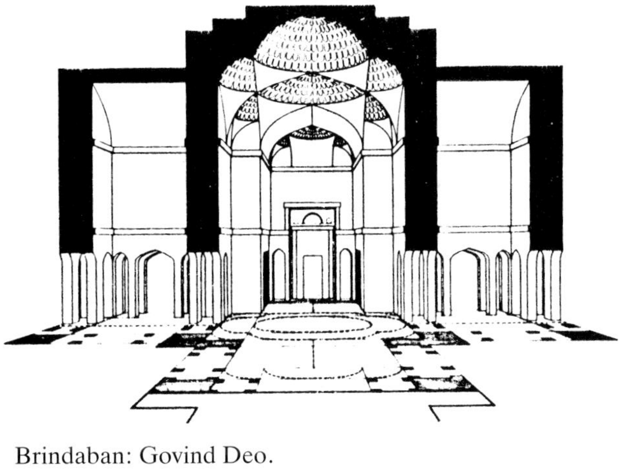

Abb. 259 Brindaban: Govind Deo.

Abb. 260 Brindaban: Govind Deo, Blick in die Vierung.

Abb. 261 Bansberia: Ananta-Vasudeva-Tempel.

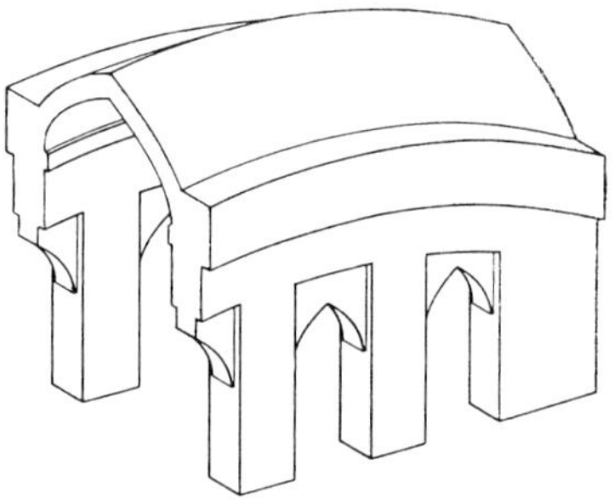

Abb. 262 Bansberia: Lotrechte Ringtonne über dem Korridor.

Abb. 263 Kalna, Bengalen: Siddheshvara-Tempel.

Abb. 264 Sukharia, Bengalen: Kali-Tempel-Bezirk.

Letztere durch Rippenzwickelnetze in eine Kuppel überführt. Einwölbung der Langräume jeweils aus mittlerer Kuppel und seitlichen, halbkugelförmigen Widerlagern. Die Kuppeln in flachster Wölbung als Fußbodenwölbplatte konstruiert.

Hindu-Tempel von Brindaban und Gobardhan

Brindaban: Govind Deo; Bauherr: Man Singh von Amber, 1592–1625; Baumeister: Govind Das aus Delhi. Erhalten: Mandapa über griechischem Kreuz (Abb. 259, 260). Zerstört: doppeltürmiges Westportal, Vorhalle, Garbhagriha. Doppelgeschossiges Mandapa aus Toren und Balkons in waagerechtem Sturz oder über Kielbögen mit gerader Aufmauerung. Quadratische Vierung durch sich überkreuzende Bögen auf Konsolen in den Grundkreis der Kuppel verwandelt. Die Kreuzarme durch gekurvte Steinbohlen in Tonnenform geschlossen. Im gegenwärtigen Zustand sämtliche gewölbten Teile zum Flachdach abgeglichen (K. Fischer 1974b: Bilder 45, 250–252).
– Madan Mohan, um 1600. Ausgedehnte Baugruppe (P. Brown 1971: 159). Portal zum Tempelbezirk ist

Abb. 265 Bijapur: Korridor in der Moschee beim Grabe Ibrahim Rauza.

mit zurückspringenden Stockwerken abgeschlossen. Mandapas durch krumme Steinbohlen in Tonnenform überwölbt und zum Zeltdach abgeglichen. Garbhagriha durch sich verjüngenden, achteckigen Turm mit Amalaka bekrönt.

– Jugal Kishore, 1627 (K. Fischer 1974b: Bild 255). Nach Osten geöffnetes, quadratisches Mandapa durch Nischen und Antarala, einen Verbindungsraum zum Allerheiligsten, erweitert; durch Trompen in hochrechteckigen Feldern mit drei vorkragenden Schichten und durch dreieckige Konsolsteine in ein Polygon als Grundlage einer Kuppel verwandelt und zum Flachdach abgeglichen. Quadratisches Garbhagriha durch Achteck ummantelt und durch einen sich verjüngenden Turm mit Amalaka abgeschlossen.

Gobardhan: Harideva-Tempel, erbaut von Raja Bhagavan Das (1573–89) von Amber. Langrechteckiges, flachgedecktes Mandapa. Über dem quadratischen, flach abgeschlossenen Garbhagriha aufgesetzt der Stumpf eines nordindischen Shikhara als Mantel für einen überkuppelten kreisrunden Raum (K. Fischer 1974b: Bilder 253, 254).

Das hinduistische Bengalen

Bansberia (K. Fischer 1975; G. Michell 1983): Ananta Vasudeva, 1679. Quadratische Anlage mit Treppe und drei Spitzbogen-Portalen im Osten und zwei kleineren Türen im Norden und Süden. Darin mauerumge-

Abb. 266 Bijapur: Grab des Ibrahim Adil Shah II., sog. Ibrahim Rauza.

benes, nach Osten mit einer kleinen Tür geöffnetes Garbhagriha; dieses Quadrat durch Trompen mit sphärischen Zwischenstücken aus vorkragenden Backsteinen in den Grundkreis einer Kuppel verwandelt und mit achteckigem Tambour und Kegeldach bekrönt (Abb. 261). Dieser Hauptkultraum im Achsenkreuz durch breitrechteckige, schmale und hohe Mandapas mit Einwölbung durch lotrechte Ringtonnen (Abb. 262) von spitzbogigem Querschnitt umgeben (K. Fischer 1974b: Bilder 260–263). Vier quadratische Resträume in den Ecken der Kreuzbalken durch abgetreppte Backsteinschichten in Kuppeln überführt. Überhängendes Dach aus der Durchdringung von Tonnen-Segmenten.

Burdwan: Stadt. Südlich der modernen Siedlung ausgedehnte Ruinenfelder von aufeinanderfolgenden dörflichen und städtischen Anlagen. Ruinen z. T. aus der Zeit vor der Eroberung durch Prinz Khurram – später Shah Jahan – 1624. Plantage Kanchannagore, Tor mit Inschrift des Jahres 1737, errichtet von Kirti Cand Raja zur Erinnerung an den Sieg über Hemman Singh. Kielbogenöffnung beiderseits durch abgeböschte Strebemauern gesichert. Darauf Zierarchitektur: rechteckiger Pavillon mit drei Zackenbogenöffnungen und aufwärts gebogenem Traufendach beiderseits von je einem Pavillon mit geschweiftem Dach und kuppelartiger Bekrönung flankiert (K. Fischer 1974b: Bild 268).

Kalna: Jor Bangla oder Siddheshvara. Zwei breitrechteckige Bauten auf gemeinsamer Terrasse. Der Spitzgiebel stichkappenartig nach außen gekurvt. Konvex aufgebogene Gesimse und Firstlinien (Abb. 263).

Sukharia: Farm ca. 1500 m westlich der Eisenbahnstation Balagarh an der Strecke Calcutta–Barharwa, 65 Eisenbahnkilometer nördlich von Calcutta; Kali-Tempelbezirk, 1953 Eigentum des Großgrundbesitzers Biswas Surendranath. Baugruppe am Nordufer eines quadratischen Teiches. Der Haupttempel nach

Abb. 267 Bijapur: Grab des Muhammad Adil Shah, sog. Gol Gumbaz, Ansatz der Kuppel.

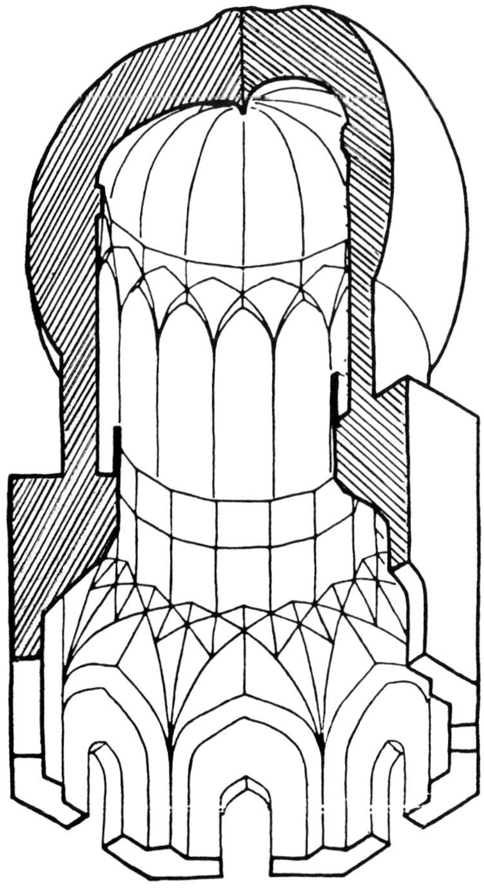

Abb. 268 Bijapur: aus der Gruppe der Gräber des Khan Muhammad und des Abdul Razzaq Qadiri, sog. Jod Gumbaz.

Abb. 269 Bijapur: Jod Gumbaz, Grab des Khan Muhammad, Ansatz der Kuppel.

Osten geöffnet, die Prozessionsstraße vor seiner Front im Norden und Süden durch je 6 quadratische Garbhagrihas mit dem Shiva-Linga und geschweifte, im Scheitel gekappte Klosterkuppeln mit Bekrönung durch eine Miniatur-Architektur flankiert. Wegen des feuchten und weichen Baugrundes eines dieser kleinen Heiligtümer in seiner Gesamtheit aus dem Lot gehend. Der Kali-Tempel selbst: im Erdgeschoß zentrales, überkuppeltes quadratisches Garbhagriha. Im Achsenkreuz durch Mandapas mit lotrechter Ringtonne und in den Diagonalen durch überkuppelte Quadrate zum größeren Quadrat ummantelt. Über die Mittelkuppel zwei sich verjüngende quadratische Geschosse und ein Shikhara auf quadratischem Grundriß mit zurückspringenden Schichten und einer Metallspitze. Die Form dieses Turmes durch 24 Verkleinerungen wiederholt: je 3 auf den Ecken des quadratischen Erdgeschosses, je 2 auf den Ecken des ersten und je eine auf den Ecken des zweiten Geschosses (Abb. 264).

Die islamische Residenz Bijapur

Bijapur (H. Cousens 1916): *Ibrahim Rauza*, Grab des Ibrahim Adil Shah, nach Chronogramm vollendet 1626; Baumeister: Malik Sandal. Bezirk von fünfach-

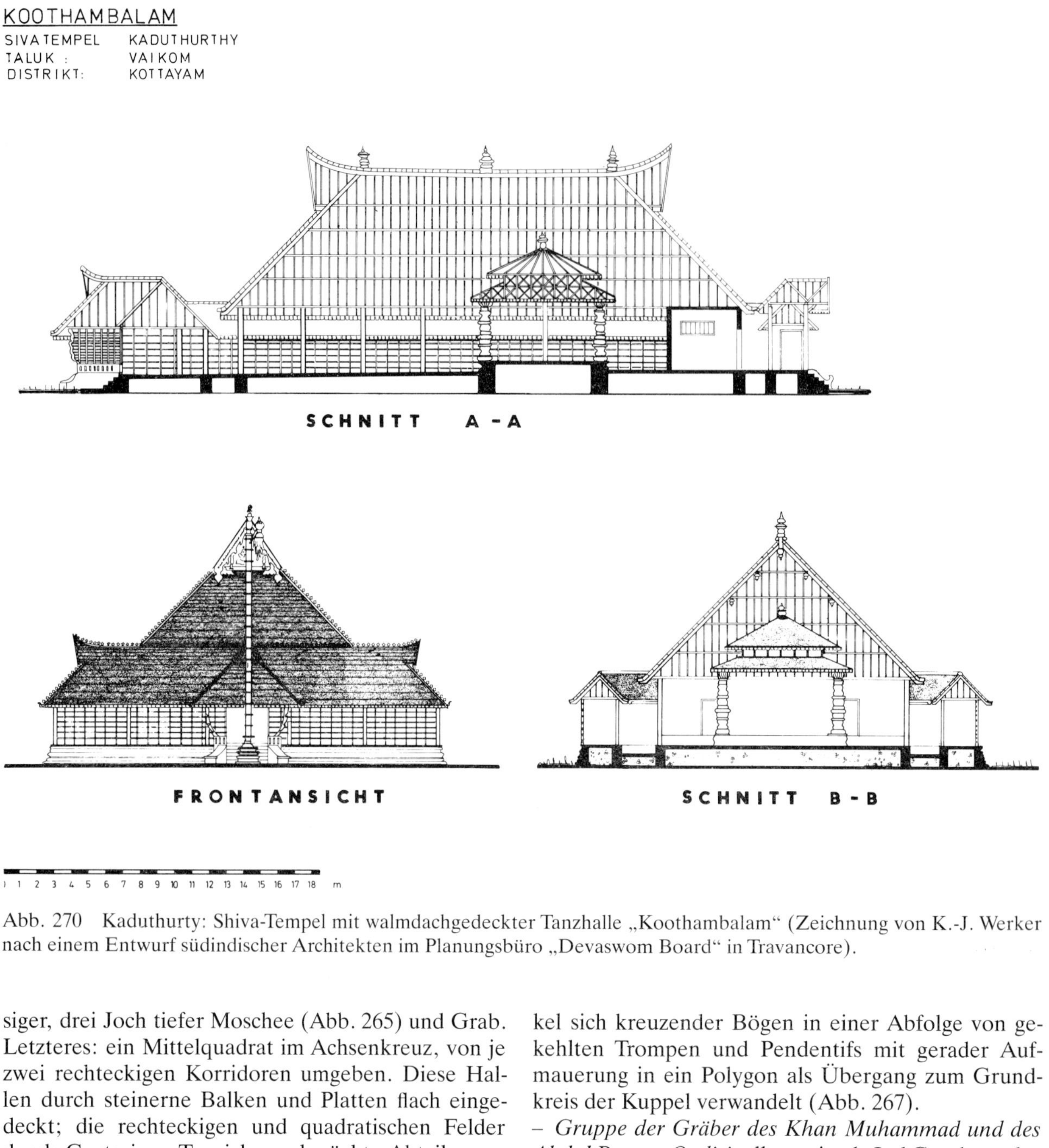

Abb. 270 Kaduthurty: Shiva-Tempel mit walmdachgedeckter Tanzhalle „Koothambalam" (Zeichnung von K.-J. Werker nach einem Entwurf südindischer Architekten im Planungsbüro „Devaswom Board" in Travancore).

siger, drei Joch tiefer Moschee (Abb. 265) und Grab. Letzteres: ein Mittelquadrat im Achsenkreuz, von je zwei rechteckigen Korridoren umgeben. Diese Hallen durch steinerne Balken und Platten flach eingedeckt; die rechteckigen und quadratischen Felder durch Gurte in z. T. reich geschmückte Abteilungen zu 9, 15 oder 25 Einheiten unterteilt. Der Zentralraum über Vouten mit einer flachen Spiegeldecke von 2×2 sich kreuzenden Steinbalken und Werkstein-Mörtel-Platten geschlossen; als Kassettendecke mit verlorener Schalung konstruiert. Darüber durch Rippenzwickelnetz Vermittlung in eine Konstruktion aus 2 übereinandergesetzten Kuppeln mit weit geöffnetem Auge der unteren Raumschale (K. Fischer 1974b: Bilder 298, 299) (Abb. 266).

– *Grab des Muhammad Adil Shah*, 1626–1656, sog. Gol Gumbaz (A. Volwahsen 1969: 87, 148, 156 bis 161) (Abb. 247 Nr. 2). Durch Nischen gegliedertes, bastionverstärktes Mauerquadrat durch Rippenzwickel sich kreuzender Bögen in einer Abfolge von gekehlten Trompen und Pendentifs mit gerader Aufmauerung in ein Polygon als Übergang zum Grundkreis der Kuppel verwandelt (Abb. 267).

– *Gruppe der Gräber des Khan Muhammad und des Abdul Razzaq Qadiri*, allgemein als Jod Gumbaz oder „Gräber der beiden Schwestern" bekannt, wahrscheinlich nach dem Ende der Adil-Shadi-Dynastie unter Aurangzeb vollendet. Achteckiges Grab des Khan Muhammad durch Stichkappen, Baldachin-Trompen und Netz-Pendentifs in das Sechzehneck verwandelt. Über einer Galerie in Höhe eines weiten, offenen Kuppelauges ein dreigeschossiger, zylinderartiger Schacht durch übergreifende Bögen in den Grundkreis einer Flachkuppel übergeleitet (Abb. 268, 269).

Kaduthurty: Shiva-Tempel, Entwurf einer Holzkonstruktion für eine walmdachgedeckte Tanzhalle Koothambalam, um 1980 (Abb. 270).
Padmanabhapuram: Palast bei der gleichnamigen Siedlung ca. 25 Autokilometer östlich von Trivandrum, an der Straße nach Kap Komorin. – Fürstensitz im Stil der regionalen Holzbauweise. Eingangshalle in der Art des spätdravidischen Mandapa: Steinsäulen mit weit ausladendem Gebälk als Stütze für eine Decke in waagerechtem Sturz. Obergeschoß mit Holzkonstruktion abgeschlossen. Die gesamte Anlage durch Walm- und Krüppelwalmdächer mit Schindeln eingedeckt (Abb. 271).
Mulki-Bappanada: Siedlung und Tempel ca. 10 km südlich von Mudabidri. Rechteckiger Tempelbezirk aus Korridoren, Hallen und Kultkammern vorwiegend aus Steinstützen mit hölzernen Dachstühlen und Schindeldächern in Sattel-, Zelt- und Walmdachform (Abb. 272). Einige Mandapas über schweren Konsolen mit Laternendecken abgeschlossen (K. Fischer 1974b: Bild 288).

Abb. 271 Padmanabhapuram: Palast.

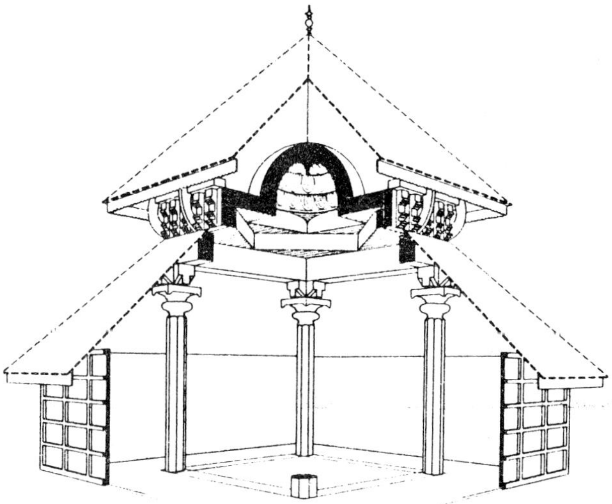

Abb. 272 Mulki-Bappanada: Mandapa eines Jaina-Tempels.

„DRAVIDA"-BAUKUNST IN PALÄSTEN UND TEMPELN VON TAMILNAD

Chidambaram (G. Jouveau-Dubreuil 1914): die oben genannte Kultstätte der Chola-Zeit seit 1550 durch Arya Nayyaka Muthali, den Minister des Vishvanatha – des Gründers der Nayyak-Dynastie –, erweitert (Abb. 273). – Das Sahasra-Stambha-Mandapa, „Tausend-Pfeiler-Halle": ausgedehnte Anlage von 997 Stützen, durch steinerne Architrave in trockenem Verband in waagerechtem Sturz überdeckt. Langrechteckiger Hauptraum durch Muldengewölbe aus Bruchstein und Mörtel abgeschlossen; über dem Stützenwald verschiedene kleinere rechteckige Öffnungen mit Spiegelgewölben (K. Fischer 1974b: Bilder 292, 293).
– *Madurai:* Palast des Tirumala Nayyak, 1623–1659 (Abb. 274). Um zwei offene Höfe und innerhalb rechteckiger Umfassungsmauern gelagerte rechteckige Stützenhallen. Säulen aus Granit, teilweise mit Muschelkalk verputzt; einige Decken aus kurvig zugehauenen Granitbohlen, andere „echte" Bögen und Gewölbe aus Ziegeln in Kalkmörtel. Die einzelnen kleineren, rechteckigen Räume durch waagerechten Sturz, die Halle C durch ein Mulden- oder Tonnengewölbe aus langen Steinplatten auf Gurtbögen, eine Halle auf der Westseite von Hof A durch ein Spiegelgewölbe, quadratische Räume wie der Thronsaal durch Kombinationen aus Kragekonstruktionen und Kuppeln über Baldachin-Trompen abgeschlossen (O. Reuther 1925: Taf. 161–163).
– Minakshi-Tempel. Durch zahlreiche Gopurams betretbarer heiliger mauerumwehrter, viereckiger Bezirk mit langen, steinplattengedeckten Korridoren und Hallen, Teile davon ehemals zum Tempeltanz bestimmt, heute gelegentlich Ort künstlerischer Darbietungen (Abb. 275).

In hinduistischen und islamischen Fürstentümern verschiedener Ausdehnung und Bedeutung entstanden bis zum Ende der englischen Herrschaft in allen Bauweisen und Baustoffen weiterhin Kultstätten und Paläste (H. Goetz 1940c). Bei Ingenieurwerken größeren Ausmaßes fanden gelegentlich moderne westliche Methoden Anwendung. In der Gegenwart bauen indische Religionsgemeinschaften noch immer in der überlieferten Weise. Inder und Pakistaner arbeiten bei der Städteplanung oder der Errichtung von technischen Anlagen mit ausländischen Ingenieuren zusammen.

Abb. 273 Chidambaram: Tempelstadt.

Abb. 274 Madurai: Dachzone des Nayyak-Palastes.

Seit dem Beginn des 18. Jh. sind indo-islamische Zimmerleute, Backsteinbrenner, Schindelleger und Steinmetzen in der Lage, im gesamten Bereich der buddhistischen, hinduistischen, jinistischen und mohammedanischen Kultur und auch bei Bauaufgaben für Sikhs, Parsen, Juden und Christen jedes Handwerk auszuführen und Kult- und Wohnbauten durch waagerechten Sturz, in Kragekonstruktionen, mit Wölbungen und Kuppeln abzuschließen. Die Gebäude der letzten drei Jahrhunderte werden von der Kunstgeschichtsschreibung nur selten berücksichtigt. Aus einem weiten geographischen Gebiet und einem langen Zeitraum mit einer regen Bautätigkeit haben wir einige wenige Beispiele zusammengestellt, um das Fortleben der wichtigsten Bauweisen zu schildern.

Im höchsten Norden Indiens, im Bergland von Kashmir, wird über einer Stätte der islamischen Religion in Shrinagar als Turmabschluß eine steile Holzpyramide von einem Ehrenschirm gekrönt, der nach dem 2000 Jahre älteren Vorbild eines Chattra auf dem buddhistischen Stupa (Abb. 143, 146) entworfen worden war. (Etwa gleichzeitig läßt sich ein islamischer Hausherr einen ähnlichen Dachschmuck auf seinen „Chattar Manzil“ in Lucknow errichten.) In dieser alten Kulturlandschaft äußerte sich die Verschmelzung traditioneller indischer einheimischer Bauformen mit islamischen, vorderorientalischen Konstruktionsweisen auch an einer Kultstätte des Hinduismus: Der typische Shikhara des Nagara-Stils ist nicht nach der üblichen Technik aus schwer lastenden Kragsteinen zusammengesetzt (Abb. 174), sondern als weiträumiges, lichtdurchflutetes, luftiges Gewölbe mit einem reich verzierten Übergang aus dem Würfel in die Halbkugel gestaltet (Abb. 256, 257); möglicherweise wirken in der Kombination einer Kuppel mit dem Zeltdach frühe eurasische Gedanken der Himmelskuppel nach (K. Fischer 1976b: Bilder 35, 36).

Der Grundriß von Feria Bagh spiegelt den Reichtum fürstlicher mohammedanischer Wohnkultur wider.

Abb. 275 Madurai: Minakshi-Tempel, Tanz-Mandapa mit einer Aufführung im Jahre 1965.

Die Gewölbestruktur iranisch-islamischen Handwerks mit dem Mauerschmuck indischer Überlieferung erhob sich über einem komplizierten Grundriß, von dem einige Motive im 16. und 17. Jh. während der politischen und besonders wirtschaftlichen Verbindungen indisch-islamischer Herrscherhäuser mit dem Osmanischen Reich von den Moscheen Istanbuls und letztlich von der byzantinischen Welt mit der justinianischen Hagia Sophia angeregt worden sein können: die Widerlagerung einer Mittelkuppel beiderseits durch zwei Halbkuppeln (Abb. 258).
In den Hindu-Tempeln im heiligen Lande des Krishna-Kults vereinen sich im 16. und 17. Jh. verschiedene künstlerische Ströme: Über einem Kreuzgrundriß mit Zentralkuppel altiranischer Erfindung errichtete man mit einer Verzierung durch einheimische Schmuckformen Gewölbe aus krummen Steinbohlen und Kuppeln (Abb. 259, 260) auf sich überkreuzenden Rippen, wie sie in Agra und Fathepur Sikri (Abb. 248, 249) unter Akbar sich als brauchbar erwiesen hatten.
In Bengalen beobachten wir in neuerer Zeit einen Vorgang, aus dem sich Jahrtausende zuvor Grundformen indischer Sakral- und Profanbaukunst ergeben hatten: die Monumentalisierung des Wohnbaus (A. Volwahsen 1969: 178). In der regenreichen Dschungellandschaft bot das Schilfdach (Abb. 83) über dem aufgebogenen Bambusgerüst (K. Fischer

1975: pl. 100) das Vorbild für Tempel wie in Kalna (Abb. 263) und Bansberia (Abb. 261, 262). Bei der Vervielfachung von Zellen, Korridoren und Türmen wie in Sukharia (Abb. 264) gelangte man zu zahlreichen Spätformen, wie auch an den geographischen und zeitlichen Grenzen der byzantinischen-osteuropäischen Kunst (M. Rumpler 1956: pl. XIIa). Die dörfliche bengalische Kultur mit ihrer großen Bedeutung für die religiöse Überlieferung des Hinduismus ist nicht weniger reizvoll als die Großbaukunst in einer der späteren islamischen Residenzen:

In den Gewölbekonstruktionen von Bijapur (K. Fischer 1974b: Bilder 81–84, 88–92, 120, 121, 297–310) scheinen alle Erfahrungen einheimischer Steinbearbeitung und vorderorientalischer Gewölbestruktur miteinander vereint. Nachdem schon frühzeitig zentralasiatische Handwerker für die Buddhisten in lehmziegelnen Kultstätten Kuppeln kleineren Ausmaßes übereinandergesetzt hatten (Abb. 155), entwarfen Ingenieure in Bijapur – möglicherweise im geistigen Austausch mit osmanischen Baumeistern – hohe, zylindrisch aufsteigende Baukörper als äußeren Blickfang, zugleich mit einer harmonischen Wirkung des Innenraums, in dem eine untere Kuppel in der Kalotte geöffnet erscheint und den Blick in eine darübergesetzte Raumschale freigibt (Abb. 266, 268, 269).

Die Bewohner einer anderen, regelmäßig von den Monsunstürmen heimgesuchten und befruchteten Landschaft, Kerala, schützen Wohn- und Kultstätten gegen den Regen durch weit ausladende Walmdächer: den Palast von Padmanabhapuram (Abb. 271), die Tempel von Mulki-Bappanada (Abb. 272) und Kaduthurty, wo noch in neuerer Zeit eine Tanzhalle errichtet werden sollte, in Malayalam-Sprache „Koothambalam“ (Abb. 270). Hier werden zu den großen Tempelfesten Tänze im klassischen indischen Stil aufgeführt, jedoch heutzutage nicht von den einstmals berühmten Tempeltänzerinnen, sondern von Tänzern, die eine lange Tradition gemäß den überlieferten Regeln aufrechterhalten.

Im Dravida-Land entstand, besonders auf der Grundlage von shivaitischen Legenden, ein besonderer Zweig der religiösen Tanzkunst, und wir müssen uns die historischen Tempel in allen Teilen Indiens mit Gesang und Tanz erfüllt vorstellen – wovon heute nur eine nostalgische Rekonstruktion möglich ist (Abb. 275). Ein Blick auf eine dravidische Tempelstadt wie Chidambaram (Abb. 273) fordert auch zu weiteren archäologischen und quellenkundlichen Studien auf: nämlich nach den Quartieren der Tempelmädchen (s. oben S. 65, 90), der Devadasi innerhalb des Tempelkomplexes oder außerhalb der hohen Umfassungsmauern in einem der Dörfer, die ihnen von wohlhabenden Gönnern gestiftet wurden (F. Marglin 1978; K. Fischer 1979: s. v. Devadasi; Golzio 1983: s. v. Devadasi, bes. Kap. VI „Die sakrale Prostitution in Mesopotamien und Indien“; S. C. Kersenboom 1984; K. Fischer 1985b). Die Tänzerinnen traten später auch bei Hofe in weltlichen Vorführungen auf. Die Silhouette einer südindischen Großstadt wie Madurai läßt uns Großgewölbebauten des Nayyak-Palastes mit der Verwendung von europäischen Konstruktionsweisen und die letzte Steigerung der gewaltigen Kragebauten in den Stufentürmen der Gopuras erkennen (Abb. 274).

K. F.

Abkürzungsverzeichnis

A — Afghanistan, Kabul.
AA — Artibus Asiae, Ascona.
AARP — Art and Archaeological Research Papers, London.
AASOR — Annual of the American Schools of Oriental Research, New Haven.
AB — Art Bulletin, New York.
ABIA — Annual Bibliography of Indian Archaeology, Kern Institute, Leiden.
ABORI — Annuals of the Bhandarkar Oriental Research Institute, Poona.
ADIM — American Documentation Institute, c/o Photoduplication Service, Library of Congress, Washington.
AI — Ancient India, Bulletin of the Archaeological Survey of India, New Delhi.
AJ — The Antiquaries Journal, The Journal of the Society of Antiquaries, London.
AJA — American Journal of Archaeology, Cincinnati.
AL — Arts and Letters, Journal of the Royal India, Pakistan and Ceylon Society.
ALB — The Adyar Library Bulletin, Madras.
Am An — American Anthropologist, Beloit.
Am Ant — American Antiquity.
AMI — Archäologische Mitteilungen aus Iran, Berlin.
AMN — American Museum Novitates, American Museum of Natural History, New York.
ANK — Alte und Neue Kunst, Wien.
ANTH — Anthropologist.
Antiquitiy — A Quarterly Review of Archaeology, Cambridge.
AO — Acta Orientalia, Kopenhagen.
AOS — American Oriental Series, Boston.
AP — Ancient Pakistan, Peshawar.
APAMNH — Anthropological Papers of the American Museum of Natural History, New York.
AQ — Armenian Quarterly, London.
AR — Architectura, München, Berlin.
ARAD — Annual Report of the Archaeological Department of H. H. the Nizam's Dominions, Hyderabad, Deccan.
ARASI — Annual Reports of the Archaeological Survey of India, Delhi.
ARI — Ars Islamica, Ann Arbor.
ARO — Ars Orientalis, Ann Arbor/Washington.
AW — Antike Welt, Küsnacht.
BASI — Bulletin of the Anthropological Survey of India, Calcutta.
BASOR — Bulletin of the American Society of Oriental Research, New Haven.
BBM — Bulletin of the Baroda Museum, Baroda.
BDCRI — Bulletin of the Deccan College Research Institute, Poona.
BK — Koldewey-Gesellschaft. Bericht über die ... Tagung für Ausgrabungswissenschaft und Bauforschung.
BMFA — Bulletin of the Museum of Fine Arts, Boston.
BMQ — British Museum Quarterly, London.
BNISI — Bulletin of the National Institute of Sciences of India.
BO — Bibliotheca Orientalis, Leiden.
BSOAS — Bulletin of the School of Oriental and African Studies, London.
CF — Cultural Forum, New Delhi.
EA — Eastern Art, Philadelphia.
ED — Environmental Design, Journal of the Islamic Environmental Design Research Centre, Roma.
EI — Enzyklopädie des Islam.
ERE — Encyclopaedia of Religion and Ethics.
EUA — Enciclopedia universale dell'arte, Firenze usw.
EW — East and West, Rome.
Expedition — Expedition, Bulletin of the University Museum, University of Pennsylvania, Philadelphia.
GJ — Geographical Journal, London.
GR — Geographical Review, New York.
HJAS — Harvard Journal of Asiatic Studies, Cambridge, Mass.
IA — Indian Archaeology, a Review, New Delhi.
IC — Islamic Culture, Hyderabad, Deccan.
IHQ — The Indian Historical Quarterly, Calcutta.
ILN — The Illustrated London News, London.
Ind Ant — The Indian Antiquary, Bombay.
Ind Ir — Indo-Iranica, Calcutta.
IRA — Iranica Antiqua.
IRAQ — British School of Archaeology Iraq, London.
JA — Journal Asiatique, Paris.
JAIH — Journal of Ancient Indian History.
JAnSB — Journal of the Anthropological Society of Bombay, Bombay.
JAOS — Journal of the American Oriental Society, New York/New Haven/Baltimore.
JAS — Journal of Asian Studies.
JASB — Journal of the Asiatic Society of Bengal, Calcutta.
JFA — Journal of Field Archaeology, Boston.
JIH — Journal of Indian History, Trivandrum.
JISOA — Journal of the Indian Society of Oriental Art, Calcutta.
JJ — Jain Journal, Calcutta.
JNES — Journal of Near Eastern Studies, Chicago.
JÖAI — Jahreshefte des Österreichischen Archäologischen Instituts, Wien.
JOIB — Journal of the Oriental Institute, Baroda.
JPK — Jahrbuch Preußischer Kulturbesitz, Berlin-Dahlem.
JRAS — Journal of the Royal Asiatic Society of Great Britain and Ireland, London.
JSHS — Journal of the Sind Historical Society, Karachi.
JUB — Journal of the University of Bombay, Bombay.
KA — Die Karawane, Ludwigsburg.
KO — Kunst des Orients, Wiesbaden.

KU	Kunstchronik, Nürnberg.
LK	Lalit Kala, a Journal of Oriental Art, chiefly Indian, New Delhi.
M	Marg, Bombay.
Man	Man, London.
MASI	Memoirs of the Archaeological Survey of India, New Delhi.
ME	Man and Environment.
Mes	Mesopotamia, Torino.
MF	Madrider Forschungen, Berlin.
MM	Madrider Mitteilungen, Heidelberg.
Museum	Museum, UNESCO, Paris.
NGJI	National Geographic Journal of India.
OA	Oriental Art, Oxford/London.
OAZ	Ostasiatische Zeitschrift, Berlin.
PA	Pakistan Archaeology, Karachi.
PBA	Proceedings of the British Academy, London.
PBS	Proceedings of the British School at Rome, Rome.
PIS	Proceedings of the Iranian Society, Teheran.
PQ	Pakistan Quarterly, Karachi.
Pu	Puratattva, Benares.
PZ	Praehistorische Zeitschrift, Berlin.
QJMS	Quarterly of the Mythic Society, Bangalore.
Rev Arch	Revue Archéologique, Paris.
RM	Römische Mitteilungen, Rom/Berlin.
S	Syria, Paris.
SA	Sovetskaja Archeologija, Moskva.
SAA	South Asian Archaeology. Papers of the Association of South Asian Archaeologists in Western Europe.
SAm	Scientific American, New York.
SAS	South Asian Studies, London.
SE	Sovetskaja Etnografija, Moskva.
SG	Studium Generale, Berlin/Heidelberg.
SGM	Scottish Geographical Magazine, Edinburgh.
SIAR	Smithsonian Institution, Annual Report, Washington.
VA	The Voice of Ahimsa, Aliganj.
VSOK	Veröffentlichungen des Seminars für Orientalische Kunstgeschichte an der Universität Bonn, Bonn.
WI	Die Welt des Islam, Leiden.
WZ	Wissenschaftliche Zeitschrift der Martin-Luther-Universität Halle-Wittenberg, Halle.
ZAS	Zentralasiatische Studien des Seminars für Sprach- und Kulturwissenschaft Zentralasiens an der Universität Bonn.
ZB	Zeitschrift für Bauwesen.
ZDMG	Zeitschrift der Deutschen Morgenländischen Gesellschaft, Wiesbaden.
ZE	Zeitschrift für Ethnologie, Braunschweig.

Literaturverzeichnis

Acharya, P. K. (1973): Architecture of Manasara. London.
Agrawal, D. P. (1964): Harappa Culture: New Evidence for a Shorter Chronology. In: Science 143: 950-2.
Agrawal, D. P. (1971): The Copper Bronze Age in India. New Delhi
Agrawal, D. P./Ghosh, A. (eds.) (1973): Radiocarbon and Indian Archaeology. Bombay.
Agrawal, D. P./Pande, B. M. (eds.) (1977): Ecology and Archaeology of Western India. Delhi.
Agrawal, D. P./Chakrabarti, D. K. (eds.) (1979): Essays in Indian Protohistory. Delhi.
Agrawal, D. P. (1982): The Archaeology of India. Scandinavian Institute of Asian Studies Monographic Series No. 46.
Agrawal, D. P. (1984): Metal Technology of the Harappans. In: Lal, B. B., Gupta, S. P. (eds.) 1984: 163–168.
Ahmad, S. (1952): Guide to Tattah and the Makli Hill. Karachi.
Allchin, B./Allchin, F. R. (1968): The Birth of Indian Civilization. Harmondsworth.
Allchin, B./Gowdie, A. (1974): Pushkar, Prehistory and Climatic Change in Western India. In: World Archaeology 5/3.
Allchin, B./Allchin, F. R. (1982): The Rise of Civilization in India and Pakistan. Cambridge.
Allchin, F. R./Norman, K. R. (1985): Guide to the Ashokan Inscriptions. In: SAS 1: 43–50.
Anand, M. R. (1963): Reflections on the House, the Stupa, the Temple, the Mosque, the Mausoleum and the Town Plan From the Earliest Times Till Today: Being Notes on the Social and Spacial Imagination in Indian Architecture. In: Marg 17 No. 1.
Andrae, W. (1933): Die ionische Säule, Bauform oder Symbol? Berlin.
Andrews, P. (1985): Trellis tent and bulbous dome. In: Geschichte des Konstruierens, Kolloquium am Institut für Leichte Flächentragwerke, veranst. von Frei Otto. Band I. Stuttgart.
Arco, F. dell' (1978): L'Effemero Barocco. 2 Bde. Rom.
Arnold, T. W. (1913): The Preaching of Islam. A History of the Propagation of the Muslim Faith. 2. rev. enl. ed., London.
Ausfeld, S. (1907): Der Alexanderroman. Leipzig.
Baldaeus, Ph. (1672): Beschreibung der Ost-Indischen Küsten Malabar und Coromandel. Amsterdam.
Banerji, R. D. (1921): Muhen-jo-daro. In: Progress Reports of the Archaeological Survey of India: Western Circle, for the Year Ending 31 March 1920: 79–80. Calcutta.
Banerji, R. D. (1923): Mohen-jo-daro. In: ARASI 1922–23: 102–104.
Banerji, R. D. (1984): Mohenjodaro, a Forgotten Report. In: The Indian Civilization Series vol. XXIX (ed. P. K. Agrawala). Varanasi.
Beitl, K. (1961): Die Umgangsriesen. Diss. Wien.
Bhandarkar, D. R. (1912): Excavation. In: Progress Report of the Archaeological Survey of India: Western Circle, for the Year Ending 31 March 1912: 4–5. Calcutta.
Bhattacharya, T. (1947): A Study on Vastuvidya or Canons of Indian Architecture. Patna.
Binford, L. R. (1965): Archaeological Systematics and the Study of Cultural Process. In: Am An Vol. 31: 203–210.
Bisht, R. S./Asthana, S. (1979): Banawali and Some Other Recently Excavated Harappan Sites in India. In: SAA 1977, Naples: 223–240.
Bisht, R. S. (1982): Excavations at Banawali: 1974–77. In: Possehl, G. (ed.) 1982a: 113–124.
Boll, F./Bezold, C./Gundel, W. (1974): Sternglaube und Sterndeutung. Darmstadt.
Bongard-Levin, G. M. (1985): Ancient Indian Civilization. Delhi.
Bosch, F. D. K. (1960): The Golden Germ. An Introduction to Indian Symbolism. (Ed. de Jong. J. M.) 's-Gravenhage.
Bose, N. K. (1932): Canons of Orissan Architecture. Calcutta.
Bössenroth, R./Hoepfner, W./Jeder, S. (1962): Kuppelbau. Übungsarbeit am Lehrstuhl für Baukonstruktion Prof. Hermkes, TU Berlin.
Braehmer, F. (1982): L'Architecture Domestique du Levant à l'âge du fer. Editions Recherche sur les Civilisations. Les Cahiers, no 8, Paris.
Brosse, Th. (1963): Etudes instrumentales des techniques du Yoga. Experimentation psychosomatique Prec. par J. Filliozat: La nature du Yoga dans sa tradition. Paris.
Brown, P. (1971): Indian Architecture. Buddhist and Hindu Periods. 6. Aufl., Bombay.
Brown, P. (1975): Indian Architecture. The Islamic Period. 6. Aufl., Bombay.
Brunton, J. (1939): John Brunton's Book: Being the Memoirs of John Brunton, Engineer, from a Manuscript in his Own Handwriting for his Grandchildren and now First Printed. Cambridge.
Bukhari, Y. K. (1957): The Mosque Architecture of the Mughuls. In: A 12.
Burgess, J. (1876): Report on the Antiquities of Kathiawad and Kachh. London.
Burgess, J. (1883): The Ritual of Ramesvaram. In: Ind Ant 12.
Burgess, J. (1896): On the Muhammadan Architecture of Bharoch, Cambay, Dholka, Champanir, and Mahmudabad in Gujarat. London.
Burgess, J. (1900): The Muhammadan Architecture of Ahmadabad. London.
Butler, H. C. (1929): Early Churches in Syria. Fourth to Seventh Century. Princeton.
Cardi, B. de (1950): On the Borders of Pakistan: Recent Exploration. In: AL 24/2: 54ff.
Cardi, B. de (1951): A New Prehistoric Ware from Baluchistan. In: Iraq XIII, 2: 63–75.
Cardi, B. de (1959): New Wares and Fresh Problems from Baluchistan. In: Antiquity No. 33: 19–26.
Cardi, B. de (1964): British Expedition to Kalat, 1948, 1957. In: PA No. 1: 20–29.
Casal, J.-M. (1961): Fouilles de Mundigak. 2 Vols., Paris.
Casal, J.-M. (1964a): Fouilles d'Amri. 2 Vols., Paris.

Casal, J.-M. (1964b): Fresh Digging at Amri. In: PA No. 1: 57–65.
Casal, J.-M. (1966): Nindowari, Provisional Report for 1962–65. In: PA 3: 10–21.
Casal, J.-M. (1969): La Civilisation de l'Indus et ses Enigmes. Paris.
Casal, J.-M. (1973): Excavations at Pirak. In: SAA 1971: 171–179.
Cassirer, E. (1969): Philosophie der symbolischen Formen. 3 Bde. Darmstadt.
Chaghtai, M. A. (1937): A Family of Great Mughal Architects. In: IC 11.
Chaghtai, M. A. (1938): Le Tadj Mahal d'Agra (Inde). Histoire et Description. Bruxelles.
Chakrabarti, D. K. (1979): Size of Harappan Settlements. In: Agrawal, D. P., & Chakrabarti, D. K. (eds.), Delhi: 205–15.
Champion, S. (1982): DuMont's Lexikon archäologischer Fachbegriffe und Techniken. Köln.
Cheng, T. (1959): Prehistoric China.
Childe, V. G. (1929): The Most Ancient East. London.
Childe, V. G. (1934): New Light on the Most Ancient East. London.
Childe, V. G. (1942): What Happened in History. Harmondsworth.
Childe, V. G. (1950): The Urban Revolution. In: The Townplanning Review, XXI: 3–17. Liverpool.
Clark, G. (1979): Sir Mortimer and Indian Archaeology. Wheeler Memorial Lectures. Delhi.
Clarke, D. L. (1968): Analytical Archaeology. London.
Clarke, D. L. (1977): Spatial Archaeology. London.
Coomaraswamy, A. K. (1927): Geschichte der Indischen und Indonesischen Kunst. Leipzig.
Coomaraswamy, A. K. (1928): Indian Architectural Terms. In: JAOS 48.
Coomaraswamy, A. K. (1929–1930): Early Indian Architecture. In: EA 2, 3.
Coomaraswamy, A. K. (1930): Pali kannika = Circular Roof Plate. In: JAOS 50.
Coomaraswamy, A. K. (1935): La Sculpture de Bodhgaya. Bruxelles.
Coomaraswamy, A. K. (1938): Symbolism of the Dome. In: IHQ 14.
Cousens, H. (1916): Bijapur and its Architectural Remains. With an Historic Outline of the Adil Shahi Dynasty. Bombay.
Cousens, H. (1926): The Architectural Antiquities of Western India. London.
Cousens, H. (1929): The Antiquities of Sind. Calcutta.
Cousens, H. (1931a): The Medieval Temples of Dakkhan. Calcutta.
Cousens, H. (1931b): Somanatha and Other Medieval Temples in Kathiawad. Calcutta.
Cucarzi, M. (1984): Geophysical Investigations at Mohenjo Daro. In: Urban, G., Jansen, M. (eds.) 1984, Aachen: 191–200.
Cunningham, A. (1879): The Stupa of Bharhut. London.
D'Onofrio, C. (1980): Il Tevere. Rom.
Dagens, B. (1984): Entre Alampur et Shrishailam. Recherches Archéologiques en Andra Pradesh. Pondichéry.
Dales, G. F. (1962a): Harappan Outposts on the Makran Coast. In: Antiquity No. 36: 86–92.
Dales, G. F. (1962b): A Search for Ancient Seaports. In: Expedition Vol. 4/2.
Dales, G. F. (1964): The Mythical Massacre of Mohenjo-Daro. In: Expedition 6/3: 37–46.
Dales, G. F. (1965c): A Suggested Chronology for Afghanistan, Baluchistan and the Indus Valley. In: Chronologies in Old World Archaeology. R. W. Ehrich (ed.) 257–284. Chicago and London.
Dales, G. F. (1966): The Decline of the Harappans. In: SAm 214, 5: 93–98.
Dales, G. F. (1968): A Review of the Chronology of Afghanistan, Baluchistan and the Indus Valley. In: AJA 72, 4: 305–307.
Dales, G. F. (1970): Persian Gulf, Baluchistan, Southern Afghanistan, Early Contacts. In: Food, Fiber and the Arid Land. University of Arizona Press, Tucson.
Dales, G. F. (1974): Excavations at Balakot, Pakistan, 1973. In: JFA 1, 1–2.
Dales, G. F. (1976): Shifting Trade Patterns Between the Iranian Plateau and the Indus Valley in the 3rd Millenium B. C. In: Le Plateau Iranien et l'Asie Centrale des Origines à la Conquête Islamique. Leurs relations à la lumière des documents archéologiques. Paris.
Dales, G. F. (1982): Adaptation and Exploitation at Harappan Coastal Settlements. In: Anthropology in Pakistan, Cornell University.
Dales, G. F./Kenoyer, M. J. (1986): Excavations at Mohenjo-Daro, Pakistan: The Pottery. Philadelphia.
Dallapiccola, A./Zingel-Ave Lallemant, S. (eds.) (1980): The Stupa. Its Religious, Historical and Architectural Significance. Wiesbaden.
Dani, A. H., et al. (1967): Timargarha and the Gandhara Grave Culture. In: AP 3.
Dani, A. H. (1971): Excavations in the Gomal Valley. In: AP 5: 1–177.
Dani, A. H. (1982): Thatta. Islamic Architecture. Islamabad.
Dave, J. (1970): Immortal India. 4 Bde. Bombay.
Davor, F. C. (1962): Iran and India Through the Ages. Bombay.
Deva, K. (1982): Contributions of Aurel Stein and N. G. Majumdar to Research into the Harappan Civilization with Special Reference to Their Methodology. In: Possehl, G. 1982a: 387–394.
Dey, N. L. (1899): The Geographical Dictionary of Ancient and Mediaeval India. Reprint 1977, Lahore.
Dhavalikar, M. K. (1982): Daimabad Bronzes. In: Possehl, G. 1982a: 361–366.
Dickens, P. (1977): An Analysis of Historical House Plans: A Study at the Structural Level (Micro). In: Clarke, D. L. 1977: 33–46.
Dictionnaire (1963): Dictionnaire Archéologique des Techniques. Paris.
Diez, E. (1915): Die Kunst der islamischen Völker. Berlin.
Diez, E. (1925): Die Kunst Indiens. Berlin.
Diez, E. (1927–1928): Indian Influence on Persian Art and Culture. EA 1.
Diez, E. (1961): Akbar. Gottessucher und Kaiser. Wien.
Digby, S./Harle J. C. (1985): When did the Sun Temple Fall Down? In: SAS 1: 1–7.
Döhring, K. (1920): Buddhistische Tempelanlagen in Siam. Berlin.
Durrani, F. A. (1982): Rahman Dheri and the Birth of

Civilization in Pakistan. In: Bulletin of the Institute of Archaeology, 18: 191–207.
Durrans, B./Knox, R. (1982): India. Past into Present. London.
Dyggve, E. (1956–1958): Archäologie und Statik. In: JÖAI 43.
Dyson, R. (1982): Paradigm Changes in the Study of the Indus Civilization. In: Possehl, G. 1982a: 417–428.
Eggert, M. (1978): Prähistorische Archäologie und Ethnologie: Studien zur Amerikanischen New Archaeology. In: PZ: 6–164.
Einem, H. von (1952): Fragen kunstgeschichtlicher Interpretation. In: SG 5.
Embree, A. T./Wilhelm, F. (1967): Indien. Fischer Weltgeschichte Bd. 17, Frankfurt.
Erdberg, E. v. (1969): Zeit und Raum in der Geomantik. In: Festschrift für E. Kühn, Köln: 29–41.
Erdmann, K. (1952): Feuerheiligtum-Kreuzkuppelkirche. In: Spätantike und Byzanz. Beiträge zur Kunstgeschichte des 1. Jt. Halbbd. 1, Baden-Baden.
Erdmann, K. (1963): Die Moscheen Istanbuls. In: Ka.
Erdosy, G. (1985): The Economic Organization of Early Historic States. In: SAA 1983, Naples.
Ewert, Ch. (1966–1980): Spanisch-islamische Systeme sich kreuzender Bögen. I. 1968 MF 2, II. 1966 MM 7, III. 1978–1980 MF 12.
Fairservis, W. A. (1956): Excavations in the Quetta Valley, West Pakistan. In: APAMNH 45.
Fairservis, W. A. (1959): Archaeological Surveys in the Zhob and Loralai Districts, West Pakistan. In: APAMNH 47, 2.
Fairservis, W. A. (1961): Archaeological Studies in the Seistan Basin of South-West Afghanistan and East-Iran. In: APAMNH 48, 1.
Fairservis, W. A. (1967): The Origin, Character and Decline of an Early Civilization. In: AMN 2302.
Fairservis, W. A. (1971): The Roots of Ancient India. Reprint 1975, New York.
Fairservis, W. A. (1982): Allahdino: An Excavation of a Small Harappan Site. In: Possehl, G. 1982a: 107–112.
Fatehpur-Sikri. A source book. Ed. M. Brand & G. D. Lowry. Cambridge, Mass. 1985.
Fentress, M. A. (1976): Resource Access. Exchange Systems and Regional Interaction in the Indus Valley: An Investigation of Archaeological Variability at Harappa and Mohenjo-daro. Ph. D. Dissertation University of Pennsylvania.
Fentress, M. A. (1982): From Jhelum to Yamuna: City and Settlement in the Second and Third Millennium B. C. In: Possehl, G. 1982a: 245–260.
Fergusson, J. (1866): Architecture at Beejapoor, an Ancient Mahometan Capital in the Bombay Presidency, phot. from Drawings by P. D. Hart, A. Cumming and Native Draftsmen, and on the Spot by Biggs and Loch. London.
Fergusson, J. (1910): History of Indian and Eastern Architecture. Rev. and Ed. with Add. by J. Burgess: Indian Architecture. R. Ph. Spiers: Eastern Architecture. 2 Vols. London.
Fischer, K. (1953): The Art of Bengal Temples with Bent Eaves. In: Summaries of Papers Submitted to the 17th Session of All India Oriental Conference. Ahmedabad.
Fischer, K. (1954a): Art and Life, Architectural Monuments of Mount Parasnath. In: VA 4, 1.
Fischer, K. (1954b): Some Examples of Mutual Hindu Muslim Architectural Influences. In: Ind Ir 8, 1.
Fischer, K. (1955a): Firozabad on the Bhima and its Environs. In: IC 29, 4.
Fischer, K. (1955b): Orissan Art in the Evolution of Post-Classical Indian Culture. In: M 8, 4.
Fischer, K. (1956a): Archaeological Remains of Jainism in West Pakistan and Afghanistan. In: VA 6, 3/4.
Fischer, K. (1956b): Art of the Jain Temples and Indian Life. In: VA 6, 10.
Fischer, K. (1956c): Caves and Temples of the Jains. Aliganj.
Fischer, K. (1960): Pre-Islamic Fortifications, Habitations and Religious Monuments in the Kunar Valley. In: A 15, 3.
Fischer, K. (1961a): Schöpfungen indischer Kunst. Von den frühesten Bauten und Bildern bis zum mittelalterlichen Tempel. 2. Aufl. Köln.
Fischer, K. (1961b): Tempelkunstbau in Orissa vom 14. bis 19. Jahrhundert. In: WZ 10, 6.
Fischer, K. (1966): Indo-Iranian Contacts as Revealed by Mudbrick Architecture from Afghanistan. OA 12.
Fischer, K. (1967): Der spät-sassanidische Feuertempel-Typus im Obergeschoß eines Lehmziegelturmes in Afghanisch-Sistan und die indo-islamische Baukunst. In: Festschrift für W. Eilers, Wiesbaden.
Fischer, K. (1968): Form und Bedeutung indischer und islamischer „Doppelkuppeln“. In: KU 21.
Fischer, K. (1969): Preliminary Remarks on Archaeological Survey in Afghanistan. In: ZAS 3.
Fischer, K. (1970a): Celestical Symbolism in a Late Medieval Jaina Temple. In: JJ, January.
Fischer, K. (1970b): Interrelations of Islamic Architecture in Afghanistan. Notes on Turan, Iran and India. In: M 24, 1.
Fischer, K. (1970c): Neuentdeckte Beispiele sassanidischer, frühislamischer und spätmogulzeitlicher Bauweise und Wandzier in afghanisch-Sistan. In: KU 23.
Fischer, K. (1973a): Colloquium on the Islamic City. In: KO 8.
Fischer, K. (1973b): Cosmological Iconology in the „Lantern Roof“ of Later Indian Architecture. In: AARP 4.
Fischer, K. (1974a): Architecture au Séistan Islamique. In: A 27, 1.
Fischer, K. (1974b): Dächer, Decken und Gewölbe indischer Kultstätten und Nutzbauten. Wiesbaden.
Fischer, K. (1974c): Flat Ceilings and Radial Vaults in Jaina Temples. Images of Heaven. In: ALB 38.
Fischer, K. (1974d–76): Lehmziegelwölbungen in Südwestafghanistan. In: Nimruz, hrsg. von K. Fischer, D. Morgenstern und V. Thewalt, Bonn.
Fischer, K. (1975): Bengal Brick Temples. Thoughts on Near Eastern and Medieval Hindu Traditions During the Indo-Islamic Period. Seminary of the American Academy at Benares 1967. In: Studies in Indian Temple Architecture, ed. P. Chandra, New Delhi.
Fischer, K. (1976a): Bauformen und Weltbild eines neueren indischen Tempels nach Bemerkungen von Walter Andrae und Oskar Reuther. In: BK 29.
Fischer, K./Fischer, Chr. M. F. (1976b): Indische Baukunst islamischer Zeit. Baden-Baden.
Fischer, K./Mauelshagen, L./Tönnessen, K. (1976c): Pho-

togrammetrische Aufnahmen schwer zugänglicher Ruinen im Orient. In: Internationales Symposium für Photogrammetrie in der Architektur und Denkmalpflege, Bonn.
Fischer, K. (1977a): Forschungen zur orientalischen Baukunst während des „World of Islam Festivals" England 1976. In: AR 7.
Fischer, K. (1977b): Geschichtliche und naturwissenschaftliche Fragestellungen bei einer archäologischen Landesaufnahme in Sistan. In: ZDMG Suppl. III, 2.
Fischer, K. (1978a): From the Rise of Islam to the Mongol Invasion. From the Mongols to the Mughals. In: The Archaeology of Afghanistan, London.
Fischer, K. (1978b): Neue Ausgrabungen in Zentralasien und das asketisch-erotische Weltbild indischer Kultstätten. In: BK 30.
Fischer, K. (1979): Erotik und Askese in Kult und Kunst der Inder. Köln.
Fischer, K. (1982): Central Asian Horsemanship in the Light of Sculptures on Gandharan Stupas. In: A 35, 3.
Fischer, K./Thewalt, V. (1983a): Archaeological Field Work in Afghan Sistan and Current Research in Eastern Iranian Architecture. In: Urban, G., Jansen, M. 1983, Aachen: 81–90.
Fischer, K. (1983b): Überlieferungen volkstümlicher und herrschaftlicher Bauformen in Sistan. In: Ethnologie und Geschichte, Festschrift für Karl Jettmar, Wiesbaden.
Fischer, K. (1985a): Ancient Asian Building Techniques in Hindu and Muslim Structures of the Vijayanagara Empire and in Subsequent Indo-Islamic Monuments. In: Vijayanagara – City and Empire, New currents of research, ed. A. L. Dallapiccola. Wiesbaden.
Fischer, K. (1985b): Iconology of Devata and Devadasi, Tapasvin and Mohini, Shringaranavidhi and Mithuna on some Mandapa Pillars from Vijayanagara Period Onward? In: Vijayanagara – City and Empire, New currents of research, ed. A. L. Dallapiccola. Wiesbaden.
Fischer, K. (1986a): Altindische und indo-islamische flache Steinbalken- und Steinplatten-Decken. In: Geschichte des Konstruierens, Kolloquium am Institut für Leichte Flächentragwerke, veranst. v. Frei Otto. Band II. Stuttgart.
Fischer, K. (1986b): Preface . . . zu A. Petruccioli (1986), Fathpur Sikri.
Fischer, K. (1986c): Das „Türkische Dreieck" – Zur Gestalt und Geschichte. In: Kongreß für türkische Archäologie und Kunstgeschichte, München, im Erscheinen.
Flam, L. (1981): The Paleography and Prehistoric Settlement Patterns in Sind, Pakistan (Ca. 4000–2000 B. C.). Ph. D. Dissertation University of Pennsylvania, Philadelphia.
Fleet, J. F. (1912): Seals From Harappa. In: JRAS: 698–701.
Foucher, A. (1905–1951): L'art gréco-bouddhique du Gandhâra. Etude sur les origines de l'influence classique de l'Inde et de L'Extrême-Orient. 2 vols. Paris.
Francfort, H.-P. (1981): The Late Periods of Shortugai. In: SAA 1979 Berlin: 191–202.
Francfort, H.-P. (1983): The Early Periods of Shortugai (Harappan) and the Western Bactrian Culture of Dashly. In: SAA 1981, Cambridge: 170–75.
Franz, H. G. (1965): Buddhistische Kunst Indiens. Leipzig.
Franz, H. G. (1978): Pagode, Turmtempel, Stupa, Studien zum Kultbau des Buddhismus in Indien und Ostasien. Graz.
Franz, H. G. (1982): Bauten und Baumeister der Barockzeit in Böhmen. Leipzig.
Fritz, J./Michell, G./Nagaraja Rao, M. S. (1984): The Royal Centre at Vijayanagara. Preliminary Report. Melbourne.
Führer, A. (1889): The Sharqi Architecture of Jaunpur With Notes on Zafarabad, Sahet-Mahet and Other Places in the North Western Provinces and Oudh. With Drawings and Architectural Descriptions by E. Smith. Ed. by J. Burgess, Calcutta.
Fussman, G. (1983): Surkh Kotal, Tempel der Kushana-Zeit in Baktrien. München.
Gadd, C. J./Smith, S. (1924): The New Links Between Indian and Babylonian Civilizations. In: ILN 4. 10. 1924: 614–16.
Gadd, C. J. (1932): Seals of Ancient Indian Style Found at Ur. In: PBA 18: 3–22.
Ghafur, M. A. (1970): Calligraphers of Thatta. Karachi.
Ghose, B. (1949): Primitive Indian Architecture. In: JISOA 17.
Ghosh, A./Panigrahi, K. C. (1946): The Pottery of Ahichchhatra. In: AI 1: 38–39.
Ghosh, A. (1973): The City in Early Historical Context. Simla.
Ghosh, A. (1982): Deurbanization of the Harappan Civilization. In: Possehl, G. 1982a: 321–324.
Ghurye, G. S. (1939): Two old Sites in Kathiawar. In: JUB 8: 3–12.
Glasenapp, H. von (1956): Indische Geisteswelt. Bd. I, II, Baden-Baden.
Glasenapp, H. von (1961): Die Literaturen Indiens von ihren Anfängen bis zur Gegenwart. Stuttgart.
Godard, A. (1949): Voûtes Iraniennes. Athar-e-Iran 4.
Godard, A. (1962): L'Art de l'Iran. Paris.
Goetz, H. (1938): Sher Shah's Mausoleum at Sasaram. In: ARI 5.
Goetz, H. (1940a): The Fall of Vijayanagara and the Nationalization of Muslim Art in Dakhan. In: JIH 19.
Goetz, H. (1940b): Late Indian Architecture. In: AO 8.
Goldziher, I. (1889–1890): Muhammedanische Studien. Halle.
Goloubew, V. (1914–1915): A Propos de Ramgarh. In: OAZ 3.
Golzio, K.-H. (1983): Der Tempel im alten Mesopotamien und seine Parallelen in Indien. Eine religionswissenschaftliche Studie. Leiden.
Gordon, D. H. (1958): The Prehistoric Background of Indian Culture. Bombay.
Grassnick, M., u. a. (1977): Moghul-Architektur. Beiträge zur islamischen Architektur Indiens. Kaiserslautern.
Grassnick, M., u. a. (1983): Hindu-Architektur. Beiträge zur Tempelarchitektur in Südindien. Kaiserslautern.
Gupta, S. P. (1979): Archaeology of Soviet Central Asia, and the Indian Borderlands. 2 Vols. New Delhi.
Gupta, S. P. (1980): The Roots of Indian Art. New Delhi.
Gupta, S. P./Lal. B. B. (eds.) (1984): Frontiers of the Indus Civilization. Sir Mortimer Wheeler Commemoration Volume. New Delhi.
Gutschow, N. (1977): Geordneter Raum. Manuskript der Habil.-Schrift, Darmstadt.

Gutschow, N./Pieper, J. (1978): siehe Pieper 1978.
Gutschow, N. (1982): Stadtraum und Stadtritual der newarischen Städte im Kathmandu-Tal. Stuttgart.
Hackin, J. (1954): Nouvelles Recherches Archéologiques à Begram. Paris.
Halim, M. A. (1972): Excavations at Sarai Khola, Part II. In: PA 8: 1–112.
Hamidullah, M. (1954): Cultural and Intellectual History of Indian Islam. WI 3.
Handbuch (1887–1909): Handbuch der Architektur. 5 Bde. Darmstadt.
Hargreaves, H. (1929): Excavations in Baluchistan, 1925. Calcutta.
Harle, J. C. (1963): Temple Gateways of South India. The Architecture and Iconography of the Cidambaram Gopuras. Oxford.
Härtel, H. (1974–1975): Grabung am Hügel von Sonkh. Schlußbericht. In: JPK 12.
Härtel, H. (1976): Some Results of the Excavations at Sonkh. In: German Scholars on India Vol. II. Bombay.
Havell, E. B. (1913): Indian Architecture. Its Psychology, Structure and History From the First Muhammadan Invasion to the Present Day. London.
Hawkes, J. (1982): Mortimer Wheeler. Adventurer in Archaeology. London.
Hegel, G. W. F. (1971): Werke in zwanzig Bänden. Bd. 18: Vorlesungen über die Geschichte der Philosophie I. Frankfurt.
Heine-Geldern, R. v. (1936): Archaeological Traces of the Vedic Aryans. In: JISOA Vol. IV.
Heine-Geldern, R. v. (1956): The Coming of the Aryans and the End of the Harappa Civilization. In: Man Vol. 56: 136–40.
Heinrich, E. (1982): Tempel und Heiligtümer im alten Mesopotamien. Berlin.
Herzfeld, E. (1942–1948): Damascus: Studies in Architecture. In: ARI I, 9 1942, II, 10 1943, III, 11/12 1946, IV, 12/13 1948.
Hess, F. (1948): Steinverbände und Gewölbebau aus künstlichen Steinen. Mit e. Anh. v. K. Sattler: Der Leichtgewölbebau. München.
Hofmeister, B. (1980): Die Stadtstruktur. Darmstadt.
Horovitz, J. (1975): Das koranische Paradies (1923). In: Paret, R. (Hrsg.): Der Koran. Darmstadt.
Hunter, G. R. (1934): The Script of Harappa and Mohenjodaro and its Connection with Other Scripts. London.
Irwin, J. (1973–76): Asokan Pillars. In: Burlington Magazine CXV–CXVIII.
Irwin, J. (1980a): The Axial Symbolism of the Early Stupa: An Exegesis. In: The Stupa, ed. Dallapiccola, A., Heidelberg, Wiesbaden.
Irwin, J. (1980b): The Axis Mundis and the Phallus, Some Unrecognized East-West Parallels. In: Folklore Studies in the Twentieth Century. Proceedings Folklore Centenary Conference Folklore Soc. Suffolk.
Jain-Neubauer, J. (1981): The Stepwells of Gujarat in Art-Historical Perspective. New Delhi.
Jansen, M. (1976–1977): Mohenjo-Daro – 5000 Jahre Keramik im Kanalbau. I + II. In: Steinzeug-Information Ausgabe 24 & 25, Hrsg.: Fachverband Steinzeugindustrie e. V. Köln.
Jansen, M. (1978a): Rekonstruktion der Harappastädte. Materialien für einen semiotischen Versuch. In: Die Einheit der Semiotischen Dimensionen. Hrsg.: Arbeitsgruppe Semiotik: 265–302. Tübingen.
Jansen, M. (1978b): City Planning in the Harappa Culture In: AARP Nr. 14, London: 69–74.
Jansen, M. (1979a): Architektur in der Harappakultur. – Eine kritische Betrachtung zum umbauten Raum im Industal des 3.–2. Jahrtausends. Bonn.
Jansen, M. (1979b): Architectural Problems of the Harappa Culture. In: SAA 1977, Naples: 405–431.
Jansen, M. (1980): Public Spaces in the Urban Settlements of the Harappa Culture. In: AARP No. 17, London: 11–19.
Jansen, M./Zäschke, W. (1983): Siedlungswasserwirtschaft – eine historische Betrachtung. Festvortrag auf der Versammlung der Europäischen Vereinigung der Steinzeugröhrenindustrie. September. Interlaken.
Jansen, M./Urban, G. (eds.) (1983a): siehe Urban, G., Jansen, M. (eds.) 1983.
Jansen, M./Ardeleanu, A./Franke, U. (1983b): An Approach Towards the Replacement of Artifacts into the Archaeological Context of the Great Bath in Mohenjodaro. In: Urban, G., Jansen, M. (eds.) 1983: 43–70.
Jansen, M. (1983c): Preliminary Results of Three Years Documentation in Mohenjo-Daro. In: Urban, G., Jansen, M. (eds.) 1983: 21–36.
Jansen, M. (1983d): Preservation as a Way of Planning. In: International Seminar Preservation & Documentation of Traditional Architecture 24–27 March 1982 Karachi. (Ed. K. H. Buschmann): 71–77.
Jansen, M./Urban, G. (eds.) (1984a): Interim Reports Vol. 1. Reports on Field Work Carried out at Mohenjo-Daro Pakistan 1982–83. IsMEO-Aachen University Mission. Aachen.
Jansen, M. (1984b): Architectural Remains in Mohenjo-Daro. In: Frontiers of the Indus Civilization. (eds.) Gupta, S. P., & Lal, B. B. 1984, New Delhi: 75–88.
Jansen, M. (1984c): Theoretical Aspects of Structural Analyses for Mohenjo-Daro. In: Jansen, M., Urban, G. (eds.) 1984a: 39–62.
Jansen, M. (1984d): Preliminary Results of two Years Documentation in Mohenjo-Daro. In: SAA 1981, Cambridge: 135–153.
Jansen, M., Urban, G. (eds.) (1985a): Mohenjodaro. Data Collection vol. I. Fieldbooks and Concordance of HR-Area. Leiden.
Jansen, M. (1985b): Mohenjo-Daro, Cité de l'Indus. In: La Recherche No. 163, Vol. 16: 166–176. Paris.
Jansen, M./Urban, G. (1985c): Bauforschung an den Ufern des Indus. In: Universitas, 40. Jg., Nr. 465, H. 5: 207–218.
Jansen, M./Urban, G. (eds.) (1986a): Site Atlas Mohenjodaro (in Vorbereitung).
Jansen, M. (1986b): Die Indus-Zivilisation. Eine Hochkultur des dritten Jahrtausends v. Chr. Köln.
Jarrige, C./Tosi, M. (1981): The Natural Resources of Mundigak – Some Observations on the Location on the Site in Relation to its Economical Space. In: SAA 1979, Berlin: 115–142.
Jarrige, J.-F./Enault, J. F. (1971): Chalcolithic Pottery from Four Sites in the Bolan Area of Baluchistan. In: SAA 1971, Cambridge: 181–196.

Jarrige, J.-F./Santoni, M. (1979a): Fouilles de Pirak. 2 Vols., Paris.
Jarrige, J.-F. (1979b): Excavations at Mehrgarh-Pakistan. In: SAA 1975, Leiden: 76–87.
Jarrige, J.-F./Lechevallier, M. (1979c): Excavations at Mehrgarh, Baluchistan. Their Significance in the Prehistorical Context of the Indo-Pakistan Borderlands. In: SAA 1977, Naples: 463–536.
Jarrige, J.-F. (1980): New Trend in the Archaeology of the Greater Indus in the Light of Recent Excavations at Mehrgarh-Baluchistan. In: First International Congress of Pakistan Archaeology 1983, Peshawar (in Vorb.).
Jarrige, J.-F. (1981): Economy and Society in the Early Chalcolithic/Bronze Age of Baluchistan. In: SAA 1979, Berlin: 93–114.
Jarrige, J.-F. (1982): Excavations at Mehrgarh: Their Significance for Understanding the Background of the Harappan Civilization. In: Possehl, G. 1982a: 79–84.
Jarrige, J.-F. (1984): Chronology of the Earlier Periods of the Greater Indus as Seen from Mehrgarh, Pakistan. In: SAA 1981, Cambridge: 21–28.
Jarrige, J.-F. (1986): Continuity and Change in the North Kachi Plain (Baluchistan, Pakistan) at the Beginning of the Second Millennium B. C. In: SAA 1983, Bruxelles, Naples.
Joshi, J. P. (1972): Explorations in Kutch and Excavations at Surkotada and New Light on Harappan Migration. In: JOIB Vol. 22 Nos. 1–2: 98–144.
Joshi, J. P. (1973): Excavations at Surkotada. In: Agrawal, D. P., Ghosh, A. 1973: 173–81.
Joshi, J. P. (1974): Surkotada: A Chronological Assessment. In: Pu 7: 34–38.
Joshi, J. P. (1978): Interlock of Late Harappan Culture and the Painted Grey Ware in the Light of Recent Excavations. In: ME 2: 98–101.
Joshi, J. P./Bala, M. (1982): Manda: A Harappan Site in Jammu and Kashmir. In: Possehl, G. 1982a: 185–196.
Jouveau-Dubreuil, G. (1914): Archéologie du Sud de l'Inde, I Architecture, II Iconographie. Paris.
Kak, R. C. (1933): Ancient Monuments of Kashmir. With a Forword by F. Younghusband and an Introduction by A. Foucher. London.
Kangle, R. P. (1963): The Kautilya Arthashastra. Bombay.
Kaschnitz-Weinberg, G. (1944): Vergleichende Studien zur italisch-römischen Struktur. In: RM 59.
Kenoyer, M. (1984): Shell Working Industries of the Indus Civilization: An Archaeological and Ethnographic Perspective. Ph. D. Dissertation, Ann Arbor.
Kersenboom, S. C. (1984): Nityasumangali. Towards the Semiosis of the Devadasi Tradition of South India. Utrecht.
Khan, A. N. (1980): Uchchh, History and Architecture. Islamabad.
Khan, A. N. (1983): Multan, History and Architecture. Islamabad.
Khan, F. A. (1965): Excavations at Kot Diji. In: PA 2: 13–85.
Khan, F. A. (1976): Banbhore, A Preliminary Report on the Recent Archaeological Excavations at Banbhore. Karachi.
Khan, M. W. (1961): Historical Notes on the Archaeological Monuments at Lahore. Lahore.
Khan, N. M. (1978): Townplanning and Architecture of Hyderabad under the Qutb Shahis. Manuskript, Hyderabad.
King, A. D. (1976): Colonial Urban Development. London.
King, D. E. (1975): A Comprehensive Bibliography of Pakistan Archaeology: Paleolithic to Historic Times. Publ. by Asian Studies Center Michigan State University, Michigan.
Kirfel, W. (1928): Die Religion der Jaina's. Leipzig.
Kirk, W. (1978): Town and Country Planning in Ancient India According to Kautilya's Arthashastra. In: SGM 94, 2.
Knorozov, Y., et al. (1968): Proto-Indica: Brief Report on the Investigation of Proto-Indian Texts. Moscow.
Kramrisch, S. (1946): The Hindu Temple. Calcutta.
Kramrisch, S. (1961): Dravida and Kerala in the Art of Travancore. 2. Aufl. Ascona.
Krickelberg-Pütz, A.-A./Fischer, K. (1986): Byzanz–„Seidenstraßen" – Zentralasien – Indien. In: Die großen Abenteuer der Archäologie. Bd. 7, Salzburg.
Kuiper, F. B. J. (1983): Ancient Indian Cosmogony-Essays Selected and Introduced by John Irwin. New Delhi.
Kulke, H./Lewe, H. J./Lütt, J./Rothermund, D. (1982): Indische Geschichte vom Altertum bis zur Gegenwart. (Hrsg. Gall, L.) München.
La Roche, E. (1921): Indische Baukunst, mit Geleitwort von H. Wölfflin. München.
Lal, B. B. (1955): Excavations at Hastinapura and other Explorations in the Upper Ganga and Sutlej Basins 1950–52. AI No. 10–11: 5–151.
Lal, B. B. (1971): Perhaps the Earliest Ploughed Field so Far Excavated Anywhere in the World. In: Pu 4: 1–3.
Lal, M. (1984): Settlement History and Rise of Civilization in Ganges-Yamuna Doab from 1500 B. C. – 300 A. D. Delhi.
Lamberg-Karlovsky, C. C. (1972): Trade Mechanisms in Indus-Mesopotamian Interrelations. In: LAOS 92/1: 222–229.
Lamberg-Karlovsky, C. C. (1982): Sumer, Elam and the Indus: Three Urban Processes Equal One Structure? In: Possehl, G. 1982a: 61–68.
Lambrick, H. T. (1964): Sind: A General Introduction. Hyderabad (2nd. Edition 1975).
Lambrick, H. T. (1973): Sind Before the Muslim Conquest. Hyderabad.
Langenegger, F. (1911): Beiträge zur Kenntnis der Baukunst des Iran. Dresden.
Langlotz, E. (1955): Zur Entstehung der Pendentifkuppel. In: Festschrift für Carl Weickert. Berlin.
Laping, J. (1982): Aspekte der Stadt im altindischen Staatslehrbuch des Kautilya. In: Städte in Südasien: Geschichte, Gesellschaft, Gestalt. (Hrsg. Kulke, H.) Wiesbaden: 1–16.
Lechevallier, M./Quivron, G. (1981): The Neolithic in Baluchistan: New Evidences from Mehrgarh. In: SAA 1979, Berlin: 71–92.
Le Coq, A. A. v. (1979): Chotscho, Facs.-Wiedergaben der wichtigeren Funde der 1. Kgl. Preuss. Expedition nach Turfan in Ost-Turkestan. Unveränd. Nachdruck nach Berlin 1913. Graz.
Leshnik, L. (1968): The Harappan „Port" at Lothal: Another View. In: Am An 70, 5: 911–12.
Lobo, W. (1982): The Sun Temple at Modhera. München.
Longhurst, H. (1917): Hampi Ruins. Described and Illustrated. Madras.
Lützeler, H. (1959): Weltgeschichte der Kunst. Gütersloh.

Macdonell, A. A./Keith, A. B. (1912): Vedic Index of Names and Subjects. London, repr. Delhi 1958.
Mackay, E. J. H. (1938): Further Excavations at Mohenjo-Daro. 2 vols. Delhi.
Mackay, E. J. H. (1938a): Die Induskultur. Leipzig.
Mackay, E. J. H. (1943): Chanhu-Daro Excavations, 1935–36. AOS 20.
Macku, A. (1947): Grundlagen für das Studium der Baugeschichte. Wien.
Mahadevan, I. (1977): The Indus Script: Texts, Concordances and Tables. MASI No. 77, New Delhi.
Mahadevan, I. (1982): Terminal Ideograms in the Indus Script. In: Possehl, G. 1982a: 311–320.
Mainstone, R. J. (1973): Squinches and Pendentives: Comments on Problems of Definitions. In: AARP 4.
Majumdar, N. G. (1934): Explorations in Sind. MASI No. 48, New Delhi.
Majumdar, R. C. (1952): Ancient India. Varanasi.
Majumdar, R. C. (1977): Ancient India. 8. Aufl., New Delhi.
Majupuria, T. C. (1978): Sacred and Useful Plants and Trees. Kathmandu.
Malik, S. C. (1973): The Role of Theory in the Study of Archaeology in India. In: Pu No. 6, 1972–73.
Manchanda, O. (1972): A Study of the Harappan Pottery. New Delhi.
Mansel, A. M. (1943): Trakya-Kirklareli. Kubbeli Mezarlarive Sahte Kubbe ve Kemer Problemi. Mit dt. Ausz.: Die Kuppelgräber von Kirklareli in Thrakien und das Problem der „falschen" Kuppeln und Gewölbe. Ankara.
Marglin, F. A. (1978): Devadasis as Specialists in „Auspiciousness". In: Symposion on Sexuality and Religion. Chambersbourg, Pennsylvania.
Marglin, F. A. (1985): Wives of the God – The Rituals of the Devadasis of Puri. New Delhi.
Margueron, J. (1982): Recherches sur les Palais Mesopotamiens de l'âge du Bronze. Biblioth. Arch. et Hist. CVII, Paris.
Marshall, Sir J. (1922): The Monuments of India. In: Cambridge History of India, Vol. I: 562–63.
Marshall, Sir J. (1931): Mohenjo-Daro and the Indus Civilization. 3 vols. London.
Marshall, Sir J./Foucher, A. (1940): The Monuments of Sanchi. Calcutta.
Marshall, Sir J. (1951): Taxila. Cambridge.
Marshall, Sir J. (1960): A Guide to Taxila. 4th Edition, Cambridge.
Massignon, L. (1954): Essai sur les origines du Lexique technique de la mystique musulmane. Nouv. ed. augm. Paris.
Masson, C. (1844): A Narrative of Various Journeys in Baluchistan, Afghanistan and the Punjab. 3 vols. London.
Masson, V. M. (1966): The Land of Thousand Cities. Moscow.
Masson, V. M. (1967): Protourban Culture of Central Asia: Altin Depe. In: SA No. 3.
Masson, V. M. (1968): The Urban Revolution in South Turkmenia. In: Antiquity XLII: 181–187.
Mate, S. M. (1970): Early Historic Fortifications in the Ganga Valley. In: Pu No. 3: 58–69.
McCrindle, J. W. (1882): Ancient India as Described By Ktesias the Knidian. London. Reprint 1973, Delhi.
McCrindle, J. W. (1877): Ancient India as Described by Megasthenes and Arrian. Reprint 1972 (ed. R. Jain). London.
Mehta, R. N. (1970): Early Historic Fortifications in the Ganga Valley. In: PU No. 3: 58–69.
Meister, M. W./Dhaky, M. A. (1983): Encyclopaedia of Indian Temple Architecture, South India. New Delhi, Philadelphia.
Mensching, G. (1955): Religiöse Ursymbole der Menschheit. In: SG 8.
Mensching, G. (1957): Die Lichtsymbolik in der Religionsgeschichte. In: SG 10.
Merklinger, E. S. (1981): Indian Islamic Architecture, The Deccan 1347–1686. Warminster.
Michell, G. (1975): Early Western Chalukyan Temples. London.
Michell, G. (1979): Der Hindu-Tempel. Bauformen und Bedeutung. Köln.
Michell, G./Filliozat, V. (eds.) (1981): Splendours of the Vijayanagara Empire-Hampi. Bombay.
Michell, G. (1983): Brick Temples of Bengal. From the Archives of David McCutchion. Princeton, N. J.
Michell, G. (1985): Vijayanagara: the Architectural Record. In: SAS 1: 19–41.
Mitchell, N. (1972): The Indian Hill Station: Kodaikanal. Chicago.
Mockler, Major (1877): On Ruins in Makran. In: JRAS: 122–26.
Mode, H. (1944): Indische Frühkulturen und ihre Beziehung zum Westen. Basel.
Mode, H. (1959): Das frühe Indien. Stuttgart.
Mode, H. (1984): Indische Volkskunst.
Mongait, A. L. (1961): Archaeology in the USSR. Moscow.
Mughal, R. (1971): The Early Harappan Period in the Greater Indus Valley and Northern Baluchistan (ca. 3000–2400 B. C.). Ph. D. Dissertation University of Pennsylvania. Ann Arbor. Michigan.
Mughal, R. (1974): New Evidence of the Early Harappan Culture from Jalilpur, Pakistan. In: Archaeology vol. 27, No. 2: 106–13.
Mughal, R. (1980): New Archaeological Evidence from Bahawalpur. In: ME Vol. IV, Ahmedabad.
Mughal, R. (1982): Recent Archaeological Research in the Cholistan Desert. In: Possehl, G. 1982a: 85–96.
Mughal, R. (1983): Current Research Trends on the Rise of the Indus Civilization. In: Urban, G., Jansen, M. (eds.) 1983: 13–21.
Mukerji, Sh. (1969): The Republican Trends in Ancient India. New Delhi.
Mühlmann, W. E. (1984): Geschichte der Anthropologie. 3. Aufl., Wiesbaden.
Müller, W. (1961): Die heilige Stadt, Roma quadrata, himmlisches Jerusalem und die Mythe vom Weltnabel. Stuttgart.
Müller-Karpe, H. (1983): Jungbronzezeitliche-früheisenzeitliche Gräberfelder der Swat-Kultur in Nord-Pakistan. München.
Nanavati, J. M./Dhaky, M. A. (1963): The Ceilings in the Temples of Gujarat. Baroda.
Naumann, R. (1961): Die Ausgrabungen am Feuertempel. In: Takht-i-Suleiman, Vorläufiger Bericht über die Ausgrabungen 1959, Berlin.

Nazeem, M. (1982): The Neolithic Culture of North-Western Indo-Pakistan Sub Continent. New Delhi.
Niemeier, G. (1967): Siedlungsgeographie. Braunschweig.
Noetling, F. (1898): Reise nach Baluchistan. In: ZE Vol. 30, Berlin: 250ff.
Oppenheim, A. L. (1954): Seafaring Merchants of Ur. In: JAOS Vol. 74: 6–17.
Pande, B. M. (1970): The Neolithic in Kashmir, New Discoveries. In: ANTH Vol. XLVIII: 24.
Pande, B. M./Ramachandran, K. S. (1971): Bibliography of the Harappan Culture. Florida.
Pande, B. M. (1982): History of Research on the Harappan Culture. In: Possehl, G. 1982a: 395–404.
Parpola, A./Koskenniemi, S. A./Parpola, S. (1973): Materials for the Study of the Indus Script I: A Concordance to the Indus Inscriptions. Helsinki.
Parpola, A. (1975): Tasks, Methods and Results in the Study of the Indus Script. In: JRAS Vol. 2: 178–209.
Petruccioli, A./Terranova, A. (1985): Modelli culturali nell'impianto e nelle trasformazioni di Old Delhi. In: Storia della Città Vol. 31–2.
Petruccioli, A. (1986): Fathpur Sikri. La città del sole e delle acque. The City of Sun and Waters. With Engl. Res. Preface by K. Fischer. Roma.
Pieper, J. (1975): Three Cities of Nepal. In: Oliver, P. (Ed.): Shelter, Sign and Symbol. London: 52–69.
Pieper, J. (1976): Die drei Städte im Nepaltal. In: Bauwelt 30: 925–35.
Pieper, J. (1977a): Die anglo-indische Station oder die Kolonisierung des Götterberges. Hindustadtkultur und Kolonialstadtwesen im 19. Jh. als Konfrontation östlicher und westlicher Geisteswelten. Bonn.
Pieper, J. (1977b): Elementarformen und Elementarfunktionen einer Stadtarchitektur: Die Klostersiedlungen der Gelben Kirche in Ladakh. In: Bauwelt 23: 56–61.
Pieper, J. (1977c): Arboral Art and Architecture in India. In: AARP 12/1977: 47–54.
Pieper, J. (1977d): Südindische Stadtrituale: Wege zum stadtgeographischen und architektonischen Verständnis der indischen Pilgerstadt. In: Stadt und Ritual, Symposion Darmstadt.
Pieper, J./Gutschow, N. (1978a): Indien. Von den Klöstern des Himalaya zu den Tempelstädten Südindiens. Bauform und Stadtgestalt einer beständigen Tradition. Köln.
Pieper, J. (1978b): The Mofussil Environment. Elements of Colonial Architecture and Settlement in Up Country India. In: Schriftenreihe des Südasieninstituts der Universität Heidelberg „Die Stadt in Südasien", Heidelberg 1978: 77–88.
Pieper, J. (1979a): A Pilgrim's Map of Benares. Notes on Codification in Hindu Carthography. In: Geo Journal 3: 215–18.
Pieper, J. (1979b): Water in Hindu Urban Architecture. In: AARP 15: 47–54.
Pieper, J. (1980a): Ritual Space in India. Studies in Architectural Anthropology. London.
Pieper, J. (1980b): South Indian Ceremonial Chariots. In: AARP 16: 1–11.
Pieper, J. (1980c): A Note on the South Indian Ceremonial Float. In: AARP 16: 24.
Pieper, J. (1980d): European Tombs in the Moghul Taste. Notes on Style and Ornamentation of Anglo-Indian Architecture. In: Lotus International 26: 90–95.
Pieper, J. (1980e): Stupa Architecture of the Upper Indus Valley. In: The Stupa, ed. Dallapiccola, A., Heidelberg, Wiesbaden.
Pieper, J. (1980f): The Spatial Structure of Suchindram. In: AARP 17.
Pieper, J. (1982): Architectural Decoration and Clothing Convention. In: Doshi, S., Michell, G., Pieper, J. (Hrsg.): The Impulse to Adorn. Bombay.
Pieper, J. (1983): Indischrot/Indischgelb. In: Bauwelt 28: 1084–91.
Pieper, J. (1984a): Hyderabad. A Qur'anic Paradise in Architectural Metaphers. In: Environmental Design Research Centre, Rome: 46–51.
Pieper, J. (1984b): Die Schaulust an der exotischen Architektur. In: Ernst, R. W. (Hrsg.): Stadt in Afrika, Asien und Lateinamerika. Katalog der Ausstellung „Andernorts", Berlin 1984.
Piggott, S. (1943): Dating the Hissar Sequence – the Indian Evidence. In: Antiquity Vol. 17, No. 68: 169–82.
Piggott, S. (1944): Prehistoric Copper Hoards in the Ganges Basin. In: Antiquity XVIII.
Piggott, S. (1946): The Chronology of Prehistoric N-W India. In: AI No. 1: 8–26.
Piggott, S. (1947): A New Prehistoric Ceramic from Baluchistan. In: AI No. 3: 131–142.
Piggott, S. (1948): Notes on Certain Pins and a Mace Head from Harappa. In: AI No. 4: 26–40.
Piggott, S. (1950): Prehistoric India to 1000 B. C. Harmondsworth, Middlesex. Reprint 1961.
Piggott, S. (1962): Review of Archaeological Surveys in the Zhob and Loralai-Districts West Pakistan by W. Fairservis. In: JAS 21, 2: 254.
Pigulewskaja, N. (1969): Byzanz auf den Wegen nach Indien. Aus der Geschichte des byzantinischen Handels mit dem Orient vom 4. bis 6. Jahrhundert. Überarb. dt. Ausgabe. Berlin.
Pope, A. U. (1935): Some Interrelations Between Persian and Indian Architecture. In: JISOA 9.
Pope, A. U. (1946): Iranian and Armenian Contributions to the Beginning of Gothic Architecture. In: AQ 1.
Possehl, G. (1967): The Mohenjo-Daro Floods, a Reply. In: Am An Vol. 69 No. 1: 32–40.
Possehl, G. (1974): Variation and Change in the Indus Civilization. Ph. D. Dissertation, Chicago.
Possehl, G. (Ed.) (1979): Ancient Cities of the Indus. New Delhi.
Possehl, G. (Ed.) (1982a): Harappan Civilization. New Delhi.
Possehl, G. (1982b): The Harappan Civilization: A Contemporary Perspective. In: Possehl, G. 1982a: 15–30.
Possehl, G. (1982c): Discovering Ancient India's Earliest Cities: The First Phase of Research. In: Possehl, G. 1982a: 405–416.
Pott, J. (1977): Old Bungalows in Bangalore. London.
Prinsep, J. (1825): Views and Illustrations of Benares. London.
Pugachenkova, G. A. (1958): Puti Razvitija Architektury Južnogo Turkmenistana Pory Rabovladenija i Feodalizma. Moskva.
Pugachenkova, G. A. (1963): Ishrat-Khaneh and Ak-Saray, Two Timurid Mausoleums in Samarkand. In: ARO 5.

Rahman, A. (1981): Islamic Architecture of Pakistan, an Introduction. Peshawar.
Raikes, R. L. (1963): The End of the Ancient Cities of the Indus Civilization in Sind, Baluchistan. In: Am An 65, 3: 284–99.
Raikes, R. L. (1964): The End of the Ancient Cities of the Indus. In: Am An 66, 2: 284–99.
Raikes, R. L. (1965a): The Ancient Garbar Bands of Baluchistan. In: EW Vol. 15: 26–35.
Raikes, R. L. (1965b): The Mohenjo-Daro Floods. In: Antiquity Vol. 39: 126–203.
Raikes, R. L. (1968): Kalibangan: Death from Natural Causes. In: Antiquity Vol. 42: 286–91.
Rambach, P./de Golish, V. (1954): Indische Tempel und Götterbilder. Neun Jahrhunderte verkannter indischer Kunst. V.–XIII. Jahrhundert. (Aus dem Franz.) Biberach.
Rao, S. R. (1963): Excavations at Rangpur and Other Explorations in Gujarat. In: AI Nos. 18, 19: 5–207.
Rao, S. R. (1973): Lothal and the Indus Civilization. Bombay.
Rao, S. R. (1979): Lothal, a Harappan Port. Vol. 1, MASI No. 78. New Delhi.
Ratnagar, S. (1982): The Location of Harappa. In: Possehl, G., 1982a: 261–264.
Ray, A. (1964): Villages, Towns and Secular Buildings in Ancient India. Calcutta.
Ray, A. (1983): Life and Art of Early Andhradesha. New Delhi.
Renfrew, C. (1970): The Configuration in Old World Archaeology. In: World Archaeology No. 2: 199–211.
Reuther, H. (1973): Die Lehmziegelwölbungen von Gol-i Safed. In: AMI 6.
Reuther, O. (1925): Indische Paläste und Wohnhäuser. Berlin.
Rice, D. T. (1938): Iranian Influence in the Caucasus. In: PIS 2.
Rosintal, J. (1937): Le réseau, forme intermédiaire perse inconnue jusqu'à present. Paris.
Rottländer, R. C. (1984): The Harappan Linear Measurement. In: Jansen, M., Urban, G. (eds.) 1984a: 201–05.
Rowland, B. (1946): Gandhara and Early Christian Art: the Homme-Arcade and the Date of the Bimaran Reliquary. AB 28.
Rowland, B. (1954): Art in East and West. An Introduction through Comparisons. Cambridge, Mass.
Roy, A. K./Gidwani, N. N. (1982): Indus Valley Civilization. A Bibliographic Essay. New Delhi.
Roy, S. (1961): The Story of Indian Archaeology. New Delhi.
Rumpler, M. (1956): La Coupole dans l'Architecture Byzantine et Musulmane. Strasbourg.
Sali, S. A. (1982): The Harappans of Daimabad. In: Possehl, G. 1982a: 175–84.
Sankalia, H. D. (1974): The Prehistory and Protohistory of India and Pakistan. Poona.
Saraswati, B. (1963): The Holy Circuit of Nimsar. In: BASI XI, 3–4: 211–16.
Saraswati, S. K. (1941): Indo-Muslim Architecture in Bengal. JISOA 9.
Saraswati, S. K. (1953): Glimpses of Mughal Architecture. Introduction with Hist. Analysis by J. Sarkar. Ed. by A. Goswamy, Calcutta.
Saraswati, S. K. (1954–1960): In: The History and Culture of the Indian People. Bombay III: The Classical Age 1954, V: The Struggle for Empire 1957, VI: The Delhi Sultanate 1960.
Sarcina, A. (1979): A Statistical Assessment of House Patterns at Mohenjo-Daro. In: Mes. XIII–XIV: 155–99.
Sarkar, H./Nainar, S. P. (1980): Amaravati. New Delhi.
Sarkar, H./Misra, B. N. (1980): Nagarjunakonda. New Delhi.
Sayce, E. H. (1924): Remarkable Discoveries in India. In: ILN Sept. 27: 566.
Schimmel, A. (1964): Islam und Hinduismus. In: Das große Gespräch der Religionen. Basel, Terra Nova, Keyserling-Ges. f. Freie Philosophie 2.
Schimmel, A. (1980): Islam in the Indian Subcontinent. Leiden.
Schimmel, A. (1983): Makli Hill, a Centre of Islamic Culture in Sindh. Karachi.
Schlegel, F. v. (1808): Über die Sprache und Weisheit der Inder. Bonn.
Schlingloff, D. (1969): Die altindische Stadt. In: Abhandlungen der Geistes- und Sozialwissenschaftlichen Klasse, No. 5: 79–141. Wiesbaden.
Schlumberger, D./ Le Berre, M./Fussman, G. (1983): Surkh Kotal en Bactriane. Paris.
Sedlmayr, H. (1960): Architektur als abbildende Kunst. Wien.
Seyrig, H. (1940): Ornamenta Palmyrena Antiquiora. In: S 21.
Shaffer, J. (1978): Prehistoric Baluchistan. New Delhi.
Shaffer, J. (1982): Harappan Culture: A Reconsideration. In: Possehl, G. 1982a: 41–50.
Shamasastry, R. (1967): Kautilya's Arthasastra. 8th Ed. Mysore.
Sharma, G. R. (1960): Excavations at Kausambi (1957–59). Allahabad.
Sharma, G. R. (1969): Excavations at Kausambi (1949–50). MASI No. 74, New Delhi.
Siddiqi, M. (1970): Thatta. 3rd ed. Karachi.
Singh, R. L. (1948): Faizabad-Ayodhya. In: NGJI 4/1: 1–6.
Sinha, B. P./Roy, S. P. (1969): Vaishali Excavation 1958–62. Patna.
Sinha, B. P./Narain, L. A. (1970): Pataliputra Excavation 1955–56. Patna.
Sinha, K. K. (1967): Excavations at Sravasti 1959. Varanasi.
Sinha, K. K. (1973): Stratigraphy and Chronology of Early Kausambi: A Reappraisal. In: Agrawal, D. P., Ghosh, A. 1973: 213–38.
Siraju'l-Islam, M. (1960): The Lodi Phase of Indo-Islamic Architecture. Berlin.
Sivaramamurti, C. (1952): Mahabalipuram. New Delhi.
Smith, E. B. (1956): Architectural Symbolism of Imperial Rome and the Middle Ages. Princeton, N. J.
Sohrmann, J. (1906): Die altindische Säule. Dresden.
Sommer, K. (1933): Die konstruktiven Grundlagen des Bogens in Dach und Giebel der alt-indischen Baukunst. Architectura 1.
Sompura, P. O. (1960): Diparnava. Prabhas Pattan.
Soper, A. C. (1947): The Dome of Heaven in Asia. In: AB 29.
Speiser, W. (1964): Baukunst des Ostens. Von der Zeitwende bis zum 19. Jahrhundert. Essen.

Spooner, D. B. (1912–1913): Mr. Ratan Tata's Excavations at Pataliputra. In: ARASI: 53–86.
Stacul, G./Antonioni, S. (1972): The Protohistoric Graveyards of Swat (Pakistan). Rom.
Stacul, G. (1977): Dwelling and Storage Pits at Loebanr III. In: EW Vol. 27.
Stein, Sir A. (1907): Ancient Khotan: Detailed Report of Archaeological Explorations in Chinese Turkestan. 2 vols. Oxford.
Stein, Sir A. (1929a): On Alexander's Track to the Indus. London.
Stein, Sir A. (1929b): An Archaeological Tour in Waziristan and Northern Baluchistan. MASI No. 37.
Stein, Sir A. (1931): An Archaeological Tour in Gedrosia. MASI No. 43.
Stein, Sir A. (1942): A Survey of Ancient Sites Along the "Lost" Sarasvati River. In: GJ 99/4: 174–82.
Stein, Sir A. (1943): An Archaeological Tour Along the Ghaggar Hakra River. American Documentation Institute, Microfilm No. ADI 4861.
Stein, Sir A. (1943): On Alexander's Route into Gedrosia: an Archaeological Tour in Las Bela. In: GJ Vol. CII: 193–227.
Straub, H. (1949): Die Geschichte der Bauingenieurkunst. Basel.
Strzygowski, J. (1936): Spuren indogermanischen Glaubens in der Bildenden Kunst. Heidelberg.
Sukul, K. (1974): Varanasi Down the Ages. Varanasi.
Swoboda, K. M. (1952): Berührungen der christlich-abendländischen Kunst mit dem Islam. In: ANK 1.
Terra, H. de/Patterson, T. T. (1939): Studies on the Ice Age in India. Carnegie Institute Publication No. 493.
Thapar, B. K. (1973): New Traits of the Indus Civilization at Kalibangan: an Appraisal. In: SAA 1, London: 85–104.
Thapar, B. K. (1974): Neue archäologische Funde in Indien. In: AW 4.
Thapar, B. K. (1975): Kalibangan, a Harappan Metropolis Beyond the Indus Valley. In: Expedition, Winter: 19–32.
Thapar, B. K. (1977): Harappan and Post-Harappan Settlement Patterns in Saurashtra. In: Ecology and Archaeology of Western India. (Agrawal, D. P., Pande, B. M., eds.) Delhi: 93–98.
Thapar, B. K. (1979): The Indus Civilization: The First Urbanization in the Indo-Pakistan Subcontinent. Symposium der Alexander von Humboldt-Stiftung, Berlin.
Thapar, B. K. (1982): The Harappan Civilization: Some Reflections on its Environments and Resources and Their Exploitation. In: Possehl, G. (ed.) 1982a: 3–14.
Thapar, R. (1966): A History of India. Vol. 1. Penguin Books, 1977 (7. Aufl.).
Thewalt, V. (1982): Stützelemente und ihr Schmuck in der Architektur der Kushana-Zeit. Bonn.
Thiel, H. v. (übers.) (1974): Der Alexanderroman. Darmstadt.
Thiel-Horstmann, M. (1984): Gestalthaft – Jenseits von Gestalt: Hinduistische Diskussion zum heiligen Bild. In: Götterbild in Kunst und Schrift. Hrsg. v. Klimkeit, H.-J., Bonn.
Thode, D. (1975): Untersuchungen zur Lastabtragung in spätantiken Kuppelbauten. Darmstadt.
Thunnissen, H. J. W. (1950): Gewelven. Hun constructie en toepassing in de historische en hedendaagse bouwkunst. Amsterdam.
Tissot, F. (1985): Gandhara. Dessins d'Anne-Marie Loth et de l'auteur. Paris.
Tripathi, V. (1976): The Painted Grey Ware, an Iron Age Culture in Northern India. New Delhi.
Tucci, G. (1961): The Theory and Practice of the Mandala. With Spec. Ref. to the Modern Psychology of the Subconscious. Transl. fr. Ital. by Boodrick, A. H., London.
Urban, G./Jansen, M. (eds.) (1983): Dokumentation in der Archäologie. Techniken, Methoden, Analysen. Veröffentlichung der Seminarberichte 5.-6. Dez. 1981, Aachen. Veröffentlichungen des Geodätischen Instituts der Rheinisch-Westfälischen Technischen Hochschule Aachen, Nr. 34.
Urban, G./Jansen, M. (eds.) (1984): Interim Reports Vol. 1. Reports on Field Work Carried out at Mohenjo-Daro, Pakistan 1982–83. IsMEO-Aachen-University Mission. Aachen.
Urban, G./Jansen, M. (eds.) (1985): Data Collection vol. 1. Leiden.
Vanden Berghe, L. (1961): Récentes découvertes de monuments sassanides dans le Fars. In: IRA.
Vats, M. S. (1936): Trial Excavations at Rangpur, Limbdi State, Kathiawar. In: ARASI 1934–1935: 34–38.
Vats, M. S. (1940): Excavations at Harappa. 2 Vols. Calcutta.
Vatsyayan, K. (1983): The Square and the Circle of the Indian Arts. New Delhi.
Verardi, G. (1986): Preliminary Report on the Stupa and Monastery of Mohenjo-Daro. In: Interim Reports, vol. 2, Aachen (in Vorbereitung).
Vishnu-Mittre (1982): The Harappan Civilization and the Need for a New Approach. In: Possehl, G. 1982a: 31–40.
Vishnu-Mittre/Savithri, R. (1982): Food Economy of the Harappans. In: Possehl, G. 1982a: 205–222.
Vogel, J. Ph. (1930): La Sculpture de Mathura. Bruxelles.
Volwahsen, A. (1968): Indien. Bauten der Hindus, Buddhisten und Jains. München.
Volwahsen, A. (1969): Islamisches Indien. München.
Wachtsmuth, F. (1925): Der Backsteinbau, seine Entwicklungsgänge und Einzelbildungen im Morgen- und Abendland. Leipzig.
Waddell, L. A. (1903): Report on the Excavations at Pataliputra. 1975, Reprint, New Delhi.
Wales, H. G. Q. (1957): Prehistory and Religion in South East Asia. London.
Ward-Perkins, J. B. (1949): The Shrine of St. Menas in the Maryut. PBS 17/4.
Wasmuth (1929–1937): Lexikon der Baukunst. 5 Bde. Berlin.
Weber, M. (1972): Begriff und Kategorien der Stadt (1921). In: ders., Wirtschaft und Gesellschaft, 5. Aufl. Tübingen.
Welch, A. (1985): Hydraulic architecture in medieval India: the Tughluqs. In: ED 2.
Wescoat, J. L. (1985): Early water systems in Mughal India. In: ED 2.
Wetzel, F. (1919): Islamische Grabbauten in Indien aus der Zeit der Soldatenkaiser 1320–1540. Mit einer Kartenskizze von Alt-Delhi und 350 Abb. Leipzig.
Wheeler, Sir M. (1947a): Harappa 1946: The Defences and Cemetery R 37. In: AI No. 3: 58–77.

Wheeler, Sir M. (1947b): Harappan Chronology and the Rigveda. In: AI No. 3: 78–83.
Wheeler, Sir M. (1948): Iran and India in Pre-Islamic Times. In: AI No. 4: 85–103.
Wheeler, Sir M. (1950): Five Thousand Years of Pakistan. London.
Wheeler, Sir M. (1953): The Indus Civilization. Cambridge.
Wheeler, Sir M. (1954): Archaeology from the Earth. Oxford.
Wheeler, Sir M. (1959a): Early India and Pakistan. New York.
Wheeler, Sir M. (1959b): Alt-Indien und Pakistan. Köln.
Wheeler, Sir M. (1968): The Indus Civilization. 3rd Ed., Cambridge.
Wilber, D. N. (1955): The Architecture of Islamic Iran. The Il Khanid Period. Princeton, NJ.
Wilhelm, F./Embree, A. T. (1967): Indien. Fischer Weltgeschichte Band 17. Frankfurt.
Wilhelmy, H. (1966): Der „wandernde" Strom. Studien zur Talgeschichte des Indus. Erdkunde XX: 265–276.
Winter, L. (1959): Der Koran. Nach der Übersetzung von L. Ullmann 1840, neu hrsg. von L. Winter, München.
Wu, N. I. (1963): Architektur der Chinesen und Inder. Stadt der Menschen, der Berg Gottes und das Reich der Unsterblichen. In deutschspr. Fassung von Kuntze, H. Ravensburg.
Yazdani, G. (1914–1915): Daulatabad. In: ARAD.
Yazdani, G. (1947): Bidar, its History and its Monuments Oxford.
Yazdani, G. (1947): Surveys of Important Monuments of Mandu. In: Marg 12/3.
Yule, P. (1982): Lothal. Stadt der Harappa-Kultur. AVA-Materialien 9, München.
Yule, P. (1985a): Metalwork of the Bronze Age in India, Prähistorische Bronzefunde Bd. XX 8, München.
Yule, P. (1985b): Harappazeitliche Metallgefäße in Pakistan und Nordwestindien. Prähistorische Bronzefunde II 7, München.
Zimmer, H. (1926): Kunstform und Yoga im indischen Kultbild. Berlin.
Zimmer, H. (1951): Mythen und Symbole in indischer Kunst und Kultur. Aus d. Engl. v. E. W. Eschmann. Zürich.
Zimmer, H. (1979): Spiel um den Elephanten (1929). Frankfurt.

Glossar

Die aus dem Sanskrit stammenden bautechnischen und religiösen Bezeichnungen mit Angaben von m(asculinum), f(emininum) und n(eutrum).

Aiduka n.	Reliquientempel, Heiligtum in Terrassenform.
Ajivika m.	Altindische, den Jainas nahestehende Asketensekte.
Amalaka m.	Aus Kreissegmenten zusammengesetzter Schlußstein auf dem mittelalterlichen Tempelturm des nordindischen Stils, miniaturhafte, dekorative Nachahmungen dieses Bauteils am Turm selbst.
Anda n.	„Ei", Weltei, halbkugeliger Hauptteil des Stupa.
Anga-Shikhara m.	Miniaturhafte Nachahmung, dekorative Wiederholung eines Shikhara-Turmes.
Antarala n.	Teil des mittelalterlichen Tempels, kurzes Verbindungsstück zwischen Mandapa und Garbhagriha.
Arjuna m.	Einer der fünf Pandava-Prinzen.
Arthashastra n.	Angeblich von Kautilya während der Maurya-Zeit verfaßter Fürstenspiegel.
Arya m.	Hirten- und Reiterstämme, die im 2. Jt. v. Chr. nach Indien einwanderten.
Avatara m.	„Inkarnation" einer Gottheit, besonders des Vishnu.
Ayagapata n.	Reich skulptierte Weihetafel in Heiligtümern der Jainas.
Ayaka, Ayaka-Skambha m.	Plattformen in den vier Himmelsrichtungen am buddhistischen Stupa mit Ehrenpfeilern.
Bada m.	Erdgeschoß des mittelalterlichen Tempels.
Bahubali m.	Jaina-Heiligtümer.
Baoli	Nordwestindische Brunnenanlage.
Baradari	„Zwölfsäuliger", ein- oder mehrgeschossiger Pavillon.
Basti	Südindischer Jaina-Tempeltypus.
Betta	Südindische Kultstätte der Jainas auf einer Bergspitze mit überlebensgroßer Figur eines Heiligen im offenen Hofe.
Bhakti f.	„Teilhabe", Verehrungsform, in der der Zugang zur Gottheit nicht durch Wissen, Meditation oder Askese gesucht wird, sondern durch gläubige Hingabe und Frömmigkeit. Bhakti hat in manchen Sekten das völlige Aufgehen der Seele in der Gottheit zum Ziel.
Bhog Mandir m.	Vorhalle des Tempels von Orissa, in dem Opfer dargebracht werden.
Bodhisattva m.	Ein Wesen, das zur Buddhaschaft bestimmt ist.
Brahma m.	Ein Gott der Hindugötterdreiheit, Gott der Schöpfung.
Brahmana n.	Vedische Prosatexte, die sich mit der Ritual-Symbolik beschäftigen.
Buddha m.	„Der Erleuchtete", Prinz Gautama Shakyamuni, Siddhartha, nach seiner Weltflucht Einsiedler, Religionslehrer und Begründer des Buddhismus.
Chaitya m. n.	Zunächst allgemein ein verehrenswürdiger Ort, später besonders ein buddhistisches Heiligtum, eine Grabstätte, ein Tempel.
Chaityagriha m. n.	In den Felsen geschlagene Höhle oder über der Erde errichtete Halle, die ein buddhistisches Heiligtum, besonders einen Stupa, birgt, auch Chaitya-Halle, Stupahalle genannt, das Eingangstor war durch einen hufeisenförmigen Chaitya-Bogen verziert.
Chajja	Schattendach.
Charbagh	viergeteilter, quadratischer Garten.
Chattra, Chatri n.	„Schirm", besonders altindisches Ehrenzeichen, Sonnenschirm als Königsinsignie, schirmartige Bekrönung des Stupa.
Chaya f.	auf Konsolen lagerndes Traufbrett hinduistischer Fassaden.
Chronologie, relative, absolute	Datierung, relative: entsprechend der Vor-Gleich-oder Nachzeitigkeit, absolute: entsprechend der Zeitrechnung nach unserem Sonnenjahr.
Deva m.	Männliche Gottheit.
Devadasi f.	Tempeltänzerin.
Devagriha n.	Gotteshaus, Heiligtum.
Devakula n.	Nische für Kultbilder in nordwestindischen Tempeln.
Devi f.	Weibliche Gottheit.
Dharmashala f.	Rasthaus, Pilgerunterkunft im Tempelgelände.
Diwan-i Am	öffentliche Audienzhalle.
Diwan-i Khas	Halle für Privataudienzen.
Dravida	Südindien, Tempelstil mit terrassenartiger Schichtung des Turmes über dem Allerheiligsten.
Garbhagriha n.	„Schoß-Haus", Keimzelle, das fensterlose Allerheiligste im mittelalterlichen Tempel.
Ghat	Stufenanlage zum Baden im Fluß, Hafenbauten; „östliche" und „westliche" Ghats: Gebirgszüge an der Küste im südlichen Teil der Halbinsel.
Gol Gumbaz	„runde Kuppel", Grabmal in Bijapur.
Gommateshvara m.	Jaina-Heiliger.

Gopura n.	„Kuhtor", ehemals Tor im Holzzaun des vedischen Dorfes, jetzt die Bezeichnung der riesigen Tore, die zum südindischen Tempelbezirk führen.
Gramadevata f.	Die Dorfgottheit.
Gudha-Mandapa n.	Vorhalle der Tempel Nordwestindiens.
Harmika	Reliquienschrein auf dem Stupa.
Hinayana	„Kleines Fahrzeug", Richtung des Buddhismus, die sich allein auf den ältesten erhaltenen Kanon (Tipitaka) stützt.
Ishvara m.	Gott, der Weltherr.
Iwan (Liwan)	Halle einer Moschee oder Portalnische eines Mauerwerkskörpers.
Jagamohan	Vorhalle eines Tempels, die mit pyramidenartigem, mehrstöckigem Aufbau versehen sein kann (pidhadeul).
Jagannatha m.	„Herr der Welt", Beiname Vishnus: Name vieler Vishnu-Tempel, besonders in Orissa.
Jalis	Durchbrochenes Seitenfenster.
Jataka n.	Altindische Fabeln, später vom Buddha als Legenden aus seinen früheren Existenzen erzählt.
Kailasa m.	Heim des Shiva und der Parvati in den Himalayas, Name vieler Shiva-Tempel.
Kakshasana	Sitzbank mit schräger Lehne am Rand des Mandapa.
Kalasha m.	„Vase", oberste Spitze des nordindischen Tempelturmes.
Kalpavriksha m.	mythischer Baum, der die Erfüllung aller Wünsche gewährt.
Kalyana-Mandapa n.	Halle für die mythische Hochzeit von Shiva und Parvati in südindischen Tempeln.
Kama m.	Liebe, Lust, der Liebesgott, den Shiva durch seinen Blick vernichtete (daher auch „der Körperlose", Ananga).
Kamasutra n.	Das Lehrbuch der Liebe des Vatsyayana.
Kannika-Mandala n.	Dachplatte.
Karaka m.	Der Bauherr.
Kayotsarga	Unveränderlicher Typus eines in „archaischer Strenge" aufgerichtet stehenden Kultbildes der Jaina-Sekte als Symbol für geistige Konzentration.
Khapuri	„Hals", Verbindungsstück zwischen Turm und oberem Abschluß des nordindischen Tempels, in neueren Architekturlehrbüchern Orissas gebräuchlicher Ausdruck.
Kirttistambha m.	Pfeiler, Ehrensäule, Fahnenstange.
Konaka-Ratha (Konaka-Paga)	vorspringender Eckpfeiler eines Shikhara.
Krishna m.	Eine Inkarnation Vishnus als Hirtengott, Liebhaber der Radha, besonders beliebte und volkstümliche Hindu-Gottheit, Held des Mahabharata und Verkünder der Bhagavadgita.
Kshetra n.	„Feld", ein Areal, das durch die Verehrung eines bestimmten Gottes oder einer Gruppe zusammengehöriger Götter geheiligt ist.
Kudu	Hufeisenförmiges Sonnenfenster der Giebelfassade einer Chaitva-Halle.
Kutub (Qutb)	„Achse".
Lingam	Phallisches Symbol Shivas.
Madrasa	religiöse Lehrstätte des Islam.
Maha-Mandapa n.	Die Haupthalle des mittelalterlichen Tempels.
Mahabharata n.	Indisches Epos in Sanskrit mit den Legenden früherer Dynastien, Ortsnamen können gelegentlich mit neueren Grabungsstätten wie Hastinapura oder Maheshwar identifiziert werden.
Mahastambha m.	Ehrensäule im Tempelbezirk.
Mahayana	„Großes Fahrzeug", Richtung des Buddhismus, die den Weg des Hinayana (s.d.) nur für einen unter den möglichen hält, neben dem auch andere stehen können, die im älteren überlieferten Kanon nicht gelehrt werden.
Maidan	Garten, Platz vor der Stadtmauer.
Makara m.	Delphin- oder krokodilartiges Phantasietier.
Makara-Torana n.	Prunkvolles Steintor mit Bögen, die aus dem Rachen von Phantasietieren aufwachsen.
Manasara m.	Altindisches Architekturlehrbuch.
Mandala n.	Mystisches Diagramm.
Mandapa n.	Hallenbau im mittelalterlichen Tempel.
Mandir	Tempel Shri Mandira: Hauptzelle im Tempel von Orissa.
Masjid	Moschee.
Mayamatra	Altindischer Architekturtext.
Meru, Sumeru m.	Weltberg, mythologischer Berg in der Weltmitte, Wohnsitz der Götter, Name von Tempeln.
Mihrab	nach Mekka weisende Nische in der Rückwand der Moschee.
Minar(ett)	Turm einer Moschee.
Mithuna m.	„Paar" von Frau und Mann, Liebesvereinigung, erotische Plastik am Tempel.
Muezzin m.	Gebetsrufer.
Mukhamandapa n.	Pfeilerhalle des Tempels.
Mukhashala	Versammlungsraum vor einem nordindischen Tempel.
Nagara m.	Tempeltypus, besonders im Norden.
Nagara n.	Stadt.
Nandi m.	Stier, Reittier Shivas.
Nandi-Mandapa n.	Pavillon, der eine Darstellung des Nandi enthält.

Nat-Mandir	Tanzhalle des Hindu-Tempels.
Navaranga	Tempelhalle, deren Decke in neun gleiche Felder geteilt ist.
Nirvana n.	„Erlöschen", das Aufhören des individuellen Daseins.
Paga	Pilasterartige Vorsprünge am nordindischen Tempelturm; an der Ecke: Konakapaga, in der Mitte: Rahapaga, verbindende Stücke: Anardhapaga.
Panch Mahall	„Fünf Häuser", Palast aus fünf übereinanderliegenden, zurückspringenden Geschossen.
Pancharatna n.	„Fünf Edelsteine", Sonderform fünftürmiger Heiligtümer.
Panchayatana n.	Typus eines Tempels mit vier Nebentempeln in den Ecken des heiligen Bezirkes.
Parvati f.	Die Tochter des Berges, d. h. des Himalaya, Frau des Shiva.
Pendentif	Hängezwickel als Überleitung aus dem Würfel in die Halbkugel der Kuppel.
Pishtaq	Die Mitte der Fassade überragender Torbau an der Moschee.
Pradakshina f.	„Rechtsumwandlung", Verehrungsform heiliger Stätten, auch Personen, in der man das verehrte Objekt zu seiner Rechten umwandelt. So können ganze Siedlungen (als Stätten der in ihnen wohnenden Götter?) umgangen werden (Pradakshinapatha).
Prakrama m.	„Vorwärtsschreiten", sich erweiternde Ringe einer Siedlung, die auf ein Heiligtum im Zentrum bezogen sind.
Puja f.	Zeremonien zur Verehrung einer Gottheit. In der einfachsten Form werden Blumen, Wasser, Reis, Wohlgeruch dargebracht und ein Licht entzündet.
Purnaghata	„Volles Gefäß", Symbol des Wohlstandes, beliebte Dekoration.
Purusha m.	Urmensch, Urgeist, personifizierter Kosmos.
Quwwat-ul-Islam	„Sieg des Islam", Moschee in Alt-Delhi, auch Kutub-Moschee genannt.
Rama m.	Eine Inkarnation Vishnus als Königssohn, besonders volkstümliche Gottheit der Hindus.
Ramayana n.	Epos mit den Legenden von Rama.
Ranga-Mandapa n.	„farbige Halle", Tanzpavillon der Jaina-Tempel.
Ratha m.	Tempelwagen, Vorsprünge am nordindischen Tempelturm, der nach der Menge dieser Vorsprünge Triratha, Pancharatha usw. benannt wird. Name für Heiligtümer, besonders die fünf Monolithen von Mahabalipura.
Rekha-Deul	nordindischer Cellabau über einem quadratischen Grundriß.
Sabha	Tempelhalle.
Sahn	Hof einer Moschee.
Sandhara Prasada	Tempel mit Umgang um das Allerheiligste.
Shikhara m.	Nordindischer Tempelturm mit konvex gebogenen Seitenwänden.
Shilparatna, Shilpashastra n.	Kunsttheoretische Schriften und Gebrauchsanweisungen für Handwerker.
Shiva m.	Eine der drei Hauptgottheiten der Hindus, der Gott der Zerstörung.
Stambha, Skambha m.	Säule.
Sthapaka m.	Priester-Architekt.
Sthapati m.	Bauführer, Vorarbeiter.
Stratigraphie	Der Schichtenbefund einer Grabungsstätte.
Stupa m.	Aus dem Begräbnishügel abgeleiteter Reliquienaufbewahrungsort für Reliquien des Buddha, besonders in der Form einer Halbkugel.
Stupika	Bekrönung des südindischen mittelalterlichen Tempels.
Sufi	Anhänger einer mystischen Richtung des Islam.
Svastika m.	Sonnensymbol, Hakenkreuz.
Takshaka m.	Bildhauer, Zimmermann.
Tawaf	Ritus der Umwandlung heiliger Steine, auch vorislamisch.
Thabha n.	Zaunpfosten.
Tirtha	Furt, Badeplatz, Wasserstelle.
Torana n.	Tor.
Trompe	übereck gestellte Nische beim Übergang vom Würfel zur Halbkugel der Kuppel.
Türbe	zylindrischer Turm mit kuppeligem Abschluß und darüber aufsteigendem Kegeldach.
Upanishaden	Frühe philosophische Texte.
Varddhakin m.	Zimmermann.
Vastu n.	Bauplatz.
Vastu-Purusha m.	Dämon, der in jedem Bauplatz residiert.
Vastu-Purusha-Mandala n.	ein heiliges Diagramm (Mandala), das als Baugrundriß verwendet wird und die Gestalt eines kosmischen Menschen (Purusha) in sich birgt.
Vastu-Vidya f.	die Lehre von der Architektur, Architekturtheorie.
Vav	Brunnen, Treppenbrunnen.
Veda m.	Früheste heilige Schriften der Inder.
Vedika m.	Holzzaun des vedischen Dorfes, Steinzaun um den Stupa.
Vesara-Stil	Baustil, der eine Mischung nord- und südindischer Elemente zeigt.
Vihara m.	Kloster.
Vimana m., n.	1. Palast; 2. mythischer, durch die Luft fliegender, palastähnlicher Götterwagen; 3. südindischer Tempeltypus.

Vishnu m.	Eine der drei Hauptgottheiten der Hindus, Schützer und Erhalter.
Yajamana m.	„Der Opfernde", der Bauherr, Auftraggeber für ein Kunstwerk.
Yaksha m.	Begleiter und Diener der Hauptgottheiten, Prosperitätsgenius.
Yakshi f.	Fruchtbarkeitsgöttin.
Yantra n.	„Instrument", tantrisches Kultobjekt, funktions- und oft auch formgleich mit dem Mandala (s. d.), jedoch oft dreidimensional in Metall gegossen oder geritzt.
Yoga m.	Philosophische Richtung, Meditation.
Yoni f.	„Schoß", Zeugungsteil und Symbol der Parvati.
Yupa m.	Opferpfosten.
Zenana	von der Außenwelt abgeschlossenes Frauengemach.

Abbildungsnachweis

Abb. 1: Entwurf u. Zeichnung der Verfasser. – Abb. 2: Plansammlung Pieper. – Abb. 3: Pieper 1979a, Abb. 2. – Abb. 4: Gutschow 1977. – Abb. 5: Foto Pieper. – Abb. 6: Pieper 1978a, S. 355. – Abb. 7: Pieper 1978a, Abb. 148. – Abb. 8, 9: Foto Pieper. – Abb. 10: Gutschow 1972. – Abb. 11, 12: Fotos Pieper. – Abb. 13: Pieper 1977a, Abb. 49. – Abb. 14: Pieper 1977a, Abb. 50. – Abb. 15: Pieper 1977a, Abb. 48. – Abb. 16: Plansammlung Pieper. – Abb. 17: Saraswati 1963. – Abb. 18: Mookerjee, A. (1971): Tantra Asana. Basel, S. 31. – Abb. 19: Pieper 1980a. – Abb. 20–23: Pieper 1980f. – Abb. 24: Pieper 1977a, Abb. 36. – Abb. 25: Pieper 1977a, Abb. 35. – Abb. 26: Plansammlung Pieper. – Abb. 27: Pieper 1977a, Abb. 37. – Abb. 28, 29: Fotos Pieper. – Abb. 30: Pieper 1977a, Abb. 34. – Abb. 31: Foto Pieper. – Abb. 32: Zeichnung Pieper. – Abb. 33: Pieper 1978a, S. 373. – Abb. 34: Plansammlung Pieper. – Abb. 35: Foto Pieper. – Abb. 36: Plansammlung Pieper. – Abb. 37: Skizze Pieper. – Abb. 38, 39: Fotos Pieper. – Abb. 40: Zeichung Pieper. – Abb. 41: Jain-Neubauer 1981. – Abb. 42–45: Fotos Pieper. – Abb. 46: Zeichnung Pieper. – Abb. 47: Foto Pieper. – Abb. 48: Pieper 1978a, S. 351. – Abb. 49–51: Fotos Pieper. – Abb. 52: Skizze Pieper. – Abb. 53: Volwahsen 1969. – Abb. 54: Pieper 1977c. – Abb. 55: Plansammlung Pieper. – Abb. 56: Foto Pieper. – Abb. 57, 58: Zeichnungen Pieper. – Abb. 59: Foto Pieper. – Abb. 60: Pieper. – Abb. 61: Zeichnungen Pieper. – Abb. 62–65: Fotos Pieper. – Abb. 66: Plansammlung Pieper. – Abb. 67: Foto Pieper. – Abb. 68: Pieper 1977a, Abb. 29. – Abb. 69: Foto Fischer. – Abb. 70: Foto Pieper. – Abb. 71–73: Fotos Pieper. – Abb. 74–81: Pieper 1980b. – Abb. 82: Pieper 1978a, Abb. 29. – Abb. 83: Fischer 1976b, Abb. 66. – Abb. 84: Fischer 1976b, Abb. 19. – Abb. 85: Fischer 1974b, Bild 110. – Abb. 86: Fischer 1976b, Abb. 20. – Abb. 87: Fischer 1976b, Abb. 64. – Abb. 88: Volwahsen 1968, S. 41. – Abb. 89: Fischer 1974b, Bild 75. – Abb. 90: Bunse/Jansen. – Abb. 91: Jansen. – Abb. 92: Jarrige, J.-F. – Abb. 93: Jarrige, J.-F. 1983, Fig. 4.1. – Abb. 94: Jarrige, J.-F. – Abb. 95: Bunse/Jansen. – Abb. 96: Bunse/Jansen. – Abb. 97: Bunse/Jansen. – Abb. 98: Archaeological Survey of India (ASI). – Abb. 99: ASI. – Abb. 100: ASI. – Abb. 101: Forschungsprojekt Mohenjo-Daro (FMD). – Abb. 102: Wheeler, M. 1968: 28. – Abb. 103: Wheeler, M. 1968: 36. – Abb. 104: FMD. – Abb. 105: ASI. – Abb. 106: Foto Fischer. – Abb. 107: Gupta, S. P. 1979: Pl. VIII. – Abb. 108: Bunse/Jansen. – Abb. 109: Jansen. – Abb. 110: ASI. – Abb. 111: Bunse/Jansen. – Abb. 112: Wheeler, M. 1968: 30. – Abb. 113: Wheeler, M. 1968: 30. – Abb. 114a: nach Thapar, B. K. 1975: 19. – Abb. 114b: nach Thapar, B. K. 1975: 19. – Abb. 115: Jansen. – Abb. 116: Stein, A. 1931: Pl. 4. – Abb. 117: FMD. – Abb. 118: nach Rao, S. R. 1973 Fig. 12. – Abb. 119: nach Joshi, J. P. 1972: 132. – Abb. 120: FMD. – Abb. 121: FMD. – Abb. 122: FMD. – Abb. 123: Vats, M. S. 1940: Pl. VI. – Abb. 124: Wheeler, M. 1968: 45. – Abb. 125: ASI. – Abb. 126: Sarcina, A. 1976 Anhang. – Abb. 127: Jansen. – Abb. 128: Bunse/Jansen. – Abb. 129: Agrawal, D. P. 1982: 97. – Abb. 130: Brown, P. 1971: Pl. 1. – Abb. 131: Brown, P. 1971: Frontispiz. – Abb. 132: Schlingloff, D. 1969: Abb. 1. – Abb. 133: Foto Fischer. – Abb. 134: Schlingloff, D. 1966: Abb. 19. – Abb. 135: Schlingloff, D. 1969: Abb. 25. – Abb. 136: Wheeler, M. 1948: 99. – Abb. 137: Wheeler, M. 1948: 97. – Abb. 138: Gupta, S. P. 1980: 247. – Abb. 139: Vohlwasen, A. 1968: 97. – Abb. 140: Marshall, J. 1960: Fig. 1. – Abb. 141: Fischer 1961a, Bild 12. – Abb. 142: Volwahsen 1968, S. 91. – Abb. 143: Foto Pieper. – Abb. 144–148: Foto Fischer. – Abb. 149: Foto Museum Mathura. – Abb. 150: Härtel 1974. – Abb. 151: Fischer 1976b, Abb. 39. – Abb. 152: Foto Archaeological Survey of Pakistan. – Abb. 153: Fischer 1976b, Abb. 42. – Abb. 154: Foto Fischer. – Abb. 155: Fischer 1976b, Abb. 24. – Abb. 156: Foto Museum für Indische Kunst, Berlin-Dahlem. – Abb. 157: Fischer 1976b, Abb. 40. – Abb. 158: Foto Fischer. – Abb. 159, 160: Foto Archaeological Survey of India. – Abb. 161, 162: Foto Fischer. – Abb. 163: Fischer 1974b, Bild 4. – Abb. 164: Foto Fischer. – Abb. 165: Foto Volwahsen. – Abb. 166: Sivaramamurti S. 7, Fig. 1. – Abb. 167: Meister S. 102, Fig. 87. – Abb. 168–174: Foto Fischer. – Abb. 175: Foto Archaeological Survey of India. – Abb. 176–179: Foto Fischer. – Abb. 180: Gutschow/Pieper 1978a, S. 139. – Abb. 181: Foto Archaeological Survey of India. – Abb. 182, 183: Foto Fischer. – Abb. 184: Foto Archaeological Survey of India. – Abb. 185: Khan 1976: S. 8. – Abb. 186: Fischer 1976b, Abb. 50. – Abb. 187: Foto Josephine Powell. – Abb. 188–196: Foto Fischer. – Abb. 197: Fischer 1976b, Abb. 57. – Abb. 198–218: Foto Fischer. – Abb. 219: Yazdani 1947. – Abb. 220–222: Foto Fischer. – Abb. 223, 224: Foto Volwahsen. – Abb. 225–228: Foto Fischer. – Abb. 229: Fischer 1974b, Bild 63. – Abb. 230–234: Foto Fischer. – Abb. 235: Michell 1985, Fig. 1. – Abb. 236: Michell 1981, Fig. 10b. – Abb. 237–240: Foto Fischer. – Abb. 241: Fischer 1976b, Abb. 59. – Abb. 242–244: Foto Fischer. – Abb. 245, 246: Foto Volwahsen. – Abb. 247: Volwahsen 1969, S. 172. – Abb. 248: Foto Fischer. – Abb. 249: Foto Volwahsen. – Abb. 250: Foto Fischer. – Abb. 251, 252: Foto Volwahsen. – Abb. 253: Gutschow/Pieper 1978a, S. 161. – Abb. 254: Foto Fischer. – Abb. 255: Fischer 1976b, Abb. 9. – Abb. 256: Fischer 1976b, Abb. 22. – Abb. 257: Foto Fischer. – Abb. 258: Fischer 1974b, Bild 103/104. – Abb. 259: Fischer 1976b, Abb. 44. – Abb. 260: Foto Fischer. – Abb. 261: Fischer 1976b, Abb. 7. – Abb. 262: Fischer 1974b, Bild 106. – Abb. 263, 264: Foto Fischer. – Abb. 265: Foto Volwahsen. – Abb. 266: Fischer 1974b, Bild 84. – Abb. 267: Foto Volwahsen. – Abb. 268: Fischer 1974b, Bild 121. – Abb. 269: Foto Fischer. – Abb. 270: Zeichnung von K.-J. Werker. – Abb. 271: Foto Fischer. – Abb. 272: Fischer 1976b, Abb. 17. – Abb. 273, 274: Foto Fischer. – Abb. 275: Foto Volwahsen.

Geographisches Register

Abu 96. 97. 180
Adira 194
Afghanistan 1. 70. 98. 105. 106. 114
Agra 73. 100. 221. 222. 224–228. 232. 241
Ahichchhatra 140. 141. 149. 165. 168
Ahmadnagar 232
Ahmedabad 65. 99. 194–196
Aihole 79. 93–95. 171–173. 182
Ajanta 71. 92. 93. 142. 144. 183
Ajmer 98. 99. 188. 191. 222
Akkad 103
Alampur 172. 175
Alexandria 56
Allahabad 226. 227
Altin Tepe 114. 115
Alwar 24. 26
Amaravati 163. 167
Amri 105. 125
Amritsar 54. 55
Anagundi 215. 216
arabisch 63
armenisch 82. 83
Astapada 96
Aurangabad 80
Ayodhya 51. 139. 140. 149
Ägypten 83. 127. 137

Babylon 56
Badami 43–46. 52. 54. 71. 171. 173
Badrinath 9
Baghdad 55
Bairat 92
Baktrien 103. 159. 161
Balakot 107
Balkh 159. 160. 188
Baluchistan 103. 104. 105. 107
Bamiyan 156
Banbhore 186. 188
Bansberia 65. 72. 74. 83. 234. 235. 242
Barabar 92. 143. 145. 147. 150. 153
Barabudur 69
Baramati 24
Barhut 142
Bäzäklik 161
Beas 14
Begram 91
Benares 5. 6. 7. 8. 16. 38. 39. 51. 198
Bengalen 63. 67. 69. 80. 99. 193
Besnagar 44
Bhagwanpura 141
Bhaja 92. 153. 154. 155
Bhaktapur 7. 61
Bharata 71
Bharhut 72. 92. 150. 151. 163
Bhir 145. 148. 149
Bhita 142. 144
Bhitargaon 165
Bhuteshar 156. 158
Bhuvaneshvara 93. 151. 176. 177
Bidar 8. 22. 23. 26. 75. 76. 78. 83. 98. 99. 202. 203. 206
Bihar 89. 96. 99. 100
Bijapur 43. 71. 73. 78. 79. 80. 81. 83. 98. 99. 100. 207. 219. 221. 228. 229. 232. 235. 236. 237. 242
Bilot 179. 182. 183
Bodhgaya 73. 150. 151. 165. 168
Bolan 103
Brahmagiri 139
Brindaban 74. 82. 233. 234
Broach 195
Bundelkhand 89. 94
Bundi 40
Burdwan 236
Burzahom 138. 139
Byzanz 74. 83

Cambay 106
Cezarla 92. 165
Champanir 195. 198
Chanderi 200. 201. 202. 203
Chandragiri 216
Chandrakona 67
Changu Narayan 54. 55
Chanhu Daro 101
Chaubara 156. 158
Chaurasi 156. 158
Chhota Panduah 193
Chidambaram 58. 79. 168. 170. 239. 240. 242
Chirand 138
Chitogarh 84
Cholistan 106
Chorasan 81
Chotcho 76. 77. 79. 160. 161
Cordoba 74

Dabarkot 106. 107
Damaskus 98
Damb Sadaad 106
Danushkodi 35. 36
Darunta 156
Daulatabad 91. 99. 189. 192
Deeg 79
Dekkhan 8. 73. 76. 79. 80. 83. 84. 94. 96. 98. 99. 100. 172. 175. 203
Delhi 51. 63. 73. 83. 106. 165. 168. 176. 189. 190–193. 208. 209. 210. 219. 220. 227. 228. 234
Delhi-Firozabad 1. 147. 189. 192
Deogarh 71. 165. 166. 168. 182
Deogiri 189
Dhal Bhutti 114
Dhamnar 64. 183
Dhar 201
Dharwar 41
Dilwara 97
Durgakonda 164
Dvaraka 9

Ellora 93. 96. 183. 184
Eran 165
Eurasien 63

Faizabad 23. 25. 41
Falna 97
Fathepur Sikri 43. 44. 66. 68. 70. 99. 221. 222. 223. 224. 225. 226. 241
Feria Bagh 73. 74. 81. 83. 233. 240
Firozabad 203. 204. 206. 207

Gandhara 72. 80. 82. 84. 92. 141. 148. 159. 163. 167. 182
Ganges 5. 11. 39
Ganges-Jamuna 80
Gaur 99. 193
Ghaggar-Hakra 105–106. 119. 124. 125

Ghor 187
Ghumli 79
Girnar 16. 50. 96. 97. 181
Goa 80
Gobardhan 234. 235
Golkonda 27. 73. 207. 208
Gujarat 51. 79. 80. 83. 93. 96. 98. 99. 176
Gulbarga 8. 51. 98. 99. 204. 205. 207
Guntupalle 92

Haibak 153. 156. 188
Hallur 139
Harappa 91. 106. 107. 109. 110. 113. 114. 117. 118. 119. 124. 131. 132. 133. 134. 135. 137. 138. 141
Hariana 106
Haripur 83
Hastinapura 139. 140. 141. 142
Hayatnagar 82. 208
Hazrat Panduah 193
Herat 74. 77. 85. 220
Himalaya 8. 35. 138
Hospet 81. 84. 216. 217
Hyderabad 26. 27. 28. 29. 30. 75. 99. 205. 206. 207. 208

Iliköl 161
Indapur 21. 24
Indraprastha 139. 140. 141. 165
Irak 79

Iran 72. 73. 74. 75. 77. 80. 81. 83. 105. 220. 222

Jahanuma 27
Jaipur 26. 51. 52. 181
Jaisalmer 43
Jamalpur 156. 159
Jambukeshvaram 56
Jammu 231. 232
Jamuna 11
Jandial 159
Jaugada 150
Jaunpur 99. 198. 199. 200. 222. 223. 224
Jerusalem 64. 98
Jhangar 124. 127
Jhukar 124
Judeir-jo-Daro 107
Junagadh 40. 153. 155
Junnar 92

Kachi 104
Kadur 46
Kaduthurty 238. 239. 242
Kafir Kot 91. 179
Kailasa 35
Kalat 107
Kalibangan 109. 114. 117. 118. 119. 120. 121. 123. 124. 133
Kalinganagara 150
Kalna 236. 242
Kanchipuram 95. 168
Kangra 11
Kankali Tila 90. 156. 157. 158
Kap Komorin 232
Karla 85. 92. 93. 153. 155
Karlstein 53
Karnataka 43. 46
Kashi 7
Kashmir 80. 85
Kathiawar 16. 94. 96
Kathmandu 54. 55. 56
Katra 156
Kaurana 14
Kaushambi 140. 142. 143. 148
Kaveri 48
Kerala 56. 65. 239. 242
Khajuraho 75. 79. 93. 95. 176. 178
Khandagiri 153
Khwaja Siah Posh 186. 187. 188
Kili Gul Muhammad 104
Kish 109
Konarak 64. 65. 66. 78. 152. 176. 177
Kot Diji 91. 105. 118. 125
Kotadi 127
Ktesiphon 76
Kulli 107
Kulu 14
Kumrahar 147
Kurnool 232
Kurukshetra 139. 140. 141
Kushinagara 140. 142. 143. 153
Kutch 96. 106. 126. 127

Lahore 109. 224. 227. 228
Lakhapar 127
Lalkot 98. 188–190
Larwand 65. 187
Lauriya-Nandangarh 143
Lodurva 43
Loebanr 138
Lomas-Rishi Höhle 145
London 25
Loralai 106
Lothal 106. 109. 125. 126. 131. 132. 133. 134
Lucknow 80. 240

Madura 81
Madurai 47. 239. 240. 241. 242
Mahabalipuram 95. 168. 169. 170. 183. 185
Mahakut 171. 173. 175
Maharashtra 24. 42
Makran 106. 107. 121
Malot 179. 182. 183. 220
Malwa 80. 84. 99. 202. 203
Mandu 77. 99. 100. 200. 201. 202. 203
Marasottera 11
Mardan 159
Masrur 184. 185
Masulipatam 26
Mathura 66. 94. 99. 140. 141. 156. 157. 158. 159. 163. 165. 168
Medina 97
Mehrgarh 103. 104. 105. 106. 107. 114
Mekka 27. 42. 97
Meru 12. 45. 93
Mesopotamien 103. 127. 137
Mingora 159
Miran 182
Misri 14
Modhera 51. 53. 93. 179. 181
Mohenjo-Daro 71. 77. 80. 91. 101–141
Mudabidri 239
Mulki-Bappanada 242
Multan 81. 109. 189. 191
Mundigak 105. 114. 115
Musi 28. 30
Mysore 9. 56

Nagarjunikonda 163. 164
Nalanda 89
Namazga 105. 107. 114. 115
Nandishvaradvipa 96. 97
Nanjilnad 8. 16
Narasamangalam 172
Nepal 7. 9. 54. 61
Nimsar 14. 15. 16
Nindowari 105. 107
Nisa 76
Orissa 52. 56. 66. 69. 81. 89. 90. 95. 218
Osia 178. 179. 182
Oudh 25

Padmanabhapuram 239. 242
Padmanath 93
Pakistan 1. 70. 101. 103. 106. 138
Palni 47
Pandrenthan 66. 72. 159. 163
Panipat 219. 220
Papanatha 95
Parasnath 68
Paris 25
Pataliputra 71. 145. 146. 150
Patan 93
Pathani Damb 107
Patna 145. 146
Pattadakal 95. 96. 171. 173. 174. 175. 182
Payar 159. 162
Persien 89. 98
Peshawar 77
Pirak 124
Poona 24
Prag 53. 54
Punjab 80
Puri 9. 84. 181
Pushkaradvipa 11

Quetta 104. 107

Rahman Dheri 105. 114
Raichur 83
Raigern 74
Rajasthan 26. 51. 96. 97. 106
Rajghat 145. 149
Rajgir 91. 140. 142. 144. 149
Rajputana 89
Ramatirtham 163. 164
Rameshwaram 9. 34. 35. 36. 37
Ramgarh 153
Ranakpur 97
Resafa 76
Rom 39

Samarkand 74. 77
Sametshikara 96
Sanchi 65. 66. 89. 90. 92. 142. 147. 150. 151. 152. 163. 165. 167. 176. 184
Sanghao 182
Sarasvati 11
Sarnath 150. 165. 166. 167
Sasaram 86. 100. 208. 209. 220
Saurashtra 99. 106. 107. 125
Seringapatanam 57. 58
Shahr-i Sokhta 105
Shankardar 159. 160
Shatrunjaya 49. 50. 96
Shishulpalgarh 91. 150. 151
Sholapur 24

Shortughai 107
Shravana Belgola 48. 96
Shravasti 141. 149
Shrinagar 132. 232. 240
Shringeri 46. 47. 53
Shrirangam 16. 32. 59. 60
Sind 75. 79. 80. 101. 107. 108
Sirkap 145. 148. 159. 160
Sitapur 14
Somnath 187. 188
Somnathpur 172. 174. 175
Sonkh 141. 156. 158. 159
Sothi 118
Sri Lanka 140
Suchindram 8. 9. 16. 17. 18. 19. 20. 42. 90
Sudama 145. 147. 148
Sukharia 236. 242
Sukhtagen Dor 101. 107. 114. 121. 122
Sumer 83
Surkh Kotal 81. 158. 159. 163
Surkotada 106. 125. 126. 127
Sutka-Koh 107
Swat 159
Syrien 80

Takht-i Bahi 159
Takht-i Suleiman 73
Tamil Nadu 34. 48. 56. 89
Tanjore 77. 91. 93. 96. 168. 169. 170. 219
Taxila 91. 159. 160
Tekkalakota 139
Ter 92. 165. 167
Thatta 75. 77. 82. 196. 197. 228. 229
Tilpat 141
Tiruchirapalli 47. 48
Tiruparankundram 40. 47. 57
Tirupati 75. 79
Tiruvanamalei 33
Topra 147
Travancore 68. 238
Tughluqabad 99. 189–191
Tungabhadra 46
Turan 72. 73. 77. 191. 210. 220
Turfan 66. 68. 73. 83. 161. 162. 163
Turin 74
Türkei 89

Uch 80. 91. 196. 197
Udayagiri 65. 153. 165. 166. 167
Ujjain 51. 145. 148. 149
Utnur 139

Vaikunlisvarankovil 57
Vijayanagara 61. 62. 65. 68. 71. 76. 79. 80. 81. 82. 83. 84. 90. 91. 210. 211. 212. 213. 214. 215. 217. 218. 219. 222. 228. 229. 232

Wadhwan 181
Warangal 77. 91. 205. 206

Yamuna 100
Yar-Khoto 161. 162